"博学而笃志，切问而近思。"

（《论语》）

博晓古今，可立一家之说；
学贯中西，或成经国之才。

复旦博学·复旦博学·复旦博学·复旦博学·复旦博学·复旦博学

主编简介

伍柏麟，1928年生，浙江宁波市人。1951年秋复旦大学经济学系本科毕业，1956年中国人民大学三年制研究生毕业回复旦大学经济系工作。长期从事马克思主义政治经济学的教学和研究，是复旦大学首席教授、博导。获国务院政府特殊津贴。曾任经济系副主任、经济学院副院长、代院长、经济研究中心主任、首任经济学博士后流动站站长、校务委员会委员、校学术委员会副主任等职。著有《中国市场经济改革20年》、《伍柏麟文集》；主编《新编政治经济学教程》、《中国经济改革20年系列研究》（10卷本）、《社会主义市场经济学教程》、《中国企业集团论》；合著《西方国有经济研究》、《国有经济核心论》等。多次获上海市哲学社会科学优秀成果奖，2014年更获得优秀成果奖中最高的"学术贡献奖"。

史正富，1977年考入复旦大学经济学系，1982年与1984年分别获经济学学士和硕士学位，后留校任教。1985年赴美求学，获得美国美利坚大学经济学博士学位和马里兰大学社会学系博士候选人。1995年回国后，从事企业工作，创办上海同华投资集团，任董事长至今。2003年任复旦大学经济学教授、新政治经济学研究中心主任。著有《现代企业的结构与管理》、《现代企业中的劳动与价值——马克思价值理论的现代拓展》、《现代企业的产权革命》、《制度变迁中的理性与惯性——中国农村改革案例研究》（英文）、《超常增长：1979—2049年的中国经济》。与人合著《社会主义宏观经济分析》、《政治经济学教材》等。发表中、英文学术论文数十篇。曾获孙冶方经济科学论文奖、中国图书奖等多个奖项。

华民，1950年生，1993年获复旦大学经济学博士，现为复旦大学世界经济研究所所长、教授、博士生导师，1996年获国务院政府特殊津贴。兼任中国世界经济学会副会长、上海市人民政府决策咨询特聘专家、上海市国际友人协会副会长、上海市企业家资质评审专家。长期从事国际经济、世界经济研究。主要学术著作有《西方混合经济体制研究》、《不均衡的经济与国家》、《世界国有企业概览》、《当代资本主义经济导论》、《当代资本主义市场经济》等，出版《公共经济学》、《国际经济学》等多部教材，在《经济研究》、《管理世界》等学术刊物上发表学术论文300多篇。先后获得"金三角"企业研究优秀论文奖、吴玉章奖、安子介国际贸易优秀论文奖、教育部人文社会科学优秀著作奖等。

博学·经济学系列
ECONOMICS SERIES

新编政治经济学

伍柏麟　史正富　华　民　主编
李慧中　汪立鑫　王小卫　副主编

复旦大学出版社

内容提要

本书由我国著名经济学家、2014年上海市哲学社会科学优秀成果奖中最高的"学术贡献奖"获得者伍柏麟教授领衔，十多位教授、副教授集体编撰而成。全书在马克思主义基本原理的指导下，打破国内长期以来沿袭自苏联教科书模式的结构，以科学的范畴体系和严密的逻辑顺序，划分为"社会经济形态"、"自然经济"、"商品市场经济"、"自由资本主义经济"、"垄断资本主义经济"、"新技术革命时代的市场经济全球化发展"六篇，全面系统地介绍了政治经济学的基本知识，坚持劳动价值论和剩余价值论等基本理论，同时密切结合当前世界经济实际，尝试说明21世纪现代资本主义的发展状况和趋势，力求使马克思主义政治经济学现代化。

中国特色社会主义建设的伟大创新性实践，世界经济翻天覆地的巨变，呼唤马克思主义政治经济学与时俱进的发展。作为一部既坚持马克思主义基本理论、又对现实有很强解析力和应用价值的教材，本书力图为此做出一点绵薄的贡献。

本书体系严密，思路清晰，内容全面而颇有创新，文字表述流畅，适合作为高等院校经济、管理类相关专业本科及研究生的教材或参考用书，也可供对当代经济理论与实际感兴趣的各界人士作为增长和更新知识的读本。

前　言

　　政治经济学是马克思学说的主要内容。马克思批判地继承资产阶级古典政治经济学的优秀成果,创立了无产阶级政治经济学。

　　一个多世纪以来,世界经济面貌发生了翻天覆地的变化。生产力方面,20世纪70年代末80年代初至今,被称为科技创新的"蜂聚"年代,以信息技术、网络技术等为标志的科学技术革命浪潮不断,方兴未艾。生产关系方面,随着国际分工的深化和世界产业结构的调整,世界贸易自由化和全球要素加快流动,跨国直接投资迅猛发展,市场经济全球化已成为不可逆转的历史潮流,其普照之光遍及几乎所有国家和地区。在上述科技进步与生产关系发展的推动下,世界经济经历了长达20多年的快速增长。但是,2007年美国次贷危机所引发的堪比20世纪30年代西方大萧条的全球性深重金融危机,突然扭转了上述增长势头,以至今日世界经济还处在长期衰退和缓慢复苏之中。迷乱在五光十色的各种经济学理论中的人们此时才如梦方醒,原来,马克思关于资本主义基本矛盾及其导致周期性经济危机的原理,又一次得到了验证!

　　另一方面,新中国自1949年成立以来,特别是改革开放以来,其经济面貌也发生了沧海桑田般巨变,而且在全球金融危机肆虐后的今天,中国经济更显出一枝独秀的英雄本色!中国的巨大成就只能归功于中国特色社会主义的制度框架与发展道路,这既表现在对社会主义基本制度的坚持与完善上,又体现在将社会主义与市场经济相结合的大胆创新上。中国特色社会主义的创新性实践呼唤马克思主义政治经济学的发展,并为这一发展提供了丰富的素材与养分。

　　马克思主义政治经济学的一个重要特点是:理论和实践紧密联系,不断地与时俱进。上述当代世界经济的发展变化、中国特色社会主义的新实践,都提出了发展马克思主义经济学、使马克思主义经济学现代化的要求,这也给我们提出了根据这一要求修改早先编写的政治经济学教材的任务。

　　长期以来,我国流传的广义政治经济学,体系结构多沿袭20世纪50年代编写的、按五种生产方式历史发展顺序排列的苏联《政治经济学教科书》，其主要内容是资本主义和社会主义部分。这样的体系结构和内容并不符合马克思和恩格斯的原意，不符合恩格斯在《反杜林论》中提出的希望编写一本广义政治经济学教科书的要求。

首先，从理论上看，广义政治经济学固然要研究人类各不同发展阶段上的经济过程，但它本身终究不是狭义的历史学而是理论科学。作为一门理论科学，就应该用范畴体系和一定的逻辑顺序阐明对象的内容。它的历史性则表现在逻辑的起点同时是历史的起点，逻辑的推演反映客观的历史发展过程。

其次，如所周知，马克思《资本论》的主要内容，是揭示资本以剩余价值形式剥削雇佣工人的本质，以及由此决定的资本主义产生、发展和必然灭亡的发展规律。他对未来共产主义经济的考察，只是把也只能把它作为资本主义经济的对立物，预见其基本特征和发展总方向。对于资本主义经济和社会主义经济的具体运行机制和过程涉及不多，这与其当时的历史使命以及当时的历史条件相关。今天，情况不同了。对于社会主义国家来说，马克思主义政治经济学的主要任务，是为社会主义建设服务。我们不仅需要了解社会主义生产方式的本质和发展规律，同样需要认识和理解社会主义经济运行的机制和过程，否则对本质和规律的认识就是抽象的，也不能用理论指导实践，推动生产力的发展。另一方面，资本主义经济在运行中，因为与社会主义经济都是社会经济一般，都是商品市场经济，就有共同的机制与规律可以借鉴，资本只会改变它们实现的形式。再说，社会主义是开放经济，它在国际上不可避免地要与资本主义经济发生各种联系和交往。如果我们的政治经济学不充实关于资本主义经济具体运行的内容，不知道追求利润的本性如何体现在经济运行过程中，受哪些机制的作用，我们的理论就无法成为对外经济开放的指导。因此，密切结合当前世界经济实际，使马克思的经济学理论现代化，已成为一项重要而迫切的任务。

党的十八大和十八届三中全会以来，党和国家领导人特别重视马克思主义基本理论的学习。2013年8月在北京召开的全国宣传思想工作会议上，习近平总书记指出："领导干部特别是高级干部要把系统掌握马克思主义基本理论作为看家本领，老老实实、原原本本学习。"2014年7月8日他在主持召开的经济形势专家座谈会上又指出："坚持发展是党执政兴国的第一要务，不断推动经济持续健康发展。发展必须是遵循经济规律的科学发展，必须是遵循自然规律的可持续发展。各级党委和政府要学好用好政治经济学,自觉认识和更好遵循经济发展规律,不断提高推进改革开放、领导经济社会发展、提高经济社会发展质量和效益的能力和水平。"

这一"学好用好政治经济学"的号召,必将极大地鼓舞广大干部和群众的学习热忱,激励政治经济学理论工作者努力提高教学质量,编写出坚持马克思政治经济学基本理论,对现实有很强解析力和应用价值的理论创新著作。而这正是我们编写《新编政治经济学》的努力方向。

一、编写宗旨

第一,坚持马克思基本理论不动摇。哪些是马克思政治经济学的基本理论呢？我们认为,社会经济辩证发展论、劳动价值论、剩余价值论、资本积累论、再生产比例论、经济危机论、更高经济形态替代论等,都是基本原理。这些基本理论是必须坚持的,因为它们经过长期检验证明是正确的,今天也是适用的。如果反对它、否定它,就不是马克思主义了。

第二,理论要紧密联系实际。政治经济学要联系实际,尤其是现实经济情况,只有把理论和实际结合起来,用理论认识和分析实际,才能得出正确的结论,提出切实可行的政策方案。现在,最需要联系的就是天天在我们脚下运行的全球市场化经济,可以此来推进理论的现代化,提高理论的解释力和指导力。

第三,创新的要求。创新是任何科学研究的根本要求。马克思时代离现在已有一百多年了,生产力和社会经济情况已发生很大变化,有大量新的实际现象需要马克思主义理论来说明,这是一种情况；同样由于实际的变化与时过境迁,有的原理消失了,这是又一种情况；更多的是,信息和网络化时代形成的新经济原理,需要吸收到马克思主义理论大家庭中,以发展马克思主义政治经济学。

按照这几方面的要求,全书的体系结构和内容安排如下。

二、体系结构

马克思关于社会经济形态的理论,在《1857—1858年经济学手稿》中,将人类社会经济分为三种形态。最初人的依赖关系形态(自然经济形态),第二大形态是以物的依赖性为基础的人的独立性(商品经济形态),第三种是个人全面发展基础上的自由个性(时间经济形态)；第二阶段为第三阶段创造条件。他在同一部手稿中提出的《资本论》最初编写计划的分篇是：(1)一般的抽象的规定,因此它们或多或少属于一切社会形式。(2)形成资产阶级社会内部结构并且成为基本阶级的依据的范畴,资本、雇佣劳动、土地所有制。(3)资产阶级社会在国家形式上的概括。(4)生产的国际关系。(5)世界市场和危机。

我们依据上述分篇计划,结合全球经济市场化发展趋势的现实,并按照资产阶级社会的历史发展,将全书分成六篇30章,外加一个前言和后话。

三、内容概要

1. "社会经济形态"是本书的开卷第一篇,分四章,主要阐述人类在各种社会经济形态下生产和再生产过程的一般规定和普遍规律。这一篇,"人口、环境与可持续发展"与"社会经济形态演进及实现动力"两章中的社会经济三形态和五形态的分析、经济增长理论、基本经济制度的变迁动力等内容都是新增加的。在观点方面有两点值得一提:其一,依据马克思主义关于生产力中人是决定性因素的观点,提出所有制概念中应包括劳动力所有制问题,认为劳动力的所有制是生产资料所有制的决定性因素。斯大林关于政治经济学对象的定义中,只提生产资料所有制显然不够全面。其二,应用诺斯"暴力潜能"的观点和博弈论的方法,阐明生产力发展和"暴力潜能"的变化,以及利益主体之间制度的博弈,是决定经济制度形成和变迁的动力。应该说,这样的分析是有新意的,也是对马克思阶级斗争理论的一个注解或补充。

2. 自然经济和人对人的直接依赖是第二篇的共同内容,随生产力发展和所有制变化而使人的劳动依赖性质或是被强制性质及程度的不同,分成原始血缘依赖经济、完全强制的奴隶制经济和半强制的封建经济及其崩溃等三章。这一篇,与传统的教材相比,内容增加了,篇幅扩大了,特别是论述方法很不一样。传统教材阐明各社会生产力和生产关系的状况及其演进规律,是一种历史的方法。这次修改,从原始社会的历史现象出发,用血缘依赖劳动、完全强制劳动、半强制劳动等这样一些经济范畴和图式、表格、博弈论分析等方法,揭示某一经济形态的本质和发展到下一形态的必然性,以推演和验证历史的变迁。这就增强了理论分析的深度和可信度。

3. 第三篇"商品市场经济"也是三章,阐明几个社会经济形态共有的规定和规律。把商品市场经济独立成篇,是为了强调它是一个相对独立的经济形态。有三点要提出来:

(1)对于商品、商品经济、市场经济这几个经济范畴,我国学术界长期来都存在着不同看法。我们认为,两者虽有区别,但是一回事。商品或商品经济,说明个人劳动特殊的社会性,是事物的本质;市场经济则是它们间交换劳动的关系,是事物的表现形式。商品经济就是市场经济,不必硬要把它分成两回事,说成是商品发展的两个阶段。这也是我们把这一篇定名为"商品市场经济"的依据。

(2) 随着生产力发展和社会分工扩大,第三产业在社会生产和产品中所占的比重越来越大。应该说,服务业也是一种产业,服务活动也是生产商品的劳动,具有劳动两重性和商品二因素。这些观点,对现代生产,对商品生产和商品流通过程的理解,以至于对后面资本主义生产、流通和分配过程的理解,都非常重要,是马克思经济理论现代化的一次尝试。

(3) 新写的"市场经济与政府"一章,在传统教材中是没有的,用市场体制和市场机制阐述市场运行过程和规律,只是一家之言。政府的产生和职能过去多从阶级矛盾和政治上找原因,这当然是正确的,我们也坚持这一观点。但也必然有经济上的原因,这就是:市场治理的需要、节省交易费用的需要和现代经济发展的需要。总之,就是市场经济本身的需要。

4. 第四篇"自由资本主义经济"共八章,有四点说明:

(1) 为什么加"自由资本主义的形成"一章?这一章的基本内容,在《资本论》中是分散在第一卷中许多章节的,把它们集中成章,阐明其形成的物质、经济及其他基础;分析企业产生的生产和流通两方面的原因及形成的两条途径,以及用各种暴力进行原始积累,加速资本发展过程;最后诠释英国资产阶级革命,分析资本主义上层建筑的形成。这些对具体理解资本主义的历史,是有益的。

(2) 资本与剩余价值生产是这一篇的核心内容。从扩大的生产过程揭露剩余价值的产生,从追求剩余价值最大化的生产目的和方法揭穿其本质特征,而工资恰恰掩盖了不平等的剥削关系。早期业主制企业,"三位一体"职能集中于一身的资本家,企业的利润也自然归他独占。这就形成了高度同质化的产业工人与极少数资本家的利益分裂和无产阶级与资产阶级的两极对立。这样的分析,层层推进,从本质到现象,使理论阐释更易理解,更具有说服力。

(3) 流通领域的个别资本,包括商业资本、借贷资本这两类资本。本书在此部分的特点是详细分析了商业资本和借贷资本提供服务产品的种类和价值的创造,以及商业利润来自商业资本所雇佣的工人创造的剩余价值,利息来自实际使用借款的职能资本所雇佣的工人创造的剩余价值,银行利润来自银行服务费即银行服务劳动创造的价值。

至于投入农业中的个别资本,由于存在农业中的大土地所有制,其地租和利润与工业中的也有不同的特点,故单列第十五章。但它们也都像产业资本一样,是社会总资本一部分的个别资本。

(4) 社会总资本再生产及经济危机理论,是第十六、十七、十八三章论述的内容。这一部分的新要点包括:在两大部类的平衡分析基础上,增加了扩大再生产条件下总供给和总需求的平衡分析;关于经济危机发生不是资本有机构成提高平均利率长期下降趋势而是短期实际利润率下降的分析;关于危机周期性的物质基础取决于固定资本大规模更新的分析;对战后经济危机新特点的分析;等等。

5. 第五篇"垄断资本主义经济"共分五章,该篇的逻辑线索是,先讨论自由竞争是如何向垄断阶段转型的,其中的特色是认为长波周期经济(康德拉基耶夫周期)下的技术创新是转型的动力基础;转型的美、英式和德、日式两种模式。然后是对垄断阶段的微观主体——社会化大企业的分析,其中的关键内容是对技术经济、管理、资本社会化的分析;委托代理关系分析、企业净剩余分享的分析;大资本垄断与中小资本关系及垄断有利于发展等的分析。再次是对垄断阶段最大的垄断主体——国家的经济参与进行了分析,讨论了国家经济参与的背景原因、基本形式以及效果评价;接着是对垄断资本主义阶段走向成熟的标志——金融资本及其垄断进行了分析,其中对现代金融体系的讨论、对经济"虚拟化"的分析是这部分的特色;最后是由国内分析转向国际分析,讨论了垄断阶段国际分工新特点及资本国际化趋势,其中关于世界体系中发达和发展中国家的经济矛盾的分析是重点之一。

6. 第六篇"新技术革命时代的市场经济全球化发展"全部新写,共七章:

开篇第二十四章"市场经济全球化总论",其中的重要内容是阐明了经济全球化的本质,即从马克思主义政治经济学的理论视野看,经济全球化的本质就是市场经济的生产关系在全球范围内的扩张。第二十五章则讨论了全球化的生产力基础,即以信息和网络化为核心的第三次科技革命,分析了其对经济从微观生产到宏观发展的深刻影响。

接下来的三章分别对于全球化在贸易、生产、金融领域的表现进行了详细分析。其中第二十六章对于全球贸易自由化的效应分析、第二十七章关于全球价值链下国际分工对母国与东道国的不同效应的分析、第二十八章有关金融全球化对于世界经济的整体影响以及对于发达国家与发展中国家的不同影响的分析,分别是各章的重要内容。

最后两章将第六篇的分析拉近到全球经济的当下现实。第二十九章"资本主义经济危机新解"分析了全球化背景下经济危机在原因、机制、必然性等方面的新内涵,而其中关于金融杠杆加大与全球金融市场失稳之间联系的分析是该章的精华所在;第三十章"经济全球化最新发展趋势分析",其中对世界经济失衡的分析,对美、欧、日经济与中、印等新兴市场经济的比较分析,对美元金融霸权的实质及美国为维护这一霸权而实施金融战略的分析,均是该章的重头戏。

"结束语"部分作为全书的结尾,一是把握全球现实,二是展望世界及中国未来。该部分把和平与发展的时代主题与经济全球化趋势本质相联,回答了当代世界的潮流究竟是什么,并探讨了在这一潮流背景下,中国作为发展中的社会主义大国的机遇、责任和使命。

以上即是对本书体系结构及主要内容的概述,从中不难看出我们对前面所提的编写宗旨的追求,即对马克思主义基本理论的明确坚定,对理论创新的不断尝试,对理论联系实际的不懈努力。当然,最终的实际效果如何,还有待于读者与学界同仁们的评价。

目 录

导论 ·· 1
  第一节　马克思主义经济学的来源和形成 ·· 1
    马克思主义经济学的来源——马克思主义经济学的形成
  第二节　政治经济学的对象 ·· 4
  第三节　政治经济学的任务 ·· 7
    经济规律的客观性及其自觉利用——经济规律体系和种类——经济范畴
  第四节　政治经济学的方法 ·· 12
    科学的抽象方法——分析和综合方法——数学和统计方法——逻辑方法和历史方法——理论和实践相结合
  第五节　政治经济学的意义 ·· 15
    充分认识学习政治经济学的重要意义——经济学的阶级性和科学性

第一篇　社会经济形态

第一章　社会生产 ··· 21
  第一节　产品的直接生产过程 ··· 21
    生产和需要——劳动过程——社会过程
  第二节　社会生产的总过程 ·· 28
    生产、消费、分配和交换——生产和消费——生产和分配——生产和交换
  第三节　社会生产规模和社会总产品 ··· 32
    社会生产的规模和水平——社会分工——社会总劳动和社会总产品——劳动时间节约是社会生产普遍和首要规律

第二章　社会再生产 ·· 40
  第一节　生产和再生产 ·· 40
    再生产的含义和条件——社会再生产的基本类型
  第二节　社会再生产的比例 ·· 42
    社会劳动总量的按比例分配规律——决定部门间劳动分配比例的因

素——两大部类的比例关系——总生产和总需要的静态平衡——总生产和总需要的动态平衡

  第三节 产业结构与经济增长和发展 …………………………… 49
    产业与产业结构——经济增长与增长源泉——经济增长与经济发展

第三章 人口、环境与可持续发展 ……………………………………… 63
  第一节 两种生产及生产与生态的平衡 …………………………… 63
    人口再生产与物质资料再生产——生产与生态环境的平衡
  第二节 环境与经济发展 ………………………………………………… 69
    人与环境的和谐——两类环境问题——人类对环境的破坏及严重化——全球化背景下环境问题愈加突出——保护环境是人类的共同需要——保护环境对经济发展的促进
  第三节 新发展观与可持续发展 ………………………………………… 76
    可持续发展概念的形成——可持续发展含义和内容
  第四节 技术创新与可持续发展 ………………………………………… 80
    何谓创新——科技创新是可持续发展的核心驱动力

第四章 社会经济形态演进规律及实现动力 …………………………… 86
  第一节 社会经济形态与经济制度构成 ………………………………… 86
    社会经济形态——基本经济制度和经济运行制度
  第二节 社会发展的五形态和三形态 ………………………………… 91
    五形态和三形态理论的形成——五形态和三形态的含义——五形态与三形态的关系
  第三节 社会经济形态演进规律及实现动力 ……………………… 103
    生产关系一定要适应生产力的发展——上层建筑一定要适应经济基础的发展——规律实现是利益主体博弈均衡结果

第二篇 自 然 经 济

第五章 原始社会公有制经济 …………………………………………… 115
  第一节 原始人类采集狩猎的非排他性公有制 ……………………… 115
    "劳动创造了人本身"和人类社会——采集-狩猎的非排他性公有制
  第二节 农业定居的排他性公有制 …………………………………… 118
    母系氏族社会及其经济——人口及自然资源的约束——基于物的产权制度的分析

第三节　父系氏族社会及私有制的产生 …………………… 124
第六章　奴隶制的强制经济 ………………………………………… 129
　　第一节　奴隶制强制经济制度的形成及其历史进步性 ………… 129
　　　　向奴隶社会的制度变迁对生产力的促进作用
　　第二节　奴隶制经济的不同形态 ……………………………… 133
　　　　古希腊的奴隶制经济——古罗马的奴隶制经济
　　第三节　奴隶制经济兴盛的条件及与古代东方奴隶制的比较 …… 137
　　　　奴隶制经济兴盛的条件——西方奴隶制与古代东方奴隶制的对照
第七章　封建半强制经济 …………………………………………… 140
　　第一节　技术进步与奴隶制向封建制的过渡及其历史进步性 …… 140
　　　　强制经济关系的两种制度安排——技术进步改变了土地所有者在不同制度间的相对净收入——奴隶制向封建制变迁之原因的进一步辨析——奴隶制向封建制的变迁对生产力的促进作用
　　第二节　封建经济制度的形态差异及原因 …………………… 149
　　　　劳役地租、实物地租和货币地租——中国封建地主经济与西欧封建领主经济——封建经济制度具体形态差异的原因
　　第三节　封建强制经济制度僵局的形成及打破的两种途径 …… 155
　　　　市场规模狭小、暴力潜能分配不均与强制经济制度僵局——强制经济制度僵局被打破的两种可能途径

第三篇　商品市场经济

第八章　商品和货币 ………………………………………………… 163
　　第一节　商品的两因素和生产商品劳动的二重性 …………… 163
　　　　商品两因素——体现在商品中的劳动的二重性
　　第二节　商品的价值量 ………………………………………… 169
　　　　同种商品的价值量决定——不同种商品的价值量决定——商品价值量的变化
　　第三节　价值形式的发展——商品转化为货币 ……………… 171
　　　　简单的偶然的价值形式——总和的扩大的价值形式——一般价值形式——货币形式——商品拜物教到货币拜物教
　　第四节　货币的职能 …………………………………………… 179
　　　　价值尺度——流通手段——贮藏手段——支付手段——世界货币

第五节 物质产品和服务产品都是商品 …………………… 184
    三次产业和服务产品——服务产品的使用价值——服务产品的价值和价值量——商品外延扩大的意义

第九章 商品生产和商品流通 ……………………………… 190
  第一节 商品生产和商品流通存在和发展的条件 ………… 190
    自给生产转化为商品生产的基本条件——市场和竞争
  第二节 商品的生产过程 ……………………………………… 192
    商品生产过程的二重性——商品的市场价值——市场价值量变化的因素
  第三节 商品的流通过程 ……………………………………… 197
    商品流通过程的二重性——供求平衡条件下的价格——供求变化与市场价格——市场价值和市场价格的相互作用
  第四节 商品经济条件下社会总产品的生产和流通 ……… 204
    社会总产品的价值形式和流通过程——社会总供给和总需求的平衡关系
  第五节 价值规律是商品市场经济的基本规律 …………… 208
    价值规律是商品经济的基本规律

第十章 市场经济与政府 …………………………………… 212
  第一节 商品经济与市场经济 ……………………………… 212
    商品经济与市场经济概念的由来——商品经济与市场经济的实质和异同
  第二节 市场经济体制、机制和功能 ……………………… 216
    市场经济体制——市场经济机制——市场经济功能
  第三节 市场的个人治理与政府治理 ……………………… 224
    市场治理机制的演化——政府治理的经济原因——政府悖论与有限政府——政府与市场的关系——市场经济中政府的基本职能

第四篇 自由资本主义经济

第十一章 自由资本主义的形成 …………………………… 235
  第一节 资本主义形成的基础 ……………………………… 235
    商品市场关系是资本主义形成的前提和经济基础——技术进步与机器大工业是资本主义的物质基础——资本主义上层建筑对经济基础的作用
  第二节 资本主义企业的产生和发展 ……………………… 247
    资本主义企业产生的原因——资本主义企业形成的两条途径：小商品生产者的分化和包买商制度——资本主义企业的形式——资本积累时期的

暴力与超经济的强制手段
　第三节　资本主义制度的建立 …………………………………… 253
　　　资本主义生产方式的确立及劳动对资本的隶属——资产阶级民主、自由等意识形态的形成——资产阶级革命和政治统治地位的确立

第十二章　资本与剩余价值 …………………………………………… 260
　第一节　货币转化为资本 ………………………………………… 260
　　　资本总公式及其矛盾——劳动力的买和卖
　第二节　资本的增殖运动 ………………………………………… 262
　　　资本增殖运动的基本阶段——价值形成和价值增殖——流通过程与价值构成——管理过程与价值构成——研发过程与价值构成
　第三节　剩余价值最大化 ………………………………………… 270
　　　资本主义生产目的——剩余价值生产的两种方法
　第四节　工资和生产组织形式 …………………………………… 273
　　　工资的本质和形式——名义工资、实际工资与工资水平——资本主义企业形式的变化
　第五节　西方经济学家的资本和剩余价值理论述评 …………… 278
　　　关于资本理论——关于剩余价值理论

第十三章　商业资本与交易费用 ……………………………………… 282
　第一节　资本循环与周转 ………………………………………… 282
　　　资本循环——资本周转——固定资本与流动资本
　第二节　商业资本的形成及其本质与职能 ……………………… 285
　　　商业资本的形成和本质——商业资本的职能和作用
　第三节　商业流通费用与流通服务的价值创造 ………………… 288
　　　商业流通费用——商业价值创造和商业利润来源
　第四节　交易费用与交易协调结构 ……………………………… 294
　　　交易与交易费用——交易过程的特点——交易的协调方式——选择合适的交易协调结构

第十四章　借贷资本和利息 …………………………………………… 302
　第一节　借贷资本的本质和特点 ………………………………… 302
　　　借贷资本的形成和本质——借贷资本的特点
　第二节　资本主义信用和银行 …………………………………… 305
　　　商业信用和银行信用——资本主义银行——资本主义信用的作用

第三节　借贷利息、银行利润与银行服务的价值创造 …………… 309
借贷利息和利率——银行服务价值创造与银行利润

第十五章　社会总资本和利润率平均化 ……………………………… 315
第一节　社会总资本和个别资本 ……………………………………… 315
各部门个别资本总和——全社会资本是互相联系互相依存的个别资本
第二节　个别资本部门内竞争和部门利润率的形成 ………………… 316
部门内部竞争和部门利润率的形成——影响部门利润率的因素
第三节　部门资本部门间竞争和全社会平均利润率的形成 ………… 318
不同产业部门利润率的差别——部门间竞争和平均利润率的形成——对利润率平均化的反趋势：行业垄断——生产价格的形成——生产价格是资本主义商品再生产的条件
第四节　平均利润率的下降趋势 ……………………………………… 327
平均利润率的下降和利润量的同时增加——阻碍利润率下降的因素

第十六章　资本主义农业和地租 ……………………………………… 331
第一节　资本主义土地所有制和资本主义地租 ……………………… 331
资本主义土地所制的形成和特点——资本主义地租与封建地租
第二节　级差地租 ……………………………………………………… 333
级差地租形成的条件、原因及源泉——级差地租Ⅰ——级差地租Ⅱ——级差地租Ⅰ与级差地租Ⅱ的关系
第三节　绝对地租 ……………………………………………………… 339
绝对地租形成的条件、原因及源泉——垄断地租——土地价格
第四节　资本主义在农业中发展及当前的新特点 …………………… 343
资本主义农业中的生产集中——资本主义农业落后于工业——二次大战后发达资本主义国家农业发展中的新特点和地租
第五节　非农土地地租和完全形态的生产价格 ……………………… 347
矿山地租——建筑地段地租
第六节　土地所有权与土地资源配置 ………………………………… 348
混合型的资本主义现代土地所有制——多种土地所有制下的土地流转——公私并存的土地所有制形式的历史意义

第十七章　资本主义再生产及其矛盾 ………………………………… 353
第一节　资本主义再生产和资本积累 ………………………………… 353
资本主义再生产与积累——资本积累的形式——资本有机构成及其变化

第二节　社会总资本的再生产和流通 ·················· 357
研究社会总资本再生产的出发点——社会总资本的简单再生产——社会总资本的扩大再生产——两大部类平衡发展的要求——扩大再生产条件下总供给和总需求的平衡

第三节　社会资本再生产实现过程的矛盾和比例失调 ·········· 364
再生产矛盾的具体表现——资本主义生产方式的本质矛盾——比例失调的两种类型

第十八章　资本主义经济危机与周期理论 ················ 368
第一节　马克思主义的经济危机理论 ··················· 368
经济危机的实质——经济危机的可能性——经济危机的根源和必然性

第二节　经济危机的周期性及其物质基础 ················ 374
经济危机的周期性及其物质基础——战后经济危机的新特点

第三节　经济危机的作用和历史意义 ··················· 378

第五篇　垄断资本主义经济

第十九章　自由竞争资本主义向垄断资本主义的转型 ········· 383
第一节　技术创新和长波周期的转换：转型的动力基础 ········· 383
第二次技术革命与主导产业的确立——技术-经济范式转型与大规模生产需求形成

第二节　宏观国际环境的变化与世界市场的形成：转型的外部条件 ······························ 389
地理大发现后宏观国际环境的巨变——19世纪晚期世界市场的形成

第三节　自由资本主义向垄断资本主义转型的基本途径 ········ 391
垄断经济的概念——走向垄断的基本途径——垄断形成过程中企业组织形式的变化

第四节　走向垄断资本主义两种模式：市场自发式和政府外推式 ·································· 396
以英美为代表的核心先发型资本主义国家——以德法日为代表的追赶型资本主义国家

第二十章　社会化大资本的企业和垄断 ················ 407
第一节　社会化大企业及其形成原因 ··················· 407
大企业的规模与构成——生产力社会化与大企业——管理社会化与大企

业——资本社会化与大企业——现代企业的新特征

　　第二节　现代企业中的委托-代理关系 ···················· 414
　　　　委托-代理关系的内容——多层合约的难题与关键
　　第三节　现代企业中的净剩余分配 ························ 418
　　　　净剩余分配的形式——净剩余分享模式与企业分类——净剩余分配模式的驱动因素
　　第四节　现代企业与市场竞争 ···························· 426
　　　　大企业与市场竞争——大企业与中小企业——大企业与创新

第二十一章　国家资本与国家的经济参与 ···················· 430
　　第一节　国家经济参与的发展和原因 ···················· 430
　　　　国家经济参与的发展——市场失灵与国家参与——国家参与的思想与政治条件
　　第二节　国家经济参与的基本形式：国有经济及宏观政策调节
　　　　··· 434
　　　　资本主义国有经济——宏观政策调节的目的与手段——政府的财政调节——政府的货币调节——收入政策——经济计划与产业政策
　　第三节　国家参与的后果与政府管理 ···················· 441
　　　　经济周期的新特点——菲利浦斯曲线——预期与菲利浦斯曲线的失灵——政府调节与政府失灵——市场失灵的新形式

第二十二章　金融资本与垄断 ······························ 449
　　第一节　现代金融体系的形成 ·························· 449
　　　　现代金融体系的形成是社会化大生产的内在需求——现代金融体系简介——银行业的发展及现代金融中介体系——现代金融市场体系——现代金融调控与监管体系
　　第二节　金融体系中垄断的形成：金融资本 ·············· 460
　　　　银行业走向垄断与金融资本的形成——新的历史时期关于"金融资本"是否存在的争议——重新认识当代金融资本
　　第三节　金融资本与垄断资本主义经济的虚拟化 ·········· 468
　　　　马克思的"虚拟资本"概念及其现代内涵——金融资本推动垄断资本主义经济走向"虚拟化"——金融资本及经济"虚拟化"的历史作用

第二十三章　国际分工与资本国际化 ························ 479
　　第一节　国际分工与世界市场的新变化 ·················· 479

国际分工及战后的新特征——世界市场的新变化——劳动力的国际流动

第二节　资本的国际化 …………………………………………… 483
资本输出与借贷资本的国际化——产业资本国际化

第三节　世界体系中的发达和发展中国家经济的并存与矛盾 …… 487
发达和不发达国家并存及后者的基本特征——发达和发展中国家经济关系的起源和本质——发达国家对不发达国家的国际剥削——争取公正合理的国际经济秩序和不发达国家的发展问题

第六篇　新技术革命时代的市场经济全球化发展

第二十四章　市场经济全球化总论 …………………………… 497
第一节　经济全球化的内涵、特征及动因 ……………………… 497
经济全球化的概念——经济全球化的特征和表现——经济全球化的动因

第二节　经济全球化的本质：市场经济关系的全球扩张 ……… 501
市场经济体制的发展进程——现代市场经济体制的特征——二战后市场经济体制的全球扩张

第三节　经济全球化的效应分析 ………………………………… 511
经济全球化的积极效应——经济全球化的风险与冲突

第二十五章　第三次科技革命是全球化的物质技术基础 …… 517
第一节　信息和网络化时代的基本内涵和主要特征 …………… 517
第三次科技革命——信息和网络化的基本内涵——信息和网络化时代的特征

第二节　信息和网络化时代生产组织形式的变化 ……………… 525
马克思关于生产组织形式的论述——信息和网络化生产组织形式的内涵与特征——信息和网络化生产组织形式产生的原因——信息和网络化生产组织形式的效应

第三节　信息和网络化对经济发展的重大影响 ………………… 529
拉动了经济增长，使经济增长理念发生了变化——"再工业化"是生产方式的创新——社会经济结构的根本变革

第二十六章　全球贸易自由化及其深化 ……………………… 536
第一节　贸易自由化的动因 ……………………………………… 536
战后相对稳定的国际环境——战后越来越多的国家和地区选择了市场经济体制——经济体之间多层次的自由贸易关系制度安排——科技革命降

低了广义的贸易成本

第二节 贸易自由化的机制 …………………………………… 544
微观层面上的国际分工机制——宏观层面上的制度变迁机制

第三节 贸易自由化的效应 …………………………………… 549
价格效应——贸易效应——经济增长效应——结构调整效应——收入分配效应——制度变革效应

第二十七章 全球价值链下的国际分工 ………………………… 555

第一节 国际分工理论与形态的发展 ………………………… 555
国际分工理论——国际分工形态的发展

第二节 全球价值链下国际分工的基本特征 ………………… 557
全球价值链内涵——全球价值链国际分工的形成——跨国公司——跨国公司国际直接投资变化

第三节 全球价值链下国际分工的效应分析 ………………… 566
对国际贸易结构的影响——国家间利益分配不平衡——东道国产业价值链提升效应——东道国劳动就业效应——对东道国宏观政策的影响

第二十八章 金融国际化及全球化 ……………………………… 572

第一节 金融国际化的形成与发展 …………………………… 572
国际资本流动高潮迭起——国际金融中心蓬勃发展——金融全球化

第二节 金融国际化的主要内容 ……………………………… 577
金融市场一体化——金融机构国际化——金融协调与监管全球化——国际货币体系数次更迭

第三节 金融国际化的特征 …………………………………… 583
国际金融体系有明显的等级之分——国际证券投资成为国际资本流动的重要形式——发展中国家资本流入变动显著

第四节 金融国际化发展的成因 ……………………………… 587
货币资本向全球扩张的原动力——金融自由化——金融国际化的现实原因——金融创新

第五节 金融国际化的影响 …………………………………… 596
金融国际化对世界经济的影响——金融国际化的国别影响

第二十九章 资本主义经济危机新解 …………………………… 603

第一节 世界经济宏观联系的新特征 ………………………… 603
实体经济一体化——金融资本逐利全球——全球失衡

第二节　金融市场的动态不稳定性 ························ 606
　　　　金融杠杆加大——金融市场中的正反馈回路——全球金融市场动态失稳
　　第三节　资本主义经济危机的内在必然性 ···················· 609
　　　　金融市场宏观管理缺位——有关危机可预防性的争论——经济危机的历史必然性——经济危机与全球变革
第三十章　经济全球化最新发展趋势分析 ························ 614
　　第一节　经济全球化的最新发展趋势 ······················ 614
　　　　全球化的三大趋势——全球化与世界经济的结构变动——世界经济失衡
　　第二节　美、欧、日经济与中、印等新兴市场经济 ·············· 618
　　　　美国的创新之路——欧洲货币一体化——日本的长期衰落——中、印等新兴市场经济
　　第三节　国际货币体系的前景 ·························· 625
　　　　美元金融霸权——美国金融核战略——改革的路径——2008年金融危机
结束语：和平与发展是当今全球化经济时代的主题 ·················· 635
　　一、生产力的发展推动了当代的经济全球化趋势 ················ 635
　　二、经济全球化趋势决定了和平与发展是时代主题 ··············· 637
　　三、在和平与发展的时代主题背景下谋发展、促进步 ·············· 638
后　　语 ······································ 640

导　论

政治经济学是马克思主义学说的主要内容。从马克思批判地继承资产阶级古典政治经济学的优秀成果、创立无产阶级的政治经济学以来，一个多世纪的历史已经证明，它是一门反映客观经济规律，因而能指导各国人民进行社会主义革命和社会主义建设的科学。

"导论"是对学习和研究这门学科的导向、引导。先要阐明经济学研究的对象，即政治经济学是研究什么的。研究对象是对某一学科研究内容、范围、方向的高度概括。对象决定该学科的性质和任务、研究方法和意义。

第一节　马克思主义经济学的来源和形成

经济学作为一门独立的科学诞生至今已有200多年。随着经济的发展，不断产生新的问题和解决这些问题的需要，经济学也不断向前发展；当经济学出现理论突破时，其发展本身也呈现出阶段性。由于经济学家们有不同的利益立场、哲学基础、研究对象和任务，分析论证问题所使用的方法和工具有区别，理论体系和主要理论观点及相应的政策主张各异，从而形成各种学派和流派，甚至对这门学科的命名也有所不同。从大的方面说，可分成资产阶级经济学和无产阶级经济学。

马克思主义经济学的来源　　早在两千多年前的古代奴隶社会，就已经有许多思想家和政治家，如色诺芬、柏拉图、亚里士多德等人开始探讨和研究经济问题了。色诺芬就写过一本《经济论》。由于奴隶社会的经济主要是自给自足的自然经济，所以，那时经济学研究的对象也主要是奴隶主家庭经济的管理问题。"经济学"(economics)一词最初的起源，是由希腊文中"oikos"（家庭、家务管理）和"nomos"（规则）两词组成的"oikosnomos"，正反映了那一时期经济学的研究对象和使命是，主人如何管理好自己的财产，制定管理奴隶主家庭经济的规则，故带有狭隘的实践性质；至于家庭以外的社会经济问题，如国家财政、商业、货币流通等，人们通常把它放在政治学、伦理学中，而没有独立出来研究。早期重商主义者法国人蒙克莱田于1614年使用了"政治经济学"这个词，"政治经济学"在希腊文中是"城市国家"和"经济学"两个词合起来的，他所著《献给国王和王太后的政治经济学》一书，表明他研究的已不是单个奴隶主或封建主家庭管理经济的问题，而是怎样能够使一个封建国家发财致富的问题。重商主义代表新兴商人的利益和要求，提出并论证了借助国家干预和开展国际贸易积累货币的必要性和合理性，并拟定了一套政策主张。重商主义虽未能揭示资本主义生产方式的本质，但它是政治经济学的萌芽阶段。

资产阶级政治经济学作为一门独立的科学的出现，是与资本主义生产方式的产生和发展相联系的，到了17世纪中叶资本主义工场手工业时期，经济学研究的重心，从流通领域转向农业生产领域，如英国的威廉·配第、法国的弗·魁奈所创立的重农学派，也提出了劳动、价值、经济平衡表等政治经济学的重要概念，但还没有全面、完整的理论体系。

作为完整理论体系出现的政治经济学是18世纪工业革命进程的产物，由苏格兰的亚当·斯密创立。亚当·斯密1776年出版的《国民财富的性质和原因的研究》可作为资产阶级古典政治经济学形成的标志。

斯密研究的中心问题是国民财富的成因，他的答案是分工与自由竞争市场。分工通过把工作分为专门化的简单操作，使得知识、经验、工具等的积累与改进变得更为有效，因而成为劳动生产力提高的最伟大的源泉。由于市场竞争的作用，每个人的自利性动机就像"受着一只看不见的手的指导"，往往使他能比在真正出于本意的情况下更有效地促进社会利益。由于在自利性个人之分散决策的基础上论证了自由市场的效率与市场秩序的可能性，斯密的理论充分代表了正处于上升期的资产阶级冲破封建王权干预的历史要求。

不仅如此，斯密还进一步探讨了作为价格波动的基础的商品价值问题，对劳动创造价值的观点进行了阐述。当然，斯密这时的劳动价值论是不彻底的、妥协的。正是这一劳动创造价值的命题，被英国经济学家大卫·李嘉图发扬光大。他在1817年出版的《政治经济学和赋税原理》一书中，用劳动价值理论建立起严密的分析体系，探索各种经济范畴的内在联系以及资本主义经济制度的隐藏结构,成为亚当·斯密理论的完成者。古典学派是资产阶级经济学第一个成熟的形态,除了更加系统而明确地论述了劳动价值的理论外,他还重点探讨了国民财富在工人、资本家及地主这三大阶级之间的分配,从工资、利润和地租的对立运动中看到了三大阶级的对立关系。马克思指出,李嘉图以及斯密这种从阶级关系上研究国民收入分配的做法,反映了处于上升时期的资产阶级企望探求真理的精神状态。

斯密和李嘉图从资产阶级立场出发,研究财富如何生产和分配,这与古典政治经济学的历史任务有关。当时资产阶级是新兴阶级,政治经济学的历史任务是论证资本主义优于封建主义,资本主义制度是自然的和永恒的,从而为资本主义扫清发展道路上的封建障碍。

随着资本主义生产方式的推广及工人阶级的成长,古典政治经济学发生了分化。1830年以后,资产阶级主流经济学家明显向庸俗化发展。在法国,有萨伊的《政治经济学概论》;在英国,有西尼尔的《政治经济学大纲》和约翰·穆勒的《政治经济学原理》。这一批著述的共同点,是在利用斯密理论体系的时候,淡化甚至抛弃斯密-李嘉图关于劳动创造价值以及收入分配上的阶级对立这部分最具深度的内容,同时强化对人与物的关系的研究。结果,他们提出了生产要素共同创造价值的要素价值论和按照要素贡献进行收入分配的要素分配论。在这批人描绘的世界里,人们看到的是利益和谐,而不是阶级矛盾;是自由市场的效率与秩序,而不是周期性经济危机与工人失业;是价格、工资、利润这些现象层次的经济变量,而不是价值与阶级这些深层本质的范畴。因此,马克思把这一时期的资产阶级经济学称为"庸俗经济学"。

在资产阶级经济学形成和发展的同时,也出现了小资产阶级经济学和空想社会主义经济思想。它们虽然都否定资本主义生产的永恒性,抨击和批评资本主义制度,但它们对政治经济学的理解也是错误的,不是把某种生产关系的出现看成自然历史过程,而认为是违反了人类平等、正义和法权原则的结果。因此,前者抨击资本主义大生产,为的是要实现恢复小生产的反动理想;后者要求实现社会主义,但不会揭示经济规律,只能陷入空想。

马克思主义经济学的形成

马克思主义经济学即无产阶级政治经济学,是马克思和恩格斯在19世纪中叶创立的。三大卷《资本论》是马克思主义经济学形成的标志。

马克思继承了古典政治经济学的科学成分,克服了它的阶级与历史局限,创立了新的关于资本主义经济制度运动与发展的完整理论。《资本论》第一卷于1867年面世,其余各卷由恩格斯等人在马克思逝世后整理出版,标志着马克思主义政治经济学科学体系的建立。

马克思对经济思想发展的贡献是全面而深远的。首先,马克思透过价格、工资、供求这些表象,深入考察了资本主义生产过程的内部联系,从而创立了剩余价值理论与资本积累理论,真正科学地阐明了资本剥削劳动的秘密,揭示出资本主义经济制度产生与变动的内在规律;其次,马克思推进了劳动价值学说,把创新、竞争、利润率平均化这些市场运行的基本机制连成一气,加以剖析,从而揭示出资本主义经济运行的整体与动态图像;再次,马克思建立了社会总量再生产与国民收入的宏观理论,分析了实际经济发生周期性波动的机理。此外,在众多的具体问题上,马克思都留下了富有洞察力的观点。从根本上说,马克思的最大贡献,是他首次系统全面地表达了现代资本主义的运动规律。当然,马克思在政治经济学上的这一伟大贡献是以他的另一伟大发现即历史唯物主义为基础的。历史唯物主义与现代资本主义的运动规律这两大发现,确立了马克思在思想史上的历史地位。

第二节　政治经济学的对象

马克思在《资本论》第一卷的第一版序言中写道:"**我要在本书研究的,是资本主义生产方式以及和它相适应的生产关系和交换关系。**"[1]在《反杜林论》中,恩格斯认为,政治经济学从最广的意义上说,是"研究人类社会中支配物质生活资料的生产和交换的规律的科学",是"**一门研究人类各种社会进行生产和交换并相应地进行产品分配的条件和形式的科学**"[2]。恩格斯并且期望这样的广义政治经济学的出现。

对马、恩的政治经济学对象的定义,有必要再作些解读:

(1)"生产方式"的含义是什么?从《资本论》第一卷所分析的协作、工场手工业和机器大工业看,它指人们用什么样的生产工具和劳动资料,以何种组织形式和劳动方式作用于劳动对象以取得劳动成果。这包括人与自然的关系和人与人在生产中结成的生产关系或社会关系两个方面。因为生产

---

[1] 马克思:"第一版序言",《资本论》第1卷,人民出版社2004年版,第8页。
[2] 恩格斯:《反杜林论》,《马克思恩格斯选集》第3卷,人民出版社2012年版,第525、528页。

一般都是许多人在一起共同劳动的社会生产,因此也必然有人与人形成社会关系即生产关系的一面。马克思定义的意思很明确:生产关系和交换关系是与生产方式相适应的,或者说是由它决定的;适应它,就能促进生产的发展,如果离开了生产方式,抽象地研究生产关系,就会陷入主观随意性,对实践造成危害。苏联和实行传统计划经济体制时期的中国,就因为建立了超越客观生产力水平的生产关系,经济不能得到很好发展,甚至遭到破坏;反过来,我国改革开放以来,按照当前生产力水平,建立多种形式的生产关系,经济有了快速增长。这是一个极好的例证。

(2) 人们在个别生产中的关系是直接的劳动交换关系。在有社会分工的条件下,或是人与人直接的劳动交换关系,如个人间的互助换工;更多的则是人与人、企业与企业之间以货币为媒介的商品交换关系。这表面上看是物与物在交换,实质上是个人的或个别企业的劳动与社会劳动的交换关系。个别劳动转化为社会劳动,是劳动的直接交换变成通过物的形式的间接交换。直接交换与间接交换是密切联系的。前者是生产过程中的联系,后者是交换过程中的联系。只有在狭窄的地域内生产而没有交换关系的经济是自然经济社会;既有生产过程又有交换过程的经济,则是商品经济社会,这是生产力发展和社会进步的表现。由此说明,应该从社会生产的意义上理解马克思上述对象定义中指出的"生产方式以及和它相适应的生产关系和交换关系"。也就是说,有两类生产关系:一类是个别生产中共同或互换劳动的狭义生产关系;另一类是人们在社会生产中互换产品即互换物化劳动并分配产品的广义生产关系。

(3) 社会生产的前提是资源配置。资源配置有两个方面的内容:一方面是人对物的配置,即把资源分配到各部门、各种产品和服务的生产中去;另一方面是资源在人中间的配置或分配,这既取决于物质资源的状况,如数量和内容,又取决于劳动力资源的数量和质量,两者共同决定资源归谁所有和人们在生产中劳动依赖关系的性质,这些构成基本的生产关系、基本的经济制度。"为了进行生产,人们相互之间便发生一定的联系和关系;只有在这些社会联系和社会关系的范围内,才会有他们对自然界的关系,才会有生产。"[①]

(4) 马克思《资本论》的研究对象是物质资料生产,这在当年是完全正

---

① 马克思:《雇佣劳动与资本》,《马克思恩格斯选集》第1卷,人民出版社2012年版,第340页。

确的,如今也是对的。马克思写作《资本论》的19世纪,以机器大工业为基础的资本主义社会,物质资料生产已经有了大的发展,物质产品较为丰富;可是,占全国人口大多数的产业工人,却受着资本的残酷剥削,过着十分悲惨的生活。马克思理所当然地首先要研究无产阶级在物质资料生产中身处的地位,才能揭露资本剥削雇佣劳动的秘密和工人遭受贫困生活的根源,才能使无产阶级手中掌握强大的解放自己的理论武器。

20世纪七八十年代以来,情况有了极大变化。科学技术革命迅速发展,以信息网络技术等为代表的新技术层出不穷,生产与经济的各个方面,很多呈现出根本不同的面貌。尤其是被称为第三产业的服务产业,发展快,门类多,产量大,很多原来的小生产者,依靠新技术变成规模巨大的新产业。在发达国家,第三产业的产值已超过第一产业与第二产业之和而占国民生产总值的60%、70%以至80%。在现代,政治经济学研究的社会生产,就必须包括第三产业在内的全部生产,此其一。但这不是说,物质资料生产不再具有基础性和决定性的意义了。因为,吃饭穿衣是人们维持生存最需要的基本生活资料,满足这方面需要的是物质产品;只有物质资料生产的效率提高了,物质产品丰富了,社会才有余力、有条件发展第三产业。当然,也必须看到第三产业在今天的重要性。它为生活服务的许多门类和产品,都是满足精神上需要的;它为生产服务的许多部门又能改造旧的技术,大大提高生产力和产生新的产业部门。因此,有必要全面地从物质生产和服务生产互相依赖又互相促进的角度研究社会生产,才能更好更全面满足人们物质和精神方面的需要,此其二。物质生产和服务生产虽有不同的一面,也有共同的一面。就劳动过程而言,物质生产与服务生产都会定下一个生产目的;都需用生产资料,虽内容会有不一样;都要耗费脑力、体力等一般人的劳动,虽支出的具体形式和脑力体力的耗费程度有所不同;两者的劳动成果都是使用价值,不过前者是凝结了或物化了的物质产品,后者可能是满足人们精神需要的活动,如音乐会。从社会形式的层面看,物质产品是为别人、为社会生产的,是商品;服务产品也同样如此。因此,马克思关于劳动创造价值的理论,完全适用于服务产品,此其三。

把以上四点意思归纳起来,我们认为:马克思主义经济学的研究对象是包括生产力和生产关系两个方面的生产方式,在两者的联系中着重研究生产关系,即物质资料生产的社会形式。而且,它是一门历史科学,要研究的不仅是某一个社会经济形态,而是包括自然经济、商品经济及其充分发的资本主义经济,还有社会主义经济和未来的共产主义经济。正如恩格斯说的,政治经济学是"一门研究人类各种社会进行生产和交换并相应地进行产品分配的条件和形式的科学"。

政治经济学研究的对象,决定了它的研究任务和方式。

第三节 政治经济学的任务

任何一门科学的根本任务,都在于揭示对象本身的规律性。政治经济学的研究任务也一样。马克思在《资本论》第一卷的第一版序言中就说:"本书的最终目的就是揭示现代社会的经济运动规律。"①

经济规律的客观性及其自觉利用

什么是经济规律? **经济规律是人类社会生产、交换、分配和消费过程内在的、本质的、必然的联系。**一个社会的经济运动过程会呈现出各种经济现象,有些现象普遍地经常重复出现,有些是个别的暂时的偶然现象。促使各种现象出现的原因,有属生产关系的本质因素,也有一些是非本质因素;有内在的必然的因素,也有外部的偶然的因素。各种各样经济现象,就是多种因素共同综合作用的结果。政治经济学的根本目的和任务,不在于记述、描绘经济运动过程中那些外部的、非本质的和偶然的联系,而是要通过纷繁复杂的现象甚至假象,深入过程的内部,找出经济运动过程内在的、本质的、必然的联系,揭示运动的规律性。

经济规律具有怎样一种性质呢?它和自然规律一样,**具有客观的性质,即它不以人们的意志为转移而存在和起作用。**因为经济规律是在一定的经济条件下产生的,有什么样的生产关系就会有支配它的内在的本质联系和必然的因果联系存在,人们既不能随心所欲地创造或消灭经济规律,也不能改造经济规律。经济规律虽然和自然规律不同,是人们经济活动过程的规律,不像自然规律是在没有人参与的情况下起作用的,但并不能以此否定它具有不依赖人们的意识而存在的客观性质。因为,参与经济活动过程的人们的意识,并不是某一个人的意识,也不是某个政府的意识,它是社会上千千万万不同个人意识综合形成的社会意识。这种意识正是各类人群不同经

---

① 马克思:"第一版序言",《资本论》第1卷,人民出版社2004年版,第10页。

济利益要求的反映,而后者是由人们所处的生产关系决定的,是与物质生产力水平相适应的。因而,经济规律具有和自然规律一样的客观性质。

经济规律具有客观性,并不是说人们在经济规律面前无能为力。人们可以发挥认识和利用经济规律的主观能动性,而且正因为经济规律是客观的,人们才有可能在经济的实践活动中认识它们,按照规律的客观要求来规划自己的行动,自觉地利用它们。但这必须具备一个前提,即人们的思想认识,政府据此形成的方针、政策和实施方法,这些主观设想的东西都符合客观实际的需要,才能起到好的作用,达到社会经济发展、为人民谋福利的良好效果;反之,如果人们或政府脱离实际主观主义地订计划,官僚主义地瞎指挥,违背了客观规律的要求,就一定会受到客观规律的惩罚,破坏生产力,损害广大人民的福利。

<u>经济规律体系和种类</u>　　在一个现实的社会经济形态中,总有支配人类各个社会经济形态运动的普遍规律,几个社会经济形态运动的共同规律和该社会形态运动的特殊规律存在和发挥作用,它们共同组成支配该社会经济的规律体系。

同时,这些普遍规律、共同规律和特殊规律本身也各自存在着由许多规律组成的分系统,各分系统的经济规律之间相互联系和相互影响,综合起来表现出它们的作用。这里,主要从经济运行与发展、内容与形式、相对性和绝对性等几个方面,对经济规律进行分类。

1. 运行规律和发展规律

长期以来,传统教材都把经济规律定义为生产关系发展的规律,也就是某一社会形态生产关系的发生、发展和向更高生产关系过渡的规律,这是一种片面认识。从经济运动的形式看,应把它分成运行规律和发展规律两种。**经济运行规律是指一定时期内支配着经济现象具有完成形式的那些规律**。这些规律支配着一定社会形式下生产、交换、分配和消费过程的各个方面,使这些过程作循环形式的运动,也就是一定生产关系生存和活动的规律。**经济发展规律是指上述过程中各种经济现象发展、变化的规律,使这种经济过程作历史形式运动,社会经济机体产生、发展以至最后被另一种更高形式替代的规律**。

将经济规律按生产关系运动形式分成运行(或生存、活动)规律和发展规律,是马克思和列宁所首肯或明确提出来的。马克思在1873年所写的《资本论》第一卷第二版跋中,曾经以非常赞许的口吻转述了俄国彼得堡出版的《欧洲通报》杂志上发表的考夫曼专谈《资本论》方法文章中的一段话:"在马克思看来,只有一件事情是重要的,那就是发现他所研究的那些现象的规律。而且他认为重要的,不仅是在这些现象具有完成形式和处于一定时期内可见到的联系中的时候支配着它们的那种规律。在他看来,除此而外,最重要的是这些现象变化的规律,这些现象发展的规律,即它们由一种形式过渡到另一种形式,由一种联系秩序过渡到另一种联系秩序的规律。……这种研究的科学价值在于阐明支配着一定社会有机体的产生、生存、发展和死亡以及为另一更高的有机体所代替的特殊规律。"①从这段引文可以看出,马克思同意经济运动有两类规律:除支配一定社会有机体发展的规律外,还有支配它生存的规律。

列宁在《什么是"人民之友"以及他们如何攻击社会民主党人?》一文中回击俄国民粹派米海洛夫斯基对马克思的攻击时指出:"他并不限于评论现代制度,评价和斥责这个制度,他还对这个制度作了科学的解释,把这个在欧洲和非欧洲各个国家表现得不同的现代制度归结为一个共同基础,即资本主义社会形态,并对这个社会形态的活动规律和发展规律作了客观分析。"②列宁把支配一个社会形态的经济规律分成活动规律和发展规律两类,在这里表达得再清楚没有了。

运行规律和发展规律的存在,两者的区别和联系,可以资本主义经济规律体系为例来说明。剩余价值规律以及作为其基础的价值规律,个别资本和社会资本的流通和再生产规律以及剩余价值分割的规律等,主要是资本主义生产方式存在和活动的规律,说明在资本形式下社会生产怎样进行,它的目的和动力是什么,生产什么、生产多少,以及怎样受到价格和市场机制的调节;生产出来的社会总产品怎样实现并使再生产得以重新进行。发展规律包括资本积累规律和利润率下降趋势规律等。运行规律是发展规律的基础,因为只有生产出的剩余价值才能积累;反过来,发展规律是资本主义生产关系发展的规律,说明资本怎样经过原始积累而大量地产生,小资本怎样变成大资本并逐渐变为采取股份资本以至国家资本的形式,表明资本主

---

① 马克思:"第二版跋",《资本论》第1卷,人民出版社2004年版,第20—21页。
② 《列宁选集》第1卷,人民出版社2012年版,第25页。

义生产关系的历史过渡性。这正是马克思更加重视发展规律的原因。

2. 内容与形式、质与量的规律

经济运动过程的内容,有质和量两个方面,互相联系,缺一不可。质是包含着一定数量的质,而数量又总是以一定的质为前提,从属于一定的质。在揭示经济规律的内容时,质和量两方面不可偏废。在传统的政治经济学教学和教材中,对量的研究不足,使对质的研究也缺乏足够的说服力。

形式和内容是同一事物的两个侧面。任何经济现象和经济运动过程,都既有自己的内容,又有自己的形式。经济形式是经济内容的表现,是把组成经济内容的各个要素统一起来的结构。经济内容有自己的规律性,作为它的表现形式的经济形式也有自己的规律性。经济形式的规律因受许多具体条件和因素的影响,比它所表现的内容的规律更具体、更接近现实,也更具有直观性。因此,一方面,我们要掌握反映经济内容的规律,才能深刻认识它的具体表现形式;但另一方面也只有通过把握经济形式的规律,才能更好掌握形式背后的内容,科学地说明各种现实生活中的经济联系。

3. 绝对规律和相对规律

运行和变化着的生产关系的规律,还可以分为绝对规律和相对规律。大家知道,马克思把剩余价值规律称为"这个生产方式的绝对规律"。资本主义积累的规律是"绝对的、一般的规律"[1]。同时,马克思和恩格斯又尖锐地批评把调节资本主义工资的规律说成是资本主义工业绝对规律的拉萨尔的"工资铁律"。恩格斯指出:"马克思在《资本论》里已经详细地证明,调节工资的各种规律非常复杂,根据不同的情况,时而这个规律占优势,时而那个规律占优势,所以它们绝对不是铁的,反而是很有弹性的。"[2]

我们的理解是,在一个社会经济形态内,凡是支配社会生产关系运动一切方面即支配生产、流通、分配和消费一切过程的规律是绝对规律;凡是在社会直接生产过程、流通过程、分配过程或消费过程的某一个或两个过程内起作用的规律是相对规律。前者如资本主义生产方式下的剩余价值规律,后者如超额利润转化为地租的规律。同时,凡是支配一个社会经济形态一切发展阶段的规律,是绝对规律,如剩余价值规律和资本主义积累的一般规律;凡是只在该社会经济形态发展的特定阶段上起作用的规律就是相对规

---

[1] 马克思:《资本论》第1卷,人民出版社2004年版,第714、742页。
[2] 《马克思恩格斯选集》第3卷,人民出版社2012年版,第346页。

律,如平均利润和生产价格规律,只是自由资本的运行规律,而垄断利润和垄断价格,则是垄断的金融资本的运行规律。一般说来,属于某一社会经济形态最深层次的本质联系的规律是绝对的,属于较浅层次、较接近现实联系,受许多外界条件和因素影响的规律是相对的。同时,即使是绝对的规律,它的实现也会由于各种各样情况而发生变化,所以它们作用的具体形式也有相对性。

从一切社会经济形态看,凡在任何生产关系和任何时期内都存在和起作用的经济规律是绝对的、普遍的规律,如任何社会中都存在的物质资料生产与社会形式统一的规律、生产关系一定要适合生产力发展的规律,就是人类社会绝对的普遍规律;只在一种或几种生产关系和人类发展的一个或几个阶段上存在和起作用的规律是相对规律,前者如封建地租相关的规律只是封建社会的基本规律,后者如价值规律是商品市场经济社会的共同规律。

各个社会经济形态普遍的、绝对的规律虽然是存在的,但它还只是各个具体社会生产的一些共同抽象,用这些普遍规律不但不能具体理解任何一个现实的历史的生产阶段,而且它们本身并不独立表现出来,总是通过各种社会特殊的或几个社会共同的经济形式和经济规律才得以表现和实现。

总之,对经济规律体系的研究,要把一个社会形态和一切社会形态绝对的普遍规律和相对的共同规律、特殊规律结合起来,才能对组成这一体系的各种运行规律和发展规律,对规律的质和量、内容和形式作出深刻的剖析。某一社会形态的经济规律体系是通过一定的经济范畴揭示的。

> **经 济 范 畴**

经济范畴是一定经济关系的理论表现,也就是表现一定生产关系的概念。 如价值、剩余价值、工资等都是经济范畴。

经济范畴是在人们研究经济关系以后得到的概念,所以是客观经济关系的反映。如果这种反映是科学抽象的结果,得到的概念就是正确的,具有客观真实性;否则对这一范畴的理解就是错误的,或者是不完全正确的。

经济范畴又是历史的,就是说许多经济范畴只是反映某一社会形态经济关系的本质,反映这一经济关系和其他经济关系的区别,如资本、剩余价值都是反映资本主义剥削关系的范畴,当资本主义生产关系不存在的时候,这些范畴也就不适用了。

政治经济学也有一些反映几个社会形态或一切社会形态共同的、一般经济关系的范畴,如商品、价值、社会劳动等,但一般经济关系在现实中总和某种特定的生产关系相联系,因此,也不能孤立地理解这些范畴,而应历史地看待它们。如工资范畴在资本主义社会和社会主义社会中都存在,两者名称一样,反映的经济关系却有所不同。我们不仅要看两者的共同点,更要揭示它们之间的区别,否则只会停留在事物的表面现象,无法深入掌握它的本质。

经济范畴有简单和复杂的区别。简单范畴是反映比较简单的经济关系和经济过程的范畴,也叫抽象的范畴。反映经济过程多方面的关系和联系,包含着许多规定的,叫复杂范畴,因为它比较接近经济过程的具体表象,所以也叫具体范畴。简单的抽象范畴和复杂的具体范畴之间存在着密切联系,把这些经济范畴按一定的逻辑顺序联系起来,形成一个范畴体系,这就是揭示某一社会经济形态经济运行和发展规律的经济理论了。

第四节 政治经济学的方法

科学的抽象方法

马克思主义的辩证唯物主义方法,即唯物辩证法,是指导各门科学研究的总方法或方法论,它也是政治经济学研究的根本方法。

任何一门科学,要从生动直观的对象中形成科学思维或理论,都要经历一系列的抽象过程,即概念、规律等等的形成和构造过程。但由于客观研究对象有不同的特点,在运用唯物辩证法进行研究时,方法上也有差别。

自然科学研究的对象是各种自然现象。研究自然规律时常常可以在实验室内创造条件,使客观现象排除掉各种外界偶然因素的干扰,而处于比较纯粹的状态;可以用各种研究手段和工具,如生物学中的显微镜、天文学中的望远镜、化学中的各种试剂帮助达到科学的认识。以人们的经济关系为对象的政治经济学则不同。社会的经济生活,是亿万有意识的人的实践过程,而且这个过程由许多错综复杂的方面所组成,在这里,自然科学的一些研究手段和方法显然用不上。马克思说:"分析经济形式,既不能用显微镜,也不能用化学试剂。二者都必须用抽象力来代替。"① 即使实验这样的方法,在经济学上也只能在比较有限的范围内加以利用。而且,同样研究社会生活,经济学和文学艺术也有不同的方法,文学艺术运用形象思维,政治经济学只能运用头脑的抽象力,形成抽象思维。

科学的抽象法,就是通过思维,抽去现象的直观性,使现象简单化,达到对经济关系的简单规定,形成各种概念。抽象法的第一个要求,就是从客观实际出发,占有大量的、丰富的材料;脱离实际,抽象法会变成无源之水、无本之木,而陷入空想。科学的抽象过程,就是用头脑对实际材料进行去粗取精、去伪存真、由此及彼、由表及里的改造制作过程,必须防止片面性和绝对化。

分析和综合方法

在对客观经济现象抽象的过程中,要运用分析和综合方法。

所谓分析,就是要分析各种经济现象的矛盾,把矛盾的经济现象分解为各个组成部分和各个方面。通过分析,认识各种经济表现形式背后的本质内容。分析方法必须有综合方法做补充,并由它去完成。综合方法就是研究矛盾各个组成部分和各个方面的相互联系,矛盾各方如何统一和运动。通过综合,进一步认识经济关系的本质为什么和怎样表现为各种形式,在什么条件下这些经济形式将发生变化和怎样变化,从而能更深刻和完整地认识经济现象的本质,揭示解决矛盾的途径和形式。

经济关系是一个由生产、交换、分配和消费过程的社会关系所组成,并且和物质生产力以及政治法律上层建筑有密切联系的体系,所以,应该把经济现象当作一个系统,运用系统分析方法。根据分析的对象、范围的不同,可分成以整个国民经济为对象的宏观经济分析,以一个部门、地区或若干部门、地区为对象的中观经济分析和以企业、个人经济活动为对象的微观经济分析。根据经济运动的形式可进行静态分析和动态分析。同时,在研究经济现象和过程时还需要运用比较分析的方法,进行国家、经济制度和经济结构等方面的比较,在比较中找到共同性和区别,更深入地认识研究对象。

---

① 马克思:《资本论》第1卷,人民出版社2004年版,第8页。

数学和统计方法 每一经济过程和经济现象,都有质和量两个方面。因此,对它们既要作质的分析,也要作量的分析。数学和统计的研究方法,有助于揭示经济现象量的方面和经济现象变化的数量联系。随着社会经济的发展,经济现象的数量联系日趋复杂,用数学和统计方法研究经济的意义也日见重要。

但是,数学和统计只是揭示事物数量关系的科学,它只有同被分析的对象的质的内容联系起来时,才能揭示经济现象的真实关系。离开经济现象的质的方面,孤立地进行量的分析,是违背作为质量统一体而存在的实际经济过程的,也无法真正揭示客观现象的内在规律。

逻辑方法和历史方法 逻辑法也就是思维推理法。运用科学的抽象方法分析社会各种经济现象的结果,得到上面说过的各种经济范畴,其中有简单范畴也有复杂范畴。从简单范畴开始逐步推论出复杂范畴,建成一个范畴体系,揭示客观对象的本质和这一本质的必然表现形式,这就是逻辑的方法。

逻辑方法和历史的方法是一致的。因为,从一个简单的范畴转到另一个比较复杂的范畴的逻辑分析顺序,是同社会经济发展从低级到高级的历史进程一致的。例如,马克思在《资本论》中从商品开始,分析商品必然转化为货币,货币必然转化为资本。从历史上看,也是商品发展为货币,货币再发展成为资本的。商品交换早在原始社会后期就开始了,不知经过多少世代才从商品交换中产生货币,又不知隔了多少世纪才出现产业资本。所以,恩格斯指出:"逻辑的方式是唯一适用的方式。但是,实际上这种方式无非是历史的方式,不过摆脱了历史的形式以及起扰乱作用的偶然性而已。"[①]

政治经济学虽然以人类各个社会发展阶段上的生产关系作为自己的研究对象,是一门历史性的科学,但它终究与经济史或社会发展史等狭义的历史科学不同,后者正是要以历史的形式揭示包括偶然性所起的扰乱作用在内的经济或社会发展的合乎规律的进程。与历史进程一致的逻辑方法才是政治经济学这门理论科学唯一合适的研究方法。

---

① 《马克思恩格斯选集》第2卷,人民出版社2012年版,第14页。

理论和实践相结合　马克思主义政治经济学研究方法的最后一个重要环节是理论与实践的结合。实践是检验真理的标准。对社会实践的理论认识和实践活动的不断结合，是使理论正确和不断丰富、发展的保证。

第五节　政治经济学的意义

充分认识学习政治经济学的重要意义　政治经济学是马克思主义理论的重要组成部分，是共产党制订路线、方针和政策的科学依据。学习政治经济学可以认识它们建立在什么样的客观经济规律的基础上，在实践中体会其正确性，更自觉地贯彻执行。同时，可以提高政治鉴别能力，认识和抵制错误理论和思想，坚持正确的政治方向，在我国当前改革开放中做出更多成绩，为自己的发展开辟更广阔的前景。

政治经济学不等于全部经济学。随着社会经济的发展，需要研究的经济方面和经济问题也越来越复杂，广泛而多样，经济科学相应地也越分越细。在全部经济科学中，除政治经济学以外，还有以研究范围分的宏观经济学、中观经济学、微观经济学；各种以专业为对象的，如：财政学、金融学、贸易学等；从管理看分成经济管理学、国民经济管理、财务管理、企业管理等；从人力、土地及其附属物的经济利用和发展来分，则有：人口经济学、土地经济学、矿业经济学、环境经济学、生态经济学、劳动经济学、教育经济学等；研究数量关系的，有：经济数学、会计学、统计学、计量经济学；研究地区和部门的，有：经济地理、地区经济、城市经济、产业经济、工业经济、农业经济、商业经济、第三产业经济等；对世界和个别国家发展进行研究的有：世界经济学、个别国家经济、发达国家经济、发展中国家经济、不发达国家经济、发展经济学、比较经济学等等；也有从理论变化和历史发展的角度研究经济问题的，如经济思想史、外国经济史、中国经济思想史、中国经济史以及中国历史地理等等。此外还有许多与经济学有关的边缘科学，如人口学、生态学、公共卫生经济，以及涉及自然、历史、人文、艺术多个领域的综合性的旅游经济学，等等。

从以上列举的 40 多个经济学科可以看到：既有理论学科，也有应用学科；有研究历史的，也有研究现实的；有研究中国的，也有研究外国的；有多学科和边缘学科,范围非常广泛,内容丰富多彩。那么,其中什么学科是它们的基础呢?

我们认为,马克思主义政治经济学是其他各门经济学的理论基础。因为,政治经济学揭示一个社会的制度本质和发展规律,指明了社会的前进方向和发展前景,这是其他各门,如宏观和微观、专业和管理、运行和发展、理论和应用、地区和部门经济的研究,都必须遵循的。正如习近平主席在2014年7月主持召开的经济形势专家座谈会上强调指出的:"实现我们确定的奋斗目标,必须确定以经济建设为中心,坚持发展是党执政兴国的第一要务。""发展必须是遵循经济规律的科学发展,必须是遵循自然规律的可持续发展。各级党委和各级政府要学好用好政治经济学,自觉认识和遵循经济发展规律。"说得多么好啊!

微观和宏观经济学则不同,它们具有二重性。一方面,研究它们根本不是为了揭露资本主义追求最大利润的目的本质,不愿看到其最终必然灭亡的命运;另一方面,它们又着力于市场经济运行机制的研究。例如,在微观方面,注重微观经济主体(个人、家庭、企业)的需求、供给活动,运用弹性、边际分析等数学方法,用需求弹性和供给弹性下的需求量和供给量说明单个市场中"均衡价格"的形成,同时,用瓦尔拉的矩阵代数法,研究多市场的供求和价格的同时平衡,建立起一般均衡理论。在宏观经济方面,以国民经济整体为对象,大体形成了国民收入决定与波动、物价水平与就业总量的理论。

就经济运行层面而言,马克思的经济学确实没有像现代西方经济学研究得那样具体、精细和深入。这与研究目的有关。马克思研究资本主义制度下的经济运行,目的不是别的,就是为了让人们看到资本剥削工人剩余价值这一本质如何通过流通过程的价格变动转化为工资、利润和地租这些具体现象形态,并且反而掩盖了其本质。而现代西方经济学,不厌其烦的细致分析不仅可以避开对制度本质与历史性的研究,而且可以使资本获得更多利润,并能有某种空间缓和矛盾,保持制度永久长存。

今天,学习马克思主义经济学,既要认定并坚持社会主义制度以人为本、为人民谋福祉的本质和改革开放的方向,又要善于学习和借鉴发达国家微观、宏观经济运行的机制,使我们的社会主义市场经济得到稳步快速发展。如果把西方经济学的宏观、微观运行机制视作"万能论",又把马克思经济学说成"无用论",长他人志气,灭自己威风,是万万要不得的。

经济学的阶级性和科学性　　政治经济学的研究对象决定它具有阶级性。社会生产关系是人们的物质利益关系,在阶级社会中则是阶级利益对立的关系。因此,不同阶级都从本阶级立场和利益出发去阐明经济运动过程,为自己的阶级利益服务。在阶级社会中,不可能存在一种适用于全社会一切阶级的政治经济学,各阶级都有自己的政治经济学。如前所述,资产阶级有资产阶级的政治经济学,小资产阶级有小资产阶级的政治经济学,无产阶级也有马克思主义的政治经济学为自己的解放事业服务。

政治经济学有阶级性,但不同阶级对此却有不同的态度。资产阶级经济学不承认并且掩盖它的阶级性,宣称它对社会各阶级一视同仁,为全社会利益服务。这是因为,资产阶级所希望的永远保存资本主义剥削制度的主观要求与资本主义必然要发展到更高级社会形态的客观规律是矛盾的。小资产阶级要求恢复小私有制的主观理想和社会发展的客观规律的要求也是矛盾的,因此,对政治经济学的阶级性问题也采取躲躲闪闪模糊不清的态度。唯独无产阶级敢于采取鲜明的态度,公开申明政治经济学有阶级性,为无产阶级和全体劳动人民的利益服务。因为无产阶级没有狭隘阶级利益去限制它认识资本主义发生、发展以及被社会主义和共产主义代替的根本规律。

无产阶级政治经济学的科学性,要求揭示对象内在发展的规律性。古典经济学建立了劳动价值论,揭示了资本主义的剥削关系,因而是科学的;但它又认为人类发展将止于资本主义社会,劳动价值论还不完备,理论的科学性也是有限度的。至于反对劳动价值论的"要素价值论"和"效用价值论",用现象掩盖资本主义剥削本质,为资本主义辩护,因而马克思批评它们是庸俗的。马歇尔开创现代西方经济学时,资本主义制度早已站稳脚跟,进入较快发展时期,经济学的任务转为研究如何经营企业,发展生产,提高生产力。马歇尔把资本主义制度作为前提假定,把研究对象转移到市场经济的运行和资源配置。它不再论证基本制度是什么,是或否,合理或不合理,因此在这一问题上不再存在是不是庸俗的问题。它避开价值,只谈"生产价格"以及供给与需求、生产与消费、成本与利润等各种变量之间的联系,需求、供给因价格和收入而变动的规律。应该承认,对象内在联系和规律是分层次的,有深层的,也有表层的。与价值范畴相比,价格范畴是低层次的,但供求联系和变动规律也是内在联系和规律。这些联系和规律是人们日常经验可以观察到的,同样客观地存在着,也应该如实地承认这些理论有科学成分。但撇开经济制度谈经济运行,忽略了制度对资源配置的影响,终究难免其维护资本主义制度的立场和理论的局限性。无产阶级政治经济学的阶级性和科学性的统一,由无产阶级的阶级本性决定。无产阶级同社会上绝大多数人的根本利益相一致,同社会经济发展规律所指引的方向相一致。因此,无产阶级的阶级性,能够保证用科学态度去认识和反映社会经济发展的客观规律。马克思的经济学就是阶级性和科学性的高度统一。它来源于实践,不断为实践所证实,又根据新的实践经验加以修正、丰富和发展。因此,马克思主义政治经济学能够成为无产阶级政党制订路线、方针和政策的理论依据,成为无产阶级进行革命和建设的行动指南和胜利保证。但也要指出,如果我们不能用实事求是的科学态度去认识客观规律,导致理论脱离实际,理论就会丧失科学性,这类经验教训值得注意。

思 考 题

1. 怎样正确理解政治经济学的对象?
2. 如何运用好科学的"抽象法"?
3. 怎样摆正政治经济学科学性与阶级性的关系?

本章参考文献

1. 马克思:"第一版序言",《资本论》第 1 卷,人民出版社 2004 年版。
2. 恩格斯:《反杜林论》,《马克思恩格斯选集》第 3 卷,人民出版社 2012 年版。

第一篇 社会经济形态

第一章 社会生产

人类社会的生产,已经历了好几种生产方式。这一章要阐明在社会生产过程中由生产力和生产关系组成的生产方式是怎样的,也要说明社会生产总过程四个环节之间相互联系和相互影响;在作了质的分析后,还作了量的分析。社会在一定时期(例如一年)内投入社会生产的劳动(由劳动者劳动时间和劳动强度决定),是社会总劳动,形成社会年总产品。社会生产力水平的高低,由劳动生产率或劳动效率(以同一时间可生产更多使用价值或生产同一使用价值只要更少时间来衡量)。这就是说,任何社会生产都必然要提高劳动生产率,以最少的劳动消耗取得最大的劳动成果,达到满足人们需要的目的。归根到底,劳动时间节约是任何社会生产的普遍规律。

第一节 产品的直接生产过程

生产和需要

从最一般的意义上说,**生产的目的是满足人们的需要**;反过来说,**需要是生产发展的动力**。人要生存就有生活。要生活,首先得满足各种最基本的自然需要。所谓人的自然需要,或是一种由人的生理机能决定的维持生命的需要,如吃饭、喝水等等;或是由人们生活的自然地理环境所提出的保障自己的需要,如穿衣、住宿等等。

满足这些需要必须有物质财富(或物质资料)。物质财富有两类:一类是自然财富,如野生的食物、空气、水、洞穴等,它们都是大自然直接赋予的。但自然财富毕竟有限,人类不能仅仅依赖自然界赋予的财富保障自己的生存和求得自身的发展,还必须依靠自己的智慧和力量去改变自然界,去生产物质财富。所以,一个社会拥有的物质财富,除自然财富外,另一类是劳动创造的财富。随着人类社会和人类自身的发展,对物质财富需要的数量和种类越来越多,依靠劳动生产出来的物质财富的比重日益增大,从而越来越明显地表现出：物质资料的生产是人类社会存在和发展的基础，物质资料生产活动是人类最基本的实践活动。

从上述物质资料生产的必要性，可以看出什么是物质资料生产这一概念的含义。所谓物质资料生产，就是人们以自己劳动按照预定目标改变物质形式，使自然界适应自己需要的过程。使自然界适应自己的需要，而不是消极地使自己适应自然界，这正是人类物质资料生产或活动和动物本能活动的根本区别所在。

> **劳动过程**

劳动首先是人和自然之间的过程，是人以自身活动来引起、调节和控制人和自然之间的物质变换的过程。劳动过程的简单要素是：人的劳动、劳动对象和劳动资料。

人的劳动是为改变自然物质形式而进行的有目的活动，它是由人的体力和脑力构成的劳动力的支出。劳动对象是人的劳动加于其上的物体。没有劳动对象，只有人的活动是什么东西都生产不出来的。劳动资料是使人的劳动能传导到劳动对象上去的一切东西，其中主要是劳动工具。

在人类社会的最初期，劳动过程只发生在人和未经人的协助就已存在的土地之间。人和土地是物质生产力中两个最原始、最根本的源泉。"劳动是财富之父，土地是财富之母。"那时，土地是人类原始的食物仓，提供天然的劳动对象，如人们从土地上采集野果、猎获禽兽，从水中捕捞鱼虾；同时，它又是人类原始的劳动资料库，如从土地上得到用来投、磨、压的石块等等。到劳动过程稍有发展之后，出现以劳动产品为劳动对象——原料和经过加工的劳动资料。**人的劳动、劳动对象和劳动资料成了劳动过程中生产力量的来源，构成物质生产力的三要素。**

在物质生产力的三个要素中，劳动对象和劳动资料是物的因素，是劳动过程的客体；有劳动力的人，是劳动过程的主体。当然，**人这个因素是生产力中最重要的因素。越来越多的劳动对象和劳动资料，是人的劳动创造的，并要人去使用。**任何先进的机器、优质的原料，如果没有人去操纵和使用，都是一堆死的东西，最后会变成废物。但这绝不是说，物的因素不重要。劳动资料是劳动者发挥力量的手段，其中的生产工具则更是社会生产力发展的重要物质标志，是人类劳动力发展的测量器。劳动对象也对劳动结果起日益增大的作用。生产工具有了改进，劳动对象发生了变化，人的劳动能力也会通过劳动过程得到发展。

物质生产力的三个要素,又与科学的发展和运用密切联系着。人的劳动力是体力和脑力的总和。在劳动过程中,人们依靠人脑和思维力逐渐认识自然界的客观规律,当这种认识与劳动过程相分离变成系统化的知识时,就独立为科学了。知识形式上的科学,是一种精神生产力或者说一般社会生产力。**当科学知识被劳动者掌握,并体现在劳动对象和劳动资料中时,一般社会生产力就转化为物质生产力,以至第一生产力。**人类社会发展的历史证明,科学呈现加速发展的趋势,它对社会物质生产力的发展具有越来越巨大的作用。

生产力的要素,在劳动过程前是分开来独立存在的,在劳动过程中它们才结合起来。

生产力要素的结合,首先有个结合的方式和方法,即生产方式和方法问题,也就是劳动者要用怎样的劳动工具和资料,以什么方式及方法作用于劳动对象。而这又是由生产或劳动目的来决定的。例如,我的目的是要做一件衣服。劳动过程和生产方式比较简单。我只要去买来做衣服的布,请来一位成衣师,准备好他要用的缝纫机及各种辅料,然后他确实一个人就能在一天内做成一件衣服;又如,劳动目的是兴修一项巨大水利工程,劳动对象是待挖掘的大片土地,这时一二个劳动者用单打独斗的方式在短时期内是无法完成任务的,必须采取大规模的劳动协作方式;再如,以机器为基础的大规模生产要求有科学文化知识的劳动力分工协作地进行社会化生产,等等。这些表明,由于劳动目的不同、生产要素特别是劳动力水平的变化,生产方式也是不断发展的。

生产力各要素结合的过程,实质上是这些要素被消费的过程。劳动过程一方面要消耗劳动对象和劳动资料,另一方面要消耗劳动者的体力和脑力,不过这是生产性消费,与劳动者个人的生活消费不同。这些要素被消费时发挥出各种力量。劳动资料根据物的机械的、物理的、化学的、生物的等等属性发挥出科技力;劳动者则发挥劳动力。如果劳动过程是以个人方式进行的,发挥的是个别劳动者的自然力;如果是集体协同进行的,则还能发挥出劳动的社会生产力,包括对集体劳动过程组织管理的力量在内。同时,在劳动者运用劳动资料作用于劳动对象的过程中,还包括应用自然力。在劳动过程中,从劳动者和劳动资料方面发出的是对劳动对象的作用力,从劳动对象发出的则是反作用力,两种力的结合引起劳动对象发生预定的变化。

劳动过程结束得到一定的劳动产品,一种能满足人们某种需要的使用价值,即物质财富和精神财富。在劳动产品中,劳动和劳动对象结合成为一体,对象被加工了,劳动物化了。劳动又从过程中的动的形式变为过程后静止的存在形式。

马克思指出:"如果整个过程从其结果的角度,从产品的角度加以考察,那么劳动资料和劳动对象二者表现为生产资料,劳动本身则表现为生产劳动。"①马克思强调从劳动过程的结果,从产品的角度来规定什么是生产资料和生产劳动,这一点有重要意义。如果人们在物质生产领域内从事劳动,但劳动过程的结果不能提供劳动产品而尽出废品,那时,劳动过程中消费掉的劳动对象和劳动资料就不能叫生产资料,它们没有被生产性消费,而是被浪费掉了;人们的活动也算不上生产劳动,劳动过程中表现出来的不是一种生产力,而是一种破坏力。

通过对劳动全过程的分析,我们对社会生产力这个概念可以有一个比较全面和正确的认识了。**生产力是人与自然之间物质变换过程中各要素所发挥的力量总和**,在劳动过程前,它以独立的三个要素的形式存在,是创造物质财富的一种可能的力量;在劳动过程中,是各种要素的结合,各种力量的发挥;劳动过程结束时,各种要素凝结在劳动产品中,最终表现出是一种生产力。如果我们不从劳动的全过程,而只是孤立地就劳动过程的某一个片段去考察,就会对生产力得出片面的认识。

社 会 过 程

人与自然进行物质变换的劳动过程,只是社会生产过程的一方面,社会生产必然还有另一个方面,它是人与人发生关系的社会过程。因为人不仅是最名副其实的社会动物,一种合群的动物,而且是只有在社会中才能独立的动物。每个人从出生起就生活在某个具体的社会中,是社会里的人。人类的生产活动,一般说来不可能单独进行,而是许多人共同对自然界产生影响,是一个社会生产过程。因此,人与人之间也必然要发生一定的联系和关系。马克思指出:"人们在生产中不仅仅影响自然界,而且也互相影响。他们只有以一定的方式共同活动和互相交换其活动,才能进行生产。"②

---

① 马克思:《资本论》第1卷,人民出版社2004年版,第211页。
② 马克思:《雇佣劳动与资本》,《马克思恩格斯选集》第1卷,人民出版社2012年版,第340页。

马克思这段关于生产关系的经典表述说明：生产方式不仅指人与自然进行物质变换的劳动过程的方式，同样指人与人在社会过程共同活动和相互交换其活动的方式。也就是说，**生产方式这一概念的含义，是生产力和生产关系的统一。**

直接生产过程的社会关系一般包含哪些内容呢？与前述劳动过程相对应，要从劳动过程前、过程中和过程的结果进行全面的分析。

劳动过程前，生产力以生产资料和劳动力即物的因素和人的因素独立存在，因此人与人之间首先结成一定的生产资料的占有关系，马克思说："一切生产都是个人在一定社会形式中并借这种社会形式而进行的对自然的占有。"[①]生产资料占有关系，表面上看来似乎只是一种人对物的占有关系，其实不然。它是生产资料在参加生产的人们之间的分配问题，因此是通过物所结成的人与人的社会关系。同时，生产资料占有关系规定了社会成员在各类生产之间的分配，在社会生产中的地位。

人们对生产资料的所有关系有两种存在形式。一种是以经济事实的形式存在，即生产资料实际归谁占有，另一种是以法权的形式存在，即由法律确认的财产所有权。**政治经济学中所研究的生产资料所有关系都是指它的经济事实。**

不能把生产资料所有制等同为生产资料私有制。私有制只是生产资料所有制的一种形式，生产资料也可以采取由参加生产的人们共同占有，即公有制的形式。从历史事实看，最初出现的是原始人对生产资料的共同占有，私有制只是后来才产生的。而且，无论是私有制或公有制，各自又可以有许多不同的形式。例如，劳动者自己占有生产资料是一种私有制形式，剥削者占有生产资料是私有制的又一种形式；同样是生产资料归剥削者所有，也可以存在把劳动者等同为生产资料由剥削者完全占有、不完全占有以至劳动者是自己劳动力的所有者而不再由剥削者占有等形式。生产资料公有制也可以有归一部分劳动者集体所有、全社会所有等等各种不同形式。也还可以有公有与私有混合所有的形式等。生产资料所有制虽然会有各种不同的具体历史形式，但它总是一切生产的最一般条件和前提。

---

① 马克思：《〈政治经济学批判〉导言》，《马克思恩格斯选集》第 2 卷，人民出版社 2012 年版，第 687 页。

社会生产过程是生产资料和劳动者相结合的过程。作为劳动过程,劳动者要通过一定的劳动方式同生产资料结合起来;作为社会过程,两者也要通过特定的社会方式结合起来。生产资料和劳动力结合的社会方式,由一定的生产资料占有形式决定。生产资料归劳动者自己占有,两者就在劳动者手中直接结合起来;如果生产资料不是归劳动者所有,而是归非劳动者所有,则两者要在后者支配下才能结合起来,即以间接方式结合。这也直接规定了劳动的社会性质。当劳动者和属于自己所有的生产资料直接结合起来从事劳动时,每个人的意愿都是平等的,为别人也为自己而劳动,彼此间劳动的交换具有互助互利的性质;如果劳动者间接地和非劳动者的生产资料相结合,劳动者和所有者之间经济上处于不平等的地位,劳动者不能不在所有者监督下为所有者劳动。

劳动过程中生产消费的社会性质,也是由一定的生产资料占有形式和劳动者与生产资料结合的社会方式决定。生产资料所有制决定生产消费的直接目的是为所有者的利益和需要。劳动者共同占有生产资料时,他们为满足自己的个人消费而去进行生产消费,即从事物质资料生产。非劳动者占有生产资料时,生产消费要服从他的利益和需要,劳动者的个人消费就不能成为社会生产的直接目的了。

劳动过程结束后,生产出具有一定用途的劳动产品,从社会关系角度看,就有对产品的占有关系。

占有首先要存在占有的对象。只有生产的成果大于生产消费而有剩余,占有才有条件。但是,在绝大多数场合下,从个别劳动过程得到的生产成果和生产耗费是两种不同的自然物质,无法进行比较,只有从社会的角度,把生产成果和生产耗费还原成社会劳动,用劳动时间做单位去计算,才有统一的标准。前面已经说过,劳动过程的生产耗费包括两部分,一部分是生产资料的消费,生产资料绝大多数是过去劳动的产品,所以这部分实际上是物化劳动的耗费。另一部分是劳动力的支出,劳动中支出的体力和脑力,即活劳动的耗费。劳动力消耗后,需要有一定量生活资料让劳动者进行个人消费,才能使劳动力得到恢复,所以,劳动力的消费可还原成为生活资料的消费。以劳动时间为单位计算的物质生产成果,首先应扣除表现为生产资料的物化劳动消耗,其次应扣除恢复劳动力需要的、表现为一定量生活资料的物化劳动消耗,如果还有剩余,才意味着生产成果大于生产耗费,占有才有对象,劳动才是生产的。

所以,劳动过程的结果,从二重含义上说是生产的。一方面,从一切劳动能提供适合人们需要的劳动产品看,它在自然物质意义上是生产的;另一方面,一切劳动的成果在扣除劳动过程中的生产资料和生活资料消耗后还有剩余,则从社会经济意义上说也是生产的;剩余越多,效益越大,劳动也愈加具有生产性。

这就是说,劳动者生产出来的产品,扣除耗费掉的生产资料以后,是分成必要产品和剩余产品两部分的。必要产品是满足劳动者个人消费需要的那部分产品,它在任何社会条件下对劳动者都是必要的。没有它,劳动者无法生存,劳动力得不到恢复,生产活动也会继续不下去。剩余产品则是满足劳动者个人消费需要后剩余下来的那部分产品。这部分产品,从社会意义上看,也是社会再生产的必要条件。有了剩余产品,才能有一定的生产资料和生活资料储备,使生产不致因自然灾害或其他意外事故的影响而中断,也才有可能把剩余产品变成追加的生产资料去扩大生产的规模。

劳动者的劳动产品要分成必要产品和剩余产品,劳动者的全部劳动时间和**全部劳动也要相应地分成两部分:必要劳动时间和剩余劳动时间,必要劳动和剩余劳动**。劳动者用来生产必要产品的时间是必要劳动时间,在这段时间内支出的劳动是必要劳动;用来生产剩余产品的时间是剩余劳动时间,在这段时间内支出的劳动是剩余劳动。

上面分析的,是社会生产过程中产品占有的前提和占有内容的一般规定。产品占有的形式或占有关系又是怎样决定的呢?这是由生产资料占有关系基础上劳动者和生产资料结合的社会方式以及生产消费的社会性质直接决定的。如果劳动者与自己的或共同所有的生产资料直接结合,为了自己的利益和需要消费自己的劳动力和生产资料,并平等地互相交换劳动,那么产品也采取共同占有的形式。如果劳动者间接地和属于他人所有的生产资料相结合,劳动过程是生产资料所有者为自己的利益而消费劳动力的过程,那么产品当然只能采取归他人占有的形式,劳动者就无权占有自己的产品了。

总起来看,物质资料生产过程是自然过程和社会过程、生产力和生产关系的统一。它们构成历史上一定的具体生产方式。物质资料生产过程所包含的自然过程和社会过程、生产力和生产关系的对应关系,可用图 1-1 表示。

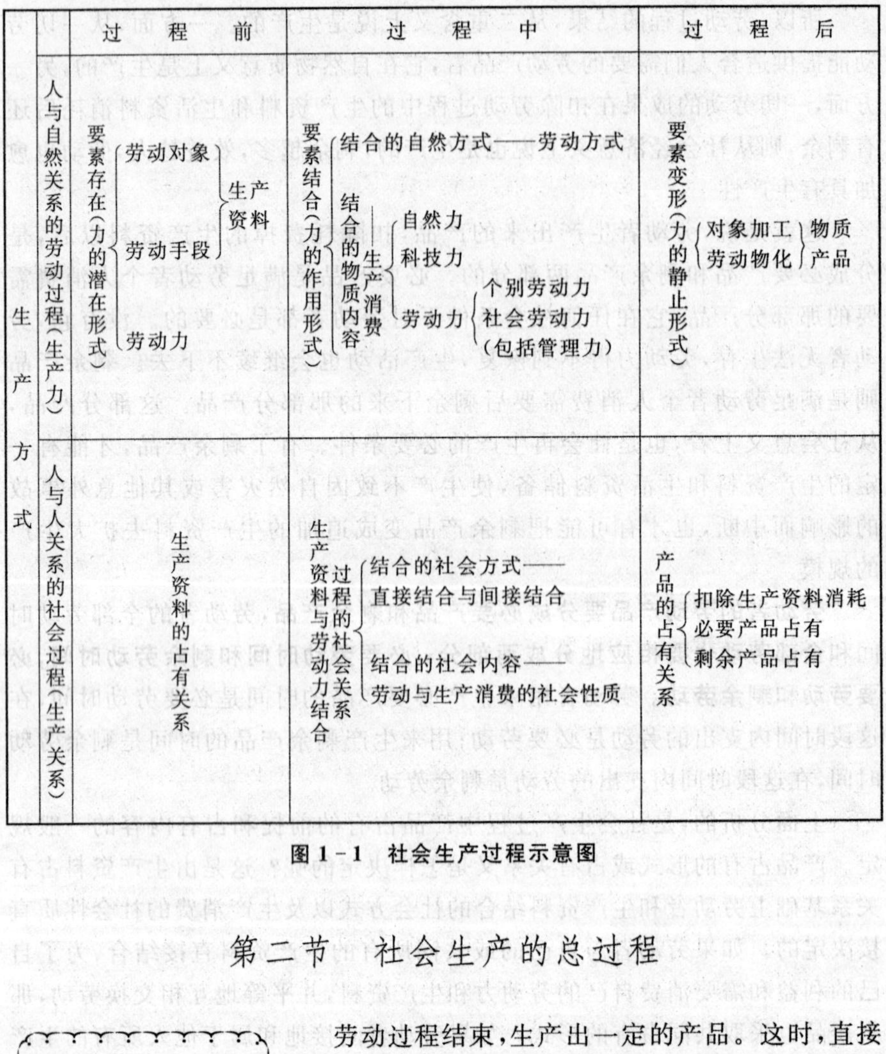

		过 程 前	过 程 中	过 程 后
生产方式	人与自然关系的劳动过程（生产力）	要素存在（力的潜在形式）：劳动对象、劳动手段（生产资料）、劳动力	要素结合（力的作用形式）：结合的自然方式——劳动方式；结合的物质内容——自然力、科技力、劳动力、生产消费（个别劳动力、社会劳动力，包括管理力）	要素变形（力的静止形式）：对象加工、劳动物化（物质产品）
	人与人关系的社会过程（生产关系）	生产资料的占有关系	生产资料与劳动力的社会结合：结合的社会方式——直接结合与间接结合；结合的社会内容——劳动与生产消费的社会性质	产品的占有关系：扣除生产资料消耗、必要产品占有、剩余产品占有

图 1-1 社会生产过程示意图

第二节 社会生产的总过程

〔生产、消费、分配和交换〕 劳动过程结束，生产出一定的产品。这时，直接生产过程虽然结束了，但从社会生产的角度看，生产过程还没有完结。因为人们是为满足需要而生产的，只有当产品进入消费过程被消费了，产品在消费中被实现了，生产行为才算最终结束，才能重新开始生产。而产品在进入消费过程以前，必先有一个分配过程，在人们获得的产品并非自己直接需要时，又要通过交换去换取自己需要的产品，才能用于消费。所以，从社会生产的总过程看，也就是从社会经济过程看，应该包括生产、分配、交换和消费四个环节。

直接生产过程,前面已经分析过,这是人们结成一定社会关系改变自然物质,以适应自己需要的过程。

消费过程,是指生产出来的产品由人们消费的过程。消费有两种。一种是生产消费,就是在劳动过程中消费生产资料和劳动力,这种消费与生产是一回事,生产行为就是消费行为。另一种是**个人消费,指满足人们物质文化生活需要的消费**,所以也叫生活消费。这才是物质财富生产过程以外并和它不同的消费。

分配也有两种。一种是生产要素的分配,包括生产资料的分配和社会成员在各类生产中间的分配。这种分配先于生产过程,是生产过程得以开始的条件和前提,因而包含在生产过程本身之中,并且决定社会生产的结果。另一种是在生产过程以外,与生产要素分配不同的分配,即**产品进入个人消费前的分配**,它决定社会产品归个人所有的比例。个人消费品的分配,**是生产和消费的中间环节**。

交换过程,是人们互相交换劳动的过程。从形式上看,交换有两种。一种是人们劳动能力和劳动活动的交换,这种交换当然也是直接属于生产,并且从本质上组成生产的。另一种是劳动产品的交换。这里也还要加以区分。一种是生产资料的,它是用来制造直接消费品的一种手段,因此也是包含在生产之中的行为。另一种是**直接为了个人消费而进行的产品交换**。只有这最后阶段上的交换,**才独立于生产之外,成为媒介分配和消费的中间环节**。

在社会生产总过程中,生产、分配、交换、消费各个过程不是孤立的,而是相互联系、相互影响的。其中生产是过程的起点,决定消费、分配和交换;而消费、分配和交换又分别作用于生产。正如马克思所说:"一定的生产决定一定的消费、分配、交换和这些不同要素相互间的一定关系。当然,生产就其单方面形式来说也决定于其他要素。"①下面就来分析生产和独立于它的消费、分配和交换过程的相互关系。

---

① 马克思:《〈政治经济学批判〉导言》,《马克思恩格斯选集》第 2 卷,人民出版社 2012 年版,第 102 页。

生产和消费　　生产决定消费,从物的运动看,它决定了消费的对象和消费的方式。人们的消费,总是靠生产提供对象的,生产了衣服、食品、住房,人们才能有衣服穿,有东西吃,有房子住。生产提供的对象也规定了应以什么方式消费它们。例如,没有电灯的时候人们只能用煤油灯、菜油灯等照明,现在则用电灯进行照明了。再有,生产还以其对象在消费者身上引起需要。例如,艺术品能够创造出懂得艺术和欣赏美的人。从社会关系看,生产中的占有关系决定了消费的社会性质。另一方面,消费又反作用于生产。从物的角度看,消费行为使生产得以最后完成。一件衣服由于穿的行为才现实地成为衣服;一间房屋无人居住,事实上不成其为现实的房屋。产品没有消费掉,自然不需要再生产出来。同时,消费又会创造出新的需要,推动生产去满足它,从而成为生产进一步发展的动力。从社会关系看,消费是产品所有权的最终实现。只有当直接生产者对产品的占有和消费不受限制,能随生产的发展相应地扩大,才能有力地推动生产的发展,反之消费受到限制、日益和生产脱节,则反过来阻挠生产的发展。

生产和分配　　生产和分配的关系,也是生产决定分配,分配反过来影响生产。就物质内容看,分配的对象只能是生产成果。生产什么,生产了多少,决定了可以分配什么和分配多少。就分配的方式看,人们参与生产的一定形式决定参与分配的一定形式。一些人以雇用劳动者身份参与生产,就以资本主义工资形式参与生产成果的分配;另一些是以资本家、土地所有者的身份参与生产,就以利润、地租等形式参与社会产品的分配。

分配对生产的反作用表现在,分配的结果若使生产者的消费水平日益提高,生产者获得全面发展,就能促进生产的发展;反之,就会影响他们参与生产的积极性,阻碍生产的发展。

生产和交换　　生产又怎样决定交换的呢?恩格斯在《反杜林论》中说:"政治经济学,从最广的意义上说,是研究人类社会中支配物质生活资料的生产和交换的规律的科学。生产和交换是两种不同的职能。……这两种社会职能的每一种都处于多半是特殊的外界作用的影响之下,所以都有多半是各自的特殊的规律。但是另一方面,这两种职能在每一瞬间都互相制约,并且互相影响,以致它们可以叫作经济曲线的横坐标和纵坐标。"①首先,如果没有生产中的社会分工,大家都生产同样的产品,交换也就没有必要了;其次,生产的社会性质决定交换的社会性质。例如,私人生产决定交换也在私人所有的产品之间进行;再次,交换的深度和广度都由生产的发展和生产的结构决定。社会的分工愈精细,生产的产品数量愈多、种类愈丰富,交换也愈往广泛、深入的方向发展。例如,随分工的发展形成了城乡之间的交换、乡村中的交换、城市中的交换、部门之间的交换、部门内各部分和企业间的交换等等。

交换怎样反作用于生产呢?如果交换进展顺利,市场范围扩大,要求有更多产品投入交换,这就会促进生产的发展和生产关系的巩固扩大。反之,如果市场缩小,交换进展迟缓,就会阻碍生产的发展。马克思说过:"交换就其一切要素来说,或者是直接包含在生产之中,或者是由生产决定。"②这是指产品或商品交换,可说是狭义的交换。但他还讲过,人们在生产中必须"互相交换其活动",发生"各种活动和各种能力的交换"。这里已不限于产品或商品的交换,但还是在生产之中。这些交换还都是使用 Austausch 一词。马克思、恩格斯在其他一些地方,表达交换这一概念时,不是用 Austausch,而是用 Verkehr 一词(中文译为"交往")。这个词含义较广,他们还提出物质交往、精神交往等各种"交往关系"(Verkehrsverhaltnisse)。

还应当看到,交换、分配、消费这些环节相互之间也有影响。例如,交换若不是按等量劳动相交换的原则进行,意味着各自占有的产品经过分配,一方吃亏,另一方占了便宜,也会使消费受到影响。再如,个人从社会分配到的产品份额愈多,消费的水平愈高,会使交换更加发达;反之,交换的规模和范围也不得不收缩。

社会生产总过程即生产、分配、交换、消费四环节所包含的社会关系,构成广义的社会关系。直接生产过程的社会关系是狭义生产关系,在对社会生产总过程的一般关系作了质的分析以后,还要进一步作量的分析。

---

① 恩格斯:《反杜林论》,《马克思恩格斯选集》第 3 卷,人民出版社 2012 年版,第 525 页。
② 马克思:《〈政治经济学批判〉导言》,《马克思恩格斯选集》第 2 卷,人民出版社 2012 年版,第 699 页。

第三节 社会生产规模和社会总产品

>社会生产的规模
>和　水　平

在研究社会生产一般的量的规定性时,首先要分析社会生产的规模和水平,看它们是怎样决定的。

社会生产过程既然由劳动过程和社会过程两方面组成,因此,两方面都会影响社会生产的规模和水平。决定社会生产规模和水平的基本因素是自然资源、生产资料状况和生产的主观因素即劳动力和劳动状况;生产中的社会关系则会对这些基本因素起反作用。

首先,自然资源。人们总是在一定的自然地理环境中从事生产的,因此,自然条件是决定社会生产规模和水平的一个重要因素。一个国家拥有自然条件和资源的总体,构成该国的自然财富,其中,对社会生产规模和水平发生重要影响的因素主要是这样一些:土地,包括土地数量的大小、土质的好坏、位置的优劣;动植物种类,包括自然生产的和人们可能种植和饲养的;矿藏和能源,它的数量、品位和种类;水资源,包括河流的多少、大小、长短、深浅和流域的特点,海岸线的长短和海域的特点;还有气候和天文地理等等条件。

一个国家拥有的自然资源的条件愈多、愈好、愈齐全,就有较大的可能扩大生产规模和提高生产水平。但再好的自然条件如果没有被利用或者没有被合理地利用,则它本身是不能保证有更大更高的生产规模和水平的。正是在自然资源和自然条件的利用方面,表现出受社会生产关系的影响了,例如,小生产者自己耕种一小块土地,可以用自己的劳动精耕细作,但究竟力量有限,科学技术的应用会受到限制,从而生产规模的扩大和水平的提高终究有一定的限度。

其次,生产资料状况。这也是决定社会生产规模和水平的一个重要因素。在人类稍有发展的阶段上,劳动对象和劳动资料(主要是工具)多数是劳动的产品。社会劳动所生产的产品中,可用于生产的物质财富越多、越发达、越完善,扩大生产规模和增加产量的可能性也越大,因为,它能使生产的自然条件和自然资源得到更广泛深入和有效地利用。劳动资料的发展和使用也同样是受社会生产关系影响的。

第三,劳动力的数量和素质。人是生产过程的主体及能动因素,从这一意义说也是影响社会生产规模和水平的最重要的因素。劳动力人数首先取决于人口总数、人口增长率和年龄结构。这些规定了劳动力的数量、增减趋势和尚无劳动力或已丧失劳动力的供养人口所占的比例。在社会总劳动力中还要看他们的职业构成,有多少从事物质资料生产的劳动力,有多少从事其他活动的劳动力。从事物质资料生产的劳动力也有一个技术等级结构问题,有熟练的、半熟练的和不熟练的区别,它表示出劳动力本身的素质。总之,劳动力状况,包括劳动力的数量、素质和结构,对社会生产的规模和水平是极其重要的。

劳动力要在劳动过程中发挥作用,劳动力要表现为一定的劳动量,才成为决定生产规模的现实因素。

劳动量的大小要用劳动持续的时间计量,而劳动时间又要用一定的时间单位,如小时、日等作尺度。一个劳动者实际提供的劳动量,首先看一个工作日时间的长短。工作日越长,他提供的劳动量越大,反之则越小。一周、一月、一年提供的劳动量,则除工作日的长度外,还要看每周、每月和每年的工作天数。

一个工作日的长度和一周、一月、一年的工作天数有其自然限界和社会限界。一个人要生存,不能24小时都劳动,必须有睡眠和休息的时间,才能恢复消耗了的劳动力;要生活,又必须有吃饭穿衣等时间,这些都是满足生理需要的时间,构成工作日的自然限界。人是一种社会动物,有从事各种社会活动和文化生活的需要,如参加集体活动、交友、看书、欣赏艺术作品等等,满足这些需要也要有闲暇时间,它构成工作日和工作周等等的社会限界。

工作时间的社会限界以至自然限界都有伸缩性,并会随具体历史条件变化而变化。一定历史条件下工作日究竟多长,一年、一月、一周的工作天数究竟是多少,会受到生产关系的很大影响。例如,在发达的资本主义国家内,经过工人阶级的持续斗争,在第一次世界大战后逐渐实行8小时工作日制度;第二次世界大战后一般都实行5天工作周制度。

劳动者在一定时间内提供的劳动量,还决定于劳动强度。**劳动强度即劳动者在单位时间内耗费的劳动量。**在同样的时间里,劳动者动作更紧张,动作变换的时间更节省,他支出的劳动量就多,劳动强度就高;反之,如果劳动者劳动比较松弛,支出的劳动量少,劳动强度就低。工作日的长度,是劳动的外延量;劳动强度,是劳动的内含量。一般说来,延长工作日和提高劳动强度会取得增加产品数量的同样的结果。不过,前者是靠劳动时间的延续,从而支出更多劳动量得到的;后者则靠同一时间内劳动更密集,从而支出更多劳动量才取得的。

劳动强度和劳动延续时间本身互相制约。工作日越是缩短,劳动强度越能增加。但一个人的劳动强度又有一定极限。超过这一限度,对劳动者的劳动力实行掠夺式的使用,会使他的劳动力得不到正常的恢复,健康受到损害,未老先衰,一生的劳动年限因而缩短。因此,保证劳动力的正常恢复,是提高劳动强度的自然限界,满足劳动者工作日以外社会、精神生活的需要,是提高劳动强度的社会限界。如果工作日内劳动强度过高,劳动者已疲惫不堪,即使在工作日以外的闲暇时间里,也会没有精力从事社会活动或其他文化活动,以满足自己享受和发展的需要了。

劳动强度的实际提高,一方面取决于生产技术因素,例如,在使用手工工具时,劳动强度多半取决于直接生产者本身;而在机器生产时,则取决于机器转动的速度和看管机器的台数。另一方面也取决于生产的社会方面,社会生产关系的不同会使提高劳动强度的方式有显著不同。例如,在劳动成果不由直接生产者支配而归剥削者占有的条件下,劳动强度的提高或者依靠直接的强制(如奴隶制度下用皮鞭强迫奴隶劳动)或者用经济强制和刺激(如资本主义制度下用失业威胁和奖金制度刺激工人提高劳动强度)。劳动成果归生产者占有时,依靠自觉的纪律和物质精神鼓励。

社会生产力水平的高低,最终是通过劳动生产率反映出来的。**劳动生产率或劳动效率,由劳动者在一定时间内生产的使用价值数量,或者生产一个单位使用价值所需要的劳动时间来衡量**。例如,原来一个炼钢工人一天劳动 8 小时,炼钢 4 吨,如果现在同样劳动 8 小时,产量提高到 8 吨,每吨钢的冶炼时间从 2 小时减到 1 小时,那就意味着炼钢的劳动生产率提高了一倍。

劳动强度和劳动生产率的提高,从结果上看是一样的,都会在一定时期内生产出更多的物质财富。不同在于,前者是单位劳动时间内消耗了更多的劳动力,后者是单位劳动时间内消耗同样的劳动力,但取得更多的劳动成果。所以,劳动生产率的增长才是劳动能力提高的表现。

劳动生产率的高低又是由什么因素决定的呢?马克思指出:"劳动生产力是由多种情况决定的,其中包括:工人的平均熟练程度,科学的发展水平和它在工艺上应用的程度,生产过程的社会结合,生产资料的规模和效能,以及自然条件。"①总之,它是生产过程各种因素综合作用的结果,既包括自然物质因素,也包括社会因素。同时,在不同的生产部门中,各种因素对劳动生产率的作用程度又是不一样的。例如,在农业和采掘业中,自然条件起着突出的作用;在制造业中,生产资料的规模和效能有极大的影响。

社会分工　　谈到社会生产规模和生产水平时,还必须估计到社会分工的意义。**社会分工,是指生产者固定地从事某种财富生产的社会劳动组织形式**。它是人类社会生产发展到一定阶段的产物,并随其发展而不断深化。在人类最初级阶段的社会劳动组织中,一个共同体的人轮流从事某种劳动。例如,一段时间共同在田里劳动,另一段时间去喂牲口,去制作工具。后来有按性别年龄的自然分工,如男人外出狩猎,女人在家种植和饲养家畜,老人制作工具等等。再发展一步,才有一些原始共同体从事原始畜牧生产,另一些共同体从事原始农业生产这样的社会分工。其后,又有手工业生产从农业中独立出来。再后,农业、畜牧业、手工业本身也不断专门化,使社会分工向纵深方向发展,形成一个由无数种类职业构成的社会分工体系。

社会分工的产生和发展,有一定的自然基础和社会基础。产生社会分工的自然基础,并不在于自然界(主要是土地)的绝对丰度,而在于它的差异性和自然产品的多样性;另一方面要看人口数量和人口密度,人们的需要、能力、劳动资料和劳动方式的多样化。分工的社会基础在于人们要以整个社会的规模控制自然,以最小的劳动耗费取得最大的劳动成果,从而在经济上获得更多的效益。所以,整个社会的分工,虽然因从属于不同的所有制而有不同的社会性质,却仍然是各种社会经济形态共有的。

社会分工的产生和发展,有两方面的重要意义。一方面,由于生产者固定地从事某一种产品的生产,因此,能更充分而有效地利用自然资源和自然条件,扩大劳动资料使用的规模,使劳动工具更加专业和多样化,劳动者的技能更加熟练、经验更易于积累,也有利于在劳动过程中进行协作和劳动分工,总之,**能进一步提高某种产品的劳动生产率,并在总体上大大提高全社会的劳动生产率和社会经济效益**;另一方面,社会分工又使人们社会劳动的

---

① 马克思:《资本论》第1卷,人民出版社2004年版,第53页。

关系发展了。由于社会分工,生产者只生产某种产品,他组织生产的独立性加强了,但同时他对其他生产者在劳动上的依赖和联系,即生产的社会性加强了。这种依赖和联系表现在:他需要别的生产者为自己提供生产资料和生活资料,又以自己的产品去满足其他生产者的生产需要或生活需要。例如,皮鞋生产者在组织皮鞋生产的劳动过程中是不依赖其他生产者的,但从社会生产总过程看,他要和其他生产者发生多方面的联系:既要依赖牧人生产毛皮,皮匠把毛皮变成皮革,铁匠生产的鞋钉,农夫生产的粮食,织工生产的布匹等等;又要依赖上述各种生产者及其他各业生产者消费他生产的皮鞋。由此可见,社会分工这种社会劳动组织形式,既反映了人们与自然进行物质变换过程的劳动方式,又反映这一过程中人们劳动结合的社会方式。因此,当我们说到社会生产规模和水平时,总是把社会分工的发展包含在内的。

> **社会总劳动和社会总产品**

根据上面对决定社会生产规模的因素的分析可以看到,某一社会共同体拥有的、可在一定时期(例如一年)内投入物质财富生产的劳动量,构成这一社会的劳动总额,即社会总劳动。

社会总劳动以活劳动和物化劳动两种形式存在。活劳动就是投入生产的人力支出,物化劳动是投入生产的物力消耗。在社会劳动生产率现有水平下,投入物质生产的社会活劳动总额会随劳动人数、劳动时间长度和社会平均劳动强度而变化。由投入生产的人力和物力构成的社会劳动总额,可统一用劳动时间去衡量。

社会总劳动是社会成员个别劳动的总和。在社会分工的条件下,社会总劳动由生产各种不同物质财富的个人劳动组成。在第一节中,我们是从一个直接生产者的角度,考察了他的劳动分为必要劳动和剩余劳动问题,指出直接生产者生产供自己消费的必要生活资料的那部分劳动是必要劳动,在这之外提供剩余劳动。从全社会的总劳动看,这种含义的必要劳动和剩余劳动当然同样适用,不过还要从社会分工,从他们生产财富的物质形态角度补充一点,即用在农业中生产粮食的劳动,对全社会来说,只代表必要劳动,即满足社会对这种特殊物品需要所必要的劳动。只有农业劳动者的生产效率达到满足自己生活需要以后尚有剩余,能为整个社会生产必要的粮食,才使农业和工业的分工成为可能,农业内部的分工成为可能,总之,社会其他一切物质生产、非物质生产或非生产部门才有可能独立形成一个专业部门。所以说，**超越于农业劳动者个人需要的农业劳动生产率是一切社会分工的基础。**

社会总产品，指社会在一定时期（一般为一年）内生产出来的全部物质财富。从实物形式看，社会总产品千姿百态、各种各样。但按满足人们需要的用途划分，**可归结为两类：**一类是满足生产需要的产品，叫**生产资料；**另一类是满足人们生活上需要的产品，叫**消费资料或生活资料。**

从社会总产品的经济形式角度看，首先有一个用统一的单位衡量的问题。如社会今年生产了几万台机器，几千万吨粮食，几百万吨棉花等许许多多产品，从社会统一的经济观点看，他们都是社会劳动的产物，有一定量社会劳动凝结在其中。但是，要统一表示在实物形式上各不相同的产品的量，就得有个度量单位，否则既无法对产品各自的消耗和成果进行衡量和比较，也无法对各种产品作统一的衡量和比较，从而也无法表现它们具有共同的社会劳动产品的属性和可以折合成多少社会劳动量。总而言之，不用一定货币单位计量各种产品的**"量值"**，就无法把它们"总"起来，就说不上是"社会总产品"。现在我们最熟悉的衡量单位是货币，如我国的货币单位的名称是**"元"**，全社会每年总产品值几万亿元，就是棉花、粮食、钢铁各值几十万元、几百万元、几千万元元等等的加总，但世界各国的货币名称并不一样，英国是英镑，德国是马克，法国是法郎，俄罗斯是卢布等。社会总产品的**"量值"**也可以不用价值、货币表示，如原始人就直接用劳动作单位。但不管具体采取的是哪一种形式，用一定单位去衡量社会总产品的**"量值"**，这在任何社会下都是不可避免的。

社会总产品的**"量值"**，也有一个经济构成问题。总产品的**"量值"**中，首先由消耗掉的物化劳动，即生产资料的**"量值"**构成。在劳动过程中，人的劳动在把生产资料变成产品的同时，这部分物化劳动也被保存并转移到产品中。由于消耗掉的生产资料，不是今年新生产出来的，必须用总产品的相应部分给予补偿，否则社会就不能以原来的规模继续生产了。所以，总产品中用来补偿生产资料的部分不能作为收入进行分配和使用。除去这一部分后剩下来的总产品，是**当年新生产出来的产品叫净产品**，**"量值"**即国民收入，是全社会今年投入的活劳动新创造出来的收入，可用于分配和消费的。

社会在一定时间（一般为一年）内所创造的、按人平均的净产品（国民收入），是该社会经济发展水平的重要的综合性指标。人均国民收入的水平越高,意味着该社会可用于分配和消费的财富越多,反之则越少。

国民收入中必须包括使劳动者的劳动力得以恢复的必要消费资料的**"量值"**,这部分产品是任何社会形态下都必需的,否则劳动力就不能在正常状态下得到恢复。因此,这部分也可称为必要产品,它构成净产品**"量值"**的主要部分。净产品中扣除必要产品值后留下来的部分是剩余产品**"量值"**。

$$
社会总产品\begin{cases}实物构成\begin{cases}生产资料\\消费资料(生活资料)\end{cases}\\经济构成\begin{cases}已消耗生产资料"量值"\\净产品值(国民收入)"量值"\begin{cases}必要产品"量值"\\剩余产品"量值"\end{cases}\end{cases}\end{cases}
$$

图 1-2　社会总产品构成示意图

剩余产品值又如何分配和使用呢?这是有一定机动余地的,但也要受到实物构成和其他限制。一般来说,剩余产品一部分要用于储备,既包括生产资料储备,也包括消费资料储备;第二部分要用于物质生产部门劳动者提高生活的需要和供应非物质生产部门劳动者的需要,这是受消费资料数量限制的;第三部分积累起来,追加到生产中去,扩大生产的规模,这部分要看社会上有多少相应的剩余生产资料和消费资料。

> 劳动时间节约是社会生产普遍和首要规律

社会总产品是社会总劳动的成果。如果社会劳动总量不变,它所生产的社会总产品数量愈大,质量愈好,种类愈多,即同一社会劳动量生产出更多更好的社会财富,意味着社会劳动生产力和经济效益的提高。反过来说也一样,如果一定时期内社会生产同样数量、质量和种类的财富,消耗的人力、物力更少,即它依靠活劳动和物化劳动的节约取得的,同样表示劳动比以前更有生产力了。

由于劳动是以劳动时间的延续衡量的,而时间又是劳动延续长度的自然尺度,因此,**一切节约,包括人力消耗的活劳动节约和物质资料消耗的物化劳动节约都可以归结为时间的节约**。如果社会总劳动时间不变,生产小麦、畜牧等等所需要的时间又越少,则它所赢得的从事其他生产、物质的或精神的生产的时间就越多。正像单个人的情况一样,社会发展、社会享用和社会活动的全面性,都取决于时间的节约。因此,虽然在不同社会形式下有不同的情况和意义,但**劳动时间的节约和劳动生产率的提高**,是人类社会从低级阶段向高级阶段发展的保证。从最初的原始社会过渡到奴隶社会，由奴隶社会过渡到封建社会，从封建社会过渡到资本主义社会，再过渡到社会主义社会以至共产主义社会，都以后者能创造出比前者更高的劳动生产率为物质基础的。归根到底，时间节约规律不仅是社会生产的普遍规律，而且还是人类社会发展的首要经济规律。

思 考 题

1. 怎样理解社会生产的二重性？
2. 社会生产总过程中的消费、分配、交换的含义及生产与消费、分配、交换的关系如何理解？
3. 怎样理解劳动时间的节约和劳动生产率的提高是人类社会共同的普遍规律？

本章参考文献

1. 马克思：《雇佣劳动与资本》，《马克思恩格斯选集》第1卷，人民出版社2012年版。
2. 马克思：《资本论》第1卷，人民出版社2004年版。
3. 马克思：《〈政治经济学批判〉导言》，《马克思恩格斯选集》第2卷，人民出版社2012年版。

第二章 社会再生产

一个社会不能停止消费,同样也不能停止生产。"**因此,每一个社会生产过程,从经常的联系和它不断更新来看,同时也就是再生产过程。**"①

社会再生产过程。从内容看,首先是物质资料的再生产过程。社会生产在一年中所消耗的生产资料,必须从当年的产品总量中取出予以补偿。要进行扩大再生产,还必须有追加的生产资料加入新的生产过程。为使再生产过程能顺利进行,还要求生产资料和劳动力在各生产部门按一定比例进行分配。

其次,社会再生产过程同时又是生产关系的再生产过程,原来的生产关系也要不断延续、扩大和发展。生产具有什么社会形式,再生产也就具有同样的形式。

本章中,在理解再生产的含义、所需条件和类型以外,主要掌握社会再生产的运行规律,即社会劳动总量的按比例分配规律,以及产业结构变化规律与经济增长和发展规律。

第一节 生产和再生产

再生产的含义和条件

上一章讲过人类社会生产过程包括四个方面或四个环节。由于任何社会都不能停止消费,因而也就不能停止生产。对于生产,如果我们不是孤立地看其某一次过程,而是把时间上继起的一个个过程联结起来观察,那么,每一次生产过程都是上一次生产过程的重复、更新,即再生产的过程。所谓再生产,就是不断重复进行的生产过程。

生产的要素就是再生产的要素。每一次生产过程消耗掉一定量的物质

---

① 马克思:《资本论》第1卷,人民出版社2004年版,第653页。

资料(包括生产资料与生活资料),同时,又生产出一定量的产品。因此,再生产的正常进行,需要如下前提条件:第一,年产品中必须包含适当数量的物质要素,能在下期生产中用作生产资料,使该社会的再生产得以继续。第二,年产品中还必须有适当数量的消费资料,以供社会再生产所需要的劳动者的生存与发展之需。第三,年产品中不仅要包含生产资料与生活资料,而且物质资料的这两种不同形式还应具有某种适当的比例,以便在数量上互相配合。

从社会过程看,生产在怎样的社会形式下进行,再生产也在怎样的社会形式下进行。如果把上述两方面综合起来看,**再生产过程一方面是物质资料的再生产,另一方面是生产关系的再生产**。

社会再生产的基本类型　　社会再生产按其规模来看,可以分为三种类型,这就是:简单再生产,缩小再生产,扩大再生产。

一、**所谓简单再生产,就是生产规模按原样不变的再生产**。在简单再生产条件下,年产品恰够补偿同期生产中消耗掉的生产资料与消费资料,所以,下期投入生产的社会劳动总量以及下期年产品量既不扩大也不缩小。从前面讲的年产品经济构成来讲,所谓简单再生产,就是年产品中的剩余产品全部用于当前消费,没有积累,因而生产规模不变。显然,从长期趋势看,简单再生产不是迄今为止的人类社会的特征。否则,社会是不会发展的。

二、缩小再生产是指社会生产规模趋向萎缩的再生产。在这种条件下,社会生产的年产品,不能保证补偿已耗费的生产资料,也不能提供维持社会劳动力再生产所需要的消费资料,因而只能靠缩小社会生产规模来维持再生产的继续进行。一般说,萎缩的再生产也不是人类社会的特征,只是在某些特定情况下,某些自然因素(如水涝、旱灾、地震)和某些社会因素(如战争、极端的封建暴政、资本主义经济危机)的特殊作用下才会出现。

三、**扩大再生产是指社会生产总量不断增长的再生产**。扩大再生产的过程表现为经济增长的过程。在扩大再生产(经济增长)的条件下,社会生产的年产品在补偿消耗掉的生产资料与实现社会成员正常消费之后仍有剩余,这些剩余至少不是全部用于增加消费,有一部分作为追加的社会劳动量投入再生产,因而使生产规模得以扩大。比较一下人类社会初期和现代社会达到的生产规模就可以明显地看到,从长期发展趋势看,扩大再生产是人类社会再生产的特征。自然,在各个不同的社会形态下,由于具体的物质条件和社会条件的不同,生产扩大的规模和速度也有极大区别。必须注意,扩大再生产不但是物质资料规模的扩大,而且生产关系也在扩大再生产,即它的范围在扩大,关系在加深。

扩大再生产,按照达到的途径和方法的不同可分为内涵扩大再生产和外延扩大再生产两种形式。**如果生产规模的扩大是由于投入了更多的生产要素**,包括投入了更多的人力、物力和资源(增加新的厂房、机器设备、工人、原材料),**这就是外延扩大再生产**。如果生产的扩大是通过更经济有效地利用原来投入生产中的要素,例如,由于技术或工艺流程的进步,使单位产品的原材料消耗降低,同样的生产要素现在带来更大的产量,**那就是内涵扩大再生产**。内涵扩大再生产,使生产往纵深发展,是生产的集约式经营。当然,我们对内涵扩大再生产和外延扩大再生产的含义规定,是一种纯粹的抽象。在现实经济生活中,两者经常是互相渗透结合在一起的,通过技术进步实现内涵的扩大再生产时,常常要求投入比原来更多的新的技术装备,这就意味着同时包含有外延的扩大再生产;或者,当我们建设一个新工厂时,它对生产要素的利用效率比原工厂高,这时外延的生产扩大中也包含有内涵扩大再生产的因素。尽管如此,总还有一个以外延扩大再生产为主或是以内涵扩大再生产为主的区别。

第二节 社会再生产的比例

> 社会劳动总量的按比例分配规律

上一章说过,人们从事物质资料生产的一般目的是为了满足自己的生活需要。这种生活需要是多方面的,既有自然环境和生理因素决定的需要,如衣、食、住、行等,也有社会历史因素决定的需要,如资本家的生活需要和工人的生活需要就有极大不同,原始人的需要和现代人的需要也不能同日而语。要满足各种各样生活需要,必须依靠生产,而生产需要劳动对象和劳动资料,因此,又必然存在对各种各样生产资料的需要。所以,人的需要,从对象上看,分成对生活资料的需要和对生产资料的需要两种,两者性质不同,前者为了个人消费,后者为了生产消费即生产,但从再生产角度看,两者都必须得到满足。

人们需要的产品是多方面的,对每种产品的需要量又是不同的,究竟怎样才能满足呢？很清楚,要想得到和各种不同的需要量相适应的产品量,就要付出各种不同的和具有一定数量比例的社会劳动量。举例说,这个社会一年需要消费粮食 100 万吨,为此要付出 1 亿小时社会劳动。衣服 500 万套,又需要 5 千万小时社会劳动;消耗煤炭 1 000 万吨,要用 5 千万小时的劳动才能生产出来;消耗钢材 100 万吨,相应需付出 1 亿小时劳动。假定社会正好拥有 3 亿小时的劳动总量,把 3 亿小时的社会总劳动,按上述 1∶1∶0.5∶0.5 的比例去生产粮食、钢铁、煤炭和衣服,这是一种客观必然性,不按照这一比例分配社会总劳动,就无法获得各种足够数量的产品去满足人们的多方面需要。所以,**不管一个社会通过什么形式去实现再生产,社会总劳动的按比例分配总是社会再生产的普遍规律。**

这里的社会总劳动,既包括活劳动,也包括物化劳动。按一定比例把社会总劳动分配到社会各生产部门,也就是把劳动力和生产资料按比例地分配到各部门。而且,生产一定数量和种类的产品,有时还要相应的自然资源,这些资源虽然不是人类劳动生产的,但在一定的科学技术条件下,相对于生产上的需要而言却是稀缺的,并非取之不尽;因此,这些资源也必须和劳动力及其他作为生产资料的劳动产品一样,按一定的比例分配到社会生产的各有关部门。所以,**当我们说社会总劳动的按比例分配时,实际上包括活劳动、物化劳动和自然资源的按比例分配,是社会生产总资源的按比例分配。**

> 决定部门间劳动分配比例的因素

社会总资源在各部门的分配,应该形成什么样的比例关系才是合理的？确定这些比例关系应该考虑哪些因素？

要使劳动总量在各部门的分配形成合理的比例,首要原则就是,按这种分配比例所生产的产品组合,能够最大限度地满足社会需要。在上面所举例子中,社会总劳动量和用它满足的社会总需要量恰好相等。但是实际上,两者的平衡关系并不这样简单,从发展的观点看,生产和需要之间经常存在矛盾。人们的需要是多方面的,又在不断发展和扩大,对个别物品（如面包）的需要虽有限度,但对物品和服务的需要整体来说又是无限的;另一方面,人们的生产能力从长期发展来说虽是无限的,可是一定时期内拥有的资源总量却是有限的,不仅自然资源有限,劳动力资源和物质资源也有限。用有限的社会总劳动量生产出来的总产品只能满足有限的需要,因此,这里存在一个社会资源有效利用问题,即将一定量社会总劳动按比例分配于各生产部门以便尽可能地满足人们的各种需要。但社会总劳动量究竟应按怎样一种比例分配呢?这是受一定时期各部门生产和需要的具体条件制约的。

先从**需要方面看**,人们的生活需要多种多样,构成一个多层次的需要结构,按内容可分为生存需要、发展需要和享受需要。生存需要(衣、食、住、行)是人类生活最基本、最起码的需要,是应首先予以满足的一个需要层次。人们只有在衣食有了保证、吃饱穿暖之后,才谈得到发展和享受的需要,如接受教育、文化娱乐等。这种多层次的需要结构是在一定社会历史条件下客观地存在的,社会应随所支配的劳动总量的大小选择相应的生产结构去满足他们。上例中,如果社会的劳动总量已从3亿小时增加为3.5亿小时,则除了生产粮、钢、煤、布以外,还有5千万小时可用于其他部门的生产以满足更多种需要。不仅不同种的需要有重要程度的差别,而且不同数量的同种产品其满足人们需要的程度即效用也不一样。假定一个人吃了两块面包已够勉强维持生存,若再有第三块以至第四块面包是否还同以前几块一样重要,它们满足需要的程度是否完全一样呢?常识告诉我们不一样。随着人们占有物品数量的增加,这种物品本身的自然性质虽然不变,物品本身的总效用虽然在增加,可是它对人们需要的重要性却在递减,因而它在人们需要结构中的相对地位也会变化。满足生存需要的面包在需要层次上当然比满足发展需要的书籍重要,可是当面包生产已达到一定程度,对面包的需要已有某种程度满足以后,第四块、第五块面包的重要性可能不及第一本书籍更能满足人们的需要。这时,社会就应有所选择,把生产第四、第五块面包的劳动用来生产书籍或其他物品了。所以,**需要的结构和各种物品满足需要的数量限界**,是决定比例的一个重要因素。

再从**生产方面看**,不同物品的生产条件,或者说不同部门的相对生产力也是决定社会总劳动量分配比例的一个重要因素。如果整个社会的资源已定,社会的需要量也是已定的,这时社会分配给粮食、钢铁、煤炭、棉花、书籍等的劳动量究竟多少,就由这些部门各自的生产力来决定。各部门相对的生产力和该部门按比例应分到的资源量之间的关系,在不同部门是不同的。有些部门,主要是提供基本生存资料部门(如粮食)由于需要受生理限定,该部门生产力越高,在其他条件相等时,应投入的劳动量可以越少;在另外一些部门,例如,肉、禽、蛋、奶类的生产,在整个农业生产力比较低的时候,由于社会要把主要力量投入到粮食的生产,不可能对它们投入大量劳动,但当它们的生产力提高到可以进行大规模生产时,社会就有可能减少粮食生产,而把较多劳动投入这些部门了。所以,各部门相对的生产力水平,总以这样或那样的形式和按比例分配劳动联系着。

综上所述,各部门具体比例关系受生产技术条件和社会需要的限制。生产技术和需求状况又和一定社会条件分不开,因此具体比例关系的确定还受社会条件的影响。当社会劳动总量和各部门生产条件已定时,社会有一个对不同产品的需要结构,因而要求一种相应的部门间资源分配比例。当前两者变化,社会的需要状况也变化,就会要求另一种资源分配比例。可见,合乎客观要求的按比例分配劳动,是一个变化着的动态过程。

两大部类的比例关系 社会生产有许许多多部门,形成复杂的比例关系,但如果把它们归纳起来,主要是生产资料和消费资料这两大类的比例关系。

如果再生产是在不追加劳动力和生产资料投入的条件下进行的简单再生产,今年新生产的产品全部用于生活消费,不积累,那么两大部类的生产之间必须保持这样一种比例:第一部类今年新生产的生产资料正好满足第二部类的生产需要,即补偿今年生产消费资料时消耗掉的生产资料;第一部类满足生活需要的消费资料恰好由第二部类来提供。在这样一种基本比例关系下,全社会产品能满足全部生活需要和生产需要,两部类的生产资料都能得到补偿,两大部类生产者的消费资料也都有了保证。

如果再生产是在追加生产资料和劳动力条件下进行的扩大再生产,首先今年生产的总产品中要有一部分剩余生产资料和消费资料积累起来,追加投入明年的生产,同时两大部类要保持这样一种平衡关系:第一部类今年新生产出来的生产资料扣除本部类扩大生产部分以后,要正好满足第二部类补偿和扩大生产的需要,而第一部类原有劳动者和新增劳动者的生活需要的资料全部要第二部类来保证。在这种基本比例关系下,社会扩大再生产才能顺利进行。

如果扩大再生产是内涵型的、依靠技术进步和不断提高劳动生产率获得的,那么生产资料还应比消费资料增长得快一些。因为,技术进步、劳动生产率的提高意味着同量活劳动推动更多物化劳动,即生产资料,没有生产资料的优先增长就难以实现这一要求。

总生产和总需要的静态平衡

上一节从部门的角度分析了社会生产和社会需要的关系。所有部门的生产加总起来构成社会总生产;社会对各种产品的需要加起来形成社会总需求。在考察了部门之间的平衡关系以后,还要把全社会的经济活动作为一个整体,考察总生产和总需要的平衡条件,也就是社会再生产的宏观比例。

先来考察总生产和总需要的静态平衡,即在一定时期(如一年)内两者的平衡关系。

在简单再生产的条件下,社会总生产和总需要之间的平衡关系比较简单。这时,只要社会今年生产的全部生产资料能满足第一部类和第二部类生产需要,补偿已消耗的生产资料;社会生产的全部消费资料能满足两大部类生产者的生活需要,全社会的生产和需要就平衡了,社会就能把和上期等量的社会总劳动投入再生产。

在扩大再生产条件下,一部分剩余产品转入再生产,引起需要方向的变化,使社会总生产和总需要之间在一定时期内的平衡复杂了。

从前一章社会总产品的分配和使用过程可以看到,社会净产值(国民收入)最终适用于两个方面:积累和消费。积累,即一部分剩余产品重新投入生产,是扩大再生产的源泉。它使社会能生产出越来越多的物质财富,因此是社会进步的物质基础。消费由必要产品和剩余产品的一部分构成,是直接用来保证和扩大物质生产部门和非物质生产部门劳动者生活消费的。

在一定时期内,社会净产品和剩余产品为一定时,积累和消费是矛盾的。如果消费部分多了,积累部分就减少;消费减少,积累部分就增多。但是,如果从动态看,两者又是一致的。这是因为,用于积累的部分可以使生产扩大,从而可能使消费进一步增加。如果净产品全部用于消费,当年虽然可以提高生活水平,却使以后不断提高失去了可靠基础。因此,从长期看两者又是统一的。当然,在不同社会形态下,两者的关系具有自己特殊的社会性质。

在积累条件下,社会总生产和社会总需要之间的平衡关系又是怎样的呢?

社会总产品的供应,无非是社会生产出来能满足需要的各种产品。前面说过,社会总产品(用符号 P_s 表示)从经济构成上分为三部分,即以消耗的生产资料值(K)、必要产品值(L)、剩余产品值(S)。它的实物构成包括生产资料(P_m)和消费资料(K_m)。由于剩余产品值从实物看既包含生产资料(S_k)又包含消费资料(S_l),所以,总产品中生产资料的值 $P_m = K + S_k$,消费资料的值 $K_m = L + S_l$,用公式表示,就是:

$$P_s = K + L + S = (K + S_k) + (L + S_l) = P_m + K_m \qquad (1)$$

这就是说社会总产品的供应,在数值上是两大部分之和。一部分(P_m)以生产资料形式出现,代表补偿和扩大的生产资料的值;另一部分(K_m)以消费资料形式出现,代表提供给社会成员维持和扩大个人消费的值。

从对社会总产品的需要看,它是由社会总产品分配后的用途构成的,也分为对生产资料的需要和对消费资料的需要。社会既有补偿已消耗的生产资料的需要,也有扩大生产资料或积累的需要。从起源看两者虽然性质不同,但作用一样,都是对生产资料的需要,共同形成再生产的投入要素。我们把积累叫作投入净值,记为 $\Delta I(= S_k)$,加上补偿所耗生产资料的数值(K),形成对生产资料的总需要,成为投入总值,记为 $I(I = K + \Delta I)$。社会对消费资料的需要,也有两部分,一部分是维持劳动者原有生活水平的消费资料需要(L),另一部分是随生产扩大和生活提高而新增的对消费资料需要(S_l),这两部分之和构成社会对消费资料的总需要(C)。这样,就可以得到社会总需要(P_d)的公式:

$$P_d = (K + S_k) + (L + S_l) = I + C \qquad (2)$$

这就是说,对社会总产品的需要,在数值上也是两部分之和,一部分(I)代表社会投入再生产所需要的生产资料;另一部分(C)代表社会个人消费所需要的消费资料。

把社会总产品的生产和需要联系起来看,它们之间的平衡条件就是:

$$P_s = P_d \quad \text{或} \quad P_m + K_m = I + C \qquad (3)$$

这就是说,社会总生产与总需要之间的总量平衡意味着:(1)总产品中,生产资料的总值(P_m)应和社会实际的总投入(I)相等;(2)总产品中消费资料总值(K_m)应和社会实际的总消费(C)相等,分项相等($P_m = I, K_m = C$)是总量相等($P_s = P_d$)的前提。如果其中一个不等,或者 $P_m \neq I$,或者 $K_m \neq C$,都会破坏再生产的宏观平衡。当然,由于某些产品用途的可替代性,可用作生产资料也可用作消费资料,在一定限度内两个分项不等,但方向相反,而且差额相等,总生产和总需要也还是可以保持平衡的。

> **总生产和总需要的动态平衡**

上面分析了一定时期内宏观经济的平衡条件,即总生产和总需要的平衡。在分析中。我们把投入净值(ΔI)当作社会总需要的一部分,表示这部分剩余产品未用于个人消费而投入生产消费,因而会使下一时期社会总生产扩大。随着社会总生产的扩大,总需要也会变化,要求两者在新的水平上的平衡。因此,宏观经济的平衡,是一个连续发生的动态过程,是不断实现扩大再生产的经济增长过程。下面考察经济增长过程中的基本比例的平衡。

经济增长,在数量上表现为社会总产品的逐年扩大过程。经济增长过程中会伴随有技术进步和经济结构变化。但为了简便起见,把这两个因素暂时撇开。这样,我们所要求分析的就是社会总劳动的投入和经济增长之间的关系了。

社会总劳动的投入包括劳动力和生产资料两方面。经济增长速度也是由劳动力和生产资料投入净值(ΔI)的增长决定的。我们从这两方面进行分析。

劳动力投入量的增长与经济增长之间的关系,决定于两个因素。一是劳动力增长率,一是劳动生产率增长率。假设前者为 $\alpha=2\%$,后者为 $\beta=3\%$,从劳动力方面看经济增长率(G_r)可达到 $\alpha+\beta+\alpha\beta\approx 5\%$。这里的经济增长率是指该社会新增劳动力获得充分利用后能达到的经济增长率。

生产资料投入与经济增长之间的关系,也决定于两个因素。一是追加生产资料投入的效率,一是积累率。生产资料投入效率(e),指每一单位生产资料积累能够带来的产品的增加量,所以 $e=\dfrac{P}{S_k}$。例如,增加 1 000 个单位生产资料投入,可增加 250 个单位的产品,投资效率就是 $\dfrac{250}{1\,000}=0.25$。积累率(i)是指净产品用于积累的比重。例如,社会今年获得净产品 100 个单位,10 个单位用于积累,$i=10\%$。显然,经济增长率 G_r 等于积累率和追加生产资料的效率的乘积,即

$$G_r = i \cdot e$$

积累虽是经济增长的极重要因素,但它有一定的限界。积累率的最低限界应保证新增就业人员每人平均占有生产资料不低于前期水平,否则如其他条件不变就意味着劳动生产率的降低。积累率又有一个最高限界,即至少不能使按人口平均计算的消费水平低于前期。积累最高限也就是消费的最低限。在积累最低限和最高限之间,产品既可用于消费,也可用于积累。在实际生活中这个比例是由各种社会经济制度下的直接生产目的和组织形式决定的,不存在超时代的一般规律。但从总的人类社会发展趋势看,由于劳动生产率的提高和剩余产品的增加,在消费水平也有提高的条件下积累率是随着社会发展而逐步提高的。

还应看到,就当期来说,积累的可能性受剩余产品中物质构成,特别是剩余生产资料的制约。但从长期看,积累投入两大部类的比例分配又会反过来影响以后时期社会产品两大部类的物质构成。积累越是多分配在第一部类,下期社会总产品中生产资料的比重就越大,积累的潜力也越大。反之亦然。所以,对于较长时期内积累率和经济增长速度的动态来说,积累在两大部类的分配比例有着更为重要的意义。

以上分别从劳动力和生产资料两方面考察了决定经济增长的因素。实际上,社会扩大再生产要以两方面因素协同作用为前提。因此把两方面联结起来,可得到经济增长速度的公式:

$$G_r = \alpha + \beta + \alpha\beta = i \cdot e \tag{4}$$

这就是说,经济增长的实现,需要同时由活劳动投入带来的增长和物化劳动(生产资料)投入带来的增长加以保证。如果由物化劳动投入带来的增长低于由活劳动投入带来的增长,那就意味着物化劳动积累不足以充分装备增长的活劳动,社会的劳动力资源未能充分利用。反之则反是。**只有当劳动力投入和生产资料投入导致的增长率一致时,才可能实现社会人力、物力资源的恰当配合,实现动态的宏观平衡。**

第三节 产业结构与经济增长和发展

马克思在分析社会再生产时,已涉及产业结构和经济增长问题。今天人们对这两个问题已有了更多认识,这一节就此来做些补充。

> **产业与产业结构**

产业是社会分工引起的,是同类企业的集合,作为经济单位,又是国民经济的组成部分。**产业结构是指各产业的构成及各产业之间的联系和比例关系**。在经济发展过程中,由于分工越来越细,因而产生了越来越多的生产部门。这些不同的生产部门,受到各种因素的影响和制约,会在增长速度、就业人数、在经济总量中的比重、对经济增长的推动作用等方面表现出很大的差异。因此,在一个经济实体当中(一般以国家和地区为单位),在每个具体的经济发展阶段、发展时点上,组成国民经济的产业部门是大不一样的。各产业部门的构成及相互之间的联系、比例关系不尽相同,对经济增长的贡献大小也不同。因此,把包括产业的构成、各产业之间的相互关系在内的结构特征概括为产业结构。决定和影响经济增长的因素都会不同程度上对产业结构的变动产生直接的或间接的影响。知识与技术创新、人口规模与结构、经济体制、自然资源禀赋、资本规模、需求结构、国际贸易等是一国产业结构演变过程中的基本制约因素。

一、产业的分类

产业分类可以按其产品在物质生产中的作用和特点以及人类经济活动的阶段,进行多种分类:

1. 两大部类分类法

马克思为了分析不同物质生产部门的相互关系,揭示社会再生产的实现条件,在《资本论》中提出了以产品的最终用途不同作为分类标准的分类方法。

$$\text{产业}\begin{cases}\text{生产生产资料的产业部类(第一部类)}\begin{cases}\text{为生产生活资料提供生产资料的部门}\\\text{为生产生产资料提供生产资料的部门}\end{cases}\\\text{生产消费资料的产业部类(第二部类)}\begin{cases}\text{生产必要消费品的部门}\\\text{生产奢侈消费品的部门}\end{cases}\end{cases}$$

这种产业分类法是产业结构理论的基本来源之一,是投入产出表的基础。其局限性是:覆盖面窄、实际应用困难。两大部类分类方法未能将一切物质生产领域和非物质生产领域包括进去;从分类界限来看,有些产品难以确定为两大部类中的生产资料或消费资料。

2. 农轻重产业分类法

列宁在马克思两大部类分类法的基础上提了以物质生产的不同特点为标准的分类方法。这里所讲的生产特点,主要指劳动对象、劳动资料、生产过程、加工方式和劳动产品的不同。在这一思想的指导下形成了农轻重产业分类法。

产业 $\begin{cases} \text{农业：种植业、畜牧业、渔业和林业} \\ \text{轻工业：纺织、食品、缝纫（服装）、制革、毛皮、家具、造纸、印刷等} \\ \text{重工业：燃料、冶金（如钢铁）、煤炭、石油、化工等} \end{cases}$

农轻重产业分类法具有比较直观和简便易行的特点。对于从宏观上安排国民经济计划和进行计划调控，对于研究社会工业化实现进程具有较大的实用价值。其局限性是：农轻重产业分类法中农轻重三者的界限越来越模糊，确定产业划分界限日益困难。

3. 霍夫曼产业分类法

德国经济学家霍夫曼（W. G. Hoffmann）在1931年出版了《工业化的阶段和类型》。他为了研究工业化及其发展阶段而将产业划分为三大类：

产业 $\begin{cases} \text{消费资料产业：食品、纺织、皮革和家具等工业} \\ \text{资本资料产业：冶金及金属材料工业、运输机械工业、一般机械} \\ \qquad\qquad\qquad \text{工业和化学工业} \\ \text{其他产业：橡胶、木材、造纸、印刷等工业} \end{cases}$

当某产业产品的用途有75%以上是消费资料时即将该产业归入消费资料产业，而当某产业产品的用途有75%以上是资本资料即将该产业归入资本资料产业。难以用上述分类原则确定产业归属的产业就全部归入其他产业之中。

4. 克拉克大分类法：三次产业分类法

1935年，澳大利亚经济学家费歇尔（A. Fisher）根据人类经济活动发展的三个阶段，最早提出了三次产业的分类方法。1940年，英国经济学家、统计学家克拉克（C. G. Clark，1905—1989）在继承费歇尔研究成果的基础上，利用三次产业分类法对经济发展与产业结构变动之间的关系进行了实证研究，随后，世界上许多国家都采用这种分类方法进行国民经济统计。1950年代，库兹涅茨（Simon Smith Kuznetz，1901—1985）运用这一方法系统研究和揭示三次产业在国民经济中的变化规律，三次产业分类法逐渐为各国所接受，并已成为世界通行的统计方法。三次产业分类方法是把全部的经济活动划分：

产业 ┌ 第一次产业(Primary Industry)：农业（指种植业）、畜牧业、林业、渔业、狩猎业
　　 ├ 第二次产业(Secondary Industry)：采矿业、制造业、建筑业、运输业、通信业以及煤气、电力、供水等工业部门
　　 └ 第三次产业(Tertiary Industry)：商业、金融业、保险业、生活服务业、旅游业、公务业（科学、教育、卫生、政府等公共行政事业）以及其他公益事业等

三次产业分类法是一种有效的产业经济分析方法，被许多国家广泛采用，克拉克以及库兹涅茨等经济学家运用它来解释经济发展的条件和结果。三次产业分类法本身也有局限性：在具体划分现实的经济活动方面，在划分第一次产业与第二次产业的界限时存在着矛盾，在划分第二次产业与第三次产业的界限时也存在着不同的说法，没有统一标准，使用相关统计数据困难。

标准产业分类法是为统一国民经济统计口径而由权威部门制定和颁布的一种产业分类方法。全面的、精确的、统一的经济活动统计对经济理论的探讨和整个国民经济问题的研究，对政府制定经济政策和进行国民经济的宏观管理都是十分必要的。国民经济管理的经济统计的基础就是产业分类的标准化，即进行标准产业分类。

联合国颁布的国际标准产业分类(1SIC)的特点是：它与三次产业分类法保持着稳定的联系，从而有利于对产业结构的分层次深入研究。联合国的标准产业分类法便于调整和修订，也为各国各自制定标准产业分类以及进行各国产业结构的比较研究提供了十分方便的条件。如中国制定的国家标准《国民经济行业分类与代码》(GB/T4759—94)就采用《国际标准产业分类》(ISIC)1988年第三次修订版的分类标准。西方国家多根据联合国国际标准产业分类制定供官方使用的标准产业分类法。

二、产业结构变化规律

所谓产业结构变化规律是指产业结构本身所固有的变化趋势。产业结构演进的规律主要有按比例协调发展规律、生产资料生产更快增长规律、三大产业比重变动规律等。

1. 马克思的产业按比例协调发展规律

在社会化大生产条件下，国民经济中存在许多产业部门，各产业部门只

有配置必要的生产资料和劳动力,才能进行生产,而且生产资源只有按一定比例恰当配置,才能使得各产业部门的产品正好能满足本部门和其他产业部门生产或生活的需要。只有这样,产业与产业之间的关系才协调,才能在产业层次上优化资源配置,产业结构才合理,社会再生产才能顺利进行,国民经济才能协调高效发展。国民经济的各产业部门都要保持一定的比例关系,是马克思社会资本再生产理论揭示的社会化大生产的客观必然性,是产业结构变动的普遍规律之一。

2. 列宁的生产资料生产更快增长规律

马克思在分析社会资本再生产的实现条件时,提出了社会使用更多的劳动生产生产资料的规律性。列宁则深入分析了物质生产两大部类之间的相互关系和变动趋势,明确指出:资本发展的规律就是不变资本比可变资本增长得快,也就是说,新形成的资本愈来愈多地转入制造生产资料的社会经济部门。因而,这一部门必然比制造消费品的那个部门增长得快。因而,个人消费品在资本主义生产总额中所占的地位日益缩小。增长最快的是制造生产资料的生产资料生产,其次是制造消费资料的生产资料生产,最慢的是消费资料的生产。生产资料生产更快增长的客观必然性在于,技术进步会引起资本有机构成的提高,资本有机构成的提高又会使得不变资本相对更快地增长,对生产资料的需求也就增加更快,必然要求生产资料生产更快地增长,以满足更快增长的更多的生产资料需求①。

3. 三大产业比重变动规律

产业结构理论的思想可以追溯到 17 世纪,英国古典经济学 W.配第第一次发现了世界各国国民收入水平的差异和经济发展的不同阶段的关键原因是由于产业结构的不同。他在 1690 年出版的《政治算术》一书中,运用算术方法,主要研究了英国、法国、荷兰的经济结构及其形成的原因和政策,提出"工业的收益比农业多得多,而商业的收益又比工业多得多"②,不同产业之间收入差距会推动劳动力向更高的部门转移。劳动力向收入高的部门流动对经济发展更为有利,初步揭示了工业和商业的比重会扩大的趋势。但是,当时还没有三次产业的划分,还不可能明确提出三次产业比重变动的规律。

1940 年,英国经济学家克拉克在威廉·配第关于国民收入与劳动力流

---

① 《列宁全集》第 1 卷,人民出版社 1961 年版,第 71 页。
② [英]威廉·配第:《配第经济著作选集》,商务印书馆 1981 年版,第 19 页。

动之间关系学说的基础上出版了《经济发展条件》一书,对40多个国家和地区不同时期三次产业劳动投入和总产出资料进行了系统整理、分析和比较,揭示了在经济发展过程中就业会由以第一次产业为主向以第二次产业为主、继而向以第三次产业为主转变,人均收入变化引起劳动力流动,进而导致产业结构演进的规律。即随着经济发展,人均收入水平的进一步提高,劳动力首先由第一产业向第二产业转移,进而向第三产业转移。总趋势是劳动力在第一产业的分布减少,在第二产业的分布增加。这就是著名的"配第-克拉克定理"(Petty-Clark Thesis)。克拉克只是用单一的劳动力要素来反映产业结构的变化,没有从经济的综合成果来反映。

4. 库兹涅茨规律

美国经济学家西蒙·库兹涅茨(Simon Kuznets)在克拉克研究成果的基础上,通过对各国国民收入和劳动力在产业间分布结构的变化进行统计分析,对产业结构的演进规律作了进一步探讨,阐明了分布变化的一般规律。从而在深化产业结构演变的诱因方面取得了突出成就。他从劳动力和国民收入在产业间的分布两个方面,对产业结构进行分析,搜集和整理了几十个国家的庞大数据。1971年出版了《各国的经济增长》一书,把三次产业分别称为农业、工业和服务业,考察了国民生产总值在三次产业间的分布。结论是,随着经济的发展,人均国民生产总值的提高,农业部门的比重下降,工业部门的比重前一阶段是上升,后一阶段趋于稳定或缓慢下降,服务业部门在前一阶段缓慢上升,后一阶段迅速上升。与之相应的是劳动力在各产业之间的分布,人均国民生产总值收入水平越高,农业部门劳动力比重越小,工业和服务业的劳动力比重越大。按时序趋势考察,也有相同结论:随着经济的发展,国内生产总值的提高,农业部门劳动力比重下降,工业部门的劳动力比重在前一阶段上升,后一阶段出现下降或稳定;服务业部门前一阶段上升但缓慢,后一阶段上升较快,这又被称为"库兹涅茨法则"。

库兹涅茨认为引起国民收入和劳动力在各产业间变动的原因可分述如下。导致农业相对比重趋于下降的主要原因有三:一是由农产品的需求特性所引起的低收入弹性,即农产品为最终生活必需品,当生活水平达到一定程度后,人们对农产品的需求并不随着收入增加的程度而同步增加,这样就使农产品需求的收入弹性下降。使农产品在价格和获取附加价值上处于不利地位,国民收入份额便趋于减少。二是第一、二次产业之间技术进步的差异性。农业生产技术进步比工业困难,农业投资受"报酬递减"的限制。而工业投资则因技术进步而"报酬递增"。三是农业劳动生产率的提高和农业国民收入相对比重的降低都必然引起农业劳动力相对比重的下降。

工业部门国民收入相对比重上升、劳动力相对比重大体不变的原因在于不仅消费结构的变化使工业的收入弹性处于有利地位。而且国民收入中用于投资的增长亦在不断扩大工业市场，整个国民收入的支出结构的演变都导致了工业的高收入弹性，使工业实现的国民收入相对比重上升；随着工业技术进步，原有工业部门资本有机构成的提高排斥自身的劳动力，而工业部门内行业的扩张和增加又吸收劳动力，两相抵消，劳动力的相对比重趋于稳定。

服务部门劳动力相对比重上升、国民收入相对比重微升的原因是："服务"这种商品比农产品具有更高的收入弹性，加之第三次产业中许多行业具有劳动力和资本容易进入，产业内部竞争激烈，使"服务"这一商品相对于工业品在价格上处于劣势，服务部门实现的国民收入的相对比重难以上升。库兹涅茨根据对经济发展程度不同的国家的分析比较中得出如下结论：不发达国家的第一次产业和第二次产业的比较劳动生产率（相对国民收入）的差距比发达国家要大。不发达国家多为农业国，发达国家多为工业国。穷国要从穷变富，必须发展非农业部门。

经济增长与增长源泉

1. 经济增长的含义

经济增长是指一个国家或地区生产的物质产品和服务的持续增加，它意味着经济规模和生产能力的扩大，可以反映一个国家或地区经济实力的增长。经济学家 S·库兹涅茨给经济增长下了一个经典的定义："一个国家的经济增长，可以定义为给居民提供种类日益繁多的经济产品的能力长期上升，这种不断增长的能力是建立在先进技术以及所需要的制度和思想意识之相应的调整的基础上的。"库兹涅茨根据历史资料总结了经济增长的 6 个特征：(1) 按人口计算的产量的高增长率和人口的高增长率。经济增长最显著的特点就在于产量增长率、人口增长率、人均产量增长率三个增长率都相当高；(2) 生产率的增长率也是很高的。生产率提高正是技术进步的标志；(3) 经济结构的变革速度提高了；(4) 社会结构与意识形态结构迅速改革；(5) 增长在世界范围内迅速扩大；(6) 世界增长是不平衡的。

2. 经济增长的 72 法则

经济增长由真实人均收入的变化率来度量，年增长率为 1% 的国家每

70年使其生活水平提高一倍,而年增长率为3%的国家每25年就使其生活水平提高一倍。如果每年增长7%(迄今为止,这是一个经济体所能维持的最高增长水平),翻1番则只需10年。可见,增长率的持续差距会产生生活水平的显著差异。这一规则又被称为"72法则",即在增长率一定的情况下,**要使规模翻一番,所需要的年数等于用年增长率除72得到的数值**。例如,每年增长1%,则收入翻一番需要72年,如果每年增长7%,则翻一番需要10年。

表2-1 贫穷国家追赶发达国家的时间(单位:美元)

最初	500	第4个10年	8 000
第1个10年	1 000	第5个10年	16 000
第2个10年	2 000	第53—54年	20 000
第3个10年	4 000		

说明:假设人均年收入500美元的贫穷国家,以年增长7%计算,变成人均年收入20 000美元以上的国家需要50年左右的时间。

资料来源:迈克尔·斯宾塞:《下一次趋同》,机械工业出版社2012年版。

3. 经济增长源泉

经济学一直在致力于探究**增长源泉**即**与经济增长有关的诸种因素和条件**问题。自然资源或自然禀赋、物质资本、技术进步、公共秩序与法和人力资本,相继被揭示出来都是现代生产不可或缺的因素,尤其是自然资源和人力资本,更是两个决定性的因素。

自然资源作为物质生产活动的必要投入品,成为**经济赖以发展的重要物质基础**,资源相对丰裕的国家通常蕴含了更大的发展潜力。近代以来的经济发展史表明,自然资源的确对于一国国民财富的初始积累起到了非常关键的作用。但是,经验数据显示,从一个较长的时间范围来看,资源丰裕国家经济增长的速度是缓慢的,甚至是停滞的,即自然资源本身并不是经济持续增长的基础,有研究甚至发现自然资源禀赋与经济增长之间有着显著的负相关性。Auty在研究产矿国经济发展问题时第一次提出了"资源诅咒"(Resource Curse)的概念,即丰裕的资源对一些国家的经济增长并不是充分的有利条件,反而是一种限制。"资源诅咒"的实质是**自然资源如果对其他要素产生挤出效应,间接地对经济增长产生了负面影响**。

人力资本是指存在于人体之中的具有经济价值的知识、技能和体力(健康状况)等质量因素之和。实证研究发现,1965—1998年全世界低中收入国家人均GNP以年均2.2%的速度递增,而在全球65个资源相对丰裕的国家中,只有四个人力资本较发达的国家(印度尼西亚、马来西亚、泰国、博茨瓦纳)人均GNP年增速达到4%(1970—1998),而一些东亚资源稀缺人力资本更为发达的经济体(中国香港、新加坡、韩国、中国台湾),经济增长却超过了发达国家的平均水平。回归检验表明,资源型产品(农产品、矿产品和燃料)出口占GNP中的比重每提高16%,经济增长速度将下降1%。即使将更多的解释变量纳入回归方程,比如制度安排、区域效果、价格波动性等,负相关性依然存在。由此可见,人力资本是推进经济增长的主要动力,其作用与收益大于自然资源,因为作为"活资本"的人力资本,具有创新性、创造性,具有有效配置资源、调整企业发展战略等市场应变能力,因而人力资本积累的正效应也把资源效应"挤出"了。

经济增长与经济发展　　增长与发展是密切联系的两个不同概念。前面说过,经济增长是指一国一定时期内产品和服务量的增加,用来量度的是GDP(GNP)或其人均值;经济发展除包含经济增长的内容外,还包含经济结构的变化(如产业结构的合理化高度化,消费结构的改善和升级),社会结构的变化(如人口文化教育程度的提高,寿命的延长,婴儿死亡率的下降),环境的治理和改善,收入分配的变化(如社会福利的增进,贫富差别的缩小)等。所以,经济发展的内容比经济增长多得多,发展以增长为基础,没有经济增长就不会有经济发展,但也有可能出现有增长而无发展的情况。反过来说,经济发展又会促进经济的更好更快的增长。但要理解经济增长怎样会变成经济发展,又需要理解经济增长的方式。

1. 经济增长方式

经济增长方式通常指决定经济增长的各种要素的组合方式以及各种要素组合起来推动经济增长的方式,是一个国家(或地区)经济增长的实现模式。一般分为粗放型和集约型两种模式。

粗放型增长方式是指产出的增长主要依靠扩大资本和劳动等生产要素的投入来实现的增长方式。由于不依赖技术进步,表现在投入产出比上的效益指标没有明显的提高;集约型增长方式指的是产出的增长主要依靠技术进步,提高要素生产率来实现的增长方式,表现为投入产出指标的不断提高。根据总量生产函数分析和资本产出弹性与劳动产出弹性的计算,可将一个时期的经济增长率进行分解,即由生产要素投入量增加导致的经济增长和由要素生产率提高导致的部分。如果要素投入量增加引起的经济增长比重大,则为粗放型增长方式;如果要素生产率提高引起的经济增长比重大,则为集约型增长方式。

粗放型和集约型的增长的区分依据是从经营的角度划分的。如果从生产规模扩大的实现方式看,可以分为外延的扩大再生产和内涵的扩大再生产。外延式的扩大再生产是通过增加生产要素的数量而实现的扩大再生产,就是在生产技术、工艺水平、生产流程都不变的情况下,仅仅是靠增加工具、设备、劳动力等生产要素而形成的扩大再生产,就是外延式的扩大再生产。内涵式的扩大再生产是通过提高生产要素的使用效率而实现的扩大再生产。就是在厂房、机器设备和劳动力等生产要素数量不增加的情况下,主要是通过技术进步、加强管理、提高生产要素的质量等方法,使生产规模不断扩大的再生产。而这又需要对人力资本进行投资,这对 GDP 的增长具有更高的贡献率。

2. 世界经济发展的长期趋势

回答这一问题就得看统计例证。因为世界上各国经济增长的过程无论是在时间还是空间上都是不平衡的,一些国家可能发展得快些,另一些国家就会慢一些;过几年有些国家变得富裕了,而另一些国家却依然贫穷。各国长期经济发展会怎样,发展速度会趋于平衡吗?未来世界上国家间的收入分布又将是怎样一幅景象?穷国能追上富国吗,是穷国远远地被抛在了后面,富者愈富、贫者愈贫,或是贫富收入差距随着时间的推移存在着减少以至均等的趋势?这些是非常令人关心的问题。

根据安格斯·麦迪逊等人对过去两千年的世界经济增长的测算表明,在 0—1000 年,世界人口仅增长六分之一,人均收入没有提高。1000—1998 年,世界人口增长 22 倍,GDP 提高近 300 倍,人均收入提高 13 倍。经济增长过程在空间和时间上都是不平衡的。第二个千年包括两个显著不同的时期:1000—1820 年,世界人口增长 4 倍,经济增长是粗放的,人均收入增长缓慢,800 多年只增长 50%;1820 年以后世界经济发展呈现强劲势头,且更具集约的特征,世界人均实际 GDP 增长率在 1820 年以前很少为正,1820—1870 年间年均约为 0.5%;1870—1913 年间提高到 1.3%,与 20 世纪最后 25 年持平;二战后的"黄金时代"年均近 3%。在史无前例的快速增长背景下,主要由于部分国家增长过快,人均实际GDP增长率的国别差异急剧扩大。1820—1998年,世界人口增长5.6倍,人均收入增长8.5倍。

在空间上,1750年之前,世界上绝大多数人都处于贫困状态,只有少数富人,这些人或者拥有土地,或者拥有其他资产,或者拥有政治、经济和军事力量,但是国家间的差别并不大。欧洲大陆和中国在经济条件方面相差很小:事实上,根据今天的标准来衡量,专家们认为在明代(1600年),中国的人均收入要略高于欧洲。18世纪中期开始的第一次产业革命,人均收入开始上升,近代历史上第一次实现了持续的加速经济增长。到19世纪后期进一步加速了。英国、美国是第一梯队,法国、德国是第二梯队。第二个阶段大致上是在19世纪后期到20世纪中期,也就是在第二次产业革命阶段,从内燃机、铁路到电力、电动机,这些普遍实用技术或通用技术革命性地推动了产业发展和经济增长。此阶段一直持续到20世纪中后期,英国、美国等在这个阶段是靠创新驱动实现经济增长的。第三个阶段就是从五十年代发端到20世纪后期,真正地进入了后工业化时期的经济增长阶段,这个时期可称为"信息化驱动"阶段。

由于增长水平的不同,各国和不同地区的生活水平差别很大。生活水平变化的速度也同样差别很大。以西欧、西方衍生地区(美国、加拿大、澳大利亚、新西兰)和日本为A组,其他地区为B组,则两千年前,A组和B组的人均收入水平相近,到了1998年,这个差距达到7∶1。在西方衍生地区与非洲之间这一差距达到19∶1。

尽管A组与B组的差距很大,但经过近两个世纪的高速扩散,一种收敛的模式开始占据主导地位。截至1950年,全球大约15%的人口或者说少数工业化国家的人均收入上升了20倍,从每年500美元增加到超过10 000美元,甚至很多工业化国家要远超于此。但在这些国家之外,人们仍然非常贫困。从第二次世界大战后,经济增长模式再次发生变化,一个重要特征是经济增长加快,发展中国家经济增长走上前台,最初只是个别国家取得相对缓慢的经济增长,然后开始蔓延并加速,并逐渐成为对世界经济贡献巨大的力量;经济增长的速度也空前加快,在一些经济高速增长的发展经济体,可以长期实现7%或更高的经济增长率。尤其是国际金融危机以来,发达国家均出现了程度不同的经济衰退,而新兴经济体则以令人惊讶的速度从危机中恢复过来,成为世界经济增长的主要引擎。在危机严重的2009年,很多国家是负增长,中国则实现了8.7%的经济增长率;2011

年世界经济平均增长3%左右,而中国经济增速仍高达9.2%,明显快于世界主要国家或地区。西方发达国家与发展中国家的实力此消彼长,使得发展中国家在世界经济中的地位明显提高。发达国家与发展中国家的差距首次缩小,未来的趋势可能是在2050年左右全球75%或更多的人将居住在发达国家。

表2-2 世界主要地区人均GDP规模和增长率(0—1998年)

	0	1000	1820	1998	0—1000	1000—1820	1820—1998
	(1990年国际元)				(年均复合增长率)		
西欧	450	400	1 232	17 921	—0.01	0.14	1.51
西方衍生国	400	400	1 201	26 146	0.00	0.13	1.75
日本	400	420	669	20 413	0.01	0.06	1.93
A组合计	443	405	1 130	21 470	—0.01	0.13	1.67
拉丁美洲	400	400	665	5 795	0.00	0.06	1.22
东欧前苏联	400	400	667	4 354	0.00	0.06	1.06
亚洲(不包括日本)	450	450	575	2 936	0.00	0.03	0.92
非洲	425	416	418	1 368	—0.00	0.00	0.67
B组合计	444	440	573	3 102	—0.00	0.03	0.95
世界	444	435	667	5 709	—0.00	0.05	1.21

说明:西方衍生国指美国、加拿大、澳大利亚、新西兰。
资料来源:安格斯·麦迪逊:《世界经济千年史》,北京大学出版社2003年版。

表2-3 世界主要地区GDP规模和增长率(0—1998年)

	0	1000	1820	1998	0—1000	1000—1820	1820—1998
	(1990年国际元)				(年均复合增长率)		
西欧	11.1	10.2	163.7	6 961	—0.01	0.34	2.13
西方衍生国	0.5	0.8	13.5	8 456	0.05	0.35	3.68
日本	1.2	3.2	20.7	2 582	0.10	0.23	2.75

续 表

	0	1000	1820	1998	0—1000	1000—1820	1820—1998
	(1990年国际元)				(年均复合增长率)		
A组合计	12.8	14.1	198.0	17 998	0.01	0.32	2.57
拉丁美洲	2.2	4.6	14.1	2 942	0.07	0.14	3.05
东欧前苏联	3.5	5.4	60.9	1 793	0.05	0.29	1.92
亚洲(不包括日本)	77.0	78.9	390.5	9 953	0.00	0.20	1.84
非洲	7.0	13.7	31.0	1 939	0.07	0.10	1.99
B组合计	89.7	102.7	496.5	15 727	0.01	0.19	1.96
世界	102.5	116.8	694.4	33 726	0.01	0.22	2.21

说明：西方衍生国指美国、加拿大、澳大利亚、新西兰。
资料来源：安格斯·麦迪逊：《世界经济千年史》，北京大学出版社2003年版。

安格斯·麦迪逊提供的材料表明：19世纪20年代以前，人类社会的经济是粗放经营的，单纯的经济增长；19世纪中叶第一次产业革命以后，才进入集约化经营，即包含增长内容的经济发展，虽然麦迪逊没有明确这一点；但从人口增速，人均收入水平增长等内容上看，指的明显是经济发展。再从地区和国家发展平衡和不平衡来看，由于第二次世界大战后的20世纪中后期以来，"信息化驱动"的经济发展模式再次变化，发展速度更为加快，发展中国家或地区比发达的富裕国家或地区有更高的增长率，即经济增长率和经济发展水平之间存在着负相关；因此，随着时间的推移，所有的国家或地区将收敛于相同的人均收入水平，如麦迪逊所言，"未来的趋势可能是在2050年左右全球75%或更多的人将居住在发达国家"。

思 考 题

1. 为什么说再生产过程既是物质资料的再生产又是生产关系的再生产？

2. 如何理解社会总劳动的按比例分配是社会再生产的普遍规律？这些比例关系受到哪些基本因素的影响？

3. 什么是经济增长和经济发展？它们有什么区别和联系？

本章参考文献

1. 马克思：《资本论》第1、2卷，人民出版社2004年版。
2. 列宁：《论所谓市场问题》，《列宁全集》第1卷，人民出版社1961年版。

第三章 人口、环境与可持续发展

社会经济的再生产过程,包括生产、流通、分配和消费,它不是在自我封闭的体系中进行的,而是同自然环境有着紧密的联系。自然界提供给劳动以资源,而劳动则把资源变为人们需要的生产资料和生活资料。劳动和自然界一起才成为一切财富的源泉。

社会经济再生产的过程,就是不断地从自然界获取资源,同时又不断地把各种废弃物排入环境的过程。人类经济活动和环境之间的物质变换,说明社会经济的再生产过程只有既遵循客观经济规律又遵循自然规律才能顺利地进行。

长期以来,人们把水、空气等环境资源看成是取之不尽、用之不竭的"无偿资源",把大自然当作净化废弃物的场所,不必付出任何代价和劳动。这种发展经济的方式,在生产规模不大、人口不多的时代,对自然和社会的影响,在时间上、空间上和程度上都是有限的。

到了20世纪50年代,社会生产规模急剧扩大,人口迅速增加,经济密度不断提高,从自然界获取的资源大大超过自然界的再生增殖能力,排入环境的废弃物大大超过环境容量,出现了全球性的资源耗竭和严重的环境污染与破坏问题。为了保障环境资源的有效利用,也必须确立新的发展观,实现经济社会的可持续发展。

第一节 两种生产及生产与生态的平衡

上一章讲到社会总生产与总需要平衡中积累率确定时,指出积累率有个最低限,即要使社会新增劳动力按人平均占用的生产资料不致降低;消费也有个最低限,即按人平均的消费水平不致降低。我们只是把这一要求作为不言而喻就存在的,并未考虑它的现实可能性,实际上是把人口和人口增长因素抽掉了。但是,在一个国家的现实经济生活中,人口问题是一个极其重要的问题,因此,我们在抽象地研究了社会再生产的比例以后,要把人口因素加进来考察。

人口问题是个社会问题。人口的增长是经济体系的外部因素,但又与物质资料的生产有密切联系,因此,要研究两种生产即人口生产和物质资料生产的平衡关系。人从事生产和生活又是在一定的生态环境中进行的,因此,两种生产之间的平衡又必然归结为生产和生态环境的平衡,这一节就来说明这些问题。

人口再生产与物质资料再生产 以社会关系为研究对象的社会科学都不能离开组成社会的人。以研究社会生产关系为对象的政治经济学,更不能离开人本身的生产及人口数量与物质资料生产的数量关系。从经济意义上来分析,人既是生产者又是消费者,是生产力和消费力的统一。作为生产者,他是生产中能动的因素,最重要的因素;作为消费者,需要一定的生活资料才能生存。人作为生产者和消费者这两个方面是统一的。正因为人要消费才从事生产,而生产的最终目的也是为了消费。尽管由于社会关系的不同,社会生产的直接目的也不同,都只是为了所有者的经济利益,但生产最终是与大多数直接生产者的消费联系在一起的。两者也会有矛盾,人作为消费者要有一定的消费资料,人多所需的消费资料也多;人作为生产者虽能创造物质财富,但又需要一定的生产资料,人多新增劳动力需要的生产资料也多。因此,两种生产之间客观上存在一定比例关系,包括总人口与生活资料之间、劳动人口与生产资料之间、人口增长与社会总产品增长之间的比例关系。

首先,总人口与生活资料之间的比例。人类要生存、要发展,必须有一定生活资料。人均必要生活资料量既受自然因素影响,也受社会历史因素的制约,它在不同国家和不同历史时期不一样,会发生变化。就最抽象的情况而论,除个别时期外,后一时期同前一时期相比,人均必要生活资料量是递增的,但在一定国家的某一时期却是一定的,一定时期的社会总人口也是一定的。从这里就可以知道社会总人口和生活资料总量之间的比例关系了。如以 N 代表人口,l^* 代表人均必要消费资料量,L^* 代表社会必要消费资料总量,则 $L^* = l^* N$。现假定下期中社会新增人口为 ΔN,人均必要消费资料量增大了 Δl^*,则下期应扩大生产的必要消费资料总量 $\Delta L^* = \Delta l^* (N + \Delta N) + l^* \Delta N$。就是说,社会应比上期多生产的必要消费资料总量决定于三个因素：人口增加量、人均必要消费资料增长速度和原有人口基数。人口基数越大，人均必要消费资料量增长越多，人口增长速度越快，社会必要消费资料总量增长也越快。这里特别值得注意人口增长这一因素。现行人口总数是过去时期人口增长的结果，现行人口增长又会构成未来的人口基数。所以，从一个年份看，人口基数和人口增长虽可视作两个因素，从长远看不妨将它们合二为一；又因为一定历史阶段内人均消费资料量可视为既定量，因此，决定社会必要消费资料总量及其增加的主要因素是人口的增长。

其次，劳动人口与生产资料之间的比例。社会总人口中有一部分是劳动人口。随着总人口的增长，劳动人口也在增长。劳动人口参加生产要有相应的生产资料，两者之间也存在一定的比例。一个劳动者使用的生产资料数量即物质技术装备程度，在不同时代，不同国家与不同生产部门是不一样的，有的部门高，如钢铁业，有的部门较低，如食品工业。但就一个国家的一定时期而言，总存在一个社会平均的每一劳动力的生产资料占用量。如果在这种人均占用生产资料条件下可以保证社会成员的人均必要生产资料，那么，我们就称这个全社会平均每一劳动力的生产资料占用量为社会必要物质装备率。显然，如果社会人均必要消费水平越高，社会必要物质装备率也应越高；社会人均必要消费水平提高越快，社会必要物质装备率提高也应越快。从长期动态看，与人均必要消费水平的提高相适应，社会必要物质装备率也是提高的，但对一定时期的社会生产而言，这个水平是既定的。这样，在一定量劳动人口与社会必要生产资料总量之间也有一种确定的数量比例关系可循。设劳动人口数为 A，社会必要物质装备率为 F，则社会必要生产资料总量 $K^* = AF$。若进一步从动态角度考察，当社会总人口增加时新增劳动人口为 ΔA，同时，由于该期必要消费水平提高相应要求社会必要物质装备率的提高为 ΔF，这时，社会必要生产资料增加量 $\Delta K^* = A\Delta F + \Delta A(F + \Delta F)$。这里 ΔK^* 的变动也取决于三个因素：原有劳动人口 A，必要物质装备率的增长 ΔF 和新增劳动人口 ΔA。与上述社会必要消费资料总量及其增加的决定因素分析一样，决定社会必要生产资料总量及其增长的主要因素是劳动人口增长。

第三，人口增长与社会总产品增长之间的比例。上面分别分析了人口增长要求生活资料的增长，劳动力增长要求生产资料的增长。现在总起来分析人口、劳动力增长与社会总产品（包括生产资料和生活资料）增长的比例关系。需要说明的是,这里的人口增长、劳动力增长都是指净增长,人口净增长是新生人口减去死亡人口;劳动人口净增长是新增劳动力减去丧失劳动力的人口。

要确定人口与社会总产品,人口增长与社会总产品增长之间的数量关系,一个重要因素是总产品系数(r)。总产品系数指社会总产品与其中的消费资料的比率,或者说每生产一个单位的消费资料需要多少总产品,用公式表示:$r = \dfrac{P}{K_m}$,总产品系数和社会消费资料量的乘积也就是社会总产品。如果已知社会必要消费资料量为 L^*,与它相适应的社会总产品量是社会必要总产品量,记为 P^*,则 $P^* = r \cdot L^*$。从发展的动态看,前面已经说过,人均必要消费量是提高的,社会必要物质装备率也相应要提高,所以,总产品系数也同样有提高趋势。这是因为 $r = \dfrac{P}{K_m} = \dfrac{P_m + K_m}{K_m}$,若物质装备率提高,总产品中生产资料的值也大,则 P_m 越大,则 r 也越大。假定总产品系数的提高为 Δr,则一定人口增量 ΔN(从而有必要消费资料增量 ΔL^*)所要求的社会必要总产品的增量 $\Delta P^* = \Delta L^*(r + \Delta r)$。这就是说,在人均必要消费水平提高条件下,一定量的人口增加不仅要求追加相应的生产资料,而且要求总产品的更快增长。所以,两种生产的关系,人口再生产和物质资料再生产的数量比例,全面地说,不是增加的人口与增加的生活资料之间的比例,而是人口增长与包括生产资料在内的社会总产品增长之间的关系。

生产与生态环境的平衡 社会总人口的再生产要求物质资料按相应的比例再生产。抽象地说,只要有了劳动者就有了社会生产的前提,劳动者可以通过劳动创造出满足生活需要的相应的物质资料。但从一定的具体历史条件看,这要受到生态环境的限制。

人们总是在一定空间中进行生产的。这个空间带着一定的气候、可耕地、矿藏、森林、河流、物产等等自然的附属,构成一定的地理环境。我们把这种社会生产发生于其中,具有各种特定自然附属的地理环境称为生态环境。

生态环境提供了人们物质生活的前提条件。就人们的生活资料而言,它的许多天然产品可以直接提供人类的衣食之需。人类最初赖以为生的渔猎、采集活动就以自然界本身产品为对象,后来发展起来人工种植和饲养的食物,但它最终仍是土地的产品。以一定数量的土地、水、阳光、空气为前提,在一定的技术条件下,土地的数量与质量最终决定着土地产品的数量和质量。就生产资料而言,最初也直接从自然界获取,后来发展起来人工制造的生产资料,包括今天能制造出极其复杂的机械装备,各种各样原材料,但仍然离不开天然资源这个前提。机器生产依赖钢铁;钢铁生产取决于铁矿、煤矿的存在;化学纤维虽然在某种程度上替代了棉、麻、羊毛等天然纤维的地位,从而缓和了对土地产品的需求压力,但化学纤维本身又以石油供给为前提,因而加强了对油矿产品的压力。显然人的劳动物化为劳动资料的过程,即可再生的生产资料的生产,离不开非再生的自然资源(能源、矿源)的存在,生态环境中非再生的资源最终制约着社会生产资料的再生产。

人类社会依托生态环境从事物质生产的同时,又反作用于生态环境,其中包含着引起生态环境失调的各种因素。生产发展到一定程度的结果之一,是工业大量产生的废水、废气、废渣,造成水源、空气的污染,土壤的侵蚀。对某些天然资源的过度开发和不恰当的使用,更会造成某些动植物资源的退化以至枯竭。人类生活资料范围的扩大,消费方式的变化,增加了废物的排泄(从汽车的尾气到各类食品包装材料等垃圾),也在造成各种污染。虽然不同社会生产对生态环境的反作用有不同情况,但生产本身会引起生态失调的客观因素各社会都存在。这些因素表示在人类不断征服自然的过程中,自然还之于人类自身生产和发展的消极的反作用。

总起来说,社会再生产的规模是受到生态环境制约的。非再生的自然资源蕴藏量、土地数量、大自然承受污染的能力,所有这些在一定时期内都是有限的,从这一意义上说,一定生态环境只能承受一定的再生产规模和一定的人口规模,即生态环境有它的负载能力。

生态环境的负载能力不是静止的,而是历史地变动着的。决定生态环境负载力变动的最重要因素是科学技术进步,人们在开发生态环境的过程中发展了科学技术,技术进步又拓宽了生态环境的容量。随着科学技术的发展,从前未认识到的资源进入了社会生产的视野;以前不能利用的资源成了可用之物。某些技术进步提高了资源利用效率,另一些技术使生产的排泄物重新得到利用。总之,科学技术进步一方面推动着社会再生产的扩大,另一方面又开辟着新的生产资源和新的资源利用方式;一方面生产扩大引起环境污染、生态破坏,另一方面发展起来防止污染、克服污染和恢复生态平衡的力量。因此,从历史发展的过程来观察,同一地理环境由于生产力的发展在不同阶段上可以容纳更大的生产规模,确实不存在一种绝对的环境负载能力。但如果就某一特定的生产力发展水平而论,一定地理环境所能容纳的生产规模又是有限度。我们说的环境负载能力,就是指一定生产力发展条件下某种生态环境承受社会再生产规模从而承受社会总人口量的能力。

生态环境负载能力这一概念表明:人口与物质资料两种生产的平衡归根结底是人口生产与生态环境的平衡。一定生态环境具有一定的负载能力,后者表示该生态环境所能承受的社会总产品再生产的规模。前面说过,一定的社会必要消费量要求有相应的社会必要总产品。当生态环境所能负载的社会总产品再生产能力与社会必要总产品量相等时,与这种社会必要总产品量相对应的人口,我们称之为环境可容人口。这也就是各种社会形态下都存在的生态与人口增长的一般关系。当然由于社会条件的不同,各社会又有自己特殊的人口规律。

设 P_f 为环境负载能力可能达到的社会再生产规模,P^* 线表示由人口与总产品系数决定的社会必要总产品生产的规模,两者的焦点 E 对应的人口数如图中横坐标上的 Q 点所示,就是这一时期的环境可容人口。因为,在这一人口数量上,社会必需的总产品正好符合生态环境的负载能力,即这是保证社会总人口必要消费量所需要的社会总产品量,恰好符合社会再生产可能达到的最大规模,可以由社会生产来满足人们的

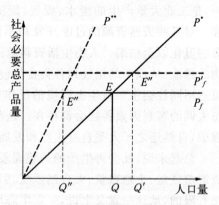

图 3-1 人口数量与生态环境负载能力的关系示意图

需要。应该注意的是,环境可容人口量是同必要消费量与生态负载能力的状况相联系的。当负载能力提高(如技术进步)即社会可能的最大生产规模扩大时,而社会必要消费量不变,那么社会可容的人口数量就会扩大。从图形看,就是负载能力线由 P_f 升至 P_f',它和 P^* 线的交点也就向右上方移至 E',相应地环境可容人口就从 Q 移至 Q'。反之,如果社会必要消费量变动了,从而社会必要总产品量变动,但生态负载能力不变,则环境可容人口规模也要相应缩减。图形中社会必要总产品从 P^* 左移至 P^{**} 线,它和生态负

载能力线 P_f 的交点左移至 E''，环境可容人口数量也就要相应减少了。总之，环境可容人口规模与生态负载能力成同一方向变动，而与社会必要消费量呈相反方向变动，如果生态负载能力和社会必要消费量同时变化，那么，环境可容人口数量的变动就要取决于两者变化的方向和程度了。

第二节 环境与经济发展

人与环境的和谐

环境，包括自然环境和人文社会环境。自然环境，包括以空气、水、土地、海洋、矿藏、森林、野生动植物、自然遗迹等资源为内容的自然地理因素，是人们赖以生存、生产和生活的空间。人类生产和生活融入自然环境之中，形成相互依赖、相互作用的统一体。马克思主义认为，人与自然的关系是人类社会永恒存在的、不断发展的辩证关系，人与人的关系和人与自然的关系是互为前提和互相影响的。恩格斯把他心目中所追求的人与人的关系和人与自然的关系的目标，定为"人类与自然的和解以及人类本身的和解"，①即人与自然的和谐及人与人的和谐这两个方面的内容。

在人口、生产（资源）、环境这一综合体中，存在着人与环境、人与资源、环境与资源这三种关系；表面上看，这三种关系可以归纳为两种关系，即人与物的关系（人与环境、人与资源）、物与物（环境与资源）的关系；但进一步分析，在人与物的关系和物与物的关系后面，还隐藏着人与人的关系。马克思、恩格斯在《费尔巴哈》一文中谈到这三种关系，即人与人的社会关系、物与物的自然关系、人与自然的关系，认为：人的发展或人的生命的生产表现为双重关系，生命的生产——无论是自己生命的生产（通过劳动）或他人生命的生产（通过生育）——立即表现为双重关系：一方面是自然关系，另一方面是社会关系。社会关系的含义是指许多个人的合作，至于这种合作是在什么条件下、用什么方式和为了什么目的进行的，则是无关紧要的。②

人口、生产（资源）、环境三者之间，怎样才能取得和谐关系呢？一定的生态环境只能承受一定的生产规模和一定的人口规模，即生态环境有它一定的负载能力和一定的环境可容人口。如果人口、生产和生态达到这种平

---

① 《马克思恩格斯选集》第1卷，人民出版社2012年版，第24页。
② 同上书，第160页。

衡状态,人与自然的关系,人与人的关系,就如马克思所说是"和解"的,或者是"和谐"的。反之,如果人口过多,生产过度,引起生态破坏,那就是人与自然环境的不平衡,不和谐。

保持人口、生产(资源)、环境三者的平衡,不是一件容易的事情。因为影响这三者的都有许多不确定、不可测以至不可知的因素。就人口而言,生育本来就是男女双方意愿的行为和带有一定偶然性的结果;即使政府推行某种计划生育政策,但生不生、生几个、生育的质量如何,也不是人力所能完全控制的。人口的增加意味着劳动力的增加,对生产的发展当然是一种正能量;但它要消费生产资源和生活必需的消费品,对生产又是一种负能量。再说生产,生产一方面是消费生产资源和劳动力;同时,另一方面又生产出更多新的资源,供给下一次增加生产用的生产资源和劳动者用的消费资料,满足人们多方面的物质和精神需要,这当然是一种正能量和正效应。但是建设、生产和生活,会消耗非再生的石油矿产资源和自然界野生动物,引起对生态环境的破坏;同时由工厂、汽车、电厂排出的一氧化碳、硫化氢等废气、污水、有害废料及农田流出的化肥农药,严重污染空气、河流、土地等宝贵资源;各个城市尤其大城市生产、生活垃圾每天几千万吨,好多不能焚化或腐化的,成为城市一大污染源。这一切,都对生态环境形成负能量和负效应。如众所知,环境除人口、生产对它的影响外,自然界仍以其本身固有的自然规律变化着,具有自净化的能力。但一旦外界加于它的负能量,超过它的自恢复和自净化的能量时,平衡就被打破了。这时,就出现了环境问题,即自然环境被污染或被破坏的问题。可见,环境问题的可能性,本身就存在于人类-生产-环境的关系中。

两类环境问题 环境问题多种多样,归纳起来有两大类:一类是自然演变和自然灾害引起的原生环境问题,也叫第一环境问题。如地震、洪涝、干旱、台风、崩塌、滑坡、泥石流等。一类是人类活动引起的次生环境问题,也叫第二环境问题。次生环境问题一般又分为环境污染和环境破坏两大类。如乱砍滥伐引起的森林植被的破坏、过度放牧引起的草原退化、大面积开垦草原引起的沙漠化和土地沙化、工业生产造成大气、水环境恶化等。这两类环境问题产生的原因不一样、形态特征不一样、造成后果的情形也不同。

自然界本身产生的环境问题,是一种自然现象,是自然规律作用的结果。例如,地震是地壳的一种运动形式。地震的成因,目前学者普遍认同是板块构造学说。全球地壳分成六大板块,板块与板块的交界处,是地壳活动比较活跃的地带,也是火山、地震较为集中的地带。但是,地壳为什么会运动,是怎么运动的,为什么会产生地震这样的运动? 现代科技界尽管作出了很大的努力,但结果并不理想。自然原因造成的环境破坏,往往有这样一些特点:(1) 突发性和潜在性;(2) 区域性和时间性;(3) 主导性与关联性。

人为因素造成的环境污染和自然资源与生态环境的破坏,是因为人类在开发利用自然资源时,超越了环境自身的承载能力,使生态环境质量恶化,有时候会出现自然资源枯竭的现象。人类行为造成的对资源的破坏、环境的污染和对人自身生命健康的危害,往往具有长期性、缓慢性,不易察觉性的特征。经济学家罗伯特·里佩托(Robert Repetto)计算,如果世界人口按目前每年 16.7% 的增长率继续递增,到 2667 年地球的陆地将挤满人,即使将南极用来安置人,它也只能为 7 年内增长的人口勉强给个站脚的地方;据罗马俱乐部 1971 年发表的《增长的极限》和一些环境资源学家的估计数字,如果世界按目前每年排放的废物和消耗的资源量的增长率继续下去,到 2667 年地球的陆地将堆满垃圾和废物、耗尽许多重要资源,人与废物、人与资源的矛盾将达到非常严重的程度。

> 人类对环境的破坏及严重化

自然环境是人类生存、繁衍的物质基础;保护和改善自然环境,是人类维护自身生存和发展的前提。这是人类与自然环境关系的两个方面,缺少一个就会给人类带来灾难。

人类为了生存、发展,要向环境索取资源。早期,由于人口稀少,人类对环境没有什么明显影响和损害。在相当长的一段时间里,自然条件主宰着人类的命运。到了"刀耕火种"时代,人类为了养活自己并生存、发展下去,就开始出现人为因素的环境问题。

在漫长的人类社会的发展过程中,我们可以很清楚地看到,人类对生态环境的破坏时刻都在发生。早在原始社会时期,由于人类处在原始的捕猎阶段,主要靠采集、捕猎自然食物来取得生活资料。这种生活方式造就了人类对环境有了很强的依赖性。那时产生的环境问题,是因乱采毁林开荒和滥捕破坏人类聚居的局部地区的生物资源而引起生活资料缺乏甚至饥荒,或者因为用火不慎而烧毁大片森林和草地,迫使人们迁移以谋生存,对生态环境的破坏还属偶然的、地区性的,破坏程度也不大。

在奴隶社会和封建社会时期,农业为主的社会由于人口增加和生活水平提高的要求,开荒和开发更多土地,不合适的农业生产活动使得可耕地面积迅速减少,土地肥力降低,草原退化,水土流失。尽管如此,这一时期对生态环境的破坏也没有超过环境的承受能力,当时人们向环境中排放的废物如庄稼的稻秆,牲畜的粪便等可以施肥,在一定程度上缓解了环境的自净化压力。所以,当时的环境问题:主要是在人口集中的城市,各种手工业作坊、商业及居民抛弃的生活垃圾形成的环境污染。总的来说,这一时期的环境问题,也还是局部性的、可控的,对环境的污染和破坏不算太严重,环境有自净化能力。

环境污染和破坏的严重化,是产业革命以后到20世纪60—70年代。人类社会进入了工业化的新时代,在商品化、工业化、城市化和近代化的进程中,取得了前所未有的成就。机器代替手工劳动,新兴重化工产业纷纷建立,各种新社会生产力的显著提高促使人类对自然界的改造能力有了明显的提高,但也尝到了环境报复的苦果。这一时期环境问题的恶化表现在:污染种类增加,特别是重化工业排出废气、废水和有害废物;污染范围扩大,出现了全国性的环境污染,局部地区的严重环境污染导致"公害"病和重大公害事件的出现;人口、生产和消费水平的迅速提高,自然环境的破坏,造成非再生矿产和野生动植物资源稀缺甚至枯竭,开始出现区域性生态平衡失调现象。据估算,现代农业获得的农产品可供养五十亿人口,而原始土地上光合作用产生的绿色植物及其供养的动物,只能供给一千万人的食物。

> **全球化背景下环境问题愈加突出**

人们对环境问题的反思有助于全球观念的形成。在19世纪末,一些思想家就开始对环境产生了关注。但是直到20世纪70年代之前,环境还只是一个民间话题,并没有进入公共决策领域的视线。战后各国环境的日益恶化使之逐渐成为全球性危机,很多发达国家60年代发生了轰轰烈烈的环境运动,而随着航天技术的发展人们对地球的重新认识,资本主义初期认为地球资源取之不尽的盲目乐观思想逐渐消失,这些都是促使人们思想观念发生变化的原因。

人类社会进入 21 世纪新时代,即经济全球化时代,环境的污染和破坏问题也呈全球化态势。随着生产和经济的全球化,环境的污染和破坏也被散布到地球的每一个角落。由于以信息技术和互联网为代表的科学技术的发展,全球加快出现新产业、新材料、新加工方法,高速工业化和城市化,人口剧增和资源迅速减少,自然环境难以承受如此巨大的压力,世界的环境污染和自然灾害呈现出显著增加、范围扩大、危害严重、难以防范的特点。

当今困扰人类的十大全球性环境问题:全球气候变暖、臭氧层的耗损与破坏、生物多样性减少、酸雨蔓延、森林锐减、土地荒漠化、大气污染、水污染、海洋污染、危险性废物越境转移等,正成为制约人类经济发展的突出问题。

现在一般认为全球化始自于 19 世纪中期。全球化的第一次高潮出现在殖民主义迅速扩张的 19 世纪后半期至 1914 年,第二次高潮出现在资本主义迅速全球化的二战以后,尤其是 20 世纪 70 年代末以后。现代性与资本主义的发展是一致的,因此不难理解现代性与生态环境的危机之间具有正相关关系,在某种意义上环境问题的全球化是全球化的一个结果,同时也是全球化的一个组成部分。

> 保护环境是人类的共同需要

如上所述,环境问题已发展成为一个全球性的公害,世界上许多国家或者社会团体逐步认识到了问题的严重性,发现了自身生存的生态环境存在着极大的压力,所以他们积极呼吁人类应该意识到当今社会人类生存环境的严重性,倡导人类生产、消费活动应与生态环境的承受能力相适应,努力建立一个有利于人类社会健康发展的生态环境。保护环境就是人类有意识地保护自然资源并使其得到合理的利用,防止自然环境受到污染和破坏;对受到污染和破坏的环境做好综合的治理,以创造出适合于人类生活、工作的环境,协调人与自然的关系,让人们做到与自然和谐相处。

为此,就全球范围而言,联合国于近几十年召开了多次会议,且制订并通过了很多项决议与宣言。1972 年 6 月 2 日在斯德哥尔摩召开了联合国人类环境会议,通过了《斯德哥尔摩人类环境宣言》,严肃郑重地指出:"保护和改善人类环境是关系到全世界各国人民的幸福和经济发展的重要问题;也是世界各国人民的迫切希望和各国政府的责任。""现在已达到历史上这样一个时刻:我们在决定世界各地的行动的时候,必须更加审慎地考虑它们对环境产生的后果。……为这一代和将来的世世代代保护和改善人类环境,已经成为人类一个紧迫的目标。"此外,1982年5月联合国人类环境特别会议通过的《内罗毕宣言》,1987年4月27日发表的题为《我们共同的未来》的长篇报告,也都严正地强调了生态环境正遭受到日益严重的破坏,严肃地阐明了正在急剧改变着地球和威胁着人类环境的严重问题。

为实现保护和改善环境,首先,人类必须学会控制自己。控制人口数量,提高人口素质,建立正确的资源、环境价值观念,改变过去掠夺式的、挥霍式的生产和生活方式;人类所需要的不是征服自然而是与自然和解、协调、共处,使得人类的进步和环境保护共同得到发展,这是思想道德方面的条件和要求。其次,要加强在全球和区域环境问题上的对话与合作。地球生态环境退化是全人类面临的共同问题,它不因国界,社会制度、意识形态的不同而有所差异。一个国家、一个地方的环境问题很有可能对整个地区乃至全球的生态环境产生影响。为了保护当代人及其子孙后代赖以繁衍生存的地球,国际社会别无选择,只有超越国界、民族、宗教、文化的制约,为了人类的共同利益,同时也是为各国自己的切身利益,同舟共济,共同合作保护环境。

保护环境对经济发展的促进　保护环境与经济发展是息息相关的。它们既互相依赖,又互相促进和互相制约。环境与经济的依赖性表现在,生态环境是人类社会赖以生存和经济发展的基础,反之,环境之所以发生问题究其根源,是人们生活和经济发展不当造成的,因此也只有在经济发展过程中才能不断解决。

环境对经济的保护和促进作用,首先表现为环境保护生产力的第一因素——人的身体健康地再生产。加强环境保护,改进和优化自然环境,提高环境质量能使人们喝上更干净的水、呼吸到纯净清新的空气、吃上更放心优质的食物,提高生活质量。这就能增进人的体质,提高劳动者的出勤率和劳动强度;也会提高人的智力,开阔人的思路和认识能力,为科学技术的创造和发明开辟道路。人的这一切素质的变化,不仅会扩大社会再生产,而且会因人们享受到优美的环境,自身素质和福利的增进,延长人均寿命,全社会从经济增长变成经济发展,向前演进一大步。反之,受到污染的水产品和农产品,会威胁到人体健康和生命安全;过度使用地下水,过度开采煤、铁、石油等矿产,使许多非再生资源日益减少,滥伐森林、竭泽而渔而使资源枯竭,结果不仅会限制生产扩大,社会经济受到巨大的伤害,甚至引来地震等自然灾害的打击和报复。

环境促进经济发展的直接作用,主要表现在:(1)保护环境可以促进生态资源良性循环,使资源的再生增殖能力大于经济增长对资源的需要,为农、林、牧、副、渔各业生产发展提供良好的生态环境;可以促进企业加强管理,采用无污染少污染的工艺技术,节约资源能源,减少污染物排放;可以广泛开展资源、"三废"的综合利用,提高资源效率。(2)严格环境准入制度,严格执行产业政策,积极推进清洁生产和循环经济,有利于合理引导投资方向,调整和优化产业结构,转变经济增长方式。(3)通过削减排污总量,开展污染治理和生态恢复工程,既减轻了环境污染负荷,同时又为经济增长提供了发展容量。实践证明,新建并运行好一座污水处理厂相当于给一片工业项目营造了水环境容量,拆除一批燃煤锅炉、"倒"掉一批分散的烟囱,相当于腾出了新建一座小型电厂的环境容量,还优化了产业结构。通过"治老补新、以新带老"盘活环境资产,让出环境空间给新兴企业加快发展,就能够从环保角度对经济发展以最直接的支持和促进。(4)加强环境保护能推进技术进步和更新改造,提高资本运营质量,有利于带动和环保相关产业发展,培育新的经济增长点和高技术产业发展,并增加就业。以上几点,归纳起来就是:保护和改善并美化环境,不仅可以增加生产,而且会使环境与经济发展共同提高一个层次。

另一方面,经济发展水平对保护和优化环境也有促进和制约作用,主要表现在生产扩大了,经济发展了,社会资金更充裕了,就可以拿出更多的资金投入环保事业,发展环保科技,建设城市环境综合整治需要的煤气工程、集中供热、污水处理厂等;没有大量的投资和运转费用,必需的技术装备,环保事业就举步维艰,这又是经济对环保的制约作用。

总之,保护与优化环境和经济发展的关系,既是矛盾的,又是统一的,主要方面在经济活动。环境问题在不当的经济活动中产生,又只能在经济发展中逐步解决。

以上内容,阐述了环境与经济的外部关系,作为政治经济学,更要从经济发展内部,从社会经济关系即生产关系及其运行机制研究对环境的影响。这包括:产权关系的明晰化;人们经济行为引发的正负外部效应或称外部性;把环境污染控制在最优水平,即最优污染水平或最经济水平,以及如何防治自由竞争条件不完全具备时市场机制失效等。这些问题,等以后有关章节中再予以说明。

第三节　新发展观与可持续发展

可持续发展概念的形成　可持续发展是人们对传统发展模式和工业文明进行深刻反思的基础上形成的新发展观和新发展模式,是关于人与自然和谐发展的一种主张,是人类走出生态危机的一种理性选择。

在人类社会生产力的不同发展阶段,出现了不同的发展观念。农业经济时代,经济发展主要依靠自然资源和环境条件,发展主要是为了满足生存的基本需求,还没有形成系统的发展思想。17世纪中叶以来人类社会进入工业经济时代,形成了以追求经济增长为核心的发展理念。关于如何发展的观念也是不断发展的,概括地说,就二战后经济发展理论的基本线索而言,大体上是经历一个从"经济增长论"到"增长极限论",再到"综合发展观"和"可持续发展论",以及相伴而行的"以人为中心的发展观"等历史演进过程。

(1) **早期的经济增长论**。最初的经济增长理论,提出了若干经济增长模式,没有把"发展"与"增长"两个概念区别开来。实际上认为"发展=增长"。这种发展理论指导下的发展战略是以**国内生产总值的增长为目标,把经济增长作为发展的惟一绝对的标准,经济增长被视为发展的同义词**。其具体表现就是对国民生产总值的百般追求。这种"发展=增长"的观点虽然促进了经济的增长,但却带来了经济和社会方面的许多问题,带来了"没有发展的增长"或"只有增长没有发展"的严重后果。于是人们对这种发展理论和战略产生了怀疑。

20世纪60年代以后,关于发展离不开增长、但"增长不等于发展"的见解,在愈来愈大的范围内取得了共识。国际学术界几乎普遍认为,不能把发展简单归结为经济增长,而应当把发展与增长两个概念加以区别。一般认为,经济增长的含义较窄,通常指纯粹意义上的生产增长。而发展的含义较广,除了生产数量的增长,还包括经济结构和某些制度的变化;不仅包括经济增长,还包括社会状况的改善和体制的进步,等等。而且,如果单纯追求经济增长而不顾其他各种相关因素对增长的制约,那么总有一天,这种增长本身也是难以维持的。

(2) **增长极限论**。在这一背景下,罗马俱乐部提出了"增长极限论",增长极限论的中心论点是:**人口的增长、投资的增加、环境的污染和资源的消耗等等**,都具有指数增长的性质,也就是说过一段时间就增加一倍。如果这个**趋势继续下去**,我们这个星球上的经济增长就会在一百年内的某个时期达到极限,**世界末日就会到来**。原因就在于一个简单的事实——地球是有限的,空间是有限的,资源是有限的,地球吸收污染的能力也是有限的。近年来,越来越多的有识之士则认为,在人口爆炸性增长、资源大量消耗、生态平衡遭到严重破坏的今天,梅多斯等人能一反世人的俗见,把长期受到忽视的问题尖锐地提到人们面前,具有警醒世人的作用。

(3) **综合发展与新发展观**。1983年,法国经济学家佩鲁的《新发展观》一书,成为经济社会综合发展观的标志性著作。《新发展观》提出了"整体的""内生的""综合的""以人为中心的""关注文化价值的"新发展理论,并称之为"新发展观"。佩鲁认为增长是一个有用的概念,但各国如果把它作为经济政策的目标来理解,可能会造成惊人的混乱。增长概念只突出了经济现象,而排除了教育、职业培训、人口群体质变和增长率的联系等问题的评估,是片面的。增长观没有考虑过增长的目的是什么,增长是为什么人的,是为了某些人还是为了所有的人,缺乏对"发展目标"的深入思考和价值判断。对于危害人或毁灭人的可能性问题,不在增长观的考虑范围之内。佩鲁还认为,市场经济和资本主义"毁灭"了他们所不能取代的文化价值和道德价值,把文化价值从市场集中排除了,把增长只看作是由资本、价格、供需等自发调节的结果,造成了经济与文化的对立,导致了人对物的贪恋,实用主义盛行,享乐主义、利己主义泛滥。佩鲁要求人们必须注意无发展增长所具有的危险,强调真正的**发展必须是经济、社会、人、自然之间的全面协调共进**。为了一切人和完整的人的发展应是各国发展的**中心目标**,这也是一个社会能够正常运行和保持稳定的关键之一。佩鲁提出的为一切人的发展、把人的全面发展作为评价发展尺度和发展目的的观点开启了一个新的时代。这种**关注中心由客体移向主体**,标志着发展观的一个质的转变。

> 可持续发展
> 含义和内容

可持续发展概念是人类对传统发展模式弊端长期反思的结果,是《新发展观》的进一步发展。

"可持续发展"一词在国际文件中最早出现于1980年由国际自然保护同盟等机构共同制订的《世界自然保护大纲》,其概念最初源于生态学,指的是对于资源的一种管理战略。其后被广泛应用于经济学和社会学范畴,加入了一些新的内涵。1987年以布伦特夫人为首的世界环境与发展委员会(WCED)发表了报告《我们共同的未来》。在报告中,"可持续发展"被定义为"既满足当代人的需求又不损害后代人满足其需求的发展模式"。

这一非常简单概括的定义,包含着丰富的内容,主要有三个方面:

(1) 对环境与生态的要求。指尽量减少对环境和资源的损害,经济与社会的发展要符合地球生态系统的动态平衡的法则和资源可持续利用的原则。这就要求改进生产方式,采用新技术、新方法,提高资源利用效率节约资源,减少污染环境的有害废气、废水、废物的排放;另一方面,改变不合理的资源消耗式的消费模式。尽管这一原则得到各方人士的认可,但是由于目前人类科学知识的局限性,对于许多具体问题就会产生截然相反的认识,例如核电站,支持人士认为它可以减少温室气体排放,是环保的,反对人士认为核废料有长期放射性污染,同时核电站存在安全隐患。解决这一矛盾,一方面要加强核安全的检查、防护等措施;另一方面要加速对核污染破坏环境、资源和危害生命的研究,尽快掌握控制核污染的全部知识,使其更好地造福于人类。

(2) 对经济发展的要求。可持续的经济发展的概念中也包含着限制的因素,即既要满足人们物质文化的需要,又必须受资源、环境承载能力的限制。也就是说,在经济上必须有利可图。这有两个方面的含义,一是只有经济上有利可图的发展项目才有可能得到推广,才有可能维持其可持续性;二是经济上亏损的项目必然要从其他盈利的项目上获取补贴才可能收支平衡正常运转,由此就可能造成此地的环保以彼地更严重的环境损害为代价。因此,发展必须受到环境满足本地和外地、眼前和将来需要的承载能力施加的限制。

(3) 对社会和自由公平发展的要求。可持续的社会,必然要求自由公平发展。自由公平,并非要人类回到原始社会。人的自由发展,意味着人的个性的全面拓展、人的能力的提高和人的潜力的发挥上,公平要求人与人都有平等发展、利益均等的机会。它包括本代人之间的公平、代际间的公平，环境、资源分配与利用的公平；同代内区际间的平衡发展，即一个地区的发展不应以损害其他地区的发展为代价；代际间的平衡，即既满足当代人的需要，又不损害后代人的发展能力。人类各代都处在地球这个同一生存空间，对自然资源和社会财富拥有同等的享用权，同等的生存权。因此，可持续发展把消除贫困作为重要问题提了出来，要予以优先解决，要给各国、各地区的人们世世代代以平等的发展权。

可持续发展模式是从全球角度提出来的，它超越了文化与历史的障碍，要达到的目标是全人类的共同目标。虽然国情不同，实现可持续发展的具体模式可能不一样，但是无论富国还是贫国，发达国家或是发展中及不发达国家和地区，在发展中出现的分歧和矛盾，都要以对话代替对抗，在平等协商，公正合理并在尊重国家主权的前提下解决争端，避免使用武力或以武力相威胁。只有全人类共同努力，才能实现可持续发展的总目标，从而将人类的局部利益与整体利益、眼前利益与长远利益结合起来，达到全球、全人类环境、经济、社会的可持续发展。

可持续发展是一个涉及经济、社会、自由公平、历史、文化、资源、自然环境和世界各国各地区等多方面多角度的综合概念，它以自然资源的可持续利用和良好生态环境为基础，以经济可持续发展为前提，以谋求社会的全面进步为目标。"可持续发展"的概念提出后，联合国也非常重视，围绕可持续发展的内容和意义进行了讨论。发展中国家与发达国家进行了一系列对话和辩论，终于在1989年5月联合国环境署第15届理事会期间达成共识："可持续发展"系指满足当代需要又不削弱子孙后代满足其需要的能力的发展。这种发展观的一个重要特点，是研究了人们的代际关系即一代人与后代人的关系问题，而以人为中心是此前的发展论中较少或根本没有系统论述过的。

1992年在里约热内卢召开的联合国环境和发展大会（UNCED）把可持续发展作为人类迈向21世纪的共同发展战略，把可持续发展作为全球发展的总目标，并且，为实现这一总目标，要求全球采取共同行动。联合国开发计划署从1990年开始，每年发表一份不同主题的《人类发展报告》。对发展提出了由三个指标预期寿命指数、教育成就指数、生活水平指数构成的新评价指标体系；提出了性别发展指数；引进了人类贫困的概念和人类贫困指数，来监督人类发展的进程。提供一国人类发展的简要信息，比较全面、准确地反映一国在以人为中心的发展方面取得的成就,可持续发展取得的进展。

第四节 技术创新与可持续发展

何谓创新 所谓创新,是指生产要素的重新组合,包括发明新的产品、新的技术、采用新的生产方法、控制原材料的新供应来源和企业的组织变革等。

关于创新问题,古典经济学家们已经有了这方面的思想观点。亚当·斯密在《国富论》中明确地指出,国家的富裕在于分工,而分工之所以有助于经济增长,一个重要的原因是它有助于某些机械的发明,这些发明将减少生产中劳动的投入,提高劳动生产率。

马克思也有关于创新的思想和观点。资本家为了追求超额剩余价值,就要采用新技术,降低商品的个别价值。追求剩余值或利润是资本家创新的内在动力,市场竞争是创新的外部压力。马克思认为,科学技术是社会经济发展的基本动力;反过来,社会经济发展又是科学技术发展的必要条件,两者是辩证的发展过程。

在斯密、马克思关于技术创新思想的基础上,熊彼特从经济学角度系统提出了创新理论,逐渐形成了以创新理论为基础的独特的创新经济学理论体系。熊彼特认为,所谓创新就是要"建立一种新的生产函数",即"生产要素的重新组合",就是要把一种从来没有的关于生产要素和生产条件的"新组合"引进生产体系中去;作为资本主义"灵魂"的"企业家"的职能就是实现"创新",引进"新组合";所谓"经济发展"就是指整个资本主义社会不断地实现这种"新组合",或者说资本主义的经济发展就是这种不断创新的结果;而这种"新组合"的目的是获得潜在的利润,即最大限度地获取超额利润。周期性的经济波动正是起因于创新过程的非连续性和非均衡性,不同的创新对经济发展产生不同的影响,由此形成时间各异的经济周期;资本主义只是经济变动的一种形式或方法,它不可能是静止的,也不可能永远存在下去。他提出,"创新"是资本主义经济增长和发展的动力,没有"创新"就没有资本主义的发展。

熊彼特认为企业家存在着征服的意志,战斗的冲动,证明自己比别人优越的冲动,以及冒险精神。熊彼特把"新组合"的实现称之为"企业",实现这种"新组合"的人便是"企业家"。因此,熊彼特认为企业家"创新"是在打破市场的均衡状态,利润是企业家为"新组合"所作贡献的价值体现。企业家的核心职能不是经营或管理,而是看其是否能执行这种"新组合",是否能实现创新。这个核心职能又把真正的企业家活动与其他活动区别开来。企业家能够大胆而又富有想象力地突破现行的商业模式和惯例,不断寻求各种机会推出新的产品和新的工艺,进入新的市场并且创造新的组织形式。每个企业家只有当其实际上实现了某种"新组合"时才是一个名副其实的企业家。这就使得企业家并不是一种职业,一般说也不是一种持久的状况,所以企业家并不形成一个从专门意义上讲的社会阶级。这种对企业家的独特界定,其目的在于突出创新的特殊性,说明创新活动的特殊价值。

企业家不同于管理者,也有别于资本家。创新是企业家的"职能"和本质特征,是企业家精神的灵魂。"企业家精神"是指企业家组织建立和经营管理企业的综合才能,它是一种重要而特殊的无形生产要素。从一定意义上说,企业家之所以成为企业家,很大程度上取决于他们的创新精神。企业家的创新精神体现在能够发现一般人无法发现的机会,运用一般人不能运用的资源,找到一般人无法想象的办法,致力于去解决那些现存机构解决不了的问题,挣脱旧的模式,努力去发明新的组织形式,发现更多的自由,找到更高效率与更大生产力的结合方式。

熊彼特关于企业家是从事"创造性破坏"的创新者观点,凸显了企业家精神的实质和特征。一个企业最大的隐患,就是创新精神的消亡。一个企业家,要么创新,要么就是在人力资源上报废,创新必须成为企业家的本能。但创新不是天才的闪烁,而是企业家艰苦工作的结果。创新是企业家活动的典型特征,从产品创新到技术创新、市场创新、组织形式创新等等。创新精神的实质是做不同的事,而不是将已经做过的事做得更好一些。所以,具有创新精神的企业家更像一名充满激情的艺术家。

企业家作为实现经济发展的变革、解决社会问题的主体,成功创新必须具有主、客观各方面的条件。客观方面的条件是:良好的社会、经济、政治、文化环境,有利于创新发展的经济制度和经济体制和运行机制,有关的法律、法规,完备的信用制度和金融体系等。主观方面,也就是主体方面的条件是:

首先,企业家必须具备一定的能力,具备能完成创新职能的能力。这些能力包括:

(1) 预测和计划能力。企业家应具有尽管在当时不能肯定而以后则证明为正确的方式去观察事情的能力，以及尽管不能说明这样做所根据的原则，而却能掌握主要的事实、抛弃非主要的事实的能力，能抓住眼前机会，挖掘市场中存在的潜在利润，并为此制订出生产要素重新组合的创新计划和执行方案。

(2) 组织能力。企业家有能力和权力，支配控制企业人力、物力、财力资源，通过委托-代理关系，以契约形式确立经营管理团队，在团队集体共同的努力下，使创新计划得到顺利贯彻和胜利实现。

(3) 说服能力。企业家善于说服人们，使他们相信执行他的计划的可能性；有本领取得社会信任，以说服银行家提供资本，实现生产方式新组合。

其次，成功的创新取决于企业家的素质。熊彼特认为企业家的工作是"创造性的破坏"。而阻碍创新的因素有：第一，是信息不充分条件下许多事情处于不可知的状态。实现一个新计划，和根据一个习惯的计划去行动，是两件不同的事情，就像建造一条公路和沿着公路行走是两件不同的事情一样。第二，是人的惰性。做一种新的事情，不仅在客观上比做已经熟悉的和已经由经验检定的事情更加困难，而且个人会感到不愿意去做它，即使客观上的困难并不存在，也还是感到不愿意。第三，是社会环境的反作用。这种反作用首先在法律上或政治上存在障碍而表现出来，其次在受到创新威胁的各个集团中表现出来，再次在难以找到必要的合作上表现出来，最后是在难以赢得消费者上表现出来。

熊彼特认为企业家要进行创新首先要进行观念更新。这是因为一切知识和习惯一旦获得以后，就牢固地植根于人们心中，就像一条铁路的路堤植根于地面上一样。它不要求被继续不断地更新和自觉地再度生产，而是深深沉落在下意识的底层中。它通常通过遗传、教育、培养和环境压力，几乎是没有摩擦地传递下去。

最后，创新成功必须有企业家精神。企业家的本质如上所述是创新，因此"企业家精神"也就如熊彼特说的"经济首创精神"，即能更新旧观念，敢想敢干，不怕承担风险责任。创新精神要和承担风险的精神统一起来，才可以界定为企业家身上体现出来的独有精神品质的基本属性。企业家精神象征着一种与普通人明显区分的个人禀赋，这种禀赋使得企业家自然成为社会福利增进责任的主要承担者，成为推动经济发展与制度变迁的强大动力，是实现"新组合"的原动力。

虽然，在熊彼特看来，企业家是不承担风险的。这是因为企业家进行创新活动所需要的资本是由那些成功的企业家所形成的资本家阶层提供的，即资本市场提供的。企业家可以从资本市场获取他们需要的任意数量的资本，因而资本并不构成其成为企业家的约束条件。与此相对应，由于资本的外来性，风险也由资本所有者承担，企业家并不承担风险。但问题的关键是，制度的安排上要让企业家为自己的创新活动所带来的风险与他承担的责任相对称，也就是社会制度要保护并激励企业家通过冒一定的风险来完成创新活动，实现企业价值创造。企业家创新精神和承担风险精神的结合，体现在：一是，企业家从事"创新性的破坏"工作的动机，其中最突出的动机来自"个人实现"的心理需要。二是，对成功的热情。他求得成功不仅是为了成功的果实，而是为了成功本身，利润和金钱反而是次要的考虑。三是，创造的喜悦。企业家以冒险为快乐，是典型的反享乐主义者。四是，具有坚强的意志。创新需要打破常规，需要坚忍不拔的意志。

在熊彼特之后，以爱德温·曼斯菲尔德、莫尔顿·卡曼、南赛·施瓦茨、理查德·列文、海纳等为代表的技术创新经济理论，研究了技术创新与垄断、竞争和企业规模之间的关系，认为竞争程度、企业规模和垄断力量是决定技术创新的三个重要因素。技术创新最有利的市场结构是介于垄断和完全竞争之间的市场结构。一类是垄断推动的，一类是竞争推动的技术创新。熊彼特也很重视"制度"创新对经济发展的作用。经济学家兰斯·戴维斯和道格拉斯·诺斯继承了熊彼特的观点和方法，提出制度创新理论。制度创新理论认为，所谓"制度创新"是指**经济的组织形式或经营管理方式的革新**，例如股份公司、工会制度、社会保险制度、国营企业建立等，都属于"制度创新"。这种组织和管理上的革新是历史上制度变革的原因，也是现代经济增长的原因。这样，创新理论就形成了两大分支：一支是新熊彼特主义，即**技术创新学派**；另一支是制度创新理论，即**新制度学派**。

同时，熊彼特的研究也有部分受到马克思的很大影响。熊彼特十分欣赏马克思对技术发明和创新作用的观点，也在一定程度上接受了马克思剖析资本主义的观点和方法。但要指出的是：熊彼特虽然在发展观上与马克思有一定的共同之处，但与马克思在世界观和立场方面有根本的不同，本质上，熊彼特成为资本主义的拥护者。

> **科技创新是可持续发展的核心驱动力**

在人类面临生存危机的今天,科技创新成为国家、企业、科技创新本身可持续发展及人类社会全面可持续发展的有力保障。科学技术进步对生产力发展越来越具有决定性的作用,进一步成为社会和经济发展的主导力量。谁在知识和科技创新方面占据优势,谁就能在综合国力竞争中占据更有利的战略地位。科技创新能力作为可持续发展的智力支持系统,成为可持续发展能力的核心因素。新的科学发现和技术发明,特别是高技术的不断创新及其产业化,对综合国力的提高,对人类社会的进步,都将产生巨大而深刻的影响。科技进步能够以"四两拨千斤"的效率,推动经济的发展和繁荣。一项科技创新的成果,通过大面积的技术扩散,必然会导致产业结构、市场结构、外贸结构等方面的变化,同时又牵动新一轮的科技创新。如此循环往复,就会推动经济可持续发展。因此,科技创新是经济增长取之不尽的源泉。科技创新对经济增长的贡献率随着科技水平的提高呈现递增趋势。

半个多世纪以来,世界上众多国家都在不同的起点上努力寻求实现工业化和现代化的道路。一些国家把科技创新作为基本战略,形成了日益强大的竞争优势。在国际上,目前被认为属于"创新型国家"的有20多个,其中包括美国、日本、芬兰和韩国等。**创新型国家是指以技术创新为经济社会发展核心驱动力的国家。**主要表现为:整个社会对创新活动的投入较高,重要产业的国际技术竞争力较强,投入产出的绩效较高,科技进步和技术创新在产业发展和国家的财富增长中起重要作用。作为创新型国家,应具备以下四个特征:(1)创新投入高,国家的研发投入即R&D(研究与开发)支出占GDP的比例一般在2%以上;(2)科技进步贡献率达70%以上;(3)自主创新能力强,国家的对外技术依存度指标通常在30%以下;(4)创新产出高,世界上公认的20个左右的创新型国家所拥有的发明专利数量占全世界总数的99%。

与此同时,也要客观对待科学技术应用的两面性。科学技术的发展,对人类社会的进步起着深刻巨大的推动作用,对社会、经济、环境(包括人本身)起着广泛深入的积极变化。但同时人类也越来越经历到它的种种负面作用。如助长了人的趋利性,激活了人性中的贪欲,使人类的心灵充满了物质欲望,灵魂物化。对商业利润的追求,塑造了现代人偏重于物质生活和对物质生活质量的无限提高的要求,形成了享乐至上、奢侈糜烂的生活方式和习惯。科学技术这些负面影响,严重阻碍社会经济的可持续发展。

科学技术应用双面性效应产生的原因:(1)人类对科学技术认识得不全面,片面地强化它某些功能,导致大自然对人类的报复;(2)人对科技过于依赖,反而使人成为工具的支配者,进一步成为机器的附属,人在长期与自然斗争中获得的力量、智慧和灵敏不复存在,出现人类越强大,自身却越听任外界摆布;(3)由于科技被部分人用来作为剥削、压迫、威胁、侵略另一些人、国家,成为人祸的根源。因此,必须正确看待科技应用的两面性。既要充分估计它对人类发展和进步的巨大推动作用,又不能丝毫忽视它的破坏作用;在积极利用科技正能量的同时,要限制和克服它的负能量。

思 考 题

1. 怎样保持两种生产及生产与生态的平衡关系?
2. 试述环境保护与经济发展的关系。
3. 什么是可持续发展?可持续发展包含了哪几个层面的内容?
4. 熊彼特的创新理论包含哪些主要内容?

本章参考文献

1. 《马克思恩格斯选集》第1卷,人民出版社2012年版。
2. 弗朗索瓦·佩鲁:《新发展观》,华夏出版社1987年版。
3. 约瑟夫·熊彼特:《经济发展理论》,商务印书馆1990年版。
4. 道格拉斯·诺斯:《制度、制度变迁与经济绩效》,格致出版社、上海三联书店2008年版。
5. 德内拉·梅多斯等:《增长的极限》,机械工业出版社2008年版。

第四章　社会经济形态演进规律及实现动力

上几章已就组成社会经济形态的若干要素,如生产力、生产关系、生产方式、社会分工、生产资料所有制等等分别作了说明,这一章要进一步分析这一些要素如何构成经济形态及经济制度,对它们有一个总体性的全貌认识。更要理解生产力和生产关系、经济基础和上层建筑的辩证发展关系,了解生产关系一定要适合生产力,上层建筑一定要适合经济基础是一切社会发展的基本规律,以结束社会经济形态这一篇。

第一节　社会经济形态与经济制度构成

社会经济形态　社会经济形态是社会形态的一部分,分析社会经济形态的构成,要从社会形态开始。马克思从其唯物辩证的基本哲学立场出发,将人类社会及其活动看成是有机联系并发展着的整体,指出:"现在的社会不是坚实的结晶体,而是一个能够变化并且经常处于变化过程中的有机体。"① 社会有机体是指包括一切人类社会生活要素在内,并由这些要素相互联系、相互作用而形成的不断发展变化着的统一整体。

在社会有机体中,一定的人口因素以及进入人们生产实践范围的自然环境因素是前提性要素,人类的社会实践活动构成社会有机体的主体内容。人类社会实践活动分两类,一类是人类与自然界之间的实践活动,由此构成社会生产力,一类是生产中人与人之间的实践活动,由此构成社会生产关系,并和生产力一起共同构成了社会生产方式。

在社会形态中,除了有生产力和生产关系组成的社会生产方式,还有经

---

① 马克思:"第一版序言",《资本论》第1卷,人民出版社2004年版,第10、13页。

济基础和上层建筑构成的关系。由生产力决定的社会生产关系在人们全部社会关系中具有核心和基础性的地位,一个社会中占主导地位的生产关系构成社会经济基础,在此基础上人们形成其他领域社会关系特别是社会上层建筑中的关系,包括政治上层建筑和社会意识形态。社会形态这一范畴正是对与生产力发展一定阶段相适应的经济基础和上层建筑之统一体的概括,因此也是对一个社会的经济、政治、文化等各方面本质特征的概括,即不同的社会形态从本质上反映和代表了不同的社会历史阶段。

在经济基础和上层建筑的相互关系中,经济基础决定上层建筑。因此社会形态的变化取决于社会经济基础的变化,即"社会形态"的划分是基于对"社会经济形态"的划分。这里的**"社会经济形态"是对社会生产关系中各方面总体性和本质性概括**。马克思主义经典作家将社会经济形态作为区分人类社会历史发展不同阶段的主要依据,马克思指出:"各个人借以进行生产的社会关系,即社会生产关系,是随着物质生产资料、生产力的变化和发展而变化和改变的。生产关系总合起来就构成为所谓社会关系,构成所谓社会,并且是构成一个处于一定历史发展阶段上的社会,具有独特的特征的社会。"① 可见,生产力发展水平的差异决定了不同的社会经济形态,不同的社会经济形态决定了不同的社会形态,而不同的社会形态综合体现了不同社会历史阶段各自的本质特征。至于生产力和生产关系、经济基础和上层建筑怎样辩证地发展、推动社会前进将在本章后面阐述。

以上所述范畴之间的构成和关系可用图 4-1 表示。

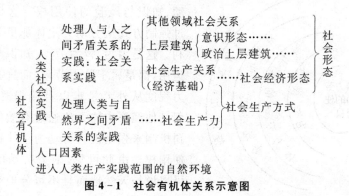

图 4-1 社会有机体关系示意图

---

① 马克思:《雇佣劳动与资本》,《马克思恩格斯选集》第 1 卷,人民出版社 2012 年版,第 340 页。

{基本经济制度和经济运行制度} 经济制度是对社会形态的基础层次,即生产方式中生产关系的具体规定。一定社会形态下的经济制度也分两类:一类是基本经济制度,另一类是经济运行制度。

1. 基本经济制度

基本经济制度即一个社会的生产资料及劳动力所有制。生产力由生产资料和人两个因素构成。究竟哪一个是起决定性作用的呢?我们认为是人的因素。生产资料、土地等是物,可以被人所有是没有问题的;人呢?人作为生产的主体,人又是生产中最重要的因素。存在于人体内的体力和脑力即人的劳动力也是物,也是一种资源,人作为主体对它当然也有所有关系。这样,就会形成人对自身劳动力的所有权。

马克思认为,所有制关系在实际运行中表现为占有、支配(有时亦称处置)、使用、收入等。这既包括对物的所有权或产权,也包括对劳动力的所有权或产权。

新制度经济学在产权问题上与马克思主义的观点有类似之处,当然也有不同。他们将物的产权分解成四个层次的权利,即:使用资产的权利,从资产获得收入的权利,改变资产实质和形态的权利(处置权),全部或部分地转让的权利(转让权)。

如果将劳动力的"产权束"也分成不同的层次,就如图 4-2 所示。

(1) 脑力劳动的使用权,包括智力劳动、知识与经验的使用权。这是最难通过强制方式从劳动力主体那里分离的权利。这是因为,智力劳动、知识与经验的运用,都是属于脑力劳动,而这方面的努力程度从外界是难以直接观察到的,因而其他经济主体无法通过有效的暴力惩罚机制来强制占有劳动力主体这方面的使用权。由此可见,脑力劳动的使用权可以说是天然地而且不可分地属于劳动力主体。

(2) 劳动力主体的生存权。从历史上看,劳动力主体的生存权并非一定是

图 4-2 劳动力产权的五层次结构

天然不可剥夺地属于劳动力主体本人,有时这一权利可以强制地掌握在他人手中。

(3) 体力劳动的使用权。由于体力劳动的努力程度从外部往往能够容易以较低成本直接观察到,因此,体力劳动的使用权从理论上说就可以或多或少强制性地从劳动力主体那里分离出来。

(4) 劳动成果(流量)的索取权。严格地说,这是劳动力产权的进一步要求。对物的财产(存量)的产权又可以看成是对劳动成果(流量)的索取权的进一步延伸,因此,简言之,对物的产权派生于对人的产权。

(5) 劳动力的交易权。如果我们将劳动力视作是一种资产,那么让渡劳动力的权利或者说劳动力的交易权也就是对劳动力的产权的一部分了。在现代,这一交易的权利已属于劳动力主体自己。

从劳动力产权结构可以看出,劳动力产权可以分割,可以是完整地属于劳动者自己,也可以是部分地被别人所有,甚至完全不属于自己而属于他人所有的多种情形。从生产资料看,无论作为生产力源泉的土地,或是生产工具和劳动资料,都是物,都可以被人占有,可以由一个人私有,也可以由一群人集体所有,全社会所有;集体所有又有大集体、小集体所有之分;公有也有国家所有、地方所有、公私混合所有各种类型。至于物和人以什么形式、以怎样一种关系结合形成所有制,那既要看生产资料的状况,也要看劳动力的状况。如果,土地等生产资料充分,劳动者共同占用着土地、共同劳动、共同消费,根本不会要求把土地占为私人所有。如果,土地和劳动工具等生产资料是有限的,而社会一部分人已有了多余的财富,多余的土地、耕畜和农具等生产资料,另一些人又只有劳动力而缺少生产资料,无法独立进行生产。这时只有劳动力的人,为了生活和生存,不得不去为有财富积累的人劳动了。这样一方面是完全占有生产资料的所有者,另方面是完全或部分失去劳动力产权的劳动者。换一种情况,劳动者虽然有了一些劳动工具和耕畜等,但仍没有土地这种基本生产资料,仍要为所有者劳动,不过和所有者关系已略有不同了:劳动力所有权中主体的生存权是自己的,劳动力的使用权(包括脑力劳动和体力劳动)也几乎完全属于劳动者的,但他还是被强制的,和土地所有者还不是自由和平等的劳动关系,因为他不能离开所有者和土地,否则又将失去生产和生活的基本保障。如果,机器生产代替了人工生产,机器所有者和拥有文化技术但没有生产资料的劳动者之间又会是另一种关系:所有者需要劳动者为他操作机器才能生产,劳动者要求自由平等的劳动,要求完全的劳动力产权,结果形成所有者给劳动者劳动报酬的关系。这种关系,表面看来是自由、平等的劳动关系,其实不是。劳动者必须把劳动力卖给所有者,否则他无法生活;所有者并没有把劳动的收益全部支付给劳动者,否则他无法赚到钱,企业也难以存在。事实是,劳动者没有得到劳动力的全部产权,十分重要的劳动成果所有权一部分归所有者了。这是私有制下的必然现象。只有全社会所有制,劳动者才会获得自由平等的劳动和完全的劳动力产权。

因此,产权制度也是复杂多样,而不是简单划一的。不同社会,由于生产力水平不同,会有不同产权;同一个社会不同地区,生产力水平有差异会影响到所有制形式的实现;更不必说生产力有了很大发展,所有制也迟早一定会跟着变化了。但有一点要注意,上述生产力中物的因素和人的因素构成的所有制关系,是指同一个生产单位内生产过程的关系,是一个共同体内人与人劳动关系的性质问题,也正因为如此,生产资料及劳动力所有制或产权制度是经济制度中的基本制度。

2. 经济运行制度

经济运行制度由生产方式基础上流通、分配及消费的经济关系构成。换言之,有了社会分工的生产方式,才会有经济运行制度。这是因为,在同一个所有制的共同体内,人们也有分工,男女老少之间各人从事不同的劳动,互相交换劳动或活动,但不交换产品,这还是狭义或直接生产范围的事。社会分工意涵不同的群体,不同的个人生产不一样的产品,彼此就必须交换产品,用自己生产多余了的或用不着的产品,去换回自己需要的生产资料和消费品。不然,生产不能继续,自己的生活需要也无法更好满足。经过货币做媒介的产品与产品交换就叫商品流通。所以,经济运行制度与基本经济制度不同,是不同集体或个人之间交换物化劳动即商品的制度,是不同生产单位之间如何交换其劳动的关系,即个别劳动与社会劳动的关系。

进一步考虑,在一定所有制下,全社会的生产有地区之间、生产部门之间、今年明年之间、大中小企业、技术先进落后之间、中央地方各级之间以及城市与乡村、城市与城市、人口与环境等许多经济关系。流通过程也一样,贸易有国内贸易和国际贸易,商品的进口与出口,货币的汇出与汇入,国内贸易有批发与零售,零售有大型百货商店、超市、专卖店、网上商店等形式。而正像恩格斯在《反杜林论》中说过的,生产和交换是两种不同的职能。这两种社会职能的每一种都处于多半是特殊的外界作用的影响之下,所以都有多半是它自己的特殊的规律。在社会生产总过程的生产、交换、分配、消费及相互关系中,既然有那么多的方面和层次的经济关系,也会有那么多方方面面、大大小小具体的经济规律。

那么,基本经济制度与经济运行制度是怎样的关系呢?

基本经济制度决定某种生产方式经济上的直接目的和手段。例如,各种形式私有制下的生产,由于生产资料属私人所有,生产目的必然是为了私人利益;如果生产资料是集体或全社会所有,那生产的直接目的毫无疑问是为了集体和全社会的利益。生产目的问题,是生产全过程的核心问题。它为流通、分配和消费指明了方向。经济运行过程必须遵循这一方向,尽量实现这一目的,满足基本制度的要求。

经济运行制度是不同生产单位和个人商品交换的制度。在第二章"社会再生产"中已经说明,从全社会看,商品交换要能顺利进行,各部门各种商品的生产要合乎比例,进一步由生产各种各样商品的资源配置要合乎比例。如果资源配置合理,商品流通就顺畅,社会上各种商品都有人要,都有人购买;也就是说,全社会商品都可以得到实现,进入生产消费和个人消费领域,这就会促进第二年社会生产的扩大发展和居民需要的更好满足,有利于基本经济制度的巩固和发展;反之,如果资源配置不合理,就会影响商品的实现,不利于生产扩大和消费提高,削弱以至破坏基本经济制度。

怎样实现全社会资源的合理配置? 理论上说,有两种方式:一种主要是,由市场微观主体通过市场上商品的供求数量变化自发的调节,私有制主要是这种方式;另一种认为,在全社会所有制下,全社会可由一个掌握着全部资源的经济中心,通过自觉地安排全社会资源,做到社会生产的按比例发展,符合为全社会利益的生产目的,即实行计划经济制度。这种计划经济制度,还缺乏成功的先例。

第二节 社会发展的五形态和三形态

上面所说的社会经济结构是从静态角度区分的,动态地看,从历史发展角度区分,则分为五形态和三形态。

五形态和三形态理论的形成

马克思的社会发展五形态和三形态理论,基本上都是在1850年代形成的,是在历史唯物主义建立后提出的。在《德意志意识形态》中,马克思以所有制形式为标准,将人类历史上各个生产发展阶段划分为"部落所有制—古代所有制—封建所有制—资本主义所有制"四种形式。后来,在《雇佣劳动和资本》中,马克思认识到"部落所有制"缺乏科学材料,于是放弃了这个概念,只剩下了"古代社会—封建社会—资产阶级社会"三个阶段的历史分期。马克思在1859年初写的《政治经济学批判》序言中说:"大体说来,亚细亚的、古代的、封建的和资产阶级的生产方式可以看作是社会经济形态演进的几个时代。"加上众所周知他在1847—1848年所写的《共产党宣言》中早就宣布无产阶级的最终目标是实行未来的共产主义社会,这就是五形态了。又经过多少年,在摩尔根《古代社会》一书提供的大量古代氏族社会及演变资料的基础上,马克思通过对原始氏族社会的深入研究,真正揭开了原始社会之谜,私有制产生之谜。就用原始社会替换了"亚细亚生产方式",形成了原始社会、奴隶社会、封建社会、资产阶级社会和未来共产主义社会这样一种关于社会经济形态理论的经典表述。

马克思关于人类社会经济形态的演进还有一种三形态的划分。三形态划分的思想,起源于马克思早期著作《1844年经济学哲学手稿》。马克思根据劳动的不同类型和人性发展的不同阶段,把人类社会的发展划分为三个不同的时代。最初是真正人的本性,从事着对象化劳动,即合乎人性的劳动,改造和占有自然界,这是人类社会发展的第一阶段;由于异化劳动的出现,使劳动成为非人性、反人道的劳动,产生了私有制和人的本质的异化,出现了有产与无产的对立,并发展到劳动与资本的对立,这就是私有制社会,包括从私有制的最初产生直到资本主义社会,即阶级对抗的社会形态,这是人类社会发展的第二阶段;异化劳动的扬弃,私有制也被扬弃,它被公有制所代替,实现人的本性的复归,这是人类社会发展的第三阶段。

他在《1857—1858年经济学手稿》中,从社会中现实的人的存在和发展为中心,把整个人类社会的发展分为三种形态:"人的依赖关系(起初完全是自然发生的),是最初的社会形式,在这种形式下,人的生产能力只是在狭小的范围内和孤立的地点上发展着。以物的依赖性为基础的人的独立性,是第二大形式,在这种形式下,才形成普遍的社会物质变换、全面的关系、多方面的需要以及全面的能力的体系。建立在个人全面发展和他们共同的、社会的生产能力成为从属于他们的社会财富这一基础上的自由个性,是第三个阶段。第二个阶段为第三个阶段创造条件。"[1]

以上说明,马克思关于人类社会经济形态发展的五形态和三形态的理论,是在《政治经济学批判》序言中对历史唯物主义概述后提出来的,是对社会经济形态的第一次科学划分;而且五形态是为《政治经济学批判》一书写的序言,三形态则是该书手稿中的内容,两者几乎是同一时间、同一本书中提出来的。但不论五形态和三形态,它们的形成,都有一个雏形—发展—成熟的过程。

五形态和三形态的含义

1. 马克思五形态发展的理论

以社会生产方式为划分标准,生产力是动力,生产关系是依据,特别是生产资料所有制关系。原始社会由于生产力极其低下,个人不能独立生产和生存,只能由原始人群结成共同体,占有无主土地,集体劳动,共同按人分配和消费。这就是原始的社会生产力和社会生产关系组成的生产方式,即马克思五形态理论中的第一个形态。到了原始社会中后期,人们学会了生产劳动工具,如石斧、石刀、弓、箭等手工工具,使用的材料也很多,有石、陶、木、骨等,随着生产技术的发展,人们劳动能力的增强和劳动生产率提高,生产的产品除个人消费外有了剩余,个人的生产力超过了消费力,占有他人劳动力成为可能,也是有利可图的事。同时,随着婚姻家庭制度和家庭关系的变化,父权制家族逐渐取代母系制家庭,私有制逐渐产生和发展起来,从开始只是农具容器等个人保管使用的资料私有,发展到产品和财产的私有,并要求积累财富传给下一代。这样,社会发展的原始共同所有制形态就逐渐瓦解而过渡到奴隶社会和封建社会形态。

原始社会末期,青铜器以至铁器等金属工具的使用,扩大了劳动对象,增加了生产范围,特别是,农业、畜牧业和手工业开始分工,可以增加产品的种类和数量,提高产品的质量和生产效率,进一步提高了社会生产力;因此个人提供剩余产品的能力更强,一些富裕家庭也开始奴役家人,形成家庭奴隶制。这时,商品交换和商品生产成为常态,商业日渐繁荣和借贷关系日渐兴旺,商业借贷业一方面反过来促进社会分工扩大和深化,另一方面又使贫

---

[1] 《马克思恩格斯全集》第30卷,人民出版社1995年版,第104—108页。

富差别接踵而至,结果是贫穷家庭的子女和本人不得不到富裕家庭当奴隶。社会上,人口的增加很快,规模很大,居住地域也随之不断扩大,新的公私兼有的农村公社制度形成,氏族内和氏族间公共事务频繁,需解决的矛盾冲突不少,加上氏族之间、部落与部落之间,连绵不断地爆发大大小小的战争,形成数量庞大的战俘。战俘做奴隶保持生命总比被杀死人道。于是战俘被分配给掌握公共权力的少数部落和氏族的头目及军事首领。家庭奴隶制中奴隶的大量增加,海外贸易中奴隶贸易的逐渐盛行,更扩大了奴隶的队伍。从而,奴隶也从家务劳动被赶入土地、工地从事农业、原始手工业的劳动。据估计,公元一世纪时,古罗马的奴隶人口占全部人口的10%—20%。奴隶数量的变化,奴隶劳动方式的变化,量变成为质变,家庭奴隶制就变成全社会奴隶制的生产方式了。在地域范围扩大、人口数量增加、公共事务繁杂众多,特别是奴隶制生产关系的形成,使原来以血缘亲属关系为依据的氏族及氏族联盟组成的原始社会组织就被以地域为单位和奴隶主及奴隶经济关系基础上的国家这一社会政治组织代替了。

奴隶社会初期,生产力虽比原始社会有了发展,但还是很低的。劳动对象仍是土地等自然物,劳动工具多是木、石等制成的简单手工工具,很少青铜制成的金属工具,劳动方式也极原始,是集体劳动,多数按男女老少的自然分工,很少社会分工。生产资料是这样原始,劳动力呢?也是原始、简单的,没有经过训练和培养,就一个父母孕育给他的身体,只能从事简单粗糙沉重的体力劳动。所以,最初的私有产权,以奴隶主完全拥有生产资料和奴隶几乎完全失去劳动力产权为内容。奴隶主获得奴隶后,有了对奴隶劳动力的使用权,奴隶使用价值中的脑力劳动,即智力、知识、经验等在生产中是否发挥了,是观察不出来的,也是棍棒等逼不出来的,脑力劳动的产权,天然属于劳动者,谁也无法占有,是侵犯不了的;但体力劳动的产权就不是这样了。体力劳动努力与否,付出的劳动是多少,所有者很容易从外部观察出来,可以用暴力侵犯劳动者的体力劳动产权。因为,奴隶是奴隶主会说话的工具,主人既可以杀戮、买卖奴隶,当然就更会通过监视、监禁、鞭笞及各种刑罚等暴力手段,强制奴隶从事体力劳动,迫使其延长劳动时间,增加劳动强度,甚至危及其生存权,在还很低下的生产力和劳动生产率条件下,生产出更多劳动产品,除了奴隶维持自己和家庭最低生活需求外,还有剩余产品供给奴隶主消费。这种所有制构成的生产关系的实质,是奴隶主剥削奴隶劳动的关系。

由于奴隶社会初期使用大量奴隶劳动,又对他们进行无情而残酷的剥削,为奴隶主、也为社会提供了大量剩余劳动和产品,使商业、金融、建筑设计、文学艺术、哲学、各种自然科学也跟着发展起来。《荷马史诗》是古希腊最伟大的文学作品,《被缚的普罗米修斯》是古希腊最伟大的悲剧作家,有"悲剧之父""有强烈倾向诗人"美誉的埃斯库罗斯的代表作。被公认为最伟大的古希腊雕刻家、画家和建筑师雅典人斐狄亚斯创作的宙斯雕塑,是世界七大奇迹之一。古罗马的圆形会场和斗兽场、古埃及的"金字塔",都是保护了几千年至今最珍贵的历史遗产。希腊三大哲学家:苏格拉底、柏拉图、亚里士多德,他们的著作和思想,流传至今不衰,推动着人类思想的发展。奴隶社会早期文学艺术的伟大成就和科学技术的发展,证明新生产关系对生产力的促进作用。可时间一长,由于长期受残酷剥削奴役,生活贫困,疾病多发,早衰早死,死亡率高,出生率低,奴隶来源日趋萎缩,奴隶人口逐渐减少;海外奴隶贸易态势渐渐发生变化,从初期战俘多价格低变成供应量少而需求量大,供求矛盾日见突出,奴隶价格不断上涨,想买进奴隶获得利益的困难越来越大。加上奴隶的起义和逃亡,使奴隶数量大量减少,奴隶制生产关系的基础遭到毁灭性的打击,奴隶制濒临死亡的边缘。另一方面,一种新的生产方式正在成熟。随着金属工具的进一步完善、精细和专门化,奴隶社会末期生产力和劳动生产率进一步提高,劳动者个人及其家庭成员已可独立地完成农业生产的全过程,生产力的发展相应表现为由大规模集体劳动向以劳动者及其家庭成员为单位的个体劳动的转变。同时,随着生产技术的进步与复杂化,农业生产劳动中非体力的因素(经验、技术、智慧等脑力劳动因素)发挥越来越大的作用,因而原有奴隶主对奴隶的完全占有和完全强制劳动的生产关系安排不再适应劳动者的生产能力,因此必然要被封建制所替代。

在欧洲,当北方日耳曼人带着他们小生产的方式,大举迁徙南下,消灭了西罗马帝国,许多罗马贵族被杀,土地被没收,但也有部分人保持住自己的权势,与日耳曼新贵共同组成新贵族,按照接受分封土地的数量多少分为公爵、侯爵、伯爵、子爵、男爵这五个等级,他们构成封建主阶级;另一方面,奴隶也从领主处租种土地成为隶属于土地的隶农,组成新的农奴阶级。同时,社会上还有大量自己拥有小块土地(原有或新形成)的自耕农和小手工生产者、商人、僧侣、游民等。这样,封建化过程完成了,欧洲进入封建社会经济形态。在中国,从西周开始,历经春秋战国的逐步演变和发展至秦汉,终于形成了全国统一的封建制度。

封建生产关系的基础是，封建主完全占有土地和不完全占有生产者。农民以家庭为单位租种封建主的土地并对封建主形成一定的人身依附关系。地主对租地农民（佃农）虽已不能杀戮或买卖，但仍可凭借其土地私有制的经济权力实现半强制经济。农民每年除了要把10%—20%甚至更多的农产品作为地租上缴给地主，供地主及其家庭过奢侈享乐的生活方式，地主还会强迫农民为其从事修建房屋、道路以及婚丧杂事等额外劳役，租地农民遭受封建主严重而残酷的超经济剥削，过着贫穷困苦的生活。小土地私有的自耕农和小手工业者，境况也好不到哪里去。他们生产规模细小、分散，生产力量单薄，又受到大地主在水利等方面的限制和干扰；更有国家沉重税收、劳役的剥削压迫，商业欺诈和高利贷的盘剥，生活在水深火热之中。一遇到天灾人祸的打击，大地主对自耕农土地的巧取豪夺，许多自耕农就沦为租种地主土地的佃农或抛荒外逃。

尽管如此，另一方面，由于农民向地主租得土地后可以家庭为单位独立自主地开展生产，决定生产什么、生产多少、怎样生产，生产的成果交付地租后剩下的产品是归自己所有和支配的，就是说，对自己的劳动力有了较大的支配权和使用权及拥有部分劳动成果的所有权；因此，封建农民与奴隶相比有了较高的生产积极性，他们愿意在田间、在家中抓紧劳动，不顾时间，不惧疲劳，提高劳动效率，增加生产成果，使自己能有温饱的生活以至财富的积累。由此也说明封建生产关系是适应当时生产力的、先进的。需要补充的是，由于封建社会个别生产力在直接劳动方式层面上是封建农民及其家庭为单位独立的个体劳动，因此其生产力在劳动分工层面也相应地表现为没有严格分工的综合劳动，即封建农民及其家庭成员在直接生产过程中都要身兼与农业和手工业生产相关的多种不同的劳动。在社会生产方式中，就不存在生产不同产品单位的社会分工了。

封建社会对生产力的推动首先表现在生产工具的显著进步。马克思说过，手推磨产生的是封建主的社会。封建社会初期，铁制工具已代替青铜器得到普遍的使用。中国在战国时代即已制成生铁、铸铁和渗碳钢，汉代冶铁和炼钢技术又有重大改进，铁制工具的推广极有利于垦荒和水利工程，出现了南北大运河和都江堰等许多著名的水利设施，至今人们仍受其利。以铁犁牛耕为特征的中国传统农业，在战国以至秦、汉时代逐步进入成型期。汉代耕犁的制造不断改进；至唐代，出现了曲辕犁，由11个部件组成，轻巧灵活,完成了由二牛三人向一牛一人犁耕方式的过渡,有力地提高了劳动生产率。在收割、排灌、加工等农具上,也都有创建。战国以至秦、汉以后,中国农业已由休耕制逐步转向连作制,加强了土地利用。在选种、施肥、水稻移栽、桑种改良上,都有显著成绩,尤其是较早地创行复种,使农业日趋集约化,有利于提高单位面积产量。手工业也有发展。丝织、瓷器之精美早就享有盛誉,造船闻名海外,并最早使用水密舱壁。被称为"四大发明"的造纸、火药、指南针、活字印刷,由中国传入西方,对世界经济、文化作出了贡献。北宋时,铁的年产量达550万斤,带动了手工业的全面发展。这时,中国在农业、手工业和科学技术方面的成就,都居于世界的前列。西欧在封建时期,形成领主经济,由大庄园和城堡经济组成。受日耳曼人入侵的影响,生产力一度出现衰退。欧洲很早就使用块炼铁,但生铁和铸铁的发明较晚,限制了铁制工具的推广。从10—11世纪起,西欧社会生产力有了显著增长。大规模移民和大量开发森林、荒地,增加了耕地面积。加罗林王朝开始的三圃制耕作法逐渐推广,可使单位面积产量增加,成为欧洲中世纪的一大创造。铁制工具逐渐广泛用于农业,犁耕代替锄耕,使用二牛的无轮犁和多牛的有轮重犁,11世纪时已有犁壁的记载,13世纪以后逐渐用马代牛,提高了耕作效率。13世纪以后,园艺业品种增加,葡萄园种植亦有发展。欧洲畜牧业一向比较发达,初以牛为主,其后马和羊日兴,14世纪起养羊业大盛,并已开始人工植草。

西欧封建社会初期大批城市在战争中遭破坏,曾出现乡村化,手工业也陷于停滞。12—13世纪以后,由于商业和行会手工业的发展而使城市重新兴起。14世纪采矿和冶铁业有了重要发展,开始炼制生铁和熟铁。以后,西欧在机械利用方面进展颇快,15世纪已应用各种机床,水力、风力大量开发,工场手工业勃兴。随着商品经济和世界市场的开辟,16—17世纪,西欧逐步过渡到资本主义生产方式。中国这时仍处在封建社会。土地虽可买卖,但小农经济家庭农业与手工业相结合等原因,影响了商品经济的发展和市场规模的扩大和深化,反过来又阻碍了社会分工的扩大和深入,进而影响生产的增加和技术进步,如此恶性循环,不仅经济发展受阻,明清以来生产工具也无重大创新,生产技术已日益落后于欧洲。但是,生产关系对生产力的阻碍不可能是完全的,生产力总还有一些发展的余地,尤其是农业方面,精耕细作的小农经营达到传统农业的高度水平,复种面积的增加,均使单位面积的产量有所提高。手工业也有发展,明清时代的瓷器,成为中国历史上的顶峰。社会分工和商业的发展,也催生了资本主义萌芽。

封建社会手工工具的生产技术向以自然力为动力的大机器生产技术的进步,是人类社会生产力发展史上的一次大飞跃。正如马克思所说,蒸气磨带来工业资本家。这一飞跃实现了自然力对人力的替代,从而为人类生产力的进一步发展打开了无限的空间。在新的生产力水平下,原来曾引起自然分工的劳动者生理差别对于生产过程的意义越来越小,专业化社会分工逐渐替代了自然分工,而直接劳动方式也变为根据市场来确定劳动规模的社会化集体劳动。

从最先出现生产力上述飞跃的西方国家看,这一飞跃是由这些国家的对外贸易的迅速扩大所诱发,并首先在原来的城市手工业部门出现,而随着城市手工业向机器大工业的转变,生产无限扩大的趋势不仅成为可能,而且成为了一种市场发展的要求,以前的建立在手工工具生产技术基础上的简单再生产,相应转变为大机器生产技术基础上的以追求资本不断增殖为目的的扩大再生产。因此资本主义市场经济作为一种经济形态开始在城市工业部门确立并迅速扩展,并取代封建自然经济在整个社会中占主导地位,而封建自然经济形态则在资本主义生产力与生产关系的冲击下陷于崩溃并释放出大量自由劳动力,整个社会的劳动力所有制关系也由封建的半强制经济关系转变为市场经济形式上的劳动力归劳动者个人所有关系。

随着资本主义社会生产力的发展,资本主义生产资料资本家私人占有制越来越显露出其不适应生产社会化的矛盾,主要表现为隔几年爆发一次经济危机,大量产品卖不出去甚至倒掉烂掉,产量下降,工厂倒闭工人失业,生产力遭到巨大破坏和损失。这表明资本主义生产关系已不适应了。

矛盾的最终解决,按马克思的理论分析,只能以公有制代替私有制,在通过无产阶级专政从资本主义到社会主义的过渡时期,实现初步的社会主义。随着超越资本主义生产力的发展,人们体魄更加强健,脑力更具思维创造性,知识更为全面高级,这将使得人们摆脱过去固定分工的束缚,个体可以自由地转换工作,从事各种创造性脑力劳动。生产力的上述高度发展最终将推动人类社会进入共产主义经济形态,在这一经济形态中,生产资料将实现单一的全社会所有制;计划经济与个人选择自由工作岗位需要完全统一;劳动力的所有关系也将相应地达到劳动者个人所有与全社会所有的完全统一;分配关系也将实现按需分配;个性自由的创造性劳动已不再是人们的谋生手段,而成为人们追求自身全面发展、追求生活价值的第一需要。

以上就是马克思社会经济五形态发展理论的内容。

2. 马克思三形态发展的理论

关于马克思三形态划分的理论，除了1857—1858年经济学手稿，在稍后的《资本论》第一卷中，马克思又有对人的发展的三个历史阶段的另一种概括："人们在自己劳动中的直接的社会关系"阶段、"人们之间的物的关系和物之间的社会关系"阶段和"自由人联合体"的社会关系阶段。第一阶段是，人们在直接生产过程中的劳动关系，即生产关系；第二阶段是商品经济下人们在社会生产中的个别劳动与社会劳动的关系，也是一种生产关系，虽然商品经济当年是与资本主义生产关系相结合而存在的；第三阶段是产品经济，自由人在联合体劳动中的社会关系，理所当然就是生产关系。所以说，五形态和三形态理论的实质是一样的，都说明社会生产方式的发展。

人类社会第一阶段自然经济的基本特征是"人的依赖关系"，以及"人的生产能力只是在狭小的范围内和孤立的地点上发展着"。"人的依赖关系"是指人对人的直接依赖性。原始社会初期，生产力极其低下，原始人的依赖是最简单、最原始自然生成的血缘依赖关系。随后生产力稍有一些发展，就变成奴隶和奴隶主、农奴和封建主之间在物质生产和生活领域的人身依附关系，奴隶和农奴被强制或半强制的依赖关系。因此，自然经济形态就是生产力水平很低，还没有或仅有不发达的社会分工，人与人在血缘依赖或直接依赖下劳动，产品自身消费，自给自足，少有剩余产品拿出去交换，商品关系极不发达。人们在劳动中的社会关系自始至终表现为他们本身之间的个人的关系，而没有披上物之间即劳动产品之间的社会关系的外衣。由于奴隶主和封建主的生产目的，都是为了满足自己和家庭成员奢侈豪华生活的需要，虽然在自己消费后的剩余部分也进行产品的市场交换，但一般只占各自所获产品的很小比例，因此，都属于自然经济形态范围。那时，虽开始有了个体私有农业、小手工业、小商小贩，商品经济萌芽以至有了个体私有小商品经济成分，但整个社会仍是自然经济。从上述说明可以看出，从生产过程内部劳动关系的性质看，自然经济形态又有两类性质不同的生产关系：原始社会初期血缘共同体的劳动互助关系，另一类是奴隶、封建制不平等的人剥削奴役人的劳动关系。因此在后一类关系中，人的劳动异化了，从合乎人性的平等的劳动变成受剥削奴役的反人性的劳动，人的本质异化了，从自由平等关系变成阶级对立关系。

自然经济的存在，根本原因是生产力的落后。因此，随着社会生产力水平的提高、特别是社会分工的发展,自然经济就必然逐渐瓦解,进一步演进成为商品经济。

第二大形态商品市场经济形态的基本特征是,"以物的依赖性为基础的人的独立性"。商品市场经济形态是社会分工基础上为交换而进行生产的经济形态,与自然经济以满足个人及家庭需要为目的的生产不同;自然经济形态下,人受其他人(血缘亲属、奴隶主、封建主)的限制,在商品市场经济下,人独立于人了,但受到物的限制,受到市场交换、货币的限制,即受到社会权力的限制(货币可以买到一切商品,是社会权力的代表)。换言之,在后一形态下个别劳动既独立又与社会劳动相互联系,并不断地通过市场向社会劳动转化,因此人们相互间形成以交换为媒介的物化的社会关系,或者说以物为媒介的人与人之间的生产关系。在此种经济形态中,生产单位是为交换而进行生产,生产目的是追求价值或利润。伴随着机器大工业的产生,社会分工进一步发展,生产力大幅度提高和社会产品前所未有的增加,也出现部分人失去生产和生活资料,又没有货币,不得不把自己劳动力当商品出卖。正像马克思所说,"最大的交换,不是商品的交换,而是劳动同商品的交换"①。劳动力的全面商品化,就是社会经济的资本主义化。在资本主义商品经济的条件下,劳动者受资本的剥削,生活贫困,这是资本统治的结果。

由此可见,商品市场经济没有改变人的劳动及人的本质被异化现象,不过使人从被人剥削奴役的异化变成受物的即资本的支配和奴役罢了。因此,当生产力超越资本主义且更充分发展情况下,又必将向人的全面解放和发展的第三个社会经济形态演进了。

第三形态产品经济形态社会的基本特征是,全面发展的自由人联合体,"建立在个人全面发展和他们共同的社会生产能力成为他们的社会财富这一基础上的自由个性,是第三个阶段"即将来的共产主义社会。在共产主义阶段,科学技术迅速发展基础上生产力已大大超过发达资本主义的水平,劳动生产率极大提高,物质产品和精神产品大大丰富,足以充分满足人们不断增长的物质文化需要,并成为共产主义的生产目的。教育和体育的发展大大增强人们的体力和脑力,劳动者的全面发展和能力的提高,使人的个人劳动可以达到与全社会劳动直接和完全的统一,从而有可能消除原来存在的劳动者自由选择职业的限制。这时商品经济将没有必要而完全消失,人们

---

① 《马克思恩格斯全集》第30卷,人民出版社1995年版,第105页。

取得自己所需的产品不用通过货币来进行交换,而是通过社会中心组织进行按需分配。"各尽所能,按需分配",这便是马克思对共产主义社会的基本设想。

产品经济是以生产力的极大发展为基础的,并以全社会根本利益的一致性为前提。这不是自然的产物,而是历史的产物。因为这些条件的具备,需要时间,需要积累。所以马克思在《1857—1858 年〈经济学手稿〉》中,对三形态作了经典表述后接着说:"第二个阶段为第三个阶段创造条件。"

> 五形态与三形态的关系

1. 自然经济与商品市场经济的关系

自然经济与商品市场经济的区别,首先在于它们的生产力基础不同。自然经济形态是以较低社会分工和落后的手工生产技术为基础,而市场经济的技术基础,则以较发达的社会分工和大机器生产技术为前提。而只有在大机器生产技术的基础上,城市工业部门才能摆脱人力的限制,依靠机械推动生产规模和企业规模的不断扩大,从而商品交换和市场容量迅速发展,商业服务业形成和日趋繁荣,城市商品市场经济形态才能逐步排挤并最终摧毁和取代农村封建自然经济,成为全社会普遍性和主导性的经济形态。这样的生产技术变化,也使人们的身体素质变化和劳动能力提高了。机器大工业社会,许多劳动比之农业需要强大的体力,机器使用更需要比较全面的科学技术知识,这些都需要劳动者从学习中,从劳动锻炼和生产实践中去获得。

其次,自然经济与商品市场经济的区别,表现在劳动关系性质有异,社会劳动的范围宽窄不同。自然经济形态如前所述,在个别直接生产过程的社会劳动中,人依赖于人,所涉及的范围只限于自然经济单位内部;因此,"人的生产能力只是在狭小的范围内和孤立的地点上发展着"。市场经济下,人与人从直接依赖关系变成通过物进行的间接依赖关系,人的独立性大大增加了,"以物的依赖性为基础的人的独立性,……才形成普遍的社会物质变换,全面的关系,多方面的需求以及全面的能力的体系。"商品生产者劳动独立性的加强,对物即商品依赖性的扩大,也使他们需要不断扩大商品销售的地域范围。如马克思《共产党宣言》一书中说的:"不断扩大商品销路的需要驱使资产阶级奔走于全球各地。它必须到处落户,到处创业,到处建立联系。"从半自给的小商品生产进到资本主义社会化大商品生产,这是历史的很大进步。在今天,商品市场的范围已扩展至全球,世界已进入经济全球化时代。

最后,自然经济与商品市场经济形态的上述区别,也必然反映在两种形态中的社会成员的思想观念与精神面貌上。在自然经济形态中,人们表现为一种封闭保守和因循守旧的精神状态,以及强调狭窄的家庭观念、宗族观念、地方观念、等级观念等等;而在市场经济形态中,人们则表现为一种开放进取、积极创新、否认并抛弃各种封建传统观念、追求个人自由、平等竞争、优胜劣汰、国家观念、世界视野等价值观念。这种变化亦是由生产方式中劳动和社会实践所带来的。

2. 五形态与三形态关系

五形态与三形态都是在生产力发展和社会分工的基础上形成和发展的,但同时又有不少区别:

首先,两者要求的生产力水平的高低不同。商品经济关系只要求简单的产业如农业与工业等的社会分工,资本主义经济关系除这一条件外,要有资本家与工人的分化。商品经济只要交换者都是不同所有者,不论谁是所有主:奴隶主、封建主或独立手工业者、农民的小商品生产者;资本主义经济关系则必须是资本所有者与只有劳动力的工人相交换,资本成为侵占工人劳动的工具。由于两者私有制基础相同,又有密切联系。历史上,小商品经济或简单商品经济是私有的小生产,大规模商品经济则是资本主义经济了。但资本主义经济关系又是在小商品生产者分化的基础上产生的,资本关系和商品关系在一定条件下又几乎是同步发展的,马克思说的第二大形态"以物的依赖性为基础的人的独立性",即商品市场经济,也主要是指资本主义经济。从历史的视角看,商品市场经济或资本主义经济比之落后的自然经济,是一个很大的、影响深远的进步。

其次,五形态中的每一个,说的都是一个生产单位内部的生产关系。怎样的生产资料和劳动者的劳动力相结合,结合采取何种社会形式,个别生产过程的组织形式和劳动方式,劳动成果的占有关系,属微观范围所有制即基本经济制度问题;三形态则是社会各企业、各生产单位之间的生产关系,在社会分工基础上交换产品、交换物化劳动的关系,个别劳动转化为社会劳动的关系,也是个别企业产品的实现和全社会产品的分配和进入个人消费的问题,宏观经济运行范围问题,构成全社会宏观经济运行制度。微观与宏观相结合,构成全社会的经济制度。从发展趋势看,就是五种形态和三种形态的各自演进。

其三,五形态说明微观生产单位生产关系的本质,只与一种所有制相联系;三形态是不同经济单位交换的运行问题,因此,它可以与不同性质的私有和公有经济相联系和共存。由于生产力的发展总是不平衡的,自从有了社会分工以后,畜牧、农业、手工业发展的不平衡,有快有慢,有先进有落后,商品市场关系就可以在私有和公有经济中同时存在。事实就是如此,在原始社会,就有商品关系的萌芽,到了奴隶封建社会,就有商品市场经济关系;资本主义社会,也有独立私有的小商品经济;到共产主义初级阶段社会主义社会,由于生产力不够发达和不平衡,私人经济和资本主义经济还将相当长时间存在,多种公有制形式和体制的存在,使商品市场经济仍旧是必要的。所以,五形态是随生产力发展一个个继起的,商品市场关系是几个社会并存的。

三形态的发展,必然是依次递进无法超越的。这是因为,这几个社会形态的演进,是由社会分工的发展决定的。社会分工使社会总劳动裂解为许多既独立又互相联系的个别劳动、个别生产,同时提高了劳动生产率和剩余产品率,这必然要使产品转化为商品,自然经济转化为商品经济。而任何新的生产力的获得,都会引起社会分工的进一步发展。从现有世界各民族经济的演变看,没有一个民族最初不是处于自然经济形态,也没有一个民族在自然经济瓦解后不是进入商品经济的。历史也证明,违背了这一规律,就会受到惩罚。五形态的演进,是马克思依据历史唯物主义原理,总结人类社会不同时期、不同地区确实存在过的历史现象得出的结论,当然也是社会发展的一般规律。只是,一种社会形态的实现,除了根本上由生产力水平决定外,还要取决于政治、法律、道德、文化等上层建筑和精神状态等各种复杂因素。因此,从个别国家和民族看,由于各自具体条件的不同,在沿着总的社会发展规律方向的前进过程中,在实现道路、实现形式上出现差异乃至发生超越阶段的变异都是可能的,世界总是呈现出多样化的。

第三节 社会经济形态演进规律及实现动力

社会经济形态演进由生产关系适应生产力和上层建筑适应经济基础两层意思构成。先看看生产关系一定要适应生产力的规律。

> 生产关系一定要适应生产力的发展

生产力与生产关系的辩证发展是历史唯物主义的基本原理之一。这一原理告诉我们：社会生产力决定生产关系；同时，社会生产关系也不是完全消极被动的，它在刚根据生产力发展要求建立起来的一段时间内，会积极推进生产力的发展，但问题在于，生产力是生产方式中最活跃、发展最快的因素，而生产关系是相对稳定的，渐渐生产关系变得不适应生产力以至开始阻挠生产力的发展了。由于生产关系是人们的物质利害关系，人们往往不愿意或不习惯随意变动，而且变动因以下几种情况而延缓下来：

(1) 生产力是劳动者在劳动中实现的。生产关系对生产力已开始不适应了，但劳动者在企业具体劳动过程中还没有体会到，因此劳动者还是认真负责、按质按量完成任务，使生产能够达成预先确定甚至超过的程度，社会对生产关系不适应的反响也不太大。

(2) 经济运行的某些具体环节出了问题。例如，商业流通领域的购销制度出了问题，农业收购季节不当，数量多少不合适，质量过严或过宽，管理制度的过严或过宽，缺少买卖自由，影响商品流通，影响农业生产、农民和广大消费者的生活，引起社会的不满和不安定。这时，就需要对具体运行制度的改革，使整个运行制度畅通，才能使整个社会生产和经济继续发展。

(3) 所有制已部分不适应生产者的生产能力，就必须部分改变所有制，否则生产关系就无法适应生产力。例如，封建制初期，隶农的劳动能力，已完全适合用铁制手工工具进行个别劳动，这就要改变领主经济下隶农去领主农场在鞭子下集体监禁下的方式，使农奴劳动得到解放，农民只是受某些限制的产权所有者，在交了实物地租后的收入和生活也更有保障，这是封建生产关系的部分质变。经过农民运动和各种形式的斗争，取得减租增加租期年限的胜利，那又是在减轻受剥削程度上取得了量变。又如，生产社会化的发展导致与资本主义私人占有形式的矛盾尖锐起来，导致危机发生并破坏生产力。这时，私人资本只能通过兼并或联合形成社会化大资本和垄断，才能使资本主义基本制度和运行制度继续存在。这又是一个通过资本主义生产关系的部分质变和量变保持自己生命力和活力的最好例证。

(4) 生产力已完全超越了生产关系。机器劳动代替手工劳动是生产力的一次质变，它使封建生产关系完全不适用了。有科学技术知识和能力的劳动者，要求完全获得劳动力的个人产权，与资本所有者形成一种自由和平等的劳动关系。结果是,封建生产关系是被消灭了,但代之而起的资本主义生产关系,仍然是一个形式上劳动力自由买卖,工人劳动力仍受剥削的关系。要消灭这种关系,如前所述还要到生产力更高发展的共产主义社会。

由上可见,不仅生产力的发展会有一个从量变到质变的过程,生产关系同样如此。因此,社会生产方式的变迁,一种新生产关系代替旧生产关系,并不是一朝一夕那么容易的事。马克思在《〈政治经济学批判〉序言》一文中告诫过人们:"无论哪一个社会形态,在它所能容纳的全部生产力发挥出来以前,是决不会灭亡的;而新的更高的生产关系,在它的物质存在条件在旧社会的胎胞里成熟以前,是决不会出现的。"①

> 上层建筑一定要适应经济基础的发展

经济基础决定上层建筑原理同样也是历史唯物主义的基本原理之一,这一原理表明,特定的上层建筑是为特定的经济基础服务的,是为了维护特定的社会经济形态,因此不同类型的上层建筑与不同的社会经济形态同样存在着某种适应性的对应关系。

一个社会的上层建筑包含两部分,即政治上层建筑和思想上层建筑,前者是指这个社会的政治、法律制度和设施,后者则是与之相应的社会意识形态,二者都是对该社会的经济基础的反映并服务于该经济基础。

在原始社会形态中,与原始氏族公有制经济基础相一致,形成了氏族和部落议事会制度,这是人类社会政治上层建筑最早的雏形。而原始社会在意识形态方面则相应地表现为朴素的集体观念、平等观念、公有观念以及与氏族对外交往相关的血缘氏族观念,同时,源于原始社会人类将自然力量人格化的原始"自然宗教",也是原始社会意识形态的重要组成部分,并对当时的社会经济发挥重要影响作用。

奴隶社会,为了维持奴隶主占有制以及对奴隶的完全强制经济关系,必然要建立起奴隶主阶级专政的国家政权,其政体形式或是奴隶主氏族贵族的血缘世袭制度或者是奴隶主、自由民的民主共和制度。在意识形态方面为了对奴隶社会经济形态进行辩护,则形成了粗陋的宗法等级观念,起愚民作用的宿命论、天命论与血统论思想;同时,自然宗教开始向源于社会异己压迫力量之人格化的"人为宗教"转变,此外与这些思想观念相联系的道德

---

① 《马克思恩格斯选集》第2卷,人民出版社2012年版,第3页。

规范、艺术及哲学观念也开始形成。

封建社会的土地私有制和对农民的半强制经济形态,是由封建地主阶级专政的国家政权来维护的。具体政体或者是中央集权的世袭皇权制度,或者是世袭王权与世袭领主相结合的制度。同时,大多数时期还形成了层次复杂、阶梯分明的贵族等级制度,与土地层层分封的经济关系相一致。而在意识形态方面,宗法等级观念进一步精细化和系统化,宿命论、天命论、血统论思想也配合封建统治进一步发展完善,在暴力强制弱化的同时,意识形态的麻醉和禁锢作用则有了更大的发挥,特别是宗教得到了迅速发展并对封建社会发挥着巨大影响作用,有力地配合着封建世俗的统治。

资本主义社会不仅生产力而且生产关系同样也有突破性飞跃,封建强制关系崩溃了,劳动者拥有了自身劳动力的所有权,城市市场经济冲击农村自然经济并取代后者在整个社会经济中占据主导地位。因此在上层建筑领域必然也要发生革命性变化,这包括资产阶级领导发动社会革命推翻封建专制的国家政权,建立资产阶级专政的国家政权,以及意识形态方面通过广泛的"启蒙"运动,宣扬、确立了私有财产神圣、个人自由至上的观念,进一步地,利己主义、社会达尔文主义式的优胜劣汰等观念也随之流行,这些观念为资本主义市场经济形态提供了全面的辩护,同时也成为了资本主义市场经济在世界范围内不断扩张的征战号角,极大地加强了资产阶级的统治力量。

资本主义社会向社会主义社会的过渡,是人类有史以来最伟大的进步,而目前人类社会在这方面的伟大尝试才刚刚开始。我们只能满怀信心,在马克思主义科学预见的指导下,在共产党的领导下,经过几代人、十几代人以至几十代人持续不断的努力奋斗,才会实现这一人类社会伟大的梦想。

> **规律实现是利益主体博弈均衡结果**

根据马克思社会经济基础和上层建筑的理论框架,占统治地位的基本生产关系是通过国家这一政治上层建筑制订的基本经济制度的各项规则的贯彻,才能实现的。

经济制度作为约束个人经济行为的基本规则,必然对每一个相关的利益主体的利益都带来意义深远的影响,因此每一个利益主体都企图对经济制度施加影响使其向有利于自己的方向变化,**但经济制度最终的均衡结果却往往不是某一方利益主体所能单独决定的,而是多方利益主体相互博弈**

的均衡结果,用博弈论的语言来说就是,在这一制度均衡状态中,对任何一方利益主体而言,给定其他方利益主体不改变各自现在的制度博弈策略,该利益主体也没有动力改变自己的博弈策略,从而作为制度博弈均衡结果的制度就稳定下来了。

以上所述其实是与马克思和恩格斯早在1848年《共产党宣言》中已经阐述过的关于阶级、阶级斗争思想基本一致的。因为阶级是由一定的具有共同利益立场的利益主体组成的。恩格斯后来提出著名的"社会合力论"认为,历史是这样创造的:"最终的结果总是从许多单个的意志的相互冲突中产生出来的。""这样就有无数互相交错的力量,有无数个力的平行四边形,由此就产生出一个合力,即历史结果,而这个结果又可以看做一个作为整体的、不自觉地和不自主地起着作用的力量的产物。""各个人的意志……虽然都达不到自己的愿望,而是融合为一个总的平均数,一个总的合力,然而从这一事实中决不应作出结论说,这些意志等于零。相反,每个意志都对合力有所贡献,因而是包括在这个合力里面的。"①

只是受当时分析工具所限,恩格斯的上述深刻思想一直未能被进一步具体而深入地展开。而今天博弈论分析工具的出现和发展,则使我们有可能对多个利益主体共同作用而导致的制度形成及变迁过程进行更为透彻的分析。简单而又抽象地说,可以认为,在某一特定的政治与经济技术的背景下,每一利益主体均有多个可选的制度博弈策略,这一策略既可表现为对某种制度规则的选择,也可表现为该利益主体为促成某种对自己有利的制度规则的建立而采取的动态的相机行动"方案",而**特定的政治与经济技术背景决定每一个利益主体上述不同制度博弈策略的报酬结构,从而也就决定了作为最终的博弈均衡结果的制度的形成,另一方面,政治与经济技术背景的变化则又势必改变博弈的报酬结构,最终有可能导致博弈均衡的改变,制度的变迁也就相应发生。**

如上所述,当政治与经济技术背景的变化导致利益主体的制度博弈报酬结构发生变化时,原有的制度框架将有可能出现不均衡,这时,制度将要向新的均衡变迁。如图4-3所示,这一变迁过程从利益主体的行动参与角度看,既可能是通过分散的个人行为来实现,如农业的技术进步导致奴隶制向封建租佃制的变迁,更可能是通过集体行动来实现,这时作为分析单位的

---

① 《马克思恩格斯选集》第4卷,人民出版社2012年版,第605—606页。

利益主体实际上就是一个具有共同利益的利益群体,如资本主义社会中低收入群体的集体行动(罢工、示威等)所导致的经济制度的改良性变迁,如工资劳保制度的某些改进就是这样。这一变迁过程从利益主体的自发主动性看,既可能通过诱致性制度变迁方式,也可能通过强制性制度变迁方式来实现。

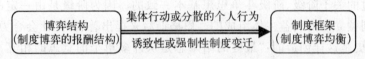

图 4-3 利益主体间的制度博弈决定制度的形成与变迁

如果说制度博弈的报酬结构决定了博弈最终的均衡结果,即决定了最终会形成什么样的制度。那么,制度博弈的报酬结构本身又是由什么因素决定的呢?那就是,技术与生产力状况和政治权力结构状况。其中**技术与生产力状况是更为根本的因素。**

先看技术与生产力状况。技术与生产力水平的变化一般会导致原有制度框架下的部分或全部利益主体其在不同制度下的相对报酬发生变化(即出现了新的制度"创利"机会),这也就导致这些利益主体不同的制度博弈策略所对应的报酬的相对结构发生了变化,即制度博弈的报酬结构发生了变化。

例如,奴隶制向封建制的制度变迁,其根源就在于手工生产技术框架内的技术进步使得对于土地所有者而言,半强制的土地租佃制比完全暴力强制的奴隶制带来更多的净收入流,即相对报酬发生了变化;又如市场规模的扩大及跃向大机器生产的技术进步为规模经济水平及专业化分工水平的提高提供了极大的可能空间,这样资本所有者在劳动力能自由"流动"的自由市场经济制度中的预期报酬大增加,从而极大改变了该利益主体在不同制度间(封建强制经济制度与自由市场经济制度之间)的相对报酬。

再看政治权力结构状况。政治权力结构与特定的政治制度相关,是国家合法的强制力量的分配结构。政治权力结构的变化总是意味着某些利益群体的政治权力的提高(或下降),提高了政治权力的群体,则将从自身利益出发,凭其所掌握的足够大的合法强制力量使制度博弈的报酬结构发生两方面变化,一方面该利益群体可运用这一强制力量实施选择性

"惩罚",使其他利益主体在试图选择或采取对前者不利的制度博弈策略时因承受额外成本而导致该博弈策略的净报酬下降,从而使这些利益主体在不同的博弈策略之间的报酬结构发生改变;另一方面拥有足够大合法强制力量的利益群体在推动有利于自己的制度变迁时的实施成本将减少,这样也使自己在不同制度间的相对报酬也发生了变化(制度"创利"机会的出现)。

这方面的例子有,工商阶级与封建土地所有者之间政治权力的此升彼降,导致封建强制经济制度均衡的打破、自由市场经济制度的法律保护的出现;先进市场经济势力对相对落后国家的干预和介入打破这些国家原有的权力结构并进而引发这些国家向市场经济的转型,等等。

不同利益群体之间的政治权力结构本身又是由它们之间的暴力潜能分布或分配状况所决定,二者的区别是,前者是一种现实的、显性的或合法的强制力量的分配,后者则是一种潜在的"暴力力量"分布。当不同利益群体之间的暴力潜能结构发生变化,以致现存的政治权力结构与之不一致时,就有可能发生不同利益群体之间的政治乃至暴力冲突,这可称之为冲突性制度变迁的过程,其变迁目标是要形成一个新的政治制度或达到一个新的政治权力的平衡结构。

暴力潜能概念来源于诺斯,但诺斯并未给予严格定义。我们可将它界定为某个利益群体所拥有的潜在暴力的大小,因而实际上决定了该群体在与其他群体的暴力对抗中战胜对方的可能性。一般而言,在拥有占优势的暴力潜能的前提下,若个体(或具有共同利益的群体和集团)通过暴力强制的方式比自由交易的方式长期内能带来更大的净收入流,则其将倾向于采取暴力强制的方式来处理与他人的经济关系。

而某一利益群体的暴力潜能又由三大因素决定:该群体所控制的相对财富[1]、该群体的相对规模、该群体集体行动的组织性。这三大因素的变化与技术和生产力发展相关,如由手工劳动向大机器生产飞跃的技术进步及相伴随的生产社会化和规模经济水平的提高,既导致工商阶级中的资本家群体的财富迅速膨胀,也导致工人阶级规模的扩大以及工人阶级集体行动

---

[1] 也就是说,控制多数财富的阶级具有优势的暴力潜能,因为在和平时期,暴力的合法来源是国家政权,而国家政权由于对该阶级的财政依赖会对该阶级提供暴力支持,同时在国家政权许可的前提下该阶级成员还可以利用自己财力建立自己的暴力机构。但在革命或战乱时期,穷人如果能解决好集体行动中的搭便车问题,则也有机会形成暴力潜能优势。

的组织性的提高。因此,技术与生产力的发展又会对不同利益群体间的暴力潜能结构产生根本影响。

可见,虽然生产力状况与政治权力结构状况是决定制度博弈报酬结构的两大因素,但生产力状况与政治权力结构状况相比,是更为根本的因素,如图 4-4 所示。

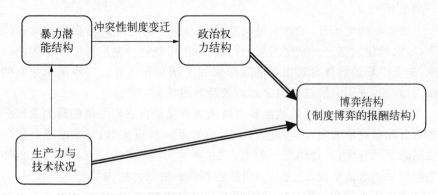

图 4-4 决定制度博弈报酬结构的两大因素:技术与生产力状况、政治权力结构

需要指出的是,上述的某个社会生产力发展导致其基本经济制度变迁的作用机制,会因外生因素对该社会系统的作用而变得复杂化。

一种情形是,外生因素作用于技术与生产力领域,导致技术与生产力水平足够大的提高,从而打破原有的制度均衡,引发制度的变迁。例如近代欧洲社会向市场经济制度的变迁即是这种情形,航海技术外生的自然累积性进步与欧洲部分国家天然世界贸易中心的优良地理位置这两大外生因素的结合,使当时的这些国家的对外贸易迅速发展,市场规模的大幅扩大刺激了规模经济及专业分工水平的提高,并诱发了向大机器生产飞跃的突破性技术进步,生产力因此进入一种良性循环的持续进步过程,并最终彻底打破封建制度的僵滞状态。

还有一种情形是,外生因素直接作用于与制度架构(政治及经济制度架构)相关的领域,从而引起制度的变迁,例如先进市场经济势力对生产力相对落后国家的干预和介入,就不仅直接改变了落后国家的政治权力结构而且也改变了该国的暴力潜能结构,从而引发其向市场经济制度的变迁。这一情形中,本国生产力发展对基本经济制度变迁的推动作用仍然是成立的,因为外因只能通过内因起作用,暴力潜能结构的改变和达到新的平衡,必然是建立在本国一定的生产力水平基础上,也符合私有制的阶级社会中只有阶级斗争才能实现社会革命及政权更替的原理,依旧是生产关系一定要适合生产力、上层建筑一定要适合经济基础规律发挥的作用。

因此可以说,生产关系一定要适合生产力,上层建筑一定要适合经济基础是人类社会发展的基本规律。

思 考 题

1. 何谓社会经济形态？区分它和社会形态有何意义？
2. 什么是基本经济制度和经济运行制度？区分它们又有何意义？
3. 你怎样理解马克思关于社会发展三形态和五形态的理论？
4. 什么是社会发展的基本规律？

本章参考文献

1. 马克思:"第一版序言",《资本论》第1卷,人民出版社2004年版。
2. 马克思:《雇佣劳动与资本》,《马克思恩格斯选集》第1卷,人民出版社2012年版。
3. 马克思:《1857—1858年经济学手稿》,《马克思恩格斯全集》第30卷,人民出版社1995年版。
4. 马克思:"《政治经济学批判》序言",《马克思恩格斯选集》第2卷,人民出版社2012年版。
5. "恩格斯致约瑟夫·布洛赫",《马克思恩格斯选集》第4卷,人民出版社2012年版。

第二篇　自然经济

第五章 原始社会公有制经济

自然经济形态是区别于商品经济形态的人类社会第一个历史形态。自然经济形态的共性就是人对人的直接依赖性。由于生产力水平很低,还没有或仅有不发达的社会分工,人与人在血缘依赖或统治服从依赖下劳动,产品多数自身消费,自给自足,少有剩余产品拿出去交换,商品经济极不发达。而其中人的依赖关系的性质差别,则决定了自然经济形态的不同历史类型,包括自然的原始社会经济、奴隶制的强制经济和封建半强制经济。

人类及人类社会的产生是内因及外因多种因素综合作用的结果,而其背后的核心环节是人的劳动。原始社会的组织形式经历了由血缘家族到母系氏族再到父系氏族的变迁,而原始社会的生产关系则经历了从采集-狩猎的公有制向农业排他性公有制的变迁,所有这些都可以在马克思关于社会经济形态的理论框架下得到解释。

第一节 原始人类采集狩猎的非排他性公有制

"劳动创造了人本身"和人类社会　　关于人类社会的起源,达尔文的进化论第一次将它置于科学基础上。目前科学界从对人类化石的研究证明,最古老的人类是非洲南方古猿属中的一种类人猿。

类人猿则首先演化为能人(早期猿人),能人已会制造工具并能打猎,活动时间约在200万年前。然后是从能人到直立人(晚期猿人)的发展,直立人开始会使用火,生活在200万—150万年前至30万—20万年前,周口店的北京人就是其代表之一。最后是从直立人到智人的发展,其中又分为30万—20万年前至5万年前的早期智人,以及5万年前至1万多年前的晚期智人。我们今天的现代人即现代智人继续进化的结果。

从猿到人的进化过程,也就是**人类社会的形成过程。这是内因和外因**

多种因素综合作用的结果,而其中主要核心因素是劳动因素。

首先是自然环境的变化为古猿向人的进化施加了最初的推动力。正是 800 万年前的一次地质构造运动在非洲东部形成了一个相对隔绝的稀树草原,这一自然环境变化促使了这一地区的古猿向人的进化,这是重要的外部因素。

其次是为了适应变化了的自然环境,古猿在劳动中慢慢学会了使用和制造劳动工具。这样猿人的本能活动转变为人的有意识、有目的劳动,在此过程中不仅促进了手的进化和灵活性的提高,同时也促进了脑的发育和进化。新工具新方法的发明,如用棍棒拍打代替双手采摘果实,用打磨过的石块、木棒代替自然的石块、树枝进行围捕野兽,大大提高劳动效率取得更多劳动成果。同时,这又反过来促进大脑思考如何进一步改进劳动工具和劳动方法。

再次是语言的产生。猿人在工具制造技术的学习与传授中、在面对严苛自然条件组织集体狩猎而必须进行的协作中,语言交流的需要日益强烈,渐渐地语言产生了,语言的出现,猿人间语言交流,是猿人间建立关系、社会形成的重要条件之一,这又进一步促进了猿人的思维的发展,大脑的进化与人的抽象思维及自我意识的形成。

此外,正是猿人在劳动过程中,逐渐掌握了火的使用,这是关乎人类生存发展与进化的一个极其重要的因素。火是一种劳动手段,其使用大大丰富了人类的食物来源:许多曾经无法生吃的植物可以烧熟了吃,而动物肉类烧熟后成了非常香的美食。食物烧熟后更容易消化吸收,而大量蛋白质的摄入与消化,充分滋养了大脑,促进了其进化。此外,火的使用,是人类第一次支配和使用自身身体以外的自然力和能量,意义十分重大,它使得人类可以摆脱对温暖自然环境的依赖,为人类向世界各地迁徙提供了前提条件,也使得人类祖先能够经历冰河时代而不被灭绝。

综观以上促成由猿到人进化的各种关键因素,其背后的核心环节是人类的劳动。

正是在上述意义上,我们可以得出恩格斯所提出的著名判断:劳动"是整个人类生活的第一个基本条件,而且达到这样的程度,以致我们在某种意义上不得不说:劳动创造了人本身"[①]。同时人的形成也意味着人类第一个原始人采集狩猎非排他性公有制社会的形成。

---

① 《马克思恩格斯选集》第 3 卷,人民出版社 2012 年版,第 508 页。

> **采集-狩猎的非排他性公有制**

社会与个人不同,社会是人与人的联合关系或联合体。人与人之间最自然的联合是血缘关系。因此,第一个社会形态是血缘群体或原始人社会。血缘家族作为原始社会的第一种社会组织形式,在人类原始社会时期存在了很长时间,从早期猿人约200多万年前开始,一直延续到旧石器时代晚期,约1万多年前才被母系氏族所代替。早期猿人的性关系还是群婚关系。古语曰:"其民聚生群处,知母不知父,无亲戚兄弟夫妻男女之别。"[①]古代人们露宿野外,群居共生,男女之间的交往没有任何的规定和约束,也没有明确和固定的配偶,完全处于一种男女无别、媾和无禁、自然奔放的婚姻状态。随着人类历史发展和进步,原始人群逐渐分化,形成了不同的集团部落,并且渐渐以血缘家族的形式作为识别标准。古人认为血缘家族中父辈和子女之间不能够通婚,但是兄妹同辈之间是可以通婚的,由此构成了血缘婚姻。关于这种婚姻制度模式,中国的古籍文献中也有相应记载传说,比如《风俗通》中就介绍了女娲和伏羲之间的关系,说女娲其实是伏羲之妹,兄妹两人是联袂成婚共同生活在一起的。在后世出土的汉墓石刻上,人们能够看到伏羲与女娲"人首蛇身,两尾相交"的造型,而"两尾相交"正是夫妻媾合的特别象征。血缘婚制度相对于原始群的杂交关系显然是一个很大进步。随着时间积累和人类的进化,有些地方又出现了亚血缘婚,它与血缘婚姻的最大区别就是血缘婚姻只是禁止父辈和直属下辈之间进行通婚,它则还禁止同辈亲兄弟姊妹之间产生婚姻关系;但兄弟可以共妻,姐妹也可以共夫,但这个"妻"或者"夫"必须是外族人员,这有利于自然选择,避免近亲繁殖,对于提高人口数量和质量以及子孙后代的健康意义重大。

原始社会生产力低下,依靠双手和打制过的石片石刀等简陋的工具,共同占用无主土地,集体共同劳动,形成采集、狩猎生活方式的非排他性公有制经济。工具是共同制作,分散保管与携带。这样的生产方式直接决定了很有限的劳动成果在成员间平均分配和共同分享消费,才能确保集体成员的生存。其中在采集经济中,分配及消费关系一开始应该主要体现为个体在采集劳动中的自取所需、就地享用,只有剩下部分带回集体分享,后来到了氏族社会才演变为以集体分享为主;而在狩猎经济中,则一

---

① 《吕氏春秋·恃君览》。

开始就会是集体共享与平均分配,自给自足。在不同的血缘家族之间则基本不发生社会联系。在血缘家族内部,人与人之间基本上是一种平等的社会关系。这就是采集-狩猎时期原始血缘家族共同占有土地基础上经济关系的基本属性。

集体从事采集野果野菜和打猎以果腹,过着采集和狩猎的生活、从自然界获取生活资料的数量很有限,每个血缘家族的规模也必然受到限制,如图5-1所示,一般在二十人到四十人不等。而且为了集体的生存,整个血缘家族要经常四处游荡以寻找充足的食物,因而居无定所,食无定时定量,依赖这种采集植物和狩猎动物而生活,我们的祖先就这样过了上百万年。那时,土地的产权关系基本上是一种共同占有的关系。而且,原始人还处于野蛮状态,野外生活,当那里没有野菜野果可采摘,无野禽野兽可猎,就迁移别处;好在无主土地广袤,又不与其他群体接触,不会也想不到有独自占有土地的必要。因此他们占用的土地是非排他的,是自然而然的。

为什么不一开始实行各成员独立的个人私有制呢?除上面所说原始社会生产技术低下,个人无法独立生产和生活,只能依赖集体外,从经济上看,私人产权也是不利的。因为个人生产,风险极大,劳动成果不多;即使偶尔有剩余食品,也难以贮藏保存,交通条件很差,使得通过交换剩余产品以扩大消费选择范围的可能性受到制约。这些都使得实施私人产权的收益很低而成本很高,经济上是不合算的。但为什么一开始也不会实行群落或部落中的一个或几个头领强制性奴役其他成员的产权关系?那是因为,既然在群落或部落内部,不可能存在私人产权,因此相应地也就不存在运用私人财产建立的暴力潜能,即不存在因私人财产的差异而导致的暴力潜能的差别。因此,原始社会实行公有制是一种自然和必然的选择,别无他路可走。

第二节 农业定居的排他性公有制

<u>母系氏族社会及其经济</u>　到了旧石器时代晚期,原始社会进入母系氏族阶段,人类体质上的原始性基本消失,被称作"新人",母系社会是按母系计算世系血统和继承财产的氏族制度,到母系氏族制后期,现代人形成,属于新石器时代的早期。中国境内的新人化石和文化遗存遍及各地,其主要代表

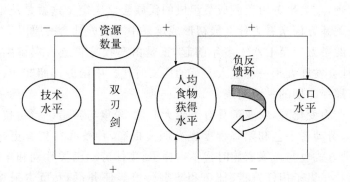

图 5-1 采集-狩猎经济形态下人均食物水平低水平陷阱

有河套人、山顶洞人等等。母系社会对人类社会有着重要的影响,而随着社会的发展,至今一些氏族部落仍保留着母系社会的一些痕迹。

母系氏族相对于血缘家族的进步首先是在婚姻制度方面,在母系氏族制初、中期,血缘婚被族外群婚,即多偶婚所替代,一个氏族的一群男子与另一氏族的一群女子间通婚,根本无固定的性伙伴,但氏族内成员间禁止通婚。到原始社会晚期,又出现一种相对稳定的对偶婚,亦称对偶家庭。指原始社会时期,不同氏族的成年男女双方,在或长或短的时间内实行由一男一女组成配偶,是一种两相情愿、不受约束而稍有固定的成对同居、不稳固的婚姻形式。女人可以有多个性伴侣,也可以更换,但其中必有一个是配偶,可居住在女方家中,其余男方只有在女方家过夜权而无约束权,男性同样也有几个女性伴侣,也可更换伴侣。男女对偶虽比较确定但并不稳固,因此,对偶婚又是多偶婚向一夫一妻的个体婚制转变的过渡形态或中间环节。

对偶婚形成的家庭,一定是母系家庭,这是因为,婚前都是"男到女家",加上女方家庭女儿多已有若干个单独的小屋备用,男子婚后就自然而然成为女方氏族大家庭的一个成员。由于一男一女的对偶婚已经相对稳定,人们对自己的血缘谱系有了更明晰了解,故其所生子女知母亦知父,为后来的向父系氏族过渡提供了"信息"条件。子女的姓随母不随父,自然形成了一个以老祖母为核心几代人同居的大家族即氏族,他们相信有共同祖先,一般具有共同的图腾。对偶婚是禁止内婚的,这导致氏族间的必然联系,两个及以上互通婚姻的氏族或胞族构成一个部落。在极端低下的生产力水平下,氏族是人们赖以生存的基础,血缘关系是维系氏族成员的纽带,氏族中年龄最长、处事经验最为丰富的老祖母是当然的氏族和部落首领,公共事务由氏族首领管理，重大事务由氏族成员组成的氏族会议决定。这就是从婚姻、亲属和血缘关系方面来看为什么最初形成母系中心氏族社会的原因。

距今约一万年至七八千多年前起，正是由畜牧狩猎进入农耕生产的时期，人类社会发展处于一个重大变革的历史时代。中国的仰韶文化、河姆渡文化仍有那一时期的一些遗迹。

从生产力变化看，农业工具有了较大变化，采集与狩猎（渔猎）技术有了不少改进，劳动者手艺和熟练程度也有明显提高，种植和狩猎有更好效果。接着，劳动方式也与血缘家族时代不一样了，集体劳动已按性别和年龄进行分工。青壮年男子担任狩猎、捕鱼和防御野兽等任务；妇女负责采集食物、烧烤食品、缝制衣服，养育老幼等；老人和小孩从事辅助性的劳动。由于妇女从事的采集比男子从事的狩猎有比较稳定的性质，是可靠的生活来源，她们的活动又是为了整个氏族集体的利益，对维系氏族的生存和繁衍都起着极为重要的作用和社会意义。这便决定了女性在母系氏族社会中的中心地位。

从生产关系看，**母系氏族内部，土地继续为集体共同占有、集体劳动、平均分配、共同享用**，是**农业定居的排他性公有制**。成员之间仍旧保持劳动和社会地位的平等，虽然男、女有劳动分工的不同。但在不同部落之间乃至不同氏族之间，情况就不一样了。由于各自所处的地区不同，自然和资源条件有差别，各部落、氏族占用的土地有多少好坏的差异和动植物种类、数量的不同，人口劳力也有性别、数量和年龄结构方面的差别，投入生产的劳动数量、质量和劳动方法、技术上的种种不同，从而劳动效率和劳动成果也不会是一样的，必会有多有少。这样，在氏族内部继续平均分配和共享劳动成果依旧是可能的，氏族成员按血缘关系和习惯也能自然承受；但在不同部落、氏族中实行平均分配、共享成果就困难了。因为生产力仍很低，劳动成果还不多，如与其他部落或氏族合起来平均分配，就难以保证满足本氏族成员的生存的需要了。日积月累，逐渐成为习惯，形成了在定居农业氏族小集体的生产、分配和消费，也就是私有制萌芽的开始或**农业排他性公有产权形成的开始，即氏族内部还是公有的，氏族对外是私有的了。**

下面，再从人口、自然约束及产权约束角度对农业排他性公有产权的理论作些经济学分析。

诺斯曾将人类由狩猎采集的生存方式向定居农业的生存方式的转变，即由食物采集者向食物生产者的转变称之为第一次经济革命。那么，第一次经济革命的动因是什么？考古人类学家及经济学家们大体从两方面的原因去解释：人口及自然资源的约束和产权的约束。下面是一个比较静态经济模型（如图5-2所示）。

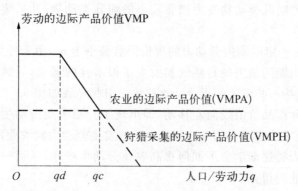

图5-2 狩猎采集与农业的劳动边际产品价值比较

人口及自然资源的约束 原始人类一开始以小团体或小群落的方式集体生活，假定群落的主要资源是其成员的劳动，群落就会努力按一定的方式分配资源，以使得稀缺的劳动资源价值最大化，从而也就是使该群落的经济福利最大化，这是群落在狩猎采集和定居农业这两种经济活动方式间进行选择的主要依据。

如图5-2所示，狩猎采集的边际产品价值线（VMPH）为一折线，即在人口及劳动力规模从而狩猎采集规模比较小的阶段（如 $q<qd$ 阶段），相对丰裕的自然资源使得狩猎采集劳动的边际产品价值基本不变，但是随着人口及劳动力规模从而狩猎采集规模的扩大，而动植物自然资源的存量是由生物本身决定的，因此最终会出现狩猎采集劳动的边际产品价值的下降，如 $q>qd$ 阶段。而在图5-2中农业劳动的边际产品价值线（VMPA）则呈现为与横轴平行的一直线，这反映了相对于当时人类的人口规模而言土地较高程度的过剩，使得农业劳动的边际产品价值基本不变。

从上述比较静态经济模型出发，可以从三个可能的方面来解释第一次经济革命的动因：

（1）随着人口及劳动力的不断增加，如图5-2所示，达到及超过 qc 时，农业劳动的边际产品价值最终会超过狩猎采集的边际产品价值，从而引起新增人口及劳动力向农业部门的转移,逐渐导致农业部门在整个经济生活中形成主导地位。例如有些考古人类学家认为,由迁徙形成的人口扩张对资源基数产生了压力,并最终在各个竞争性群落之间引起了生存竞争,使人类从捕获大型哺乳类动物变为捕获较小的哺乳类动物,从采集业转向开发农业。

(2) 假定一定时期内劳动力的规模仍然是小于 qc,由于外生的原因,如最后一个冰川期的消失使自然气候发生了根本性的恶化,导致自然资源基数的下降,包括一些动物的灭绝。这些势必引起导致如图 5-2 中的狩猎采集劳动的边际产品价值线向左移动,即出现了狩猎采集劳动生产率的普遍下降,这也会导致在现有的人口规模下仍然发生劳动力向农业部门的转移。在这过程中人类逐渐学会了如何提高农业劳动生产率,从而一部分人口就会因转向农业而得益。

(3) 仍然假定一定时期内劳动力的规模小于 qc,但由于某种变化导致图 5-2 中的农业劳动的边际产品价值线向上移动,即出现了农业劳动生产率的普遍提高。这是由于,人类首先认识了某些动植物的形成和生长机制,可以把捕猎来的野生动物驯化为家畜,把采集来的野生植物栽培成族群种植。这同样会引起劳动力从狩猎采集业转向农业和畜牧业,促进了采集狩猎非排他公有制到农业定居的排他性公有制的转变。

显然上述三方面的解释变量分别或共同地发挥作用,均有可能导致人类主要的经济活动由狩猎采集活动向农业劳动的转变。

> 基于物的产权
> 制度的分析

作为一位坚持运用新制度经济学的观点来研究经济史的代表性经济学家,诺斯则进一步从物的产权制度的角度提出了自己的解释。诺斯认为,采集-狩猎的非排他性公有产权与农业的排他性公有产权的差异是解释第一次经济革命的关键。

由于对迁徙性动物建立排他性产权的困难,史前人类在从事狩猎采集活动时其对自然资源的公有产权是非排他性的,不同的群落为共同占有迁徙性动物而竞争,没有任何一个群落有保存资源的激励,在这样的产权结构下势必会发生对自然资源的过渡的无效率开发,最终会导致资源的枯竭,对再生资源而言就是使生物的存量减少到能维持人类原来获取流量所需水平之下。于是,所有狩猎者的生产率都会下降,即图 5-2 中的狩猎劳动的边际产品价值线 VMPH 会因之而向左移动。

而作为排他性的公有产权而组织起来的原始农业，从产权的效率来看，则优于采集-狩猎业。一方面，建立对植物和非迁移性动物的排他性领地，可以用较少的成本来实现，另一方面，在原始农业中，群落可能是一个相当小的团体，因而它很容易监督其成员的活动以确保集体行为不至于过分使用为该团体所公有的、受到保护的稀缺土地资源。

诺斯在上述产权分析的框架中进一步引入了技术进步、人口变化的因素，更深入地分析了第一次经济革命其内在的动因和机制。

诺斯指出，在采集-狩猎的非排他性公有产权和农业的排他性公有产权这两种不同的产权结构中，技术进步对群落福利所产生的影响是不同的。在狩猎的非排他性公有产权下，狩猎技术的进步在短期内会提高人类狩猎劳动的生产率，进而使图5-2中的狩猎劳动的边际产品价值线 VMPH 向右移动，但从长期看，这反而会加速作为公有财产而占有的动物存量的枯竭，逐渐导致 VMPH 线向左移动。而在农业的排他性公有产权下，农业劳动方面的技术进步则不仅在短期内而且在长期内均带来农业劳动生产率的上升，进而使图5-2中的农业劳动的边际产品价值线 VMPA 向上移动。诺斯据此推断：狩猎和农业的不同类型的产权确实使技术的变化将逐渐导致劳动向农业部门转移。

另一方面，诺斯在分析中还引入了人口变化的因素。诺斯首先认为，只要存在竞争性部落和动植物资源为非排他性公有财产这两大特征，那么人口就会不断增长，因为对人口进行限制的群落在竞争中等于自取灭亡，因此在史前人类最初的狩猎采集的阶段，人口是在不断扩张的。而且只要有相同生产率的空地可供新增人口开发，就不会有试图取得对动植物的排他性产权的刺激，因为当动植物相对于人类人口的需求还算丰盛的时候，人类原始群落就没有激励机制去承担因建立对动植物的产权所产生的成本。

但是一旦人口扩大到资源基数被充分利用的程度，那么人口的进一步增加就会导致狩猎采集劳动的边际产品下降，同时人口压力的持续加大和为了占有非排他性的公有财产资源而展开的过度开发的竞争将使资源日益稀缺，这些将使得花费成本建立和行使对资源的排他性产权变为值得了。因为产权能限制开发资源的速度。基于上述分析，诺斯得出的结论是，第一次经济革命的发生是持续人口压力的结果，人口压力会导致史前人类所开发的资源的相对稀缺性发生变化；与这种变化相适应，单个的群落开始是不许外来者分享资源基数，然后是制定规则限制内部成员开发资源的程度，在这一过程中，这样的群落就定居下来；同时排他性公有产权的建立使群落有动力提高资源基数生产力，这直接刺激了史前人类获取更多的有关种植及驯化方面的新知识，提高农业劳动的边际产品价值，从而慢慢地完成了向定居农业的转变。

第三节　父系氏族社会及私有制的产生

约5000年至4000年前，母系氏族社会为父系氏族社会所取代，我国后期仰韶文化、大汶口文化、良渚文化等均属于父系氏族社会文化的代表。父系氏族社会按男方血统计算世系，这是与母系氏族社会的本质区别。**母系氏族社会为父系氏族社会所取代的原因，首先在于生产力的发展和婚姻血缘关系的变化。**

到了新石器时代中晚期，人类社会的生产力出现了重大的发展，以石为材料的劳动工具和制作方面，长江流域有石刀、石锄、石犁等，磨光石器广泛流行。除了石，还有骨、蚌、木等多种质料。农业的发达促进了家畜饲养业的发展。饲养的家畜有猪、狗、牛、羊等，尤以猪的数量最多。陶器也已被发明和较广泛使用。人类已开始使用一些天然金属如金、银、铜等，而到了公元3000—2000年前，有些地区发明了用铜矿石冶炼铜，被称为金石并用时代，也正是在那一时期，父系氏族社会替代了母系氏族社会。

农业种植技术和畜牧技术的发明，采集农业发展为种植农业，狩猎变为禽畜饲养，不仅劳动生产率有很大提高，耕地不断扩大，狩猎范围日趋缩小。原始农业和原始畜牧业所出现的第一次社会大分工，其重大意义在于，它使得人类不再完全依赖于大自然的恩赐，而可以通过人力来增加食物来源的产量，另外还使得畜力的利用有了可能。这样，人类不仅可获得稳定的食物来源，而且可获得的数量也大大增加。那一时期，制陶技术的进步也十分显著。发明了快轮修整陶器的新技术，不仅制造的陶器形状规则，厚薄均匀，窑室扩大，可以容纳更多的陶器，火膛加深，火口缩小，支火道和窑箅孔眼增加，使热力能够充分利用。人们已经掌握了封窑技术，因而烧制出大量的灰色陶器。因此在新石器时代，不仅人口数量有较大增长，人类定居生活形态得到进一步巩固，而且母系氏族也进入了一个繁荣时期。

农业、畜牧业、制陶业的发展,极大增加了男子在生产中的地位和作用。农具的改进,尤其是犁耕的出现,增加了劳动强度,女子无力完成,男子身强力壮,自然得由其承担,使男子日益成为农业生产的主力军。男子既没有生育的负担,又无家务之累。他们更有时间改进种植技术,创造新的工具,使农业生产更快地发展。制陶业生产程序多,工艺复杂,尤其是采用新技术以后,逐渐发展成颇具规模的独立手工业生产部门。制陶业技术性强,体力消耗又大,已非妇女力所能及,一般都由男子承担。这样,制陶业这一当时强度最大,技术最先进,最重要的手工业部门,也确立了男子的主导地位。男女社会分工的变化,使妇女在社会经济生活中处于从属地位。除生儿育女之外,妇女仅从事纺织、炊煮等繁琐家务劳动。

经济地位决定社会地位。男子是生产的中坚,成为社会财富的主要创造者,但与男子在家庭中的社会地位发生尖锐的矛盾。在母系氏族中,女子是一家之主,子女的世系按女方计算,财富也仍由母系成员继承,男子无权过问。因此,男子必然要求实行父权制,改变婚姻和家庭制度。通过暴力"抢婚"等方式,使对偶婚时的"从妻居"改变为"从夫居",子女不再属于母系家庭成员而成为父系家庭的成员,母系社会自然也就过渡到了一夫一妻制的父系氏族社会。

一夫一妻制的形成,激发了人们、特别是男人劳动积极性,生产力得以进一步发展。到公元前一千年代人类先后发明了青铜和冶铁术,以石头陶土和青铜及金、银、铁为原材料制作的劳动工具和消费品日益增加。金石并用时期的到来,手工业从农业中分离出来,形成第二次社会大分工,这是又一次推动生产发展和社会进步的强大动力。随着劳动生产率的提高,农副产品的增加,人们在氏族内按原先的办法平均分配,有的家庭仍有满足生活以后的剩余产品。这该怎么处理呢?原来氏族就有简单的生产工具和一般的装饰品属于个人私有,进一步又发展包括粮食、牲畜等。一夫一妻制的形成,使剩余产品最终成为家庭的私有财产。此外,氏族、部落的首领也利用职权,将集体的剩余产品占为己有。这就最终形成了**生产资料和产品归个人或家庭所有,即私有制**。

一夫一妻制家庭,男子是生产的主持者,并掌握了经济大权,居于绝对的统治地位,女子陷于繁琐的家务,被排斥于社会生产之外,成为丈夫的奴婢和生儿育女的工具,必须履行生儿育女的义务;而且必须生育男孩,因为这样才有家庭私有财产的继承权和一夫一妻制家庭的稳固。一夫一妻制形成以后，随着生产发展，人口增加，几代人住在一起，多个兄弟及其后代几十个人住在一起，氏族内部已被分为若干个家长制大家庭（家庭公社），氏族土地分配给各个家庭使用，**每一个家庭公社由父系家长及其几代父系后裔所组成，它替代原来的氏族成为了基本的社会经济单位**。原来的排他性氏族集体所有制也开始产生变异。虽然土地的所有权没有改变，仍然归氏族集体所有，但在使用权方面也因为耕地已分配给各个家庭使用而有所变化。原来以氏族为单位的集体劳动，变成以家庭为单位的集体劳动；消费方式也相应地演变为以几个、十来个人的家庭为单位的共同消费。由于生产和消费单位的缩小，更能满足需要，就更激发人们劳动的积极性和创造性，增加劳动产品和剩余产品。这不但进一步巩固了私有制，而且一有机会就会设法强制战争中得来的俘虏以至家人，参加田间和家内劳动，产生了家庭奴隶制。

家庭公社人口的增加，数量的扩大和外来迁移进来的家族一起，使得氏族公社区域相应也随之扩大，人口和公共事务的增多，宗教、文化、艺术等方面的活动也日益丰富起来，同时氏族内部公社之间，本地家族与外地家族之间，由于私人利益矛盾和冲突，引发的争吵以致打架等暴力事件不断；外部不同氏族公社之间因种植、狩猎和土地划分等问题使用暴力以致战争的事也屡有发生，作为氏族社会组织的氏族公社遇到的经济、社会和安全方面的问题越来越多，越来越复杂，氏族议事会这一氏族最高权力机关扮演着越来越重要的角色。由此可见，氏族公社所承担的职责与名称已与实际不相容，从而被农村公社所替代。

原始公社是继氏族公社而起，于原始社会解体时期中形成的。在中国春秋、战国时期，还保留着农村公社组织；地处边疆的一些少数民族直至中华人民共和国成立时仍处在农村公社阶段或保留其残余形态。

农村公社的基本特征是组织的地域性，挣断了氏族公社、家庭公社的血缘纽带，由不同氏族的人们按一定地域组成。同时，所有制具有二重性（即内部同时存在私有制和公社所有制），公社范围内的天然资源如森林、荒地、牧场、草场、渔场、水源等，在首领组织下由社员共同利用。耕地分配给社员耕种，实行自然调剂或定期重新分配，收获物归耕者所有。牲畜、生产工具、住宅、宅旁园地属社员私有制私有。

生产资料所有制的二重性决定了农村公社由原始社会向阶级社会过渡的必然性。马克思在《给维·伊·查苏利奇的复信草稿》（1881）中指出："农村公社既然是原生的社会形态的最后阶段,所以它同时也是向次生的形态过渡的阶段,即以公有制为基础的社会向以私有制为基础的社会过渡。"阶级社会的某些因素,互相对立的阶级集团,都是在农村公社阶段逐步形成的。

　　公社曾为经济的发展提供强大的生命力。但到晚期,随着金属工具的进步和广泛使用,社会生产力有了新的很大发展。第二次社会大分工基础上形成的手工业新部门先后出现,生产技术的进步,使得个体劳动的生产率提高很快,劳动产品和剩余产品增加还导致公社之间、家庭和个人之间商品交换的发展,这些就成为公社解体的决定性因素。社员私有的宅旁园地是发展私有制的立足点。个体劳动的发展及其产品的私有和商品化,激发公社社员的生产积极性及其最终占有土地的欲望。原来定期调整分配的土地,由起初延长调整的年限,继而在必要时进行个别抽补调整,最后成为社员可以租佃或买卖的私有财产。商品货币经济渗入公社内部,把原来经济平等和社会平等的公社社员分化为贫困者和富有者。贫困破产者因负债沦落为债务奴隶,加上战争俘虏,为家长奴隶制的发展提供了奴隶来源。富有者利用奴隶劳动经营大规模农业生产,兼营手工业作坊,将产品在市场上出售。古代希腊就是在商品货币经济的冲击下,农村公社逐渐解体并最终消亡,进入奴隶社会。

　　通过本章前面的分析可以看出:人类社会的演进从人的婚姻家庭关系看,最原始的群婚—血缘婚—对偶婚—一夫一妻婚,相应的家庭关系为群居—母系家庭—父系家庭;从生产力发展看,旧石器—中石器—新石器—青铜铁器;从生产关系演进看,狩猎采集的非排他性公有制—农业排他性公有制—父系社会后期私有制的产生;从社会组织看,血缘群婚时的血缘家庭—对偶婚时的母系氏族——夫一妻制的父系(公社)—农村公社。这一按序演进的规律性现象的原因和动力,就在于生产力和生产关系、经济基础和上层建筑的相互作用与辩证发展,是马克思关于社会经济形态理论正确性的证明。

思 考 题

1. 如何理解自然经济形态的基本特征?
2. 怎样理解劳动在人类社会产生中的作用?

3. 原始社会为何实行的是公有制？

4. 原始公有经济制度是如何变迁的？其动因有哪些？

本章参考文献

《马克思恩格斯选集》第 1—4 卷，人民出版社 2012 年版。

第六章 奴隶制的强制经济

奴隶制的强制经济制度是在原始公有产权解体的基础上形成的,推动这些社会根本变化的是技术进步与生产力的发展及其所伴随的人口扩张和战争。向奴隶社会的制度变迁反过来又大大推动了社会生产力的发展,因为强制性奴役使得劳动者的劳动强度大大增加。古希腊和古罗马的奴隶制经济是古代世界最为典型的奴隶制经济,通过对这两个典型的分析可揭示出奴隶制经济繁荣兴盛的深层结构性条件,进而可以很好地透视古代东方社会奴隶制经济未能充分发展的深层根源。

第一节 奴隶制强制经济制度的形成及其历史进步性

原始公有产权制度的解体、奴隶制形式私人产权制度的形成和发展,推动这一具有重大历史意义的制度变迁的**最初动力是人口的扩张、战争和技术的进步,以及与这些有直接联系的社会组织结构的复杂化**。

首先,原始社会末期,人口已有了显著增加,随着人口的扩张,原始定居农业的生产方式也在不断扩散,一方面原始部落的规模在扩大,另一方面各原始部落的生存空间可扩展余地越来越小。这些都导致原始部落间的竞争与暴力冲突越来越频繁、越来越激烈,暴力冲突规模也越来越大,相应地多数部落均建立了自己常规性的强有力的暴力组织。而如果一旦这些公共暴力力量被部落首领所掌握并用于私人目的,这些首领就有可能转变为具有暴力潜能优势即具有强制他人能力的奴隶主,同时暴力工具的发展也降低了对奴隶进行暴力强制的成本。此外,部落间战争日益频繁、战争规模日益扩大,胜利一方所获得的俘虏也日益增多,这些俘虏就成为被强制的奴隶的重要来源,使原来的家庭奴隶制内奴隶数量扩大,性质变化为强制剥削的奴隶制经济。

其次,人口的扩张、部落生存空间扩展余地的减少迫使原始部落发明、使用更有效率的生产技术，相应地原来实施私人产权制度时收益较低成本较高的情形发生了根本的改变，即技术水平的进步、交换范围的扩大使得拥有私人产权成为更有利可图之事。同时，生产规模的扩大，技术的复杂化，需要运用更复杂的社会经济组织形式，制定并实施更多的公共决策，这些一方面导致在原始农业社会排他性公有产权结构内部，委托代理的层次越来越多，作为"委托者"的部落成员对作为"代理者"的氏族部落首领越来越难以监督，另一方面导致部落首领掌握的公共权力与财产也越来越多。这些都使得部落首领将公有财产占为己有成为可能，从而使奴隶主队伍逐步扩大，社会上形成了奴隶主与奴隶两大利益对立的阶级，同时产生了奴隶主国家这种政治暴力机构，以替代原来的氏族和农村公社。

向奴隶社会的制度变迁对生产力的促进作用　　由原始社会向奴隶制社会的经济制度变迁的实质，从本书前述的劳动力产权的角度而言，就是由非强制分享经济制度向完全强制经济制度的变迁，这意味着人类社会成员之间劳动力产权关系的根本改变。这一重大改变主要表现在，在过去，公有制下人类社会成员之间的劳动力产权关系是一种相互平等非强制的分享关系，而现在则转变为私有制下一部分人强制另一部分人的关系，**即一部分人凭借暴力潜能优势强制性地完全占有另一部分人劳动力产权中全部可分离的权利**。如前所述，技术与生产力的发展导致劳动力产权关系发生这一根本变化的作用机制主要有两方面：一是劳动者劳动生产率的提高、对劳动力强制成本的下降、产品私有制的出现等因素使得强制奴役劳动力对有些社会成员而言在经济上有利可图；二是社会成员间暴力潜能分配由基本平等状况演变为少数社会成员凭借对公共暴力的攫取而取得显著的暴力潜能优势，这一因素使得一部分社会成员强制奴役他人成为可能。

上述向奴隶制式强制经济制度的变迁一旦形成，必然要对生产力的发展产生反作用，而且一开始必然是相当大的促进作用。首先需要指出，这一制度变迁并非对所有社会成员有利，用西方经济学的术语来说就是，这一变迁有可能是非帕累托改进性质的，因为对于作为被强制对象的社会成员即奴隶而言，如果其奴隶身份不是转换于部落的俘虏而是从原部落成员转换而来，则这一变迁意味着其福利总水平的下降：一方面，非强制分享经济制度下每一社会成员均能获得相对平均的生活资料，而奴隶制下奴隶只能得到仅够维持最低生存需要的生活资料;另一方面,非强制分享经济制度下每一社会成员均按照自己从而也是集体的利益最大化原则自主地决定自己在劳动中的努力程度,而奴隶制下奴隶在奴隶主的强制下不得不从事其所能承受的最大强度的体力劳动。

虽然如上所述,向奴隶制式强制经济制度的转型对于部分转变成奴隶身份的社会成员而言是不利的,但从整个社会的经济增长的角度而言,即从对生产力的反作用的角度而言,这一转型则是相当"正面"的,即大大促进了社会生产力的发展,提高了社会经济增长的速度,促进了社会物质财富的创造与增加。

得出这一论断所依据的理由其实很简单:**与原始社会非强制分享经济制度下的原始人类的劳动努力程度相比,奴隶制式强制经济制度下奴隶的劳动努力程度要大得多**。因为我们可以假定,在原始社会及奴隶社会初期生产技术水平极低的情况下,人类生产劳动主要表现为极为简单的体力劳动,因此劳动努力程度就直接表现为体力劳动的强度;而在非强制分享经济制度下,原始人类的劳动努力程度即体力劳动强度是其根据利益最大化原则自主决定的,即不仅要考虑到劳动可能会获得的成果,还要考虑到付出劳动本身的成本,因此其劳动努力程度一般不会达到奴隶所被迫达到的最大努力程度,即奴隶所能承受的体力劳动的最大强度。接下来我们以一个简单的模型来进一步深化上述的思想。

我们曾假定,原始社会及奴隶社会初期劳动者努力程度直接表现为体力劳动强度,这里我们再假定,劳动产出 y 与劳动者的努力程度 x 正相关,且随着努力程度的提高,劳动产出边际递减:

$$y = y(x), y' > 0, y'' < 0$$

对劳动者而言,体力劳动的付出是一种负效用,我们用成本 c 来代表,可以合理地假定,c 与努力程度 x 正相关,且随着 x 的增加,c 边际递增:

$$c = c(x), c' > 0, c'' > 0$$

此外如果我们设 x_0 为由劳动力生理极限所决定的劳动力最大劳动强度,则可以假定:$c(x_0) \to \infty$,如图 6-1 所示。

显然如果在原始定居农业社会的非强制分享经济制度下,劳动力的努力程度是劳动力主体自主决定的,那么劳动力所决定的努力程度将使自己劳动的净收益最大,也就是使 $[y(x) - c(x)]$ 最大,根据我们前面的模型假

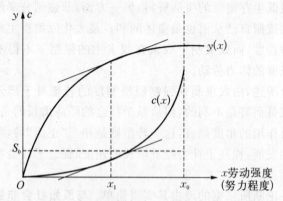

图 6-1 劳动者努力程度的差异：原始分享经济与奴隶制经济

定，显然这一最优 x 值由下式决定：

$$y'(x) = c'(x)$$

我们可设满足上式的 x 值为 x_1，如图 6-1 所示，原始社会非强制分享经济制度下的劳动者实际的劳动强度将选择在 x_1 处，比其所能承受的最大劳动强度 x_0 要小。

而在奴隶制式的完全强制经济制度下，奴隶主将以最低的代价逼迫作为劳动者的奴隶从事最大强度的劳动，即此时奴隶被迫付出的劳动强度将接近于 x_0，但回报的却只有维持最低生存所需的生活资料，我们设定其价值为 S_0，如图 6-1 所示。这样奴隶主从中获得的净收益就为：$y(x_0) - S_0$

根据上面的分析，我们可以进一步进行两方面的总结。首先，在原始社会的非强制分享经济制度下，原始人类自主地选择劳动强度以使自身及集体的净收益最大，通常情形下，这一劳动强度远未达到逼近原始人类生理极限的程度，即原始人类一般不会选择进行极限强度的劳动。实际上人类学的研究表明，原始人类的劳动时间与劳动强度远低于今天人们认为是"饱和"的水平：

"……正是由于这种平等主义，无论是新石器时代的部落社会，还是今天的部落社会，其生产力都有着内在的妨碍因素。产品的产量只要适应每个家庭有限的传统的需要就可以了，没有要求生产剩余产品的动力。也就是说，劳动只是生活中的一个插曲，其内容多样，时间却相当有限。一天工作八小时、每周工作五天的情况显然是不存在的。一个典型的部落成员，每年的工作时间比现代人要少,而且工作对他来说是件很愉快的事。其根本原因就在于,他是以社会一员的资格,以丈夫、父亲、兄弟或村社成员的身份进行劳动或从事生产活动。工作对他来说,不是为了谋生而必须忍受的一种不幸;相反,是亲属关系和村社关系的伴随物。一个人帮助他的兄弟干农活,不是为了对方也许会给他一篮甘薯,而是出于亲属关系……"(斯塔夫理阿诺斯,1988)。

其次,**伴随着原始社会的非强制分享经济制度向奴隶社会的完全强制经济制度的变迁,劳动力主体的劳动努力程度也出现了非连续的跃迁**,即劳动强度由图 6-1 中的 x_1 跃迁到 x_0,这一跃迁必然表现在社会经济增长轨迹的变化上,即随着向奴隶制式完全强制经济制度的变迁,整个社会的经济增长速度将产生转折性提高,相应地整个社会的物质文化生活将出现"爆炸性"繁荣。

人类学家与历史学家充分注意到这一突出的历史变迁,在他们看来,在结构简单且成员关系基本平等的原始社会逐渐演变为具有复杂阶级与等级关系的不平等社会时,也伴随着社会的政治经济及文化生活的迅速发展,如出现了城市中心,巨大的建筑物,由制度确立的国家的政治权力,纳贡或税收,文字,各种专门的艺术和科学,等等,所有这些他们都称之为"文明"的涌现(斯塔夫理阿诺斯,1988,第 105—106 页)。

例如,历史学家斯塔夫理阿诺斯就是如此分析文明出现的两面性的:

"显然,文明的到来,破坏了人与人之间的平等关系;不过,文明也给人类带来了很大的利益,使人类取得很多成就。……文明与工业革命相似。工业革命最初导致社会痛苦的分裂,使人类遭到无数的苦难,但最终决定性地促进了人类的生产率和福利。……新石器时代普通的部落成员的生活也许比一般的农民或城市工人的生活更完美、更令人满意;但是,正因为部落文化使人轻松自在、没有紧张感,所以那时的生产率也比较低……。税吏、祭司和地主强征的税收、地租是繁重的,但也有力地促进了产量的提高。大河流域地区人口的大量增加就是生产率提高的一个确凿证据。……"(斯塔夫理阿诺斯,1988,第 147 页)。

第二节 奴隶制经济的不同形态

奴隶制经济是人类历史上第一次出现的人剥削人的经济制度,从时间上看,它最早出现在古代东方各国,如埃及、巴比伦、中国等,而从代表性上看,则以古希腊和古罗马的奴隶制经济最为典型。本节将首先分析这两个典型的奴隶制经济,并从中总结出奴隶制经济繁荣兴盛的深层结构性条件。而以这一结构性条件为视角,可以很好地透视古代东方社会奴隶制经济未能充分发展的深层根源。

古希腊的奴隶制经济 古希腊的奴隶制经济可分为几个发展阶段。公元前11世纪至公元前9世纪的"荷马时代",是古希腊的氏族制度急剧解体、奴隶制经济逐渐形成的时期。生产力的发展使得这一时期的古希腊已出现私有财产和阶级的分化,部落的首领开始剥削穷困家族成员以及战败的俘虏,后者相应地就沦为了奴隶。但一开始奴隶主要不是用于农业和手工业,而是用于家庭劳务(女奴)和放牧(男奴),因为这一时期的农业和手工业发展水平还较低,对劳动力的需求也有限。

公元前8世纪至公元前6世纪,在氏族制度解体后,古希腊地区陆续形成了许多城市国家即城邦,雅典与斯巴达就是其中代表性的两个。这些城邦凭借其领先的生产力发展水平不断对外移民,并在其他地区建立了带有殖民地性质的子邦,与此同时,奴隶劳动的使用也随之得到推广。

公元前6世纪至公元前4世纪,是古希腊的奴隶制经济进入成熟发展的时期,在这一时期,奴隶劳动已被广泛应用于农业、手工业等各行各业。首先是城市商品经济的发展,使得农业生产中以商品交换为目的的成分在提高,例如希腊人在山坡上造梯田来栽种良种葡萄和橄榄,以便用葡萄酒和橄榄油来交换他们所需要的粮食,于是农业生产的规模相应地扩大,这刺激了农业生产中对奴隶的需求;其次,这一时期古希腊各城邦的手工业发展尤其迅速,这又促使了奴隶劳动在各大小城市手工业作坊中的广泛应用;最后,手工业的发展再加上具有海上航行之便的地理条件,使得这一时期古希腊各城邦的商业也获得了空前发展,后者反过来又促进了城市手工业的发展,而各城邦商业的发展还延及奴隶买卖市场的兴起,这又进一步巩固和促进了奴隶制经济的繁荣。

虽然在公元前5世纪的希腊城邦的繁荣时期,其奴隶制经济的特征非常典型,但是希腊各城邦间的经济发展不平衡导致其奴隶制度在各城邦又有所不同。首先是经济较发达地区和经济发展较落后地区的差异,其中在后者奴隶使用的普遍程度要低于前者。其次是奴隶制经济较发达地区,不同城邦的奴隶制也有差异,其中可分为以斯巴达为代表的类型和以雅典为代表的类型。

斯巴达类型奴隶制经济的特点是以农业为主,工商业并不发达,另外就是土地的国有制与农业奴隶的国有制,农业奴隶的来源主要是被征服地区居民。实行土地与农业奴隶的国有制某种程度上是为了避免公民的两极分化并有利于公民军事活动的参与。但这一类型的奴隶制经济在公元前5世纪已处落后地位并逐渐衰退。

而雅典类型奴隶制经济的特点是工商业比较发达,因此,尽管也以农业为基础,但商品生产在农业中占相当比重,另外,土地、奴隶等重要生产资料归奴隶主私人所有,且奴隶多是通过市场买卖而来。奴隶价格的低廉使得其不仅使用于社会生活的各个方面,而且为社会各阶层所使用,第三等级的小农几乎都使用奴隶,甚至第四等级的贫农也常使用一名奴隶做帮工。显然,雅典类型奴隶制经济相对于斯巴达类型要更为先进,因而在希腊世界中更为普遍和重要。

但是,公元前5世纪长达27年的伯罗奔尼撒战争,给希腊奴隶制经济带来了极大破坏,期间有数万名奴隶逃亡或起义。战争对经济的破坏还导致了希腊各城邦内的两极分化,后者又引起城邦内的阶级斗争激化,贫民与奴隶的起义风起云涌,从而沉重打击了奴隶主的统治,希腊奴隶制经济连同希腊城邦一起就此衰落,直至公元前4世纪希腊被马其顿征服。

古罗马的奴隶制经济

古罗马人是在公元前6世纪完成了由氏族公社向城市国家即城邦的转变,并在公元前5世纪初建立起贵族共和联邦,古罗马由此进入共和时代。

在公元前5世纪到前2世纪的前期共和时代,虽然奴隶劳动的利用越来越多,但总体而言其在生产活动中的比重还并不大。而且由于平民的斗争,在公元前326年罗马还颁布法令废止了罗马公民内部的债务奴役制,因此后来的奴隶主要来源于战俘。这些战俘奴隶也大多被用于公共工程建设,少部分才进入奴隶市场,而真正用于私人生产性劳动还是较少。究其原因,是由于这一时期罗马的商业还不够发达,城邦经济的微观基础主要还是小农自然经济和家庭小手工业,其规模扩张的动力不足,因而对奴隶的需求也不足。

但是在公元前 2 世纪进入后期共和时代以后,罗马迎来了奴隶制经济的大繁荣。这首先要归功于此前的军事扩张,这一扩张使得罗马到后期共和时代时已崛起成为一个覆盖地中海沿岸大部分地区的霸权国家。不断的军事征服不仅为罗马掠夺来巨额的资财、大量极低廉的战俘奴隶,而且也促进了不同地区的商业联系,从而使得罗马的工商业通过奴隶制经济的方式迅速繁荣起来。

不仅如此,农业生产中的情形也发生了类似变化。工商业的发展以及军事扩张带来的大量公有土地和奴隶劳动力,为以商品生产为主要目的奴隶主大土地所有制经济的发展提供了条件,因此,这一时期出现了很多利用奴隶劳动进行商品化与专业化生产的葡萄园、橄榄园等中型农庄,后期还出现了兼有谷田、果园、葡萄园、橄榄园、牧场、森林、家禽饲养、鱼类养殖等多种经营的大型庄园"拉蒂芬丁"(latifundium)。可见,这一时期罗马的奴隶制经济已从以生产自身需要的生活资料为目的的家长奴隶制,转化成主要为市场而生产的奴隶制,而后者是发达的奴隶制经济的一个主要特征。

罗马奴隶制经济的繁荣不仅体现在奴隶数量的庞大上,战俘奴时有数十万计,奴隶市场上每日用于交易的奴隶数量常常过万计,而且体现在奴隶种类的繁多上,除了手工业奴和农业奴外,还有家内仆役、兵奴、角斗奴、教师、医师、乐师甚至官府卒吏等。

公元前 1 世纪末叶,罗马进入帝国时代,此后的约两个世纪中,罗马帝国维持了较为稳定的统治,相应地以奴隶制为基础的帝国经济也达到极为繁荣的水平。但从公元 3 世纪开始,罗马帝国奴隶制经济渐渐陷入危机,究其原因,主要是因为军事扩张在达到极限后渐渐停止,由此导致与军事扩张相伴随的商业交往的扩张也达到极限而趋于饱和,以及新增战俘奴隶数量的减少,后者还导致奴隶价格的上涨,这些都在削弱为市场而生产的奴隶制经济的基础。另外,统治阶级内部的权力争斗与连年混战、外族乘机反复入侵,更加剧了帝国奴隶制经济的危机。在这种危机的压力下,如何提高劳动者劳动的积极性就变得越来越重要了,于是农业中的隶农制越来越流行。

第三节 奴隶制经济兴盛的条件及与古代东方奴隶制的比较

奴隶制经济兴盛的条件 纵观古希腊及古罗马的奴隶制经济的兴衰史,可以总结出奴隶制经济得以兴衰的内在结构性条件,如图6-2所示。

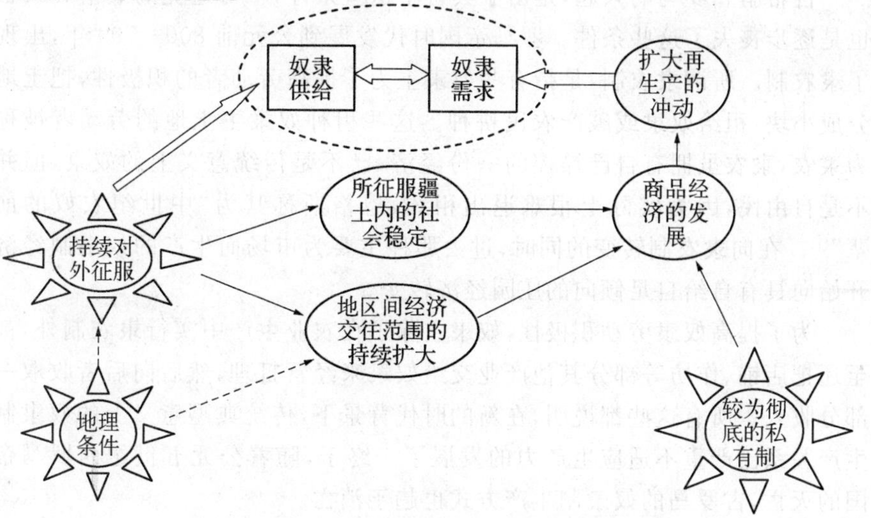

图6-2 奴隶制经济繁荣兴盛的结构性条件

简单而言,一个古代社会的奴隶制经济的繁荣取决于这个社会能否在刺激对奴隶的需求的同时又能为奴隶供给的扩大创造条件。结合古希腊和古罗马的案例可以看出要满足这一"苛刻"要求,则这个社会必须具备由三方面因素所构成的深层结构性条件。

首先是**这个社会需要持续地对外征服,并有相对优势的军事实力**,因而对外征服能够获得胜利。这意味着这个社会能够持续地获得战俘奴隶,从而创造奴隶的供给。同时对外征服将不断打通周边各地区间的经济联系,同时相对优势的军事实力能确保所征服疆土的和平稳定,这些显然会促进商品经济的发展。而商品经济的发展会刺激奴隶主扩大再生产的冲动,进而刺激对奴隶的需求。

其次，**与民主共和政体相联系的较为彻底的私有制**是一个较为重要的有利因素，相对而言对私有经济有一定抑制性的君主专制则可能是一个不利因素。因为商品经济的繁荣与发展最终要依赖于私人经济的充分活跃，而较为彻底的私有制则有利于私人经济的活跃。

最后，**合适的地理条件**也在发挥着隐秘但深远的作用。合适的地理条件一方面意味着能够方便该社会与周边地区的经济交往，另一方面还意味着"方便"该社会持续地对外征服。

古希腊和罗马的兴起，是由于具备了这些条件，不可避免的衰落和灭亡也是逐步丧失了这些条件。罗马帝国时代发展到公元前800—700年，出现了隶农制。所谓隶农制，是指有些奴隶主为了提高劳动者的积极性，把土地分成小块，租给奴隶或破产农民耕种。这些租种奴隶主土地的劳动者被称为隶农，隶农虽拥有自己操控的一份经济，已不是传统意义上的奴隶，但并不是自由民，因为实际上很难退出租约，恩格斯称其为"中世纪农奴的前辈"①。在向隶农制转变的同时，过去那种主要为市场而生产的奴隶制经济开始向具有自给自足倾向的庄园经济转变。

为了提高奴隶劳动积极性，奴隶主除了在农业生产中实行隶农制外，甚至还把店铺、作坊等部分其他产业交给奴隶来经营打理，然后向后者收取一部分收入。所有这些都说明，在新的时代背景下，传统典型意义上的奴隶制生产关系已严重不适应生产力的发展了。终于，随着公元五世纪西罗马帝国的灭亡，古罗马的奴隶制生产方式也趋于消亡。

> 西方奴隶制与古代东方奴隶制的对照

以上结构性条件，不但可用于观察一国纵向兴衰变化的原因，也可以作为国与国之间横向比较兴衰的参照。对照这些结构性条件，不难得出古代东方奴隶制经济难以像古希腊罗马那样繁荣兴盛的深层原因了。古埃及的不利因素首先是其君主专制的政体，战俘奴隶相当一部分被法老用于公共工程如金字塔的建设或神庙经济，从而减低了其用于私人商品经济的潜力；其次，当生产技术与社会分工的发展、周边地区生产力发展水平都适合古埃及奴隶制商品经济大发展时，古埃及却失去了军事实力的优势，难以做到持续地对外成功征服。事实上，埃及从公元前6世纪

---

① 《马克思恩格斯选集》第4卷，人民出版社2012年版，第165页。

初被波斯征服开始,就先后被波斯、希腊、罗马所统治,其奴隶制经济在未见繁荣的情形下最终也随着罗马帝国的衰落而衰落。

古代中国同样面临着一些不利于奴隶制经济繁荣的因素。除了和古埃及一样——帝王专制抑制了私人商品经济的发展之外,古代中国的地理条件也是个制约因素。古代中国主要处在黄河流域一带,向东是大海,向西向北则是戈壁沙漠与崇山峻岭,因而不具备持续对外征服的地理条件,特别是不能获得充足的战俘奴隶来源。所以古代中国在奴隶制经济发展很不充分的情形下就过渡到封建经济。

思 考 题

1. 奴隶制的强制经济制度是如何产生的?
2. 怎样理解奴隶制的强制经济制度对生产力发展的促进作用?
3. 透过古希腊和罗马的奴隶制经济发展史,可看出奴隶制经济繁荣兴盛的根本条件有哪些?
4. 古代东方社会的奴隶制经济为何难以像古希腊罗马那样繁荣兴盛?

本章参考文献

1. 汪立鑫:《经济制度变迁的政治经济学》,复旦大学出版社 2006 年版。
2. 《马克思恩格斯选集》第 1—4 卷,人民出版社 2012 年版。
3. [美]诺斯:《经济史中的结构与变迁》,上海三联书店、上海人民出版社 1994 年版。
4. [美]L·S·斯塔夫里阿诺斯:《全球通史——1500 年以前的世界》,上海社会科学院出版社 1988 年版。

第七章 封建半强制经济

奴隶制向封建制的变迁,同样是由生产力发展所推动的,其基本机制是,技术进步改变了土地所有者在这两种制度间的相对净收入,进而改变了土地所有者与直接生产劳动者之间的制度博弈均衡,并最终诱致了这一制度变迁。

而在奴隶制向封建制变迁的过程中,由于不同地区与国家的不同具体历史条件,封建强制经济制度被塑成了不同的具体形态,其中最具典型的是中国封建地主经济制度和西欧封建领主经济制度,而这些封建经济制度具体形态的差异以及各自的演变,同样导源于特定的生产力发展状况,以及特定的政治权力结构。

同时,封建强制经济制度在其演化过程中,由于受到市场规模狭小使生产力发展滞缓以及社会成员间暴力潜能分配不均的条件约束,到后期逐渐进入一种长期稳定或停滞的状态,即所谓封建强制经济制度僵局,除非某种历史机遇改变上述约束条件,否则这一僵局将难以通过社会内部的自发力量来打破。

第一节 技术进步与奴隶制向封建制的过渡及其历史进步性

恩格斯在分析奴隶制向封建制的经济制度变迁时指出:"以奴隶劳动为基础的大庄园经济,已经不再有利可图;而在当时它却是大规模农业的唯一可能的形式。现在小规模经营又成了唯一有利的形式。田庄一个一个地分成了小块土地,分别租给缴纳一定款项的世袭佃农。"[①]在今天,随着博弈论和信息经济学这些分析工具的发展,我们可以对恩格斯的上述思想进行充

---

① 《马克思恩格斯选集》第4卷,人民出版社2012年版,第166页。

分的挖掘和发挥。

在古代社会,生产力技术水平低下,农业生产劳动主要表现为极为简单的体力劳动,因此劳动者的努力程度容易直接观察到,于是作为拥有暴力潜能优势的土地所有者("奴隶主")其最优选择是采取直接外露的暴力强制方式,逼迫暴力潜能弱势者("奴隶")集体进行最大强度的农业劳动,而给予他们的是只能维持最低生存需要的生活资料。

随着生产技术的进步——尽管是手工生产技术框架内的进步,农业生产劳动中非体力的因素(经验、技术)越来越重要,而劳动力这方面的努力程度无法直接即时观察到,这样对土地所有者来说,土地租佃这种准委托代理方式的生产关系安排就渐渐有了吸引力,因为采取奴隶制的直接暴力强制方式只能确保劳动者发挥最大强度的体力劳动(可观察到的最大努力程度的劳动),而土地租佃形式则可诱发劳动者做出更为重要的非体力方面的努力。**当土地租佃制比奴隶制能带来更多的净收入流时,这种半强制性的封建土地租佃形式就成为拥有暴力潜能优势的土地所有者的最优选择。**

接下来我们通过一个简单的信息经济学模型来说明上述见解。

> 强制经济关系的两种制度安排

设非对称信息博弈的双方为:委托者 A——土地所有者,处于暴力潜能优势;代理者 B——农业劳动者,处于暴力潜能弱势。

设农业产出 y 与劳动者的努力程度 x 正相关:

$$y = A \cdot g(x), y' > 0, y'' < 0,\text{其中 } A \text{ 代表生产技术水平。} \quad \cdots\cdots (1)$$

而劳动者付出一定程度的努力 x 即意味着劳动者付出一定的成本 c(一定的时间、体力及脑力的付出),二者呈正相关,设二者的函数关系为:

$$c = c(x), c' > 0, c'' > 0 \quad \cdots\cdots\cdots\cdots\cdots\cdots (2)$$

拥有暴力潜能优势的土地所有者在经济关系的安排上有两种选择:

选择 1——直接暴力强制 这即是奴隶制形式的经济制度安排。在这种安排下,奴隶主只给予奴隶最低生存所需的生活品 S_0,同时用暴力逼迫其从事最大强度的体力劳动。假定奴隶的体力劳动的努力程度,奴隶主可以直接观察到,而奴隶脑力劳动的努力程度,奴隶主不能直接观察到,因此用直接暴力强制的方式,奴隶主将最多只能得到奴隶最大强度的体力劳动,而几乎得不到奴隶任何程度的脑力劳动。设奴隶的生理极限所决定的最大

的体力劳动强度为 x_0，当奴隶实际付出的体力劳动程度等于 x_0 时，奴隶主将不予以暴力惩罚，而当奴隶实际付出的体力劳动程度小于 x_0 时，奴隶主将给予不同程度的暴力处罚，以约束奴隶付出最大强度的体力劳动。设奴隶主的暴力处罚给奴隶造成的痛苦成本为 k：

$$k = k(x), 0 \leqslant x \leqslant x_0, k(x_0) = 0, k(0) \to \infty, \quad k' \leqslant 0 \quad \cdots (3)$$

如果奴隶拒绝参与劳动，即 $x=0$，奴隶主则可采取极厉害的处罚，直至将其处死，从而确保信息经济学中所说的"参与约束"几乎是绝对存在的，因为奴隶选择不参与将要承担极大的负效用，该负效用趋近于 $-\infty$。因此"参与约束"条件就必然满足，即下式必然成立：

$$S_0 - c(x) - k(x) \geqslant -k(0) \to -\infty, x > 0 \quad \cdots (4)$$

奴隶主不仅希望奴隶参与劳动，而且希望奴隶在劳动中付出最大体力强度的努力 x_0，因此奴隶主还要根据奴隶的实际努力程度酌情决定处罚程度，以确保奴隶付出最大体力强度的"激励相容"条件也得到满足，"激励相容"条件可用下式表达：

$S_0 - c(x_0) \geqslant S_0 - c(x) - k(x)$，该式等价于：

$$k(x) \geqslant c(x_0) - c(x) \quad \cdots (5)$$

因此，如果假定奴隶主能够确切知道奴隶付出努力的成本函数 $c(x)$，那么奴隶主只需要使自己对奴隶的处罚始终满足(5)式，就可确保奴隶在劳动中始终付出最大的体力强度 x_0，这时奴隶主实际可获得的净收入为①：

$$ya_1 = A \cdot g(x_0) - S_0 \quad \cdots (6)$$

选择 2——间接强制 这即是封建土地租佃形式的制度安排。在这种安排下，土地所有者将土地出租给农业劳动者，并半强制地迫使其接受某种形式的土地租约（固定地租或分成地租），假定在租约的约束下，农业劳动者的收入 S 将与其产量 y 正相关：

$$S = S(y) = S[A \cdot g(x)], dS/dy \geqslant 0 \quad \cdots (7)$$

---

① 这里实际上没有考虑奴隶主进行处罚所需付出的成本，因为从边际的角度而言，奴隶主处罚的成本确实微不足道，即使处死一个奴隶也只是举手之劳。

假定农业劳动者拒绝租约、不付出劳动的预期代价（成本）[①]为 θ，则农业劳动者的参与约束条件为：

$$S[A \cdot g(x)] - c(x) \geqslant -\theta \quad \cdots \cdots \cdots \cdots \cdots \cdots (8)$$

这样在满足劳动者参与约束的前提下，土地所有者所能得到的净收入就必然有其固定的上限：

$$ya_2 = A \cdot g(x) - S \leqslant A \cdot g(x) - c(x) + \theta$$
$$\leqslant A \cdot g(x^*) - c(x^*) + \theta \quad \cdots \cdots \cdots \cdots (9)$$

x^* 为能使 $A \cdot g(x) - c(x)$ 达到最大值的努力程度（由(1)式及(2)式的定义容易证明 $A \cdot g(x) - c(x)$ 有极大值），即

$$A \cdot g'(x^*) = c'(x^*) \quad \cdots \cdots \cdots \cdots \cdots \cdots (10)$$

如果土地所有者通过设计适当的租约 $S = S(y)$，则有可能不仅使劳动者参与约束条件(8)式得到满足，而且还可以诱迫劳动者付出的努力程度逼近最优努力程度 x^*（激励相容条件），同时使土地所有者所获净收入逼近(9)式所表达的上限 $(A \cdot g(x^*) - c(x^*) + \theta)$。以固定地租为例，为达到上述目的，土地所有者只要将固定地租水平 R（也即其所获净收入 ya_2）设定为(9)式所表达的上限值即可：

$$R(=ya_2) = A \cdot g(x^*) - c(x^*) + \theta \quad \cdots \cdots \cdots \cdots (11)$$

> 技术进步改变了土地所有者在不同制度间的相对净收入

从上述对两种强制经济制度的讨论可以看出，(6)式与(11)式分别表达了奴隶制形式与封建租佃制形式下土地所有者分别能够得到的净收入水平。而下面将要解释的是，技术进步会导致这两种收入水平的相对关系发生变化，从而诱发土地所有者主导的制度变迁。

考虑(11)式与(6)式的差（也就是两种强制制度下土地所有者净收入水平之差）：

[①] 实际上在封建社会初期农民拒绝租约逃亡被抓后，往往要遭受暴力处罚；另一方面即使没有这种暴力处罚，但在封建社会由于农村外部市场规模狭小，农民逃亡后难以谋生，面临相当大的生存危机。这些都是封建农民"不参与"的代价，这也是与市场经济条件下的土地租佃根本区别之所在，在市场经济中，农民拒绝租约后还可另外谋生，没有大的生存危机，因此"不参与"的代价至多为零。

$$z = ya_2 - ya_1 = A \cdot g(x^*) - c(x^*) - A \cdot g(x_0) + \theta + S_0 \quad \cdots\cdots (12)$$

现在将 z 看成是技术水平 A 的函数(注意在(12)式中 x^* 也是 A 的函数,该函数关系在(10)式中以隐函数的形式得到表达。),并根据(12)式求 z 对 A 的全导数。同时注意利用(10)式的关系,即可求得 z 对 A 的一阶及二阶导数如下:

$$dz/dA = z'(A) = g(x^*) - g(x_0) \quad \cdots\cdots (13)$$

$$z''(A) = g'(x^*) \cdot (dx^*/dA) \quad \cdots\cdots (14)$$

显然当 $x^* = x_0$,即 $A = c'(x_0)/g'(x_0)$ 时,有 $z'(A) = 0$

又由(10)式利用隐函数求导法可知:

$dx^*/dA = g'(x_0)/[c''(x_0) - A \cdot g''(x_0)] > 0$(由(1)(2)两式的定义可知。)

因此 $z''(A) > 0$

由上述关于 z 对 A 的一阶及二阶导数的结论,可以初步得出技术水平 A 的进步导致两种强制制度下土地所有者净收入水平的相对关系 z 的变化的轨迹,见图 7-1。

如图 7-1 所表明:在 $A < A_1$ 阶段,由于生产技术水平低下,不仅土地所有者的净收入水平在奴隶制形式下要比封建制形式下要高,而且这一差距随技术的进步即 A 的增大也在增大(但边际递减),在 $A = A_1$ 时达到最大;随后在 $A > A_1$ 阶段,随着 A 的增大,上述差距开始减小(而且是在加速减小),特别是在 A 增大到 A_2 时(A_2 的决定:令(12)式等于 0,同时联立(10)式所解得的 A 值即为 A_2),该差距缩小为 0,而当技术进步进入 $A > A_2$ 阶段后,土地所有者的净收入水平在封建租佃制形式下反而比在奴隶制形式下要高,而且相差的绝对值随技术的进步在加速增大,因而必然诱发在强制经济制度框架内由奴隶制向封建制的制度变迁。可见技术水平 A_2 是这一制度变迁的临界点。

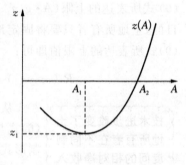

$A_1 = c'(x_0)/g'(x_0)$
$z_1 = -c(x_0) + \theta + S_0$

图 7-1 技术进步导致不同制度下土地所有者净收入水平之差的变化

为了更加形象直观地说明我们的见解,这里给出图7-2予以进一步说明。

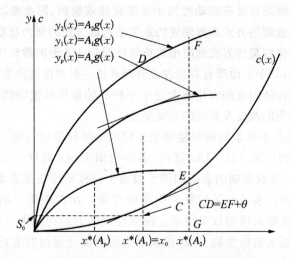

图7-2 劳动者努力程度的差异:封建租佃经济与奴隶制经济

1. 在图7-2中可看到对应于不同的技术水平 A_p、A_1 及 A_2(注意 A_1 及 A_2 的大小与图1中的相同,$A_p < A_1$),农业的产量曲线也各不相同,如 $y_p(x)$、$y_1(x)$ 及 $y_2(x)$ 所示,相应地,在封建租佃制下劳动者的"最优努力程度"分别为:$x^*(A_p)$、$x^*(A_1)$ 及 $x^*(A_2)$,其中 $x^*(A_1) = x_0$。

2. 在图7-2中劳动者的"最优努力程度" x^* 从几何上是这样决定的:x^* 所对应的产量曲线 $y(x)$ 上的点的切线斜率与 x^* 所对应的努力成本曲线 $c(x)$ 上的点的切线斜率相等(即两切线平行)。

3. 由于 $x_0(=x^*(A_1))$ 表示的是劳动者体力劳动的最大劳动强度,因此对应于技术水平 A_2,实行奴隶制时土地所有者的净收入水平为 $CD = y_2(x_0) - S_0$。又由于当 $A = A_2$ 时,土地所有者在封建租佃下与在奴隶制下的净收入水平相等,所以有 $CD = EF + \theta$。

> 奴隶制向封建制
> 变迁之原因的
> 进一步辨析

我们前面的模型主要旨在说明,技术进步会使土地所有者在封建租佃制安排下的净收入水平超过奴隶制安排下的净收入水平,从而诱发经济制度由奴隶制向封建制的变迁。用较易理解的非技术性语言来解释就是:**古代社会技术的进步使得农业劳动中知识和经验的运用在**

价值创造中的成分越来越大,相应地纯体力劳动所占成分则相对减少,但是知识和经验的运用程度在劳动过程中无法直接观察到,因此难以通过奴隶制式的直接完全强制的方式来激励或约束劳动者这方面的努力程度,相反,封建租佃制式的半强制契约方式则能相对有效地起到这方面的激励作用。于是随着技术的进步,对于土地所有者与农业劳动者这一对制度博弈主体而言,奴隶制式完全强制经济制度的安排逐渐处于一种非帕累托最优的状态,从而将导致制度博弈均衡的改变及相应的制度变迁。

我们上述关于奴隶制向封建制变迁原因的解释显然有些不同于诺斯的解释(诺斯,1994,第 133—134 页)。诺斯利用 Jones 对这一变迁阶段历史的有关论述①,将奴隶制的衰落归因于奴隶价格或使用奴隶成本的提高:

"奴隶制的兴衰反映了它获利能力的变化。在古希腊时期以及罗马帝国时期,通过征服来增加奴隶供给。在罗马帝国的最初两个世纪内,由于处于和平时期,奴隶价格急剧上涨,奴隶供给的增加是通过奴隶繁殖这种方式实现的……对奴隶的需求说明使用奴隶比使用自由劳动力具有更大的盈利可能性。……奴隶制的衰落反映了其盈利性的下降。当奴隶价格十分高的时候,正如罗马帝国的头两个世纪所表明的那样,使用自由劳动力就变得有利可图了……相反,当罗马帝国后期自由劳动力的价格下跌或由于贸易混乱导致农产品需求下降时,把奴隶(及自由劳动力)转变为农奴就是一种理所当然的反应。"(诺斯,1994,第 133—134 页)

我们认为诺斯的上述解释虽然部分说明了奴隶制衰落的原因,并且是非常重要的原因,但这一解释并未准确抓住奴隶制解体这一制度变迁的真正本源,而且存在逻辑上的不彻底性。如果对奴隶的需求由奴隶的边际生产力曲线所代表,同时奴隶交易市场是完全竞争市场,那么奴隶的均衡价格反映的是均衡状态时奴隶的实际的边际生产力水平,因此由于战争的减少及相应的奴隶供给曲线的上升引起的奴隶均衡价格的上升,反映的是新的均衡状态时奴隶实际使用量的减少及相应的奴隶边际生产力处于更高的均衡水平,这与使用奴隶的盈利性是否下降无关,因为均衡状态下,奴隶的边际生产力水平始终与使用奴隶的边际成本(即奴隶的价格)相一致。从另一角度看,奴隶资源稀缺性的增加及相应的奴隶市场价格的提高,将使得奴隶主一方面寻求替代性的其他生产要素,如自由劳动力,另一方面将更加关注

---

① 参见 Jones, A. H. M., 1966, *The Deline of the Ancient World*, London: Longman Green.

对自己已经拥有的奴隶劳动力资源的"可持续"利用问题,包括劳动强度的控制及对奴隶繁殖的鼓励等,因此逐渐地奴隶使用量将会随之稳定下来,不可能始终萎缩下去,即使是在和平时期。

可见,虽然诺斯认识到奴隶制衰亡与其获利能力的变化有关,但是当他进一步地将这种变化归结为奴隶制获利能力的绝对变化、而且将后者归因于奴隶资源稀缺性的增加所导致的奴隶价格的提高时,他实际上已不能完全准确地解释奴隶制的瓦解,因此他进入的是一个不太成功的解释方向。而如前面所述,我们的解释则诉诸于奴隶制获利能力的相对变化(即相对于潜在的封建租佃制),我们主要的解释变量是技术进步,即随着农业生产技术的进步,封建租佃制相对于奴隶制逐渐变得更为有利可图。

奴隶制向封建制的变迁对生产力的促进作用　　正如奴隶制形式的完全强制经济制度当初的出现一样,封建制的半强制经济制度的产生在一开始同样也对生产力的发展起到了明显的促进作用。而且,如果说向奴隶制的变迁并非对所有社会成员有利(即这一变迁是非帕累托改进性质的)的话,那么奴隶制向封建制的变迁则是对所有社会成员有利的(即这一变迁是帕累托改进性质的)。因为如前面图 7-1 所示,在制度变迁的临界技术水平 A_2,如果技术水平再进一步提高,则用封建租佃制替代奴隶制,将一方面使土地所有者的净收入有增加(当 $A > A_2, z = ya_2 - ya_1 > 0$),另一方面,也将使劳动者的报酬有所增加(否则劳动者的参与约束条件不能满足)。例如在临界技术水平 A_2,如实行封建租赁制,则劳动者的报酬将为图 7-2 中的 $EG - \theta > S_0$。

奴隶制向封建制的变迁对生产力的促进作用的内在机制是,如同原始分享经济制度向奴隶制式完全强制经济制度变迁时劳动者努力程度将出现非连续跃升一样,随着奴隶制向封建制的制度变迁,农业劳动者的劳动努力程度也将出现非连续的跃升。如图 7-2 所示,在制度变迁的临界技术水平 A_2 处,如果是奴隶制的制度背景,则劳动者的努力程度表现为奴隶被强迫付出极限强度的体力劳动,但奴隶将几乎不付出智力方面的努力,因此此时总的努力程度为 $x_0 = x^*(A_1)$;如果是封建制的制度背景,则劳动力的努力程度将表现为封建农民为达到自身的利益最大化,付出体力与智力两方面的综合努力,此时总的努力程度为 $x^*(A_2)$。可见,奴隶制向封建制的制度变迁,将会导致劳动者劳动努力程度的跳升,具体而言,在这一制度变迁的"转型"阶段,劳动者努力程度将由图7-2中的 x_0 跳升至 $x^*(A2)$,而且这一劳动努力程度的提高主要表现为其中智力劳动方面努力程度的提高,因此在经济上的体现就是生产技术的创新与进步及相应的劳动生产率的提高和经济的繁荣。

人类历史的实际发展也基本佐证了上述的论断。就中国古代历史而言,若从劳动力产权关系的角度看,奴隶制向封建制的变迁应从周代社会就已经开始,与此相应地,劳动者努力程度的提高表现为:一方面是在农业生产中尝试使用新的种植技术,如周人尝试用抛荒的办法以恢复地力,对于除草培苗已很重视,并已经知道应用人工灌溉(翦伯赞,1983,上册第43—44页),这些充分体现了劳动者智力方面的努力;另一方面,周代农民不仅在耕作、除草、除虫、灌溉、施肥、选种等方面开始具有相当高的技术知识,而且作为这种技术知识应用的结果,农产收获也达到与过去相比应算是很高的水平;此外,在周代,手工业也获得了极大的繁荣与发展:

"……总之,在西周的庄园中,手工业生产,不仅技术提高,而且部门也增多了,特别是冶铁业和纺织业,成为这一时代的手工业之崭新的标志。……"(翦伯赞,1990,第274—275页)。

就西方古代历史而言,随着西罗马帝国的覆灭,奴隶制趋于消亡,同时封建经济制度开始在西欧逐步得到确立。尽管日尔曼人对后期罗马帝国的反复入侵和洗劫使当时西方社会的生产力受到极大破坏,但与封建经济制度的出现相伴随的劳动者努力程度的提高,仍使得西欧在进入中世纪封建社会后逐步取得了经济与技术方面的突出进步:

"中世纪西欧取得的技术进步,比整个古典希腊和罗马历史时期所取得的进步还要多。一个原因是,西欧没有奴隶制,而奴隶制往往阻止技术革新。……

……中世纪西欧取得的技术进步如此巨大,以致历史上第一次有东方人建议,派学生到西方去学习'实用工艺'。

与技术进步相一致的是相应的经济发展。……技术进步促进了农业和手工业的生产率的提高。……"(斯塔夫理阿诺斯,1988,第458—462页)。

需要指出的是,虽然封建土地租佃制比奴隶制在劳动力产权关系上的强制性要弱得多,但它并不是双方完全自愿的标准的委托代理关系,因而与自由市场经济中的土地租佃仍有本质的差别:

封建土地租佃所具有的半强制性主要体现在承租农民的不能完全自由退出,形成这种人身依附关系的根源或者是土地所有者直接的暴力威胁,或者因为农村外部缺少一个足够容量的开放的市场接纳冒险逃离的农民。这种潜在强制性的存在使得土地所有者在租约"谈判"中处于一种明显的强势地位,从而其最终获得的租金收入肯定超过其在自由竞争市场制度下通过平等谈判后所能获得的,以固定地租为例,如果自由市场制度下农民拒绝租约的代价为零,则土地所有者的固定地租水平至多为 $c(x)$,而在封建制度下农民不参与的代价为 θ,因而土地所有者的固定地租水平则可达 $c(x)+\theta$。因此封建土地所有者势必要尽力维持这一半强制性的制度格局。如果农村外部的城镇市场不能有效发展并形成对农村封建经济的压力,那么封建租佃这一半强制性制度的主导地位将始终延续下去,这是强制经济制度发展的极限。本章后面的博弈均衡分析更好地解释了这种制度僵局。

第二节 封建经济制度的形态差异及原因

在人类历史上封建强制经济制度的发展呈现出丰富的面貌,从世界范围看,封建地租曾经历了劳役地租、实物地租和货币地租等形态的变化,而在不同的地区和国家,封建经济制度也表现出各不相同的具体实现形式,其中又以中国的封建地主经济制度与中世纪西欧国家的封建领主经济制度最为典型并相互形成鲜明对比。

劳役地租、实物地租和货币地租　**劳役地租**是指农民为了从地主那里获得赖以生存的"份地",不得不向地主提供一定量的无偿劳动。劳役地租在西方中世纪的领主经济制度下最为普遍,当时的封建领主将所占有的土地分成两部分,一部分留着自己直接经营,一部分分给农奴作为其"份地"。而农奴则要相应地承担在领主自营土地上提供无偿劳动的义务,除此之外,农奴还要在领主需要时无偿提供其他杂役服务。只有在剩余的时间里农奴才能在自己的"份地"上为自己劳动,以维持自己及家庭的低水平生存。

实物地租则是农民从地主那里承租一份土地后,必须将自己在租地上的劳动产品的一定比例或一定数量用来交纳地租。在中国封建地主经济制度下,实物地租长期以来是占主导地位的地租形态。由于唐、宋两朝实现了经济关系从原来的世族门阀地主和依附农之间经济关系占主导向庶民地主和契约佃农之间经济关系占主导的转变,地租制度也由依附农租佃制向契约佃农租佃制发展,契约佃农比依附农更少受到地主的强制,因而有更大的人身自由,租佃契约一般规定,地主向佃农提供土地,而佃农则要按时交纳一定的实物地租。在唐宋时期,分成租占主导地位,而从明代中叶至清代前期,定额契约租开始取代分成契约租的主导地位,成为一种较普遍的地租制度。

货币地租与商品货币经济的高度发展相关,在这一地租形式下,从地主那里承租土地的**农民不能再以自己劳动产品的实物形式交纳地租,而必须要向市场出售一部分产品以换取货币来交纳地租**。在封建社会末期,随着商品经济的发展,封建地主越来越依赖于通过市场来获取大量的奢侈消费品,这意味着其需要大量的货币,因此货币地租比起劳役地租或实物地租就渐渐成为一种更为有利的选择。而从农民一方来说,货币地租形式扩大了其在农业生产上的选择空间,从而进一步刺激了农民的生产积极性,因而也是有利的。

{中国封建地主经济与西欧封建领主经济}

中国封建社会的基本经济制度与西欧中世纪的基本经济制度代表了封建强制经济制度的两种典型的历史形态,二者有着多方面根本不同的特征。

1. 中国封建地主经济

虽然关于中国封建经济制度始于何朝代仍然存在着争议,但一般普遍认为,中国封建经济制度演变至其成熟形态时是以地主经济占主导的,而中国封建地主制经济与西欧中世纪的封建领主制经济相比的**特点是,土地可自由买卖,农民个体经营和以实物地租为主**。

关于土地买卖转让,实际上从春秋时期开始,土地已在统治阶级内部转移,后来发展到民间买卖,到战国时期,逐渐走向合法化。虽然从秦汉到唐代中叶,因大量存在的自耕农是国家赋役征课的主要对象,故为了保证财政收入,封建政权经常干预地主对农民的土地兼并:从汉代限田之议,到西晋发展为实际的占田制,对贵族、官吏和农民的占田数作了具体规定,此后的北魏、北齐、北周和隋、唐五朝则都实行均田制,变消极限田为向贵族、官吏和农民授田,但是,所有这些限田、均田之制,并不能阻止贵族地主、官僚地主的法外占田,至多是限制了庶族地主占田,使其难以发展大土地所有制。

而到了唐代中叶,随着地主制经济本身的发展,再加上因王朝封建统治的衰微所导致的地方官吏及豪强对均田户的劫掠,以及因封建王朝不断加重农民负担导致农民大量逃亡,均田制逐渐被破坏;因此唐朝封建统治者为保证国家税源,开始实行两税法,国家停止向农民授田,而地主占田限制也随之取消。

中国封建社会土地自由买卖的结果是自耕农的分化和破产,地主兼并土地,然后将土地分为小块租给农民,由其一家一户进行耕种,构成了自给自足的自然经济。因此,**与西欧领主制下封建农奴既要耕种领主的自营地,又要耕种自己的"份地"不同,中国封建地主制下的农民则有较大的人身自由和较大的生产经营方面的独立性。**

与此相一致,中国封建地主经济长期实行的是实物地租,与劳役地租相比,农民基本上可以支配自己的全部劳动时间,即农民为自己的劳动和为封建地主的劳动,在时间上和空间上不再分开。所有这些,一方面有利于调动农民生产的积极性,另一方面也使农民能够根据自身条件更灵活地安排家庭生产,提高资源配置的效率,这也是中国封建经济发展水平远远超出同期西欧封建经济的制度原因。

2. 西欧封建领主经济

与中国封建地主经济制度不同,西欧中世纪的基本经济制度是封建领主经济制度,**其基本特点是,封建世袭领地、庄园经济形态、以劳役地租为主的农奴制。**

西欧封建经济制度大约在公元 9 世纪时开始形成,当时各个王国的国王把一部分土地分封给大封建主,大封建主又把一部分土地分封给较小的封建主,以此类推,层层受封,形成不同等级的封建主,每一层的上下级之间都是领主(封主)和附庸(封臣)的关系,封臣在武力上要效忠封主。各封建主所受封的土地可世袭但不能买卖转让,在自己的领地上封建主是最高统治者,拥有自己的武装。

经济方面封建主通过对农奴的强制来实行庄园式的自然经济,即封建主在分给农奴一小块耕地("份地")让农奴一家能维持生存的同时,则要求农奴在封建主自营土地上无偿提供劳务,一般农奴每周要抽出三天左右时间用自备的生产工具,在庄园管家监督下无偿提供这种农业劳动,除此之外,农奴还受到封建主其他各种名目的强制性剥削。

而到了 12 世纪,商品货币经济的日渐发展,刺激了封建主对城市生产的各种消费品的需求,使其对货币的需要激增,因此在西欧封建庄园经济中已经出现了把劳役折换成货币地租的现象,这其中当然也因为农业生产力水平的提高,封建主自营地的耕作只需比以前更少的劳力即可完成。**货币地租从 12 世纪后期开始逐步推广,到 13 世纪时已相当流行,例如从当时的全英格兰看,劳役地租只占三分之一,而货币地租已占到三分之二强。**

商品货币经济的发展还引起了西欧封建地产制度的演变。9 世纪时,西欧的国王、大封建主为了能征召到供作战用的骑士而不断将自己土地分封出去,此即所谓封土制。而同样是到了 12 世纪,随着商品货币经济的发展,开始出现更为灵活的货币封土制,即封主不再分给封臣土地,而是每年支付给封臣一定数额货币作为封土,以换取封臣提供一定数量骑士的军役义务。货币封土制很快在 14、15 世纪进一步演变为合同制,即国王每次用兵作战时,再和各大封建主就其提供军役义务和获取相应报酬签订具体合同。在土地转让方面,由于商品货币经济的发展使封臣对封主的各种义务均可一定程度上通过货币来"折算",因此,因封土制对土地转让所形成的约束从 12 世纪起开始逐渐放松,到了 13 世纪,对封土转让的法律限制已十分松弛,接近于可自由转让。

以领主自营地与农奴份地相结合为特点的封建庄园经济到了 14、15 世纪也开始趋于瓦解。14、15 世纪是西欧封建社会剧烈动荡时期,鼠疫的大规模爆发与蔓延,再加上百年战争的巨大破坏,使得西欧各国人口锐减,劳动力非常紧缺,相应带来工资的上涨,而粮食价格却在这一时期持续下降。所有这些都十分不利于封建主原有的以土地自营为主的庄园经济模式,领主缩减自营地或放弃自营地的现象开始盛行,多数情况下这些自营地被划为小块分租给农民,而很多封建主甚至离开乡村,移居城市。封建庄园经济模式由此衰落。

> 封建经济制度具体
> 形态差异的原因

对于上述中国封建经济制度与西欧封建经济制度在具体形态上的差异,同样可以从生产力的发展状况以及特定的政治权力结构这两大因素来说明。

从生产力发展状况而言,中国封建社会与西欧封建社会在其形成伊始,由于自然历史条件的不同,其各自的生产力发展就走上了不同的演变模式。中国封建社会时期相对于西方而言人多地少①,

---

① 关于古代中国人多地少的原因,陈平的猜想是,中国在殷朝(公元前 14—前 11 世纪)时属于亚热带气候,包括农耕业和畜牧业的混合农业得到普遍发展。而到了周朝(公元前 11—前 8 世纪),气候变得非常寒冷,畜牧业遭到破坏,只有耐寒的农作物如小麦和粟得以存活下来。再到春秋时期(公元前 8—前 5 世纪),气候又变暖起来,农作物产量增加,人口增长,但是,中国中原地区的平原面积已不足以农牧混合的方式下养活众多的人口。于是农业便从粗放式转向集约(细耕)式,以养活越来越多的人口,这成为中国历史上不可逆转的演化趋势。另一方面,在欧洲则不存在上述气候剧烈变化因素的作用,因此,气候湿润的环境导致西欧形成一种以牧业为主的牛粮并举的混合型农业模式并一直保持不变。参见:陈平,《文明分岔、经济混沌和演化经济学》,经济科学出版社 2000 年版,第 8—16 页、第 249—265 页。

人与自然的突出矛盾使农业生产力发展走的是一条充分利用人力、精耕细作的道路,因此在依赖人力的手工技术框架内,中国封建社会曾达到了登峰造极的地步,但技术与生产力的发展也就此停滞不前。

而相对于中国封建社会,西欧中世纪的人均土地则高得多,这种人少地多的宽松自然条件使得西欧中世纪的农业生产力的发展走上了一条生产技术相对粗放的道路,这也是西欧封建社会经济发展水平长期远远低于同时期中国的原因,但这种自然历史条件及其相应的粗放生产技术模式,却为后来西方社会的工业革命——即向旨在以消耗自然资源来节约人力的大机器生产技术的飞跃——留下了空间。

从政治权力结构而言,中国封建社会是中央高度集权的政治权力结构①,封建地主作为土地所有者拥有的只是与土地所有权相关的经济权力,并不因此拥有独立于封建王权的政治强制权力,因此中国封建佃农在宋朝时就较早地大体摆脱了对封建地主的人身依附关系,但另一方面,中国封建农民的代价是受到封建集权国家——最大的"封建主"——的超经济的强制性剥削,如各种繁重的赋税和徭役义务。

而西欧中世纪封建社会则是国王与各大小封建主之间在政治上高度分权的政治权力结构,虽然封臣是封主的附庸,有着响应封主征战的军事义务,但封臣在自己的领土内则享有独立的最高政治权力,而封主不仅对封臣的附庸没有政治权利,所谓"我的附庸的附庸,不是我的附庸",而且对封臣领地上的农奴也不再有超经济强制剥削的权力,因为这种权力已经随土地一起封给了封臣。

中国封建社会和西欧封建社会在生产力发展状况和政治权力结构方面的上述差别,是导致这两类社会在封建经济制度具体形态上的差异的主要决定因素。

例如,为什么西欧封建领主经济实行的是以劳役地租为主,而中国封建地主经济实行的是以实物地租为主?

首先,劳役地租是以一定的超经济强制性为前提的,因为与实物地租相比它限制了直接生产者的选择即劳动时间的自由安排,而这种超经济强制性只有在西欧中世纪的政治权力结构下才会存在,因为封建领主在自己领

---

① 关于为何中国封建社会是一个中央高度集权的政治权力结构,则需要从更早时期中国社会特定的自然历史条件来说明,这一决定或影响过程体现了社会制度变迁中的历史路径依赖机制。

地上是最高统治者,具有对农奴的强制性权力。

其次,劳役地租是与相对粗放的农业生产技术相联系的,因为劳役地租背后的超经济强制性意味着它并不适合代表较高手工生产技术水平的中国封建社会精耕细作的农业生产模式,在这种生产模式下,超经济强制面临难以有效监督的问题,而在相对粗放的生产模式下,对农奴的劳动是可以进行有效监督的。

最后,从西欧中世纪初封建领主的一方来说,实行劳役地租能确保得到农奴更多的剩余劳动,因此要比实行其他地租制度如实物地租或货币地租能带来更多的净收入。可以设想,如果封建主一开始就不保留自营地,即将其全部土地分给领地上的农奴并收取实物地租,则农奴在比以前要大得多的"份地"上将独立自主地配置全部时间资源进行农业劳动,对他而言最优的劳动投入将明显低于其可承受的最大强度的劳动投入。然而封建主因其所具有的强制权力则希望农奴能接近其最大强度的劳动投入,从而剥削到更多的剩余劳动,而这一目标由上可知在实物地租制度中难以实现。但如果只给农奴一小块劣等的份地并让其只有一部分时间可在份地上自由支配,而其他大量时间则强制其在领主自营地上劳动,则封建主能得到农奴更多的剩余劳动。

又如,为什么西欧中世纪封建社会实行的是世袭领地不可转让,而中国封建社会则土地可自由买卖转让?

显然这一问题与两个社会不同的政治权力结构相关。在西欧中世纪,封臣所拥有的领地实际上连带着封臣对封主的军事义务,因此如果允许封臣自由转让土地,则必然影响到封臣军事义务的实现以及封主对封土的如没收、监管等其他权利,所以封建领地一开始必然是不能自由转让,只是到了13世纪由于商品货币经济的发展,这一限制才逐渐放松。

而中国封建社会的情形则与上不同,虽然在唐代中叶以前,各封建王朝政权还曾先后制定实施过对土地转让的限制措施,但多是旨在限制地主对自耕农的土地兼并,因为后者当时还是国家的主要税源。而随着唐代两税法的公布实施,开始一律按实际拥有田亩数征税,国家对地主的占田限制也就终止了。

第三节 封建强制经济制度僵局的形成及打破的两种途径

所谓封建强制经济制度僵局,是指某一社会的封建强制经济制度在其演化到后期时逐渐进入一种长期稳定或停滞的状态,而该社会系统又难以通过内部的自发力量来打破这一停滞状态以实现基本经济制度的变革——如向市场经济制度的飞跃。

基于马克思的理论框架,我们对封建强制经济制度僵局的解释同样也是从当时低下而停滞的生产力水平来入手。具体而言就是,在封建强制经济社会中,以手工生产技术为基础的相对低下的生产力水平、较低的市场分工水平、狭小的市场规模,三者互为因果、互相牵制,在这一背景下,对于社会中处于暴力潜能优势的一方(即土地所有者)而言,相对于选择强制经济关系来获利,选择非强制的自由市场交易方式来获利始终难以占优,这样在土地所有者与劳动者之间的制度博弈中,均衡的结果将始终是强制经济制度。接下来我们用较为简化的博弈论工具来具体阐述上述观点。

市场规模狭小、暴力潜能分配不均与强制经济制度僵局　在不影响对问题实质的把握的前提下,这里尽量简化博弈的结构。我们来考虑市场规模狭小有限的背景下,两个社会成员(或集团)A 和 B 之间在处理经济关系问题上的博弈。设他们在处理经济关系时都有两个可选的策略:暴力(强制或反抗)策略和非暴力(自由合作或服从)策略。如果双方都采取非暴力策略,则经济关系或表现为双方不发生经济交往(设这种情形下双方的报酬为(1,1))①,或表现为双方发生市场交易。

显然,与双方不发生经济交往的情形相比,双方发生交易的情形下双方的报酬总会有所增加,这是因为双方不仅可通过市场交易享受专业化分工所带来的效率增加,还可通过交换还可增加商品效用,但双方报酬增加的程度不一定完全相同。不过在市场规模狭小有限的背景下,可在不改变问题

---

① 这里不准备进一步讨论双方不发生经济交往的情形,因为我们假定双方发生市场交易总会比双方不发生交易会给双方带来利益的增加,见正文中接下来的说明。

性质的前提下假定自由市场交易使双方报酬增加程度相等,如设此时双方的报酬为(1.1,1.1)。对此可给出如下进一步说明:

这里我们考虑具有物质生产要素禀赋比较优势的社会成员 A(如资本家或土地所有者)与具有劳动力要素比较优势的社会成员 B(如工人、农民)之间的市场交易:

情形 1:市场潜在规模充分广阔的背景。在这一背景下,规模经济水平及专业化分工水平的提高具有了无限的可能,自由市场经济制度则能使这一可能成为现实,而在由市场规模大幅扩大所诱导的行业生产扩张过程中,由于一开始的资本稀缺,因此与行业生产扩张相关联的规模经济水平及专业化分工水平的突破性提高所形成的生产效率的提高将主要使社会成员 A 受惠,即相对于双方不发生经济交往的情形,自由市场经济制度背景下社会成员 A 的报酬增加显然会远远超过社会成员 B,正因为如此才有了历史上资本主义形成过程中资本所有者的资本与财富的迅速积累和膨胀。关于这一自由交易使双方报酬增加程度显著不相同的情形,此处按下不表。

情形 2:市场规模狭小有限的背景。在这一背景下,规模经济水平及专业化分工水平提高的可能空间显然均较为有限,这样物质生产要素禀赋高的社会成员 A 能从自由市场经济制度中受惠的程度也相对有限,因此,在不改变问题性质的前提下,可假定,与双方不发生经济交往的情形相比,自由市场经济制度下双方的报酬增加程度相等,如可设此时双方的报酬为(1.1,1.1)。

以上分析的是市场规模狭小有限背景下 A、B 双方采取自由交易的策略时双方的报酬情况。但是如果一方采取暴力强制的策略,另一方采取服从合作的策略,则双方的报酬组合将由暴力强制的一方根据自身利益最大化的原则来作出"最优安排",对此在本章前面已进行了讨论,在完全强制的经济(奴隶制)中,服从合作的一方只能得到满足最低生存要求的报酬,而在半强制经济(封建租佃制)中,该方则可得到多一些报酬,但仍比自由交易的情形下(即自由市场经济制度中)可得到的要少。这里我们主要关注半强制情形,因为它刚好与自由市场制度形式前后历史相连。可设一方暴力强制、一方服从的策略组合下,暴力强制的一方可得报酬为 1.7 单位,而服从与合作的一方则只得报酬 0.4 个单位。这种策略组合下的双方报酬总和(2.1)小于双方自由交易下的报酬总和(2.2),以表示半强制制度的总体效率比自由市场制度低。

如果双方都采取暴力强制和对抗的策略,则双方预期的报酬组合决定于双方暴力潜能配置的平等程度。先讨论双方暴力潜能不平等的情形,设 A 相对于 B 拥有绝对优势的暴力潜能,因而可以预期在双方暴力冲突中 A 能击败 B,并最终使 B 屈服于 A 的暴力强制,但暴力冲突的过程势必使双方都要付出代价(但可合理地认为 A 的代价要小一些),因而双方最终的报酬都要比上面一方暴力强制、一方服从的策略组合所获报酬要小,可设暴力对抗下 A、B 的报酬组合为(1.6,0.2)。这样在双方暴力潜能不平等的情形下(A 相对于 B 占暴力潜能优势),双方博弈的报酬矩阵如表 7-1 所示,显然该博弈的纳什均衡是(暴力强制,服从合作),即社会趋向一个强制经济制度。

再来讨论双方暴力潜能较为平等的情形,在该情形下,双方如发生暴力冲突则会势均力敌,谁也不能完全击败对方,但暴力冲突使双方均付出代价,代价大小决定于双方卷入暴力的程度,可以设想的是,暴力冲突下双方所得报酬将小于互不来往策略组合下的水平,但大于服从暴力强制策略下的水平,可设暴力对抗下双方的报酬组合为(0.9,0.9)。这样在双方暴力潜能较为平等的情形下,双方博弈的报酬矩阵如表 7-2 所示。如果该博弈是一次性博弈,则纳什均衡将是(暴力,暴力);但若该博弈是无限次重复博弈,则双方合作进行市场自由交易将会成为子博弈精炼纳什均衡的结果①。因此在社会成员暴力潜能较为平等的情形下,最终会趋向一个自由市场经济制度。

表 7-1 暴力潜能分配不平等条件下的制度博弈

A \ B	合作	暴力
合作	1.1,1.1	0.4,1.7
暴力	1.7,0.4	1.6,0.2

表 7-2 暴力潜能分配平等条件下的制度博弈

A \ B	合作	暴力
合作	1.1,1.1	0.4,1.7
暴力	1.7,0.4	0.9,0.9

根据上述简单的博弈均衡分析,可以初步推断,**在市场规模狭小有限的**

---

① 历史经验也告诉我们,即使是在暴力潜能相当的人群之间,走向平等自由交易的过程并非一帆风顺,其间充满了欺诈和暴力冲突,但多次两败俱伤的教训还是逐渐使他们走上这条帕累托最优的路径。

背景下，如果社会成员(集团)的暴力潜能分配不平等，则强制经济制度将会成为社会博弈均衡的结果。因此，尽管随着手工生产技术的缓慢进步，经济的强制性会有所减弱，但当制度渐进到半强制经济制度(以封建土地租佃制为代表)时(此时经济的进一步发展有赖于以完全自由竞争的市场经济制度替代半强制制度)，基于社会各利益集团之间的博弈均衡将使制度的进化陷入僵局。除非作为僵局之根源的暴力潜能分配不平等格局被打破或狭小有限的市场规模大幅扩大，否则这一封建制度僵局将一直持续下去[①]。而社会内部暴力分配不平等格局的打破或市场规模的突增则有赖于社会外部因素的介入。

> 强制经济制度僵局被打破的两种可能途径

如上所述，只要市场规模狭小有限及暴力潜能分配的不平等格局基本不变，则强制经济社会在变迁至封建经济制度后将陷入停滞。而不论是从逻辑还是从历史事实的角度看，这一制度僵局的被打破、社会因之走上向市场经济制度转型之路，其发生情形主要有如下两类：

一类是**社会主动或自主地选择，如西方国家资本主义制度的确立**。在这种情形下，社会内部兴起一个新的强势暴力潜能的利益集团，这实际上是指工商阶级由于历史机遇得以发展壮大，并凭借其雄厚财力逐渐会形成强势的暴力潜能，从而使社会中原有的暴力潜能分配结构及相应的博弈结构发生根本改变。而建立在生产规模不断扩大、专业化分工水平不断提高的基础上的新兴工商业经济，决定了工商阶级在处理经济关系的策略上自由交易的选择优于暴力强制的选择，因此随着封建强制经济被工商阶级所击破，自由市场经济制度最终会得到全面确立。

还有一类是**社会在外部市场经济势力的压力或入侵下沦为殖民地并被迫向市场经济制度转变，如亚洲国家封建经济制度崩溃的历史**。在这一情形下，国家受到侵略并被征服，从而社会中出现了一个从外部进入的强势暴力潜能的利益集团。这样一方面，由于原国家政权的强制力量受到严重压制甚至被毁灭，原来的暴力强势集团(即土地所有者)其暴力潜能受到严重削弱(因为国家暴力的支持是该集团获得暴力潜能优势的根本原因)；另一

---

① 从历史上看，地球上不同的文明地区在进入封建社会以后封建制度均延续了很长时间，"拖"了很久才主动或被外界所迫实行向市场经济制度的转变。中国封建社会之漫长就不必多说，即使是较早转向市场经济制度的西方社会也经历了漫长的"黑暗"中世纪。

方面,如果外部进入的集团来自市场经济背景①,则其除了进行强制性掠夺之外,还由于其所掌握的先进生产技术及社会化生产方式,将倾向于强制推行市场经济制度,这在一定程度上代表性地说明了20世纪殖民地国家向市场经济制度跃迁之路。

思 考 题

1. 如何从生产力决定生产关系的角度来认识奴隶制向封建制的经济制度变迁?

2. 什么是劳役地租、实物地租和货币地租?这些不同的地租制度所依赖的历史条件有何不同?

3. 中国封建地主经济和西欧封建领主经济作为封建经济制度的两种具体形态有何差异?导致这一差异的主要因素有哪些?

4. 何谓封建强制经济制度僵局?导致这一僵局形成的历史条件是什么?

本章参考文献

1. 方行:《中国封建经济论稿》,商务印书馆2004年版。
2. 翦伯赞(主编):《中国史纲要》(上下册),人民出版社1983年版。
3. 翦伯赞:《先秦史》,北京大学出版社1990年版。
4. 马克垚:《西欧封建经济形态研究》,人民出版社2001年版。
5. 汪立鑫:《经济制度变迁的政治经济学》,复旦大学出版社2006年版。
6. 赵光贤:《周代社会辨析》,人民出版社1980年版。
7. 《马克思恩格斯选集》第1—4卷,人民出版社2012年版。
8. [美]L·S·斯塔夫里阿诺斯:《全球通史——1500年以前的世界》,上海社会科学院出版社1988年版。
9. [美]诺斯:《经济史中的结构与变迁》,上海三联书店、上海人民出版社1994年版。

---

① 如果外来干预势力也来自强制经济背景,则被入侵国的强制经济制度仍会延续,这可在奴隶制及封建制时代国家之间的征服历史中得到印证。

第三篇　商品市场经济

第八章 商品和货币

在商品经济的条件下，人类社会生产和再生产的普遍规律是通过商品货币形式发生作用的。本章通过对商品货币的分析，要说明在商品货币形势下人们在社会生产过程中的经济关系，最主要的是阐明劳动价值论的问题。

第一节 商品的两因素和生产商品劳动的二重性

商品两因素 　**商品是通过交换满足人们某种需要的劳动产品，具有使用价值和价值（交换价值）两因素。** 商品的第一种因素是具有使用价值。**商品的使用价值首先指物的有用性**，即物品具有能够满足人们某种需要的属性。这种效用不是人们主观想象的结果，而是**由物品本身的自然属性决定的**。粮食为什么能充饥？是由于粮食本身有葡萄糖、淀粉、维生素及油脂等成分，才能填饱人们的肚子。衣服为什么能御寒？单衣服可供夏天穿，而皮衣服为什么只供冬天穿呢？也是由布、皮本身分别由棉纤维和蛋白纤维构成的自然属性决定的。可见，不同的物品由于自然属性不同，有不同的使用价值。另外，同种物品（如煤、木材）本身由许多自然属性构成，从而具有许多种使用价值，可以满足人们多方面需要。当然，人们发现某种物品的多种使用价值，不是一朝一夕所能奏效的，而要随着科学技术的发展逐渐发现，这就需要经过一个历史过程。

使用价值本身并不说明人与人之间的关系，物品如何满足人们的需要就不是政治经济学研究的范围，而是商品学研究的问题。而且，我们这里讲的使用价值只是讲物本身自然属性构成的使用价值，还不是讲商品的使用价值。作为商品的使用价值是一种社会使用价值，即不是对商品生产者自己而是通过交换对别人的使用价值。例如，仓库里的积压物资，尽管它本身作为物还是有用的,但卖不出去,没有人要,它就不具有社会使用价值。理解这一点很重要,说明产品作为商品来生产,要依据市场上的需要,做到适销对路。还必须注意,商品的使用价值必须是要经过交换才给别人使用的这样一种社会使用价值。不通过交换,就不是商品的使用价值,例如,封建社会农民交给地主的粮食就不是商品的使用价值。所以,**商品的使用价值表现为交换关系或交换的物质承担者**。就是说,商品的使用价值是从物质上承担交换关系的,没有它,交换是空的,没有物质内容。所谓交换,从物质内容看就是两种不同使用价值的交换。从这里,我们可以进一步看商品的第二种属性了。

商品的第二种属性是交换价值。所谓**交换价值首先表现为一种使用价值和另一种使用价值相交换的量的比例**。(这里要特别注意"首先表现为"五个字,说明这是从现象上下的交换价值的定义。)从现象看,它是一种使用价值和另一种使用价值相交换的数量比例。如 1 把斧头 = 20 斤谷子,20 斤谷子是 1 把斧头的交换价值。那么,为什么恰好是 20 斤换 1 把,而不是 30 斤或 10 斤谷子换 1 把斧头呢?这种比例关系是由什么决定的呢?有一种说法,认为这是由物品的效用来决定的。比如生产斧头的人,如果肚子饿了,没有饭吃;这时,对他来说谷子效用极大,他愿以 1 把斧头只换 10 斤谷子;如果家里有好多谷子吃不完,对他来说谷子效用小;这时,需要斧头的人就可能要用 50 斤谷子去换他的 1 把斧子。这种用效用说明商品交换比例的观点是错误的。因为,各种物品的效用或使用价值是异质的,无法比较。使用价值不同只是构成交换的前提,却不能够决定交换的数量比例。另一种是供求决定论。认为某种商品供给多于需求时,它的交换价值小;相反,供给小于需求,交换价值就大。这种由供求决定交换价值的观点也是不对的。当然,供求关系的变化会影响交换的量的比例,但仅仅是"影响"而不能"决定"。如果承认供求决定交换比例,那么供求平衡时,又由什么来决定交换比例呢?

所以,要确定交换的比例,就必须首先找出两种相交换的商品的共同点,找出共同的质。

商品的使用价值是各种各样的,不同商品的使用价值完全不同,不能比较。如果撇开或抽掉商品的使用价值,就可以发现它们都具有劳动产品这样一种共同的属性。当我们把劳动产品的使用价值撇开,实际上也就把创造使用价值的劳动的具体形式撇开了,各种劳动不再有什么区别,全都化成相同的或抽象的人类劳动。这样,劳动产品,例如羊和布,也不再是牧人劳动、织工劳动的产物,而是表示各不相同的劳动积累为无差别的人类劳动的产物。"这些物现在只是表示,在它们的生产上耗费了人类劳动力,积累了人类劳动。这些物,作为它们共有的这个社会实体的结晶,就是价值——商品价值。"①所以说,**价值是积累在商品中的一般人类劳动。这就是价值的实体,或价值的质的规定性。**当然,我们这里所分析的商品,暂以物质产品为限。关于商品的价值属性,要掌握如下几点:

第一,价值的源泉是劳动,而且劳动是价值的唯一源泉。至于使用价值的源泉则是两个:劳动和自然物质。价值的源泉和使用价值的源泉是不一样的。只有承认价值的唯一源泉是劳动才算坚持了劳动价值论。

第二,不能把劳动和价值简单地划个等号。这个问题往往不引人注意,以为劳动价值论即劳动等于价值。实际上两者并不是一码事,劳动有流动的形式,也有物化的形式。当劳动处于流动形式,即正在进行中的劳动时,它是形成价值的,但本身并不是价值。当劳动物化了,积累在商品使用价值中就构成价值实体。所以,劳动不等于价值。

第三,价值是积累在商品中的一般人类劳动。不管什么人的劳动只要积累在商品中就有价值,就会通过商品交换被承认为人的劳动,整个社会总劳动的一部分。所以,价值是商品的社会属性,而与使用价值本身是物的自然属性不一样。

由此可见,**交换价值和价值的关系:价值是交换价值的内容,交换价值是价值的表现形式。交换价值首先表现为**一种使用价值与另一种使用价值相交换的数量上的比例。但从实际内容看,是两种商品相互比较生产中耗费的劳动量有多大。上例 1 把斧子换 20 斤谷子,就表示它们生产上耗费了等量人类劳动,二者价值相等。但价值是通过交换价值才表现出来的。可见,**商品的二重性准确地讲是使用价值和价值。**

商品是使用价值和价值的对立统一体。两者是统一的,相互依存的。一方面,不是劳动生产的,没有价值的东西,如空气等虽然可以有物的使用价值,但它不是作为交换价值物质承担者的使用价值,不是商品的使用价值;另一方面,价值必须体现在一定的使用价值中,不创造使用价值的劳动是不形成价值的。所以,作为商品,必定是使用价值和价值的统一。商品的

---

① 马克思:《资本论》第 1 卷,人民出版社 2004 年版,第 51 页。

使用价值和价值又是矛盾的,因为,两者反映的是根本不同的两个方面。使用价值本身是物的自然属性,要在消费中得到实现,而价值是人与人交换劳动的关系,是商品的社会属性,只在交换中才表现出来和具有意义,这就有矛盾。使用价值对商品生产者是没有意义的,因为他自己不消费它,对他有意义的只是商品的价值。商品使用价值虽是为了别人的社会使用价值,但却不能直接给别人使用,先要承认它有价值,要用别的劳动产品和它交换才能让渡给别人使用。商品内部存在的这种使用价值与价值的矛盾只有通过交换,表现为交换价值才能得到解决。

商品内部使用价值和价值的二重性,是由生产商品的劳动的二重性决定的。因此,要进一步理解价值范畴,需要研究体现在商品中的劳动的二重性。

体现在商品中的劳动的二重性　商品有使用价值和价值二重性,是因为生产它的劳动有二重性:具体劳动和抽象劳动。

具体劳动,是生产者在一定具体形式下支出的有用劳动,如缝衣服和做桌子,从劳动对象、劳动目的、劳动手段、劳动的方式方法以至最后的劳动成果都是具体的各不相同的。具体劳动和**自然物质相结合,生产出商品的使用价值**。从商品具有不同的使用价值中反映出生产他们的具体劳动也各不相同。裁缝和木匠的具体劳动是不同质的。各种各样具体的、有用劳动的总和,构成一个社会的分工体系。具体劳动是人类生存的永久条件,作为使用价值形成的要素,它随人类征服自然能力的发展而不断丰富和发展,但不随社会形态的变化而改变自己的性质。没有具体劳动,不会有人与自然之间的物质变换,也就不会有人类生活。

生产商品的劳动,若撇开各自的具体形式,就还原成为人类劳动力的耗费,即脑力和体力的支出。例如,裁缝劳动和木匠劳动的具体形式虽然是不同的,但都是人的劳动力在生理学意义上的耗费。从这个意义上说,都是无差别的一般人类劳动。这种撇开其具体特点的劳动,叫作抽象劳动。作为抽象劳动,生产各种商品的劳动都是同质的,只有量的区别。正是**这种同质的、无差别的人类劳动或抽象劳动形成商品价值**。马克思指出:"一切劳动,一方面是人类劳动力在生理学意义上的耗费;就相同的或抽象的人类劳动这个属性来说,它形成商品价值。一切劳动,另一方面是人类劳动力在特殊的有一定目的的形式上的耗费;就具体的有用的劳动这个属性来说,它生产使用价值。"①

劳动二重性的理论说明:

第一,具体劳动和抽象劳动是生产商品劳动的两个不同方面。它们既不是两次劳动,也不是两种劳动。形成使用价值的具体劳动,有意义的是它的质的方面,由于具体劳动性质不同才会产生不同的使用价值。形成价值的抽象劳动,正因为劳动的具体性质已被抽去,只剩下一般人类劳动这个共同性质,所以,有意义的是它的量的方面。不同质的具体劳动所生产的不同使用价值,使交换成为必要;同质的抽象劳动形成价值,使各种商品只有劳动量上的区别,彼此可以比较和交换。不能把抽象劳动等同为体力劳动,不能认为体力劳动才创造价值,脑力劳动就不创造价值。在各种具体劳动中,既要支出体力也要支出脑力,世界上并不存在绝对从事脑力劳动或体力劳动的现象。体力劳动和脑力劳动的区别是就劳动支出的形式看的,有的以体力支出为主,有的以脑力支出为主。但无论支出体力为主的劳动或是支出脑力为主的劳动,都是一般人类劳动的支出,都能创造价值,问题在于这种劳动是不是生产一定商品的使用价值所必须的。支出脑力为主的劳动,如产品设计师的劳动,是形成新产品必要的劳动,它和以消耗体力为主的劳动一样是创造价值的;反之,与生产商品使用价值无关的劳动,即使消耗了大量体力,如进行剧烈的跑步运动,也是不形成价值的。

第二,理解劳动二重性不能离开商品二重性。我们所说的劳动二重性是体现在商品中的劳动二重性,因此,是和商品同存亡的。这里所说的抽象劳动是社会劳动的一种形式,它反映劳动的社会性,是一个历史范畴。马克思固然指出,抽象劳动是人类劳动在生理学意义上的支出,但不能据此片面地把抽象劳动理解为一种纯生理概念。首先,马克思指出抽象劳动是人类劳动在生理学意义上的支出,为的是说明抽象劳动范畴具有自己的物质内容,并不像有些人理解的那样完全是人们思维中的抽象。但同时要看到,马克思十分强调抽象劳动和商品交换的联系,只有在商品交换条件下,具体劳动抽象为一般人类劳动才是有意义的。因为,商品的使用价值和生产它的具体劳动是不同质的,无法比较,因此,在商品交换中才有必要把它们还原为无差别的人类劳动,即抽象劳动。所以,抽象劳动范畴的存在是商品交换这种社会条件所决定的,在交换这一社会过程中才真实存在,是商品生产者

---

① 马克思:《资本论》第1卷,人民出版社2004年版,第60页。

个别的具体劳动拿到社会上去比较、被承认为社会劳动的表现。其次,从生产商品的劳动与生产非商品的劳动比较,也可以看出抽象劳动是反映商品生产者之间处在平等的社会地位上交换劳动的关系。我们知道,人的劳动在社会中都有社会性,只是在不同的社会条件下劳动社会性才有不同的表现形式。例如,奴隶劳动也是一种社会劳动,可是在奴隶制度下,奴隶只是会说话的工具,奴隶劳动不被承认是人的劳动,这里存在的是劳动的不平等性。在商品交换条件下,人们通过交换商品来交换劳动,彼此处于平等地位,凝结在商品中的劳动被认为是人的劳动,与其他生产者的劳动一样是平等的劳动。所以,生产商品的劳动才具有社会均等性,抽象劳动正是反映这种生产商品劳动的社会均等性。也正是这种有社会均等性的人类劳动或抽象劳动才是形成商品价值的。所以说,抽象劳动不单纯是人类劳动力在生理学意义上的支出,而是以这种支出为物质内容的劳动社会性的表现。

第三,与商品二重性密切联系的劳动二重性,归根到底是劳动的私人性和社会性的矛盾的反应。生产商品使用价值的具体劳动是商品生产者的私事,这就使劳动有私人性;另一方面,商品是为了满足社会需要的,他的劳动是社会总劳动的一部分,因而具有社会性。由于商品生产者事先并不知道他生产的商品是否符合社会需要,私人的劳动是否能成为社会劳动的一部分,因此两者本身就是矛盾的。在生产过程中劳动直接是私人的劳动,劳动的社会性要在商品交换过程才表现出来,如果商品卖得出去,表明他的私人劳动被承认是社会劳动的一部分,否则就不是。在商品交换中私人劳动转化为社会劳动是通过具体劳动转化为抽象劳动,使用价值转化为价值,即撇开具体劳动创造的使用价值,比较抽象劳动形成的价值实现的。所以,生产商品的劳动的社会性质,是一种特殊的社会性质,即它不是事先直接由社会规定,而是事后通过商品交换迂回曲折地表现出来,通过价值形式表现出来的一种劳动社会性。

劳动二重性是马克思首先论证的,这是科学的劳动价值论。因为它不仅承认价值是劳动创造的,而且能科学地阐明价值是什么劳动、在什么社会条件下创造的。资产阶级古典经济学虽然也承认劳动创造价值,但由于没有劳动二重性的学说,不能真正科学地阐明价值的本质,也不能把劳动价值论贯彻到底。不仅如此,只有运用劳动二重性学说,才能真正揭示资本主义剥削的本质,阐明剩余价值的产生和不变资本、可变资本的区分等一系列其他经济现象。所以,劳动二重性学说是理解政治经济学的枢纽,在马克思主义政治经济学中占有重要的地位。

第二节 商品的价值量

同种商品的
价值量决定

上面说过,价值是抽象劳动的凝结,因此,商品价值量也是由凝结在商品中的劳动量大小决定的。劳动量由劳动时间来计量,劳动时间则由自然的单位,如日、小时等做尺度。然而,每一种商品总是由许许多多商品生产者生产的。商品的价值量由谁的劳动时间决定呢?个别商品生产者的劳动时间,即个别劳动时间是不能决定商品价值量的,商品的价值量由生产这种商品的社会必要劳动时间决定。所谓**社会必要劳动时间,就是按社会平均生产条件、劳动者平均的熟练程度和劳动强度、生产一个使用价值所必要的劳动时间**。生产条件包括劳动对象和劳动工具等条件,都必须是社会平均的,如果社会上大多数生产者都用机器生产棉纱,那么手工纺纱的生产条件就不能被社会承认。劳动强度是社会平均的,劳动熟练程度也是社会平均的。**商品的价值量要以社会平均条件下的劳动耗费来计算,而不能以商品生产者自己个别的生产条件、劳动强度和熟练程度来计算**。否则,最懒的人或同一种商品生产中耗费时间最多、个别劳动时间最长的人,创造的价值就最多,最占便宜了。

不同种商品的
价值量决定

价值量决定于社会必要劳动时间,而不是个别劳动时间,这说的是同种商品的价值量决定,它反映的是生产同一种商品生产者之间的社会关系。使用价值不同的商品价值量又如何决定呢?这里有一个区分简单劳动和复杂劳动的问题。

所谓**简单劳动,就是每一个没有任何专长的普通人都能从事的劳动。复杂劳动,则是需要经过专门学习和训练才能从事的劳动**。例如,钟表匠的劳动和推车人的劳动,虽然都要耗费人的劳动力,具有同一性质,但前者要经过一段较长的学习手艺的时期,后者则不需要,前者是复杂劳动,后者属简单劳动。

简单劳动在不同国家和不同的历史发展时代具有不同的标准,它和复杂劳动是相比较而存在的。例如,在手工制作时代,钟表匠的劳动是复杂劳动,但随着技术的进步,手表用大机器生产,随着电子技术发展以后,电子表又大量生产出来,生产手表的劳动就变得不那么复杂了。但是,在一定国家和一定时期内,简单劳动和复杂劳动的标准是一定的。

全社会确定不同种商品价质量标准的是哪种劳动呢?是简单劳动。如果不以简单劳动作为决定价值的标准,简单劳动得不到社会的全部承认,那么,社会将会没有人去从事简单劳动了。复杂劳动和简单劳动是一种什么关系呢?比较复杂的劳动可还原为一定量的简单劳动,少量复杂劳动可以等于多量简单劳动,一小时复杂劳动创造的价值可折合成为几小时简单劳动创造的价值。如果复杂劳动所创造的价值只等于同量简单劳动创造的价值,那么社会上将无人去从事复杂劳动了。复杂劳动转化为简单劳动是在各种商品交换过程中进行的,是一个社会过程。它反映的是不同种商品生产者之间交换劳动的社会关系。

商品价值量的变化

上面对同种商品和不同种商品的价值量决定作了静态分析,还要进一步分析价值量变化的动态。商品价值量变动,取决于两个因素。第一,商品的价值量与凝结在这个商品中的社会必要劳动量或社会必要劳动时间成正比。生产它的社会必要劳动时间长,商品的价值就大;反之,就小。例如,农业生产受自然生产率的影响,在丰收年份和歉收年份,生产同量使用价值耗费的劳动却不一样,生产100斤粮食,丰收年份耗费劳动少,价值量小,歉收年份耗费劳动多,价值量就大。所以,在私有制下,农业丰收年粮食就便宜些,歉收年粮食就贵些。第二,商品价值量同劳动生产率成反比。劳动生产率低,单位商品价值量大;劳动生产率高,单位商品价值量小。举例说明:一月份,某厂1小时生产4吨钢,1吨钢价值1/4小时;二月份,这个厂的劳动生产率提高到1小时生产8吨钢,1吨钢的价值降为1/8小时,价值量反而减少了。为什么劳动生产率提高后,单位商品的价值量反而下降呢?这就要从劳动二重性来说明了。这是因为,劳动生产率是具体劳动的生产率,具体劳动生产使用价值,劳动生产率提高,意味着同一时间内实用价值量增加。可是形成商品价值的劳动是抽象劳动,劳动1小时,支出1小时脑力和体力,劳动2小时,支出2小时脑力和体力,从而分别形成1小时价值和2小时价值。在劳动生产率提高的场合,劳动实践并没有变,支出的劳动量也没有变,发生变化的仅仅是具体劳动。结果是,同量劳动原来凝结在4吨钢中,后来凝结在8吨钢中,从而每吨钢的价值量减少了一半。

第三节 价值形式的发展——商品转化为货币

前面我们讲了商品两因素：使用价值和价值，以及价值的质和价值的量的规定性。可见商品是个二重的物，一是可以使用的物，一是有价值的物。任何物都有一定的形式才能存在，商品作为使用价值的存在形式是商品体即它的自然形式。例如手表，手表又分机械表、电子表，从外形上看有方的、圆的，这些都是可以感觉到的。但是，商品作为价值物就不然，从商品体本身，既看不到价值，也摸不着价值。为什么孤立地从单个商品看不出价值呢？这是因为，价值是人类社会劳动的积累，是劳动的社会性的表现，从单个商品身上是无论如何也看不出它的社会性质的，必须在商品与另一商品发生关系时，价值才有自己的存在形式，而商品交换是商品生产者进行社会接触，发生社会关系的唯一场合，所以价值虽然在生产中形成，却一定要通过交换才表现出来，即交换价值是价值的必然表现形式。

货币是价值表现的最终完成形式，这是社会上、随处、经常可以看见的。如一本书卖20元，即一本书的价值表现为20元。价值形式有个历史发展过程，从最初的简单的表现形式逐步发展，最终发展为货币形式。我们只有从价值的最初形式开始，逐步分析它的发展，才能全面正确地把握价值形式。只有把握价值形式发展的过程，才能更好理解商品如何转化为货币，货币的产生和本质。

简单的偶然的价值形式 这种价值形式是与物物交换相联系的。用公式表示：1只羊＝2把斧子，这是很简单的价值形式，一种商品的价值表现在另一种商品上，也正因为它简单，所以也最抽象难懂。但它是理解问题的关键，首先从总的方面看，第一，在这个公式中，两端商品所占的地位和所起的作用是不同的。其中，羊处于主动地位，是羊把自己的价值相对地表现在斧头上，羊处于相对价值形式。而斧头处于被动地位，是羊来与它交换的。斧处于等价形式，是等价物，它起着表现羊的价值的作用。第二，交换双方是互相依赖互为前提的关系。相对价值形式离不开等价形式，离开了斧，羊的价值无从表现。反之，斧头所以能成为一种等价物，是因为羊找到它作等价形式。另一方面,等式两端又是互相对立、相互排斥的。也就是说等式两端的商品都只能占据一端,或处在相对价值形式或处在等价形式;而不能同时占两端,既处于相对价值形式,又处于等价形式。当然,等式两端也可以互换一下,即 2 把斧＝1 只羊,那原来所处的地位和所起的作用也互换了一下,但仍然是羊和斧头各占一端。

下面分别来考察相对价值形式和等价形式。

先分析相对价值形式。在 1 只羊＝2 把斧的价值关系中,羊是有价值的,而且是有一定价值量的。这两方面都在等式中得到了表现。在质上,羊是一般人类劳动的凝结这一性质通过和斧相对地得到了表现,因为它说明羊和斧有劳动产品这种共同属性,而且,羊把自己是劳动产品的属性表现在与自身使用价值不同的另一种商品上。在量上,通过等式"1 只羊＝2 把斧"表明,生产羊的劳动耗费和生产斧子的劳动耗费在量上是相等的。于是,羊的价值量也相对地得到了表现。羊和斧交换的比例取决于相交换的两种商品的劳动量。具体说来,交换比例大概有以下几种情况:

第一种情况:处于等价形式的斧的价值量不变,处于相对价值形式的羊的价值量变化,这时,羊的交换价值与自身价值量成正比例变化。

第二种情况:处于相对价值形式的羊的价值量不变,处于等价形式的斧的价值量变化,这时,羊的交换价值与处在等价形式的斧的价值量成反比例变化。

第三种情况:处于相对价值形式和等价形式的两种商品的价值量同时发生变化,方向相同,程度相同,这时,交换价值不变。

第四种情况:处于相对价值形式和等价形式的两种商品价值量同时发生变化,而变化的方向不同,程度也不同,这时,可以由以上三种情况来推算交换价值的变化。

以上交换价值变化的四种情况,归根结底,说明商品价值量的表现是一种相对的表现,而不是绝对的表现。因此,对价值量的变化的反映也是相对的,不是绝对的。从交换价值不可能知道某种商品价值的绝对量,从交换价值的变化也不能知道商品价值绝对量的变化。商品交换价值的变化可以与自身价值量的变化一致,也可以不一致,交换价值只能相对地近似地反映商品价值量的变化。

其次,分析等价形式。等价形式的商品处于可以直接与另一种商品相交换的地位,在 1 只羊＝2 把斧的等式中,斧可以直接与羊交换,是羊的等价物,它的价值已经得到了羊的承认。等价物也叫价值镜子,即充作表现出在相对价值形式上的商品价值（羊的价值）的材料。作为等价物，第一，自身必须有价值，必须是劳动产品，否则是不能作为等价物的。例如，大气中存在许多空气，可是从来没有谁把空气作为等价物，而把自己劳动的产品拿来与空气相交换，原因就在于空气本身没有价值。第二，一种商品能作为等价物并不是由它本身的自然属性决定的，而是一种社会属性，即一种交换关系决定的。斧能作为羊的等价物，羊的价值表现的材料，并不是本身有什么神秘的地方，而是由于羊主动与它相交换。所以，两种商品相交换而构成的价值形式，实际上是一种商品生产者，即羊的生产者和斧子的生产者的交换劳动的关系，只不过采取羊与斧头两种使用价值相交换的形式罢了。

那么，等价物有什么特点呢？它究竟是怎样表现商品价值的呢？

第一，等价物不是用自己的价值，而是用它的使用价值表现商品价值的。因为，等价物的价值本身也不能绝对地自我表现，它不能以本身的价值来表现另一商品的价值，只能以自己的使用价值表现另一商品的价值，而且是以自己一定量的使用价值表现另一商品的一定量的价值。

第二，等价物用自己的具体劳动表现形成商品价值的抽象劳动。斧头作为等价物就是用铁匠的具体劳动去表现生产羊的抽象劳动。

第三，私人劳动直接表现为社会劳动。作为等价物的斧头本来也是私人劳动的产物，生产斧头的私人劳动的社会性现在由于羊与斧头的交换直接地表现出来了，斧头就是社会劳动的体现。

再综合起来看，第一，1只羊＝2把斧子的价值形式是一种简单的偶然的价值形式。说它简单，是由于羊的价值仅仅表现在与自己不同的另一种商品的使用价值上，从而不能充分表现出价值是一般人类劳动的凝结这一质的规定性。这种性质现在还只是一种个别的表现，而非一般的表现。相对价值形式是个别的，等价形式也是个别的。既然1只羊的价值简单地表现在斧子的使用价值上，从而这种价值表现也就带有一种偶然性，说明劳动产品只是在偶然的场合才变成商品，在一般场合并不变成商品，只供生产者自己消费，这是从质的表现方面来讲。另外，从量的表现方面来讲，也带有很大偶然性。剩余产品反正不多，自己不需要就把这少量的剩余产品拿去与别人交换，能换回多少算多少，并不太计较，从而商品的价值量的表现是偶然的表现，是不充分的表现。

第二，两种商品的交换关系，使价值有了表现的形式。但交换两端的商品各处于不同地位，有不同作用。上例中，羊处于相对价值形式的地位，只

上;第二是统一的,因为一切商品的价值都表现在同一种商品上,因而这是一般的价值形式。等式左边各种商品处于一般相对价值形式的地位;相应地,等式右边的等价形式是一般等价形式。

一般价值形式和扩大价值形式相比,又起了质的变化。在扩大价值形式上,羊的价值在一切可能的自然形式上表现出来,但排除了商品价值的共同表现。一般价值形式不是这样,由于商品世界的价值都表现在同一种商品上(例子中的羊),从而把它们是一般人类劳动的凝结的性质真正统一地表现出来了。如此众多的不同商品都可以和同一种商品相交换,只能表明他们当中有一个同质的东西,这就是劳动的凝结。由于各种商品的价值量可以和羊的价值量相比较,它们彼此间的价值量也就是可以互相比较的了。

在等价形式方面,羊获得一般等价物的性质,它的自然形式成了一切商品共同的价值形式,生产它的私人劳动被全体商品界承认为社会劳动,直接当作一般社会劳动而存在,能够与其他商品直接相交换。

一般等价物的出现,克服了扩大价值形式的缺点。商品交换从过去直接的物物交换变成通过第三种商品作媒介的交换。现在各种商品只要能换成一般等价物,它所包含的劳动就得到社会的普遍承认,就可用这种一般等价物换回任何其他商品。因此,它能大大促进商品交换的发展。

一般价值形式中的等价物还没有固定在一种商品上,它交替地暂时地由这种或那种商品承担。例如,一个时期由羊充当一般等价物,另一时期由毛皮来充当;这一地区用谷物充当一般等价物,另一地区可能用的是金属,等等,这种状况也是不利于商品交换的。当一般等价物固定地由某种商品承担时,这种商品成了货币商品,一般价值形式过渡到了货币形式。

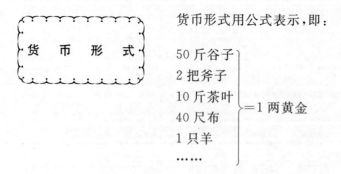

货币形式用公式表示,即:

$$\left.\begin{array}{l}50\text{ 斤谷子}\\ 2\text{ 把斧子}\\ 10\text{ 斤茶叶}\\ 40\text{ 尺布}\\ 1\text{ 只羊}\\ \cdots\cdots\end{array}\right\}=1\text{ 两黄金}$$

随着社会生产力的发展和第二次社会大分工,即手工业从农业中分离出来,出现了专门为交换的商品生产,商品交换的种类和数量也增加了。这时,要求等价物固定在一种商品上。在商品世界中,最终由贵金属(金或银)独占了这个地位,于是,一般价值形式转化为货币形式。

货币形式与一般价值形式没有质的区别,金在第四种形式中和羊在第三种形式中一样,都是一般等价物。唯一的进步在于,一般等价形式同金或银的自然形式结合在一起了。金、银的自然属性具有质地均匀,易于分割,体积小,价值大,便于携带,利于贮藏等等特点,最宜于充当货币材料。

货币形式是最发达的价值形式,价值的完成形式。货币产生以后,整个商品世界分成两大极:一极是各种各样的商品,它们都作为特殊的使用价值存在,要求转化为价值;另一极是货币,它直接作为价值的体化物存在,随时可以转化为任何一种有特殊使用价值的商品。由于货币的产生,商品的直接交换转变成以货币为媒介的商品交换。

价值形式的发展过程,清楚地表明了**货币产生的原因。货币不是金或银的自然属性,也不是人们彼此协商的产物。货币是从商品转化来的,是商品内在矛盾发展的必然结果**。商品的社会使用价值要得到实现,首先它的价值要表现出来,表现在充当等价物的另一种商品上,即两个商品相交换的外部对立上。所以,随着劳动产品转化为商品,商品要在同一程度上转化为货币。金银并非天生是货币,它最初也和其他一切商品一样,在个别偶然的交换中起个别等价物的作用,或者与其他商品相并列起特殊等价物的作用,渐渐地在或大或小范围内起一般等价物的作用,最后才由于其自然属性宜于做货币而从商品世界中被排除出来独占了这个地位,成为货币商品。货币起源于商品交换的社会需要,是在商品所有者交换商品的社会过程中自发地产生的。所以,马克思指出:"金银天然不是货币,但货币天然是金银。"①

从这里也可知道**货币的本质**就是,货币**是固定地充当一般等价物的商品**。首先,货币也是商品,有使用价值和价值。金的自然属性的应用领域非常广,在电子、通信、航空航天、化工、医疗、装饰等部门及与人们日常生活相关的各类生活日用品当中有广泛的应用空间。金的价值决定于生产它所耗费的社会必要劳动。其次,货币又不是普通商品,而是一种特殊商品,特殊性在于它固定地充当一切商品的一般等价物。货币作为一般等价物,它的价值不像普通商品那样要经过商品交换过程才能得到实现,而是直接被社会所承认,直接体

---

① 马克思:《资本论》第1卷,人民出版社2004年版,第108页。

的价值。

商品价值用劳动时间做尺度和用货币作尺度又是什么关系呢？劳动时间是衡量价值的内在尺度,但由于价值不能直接地表现出来,只能通过交换借助货币表现出来,所以,货币执行价值尺度职能,是把用劳动时间做尺度衡量出来的商品价值量表现出来的外在尺度。

商品价格是商品价值的货币表现。但价格还受供求关系的作用,不总等于价值。这一点以后还要谈到。

货币执行价值尺度的职能,在于把各种商品的价值量衡量出来,表现为一定的贵金属量。如 A 量商品值 X 量金,B 量商品值 Y 量金,C 量商品值 Z 量金。但要进行精确比较,贵金属本身要有确定的计量单位。含有固定金量的货币单位,如英镑、美元等,是基本货币单位,也叫本位币。它又分成若干等分,如美元以下分为美分等。这种被规定的金(银)的计量单位及其等分,叫作价格标准。最初货币单位的名称与贵金属重量的名称是一致的,如一两白银,1 两黄金就是货币单位,以后由于各种原因,货币单位的名称与贵金属重量分离了。如我国货币单位改成"元"以后,1 块银元,规定含纯银 7.2 两,而不是 1 两了。

价值尺度和价格标准的关系怎样呢？价值尺度和价格标准有区别：第一,职能不同,货币作为价值尺度是衡量各种商品的价值,是一种社会职能；而作为价格标准是衡量货币本身的数量,是一种技术职能。第二,作为价值尺度,货币本身有价值并随生产货币的劳动生产率的变化而变化,而作为价格标准就与劳动生产率无关。第三,作为价值尺度,货币自发衡量商品价值量,而作为价格标准,则由国家规定,是人们自觉活动的结果。最基本的区别是第一个。同时,价值尺度和价格标准之间也有联系,即货币一定要通过价格标准才能完成价值尺度的职能。

{流通手段} **货币充当流通手段**,即**货币在商品交换中充当媒介**。货币充当流通手段不能是观念上的货币,必须用现实的货币。货币充当流通手段后商品交换的公式由 W—W 转化成 W—G—W。以货币为媒介的商品交换是商品流通,商品流通反映商品形态的变化。商品流通和直接的物物交换在性质上不同。在商品流通条件下,商品交换分成两个行为：一个是卖,W—G；另一是买,G—W。而直接的物物交换 W—W,卖就是买,买就是卖,卖和买是同一的。从直接的物物交换变到商品流通以后,有可能产生卖买脱节的现象。因为,卖和买不是同一个时间,同一个地点。卖了以后不一定马上就买,也不一定就在当地买;若一方卖后不买,另一方就卖不出去,买卖就脱节了。但是,这种脱节还只是一种可能性,成为现实性还需要别的经济条件。

货币充当流通手段还有一个特点,那就是它一直停留在流通领域,始终媒介商品交换。这个特点是商品所没有的。商品已经被购买就退出流通领域进入消费领域,而货币充当流通手段不断地起着购买手段的作用,媒介了一次商品交换以后接着就去媒介另一次商品交换,从而形成一个货币的流通或运动。货币流通是由商品流通引起的,因此,充当流通手段的货币数量,要受到几个因素的影响。第一,社会上待出售的商品数量,它与货币流通量成正比例。第二,商品的价格水平,它与货币流通量也成正比例。第一、第二两项的乘积,商品数量×价格水平=商品价格总额,是影响货币流通量的最重要因素。商品价格总额越大,流通中所需货币量就大;反之,则反是。第三,货币流通速度,即货币媒介商品交换的快慢,它用同一单位货币(如一元钱)在一定时间内流通的次数来表示。它与货币流通量成反比例。用公式表示:

$$\text{流通中所需要的货币量} = \frac{\text{商品价格总额}}{\text{货币流通速度}}$$

作为流通手段的货币形式又是怎样的呢?这要涉及铸币和辅币的问题。货币作为流通手段必须是现实货币,现实货币可以采取多种形式,它也有个历史变化过程。开始是贵金属的自然物质形式,如金条、银块、碎银。但是,它作为流通手段很不方便,不仅要鉴定成色,而且每次都要称重量,很麻烦。随着商品交换的发展,逐渐代之以国家发行的铸币,铸币的形状是形形色色的,逐渐发展的结果是圆形铸币代替了其他各种形状的铸币。由于铸币在使用中会发生磨损,逐渐产生不足值的铸币。为什么可以使用不足值的铸币流通呢?原因就在于商品生产者只是把货币作为一种购买手段,因而不在乎它是否足值,只要能够按面值买到相应价值的商品,起到购买手段的作用就行了。到最后,国家就发行本身没有价值的纸币,代替黄金来执行流通手段的职能。纸币是由国家发行并以国家法令强制流通的价值符号。它是从货币执行流通手段的职能中产生的。纸币流通的规律以金属货

由国家发行的纸币而必须是贵金属。

世界货币的职能,第一是作为一般的支付手段;第二是作为一般购买手段;第三是财富在国与国之间的转移。

世界货币首先发挥的是购买手段特别是支付手段的职能。国际贸易中并非每笔交易都需要用货币去购买,一般是通过银行结算购买和销售形成的债务债权关系,将余额用货币支付。世界货币还作为财富的一般体现,由一国转移到另一国。

第二次世界大战以后的几十年以来,世界各国在货币制度上陆续放弃了金本位,不再规定本位币的含金量。国际贸易的差额,不再用黄金支付,改由按照各国双边协议商定的硬通货支付。美元、欧元、日元等硬通货,在一定范围内和一定程度上起着世界货币的作用。

综上所述,货币有五个职能,五个职能之间是有联系的,基本职能是前两个,后三个是在商品关系发展的基础上逐渐产生的。

第五节 物质产品和服务产品都是商品

以上分析的都是物质产品,这一节要进一步分析服务产品。

> 三次产业和服务产品

前面已经提到,人类社会的生产,随着社会分工的扩大和生产社会化程度的提高,其产业的发展,已经历了三个阶段,形成了三次产业。商品也从有形的物质产品扩大到无形的服务产品。

第一阶段是以农业为主的阶段。农业是人类社会赖以生存的最初的生产部门。畜牧业从农业中分离出来的第一次社会大分工,是农业内部的分工,它使农业包括了种植业、林业、畜牧业、渔业等独立的产业部门。在人类社会从原始公社到奴隶社会再到封建社会的漫长历史时期中,农业始终是社会生产最重要的产业部门,农产品是维持人类生存最重要的物质产品。由于农业是人类社会最初出现的产业部门,所以称为第一产业。

第二阶段是以工业为主的阶段。手工业分离出来成为独立的产业部门,是第二次社会大分工的内容。但是在长达几千年的时间中,手工业都是社会生产中一个很次要的产业部门。18世纪后半叶,英国开始了在工业中应用机器的产业革命。美国、法国、德国、日本等国家到20世纪初也先后完成了产业革命,实现了国家的工业化,机器大工业成为国民经济发展的主导部门,成为就业人数最多、产值比重最大的产业部门。由于工业成为社会生产主要产业部门是在农业之后,所以工业被称为第二产业。

第三阶段是服务业迅速发展的阶段。在农业和工业迅速发展的过程中,工农业生产中的某些环节逐步分离为一个个服务部门。例如,第三次社会大分工中形成的商业,就是最初独立化的为商品经济、为工农业生产服务的产业。随后独立化的,有交通运输业、邮电通信业、金融保险业、仓储业、咨询信息业、各类技术服务业以及教育、科学研究事业等等,都是为生产提供服务的产业部门。与此同时,人们日常生活中的一些活动,也陆续独立化,成为理发业、饮食业、旅游业、娱乐业以及医疗卫生事业等为生活服务的产业部门。服务性产业部门通称为第三产业。

某些第三产业经济活动的萌芽状态早就存在。但其独立化成为服务性产业并获得迅速发展,则是第二次世界大战以后的事。这是因为,首先,必须有第一、第二产业的高度发展和在工农业生产发展基础上人民收入的普遍提高,才会有对各类服务业的需要。其次,只有工农业部门机械化、自动化日益发展,工农业部门劳动生产率不断提高,才有可能节约出大量社会劳动力投入第三产业部门。在西方发达国家,第二次世界大战后,第三产业异军突起,迅速发展。目前,发达资本主义国家第三产业增加值比重达到70%—75%。我国第三产业的迅速发展,是1978年改革开放以后的事。至2013年,全国第三次产业的增加值为46.1%,首次超过第二产业2.2%,标志着中国经济进入"服务化"时代;全国经济最发达的上海市,第三产业的产值,也已达到62.2%[①],但与发达国家还有相当大的差距。

高度社会化的商品经济中,第一、二、三产业的产品都是商品。第一产业和第二产业提供的农产品和工业品是物质产品。第三产业提供的是各种各样的服务产品,就其纯粹形态来看,如上门提供的修理服务、理发服务、技术服务等,都是非物质的无形产品。那么,作为商品的服务产品,与工农业产品相比,究竟有什么特点呢?

[①] 《中华人民共和国2006年国民经济和社会发展统计公报》,中华人民共和国国家统计局,2007年2月28日;《上海市2006年国民经济和社会发展统计公报》,上海市统计局,2007年2月7日。

商品外延扩大的意义

众所周知,马克思在《资本论》中研究的商品主要是物质产品,对服务产品涉及不多,这是可以理解的。首先,《资本论》的最终目的在于揭示资本主义经济运动的规律,揭示资本主义发生、发展以至必然过渡到更高社会经济形态的规律。而物质资料的生产,是任何社会、包括资本主义社会存在和发展的基础。因此,马克思主要研究物质商品,完全抓住了事物的本质。其次,服务产品生产的独立化和迅速发展,只有在物质产品生产的发展和劳动生产率的极大提高时才有可能。而且,马克思说过:"在一切社会形式中都有一种一定的生产决定其他一切生产的地位和影响。这是一种普照的光,它掩盖了一切其他色彩,改变着它们的特点。"[①]他还举例说,在古代社会和封建社会,耕作居于支配地位,那里连工业、工业的组织及与工业相应的所有制形式都多少带着土地所有制的性质。在资本主义社会情况则相反。农业仅仅是一个工业部门,完全由资本支配。因此,我们也可以说,在资本主义或商品经济社会中,物质商品的关系也完全支配着服务商品的关系,劳动创造物质商品价值和使用价值的道理也同样适用于服务商品,说明了前者基本上也说明了后者,虽然后者也还有自己的特点。第三,马克思生活的19世纪,物质产品的生产还不丰富,服务产品生产的数量、种类同样很不充沛,尤其是它在整个国民经济中所占比重还很小,因此很少涉及以至忽略对服务商品的论述更是不足为怪了。但是,到了21世纪的今天,情况已完全不一样了。如今第三产业生产提供的服务产品价值,在整个国民经济中已占到50%、60%、70%以至更多,超过工、农业等第一、第二产业物质产品价值的总和,面对这样的现实,扩大商品的外延,把服务产品和物质产品一样包含在商品中,就显得十分必要了。

商品的外延扩大后,商品是用来交换的劳动生产品这一概念的内含没有变化,但商品的构成不一样了。现在,应该说:

商品=物质产品+服务产品

商品价值=物质产品价值+服务产品价值

商品和价值外延的扩大,具有重要的理论意义和实际意义。

首先,从理论上说,不承认服务劳动是创造价值的,不承认生产服务的劳动耗费是一般人类劳动耗费,是社会分工条件下社会劳动的一部分,劳动价值论就缺了一大块,政治经济学就变成不是说明全社会经济的经济学了。

[①]《马克思恩格斯选集》第2卷,人民出版社2012年版,第707页。

只有如实地承认服务活动也像物质生产活动一样创造价值和使用价值，承认服务产品和物质产品一样是商品，才是真正领会了马克思劳动价值论的精神，联系实际与时俱进地丰富了劳动价值理论。

其次，从经济运行角度看，如果我们只计算物质产品的产值，只关注物质产品市场的供求状况，排斥对第三产业和服务商品产值的计算，如同计划经济年代只计算农、工、建、运、商五大部门的产值那样，就谈不上什么宏观经济了。只有以物质产品和服务产品都是商品，都有价值和价格作为理论基础，统计全部第一、第二、第三产业的增加值，形成国内生产总值，才是宏观经济的概念，才能据此规划中长期国民经济和社会发展规划和年度计划，促进经济持续、稳定、较快地发展和人民物质文化福祉的提高，才能对国民经济有所调控，使它能稳定持续科学发展。

第三，世界经济全球化发展已形成为不可阻挡的历史潮流。在这种形势下，产业分类、经济社会发展指标和统计方法应采用国际上大多数国家认同的标准，才有利于对各国的经济发展水平和经济潜力进行比较，有利于国际贸易和国际金融的发展，有利于各种要素的跨国流动，有利于开展各国间互利共赢的交流与合作，才能使本国经济融合到经济全球化的洪流中去。而要这样做的理论前提，就是要承认整个第三产业都创造价值，创造财富和收入，而这几乎已是当今各国都认同的观点。反之，就难以与国际接轨，难以融入经济全球化。

思 考 题

1. 如何理解商品的两因素？商品的两因素和生产它的劳动两重性的关系怎样解读？

2. 商品的价值量由何种时间决定？劳动生产率变化对商品的价值量有什么影响？

3. 货币是怎样产生的？它的本质和职能怎样理解？

4. 商品外延扩大为物质产品和服务产品有什么重要的理论意义和实际意义？

本章参考文献

马克思：《资本论》第1卷，第1—3章，人民出版社2004年版。

第九章 商品生产和商品流通

上一章分析了商品和货币的本质,阐明社会劳动表现为价值的规律性。这一章进一步具体考察商品生产和商品流通过程,揭示价值怎样在商品生产过程中形成,在商品流通过程中实现的。

第一节 商品生产和商品流通存在和发展的条件

> 自给生产转化为商品生产的基本条件

前面说过,自给生产是生产者为满足本人或本单位消费需要而进行的生产,商品生产则是为交换而进行的生产。自给生产转化为商品生产,即商品生产和商品流通的存在,需要两个基本条件:社会分工和产品归不同的所有者。

社会分工,是商品生产存在和发展的一般基础。由于社会分工,每个生产者的生产都是为了满足别人的需要,又要依靠别人满足自己多方面的需要,彼此为对方提供使用价值,因而有必要进行商品交换。而且,社会分工提高了人们的劳动生产力,剩余产品增加了,商品交换就有了可靠的物质基础。从人类社会发展的历史来看,第二次社会大分工,即手工业和农业相分离,才出现商品生产。第一次社会大分工,即畜牧业和农业的分工,只是造成商品交换的条件。因为,畜牧业和农业的分工,使畜牧产品和农产品有了剩余。但是,原始的畜牧业和农业,其生产成果主要是供生产者直接消费的,仍然是为了满足自己需要而生产,用于交换的仅仅是自己消费后的剩余品,并不是专门为交换而生产。而手工业出现以后,情况就不同了。手工业者是专门为了交换而进行生产的,木匠做桌子就是为了交换,他是用桌子去换粮食、布匹、生产工具等,而不是自己要使用那么多桌子。

劳动产品属于不同的所有者,也是商品生产和商品流通的基本条件之一。如果产品归同一个所有者,即使在社会分工条件下,劳动产品也可以通过直接分配供人们消费,不需要经过商品交换。只有当社会分工是在许多独立经营的生产者中间进行时,他们劳动上的联系,他们劳动的社会性质,才必须通过商品交换表现出来,才使他们的生产成为商品生产。当然,不同的所有者并不就是私有者,也可以是不同的公有者。例如,两个原始公社之间,不同的社会主义企业之间,就是公有者之间的商品交换关系。从历史上看,最初的商品生产是与私有制联系在一起的。

市场和竞争

商品生产和商品交换的进一步发展,还必须有市场和竞争。市场是供生产者出售自己的商品和供消费者购买自己所需要的商品的场所,即商品交换或买卖的场所。市场是由社会分工和商品生产决定的,因此,市场的广度和深度也由社会分工和商品生产发展的程度所决定。社会分工越细,生产的商品越多,市场就越大。有了市场以后,生产出的商品在市场上就表现为供给,对产品的需要在市场上就表现为需求,这种需求要有一定的支付能力,是有支付能力的需要。

市场既是由商品生产决定的,又是商品生产存在的条件,没有市场,意味着产品不能卖出,从而产品不能转化为商品,商品生产也就不能存在了。

竞争也是商品生产和商品流通存在的条件之一,它和市场有密切的联系,有市场就必有竞争。所谓竞争是生产者和消费者、供给者和需求者之间的关系。在市场上,供给是一种社会力量,即商品生产者或出卖者的力量总和,具有社会性质;需求也是一个总体的概念,即指商品购买者的总和。它们是作为对立统一体而存在的,彼此之间在市场上的关系是竞争关系。每一个商品供给者和商品购买者,都是作为总体的一个部分、一个原子,正是在这个意义上,竞争显示出一种社会性质。竞争反映生产和消费之间的一种社会关系。

竞争的形式既有商品生产者与商品购买者之间的竞争,也有商品生产者或出卖者相互之间的竞争,还有商品购买者或消费者之间的竞争。第一种竞争叫买卖双方竞争,第二种竞争叫卖方竞争,第三种竞争叫买方竞争。在买卖双方的竞争中,力量是不会均衡的,如果供大于求,卖方处于劣势,买方有利,这就叫买方市场。相反,如果求大于供,卖方有利,买方不利,这就叫卖方市场。在买卖双方的竞争中,处于劣势一方的个人会不顾自己一方的竞争者而行动,处于优势一方则会作为团结的统一体对付另一方。例如,在供过于求时,买方处于竞争优势,卖方中的个别人会廉价销售进行竞争,其他卖者也就被迫跟着干,而所有的买者会共同努力把价格尽量压低。所以,竞争对买卖双方,对生产者和消费者起一种强制作用或叫竞争压力,它强迫每一个商品生产者和消费者,商品供给者和需求者在市场上按同一个价格买卖商品,同时由市场上的价格高低决定生产和选择消费。竞争既是商品生产和商品流通的必要条件,又是商品生产和商品流通的内在规律法则起作用的不可缺少的机制。

第二节 商品的生产过程

商品生产过程的二重性 商品具有使用价值和价值的二重性,体现在商品中的劳动也有具体劳动和抽象劳动二重性,这就规定了商品生产过程也具有二重性,一方面是使用价值的生产过程,另一方面是价值的形成过程。下面分别说明。

商品使用价值的生产过程。商品的使用价值是具体劳动创造的。虽然我们这里讲的生产是在商品形式下进行的,也并不排斥劳动过程或使用价值生产过程的一般性质。上一篇讲过,生产使用价值的劳动过程要具备三个因素:劳动者、劳动对象和劳动手段。劳动过程是人与自然发生关系的过程,是三个要素的结合。由于生产是在商品形式下进行的,所以它具有下面的特点:第一,这个劳动过程是在商品生产者(商品所有者)的意志支配下进行的,他独立地决定生产什么,生产多少,怎样生产;第二,生产出来的使用价值归商品生产者所有,而且商品的使用价值不是用来进行个人消费,而是用来进行交换满足社会需要的,从而使用价值是交换价值的物质承担者或交换关系的物质承担者。

商品价值的形成过程。价值是怎么形成的呢?劳动过程是生产资料和劳动力的结合,从价值形成过程来看是物化劳动和活劳动的结合。以生产资料形态存在的劳动是物化劳动,抽象劳动是活劳动,这两者结合就形成商品价值。所以,价值形成过程实际上存在两部分,一部分是具体劳动把已经存在在生产资料上的价值转移到产品的过程,另一部分是活劳动或抽象劳动创造新价值的过程。

在劳动过程中,生产资料的使用价值被消费掉,成为新的劳动产品的要素。其中,有些生产资料如生产皮鞋的皮、线会在产品皮鞋中看到它们的原形,但有些生产资料如制鞋机,却没有在产品中留下一点痕迹。但不论生产资料对产品形成具有怎样一种关系,只要它是产品形成的必要因素,就都可以构成产品价值的一部分。因为价值是抽象劳动的积累,至于它积累在哪种使用价值上,由哪一种使用价值作为价值的承担者却是无关紧要的。皮、线、制鞋机等生产资料的价值,之所以能够构成产品皮鞋价值的一部分,关键在于鞋匠的具体劳动改变了这些生产资料的形态,制成了皮鞋——一种新的使用价值,因此能把皮、线、制鞋机等生产资料的价值保存下来并转移到皮鞋中去。还应该看到,各种生产资料使用的方式也是不同的。有些生产资料,如皮的使用价值在制鞋过程中一次被消费掉了,而制鞋机可以用许多次,因此,它们价值转移的方式也不一样。前者一次全部转移,后者分成多次才能把全部价值转移到产品中去。转移的价值量,以失去的价值量为界限。失去多少,转移多少,并以社会平均标准计算。如生产一双皮鞋消耗的劳动工具价值为 10 小时,皮等原材料消费计 20 小时,则一双皮鞋内包含转移价值 30 小时。产品中的另一部分价值,是由劳动者的抽象劳动新创造的。劳动者劳动时间长,创造的新价值多;时间短,创造的价值少。例如,一个鞋匠,每天工作 10 小时,生产一双皮鞋,这也是社会平均生产一双皮鞋所需要的时间,这时,他有 10 小时新价值积累在皮鞋中,以上皮鞋的总价值为 30 小时的转移价值与 10 小时所创造的新价值之和,共为 40 小时。

从商品价值形成过程的分析中可以看到,一方面,生产资料在具体劳动的作用下转移了自身的价值,另一方面,活劳动物化在商品之中,创造了新的价值。两者结合在一起构成商品的总价值,因此,商品价值构成可以表示为:

$$W = U + N$$

这里,W 为商品价值,U 为生产资料转移价值,N 为活劳动创造的价值。

显然,U 是要用于补偿消耗掉的生产资料的,而 N 在量上还要进一步分割。首先,用于劳动者的生存、发展和延续所必需的生活资料。但是,一般说,用于必要生活资料部分,价值上不会和 N 相等;因为若是相等,活劳动创造的新价值就被劳动者全部用于消费了,这意味着社会没有积累,也不可能扩大再生产了。因此,在存在着积累与扩大再生产的条件下,社会必定还有剩余产品,新创造价值必定大于劳动者用于生活资料消费的价值。这个新价值超过必要消费资料价值的余额,我们称之为剩余产品价值。当然,在商品生产的不同历史形式中,剩余产品价值会以不同的形式出现。但是,就数量实体的分割这一般性而言,不论在何种形式的商品经济中,商品价值

总是包含转移价值和新价值两大部分,而新价值又总是在实现劳动者必要生活资料消费后仍有余额。这样,商品价值可进一步写成:

$$W = U + N = U + N_1 + N_2$$

其中,N_1为劳动者必要生活资料价值,N_2为剩余产品价值。

如果我们对比一下前述产品值构成的表达式

$$P = K + L + S$$

不难看到,两者在数量结构上没有差别。这表明,在存在着积累和扩大再生产的历史前提下,作为劳动结果的社会产品,总是要分成补偿所耗生产资料、实现劳动者必要生活资料和用于扩大再生产三个方面的。这种分割并不因社会制度的差异而消失;相反,不同的社会形式改变的只是这种分割的不同部分所采取的具体形式以及各部分相互关系的性质。

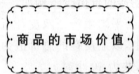

对商品价值形成过程的分析,使我们看到了商品的价值构成。但是,商品生产过程不只是赋予商品价值的组成部分,而且确定了一定商品的价值量。现在,我们就来分析商品生产过程中商品价值量的决定。

我们已经知道商品价值量是由生产商品的社会必要劳动时间决定的。而确定社会必要劳动时间就要考虑该种商品的全体生产者各自的个别劳动时间。为了简便起见,我们把许许多多的个别生产者归并为三大类,讨论各类生产者的个别劳动时间是如何平均化为社会必要劳动时间的。

以皮鞋生产为例。假定生产皮鞋的有甲、乙、丙三组生产者,生产每双皮鞋的劳动消耗分别是 20 小时、30 小时和 40 小时,产量分别为 2 000 双、4 000 双和 2 000 双。见表 9-1:

表 9-1 生产皮鞋的劳动耗费和产量

皮鞋生产者	单位消耗(小时)	产量(双)	总消耗(小时)
甲	20	2 000	40 000
乙	30	4 000	120 000
丙	40	2 000	80 000
社　会	30	8 000	240 000

这里,计算过程是:

总产量 = 2 000 + 4 000 + 2 000 = 8 000(双)

总消耗 = 20×2 000 + 30×4 000 + 40×2 000 = 240 000(小时)

单位商品平均耗费 = $\frac{总消耗}{总产量}$ = $\frac{240\ 000}{8\ 000}$ = 30(小时)

在这个例子中,每双皮鞋的社会平均劳动耗费恰好和中等条件生产者的个别劳动耗费相等(30小时)。同时,中等条件生产者所生产的产量(4 000双)占总产量的比重也最大。如果中等条件生产者的个别劳动耗费发生变化,对皮鞋的社会平均劳动耗费的影响就比较大。

再看下一个例子,假定甲、乙、丙三组生产者生产一双皮鞋所需要的个别劳动时间不变,但各组生产的数量比重变化了,如下表:

表9-2 小组产量变化后的皮鞋生产耗费

皮鞋生产者	单位消耗(小时)	产量(双)	总消耗(小时)
甲	20	6 000	120 000
乙	30	1 000	30 000
丙	40	1 000	40 000
社　会	23.8	8 000	190 000

这里的计算过程同上,统计学上称为加权平均方法。在这个例子中,优等生产条件的那组生产者提供的产量(6 000双)占总产量的比重最大,它的个别劳动时间耗费(20小时)也最接近加权平均后得出的皮鞋的社会必要劳动时间耗费(23.8小时)。很显然,如果甲组生产者的个别劳动耗费发生变化,对皮鞋的社会平均劳动耗费的影响就较大。

综合上面的讨论,我们可以看到,当某种商品由若干组生产条件不同的生产者共同供应时,各组生产者因其产量占总产量的比重不同,它们各自的个别劳动时间对该商品的社会平均劳动时间的影响也不同。通过加权平均方法得到的社会平均劳动时间,可以反映各组生产者的个别劳动时间的不同影响力。这种反映了不同生产条件的不同影响力的社会平均劳动时间,就是具体化了的社会必要劳动时间。我们把由各组生产者的个别劳动时间形成的商品的价值叫作个别价值,而把社会必要劳动时间形成的价值叫作社会价值,也称为市场价值。可见,占总产量比重最大的生产者的个别价值对市场价值的影响最大,是市场价值的调节者。

> **市场价值量变化的因素**

我们知道,商品价值量的大小是由生产商品的劳动生产率决定的。在影响劳动生产率变化的各个因素中,技术进步是首要因素。由于技术进步,同量劳动时间可以生产出更多的使用价值,从而分摊到单位商品上的劳动时间减少,商品价值就下降了。但是,技术进步并不是影响劳动生产率,从而影响价值量的唯一因素。例如上边所说的,一种商品生产总量中各组生产者提供的产量比重的变化,也会引起市场价值的变化。我们说,决定商品的市场价值量变化的因素可以分为两大类,一类是技术因素,一类是非技术的因素。我们知道,技术进步引起市场价值的变化,是一个显而易见的历史趋势,比较容易理解。因此,下面我们就着重考察非技术因素对市场价值的影响。

影响市场价值的非技术因素是通过一种商品的生产总量表现的。我们说,在技术不变的条件下,某种商品社会必要劳动时间并不是固定不变的,它还和该商品的生产总量之间存在着依存关系。这种单位商品价值量和总产量之间的依存关系,可以从几方面来说明。

第一,生产总量决定着生产资源的利用程度。假如某部门利用某种生产要素的很大部分,而该要素的供应又是有限的,那么,随着生产总量扩大引起对该种要素的需求扩大到某一程度后,就会因为该种要素的供应困难而影响商品生产的劳动耗费。这种情况在农业、渔业、矿业中较为明显。例如,小麦生产,当产量扩大到一定程度后,由于无法再增加土地,要求再扩大生产就只有是用较劣品质的土地,因而就意味着单位小麦所需社会必要劳动耗费上升。

第二,生产总量和某些生产要素的利用效率有一定关系。举例来说,在一个利用井水灌溉的农业地区,生产的增加使水泵抽水量增加,地下水位就会降低,从而增加该地区所有农民抽水的劳动耗费。在石油生产中也有同样情况,增加某一油田的油井数目,将减少压力并增加开采石油所遇到的困难与劳动耗费。当然,也有相反的情况。有的生产要素必须在生产总量达到一定规模时才谈得上经济地使用。例如,万吨级水压机,对于机械工业规模不大的国家,也许很少有机会使用,因而在一个大国中,当机械工业生产总量增大,对万吨水压机的使用机会增多时,使用万吨水压机就能节省劳动耗费。

第三，生产总量与企业的"外部经济"条件有关。这里说的外部经济，是指有些经济效益无法由某一生产者的自身扩张来获得，只能和整个部门的总产量的增加相联系。例如，当捕鱼业有足够的总产量后，会出现效率更高的捕鱼机器，开办专门的捕鱼技术学校和科研机构，这就帮助了一个捕鱼生产单位降低单位劳动消耗。又如，只有某个矿区的总产量扩大到相当程度后，才值得专门建造一条铁路通矿区，以代替人力或畜力来搬运矿石。铁路降低了运输费用，使该矿区所有的生产单位的劳动消耗下降。

第四，生产总量和分工的发展程度有关。分工的深度和生产总量按同一方向变化。当生产总量足够大时，有些工艺，某些零部件的生产就会专业化，某些专门的生产工具也会制造出来。这样将会是生产效率提高，降低单位商品的社会必要劳动耗费。

以上这些因素说明，在部门生产总量与单位商品市场价值之间存在着一定的客观联系。但是，这些联系的方向是不一样的。从理论上说，大致可以区分为三类：(1)当部门产量扩大时，单位商品价值趋于降低，这可叫作必要劳动耗费递减部门；(2)当部门产量扩大时，单位商品价值趋于增大，这可叫作必要劳动耗费递减部分；(3)当部门产量扩大时，单位商品价值量不变，这可叫作必要劳动耗费不变部门。一般说，农业、矿业等初级产品生产部门中较多的是必要劳动耗费递增，而制造业中多是必要劳动耗费递减部门。

从上面的分析中我们看到，技术进步和生产总量对商品的市场价值同时发生着作用。技术的进步，从根本上决定着市场价值有趋于下降的长期趋势。但是，由于各个部门中生产总量与市场价值量之间的联系方向和强度各不相同，因而，不同部门中市场价值量下降的相对速度也就不同。这种情况决定了长期中各部门商品的相对价值的动态。

第三节　商品的流通过程

前面我们已经讲了商品的使用价值和价值的生产问题。商品的使用价值和价值生产出来以后必须实现，商品是在流通过程中实现的，这构成本节的内容。

> **商品流通过程的二重性**

前面已经讲过了商品生产过程的二重性,即既是使用价值生产的过程,又是价值形成的过程。**商品生产的二重性,决定了商品流通的二重性。商品流通过程一方面是使用价值生产出来以后,进入消费(包括生产消费和个人生活消费)领域以前所必经的中间过程,是使用价值的运动过程;另一方面又是生产中所形成的价值在流通中发生形态变化的过程,是价值的实现过程。**

商品流通是商品在市场上的买卖过程。商品要变为货币,实现自己的价值,首先要在市场上表现为一定量货币,即形成一定的市场价格。

> **供求平衡条件下的价格**

某种商品的市场价格和供求有关。但是,因供求引起的价格变化总是围绕着一个中心进行的。因此,我们首先要撇开供求对价格的影响,抽象考察供求平衡条件下的价格。

所谓供求平衡是什么意思呢?直观地说,某种商品的供求平衡就是该商品被提供给市场的总量与市场对该商品的需求量相等。若进一步分析,这种商品数量的相等,实际上是劳动时间的相等问题。就供给来说,提供给市场一定数量的商品,意味着该种商品生产者投入了一定数量的社会劳动时间。就需求而言,我们总是指由支付能力的需求,而社会对某种商品的支付能力的大小,无非是社会在它所支配的劳动量中用多大比重去生产这种商品。马克思说过:社会对某种商品的有支付能力的需求,本质上只是社会"把它所能利用的劳动时间的一部分用来生产这些物品,也就是说,用该社会所能支配的劳动时间的一定量来购买这些物品"[①]。可见,**对某种商品的需求问题,就归结为社会按比例应该投入多少劳动时间生产该种商品的问题**。为了区别,我们把前面所说的决定商品价值的社会必要劳动时间称为第一种含义的社会必要劳动时间,把现在所说的某种商品按比例应该生产的数量所需要的社会劳动时间称为第二种含义的社会必要劳动时间。这样一来,**供求平衡就是两种社会必要劳动时间的平衡**了。具体地说,如果第一种社会必要劳动时间总量,即单位商品实际耗费的社会必要劳动时间和该商品实际生产量的乘积,等于第二种社会必要劳动时间量,就实现了供求

[①] 马克思:《资本论》第3卷,人民出版社2004年版,第208页。

平衡。

供求平衡时的价格怎样？第二种社会必要劳动时间表示社会对某种商品有支付能力的总需求，也可以说成是该种商品的总价格。由于第二种社会必要劳动时间是按比例应该投放的时间，因此，由第二种社会必要劳动时间决定的总价格，就是供求平衡状态下的总价格。有着这种总价格，如果该种商品的供给量已定，则供求平衡条件下单位商品的价格也就知道了。这时，**单位商品价格等于总价格除以总供给量得到的商数**，即：

$$P_E = \frac{T_2}{Q}$$

这里，P_E 为供求平衡时价格，T_2 为第二种社会必要劳动时间，Q 为商品总供给量，价格是以劳动时间表示的。但是，供求与价格在实际生活中是通过货币表现的，需求就是用于购买某种商品的一定量货币。我们怎样用货币来表示商品的价格呢？

事实上，用货币表示需求和价格，并不改变问题的实质。比如社会的货币收入总量已定，则社会用于购买某种商品的货币量也有一个客观的比例。也就是说，从货币购买力角度说，社会对各种商品仍然有一个按比例应该怎样分配总购买力的问题。按比例应该形成的对某种商品的货币购买总量，就是该商品的总价格。由于这是按比例决定的总购买力，因而相应的总价格便是能够实现供求平衡的总价格。简言之，按比例应该适用于某种商品的总货币购买力，形成该商品在供求平衡时的总价格。

由供求平衡状态下的总价格可以得到供求平衡状态下的单位商品价格，即：

$$P_E = \frac{M_E}{Q}$$

这里，M_E 为按比例应该使用于某商品的货币购买力。

总之，商品供求平衡状态下的价格，和该商品的第二种社会必要劳动时间（在市场上表现为按比例应该用于该商品的货币购买力）成正比，和这种商品的产量成反比。当第二种社会必要劳动时间或按比例应该有的总货币购买力已定时，供给数量越多，则实现供求平衡所容许的价格水平就越低。

我们已经明了供求平衡时的价格决定。现在，我们分析一下这个价格和市场价值的关系。

我们知道，市场价值是总产量和总的劳动耗费量相除得到的，即 $W = \dfrac{T_1}{Q}$（T_1：第一种社会必要劳动时间总量，W：单位商品的市场价值）。而供求平衡时的价格 $P_E = \dfrac{T_2}{Q}$。因为，供求平衡意味着两种含义的社会必要劳动时间相等，即 $T_1 = T_2$，所以有：

$$W = \frac{T_1}{Q} = \frac{T_2}{Q} = P_E$$

市场价值等于供求平衡时的价格。 这就是说，在供求平衡条件下，价格等于价值。

供求变化与市场价格

但是，在现实生活中，商品供求经常不一致。在这种供求不平衡的条件下，商品在市场上的实际成交价格，即市场价格，是怎样决定的呢？

仍以皮鞋生产为例。假定社会按比例应投入皮鞋生产的总劳动量为 24 万小时，这 24 万小时用货币表示为 24 万元；又假定 24 万小时可生产皮鞋 8 000 双。这时，每双皮鞋价值 30 小时，供求平衡的价格每双 30 元。

现在，假定皮鞋实际产量大于按比例应该生产的产量，比如说生产了 10 000 双鞋，T1＞T2。如果市场价格仍按每双 30 元不变，则 24 万元购买力只能卖掉 8 000 双鞋，这时将有 2 000 双过剩。如果要把 10 000 双鞋全部卖出，就必须降低市场价格。

反之，如果 $T_1 < T_2$，比如说生产 8 000 双鞋不变，但总需求量增加到 30 万元。这时，一种情况是如果市场价格不变，那么，市场上必须有 10 000 双皮鞋才能满足需要，即必须增加 2 000 双皮鞋的供给量。另一种情况，如果社会供给量不变仍然供应 8 000 双皮鞋，那么，市场价格就要上涨，每双 37.50 元。

以上说明，在 $T_1 = T_2$ 的条件下，市场价值等于市场价格；在 $T_1 > T_2$ 的条件下，市场价格低于市场价值，即下降；在 $T_1 < T_2$ 的条件下，市场价格高于市场价值，即上涨。所以，供求不一致的情况，影响商品价值的货币表现，影响市场价格与市场价值的背离，并决定背离的方向和程度。

如上所述，商品的市场价格在供求关系的影响下，表现为一定的低于或高于市场价值。一旦市场价格形成以后,它又会反过来影响供给和需求。

那么,市场价格对供求又是怎样影响的呢?

第一,市场价格对需求的影响。影响需求的因素很多,包括:收入的水平;消费者的爱好;消费者对商品供应的未来估计;商品代用品情况;商品的市场价格。假定其他因素不变,仅仅就市场价格来看,某种商品市场价格低,社会对它的需求就大;相反,市场价格高,对它的需求就减少。市场价格的变化与需求量的变化方向是相反的,如下表所示:

表9-3 与市场价格变动相适应的需求量

市场价格(元)		6	5	4	3	2	1
需求量	甲	20	22	24	27	30	40
	乙	10	12	12	18	20	30
	丙	5	6	7	10	15	20
	全社会	35	40	45	55	65	90

市场价格对不同商品需求的作用程度是不一样的。有些商品价格涨落对市场需求作用大,有些商品价格涨落对市场需求作用小,表现出各种不同的弹性。例如,粮食、食油、盐、生活燃料等这类生活必需品,需求对价格的弹性比较小,市场价格变化对需求量的影响就不大,无论是降价还是涨价,人们对这类生活必需品的需求量变化都比较小。又例如,电视机、收录机、电风扇、电冰箱这一类高档商品的需求弹性比较大,市场价格的变化对需求量的影响就比较大。

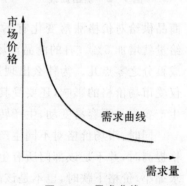

图9-1 需求曲线

人们认识市场价格与需求的联系,掌握不同商品的需求弹性,从而就有可能通过价格杠杆调节需求,影响消费。

第二,市场价格对供给的影响。市场价格不仅影响需求,而且也影响供给或生产。市场价格的变化与市场供给量的变化方向是相同的。价格高,供给增加,价格低,供给减少。

表9-4 与市场价格变动相适应的供给量表

市场价格(元)		1	2	3	4	5	6
供给量	甲	20	22	24	27	30	40
	乙	10	12	12	18	20	30
	丙	5	6	7	10	15	20
	全社会	35	40	45	55	65	90

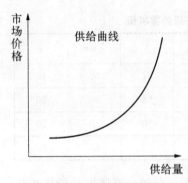

图9-2 供给曲线

市场价格对供给量的上述图表说明,所有商品生产者都被迫适应市场,适应市场上有支付能力的需求,需求增大,市场价格高于价值,必然增加生产或供给。相反,社会需求减少,市场价格下降,甚至低于价值,那么,生产者或者提高劳动生产率,降低商品价值而不缩减生产和供给,或者缩减生产,从而减少供给量。

这里需要指出的是,不同商品的市场价格对供给的影响或作用程度也是不同的,即商品供给对价格涨落变化有不同的弹性。有的商品市场价格增加1%,供给量就增加5%。有的商品市场价格增加1%,而实际供给可能只增加1%或百分之零点几。为什么出现这样的情况呢?因为,商品生产或供给不仅仅受市场价格的影响,还要受其他因素的影响。例如,资源情况,生产条件,生产要素是否容易变动,生产转向是否方便,等等。

同时,市场价格对不同生产者的供给的影响也有区别。例如,当市场价格提高时,并不是该部门所有生产者都能扩大生产获得更多利益;当市场需求缩小,价格下跌时,也不是该部门所有生产者都能降低该商品个别劳动消耗的,特别是以手工为技术基础的企业往往无法大幅降低劳动消耗,又无法转而生产其他价格高的产品,这时,该种商品生产者在市场上就会无法生存下去以至破产。

第三,价格起着调节供求平衡的作用。把市场价格调节需求和调节供给两方面的作用综合起来考虑,就可以看到它具有使供与求从不平衡到平衡,又从平衡到不平衡的机制,这个过程可用图式表达如下:

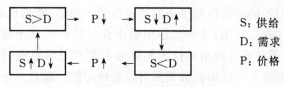

图 9-3 价格调节供求平衡示意图

图 9-3 说明,供求关系影响市场价格,而市场价格的变化又调节着供求关系。在充分发展的私有制商品经济中,社会没有一个中心预先决定各部门的生产比例,对各种商品的需求和各种商品的生产都由市场自发形成。这样,供给与需求之间必然存在着经常的不一致。但是,供求不平衡自身又是引起他们趋于平衡的力量。供大于求,市场价格下跌到市场价值以下,从而引起减少供给,增加需求;反之,供小于求,市场价格就会上升到市场价值以上,从而引起供给的增加和需求的减少。可见,供求自发地调节着市场价格围绕市场价值波动。而市场价格的自由涨落又引导供求之间不断地从不平衡趋向平衡的运动。

市场价值和市场价格的相互作用 在本章前面的分析中,我们看到,价值首先在生产领域被生产出来,而决定商品价值量的社会必要劳动时间是生产中劳动生产率的表现。在流通领域中,商品价值表现为价格,供求关系决定着市场价格的波动。但是,供求平衡时的价格就是价值,它构成市场价格波动的基础。因此,市场价值从根本上决定着市场价格,供求只是调节市场价格围绕市场价值波动。

价值是价格的基础,价值的运动决定着价格的运动,这一点可以从两方面加深理解。一、从同种商品价格变动的长时期来看,在此一时刻是价格高于价值,彼一时刻又是价值高于价格。由于价格波动是围绕价值进行,因而在一个时期中价格与价值背离的离差之和会互相抵消,平均价格就等于价值。二、从同一时刻社会不同商品看,某些商品的价格高于价值,而另一些商品的价格则低于价值。我们知道,全社会各种商品的总价值,就是该社会投入各部门的总劳动时间,而总价格也无非是各部门应该投入的劳动时间之和,因此总价值恒等于总价格。由此可知,某些商品的价格大于价值的部分必定会被其他商品的价值大于价格的部分所抵消;就全社会而言,价值总是等于价格。

上面我们说的是价值对价格的决定作用。但是,我们也看到,市场价格对市场价值也有反作用,这种反作用的中介是价格对供求数量的调解。前面我们说过,某种商品的市场价值和该商品生产总量有关,假定技术不变,则市场价值和产量之间的函数关系可以是确定的。虽然对于不同商品这种函数关系的形式可以不同,但每种商品都有自己的确定形式。我们也说过,某种商品的产量(即供给)与价格有关,价格调节供求就包括调节供给的数量。这样,价格变动就通过使产量变动而引起市场价值变动。这里有两步:一、价格变动引起供给(产量)增加;二、产量增加引起市场价值变化。后一点的情况因商品种类不同而有区别。在技术不变的条件下,有些商品,总产量增加到一定高度,必然引起总价值的增加速度快于总产量的增加速度,从而单位商品的市场价值也就上升。有些商品情况相反,总产量的增加带来部门劳动生产力提高,从而单位商品市场价值下降。对前一类商品而言,价格上升引起产量增加时,市场价值也上升了;对后一类商品而言,当价格上升引起产量增加时,市场价值则降低了。简言之,在技术不变时,价格涨落引起的生产量变动也会引起市场价值发生变化。价值是价格波动的基础,价格围绕价值而波动;同时,价格的波动也影响价值,是价值变化的一个间接因素。

第四节　商品经济条件下社会总产品的生产和流通

> 社会总产品的价值形式和流通过程

上两节考察了个别商品的生产和流通过程,这一节进一步看商品经济条件下社会总产品的再生产和流通问题。

社会总产品是由个别企业、个别部门的产品总和构成的。第一篇中曾经说过,社会总产品有实物形式和经济形式的双重构成。当个别部门和企业的产品采取商品形式时,社会总产品也具有价值(货币)形式,社会总产品的经济构成也表现为价值(货币)形式的构成。

社会总产品的价值表现为货币,就是社会总产品的价格或总价格。总产品的价格是通过两种方法进行核算的。一种方法是按各种商品的现行市场价格计算,另一种是按某一年的价格,即不变价格计算。在对社会总产品和国民收入进行分配时,是按现行价格计算的。在计算一定时期内社会生产的增长时,则要用不变价格来计算。以不变价格计算社会总产品和国民收入,实际上所反映的是实物形态的社会总产品和国民收入的动态,用来表示这一时期社会经济增长的速度。

社会总产品的价值构成,也和个别商品的价值构成一样,分成三部分,用公式表示:

$$W = U + N_1 + N_2$$

由于社会总产品在实物形式上归根到底可按用途分为生产资料 P_m 和消费资料 K_m,而 P_m、K_m 在价值上都同样分成三部分,因此,社会总产品的双重构成可进一步写成:

$$W = P_m + K_m$$

$$P_m = U + N_1 + N_2$$

$$K_m = U + N_1 + N_2$$

社会总产品的流通过程表现为互相交叉的个别商品流通过程的总和。从个别商品生产者的角度看,商品流通过程首先是他把自己不需要的商品卖出去取得货币(W—G),然后又用货币买回满足他个人生活和生产上需要的商品(G—W)。甲生产者的卖,就是乙生产者的买;甲生产者的买,同时又是丙生产者的卖。所以,个别商品的流通是互相交叉着的,它们的总和就是社会总产品的流通过程。如果全社会所有的商品生产者都把自己的商品卖出去了,又买到满足自己需要的生产资料和生活资料,那么,全社会的总产品也就既能在实物(使用价值)方面,又在价值方面得到实现,社会总产品的再生产也能顺利地进行下去了。所以,商品流通过程又是媒介社会总产品再生产过程的。

社会总产品要全部实现,各类使用价值要能满足人们生产和生活上的各种需要,则一定时期内社会总劳动(资源)在各部门的分配必须保持一定比例,即上一节所说的某种商品的生产上应该投入一定量社会必要劳动时间或第二种含义的社会必要劳动时间。同时,在商品生产这种社会形式下,各类使用价值实际耗费的社会必要劳动时间或第一种含义的社会必要劳动时间,是表现为这类商品的市场价值的,在商品流通中则表现为这些商品的交换价值。因此,在产品采取商品这种社会形式时,社会再生产所必需的各部门的比例,社会劳动总量按比例分配这个人类社会生产运行的普遍规律,是通过各类商品的交换价值形式实现的。马克思指出:"要想得到与各种不同的需要量相适应的产品量,就要付出各种不同的和一定量的社会总劳动量。这种按一定比例分配社会劳动的必要性,决不可能被社会生产的一定形式所取消,而可能改变的只是它的表现形式,……而在社会劳动的联系体现为个人劳动产品的私人交换的社会制度下,这种按比例分配劳动所借以实现的形式,正是这些产品的交换价值。"[①]社会总劳动量按比例分配于各部门的规律的实现过程,就是上一节中说明过的个别商品流通过程中市场价格围绕市场价值上下波动的过程。从社会总产品的流通看,凡市场价格符合市场价值的部门,就意味着这些部门商品的供给和需求是平衡的,表明它们的生产量是合乎比例的;反之,那些市场价格不符合市场价值的部门,它们的供给和需求是不平衡的,生产量应遵循的比例关系遭到了破坏。这时,要依靠价格和市场的机制,使它们重新恢复平衡和比例。

社会总供给和总需求的平衡关系 在社会总产品的流通过程中,不仅存在着各个部门的供给和需求的平衡关系,也还有社会总供给和总需求之间的宏观平衡问题。

总供给,指一定时期内用于销售的商品总量。商品的总供给量,是由生产量决定的。影响总生产量的因素,也同时影响总供给量。但是总生产量并不就等于总供给量,因为并不是一切生产出来的东西都拿到市场上去卖,有些产品用于生产者自己消费,有些用作储备,这时总供给就会少于总生产量。反之,也可以出现提取储备并与当年总生产一起投入流通,则又会形成总供给量大于当年总生产量的情况。如把储备问题抽掉,社会总生产就等于社会总供给。

总供给是由一定数量的各种商品构成的,对总供给要从两方面考察,一是商品供给的结构;二是各种商品的数量。正如总供给量取决于总生产量一样,总供给结构也是由总生产结构决定的,或者说取决于社会总产品的实物构成。

总需求,指一定时期内准备用货币购买的商品总量,即对各种商品有支付能力的需要。总需求也由对一定数量各种商品的需求构成,也要从需求结构和需求数量两方面考察。总需求的数量和结构,主要取决于社会总产品数量和分配。撇开货币的存在不谈,社会总产品数量所规定的社会总产

[①] "马克思致路·库格曼",《马克思恩格斯选集》第4卷,人民出版社2012年版,第473页。

品分配本身,即社会总产品分配给个人的方式和个人对收入的专项分配,决定收入的用途,决定着总需求的数量和结构。

由此可见,无论总供给的数量和结构,或是总需求的数量和结构,归根到底都由社会总产品的数量、结构及其分配决定的。

总供给和总需求怎样由社会总产品的数量即其分配决定,可以通过下列例子和图式看到。

假定,社会总产品价值6 000元,3 000元是旧价值的转移(包括300元劳动资料折旧基金和2 700元劳动对象补偿基金),3 000元是新创造的价值。社会总产品在实物上包括生产资料(Pm)4 000元,消费资料(Km)2 000元。

社会总产品的这种实物构成,决定了这些产品和国民收入应有的专项分配和用途。既然全社会消费资料的价值只有2 000元,小于全社会新创的价值即国民收入3 000元,这就决定社会不能把全部国民收入都用于个人消费,而必须有1 000元用于积累,追加对生产资料的需要。用图式表示这一关系是:

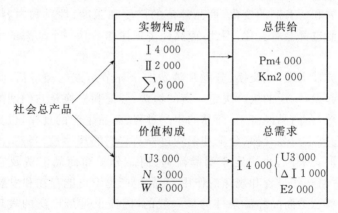

图9-4 总供给与总需求关系图

上述图表清楚地表明了总供给和总需求依赖关系的最重要因素。如果一国在一定时期内确实实现了总供给的数量和结构与总需求的数量和结构的一致性,宏观经济就处于平衡状态,社会总产品全部得到实现。

但是,这样一种平衡状态只是一种理论上的可能性,并不是任何商品经济下都能经常顺利达到的。由于商品生产和商品流通存在着几种不同的历史形式,实现总供求平衡的机制也是不同的。

第五节　价值规律是商品市场经济的基本规律

> **价值规律是商品经济的基本规律**

商品经济是人们劳动的一种社会形态。在这种形态下,经济主体通过自己产品的交换来实现社会联系,使自己的个别劳动成为社会劳动的一部分,个别产品成为社会产品的一部分。商品经济与经济主体直接生产、直接分配和消费的自给自足的自然经济不同,它意味着社会的生产、交换分配和消费是通过市场进行的,市场把个别生产者的劳动和产品联结成为社会的劳动和社会的产品。

商品经济既然是通过市场进行的社会生产、交换、分配和消费过程,那么商品经济的规律,不仅指商品生产的规律,也包括商品交换、商品分配和消费的规律。而且,无论商品生产或商品交换,都既有支配这些过程内部最本质的深层规律,也有反映这些过程较具体的现象联系的表层规律,它们共同构成商品经济规律体系。还应该看到,商品经济本身是发展的,由于社会分工的发展和所有制的变化,商品经济的广度和深度、性质和内容、实现的形式和机制也都会有变化,因此,商品经济规律体系是一个动态的发展变化概念。

在人类社会生产、交换、分配和消费四个环节组成的经济活动中,生产是过程的起点,一定的生产决定一定的消费、分配和交换及它们间的一定关系。同样地,在商品经济中,商品的生产过程、商品生产的规律,也具有决定的意义,它决定商品交换、分配和消费过程及它们的规律性;当然,商品生产就其片面形式来说,也决定于商品流通、商品分配和商品消费及它们的规律,没有后面这些过程和规律的作用,商品生产也不可能存在和发展。

价值概念是商品经济条件的最一般的,因而也是最广泛的表现。商品生产规律从根本上说就是价值生产或价值决定的规律,商品交换规律是价值表现和实现的规律,商品分配规律是按价值分配的规律,商品的消费则是价值消失和使用价值实现的规律。所以,恩格斯说:"价值规律正是商品生产的基本规律"[①]。

价值规律是商品生产的基本规律。其基本内容或客观要求是:商品的

[①] 《马克思恩格斯选集》第 3 卷,人民出版社 2012 年版,第 700 页。

价值量决定于生产商品的社会必要劳动时间,商品必须按照价值量相等的原则进行交换。 在货币出现以后,一切商品的价值都由货币来衡量,表现为价格。价值规律所要求的等价交换,也就表现为商品的价格应该与价值相符。价值规律的这一客观要求,作为不以人们意志为转移的必然趋势,支配着商品生产和商品交换的运动,调节着社会劳动在各生产部门间的分配,刺激着商品生产技术的进步和决定着商品生产者的优胜劣汰。

价值是社会必要劳动时间决定的,是社会劳动的物化。因此,它虽然是在生产中形成的,却只能在另一种商品或货币上表现出来并通过商品交换得到实现。以货币为媒介的商品交换,使价值要经历从商品到货币再到商品的形态变化规律。商品价值的货币表现形成商品的价格,但价格在量上可以与价值一致,也可以不一致,即大于或小于价值。因为商品交换,市场上商品的价格要受供求规律和市场竞争规律的支配。供给和需求各有自己的规律,市场上对各种商品的需求是有弹性的,包括需求的收入弹性、价格弹性等;各种商品的供给也同样会因价格的变动、资源的制约而有弹性。供求和竞争规律的作用会决定价格与价值是否偏离及偏离的幅度。价格不但受供求影响,它反过来又调节生产和消费需求。在商品经济条件下,商品生产者生产什么,生产多少,怎样生产要根据市场价格信号,商品消费者消费什么、消费多少也受价格调节。

价格不仅是价值的反映,商品生产和商品消费的调节者,商品交换的前提,同时也是社会产品分配的杠杆,商品生产者和消费者利益的调节者。在商品经济条件下,除了再分配过程以外,初次分配过程都是通过商品交换进行的。商品的流通过程就是商品价值的分配过程,商品价格的高低,价格符合或背离价值,直接关系到人们获利或是失利。如果商品生产者生产商品的个别劳动时间等于社会必要劳动时间,该商品的价格等于价值,且全部商品都卖了出去,那就意味着他的个别劳动,生产该种商品的全部劳动都得到社会承认,实现为社会劳动,他们投入商品的劳动量和价值量与得到的商品的劳动量和价值量是相等的,没有得到商品价值以外的利益也没有失去利益。反之,如果他的商品的个别价值不等于社会价值,该商品的社会价值不等于价格,他的利益就会失去平衡。如果他的个别价值低于社会价值,而价格又高于价值,那时他的个别劳动和个别价值不但得到了全部补偿和实现,而且获得了额外利益,反之则失去了利益。当然,如果商品的流通过程受到垄断,那么价值的分配也会受到干扰,人们可以通过垄断价格,人为地使价格高于价值而获得垄断利润。

商品退出流通过程进入人们的消费过程后,是使用价值的实现过程。随着物的使用价值的丧失,价值也在丧失。当物的使用价值一次被消费掉,那价值也一次丧失殆尽;若是耐用消费品,经过一个长时期后它的使用价值才全部被消费,那它的价值也一部分一部分地消失,在它尚有使用价值和残存价值的限度内,仍旧可以进入商品流通、出卖,使这部分价值得到实现。

总之,在组成商品经济的四个环节中,都是受规律支配的,其中最基本的就是价值规律,其具体表现和实现则是价格规律。同时,在生产、流通、分配、消费各领域中,由于各有一些具体的条件,因此又受一些各自规律的制约。它们总合起来形成一个以价值(价格)规律为中心的商品经济规律系统。

商品经济的发展,从历史的意义看,在发展生产力的同时,起着摧毁自然经济,瓦解建立在自然经济基础上的原始社会制,奴隶制或封建制生产关系,促进新生产关系形成和巩固的作用,从而为生产关系一定要适合生产力性质和水平的规律打开道路。这是因为,在自然经济条件下。生产限于直接满足生产者个人及其家庭需要或满足奴隶主,封建主需要时,需求的范围,种类和深度是十分有限的,因此生产发展也受到很大的制约。当生产为了满足市场的需要时,限制就打破了,市场向广度和深度发展,必然大大推动生产的发展。又如,当积累只是实物形态的剩余产品积累时,它的规模是很小的,时间也将很漫长,有了货币形式的积累,情况就大不相同了。它可以通过集中和信用的办法加快货币的积累,使社会生产规模能更快更大地扩张。这也意味着商品经济和生产力的发展与原来私有制下劳动力产权旧形式的矛盾尖锐化了,要求由新生产关系来代替。

不过一种旧生产关系瓦解后,究竟将由何种新生产关系去代替,这不是由商品经济本身决定的,它取决于旧生产关系和新生产力本身的性质,取决于历史发展的阶段以及由此引起的各种情况,商品经济本身可以和多种不同的所有制形式和生产方式相联系,既可以和个体生产者的生产以及资本主义的生产相联系,也可以和公有制的社会主义生产相联系。

因此,要现实地考察一个社会经济形态中价值规律的作用,还必须联系由一定所有制决定的支配该社会经济形态的基本经济制度和基本经济规律。

思 考 题

1. 商品生产和商品流通需要什么条件？
2. 怎样理解二种社会必要劳动时间，它们与供求和价格的关系如何？
3. 商品经济条件下怎样才能实现社会总供给和总需求的平衡？
4. 怎样理解价值规律是商品市场经济的基本规律？

本章参考文献

马克思：《资本论》第1卷，第2章，人民出版社2004年版。

第十章　市场经济与政府

市场属商品经济的范畴,市场经济是比商品经济更为具体的范畴。在分析了商品经济与价值规律的基本原理以后,要进一步阐述有关市场经济的问题了。这包括市场经济概念的厘清,市场经济、市场机制和市场功能的阐明。

市场经济是一种经济组织,政府是一种政治组织,两者有什么关系呢?市场经济是一种个人凭自己主观意志分散决策、自发形成、自由竞争的权利交换体系;政府是一个集中决策、人为设计、分层管理的行政组织体系。政府治理代替私人治理成为市场主要治理机制是市场经济历史演化的结果,是政府治理在经济上能够大大节约社会交易成本的结果。

第一节　商品经济与市场经济

商品经济与市场经济概念的由来　在马克思主义经济学的文献中,不是马克思首先提出商品经济概念的。虽然后来所说的商品经济的内容,马克思已经全面、系统、深入地研究过了。马克思在其巨著《资本论》中,主要是从商品生产和商品交换的过程来揭示商品经济形成的条件、含义、实质、功能、局限性、历史意义和变化趋势的。提出商品经济概念的是列宁,他在其1898年所著的《俄国资本主义的发展》一书中,提到了商品经济、简单商品经济、小商品经济等一系列概念。他还提出了有关商品经济的许多论点和命题。例如"社会分工是商品经济的基础","商品经济在它自身的发展中转化为资本主义经济,并且只有在资本主义经济条件下,它才获得完全的统治和普遍的扩展","商品经济的一般条件""商品经济的意义"[①],社会主义要求"消灭一切

---

① 《列宁全集》第3卷,人民出版社第2版,第17、145页。

生产资料私有制,消灭商品经济"①等。可以说,列宁正是根据马克思的论述概括出这些论点和命题,并把它们归纳为商品经济的范畴。这一来,使人们对商品经济方方面面的内容,能有一个全面和系统的把握。

关于市场和计划问题,也有类似的情况。马恩在著作中已有过精辟的分析,马克思认为,任何社会化大生产客观上都要求相互依赖的各部门在发展过程中保持一定的比例。按比例分配劳动规律有两种可能的表现形式。一种表现为市场交换形式,"在社会劳动的联系体现为个人劳动产品的**私人交换**的社会制度下,这种按比例分配劳动所借以实现的形式,正是这些产品的**交换价值**"②。所谓交换价值,就是由商品供求关系自发来调节的商品市场价格。另一种表现为计划形式。马克思讲到这种形式时说:"劳动时间的社会的有计划的分配,调节着各种劳动职能同各种需要的适当的比例"③。在这里,马克思把市场和计划两种调节社会资源配置以适应生产按比例发展的要求已说得再清楚不过了。

马克思关于市场和计划的思想,后来由列宁归纳为市场经济和计划经济范畴。他在1905年发表的《土地问题和争取自由的斗争》一文中写道:"只要还存在着市场经济,只要还保持着货币权力和资本力量,世界上任何法律也无法消灭不平等和剥削。只有建立起大规模的社会化的计划经济,同时一切土地、工厂、工具转归工人阶级所有,才可能消灭一切剥削。"④

这段文字说明:第一,列宁在1905年就提出了市场经济和计划经济范畴,几乎和商品经济范畴的提出只差几年时间,这不仅在马克思经济学文献中可谓首创,甚至在全部经济学文献中恐怕也算得上是仅有的,其意义可想而知;第二,他把市场经济和计划经济作为一对对立又相对应的范畴使用。这就是说,要么是市场经济,要么是计划经济,两者只能是排斥和替代的关系,不是某种可共存和互补的关系;第三,这对范畴都和基本经济制度密不可分的联系在一起。市场经济和资本的力量和资本的剥削联系在一起,是资本主义制度的基本特征;计划经济则和一切生产资料归工人阶级所有和消灭一切剥削联系在一起,是社会主义制度的基本特征。这一观念,一直延续到20世纪70年代各社会主义国家进行经济体制改革时为止,这时人们

---

① 《列宁全集》第12卷,人民出版社第2版,第75页。
② "马克思致路·库格曼",《马克思恩格斯选集》第4卷,人民出版社2012年版,第473页。
③ 马克思:《资本论》第1卷,人民出版社2004年版,第96页。
④ 《列宁全集》第13卷,人民出版社第2版,第124页。

才认识到资本主义与社会主义的区分不在于计划还是市场这样的问题。社会主义也有市场经济,资本主义也有计划控制。

商品经济与市场经济的实质和异同　商品经济是与自然经济相对应,继后者而起的一种社会经济形态。自然经济下,生产出来的产品使用价值是生产者自己消费的。商品经济则不同,这时的使用价值不由生产者自己消费而给别人消费,但又不是无代价给别人消费,而要通过交换取得同等价值的东西后才把使用价值让渡给别人消费。这是社会分工和私有制条件下,生产商品的劳动虽有社会性但直接是私人劳动的矛盾,要通过交换,卖出了商品,劳动合乎社会需要,该项劳动是社会劳动一部分才得以证实。所以,生产商品劳动这种特殊的社会性,人与人在劳动中的关系要通过物与物的交换关系表现出来,人与人的经济利益关系被物化,正是商品经济的本质。

市场经济是与计划经济相对应的概念,两者的实质都是资源配置的方式。市场经济是个别生产者生产商品,通过商品交换、通过市场依靠供求决定的价格波动自发地调节资源配置。某些商品价格涨了,获利多了,企业就会自发地增加这种商品的生产,也就使更多社会资源(包括生产资料和劳动)配置到这些产品和这些部门;反之,某些商品价格跌了,获利少了,企业又会自发地减少这些商品的生产,社会资源也会相应地从这些商品和这些部门中退出来。商品价格涨跌就这样自发调节社会资源的配置。**计划经济**则不是这样。它是由社会中心或国家事先有意识的、自觉的根据社会资源的状况,国家面临的政治经济任务,制订出一个全面的年度和中期计划,规定各部门甚至各企业的经济计划,提出应达到的产量、产值、质量、成本、利润等指标,相应分配有关的资源,用行政手段责令各部门、各企业去完成国家计划任务,以自觉实现国民经济的按比例发展。

那么,商品经济和市场经济又是什么关系?它们有何异同?

第一,商品经济和市场经济是反映同一事物的两个不同方面或两种不同角度。商品经济反映生产商品的私人劳动特有的社会性,劳动要通过市场作为社会劳动起作用,说明人与人的生产关系,是事物的本质。市场经济反映商品价值实现的过程、商品经济运行的过程。所以商品经济与市场经济的关系,某种意义上说也就是商品生产与商品交换的关系,内在本质与外在形式的关系。

第二,商品生产是生产者的私人过程,生产什么、生产多少、运用什么样的生产资料和技术、采取怎样的生产和劳动方式,都由他的个人意志决定;到了交换商品的市场,就是一个社会过程了。生产者要遇到消费者对商品质量、数量的选择,其他同类商品生产者想要率先卖出的竞争,因此他的商品能不能全部及时地出售,市场价格是不是符合他的个别价值,都是没有把握的,是一次"惊险的跳跃"。

第三,商品经济和市场经济是同时形成的。商品经济和市场经济既然是从不同角度去认识的同一个事物,是一个本质与实现形式的关系,那就应该是同时形成和发展的。当商品生产成为社会普遍的生产形式时,才是商品经济。如果商品生产还只是在社会一部分经济中存在,那就不能算是商品经济;商品生产决定了商品交换,决定了市场,因此这样的社会同样也还不可能说是形成了市场经济,最多说有了市场经济的萌芽和因素。事实是,历史上只有资本主义生产才使商品生产成了社会生产的普遍形式,才形成了商品经济和市场经济。这是因为,这里劳动力也成了商品,产业资本家要买入各种生产要素(包括劳动力)卖出制造品,工人也要出卖劳动力买入各种生活资料。于是,资本主义社会人人都即是商品出卖者又是购买者,一切东西都变成了买卖的对象,进入了市场。

有一种观点认为,市场经济是商品经济发展到大工业时期的产物,是商品经济发展中的一个阶段。也就是说,大工业以前是商品经济,大工业后变成了市场经济。这样的解释是可以商榷的。它把两者割裂开来,看成似乎是有本质不同的两件事了。商品经济是商品生产和商品交换过程的统一,商品生产过程的价值决定和商品交换过程的价值实现,是密不可分的两个方面,但它的本质在生产过程。马克思说过:"经济,即生产过程本身",而不是"不同生产当事人或生产者之间的同经济相适应的交易方式"[①]。列宁也说过"市场是商品经济的范畴"[②]。由不同所有制和社会分工条件下产生的商品经济和市场经济只能同时存在,同时发展;离开商品生产把交易的方式(无论商品交换还是市场交易)作为划分发展阶段的观点是无法成立的。当然,在理清这层关系后,也可以把商品经济、市场经济的概念借用到商品生产还不是社会普遍生产形式的前资本主义社会。马克思正是这样做的。他

[①] 马克思:《资本论》第 2 卷,人民出版社 2004 年版,第 132 页。
[②] 《列宁全集》第 3 卷,人民出版社第 2 版,第 17 页。

在分析独立手工业者和小土地经营者时,也用过工资、利润、剩余价值等概念,列宁也把前资本主义社会中小农和小手业者的经济称作简单商品经济,小商品经济和出现了市场经济的萌芽。

当然,按照我们的理解,商品经济和市场经济并非完全没有区别。商品经济主要说的是商品生产过程价值生产、价值决定的问题;市场经济主要说的是商品交换过程价值实现的问题。前者是事物的本质,后者是它的表现形式。把商品经济和市场经济这种同一事物两方面的关系说明了,在以后行文中就将视情况不同有时用商品经济,有时用市场经济。上一章,已经对商品经济的本质方面作过分析,下面还要对市场经济的运行,即市场经济的体制、机制和功能进行一些说明。

第二节 市场经济体制、机制和功能

市场经济体制 经济体制是经济运行的制度,是经济运行过程各方面的规定。它与我们通常所说的决定一个社会经济制度性质、由所有制构成的财产制度或称基本经济制度既相联系又有区别。基本制度规定了社会经济要达到的目的,运行制度则保证这一目的的实现,这是两者的共同点;基本制度由所有制构成,运行制度由生产、交换、分配、消费过程一系列具体制度构成,这又是两者之间的区别。

由于市场经济体制是与计划经济体制相对应提出来的,在说明市场经济体制时也要从与计划经济体制作对比中才能有更清晰的理解。发达的现代市场经济体制主要内容大体是:

第一,经济运行的主体。市场经济主体主要指具有独立经济权益,自主决策,自由进出市场的企业和个人(家庭)组成。企业有自由进入或退出某一行业或部门的自由,有生产什么、生产多少、怎样生产的权力;居民个人有自由就业和消费的权利。市场主体都是市场平等的参与者,谁也不拥有特权;在市场中,作为供给者和需求者,都为了实现自己的利益而竞争着。

传统计划经济体制下的经济主体是国家及其经济机构,如计划委员会等。政府既是资源所有者,又直接承担组织经济的职能。他既是行政性的科层组织,也是经济性的科层组织,整个国民经济是政府管理下宏观微观统一的超大型科层组织。企业的生产、流通、分配的决策权集中在国家,企业不是独立经营的主体,没有决策的权力,只有执行的义务,是完成国家计划的一个生产单位,上级行政单位的附属物。国有企业的生产具有多元目标,服从国家利益而非追求企业利润是他的主要目的,企业之间也不是平等的竞争者。

　　运行主体不同是由所有制决定的。无论逻辑上和历史上说,私有制决定企业是私人所有,不言而喻他也是企业的决策者,独立的经营者,自负盈亏者。国家成为经济运行主体的前提是国家所有制占统治地位。现实社会的情况是,纯粹的私有制或国有制的情况已极为少见,大多数是既有私有又有国有或其他公有等混合所有的形式,或混合经济。不仅一个国家内可以存在多元经济成分,一个企业也可以是国有私有混合组成。在这样的经济形态下,企业可以是有独立权益、自主经营的主体,社会可以是一个市场经济的社会。

　　第二,经济运行的客体。市场是主体活动的客体。市场既是商品交换的场所,也是市场主体发生关系的过程。市场是一个体系。现代市场体系可以从多个侧面进行解读。从交换的内容看,可分为要素市场体系和产品市场体系。要素市场包括生产资料市场、劳动力市场、资本和货币市场、地产市场、技术信息市场等等,这些市场下面又派生出许多子系统市场;产品市场包括最终产品市场和中间产品市场。要素市场是生产的投入方,产品市场是生产的产出方,两者密切相关,共同构成市场总体。从交易范围看,有地方市场、区域市场、全国市场、多国共同市场、世界市场的区别;从交易时间看,可分为现货交易市场和期货交易市场;从市场结构看,包括完全竞争市场、垄断竞争市场、寡头垄断市场和完全垄断市场等等。

　　市场体系随生产力和商品生产的发展而逐步发展和完善起来。最初用于交换的商品,只是人们自己吃剩用余后的消费品。市场限于消费品市场,范围也限于狭隘的本地区。出现为交换而生产的商品生产以后,生产资料种类和数量用的多了,不能都由生产者自己去生产,要通过社会分工,通过交换向别的生产者购买,生产资料市场就此形成了。商品生产扩大以后,个人和家庭劳动力不足了,要增加雇工,就需要劳动力这种要素市场。有商品就有货币,货币也是一种生产要素,进而形成短期借贷、兑换等货币市场和以股票、债务等形式存在和流通的资本市场。这时,市场的容量和地域也进一步扩大。随着分工发展,生产和市场扩大,地区封锁和行业限制被逐步取消和打破,地区市场演变为全国统一市场。美洲新大陆的发现,对印度和中国的殖民侵略,为大工业准备好了世界市场。大工业所加工的,已经不是本地的原料,而是来自极其遥远的地区的原料;它的产品不仅供本国消费,也同时供世界各地消费。科学技术的进步,第三产业的兴起,又产生诸如通讯、信息、技术等许多市场,同时市场结构也变得极其复杂,从而发展为现今这样一个发达的市场体系。

在传统的计划经济体制下,国家是组织生产的唯一主体,生产要素的配置不是通过企业与企业、企业与个人的商品交换,而是由国家依据计划并通过设置层层物资分配机构来进行。国家一般要设立好几十个组织生产的部,计委为它们制订详细的生产计划,同时规定供应它们原材料和劳动力,但由于国家经济科层组织内"条条块块"之间、企业与企业之间还具有相对独立的权责利关系,因此在调拨生产资料时还保留着商品交换"形式",还用货币计价。

第三,经济运行的中介。在发达的市场体系中,为适应规范市场主体行为,形成良好的市场秩序,提高市场整体运行效率的需要,形成许多市场中介组织。这种组织大体有三种类型:第一类是适应公正有序和有效运行要求依法设立的组织。如鉴证类的会计事务所;评估类的资产、资信评估所;经纪类的房地产、证券公司、期货交易所;咨询类的技术、管理咨询机构、信息中心、培训机构等。它们以服务企业和个人为目标,是一种竞争性盈利性的企业组织。第二类是企业为适应市场竞争需要而自愿设立的组织。如通过协定和协议形成短期或长期同盟,通过横向纵向联合形成的联合体,以至企业集团,甚或寡头大公司。还有为整个行业利益而成立的,如行业协会、同业工会、商会等。这类市场经济中的组织有向垄断组织发展的潜在动因和趋势。第三类是适应政府管理经济需要而产生的组织。如为维护市场秩序和消费者利益,打击假冒伪劣产品而设立的物价管理机构、市场管理所等;协助政府管理经济事务的,如专业性的贸易促进会、小企业服务中心、质量管理协会,综合性的企业管理协会、工业经济联合会等;再如,提供法律服务的劳动仲裁委员会等。

市场中介组织有几方面的功能。首先是服务功能,为企业和个人提供信息、咨询、培训、交易等服务;其次,是企业与企业、企业与政府间的桥梁,起沟通政府与企业的意见,协调组织内部成员以及成员与政府部门之间的利益关系;再次,规范市场秩序功能,各类中介组织通过法律保护企业利益,协助政府制订和实施行业规范,制裁违法违规成员,维护和强化市场秩序,同时,中介组织也必须十分注意自身行为的规范。

在传统的计划经济体制中,市场中介组织是没有地位的。因为在那里政府作为经济的唯一主体,用行政指令实施全面的直接管理,人财物按计划分配到企业,连市场都没有了,市场中介组织就更没有必要了。

第四,经济运行的保障。市场经济对于企业和个人都是有风险的。由于激烈的竞争和产业结构的变化,企业会倒闭,劳动者要失业,社会上会出现一批失去劳动力或没有劳动机会的贫困者和贫困家庭。社会保障体制就是针对这些情况而建立的。保障他们的生活,是保证经济顺利运行的必要条件和社会安定的"安全阀",也是激励在职劳动者更好劳动的一种机制。所谓社会保障是指国家和社会依法对社会全体成员的基本生活和社会安全实行保障的体制。社会保障体制最主要的内容是社会保险,即对失业、工伤、疾病、生育、老年提供基本生活保障的制度。一般由国家倡办,基金筹集是社会化的,即由企业、个人、国家共同承担。除此以外,社会保障还包括社会救济、社会福利、社会优恤等内容。社会保险还不能囊括社会风险的全部,还需要商业保险作补充,如财产保险、人寿保险等等。商业保险与社会保险的主要区别在于,前者是商业性和盈利性的,投保双方鉴于自愿形成的契约关系,风险发生后只按规定承担经济责任,给予经济赔偿。

在传统的计划经济体制下,社会保障也是存在的。与市场经济体制下社会保险基金的社会化做法不同,它是由国有企业全部承担的,如劳保退休、免费医疗、免费高等教育等。这种保障办法,会造成资源的极大浪费,企业的巨大负担,也起不到激励先进,鞭策后进,鼓励诚恳劳动,不断完善和提高生活质量的作用。

经济运行必然有环境体制相伴随。除了需要良好的自然生态环境外,还需要一定的社会环境,社会体制。社会环境也可分硬环境和软环境两类。国家行政机关的规定和国家制订实施的法律,是企业和个人必须遵守的强制性的硬约束;社会的伦理道德观念,如诚信至上、公正公平公开原则等,是对人们行为不成文的软约束。有了规范人们经济方面的运行体制或规则,又具备了自然生态环境和与经济相适应的规范人们政治、法律、教育、文化、伦理、道德等行为方面成文或不成文的体制或规则,这就构成了一个具体现实的市场经济社会。

> **市场经济机制**

市场经济体制通过市场机制表现出它的作用,传统计划体制则通过计划机制表现出它的作用。

"市场机制"的含义该怎样理解呢?"市场机制"是指市场各要素:商品、货币、供给、需求、竞争、价格等互相制约、互相影响的运行机理、行为过程及发挥的功能。市场机制是市场主体各自行为形成的一种自发性机制。计划机制则是由国家通过行政系统、行政命令和计划指标来推动经济的运行,是在国家意志下形成的自觉性机制。

市场主体在市场上作为商品供应者与持有货币的商品需求者各自为了经济利益互相竞争着,经历讨价还价而形成价格。各种生产要素和产品价格的总和构成价格体系。自发形成的价格体系对经济主体是一种外在的力量,一只看不见的手。这股力量又会反过来调节市场主体的经济利益和经济行为,引起下一次他对生产要素的新需要和产品的新供给、价格体系的变动和资源的重新配置。这一过程说明,价格机制是市场经济的核心机制,其他一系列的机制都是环绕它展开的。

首先,追求货币是市场经济内在的动力机制。货币是价值的体现,是交换的手段,也可以是交换的目的。在生产规模很小时,主体是用自己的商品通过货币的媒介去换回别的商品供自己消费,目的是使用价值;而当生产规模扩大,交换的商品数量过多了,远远超过满足自己消费需要时,同一种商品的使用价值对他已失去意义,得到更多货币,或者说利润成了交换的目的本身。为了获得更多的货币,就要进一步扩大生产规模,增加有价值的商品,换回更多货币。如此循环往复,螺旋形地上升。正是货币变成人们追逐的对象,为生产发展带来强大的刺激。传统计划经济体制下的经济机制与市场机制不同。前者企业生产的目标是为了完成国家为其制定的计划,货币和利润不是企业经营的追求,经营好坏与企业关系不大。因此,企业缺乏提高经营管理效率的动力,个人也少有提高劳动效率的动力。

其次,竞争是市场经济外在的压力机制。竞争是争取自身经济利益的主体的必然行为。一般说来,竞争主要是价格竞争。同种商品的生产者众多,各人生产的主客观条件不同,如果自己生产的商品劳动生产率高,个别价值低于社会价值,在竞争中商品按社会价值出售,他的商品就好卖,得到的利润就多,在市场上占的份额相应扩大,经济地位也会越来越巩固和强大;反之,如果生产商品的劳动生产率低,个别价值高于社会价值,商品按社会价值出卖后,他的劳动和价值就会有一部分得不到实现,经济状况恶化,最后导致倒闭破产。所以,竞争像一把利剑悬在生产者头上,迫使企业努力经营,节约资源,刻意创新,提高效率,降低商品个别价值。在传统的计划经济体制和机制下,企业与企业之间、部门与部门之间被认为是为了共同完成国家统一计划的同志式互助合作关系,没有为了各自利益的竞争,只有在同一目标下的竞赛,这就使企业缺乏经营压力,得过且过,能完成计划就好,不求有功,但求无过。

再次,价格体系是市场经济的信息机制。企业的经营有了追求更多的货币或利润的动力机制和外部市场竞争的压力机制,还需有信息机制,才能作出正确的经营决策。价格体系就是最全面、最正确、最充分和及时的信息机制。要素价格,包括生产资料价格,工资(劳动力和人才价格),利率(资金价格),可以反映出生产某种产品所花费的成本,要素生产的产品按价格出卖后得到的货币,构成收入,收入减去成本,得到比购买要素时耗费的更多的货币,就是经营者得到的利润。有了正确和及时的关于成本和收益的信息,企业家就可以进行计算和比较,看看生产什么、生产多少、用什么方式生产,能达到成本最低和收入最大。这就是市场价格信息机制的重大作用。反之,传统计划体制和机制下,信息依靠计划指标的纵向垂直传递,企业生产什么、生产多少、怎样生产都由国家规定指标和任务,然后由国家计划委员会下达到各企业所属的行政部门,再通过各局或各地方,逐级下达到企业;反过来,企业在生产和销售中遇到什么情况,也不能由企业及时解决,要把这些情况一级一级向上汇报,到各个部或计划委员会去解决。计划指标体系主要是实物方面的:数量、质量、品种、材料消耗、用工数量、劳动生产率等,这方面指标是被看得最重要的。虽然也有货币方面的指标,如产值、成本、利润,但这些都只是用来核算的,完成与否,完成得好坏,对企业的经营,对广大职工的生活,都没有太大的影响。

最后,供求机制是市场经济的均衡机制。企业要获得利润首先要能把商品卖出去。但这常常不是一个容易的过程。因为,企业经营者虽然从价格体系中可以大体计算出生产商品现时的成本和收入来决定企业的生产规模和产品数量,但产品市场上的需要量是多少,他产品的供应量是否与之相适应,他是不知道的,而且产品的需求量是随居民的收入和商品的价格变动而变化着的,企业主只有把商品拿到市场去出卖时才会知道供应的商品是否符合需要。如果有剩余,说明生产和供应超过了需求,多了;如果许多人买不到,供不应求,说明生产得少了;如果供应正好满足了市场和消费者的需要,说明供和求是平衡的。所以,生产要跟着需求走,由需求量决定生产量。如果商品供应太多,卖不出去,就要减少生产;如果供不应求,则要增加生产。生产适应需求的机制,就是使市场的供给和需求能不断趋向平衡的机制。在传统的计划机制下,企业的生产和销售不是跟着需求和市场走,而要跟上级和计划走,依靠计划的修正和行政指令求得供给与需求的平衡。

市场经济功能 市场经济首先具有自动调节资源配置的功能。市场价格的波动和各种要素、产品相对价格的变化,反映了它们供给和需求的变化和状况,成本、利润的高低。某种商品如果其要素价格低了而其产品价格又高了,在其他条件不变时,则说明该商品的成本低了而利润高了;反之则反是。成本低利润高的部门和产品,表明社会对其需求大于供给,社会经济效益也好;反之,成本高利润低、无利甚至亏损的部门和产品,则表明社会对其需求小于供给,社会经济效益也差。出现这种情况时,资源就会从后一类部门和产品转移到前一类部门和产品中去,自动调节资源的配置,使其达到更有效的利用。由于市场经济由各个主体自发调配资源,价格提供的信息全面、正确和及时,因此能使全社会的资源较快的得到重新配置,供给与需求重新取得平衡。传统的计划机制也有调节资源配置的功能,但它是由国家通过所谓认识客观经济规律而制订的计划、然后由行政部门逐级下达指令到国有企业实施资源配置的。这需要设置庞大的计划机构,一个组织和管理国有企业的行政体系,为配置资源本身就先要耗费大量资源。而且,认识规律不可能那么客观全面,某些产品生产计划不符合客观需要的现象总是难免的,但当产品出现过剩或短缺时,传统办法不是由企业依据价格信号自发加以调整,同样要通过计划和行政的办法。即企业要把积压或脱销的商品类别、品种和数量详细向上级主管汇报,直到负责决策的部门,然后方能修改计划,增加或减少生产。但经过这样一套程序,耗时甚长,又可能受到地方和企业从自身利益出发,扭曲真实信息,阻挠计划的调整,就会使积压或脱销更为严重,即所谓长线愈长,短线愈短的现象,更不用说,头脑发热,急于求成,制订完全脱离现实可能的高指标,结果弄得经济大衰退,资源大浪费。

其次,市场经济具有创新功能。市场经济强调个体性,鼓励异质性和特殊性,迎合社会潜在需求的有特色的创新产品,就可以卖高价,这成为创新功能的推动力。技术进步上的创新成果所以能被企业很快使用,一还是因为它能降低成本,符合企业追求利润极大化的目标。二是来自外部市场的竞争压力,企业如果不采用先进技术,就没有市场上的竞争优势,从而逐步失去市场,甚至破产倒闭。而技术的先进性又是相对的,今天是新技术到了明天可能就成了旧技术;因此被迫要不断采用新技术,以免破产倒闭之虞。三是因为市场经济中,管理企业的是企业家,不是政府官员。按照熊彼特所下的定义,企业家就是创新家。创新,是企业家的行为本能。企业家只有通过不断的创新才能体现他们存在的价值,才能为各种要素所有者所聘用。传统计划经济在这方面的功能就相去甚远了。虽然国家可以用计划集中全国力量办一些大事,如国防工程、水利工程等包括科技含量高的项目,但国有企业的创新却是困难的。这是因为:第一,国有企业集体的决策,总是采用全体成员认识的"平均值",必然抹杀个人的独创性;第二,国有企业不以利润为目标而以完成计划为目标,搞技术创新要耗费人力和财力资源,这与完成生产计划常常有矛盾,难免使企业重生产、轻创新;第三,国企是没有竞争压力的,它只对上级领导负责,不对市场负责。经营亏损,也没有破产倒闭的危机。处在这样的经营环境下,企业自然不愿意去辛辛苦苦创新,而选择安安稳稳守旧。技术几十年一贯制,产品不变的老面孔,就是这种机制的产物。

再次,市场机制不仅对企业而且对个人也有奖勤罚懒的功能。市场经济承认个人的物质利益,根据每个人拥有的要素对社会的贡献大小来决定其收入与财富多少的,由此产生的收入与财产差别成为激励经营者努力经营、劳动者辛勤劳动的强大杠杆。奖勤罚懒、差别收入这一功能,使市场经济可以充分调动人们的积极性,并在此基础上导致社会财富快速增长和人们收入的持续提高。传统计划经济在这方面存在的缺陷也十分明显。上级主管部门对国有企业进行计划管理,规定数量、质量、品种、劳动生产率等各项指标。企业又为劳动者规定劳动定额、产品质量等项指标,企业和劳动者完成这些计划指标,也有奖勤罚懒的要求。可问题是,指标制定往往是主观的、脱离实际的、偏松偏紧的。一些企业计划指标偏低,很容易完成甚至超额完成了任务;另一些企业则由于指标过高虽经努力也完不成任务。完成劳动定额也有同样的情况。在这种情况下,不仅不能调动企业和劳动者的积极性,反而会挫伤企业和劳动者的积极性,出现企业吃国家大锅饭,劳动者吃企业大锅饭的现象。

第三节 市场的个人治理与政府治理

市场治理机制的演化

在市场交易活动中,交易的任何一方都希望从交易中获得更多的收益,但是如果一方或各方在交易中为获取更大的利益而采取欺骗等机会主义行为,即使对于各方都有利的交易也可能无法实现,也就是所进行的博弈可能只是零和或负和博弈。**针对这种交易的机会主义行为演化出来的约束机制就是市场治理机制**。市场的治理机制可以分为私人治理机制和国家作为第三方实施的国家治理机制。

私人治理机制主要包括个人信任、交易者社会规范、惠顾关系、俱乐部规范、自我实施的雇佣合同、第三方私人实施以及第一方实施(道德约束)。从历史的角度来看,私人治理机制的演化先于现代民族国家的兴起,但有了国家治理机制后并非表明私人治理机制完全让位于国家,相反,私人治理机制一直发挥着重要的治理作用,有时与国家的合同实施机制互补或相互取代。这里从个人信任的治理机制开始,对私人治理机制的演进作一个概括性的分析。

在不同的社会条件下,博弈规则的实施方式不同。在一个交易博弈只进行一次时,唯一的均衡结局是两个局中人都背叛,但当这一交易博弈重复进行而且没有确定的终止时间时,如果参与人有足够的耐心,则存在两个参与人中总是合作的一种均衡。重复博弈模型解释了长期相互作用如何使得信任与承诺的可能形成即通过形成声誉机制来解决囚犯困境问题。只要博弈的次数足够长,合作行为在有限次博弈中会出现。特别地,"坏人"可能在相当的一段时期表现得像"好人"一样。

如果交易参与人重复交易,单凭个人信任就可以支持相互合作。如果交易半径扩大,交易者之间只是随机相遇,则出现机会主义的概率上升。离开了一个"熟人社会"的交易中欺骗的可能性就会上升,而反馈的作用可能会弱化已经建立的信誉而开始"杀熟"。因此,如果交易配对一直是随机的,那么唯一可能的均衡就是自给自足的无交易状态。

在小社会中博弈规则的自发实施特征较强,在规模较大的社会或团体中,仅靠自发遵守博弈规则,会导致搭便车现象,导致规则失灵。因此,自发实施的习俗规则逐渐让位于正式的第三方实施机制,即国家形态的实施机制。国家掌握了强制性权力,可以通过警察,法律等强制机构,对犯规者的惩罚力度加大,而惩罚成本减少。政府逐渐成为了首要的保护产权和实施合同的第三方实施机制。虽然人们以拒绝购买未来服务的方式可以约束私人第三方实施者的欺骗行为,但统一的中央政府拥有疆域内排他性和强制性管辖权,除非移民,否则居民无法用脚投票,相反,中央政府垄断了对暴力的合法使用权,实施司法裁决,并向私人征税。国家是政治交换博弈的多重稳定均衡,其中政府和私人之间将达成某种秩序。

政府治理的经济原因　　政治学文献中的"政府"又有广义和狭义之分。所谓广义政府就是全部国家机构,即包括全部立法、司法和行政机构;狭义政府,一般只包括国家的行政机构。经济学角度的政府一般是指广义政府,主要强调的是国家或政府对权力资源的垄断特征。离开政府的存在,现代市场经济的正常运转是不可想象的。美国历史学家斯特雷耶(Joseph R. Strayer)在《现代国家的中世纪起源》中写道:"今天,我们视国家的存在为天经地义。虽然我们不满于它的要求,抱怨它越来越多侵蚀了私人空间,但也很难想象没有国家存在的生活状态。在现代世界,最可怕的命运莫过于失去国家。如果确实存在希尔(Hale)所说的'没有国家的人',那么他肯定将会遇到许多无法想象的不幸。旧模式下的社会身份已经不再是绝对必要的,一个没有家庭的人可以有一个合理而完整的生活,对于没有固定居民身份或宗教归属的人也如此。但如果他没有国家,他什么也不是。他没有权利,缺乏安全保障,几乎没有机会去得到有意义的职业。在国家组织之外,这个人就是无以拯救的。"

在上述分析的基础上,我们进一步考察政府存在的经济根源。

政府治理代替个人治理的经济原因是社会交易成本的规模效应。基于交易成本的角度,关于政府出现的一个思想实验是:在政府出现之前,存在着一个人人互相抢劫、互相偷盗的"自然状态"。在这种状态下,尽管人人都有抢劫、偷盗他人的"权利",但也人人自危,大家把大量的精力和资源放在互相防范上,结果,人人或是不能安心生产和正常交易,或是各人付出成本雇人保卫自己,这样就会形成巨大的社会成本,造成社会生产的降低,整个社会就会贫穷下去。于是人们会想到,如果大家互相尊重彼此的人权和产权,禁止互相抢劫和偷盗,人们会把更多的精力和资源放在生产和交易上,每个人的情况会改善。但要真正做到这一点,就必须对抢劫和偷盗行为加以有效的惩罚,这就需要超越个人之上的权威和强有力的暴力做后盾。正是政府把每个人保卫自己安全和产权的权利集中起来,形成了有威慑力量的警察系统、司法机构和常备军。为了给提供安全和秩序的政府筹集资源,大家同意按规定向政府纳税。总之,由于政府规模大、范围广、行政和暴力机制的力量强和效果显著,治理费用会远低于个人治理。所以说,利用规模效应的优势,为社会提供安全和市场交易秩序,保护公民的权利,是政府存在的首要的经济原因。因此,这也是政府应该具有的基本职责、或者说它首先"应该管好的事情"就是为公民和社会提供安全和秩序,保护每个人的人权和产权。这其实就是市场的基本前提。

以上分析国家产生的根源,从经济上说就是市场治理的需要、节省交易费用的需要和如今经济发展的需要,总之,是市场经济发展的需要。

政府悖论与有限政府 政府出现的经济根源是基于交易成本的规模效应,但在政府出现之后,与之相伴随的问题就是政府悖论。**政府悖论**,又被称为"**国家悖论**",其实质是权力的悖论,都是关于权力因素对经济的推动或阻碍作用所产生的冲突。权力既来自对暴力的垄断,又可能产生对暴力的滥用。马克思主义经典作家认为:"国家权力对于经济发展的反作用可以有三种:它可以沿着同一方向起作用,在这种情况下就会发展得比较快;它可以沿着相反方向起作用,在这种情况下,像现在每个大民族的情况那样,它经过一定的时期都要崩溃;或者是它可以阻止经济发展沿着某些方向走,而给它规定另外的方向——这种情况归根到底还是归结为前两种情况中的一种。但是很明显,在第二和第三种情况下,政治权力会给经济发展带来巨大的损害,并造成大量人力和物力的浪费。"[1]

新制度经济学的研究与政治经济学的研究有类似的发现,新制度经济学家温加斯特提出"经济制度的基本性政治悖论",他提出强大到足以保护产权和实施合同的政府也同样强大到足以剥夺公民的财产。市场繁荣不仅需要适当的产权制度和合同法,而且还需要一种能够限制国家剥夺公民财

---

[1] 《马克思恩格斯选集》第 4 卷,人民出版社 2012 年版,第 610 页。

富能力的政治基础。诺思的定义是国家在暴力方面具有比较优势的组织，国家的存在是经济增长的关键，然而国家又是人为经济衰退的根源。在扩大地理范围时，他的界限要受到对选民征税权力的限制。政府在谋求自身利益最大化时要受到生存问题、代理问题和度量成本等问题的限制。因而它所采用的征税方法和建立起来的权利体系很可能会引致经济远离它的技术性生产边界，在极端情况下，政府的最优战略能产生一种权利结构，足以使经济停滞和崩溃。

政府的服务是以权力为后盾的。政府的权力天然大于企业或个人权利，如果政府行为不受约束，独立的企业制度和自由交易就没有根本的保障，现代市场经济的基础就不存在了。给定这一权力，政府对经济随意干预的倾向很难自我抑制，警察、军队和税收都是政府才有的手段，都可以用来介入到市场中来。经济人理性地预期到政府的这种行为，便没有投资激励，或做扭曲性投资，甚至去贿赂政府官员以换取政府干预的减少。政府行为不受约束的情况下，政府对经济人的承诺不可信。一种极端情形就是政府无限制的干预社会生活的每一个领域和控制社会的每一个阶层，又可以称为无限政府。

如果以政府的税收权力为例进行具体分析，政府成本为零显然不现实，通过捐税掠夺、摊派或市场方式等提供政府存在所需要的资源的方式在历史上和现实中都不是常态。税收方式是权力与权利博弈的一种均衡：国家为获取收入，以一组被称之为"保护"与"公正"的服务作为交换。对这一过程可以表示如下：

从图中可以看出一个简单的社会系统中存在着两重交换，第一重是个人与企业之间的市场交易；第二重是政府与个人（包括企业）之间的政治交易。因此税收界定了政府与个人和企业的真实的边界。设税率为 T，则有 $0<T\leqslant 1$，而 T 的大小与经济产出的关系已经由拉弗曲线作了说明，正

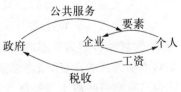

图 10-1 政府、企业、个人关系示意图

是政府以税收方式获取资源的方式使得政治和经济的界线变得模糊。因此国家就具有了两重目的：它既要使政府租金最大化，又要降低交易费用以使全社会总产出最大化，从而增加国家税收。而这两个目的之间是相互冲突的，因此需要在二者之间有一个合理的折中。但是由于受到(1)自行其

是的权力和政府的偏好；(2) 意识形态的僵化；(3) 官僚的自行其是；(4) 利益集团的冲突；(5) 社会科学知识的局限等因素的影响，现实中的政府并不是都实现了在这二者之间的最优的折中。

总之，不受约束的政府权力可以深入到纯属个人生活的私人领域。权力的扩张与职能扩张的直接后果是属于私人的权利和自由不断缩小，财产权和经济自由不断受到侵犯。政府规模扩张，成本上升，贪污腐败和财政危机往往是与这种无限政府相伴随的两个"体制病"。因此，**市场经济的健康发展需要克服政府悖论的难题，关键就在于通过建立有限政府来限制和约束权力**，使政府自身的目标与个人、社会与市场对政府服务的需求之间达到一致。有限政府与无限政府的区别主要在于政府的职能、政府的权力和政府的规模。有限政府在权力、职能和规模上都受到法律严格约束和限制，在确保增强政府治理能力、不断提高政府宏观调控水平的前提下，政府有所为有所不为，在提供公共产品、公共服务以满足公众利益诉求和市场经济发展客观需要的同时，政府的权力、职能、规模以及行为方式等应依法受到制约和监督，不能超越其法定的界限。

政府与市场的关系　长期以来，政府与市场的分工与定位处于动态调整中，国家干预与自由放任相互交替。经济学对政府与市场的关系的认识，可以划分为四个阶段：

第一阶段：从亚当·斯密出版《国富论》的 1776 年到 20 世纪 20 年代。这一阶段，强调自由企业制度和自由市场机制的经济自由主义是经济思想的主流，政府作用则被置于辅助地位。

第二阶段：20 世纪 20—60 年代。以旧、新福利经济学、凯恩斯主义经济学、发展经济学为标志的政府干预理论处于鼎盛时期，经济学文献中到处是对市场失灵的论证，经济学家据此对政府增加了越来越多的职能。主要认为只有实行政府干预经济才能使现行的经济形态免于市场失灵，才能使个人的动力得以有效地发挥作用，政府干预的主要方式是实行逆经济风向而行的宏观财政政策和货币政策，具体办法是通过提高公共投资和赤字财政以及对外经济扩张政策的"相机抉择行动"来刺激私人消费和投资，提高社会有效需求，从而实现充分就业。

第三阶段：从 20 世纪 60—90 年代。经济自由主义再度复兴，经济学家的视角转向了政府失灵或政策无效，主张还是把自由市场机制和自由企业制度作为资源配置和经济发展的基本工具,并把政府身上过多的职能一一卸了下来。认为市场失灵并不必然要由政府干预来解决,相反,许多场合市场失灵正是政府干预的结果造成的,并认为市场本身可以解决市场失灵问题。政府干预本身也有成本,政府本身也有可能失灵。作为市场失灵的原因的不完全信息和不完全市场问题在政府部门里是普遍存在的;与政府强制力密切相关的可能的再分配不仅会导致不公平,而且还会产生寻租活动;现在的政府可能会给未来的政府留下巨额的财政赤字;政府部门里竞争的缺乏会削弱人们的积极性;政府部门里产权让渡的其他缺陷会限制有效的激励结构的构建。

第四阶段,21世纪90年代以来对政府与市场关系的再反思,尤其是2008年金融危机之后,对这一问题有了新的思考。基于对现代经济发展的实践的观察表明,政府与市场有一定互补性,只有从国家秩序的角度来分析才能完整的理解二者之间的关系,**有效的政府和市场都是经济发展必不可少的要素**,经济增长的水平与政府的效率相辅相成。在经济增长的过程中,它们不是互相竞争,而是相互补充。政府有可能变得太大而富有侵占性,但同样也可能变得太小而缺乏效率。没有政府的存在,市场自由交换秩序就得不到保证,就会出现混乱,但权力的不受约束和过度介入,会造成"丛林法则"支配市场,使整个经济变成一个寻租场。

> **市场经济中政府的基本职能**

市场和政府的边界在哪里,市场和政府应该如何分工?现实市场经济中,政府的职能是一个有争论的话题,对政府的职能和边界的认识和实践也在不断的动态调整中。

最早的答案或许要追溯到亚当·斯密在《国富论》里提出了政府作为"守夜人"的理论。亚当·斯密认为,政府应当承担的责任很少:保护本国社会的安全,使之不受其他独立社会的暴行与侵略;保护人民,使社会中任何人不受其他人的欺负或压迫;建立并维持某些公共机关和公共工程。当代倡导自由市场经济的代表经济学家弗里德曼在《自由选择》一书中提出,政府的职能主要有四个:保证国家安全、维护司法公正、弥补市场缺陷、保护那些"不能对自己负责"的社会成员。

新古典综合学派的代表人物萨缪尔森世对政府职能的界定是:一、政府通过促进竞争、控制诸如污染这类外部性问题,以及提供公共品等活动来提高经济效率。二、政府通过财政税收和预算支出等手段,向某些团体进行有倾斜的收入再分配,从而增进公平。三、政府通过财政政策和货币政策促进宏观经济的稳定和增长,在鼓励经济增长的同时减少失业和降低通货膨胀。对于后进国家政府还需要推动经济发展,其中关键之一是要建立和维持一个健康的经济环境,对此政府的作用至关重要。政府必须推崇法治,强调合同的有效性,并使其管制有利于竞争和创新。通过对教育、医疗、交通设施的投资,政府在开发人力资源过程中可以起到重要的作用。但在那些政府没有比较优势的部门,则必须依靠私人部门。对那些市场失灵信号明显的领域,政府应当集中精力加以管理;而对那些政府具有相对劣势的部门,政府则应该放松管制和解除干预,让私人部门发挥作用。这里涉及政府的又一项基本职能,建立法治环境,维护公平竞争的市场规则。

世界银行将政府的核心使命概括为五项最基本的责任,大体上反映了现代政府所行使的职能,这就是:确定法律基础;保持一个未被破坏的政策环境,包括保持宏观经济的稳定;投资于基本的社会服务和社会基础设施;保护弱势群体;保护环境。

新结构主义认为,在经济发展过程中,必须发挥市场和政府的协同作用,同时,政府的政策和各种制度安排必须考虑不同发展水平的结构性特征,这些结构性特征在很大程度上受各个发展中国家要素禀赋结构及其市场力量所内生决定,而非旧结构主义所假设的那样,是权力分配或其他外生固有刚性因素所决定。在每个给定的发展水平,市场是配置资源最有效率的根本机制。但在市场机制以外,政府还必须在发展过程中发挥积极而重要的协调或提供基础设施改进以及补偿外部性的作用,以促进产业的多样化和升级。

思 考 题

1. 如何理解政府治理的经济根源?
2. 什么是政府悖论,产生政府悖论问题的原因是什么?如何克服政府悖论这一难题?
3. 试述现代市场经济中政府的基本职能。

本章参考文献

1. 《马克思恩格斯选集》第 4 卷,人民出版社 2012 年版。
2. 威廉·阿瑟·刘易斯:《经济增长理论》,商务印书馆 1983 年版。
3. 约瑟夫·R·斯特雷耶:《现代国家的中世纪起源》,格致出版社、上海人民出版社 2011 年版。
4. 迈克尔·斯宾塞:《下一次大趋同》,机械工业出版社 2012 年版。

第四篇　自由资本主义经济

第十一章 自由资本主义的形成

从历史上看，自由资本主义最早是从西欧的英国和荷兰诞生的，在18世纪，英国和荷兰最早确立了资本主义的社会经济制度，之后，又带动西欧其他国家步入资本主义制度。从19世纪后期起，世界上不少国家在西欧的影响下也转变成了资本主义国家。

本章对自由资本主义形成的论述的范围主要集中在西欧，又主要集中在英国。因为，英国当年是自由资本主义的典范，又是它把人类引入了工业文明的资本主义新时代。

第一节 资本主义形成的基础

资本主义形成的基础包括有物质、经济和社会三大方面，经济方面的基础主要表现为商品市场经济；物质方面主要有科学技术进步与机器大工业生产；社会方面则有国家的法律保护、市民意识甚至宗教伦理意识的培育等上层建筑。以下分别论述。

> 商品市场关系是资本主义形成的前提和经济基础

不论从逻辑还是从历史事实的角度看，封建制度向市场制度的转型主要有两类情形，一类是社会主动或自主地选择，如西方国家资本主义制度的确立；还有一类是社会在外部市场经济势力的压力或入侵下沦为殖民地并被迫向市场经济制度转变，如亚洲国家封建经济制度崩溃的历史。

上述第一类制度变迁发生的生产力发展基础在于，西方国家因历史机遇所形成的对外贸易的迅速扩大，导致了以市场规模扩大与技术进步之间正反馈循环为主的各种正反馈循环的生成，诱发了向机器化大生产的技术突变，从而促动了封建社会向市场经济制度的跃进。而在后一类制度变迁情形中，由于外部市场经济势力的干预以及干预时机的不同,后进国家其向市场经济制度转型之路表现得更加复杂和曲折。

1. 市场规模迅速扩大与向机器大生产过渡的内在机制

在一个封闭的封建强制经济占主导地位的经济系统中,对城镇市场经济而言,对于市场规模的正向扰动(即导致市场需求规模增大的扰动)总是小幅度和不持续的,因此市场经济的低水平停滞状态将难以被打破。

封建社会内部商品生产的扩大和市场的突然兴旺,使长期处于相对弱势地位的工商阶级突然发展壮大,是有其内在非常复杂的机制的。这其中除了地理大发现和海外奴隶的买卖外,主要是包含多种外贸和市场扩大—技术进步的大生产正反馈循环的系统动力学机制在发挥作用,这里我们通过建立一个非技术性的系统动力学模型①,来透视市场经济得以兴盛的内在机制。

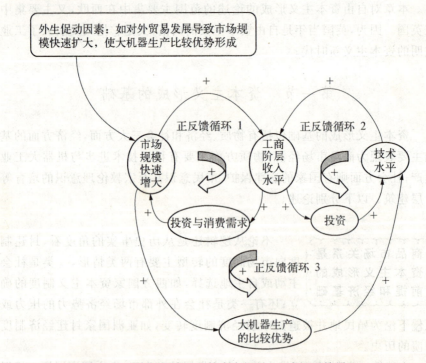

图 11-1 市场经济兴盛的内在机制:三个正反馈循环

---

① 我们模型的表达形式一定程度上借鉴了彼德·圣吉在其管理学名著《第五项修炼》(1994)中所使用的系统动力学分析模型的表达形式。

如图 11-1 所示,在我们的模型中,市场经济兴盛的内在机制是建立在三个正反馈循环的基础上的(图中带"+"号的环节,表示该环节为促进和增强环节,或者说该环节为正相关环节):

正反馈循环1:市场规模扩大→(工商阶层收入水平↑→消费与投资需求↑)→市场规模扩大。

正反馈循环2:技术进步→(工商阶层收入水平↑→工业投资↑)→技术进步。

正反馈循环3:市场规模快速扩大→(大机器生产比较优势↑→技术水平↑→工商阶层收入水平↑→消费与投资需求↑)→市场规模扩大。

接下来对图11-1中的部分环节及节点给出进一步解释。

首先看环节:市场规模扩大→工商阶层收入水平↑。我们所讨论的市场规模扩大均是指市场需求规模的扩大,即市场需求函数的变化,在图像上表现为整个市场的需求曲线的外移。市场规模扩大对工商阶层收入水平的促进是通过两个途径实现的:一方面,市场规模扩大会导致商品市场的价格×需求量的水平上升,从而提高工商阶层收入水平;另一方面,市场规模扩大导致规模经济及专业分工水平的提高,从而降低生产成本,带来工商阶层收入水平的提高。

再来看图11-1中极为关键的节点之一:技术水平。技术进步可分为两类:常规性的技术进步与非常规性(突破飞跃性)的技术进步,大多数时间内所发生的技术进步是前一类,即常规性的技术变革,主要依靠在一个既定的技术框架内的干中学过程来实现,但这类技术进步是沿时间边际递减的;当常规性技术进步其进步潜力逐耗尽时,技术水平的进一步提高就有赖于非常规性的突破飞跃性的技术发明与发现,这是一种全新技术的出现,是技术水平整个地上一个新台阶。

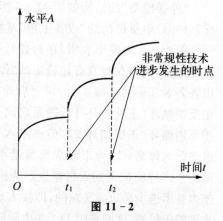

图 11-2

由手工劳动为代表的技术水平向大机器生产为代表的技术水平的飞跃是一个极大的非常规性技术进步,而这一技术进步是与市场经济的兴盛及市场经济制度的最终全面确立有着根本的相关性。因为只有在实现了这一技术进步的前提下，工商业才能突破手工技术水平的极限，规模经济水平、专业分工及生产社会化程度有一个质的飞跃，从而在新的技术台阶上进入不断扩大再生产的正反馈良性循环（见循环1与循环2）；同时也只有实现了这一技术进步，工商业才能真正形成对封建自然经济的绝对效率优势，从而最终彻底击碎封建强制经济制度。

但是，这一技术进步发生有一个基本的经济学前提，那就是市场需求规模的"快速"扩大使大机器生产的比较优势越来越明显地凸显。这里我们特别强调市场规模的"快速"扩大，即一段历史时期内市场规模的扩大速度至少要超过新厂商的最高进入速度[1]，这样原市场中代表性厂商才会形成越来越大的生产规模，从而使大机器生产的比较优势显现出来，并诱发由手工劳动向大机器生产的突变性技术进步。

通过上述的分析，可以初步得出结论：图11-1中最具有关键意义的节点是"市场规模扩大"，它对于图中三个正反馈的形成具有第一推动力的意义；而最具关键意义的环节是"市场规模扩大→大机器生产比较优势凸显"，因为只有这一环节被打通，图1中另两个正反馈循环循环1和循环2才能不断持续下去，从而市场经济就会不可逆转地走上兴盛之路；否则，市场经济的发展将会陷入低水平停滞状态，从而封建强制经济制度向自由市场经济制度的跃升将难以实现，下面的"停滞模型"对此给予了进一步的说明。

"停滞模型"的结构如图11-3所示，它类似于彼德·圣吉在《第五项修炼》（1994）中所提出的"成长上限"基模（第102—110页、第123—125页）。

图11-3的模型表明，在封建社会内部以手工劳动技术水平为基础的市场经济，其内在地具有超稳定的"停滞"机制。即使出现小的扰动因素，即市场需求规模的小幅扩大，从而启动市场规模与工商阶层收入水平之间的正反馈循环（正反馈环1），进而启动工商阶层收入水平与技术水平之间的正反馈循环（正反馈环2），但技术水平会受到另一个负反馈循环的约束而最终陷入停滞：因为市场规模只是小幅的扩大，不足以使市场内代表性厂商的生产规模扩大到大机器生产的比较优势能够凸显，同时，在手工技术框架内技术进步是边际递减的，即技术水平越高，技术进步速度越慢，最终技术水平陷于停滞，这即是图11-3中限制因素的作用；而随着技术进步的停滞，

---

[1] 显然可以合理地假定，新厂商的进入由于受到资本积累、技术诀窍掌握及市场获取等方面的限制，因而有一个进入速度的上限。

第十一章　自由资本主义的形成　239

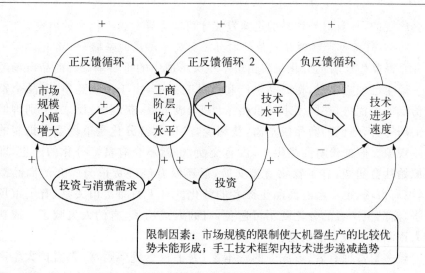

图11-3　市场经济低水平停滞的内在机制：负反馈循环所形成的"成长上限"

正反馈环2将趋于衰减,同时进一步引起正反馈环1的衰减,因为没有技术进步的支持与推动,市场需求规模与工商阶层收入水平之间的正反馈循环将在类似于投资与需求乘数机制的作用下运行,最终市场需求规模与工商阶层收入水平会在一个比扰动前稍高的水平上稳定下来。

另一方面,市场规模的小幅扩大①,虽然可能会在短期内使价格水平上升并导致市场内代表厂商生产规模扩大,但由于市场竞争的存在,新厂商的进入,市场商品供应量的增加,又将使价格水平重新回到代表性厂商长期最优生产规模,因而与大机器生产比较优势得以凸显时的生产规模水平的差距重新回复到以前水平。这进一步表明,市场规模的小幅度扰动并不具有累积效应,在小幅扰动之后,市场会重新回到原有的稳定状态,其与市场突变点(即技术发生向大机器生产的飞跃的点)之间差距又回到原有的水平,并未缩减。因此,小的市场扰动将始终难以打破市场经济低水平停滞状态。

要解决上述的"成长上限"问题,打破市场经济低水平停滞状态,"杠杆解"在于能够改变图11-3的限制性因素,具体而言,机会来自市场需求规模的快速和大幅地扩大,从而使大机器生产的比较优势得以凸显,并在市场中诱发由手工技术向大机器生产技术的突变。而这一机会在封闭经济中是

---

①　注意这里所说的市场规模的小幅扩大也就是前述的市场规模扩大速度较低,因为后者的直接含义就是在单位时间内市场规模扩大幅度较小才可能会导致这一机会的出现小。

不会出现的,只有对外贸易的迅速发展才可能会导致这一机会的出现。

2. 小商品生产者的分化是资本与雇佣关系形成的基础

小商品生产者的分化是自由资本主义形成中的重要基础。商品市场经济一篇中已经指出过,在商品生产和商品交换中,由于市场竞争,商品个别价值低的占优势,在同一市场价格条件下,成本低,获利多;反之,个别价值高的居劣势,他们的商品成本高,获利少,产生贫富分化是市场竞争机制的必然现象。假如没有商品生产,没有交换,也就不会有贫富分化的产生,即使原始社会初期,有了物物直接交换,但还没有经过货币为媒介的商品流通,没有市场,也不会有商品生产者的分化。有了商品货币关系,有了市场经济,商品生产者的分化就不可避免,有的人成功了,有的人失败了。成功的人逐渐有了较多的财富。

较多财富拥有者、形成中的资本家,为了积累更多财富,必需扩大生产规模,雇工进行生产;贫困的人无法按原来的方式生存,只好出卖劳动力,受雇于人,于是雇工的私人资本家和受雇的工人出现了。

开始于 15 世纪的圈地运动发展到 17 世纪初更加剧烈,又进一步加速了这种分化。由于圈地运动,商业资本渗透到农业生产中,使农业生产与市场密切联系起来,转化为资本主义经营。一部分兼营商品生产的地主和农、牧场主演变成了农业资本家,广大农民则被迫与自己的土地分离,有的进入农、牧场当农业工人,有的到城市寻找工作成为城市的产业工人,还有许多农民进入城市成为无业的游民。圈地运动的结果扩大了资产阶级化的新贵族阶层,也为资本主义发展准备了大批雇佣工人和国内市场。原有的贵族集团也发生了分化,其中一部分贵族(主要是中小贵族)使用雇佣劳动者经营农场、开办工场、经营商业等,或者出租土地而取得地租。他们变成了资产阶级化了的贵族。英国资本主义发展史的一个重要特点,就是农业中的资本主义经营与工业中的资本主义经营几乎是同时发生的。于是,资本与雇佣劳动关系就成为社会上占统治地位的经济关系。

> 技术进步与机器大工业是资本主义的物质基础

1. 科学技术进步与英国的工业革命

从 18 世纪 60 年代开始,西欧国家先后发生了范围广阔的、影响深远的工业革命。这场革命不仅引起了生产技术的革新,使生产力获得空前未有的巨大发展,开创了人类文明发展的崭新时代,而且引起了生产关系的重大变革,使资本主义的生产方式最终确立起来。西欧的工业革命最早是从英国爆发的,英国的技术革命又是工业革命的最重要的表现。在18世纪的英国,科学技术的迅速发展为工业革命准备了条件。

英国成为工业革命的摇篮,是因为英国最早具备了爆发工业革命的条件。比如,此时的英国,资产阶级革命胜利已有了上百年的时间,一系列有利于资本主义发展的立法和内外政策已经建立起来。为鼓励发明创造,英国早在1624年就通过了世界上第一部专利法《独断法》以保护科学的发明和技术创新,1662年就成立了以促进自然科学为宗旨的伦敦皇家学会。到了18世纪中叶,英国社会对应用科学和技术发明更加关心,例如,在政府注册的发明专利也日渐增多,1740年批准的专利只有4件,1750年只有7件,到了1760年就达到了14件,1770年更是高达30件。这预示着一场深刻的技术革命即将到来。

英国的工业革命首先是从新兴的纺织业开始的。在英国,棉纺织业是一个新兴的工业部门,产生于16世纪。18世纪以前,英国的棉纺织品质量低劣,竞争不过印度和中国的棉纺织品。当时穿中、印棉布衣服曾风靡一时。英国政府为了鼓励棉纺织业的发展,在1700年国会通过议案,禁止由印度、波斯和中国输入棉布。这一政策使英国国内的棉布价格上涨,大大地刺激了英国棉纺织业的技术革命。这一革命是从新工具的创新开始的。1733年,钟表匠约翰·凯伊发明了飞梭,部分地解放了手工劳动,使织布效率提高了一倍,导致棉纱的生产开始供不应求,这又诱发了棉纱生产的创新。1735年,英国技工约翰·怀特发明了一台自动纺筒和翼形纺锤的卷轴纺车,这项发明成为由手工纺纱向机器纺纱技术过渡的一项重大突破。这两项技术发明是英国工业革命的先兆,具有十分重要的意义。但还没有立即带动全行业的技术革新,引起更多发明的出现。大约是在1764年,英国技师J·哈格里夫斯发明了"珍妮"纺纱车,又称多轴纺纱机。这种机器可以一人手摇纺机,同时可带动8枚纺锭。之后经过多次改进,纺锭数目最后增加到130枚,劳动效率几十倍地提高。这一发明是从工具发展为机器的重大进步,直接后果是水力纺织机的诞生。1768年,R·阿克莱特发明了水力纺纱机。一台水力纺纱机能够带动几十枚纱锭,这种纺纱机体积较大,必须安装在有水流落差的地方。这种发明不仅提高了生产效率,而且使纺纱机走出了家庭,集中到水力发生地的厂房中去,于是开始了纺织厂建造。1771年阿克莱特在克隆福德开办了第一个水力棉纺纱厂,短期内就雇用了600

多名工人,成为建立近代机器大工厂的开端,工厂制度从此诞生。水力纺纱机纺出来的纱,比珍妮机结实,但太粗。1779 年英国织工 S·克朗普顿综合"珍妮"纺织机与水利纺纱机的优点,发明了一种性能更为优良的纺纱机,称为"骡机"(混合机之意),一次可带动 300 枚—400 枚纱锭,纺出的棉纱不仅质地优良,而且生产效率很高,使昔日贵如丝绸的棉布变成了廉价的商品。原来分散在家庭内进行的纺纱业开始向集中生产的工厂发展。1825 年和 1830 年,英国机械师 R·罗伯特先后两次设计出能够持续工作的自动纺纱机。此后,许多发明家不断对纺织机进行改造,使其性能逐渐完善。1830 年—1880 年的 50 年间,英国的纺纱产量增加了 1 000 倍,实现了纺纱机械化。

纺纱机的发明和应用,又造成了纺纱和织布之间的不平衡,织布跟不上纺纱,迫切要求革新织布机。1787 年和 1792 年,英国传教士 E·卡特莱特在木工、锻工的帮助下,先后发明了两种织布机。1787 年发明的织布机用马做动力,1792 年的织布机改用蒸汽,使织布基本上实现了机械化,大大提高了生产效率。卡特莱特在 1791 年还建立了第一座动力织布机厂。随后,英国人 J·纳恩罗普又制造出自动织布机。到了 1813 年,英国已经拥有了 2 400 台自动织布机,其中一半用水力推动,一半用蒸汽发动。纺织机和织布机的发明和推广运用,又引起了纺织工艺及其设备的不断变革,许多新的机器被发明出来,并被推广使用。例如 1783 年,苏格兰人托马斯·培尔发明了滚筒式印花机,革新了布匹印花技术,提高了工效 100 倍。机器的发明和使用使纺织业空前的繁荣,以 1760—1827 年为例,英国的棉纺织业生产增长了 20 倍。1834 年英国出口棉布 5.56 亿磅、棉纱 7 650 万磅,以及棉织刺绣制品 120 万磅。英国成了世界上最大的棉纺织品的出口国。

棉纺织业在英国的工业革命中是起带头作用的行业,它的发展还推动了采矿业和钢铁工业的发展,加速了蒸汽机的研制。

詹姆士·瓦特 1736 年出生在英国造船业很发达的格拉斯哥城附近的一个小镇,父亲是一个很有经验的造船工人。瓦特 20 岁时到格拉斯哥大学当教学仪器的修理工。在此期间,他对前人的许多研究成果进行了详细的研究,并做了大量的实验,终于在 1769 年试制成功了单向蒸汽机。1782 年又制造出双向蒸汽机,使之可以作旋转动作。瓦特的蒸汽机解决了大工业发展所必须的动力问题,推动了工业革命向纵深发展。1785 年被用于棉纺厂,1793 年被用于毛纺厂。1800 年英国全国已有蒸汽机 321

台,总功率5 210马力,蒸汽机的普遍使用,极大地推动了资本主义生产力的发展,彻底改变了它的经济体系。蒸汽机的使用是对自然力认识的一个巨大进步。在人类的历史进程中,摩擦取火把机械运动转化为热,蒸汽机的发明和使用又把热转化为机械运动。这说明,社会对科学技术的需要把科学推向进步。自然科学的进步又导致技术革命,技术革命又导致生产力的发展。

英国的工业革命是一次重大的技术革命,它开始于18世纪60年代,完成于19世纪30—50年代,前后经历了将近一个世纪。在这将近100年的时间里,英国建立了棉纺织业占优势的纺织业、采矿业、冶炼业、机器制造业、运输业为主的工业体系。英国工业革命的结果使它的领先地位一直保持到19世纪70年代,例如英国在1780年在世界工业生产中占32%,美国占23%,法国为13%。1870年英国的采煤量占世界采煤量的51.5%,生铁产量占50%,棉花消费量占49.2%;贸易额占世界贸易额的25%,几乎相当于法国、美国和德国贸易额的总和;商船吨位超过荷兰、法国、美国、德国和俄国商船吨位的总和;伦敦成了世界金融中心;英国还是世界上最大的资本输出国和拥有殖民地最多的国家。英国国运盛极一时,号称"日不落帝国"。

英国的工业革命也带动和影响了世界上其他国家的工业革命和向资本主义的迈进。其他国家也纷纷引进英国的技术、设备和工人,试图在自己的国家内实现工业革命。继英国之后,法国、美国、德国,以及欧洲其他国家,比如比利时、瑞士、奥匈帝国等在19世纪上半叶也先后发生了工业革命。俄国和日本也在19世纪60年代走上了资本主义的发展道路。

2. 机器大工业成为资本主义的物质基础

技术革命和工业革命的直接后果是用机器生产机器,在英国促成了机器大工业成为资本主义的物质基础。

在英国,18世纪末至19世纪初,机器多由手工工厂制造。蒸汽机发明以后,导致铁制机器的出现。同时,冶炼业实现技术革命生产出来的韧性铁,也为机器制造业的技术革命创造了条件。纺织机与蒸汽机的出现和广泛应用,在推动了各产业部门机械化的同时,也对工作机的数量和质量的需求大幅度增加。在新的要求和成熟了的条件下,到了18世纪末期工具制造的精密度和准确度都不断提高,人们已经能够解决金属切割的机械化问题。1775年,英国机械师J·威尔金设计了一台车床模型。1798年,英国著名机械师 H·莫兹利队车床进行改进,制造出车床,成为机械制造业发展史上的一个重要里程碑。1814 年,J·福克斯发明刨床。1842 年,J·惠特次恩发明完全刨床。从 19 世纪 30 年代起,英国已能制造各种车床、铣床、水平平面刨床、钻床、旋转外螺纹车床、蒸汽锤等工作母机,同时还发明了带车刀和导轨的车床。英国制造的蒸汽机、各种工作母机、火车头、农业机械等,质量优良,远销世界各地,在国际市场上占有垄断地位,并直接影响着欧洲大陆和美国工作母机的制造业,英国成为"世界工厂。"

技术的革新,不仅推动了生产的发展,而且是推动历史前进的革命力量。恩格斯给予了高度的评价:"分工,水力,特别是蒸汽力的利用,机器的应用,这就是 18 世纪中叶起工业用来摇撼旧世界的基础的三个伟大的杠杆。"① 工业革命促进了生产力的大发展,引起了社会的巨大变革,使资本主义制度最终战胜了封建主义,在西欧乃至全世界获得了胜利。

机器大工业发展的一个最重要的成就就是铁路的兴建。1825 年英国人史蒂芬逊试制成功蒸汽机车,并亲自驾驶它,列车由 12 节货车和 22 节客车组成,能载客 450 名,时速 18 公里,完成了从斯托克顿到达林顿长达 40 公里的铁路行驶。这时世界上建成的第一条铁路。1830 年 9 月 15 日,48 公里长的利物浦—曼彻斯特铁路线通车,客货两用,成为第一条真正现代化的铁路,它向人们展示了修建铁路的技术和组织的全部原则,使人们看到了铁路交通的发展前景和给经营者带来的好处。此后,英国在 1863—1864 年和 19 世纪 40 年代两度掀起了修建铁路的热潮。在第一次修建铁路的热潮中,涌现出了为数不少的承揽铁路生意的公司,从事架桥、开路、挖掘隧道、筑路等工程。这次修建铁路的高潮结束后,据 1843 年统计,大不列颠已有 1 498 英里的铁路通车。第二次铁路修建热潮过后,到 1850 年英国铁路已达 6 084 英里,1860 年为 9 070 英里,占欧洲各国的首位。英国铁路网在 19 世纪 50 年代形成,伦敦自那时起就成了铁路网的最大枢纽。

3. 机器大工业的结果——工人阶级的形成

机器大工业促使工场手工业逐步崩溃,家庭手工业迅速衰落。经不起大工业竞争的手工业者,纷纷破产,仅织布手工业者就达 80 万人。恩格斯对此分析指出,大工业"用机器代替了手工工具,用工厂代替了作坊,从而把

---

① 恩格斯:《英国工人阶级的状况》,《马克思恩格斯全集》第 2 卷,第 300 页。

中等阶级中的劳动分子变成工人无产者,把从前的大商人变成了厂主;它排挤了小资产阶级,并把居民间的一切差别化为工人和资本家之间的对立。"①马克思对此评论说:"机器只是一种生产力,以应用机器为基础的现代化工厂才是生产上的社会关系。"②由于工厂制度的确立,完全改变了工人的地位。在工场手工业的时期,工人大都同农村保持着一定的关系。他们或者有简单的工具,或者租一小块土地,在工余从事耕种。而机器大工业就完全割断了他们同农村的联系。现在,他们除了出卖劳动力之外,再也没有任何其他收入来源,他们除了做一辈子雇佣劳动者之外,再也没有别的生活出路了。工业革命和机器的使用最重要的结果,就是无产阶级的形成,就是社会日益分成两大阶级。人类社会的发展史,就这样向前迈进了一大步。

资本主义上层建筑对经济基础的作用　　资本主义国家的法律、市民意识甚至宗教伦理观念的培育,都是资本主义经济基础决定的上层建筑。反过来,正是这些上层建筑起着形成、巩固和发展经济基础的作用。

1. 国家法律保护私人产权

商品货币关系的发展、小商品生产者的分化以及私人与雇佣劳动关系的大量出现,构成了资本主义的经济基础。但如果没有私人产权的界定,资本主义的经济就不可能得到进一步的发展。随着西欧资本主义企业经营的规模日渐扩大,资本所有者为了保护投资的安全,明确产权要求也越来越变得迫切。随着西欧封建社会中城市的兴起以及罗马法在城市的复兴,明确私人产权也就成为一个急需解决的课题。加之城市市民的兴起,市民们也要求政府更好地保护私人产权。于是,西方国家在宪法上都把"国家保护私人财产神圣不可侵犯"以警戒普通劳动者。就政府和资本家关系而言,双方也在经济上取得了共识,有了一种制度上的安排:政府保护私人产权但要换取得到足够的财政收入作为回报。市民们也认为国家有了财政收入对私人产权的保护也就会更加富有成效,纳税也就合算。诺斯和托马斯在《西方世界的兴起》中曾用交易成本理论来解释西欧私有产权的保护问题,他们写

---

① 恩格斯:《英国工人阶级的状况》,《马克思恩格斯全集》第2卷,第296页。
② 马克思:《哲学的贫困》,《马克思恩格斯全集》第4卷,第163—164页。

道:"由于提供保护和公共的规模经济使这一交易可能对选民很合算,因此被统治者与政府之间的互利贸易便有了基础。"[1]随着私有产权在西欧得到保障,工商业经营不受行政当局的干扰,人身自由和社会地位变得平等,都对资本主义经济关系形成发挥有一定的作用。

国家保护和发展私人产权的另一手,是用立法和暴力把农村失去土地而进入城市的"流浪者",赶入工厂。从15世纪末到17世纪中期,英、法两国,用"血腥立法"惩治被剥夺者。正如马克思指出的:"这样,被剥夺了土地、被驱逐出来而变成了流浪者的农村居民,由于这些古怪的恐怖的法律,通过鞭打、烙印、酷刑,被迫习惯于雇佣劳动制度所必需的纪律。"

2. 市民意识和宗教伦理观念的作用

市民意识和宗教伦理观念的培育这种文化因素,也在资本主义经济形成中发挥着一定的作用。

市民意识在西欧资本主义形成中的意义。西欧之所以是资本主义的发源地,正如有的西方学者研究指出的,因为这里最早产生了市民意识。市民意识是随着西欧城市的兴起而发展起来的,城市的兴起被视为一场运动、一场革命,这场革命是由于财富的积累和劳动力的解放而引起的。其后,财富和劳动力又利用这场革命进行了新的开拓。"西欧的城市与其他地区相比具有一种明显的不同,就是西欧的中世纪城市从开始建立之时起就表现为一种同封建势力相抗衡的力量,城市力求摆脱封建领主的统治,先争自由,后争自治,发展到争自立。城市的居民还组成了形形色色的团体,如各种手工业者组成的行会,商人们组成商会。市民阶层中包括有手工业者、帮工、学徒、商人和小贩等等各种各样的人物。由于市民阶层是靠自己的劳动和经营逐渐积累起财产的,市民意识首先就表现为对自己私有财产权的确认和要求得到城市行政当局的保护。由于市民出身往往低贱,因而他们同时还要求平等、自由。正是在市民意识发挥作用的条件下,城市中的普通市民逐渐凝聚在了一起,并有了明确一致的行为目标,形成了一种为资本主义发展开辟道路的力量。

新教伦理观念在资本主义形成和发展中的作用。德国学者马克斯·韦伯(1864~1920)在其代表作《新教伦理与资本主义精神》中力图论证,在理

---

[1] 诺斯、托马斯:《西方世界的兴起》,华夏出版社1989年版,第107页。

性资本主义的兴起中除了物质因素之外,宗教的精神因素也发挥有重要的作用。韦伯在其书中一次又一次引用富兰克林的言论,如"切记,时间就是金钱","切记,信用就是金钱","切记,金钱具有孳生繁衍性,金钱可生金钱,孳生的金钱又可再生,如此生生不已"①。富兰克林强调了守时、信誉、勤劳和节俭对于一个商人的重要性,认为对于这些美德的奖赏最终将是他财富的增加。在这种精神的感召下,经济获取,对人们来说不再只是一种满足其物质需要的次要手段了。很明显,韦伯的理论,与用法律强制和暴力强制硬的一手不同,而用"上帝天命"、"天职感受""利益刺激"等软的一手,诱使工人驯驯服服自觉自愿去接受资本的剥削和奴役,两者为资本主义服务,有异曲同工之妙。

第二节 资本主义企业的产生和发展

资本主义企业的产生和发展经历了一个资本主义简单协作到工场手工业作坊再到近代大工厂以至现代公司的过程。

资本主义企业产生的原因 早期对资本主义企业产生的原因,做出解析的经济学家主要是亚当·斯密的分工说。斯密在他1776年出版的《国民财富的性质和原因的研究》一书中提出,财富的源泉是劳动,财富的增加靠劳动的效率和劳动的数量,劳动效率起的作用尤其大,而劳动效率或劳动生产力的提高主要靠分工。为什么又会有分工呢?这又是由交换的倾向所引起。在开始的时候,人们什么事都自己做,后来偶然以至正常有了交换,就发现还不如自己只做一种事情,生产一种产品然后去和人家交换别的产品,能得到比自己去生产时更多的产品,更多的财富和利益。资本主义企业区别于独立生产者的在于:"人数较多的工人在同一时间、同一空间(或者说同一劳动场所),为了生产同种商品,在同一资本家的指挥下工作,这在历史上和概念上都是资本主义生产的起点。"②一开始,在资本主义生产过程中,只是许多

---

① 马克斯·韦伯:《新教伦理与资本主义精神》,于晓等译,三联书店1987年版,第33—34页。
② 马克思:《资本论》第1卷,人民出版社2004年版,第374页。

工人有计划地在一起协同劳动,不分工,这种劳动形式叫作协作。即使这样,它也比单个生产者孤单地劳动来得优越,可以提高生产力。这是因为,协作可以激发个人竞争心;可在更大的空间范围劳动,例如排水、筑堤、修路等;可在紧急时期突击动用大量劳动,如抗灾、抢收、抢种等;还可以由于共同使用生产资料而达到节约,等等。进一步发展就形成工场内部的分工,这是生产同一种产品的不同操作的分工。针的生产是一个很好的例子。手工工场把制针的生产过程分成许多操作,每个操作由专门的工人负责。例如,一个工人拉钢丝,第二个工人将钢丝锤直,第三个工人将钢丝切断,第四个工人磨针尖等等,一枚针的生产要经过许多工人的手。在十八世纪,一个拥有10个工人的手工作坊,一人一日可制成4 800枚针,若不实行分工,一个人一天连20根针也制造不出来。为什么分工可以大大提高劳动效率呢?因为,完成个别操作的工人是局部工人,他经常重复某种简单操作,劳动熟练了,也更紧张了;可以免去转换操作和工具耗费的时间;与工人专业化相适应,工具也会专门化,日益改进和完善,这一切都会提高劳动生产率。但是,以分工为特征的作坊的技术基础仍旧是手工,它排挤不掉小手工业生产,少数较大的作坊注定与大量小作坊同时并存,资本主义还不能成为全社会的生产。但工场手工业又为向资本主义机器生产的过渡准备了条件。

亚当·斯密发表《国富论》以来,资本主义经济有了惊人的飞跃,生产部门不断涌现,各类产品成千上万,企业内组织结构复杂,市场交易十分频繁多样,为了提高经营绩效和竞争力,生产过程和交换过程都必须关注,节约生产费用也必须节约交易费用。于是,出现了一种从交易费用与组织费用关系的视角,市场与企业替代的视角,研究企业的产生。

罗纳德·科斯1937年发表经典论文《企业的性质》。在科斯以前的经济学研究中,由于假定市场的运行是无摩擦成本的资源配置的过程,科斯的研究否定了这一假设。科斯提出市场与企业是两种可以相互替代的资源配置方式,只不过市场的配置是通过价格机制来实现的,而企业的配置则是通过权威的关系完成的。科斯抛弃了市场价格机制是零成本的假说,将交易费用这一概念引入,提出资本主义企业之所以产生的根本原因是因为市场交易要有交易费用,而当市场交易的费用大于企业的组织费用时,资源配置就会以企业这种经济组织来进行,以便企业将许多原来属于市场的交易"内化",可以更好地节约交易费用。

在西方,企业的起源与发展除与降低交易费用的要求相联系外,还与当时贸易的兴旺、分散风险要求相联系。

{资本主义企业形成的两条途径:小商品生产者的分化和包买商制度}

16—18世纪,是一个由封建时代向资本主义时代的过渡时期。在这一过渡时期,资本主义企业的形成遵循两条途径,即小商品生产者的分化和包买商制度。

小商品生产是以生产资料的个人所有和基本上以生产者个人劳动为基础的一种商品生产。资本主义企业形成的第一条途径就是在这一小商品生产者分化的基础上产生和发展起来的。

在这一时期,西欧多数的工业是家庭手工业,特别是在各类纺织业和铁器业中更是如此。在这些工业中,生产单位是无数的小作坊。生产者是工匠、半工半农的小手工业者。他们使用自己的手工织机、丝带架等。这一时期的手工工场工人大都还占有一点生产工具(例如家用手纺车,织布机等),或者还占有一小块在工余时间耕种的土地。这也就是说,他们还有可能占有一些简单的工具而成为小生产者,甚至上升为小业主。这些小商品生产者在进入市场之后,如果市场规模比较小,供求大体平衡,那么小商品生产者的处境还过得去,两极分化就不会明显。但在城市经济逐渐发展起来以后,情况发生了很大的变化。市场规模不断扩大,参加市场交易的人来自四面八方,交易的产品数量和交易的金额都越来越多,供求之间大体的平衡格局终被打破,有的时候,这些产品供过于求,另一些产品供不应求,有的时候则可能相反。市场越大,单个的小商品生产者就越是处于盲目的、自己不能控制的状态。同时,由于技术的进步、市场规模的扩大和交易量的上升,也必然给手工业的组织形式带来了巨大的影响。一方面,随着手工业品供给的增加,竞争加剧了;另一方面,对手工作坊产品需求的增加也促使有实力的作坊主力图突破行会的限制,其主要表现就是雇工的人数超出了行会限制,使作坊的规模不断扩大。当雇工的人数超过了一定的人数之后,手工作坊的性质就发生了根本性的变化:在手工作坊的行东本人不再是主要的劳动力了,而变成了一个经营者、监督者,一个以雇佣劳动力为主进行生产的老板;行东的收入也变为由经营管理收入和利润收入组成;行会中过去存在的作坊师徒关系也逐渐转变成了雇主与雇工、老板与受剥削的劳动力之间的关系了。马克思在《资本论》中着重论述了这一变化:"中世纪的行会力图用强制的办法防止手工业师傅转化为资本家,限定一个师傅可以雇用的劳动者的人数不得超过一个极小的最高限额。货币或商品的所有者,只有当他在生产上预付的最低限额大大超过了中世纪的最高限额时,才真正变为资本家。"①

这一时期富裕的行东在突破旧的限制雇佣工人数限制的同时,还突破了狭窄分工的限制。一家大型的作坊,可同时兼营有几个小专业的生产经营,如从毛纺开始,直到染成织品出售,全由自己来承担。从生产成本的角度看,这样做不仅可以降低成本,还有利于增加竞争力。从作坊的规模上看,雇工人数增加后,传统的手工作坊逐渐变成了有劳动分工的手工工场,大幅度提高了劳动的生产效率,商品的生产费用也大大减少。从手工作坊发展到大型的手工工场,这是一个从量变到质变的过程。因为这些手工工场已经不再是小商品生产的单位了,而成为雇工经营的资本主义性质的生产单位了。

由包买商控制的家庭手工业而形成的资本主义性质的手工工场是早期资本主义企业形成的另一条路径。包买商是这样一种商人,他们对市场的情况比较熟悉,同时又了解原料的供应情况,能够弄到为生产某种产品所需要的原料。包买商不一定都是商人,有的作坊主也做包买商。

这一时期,有许多农村家庭手工业者的产品生产和销售为一些包买商如呢绒商、五金商等所控制。例如在亚麻织业中,农村匠人一般用自种的或邻近村民所种的亚麻作原料。由包买商收购他们的亚麻织品运销他处,借此加快周转,取得收入,维持生计。总之,这些家庭小生产者从包买商那里取得原料并由包买商收购产品,他们得到维持生活的工资。由于所需流动资金则是由包买商提供的,从而使得包买商控制了这些行业的生产和销售,广大农村家庭小生产者实际上已沦为包买商的雇佣工人。

包买商所看重的不仅是农村的家庭手工业者,也包括城市中的家庭手工业者。

包买商制度也有其缺点,主要表现在生产比较分散,包买商无法控制监督生产过程,也常常使包买商遭受原料的损失,而且在产品的规格上也难以得到有效的保证。因此,通过包买商对农村与城市家庭手工业的控制逐渐转向集中性手工工场的发展就成了历史的必然。

---

① 马克思:《资本论》第1卷,人民出版社2004年版,第357—358页。

资本主义企业的形式

在资本主义形成的早期,企业的组织形式主要有三种:个体业主制、合伙制和股份制。

业主制是封建时代和资本主义早期普遍存在的一种企业组织形式,也是最古老最简单的企业形式。这种企业的特点是所有者和经营管理者都集中在业主本身,因此财产关系最为清晰、简单。业主制企业由业主直接经营,业主享有企业经营的全部成果,同时对企业的债务完全负责。业主制企业一般规模很小,组织结构简单,建立和歇业的程序也十分简单,产权能容易地转让。它的一个优点是经营灵活,由业主一人拍板,决策迅速。由于业主本人即是经营者,所有权与经营权完全合为一体,能从产权安排上对经营着提供百分之百的激励,从而使业主能精打细算、勤俭持家。业主制的缺点则在于财力有限,规模不大,无法筹集到足够的资金从事大规模的工商业活动。如果业主无力经营或者死亡,该企业业务就回被迫中断。由于存在着这些局限,业主制企业在资本主义社会通常存在于零售商业、"自由职业"、个体农业等领域,大都由小作坊、小商店、家庭农场、开业律师和医师等职业类型组成。

合伙制企业是在两个或两个以上的业主的个人财产的基础上建立和运作的,合伙人分享企业的所得,共同对企业的债务承担责任。一般要求合伙者知识程度和智力水平较高,开办资金要求不多,其企业治理也不过是合伙人之间如何出资、如何入股、在企业运作中各方的权利及职责以及合伙人之间分享企业利润的比例以及对企业亏损应承担的责任。在合伙制企业中,资本与劳动以平等互利的原则结合在一起,资本与劳动是合作关系。合伙者企业的优点是由于合伙人共同出资,企业的资本规模要比业主制大,由于合伙人共同承担企业债务,因而比业主制企业更容易筹集到资金。同时由于合伙人要用自己的全部财产对企业的债务承担全部责任,他们相互之间的监督与合作动机也较强,有助于增强经营者的责任心。出资者和管理者之间是平等互利的分工协作关系。但合伙者企业也有缺陷,例如当一个合伙人退出或死亡,就必须重新谈判建立新的合伙关系。由于所有的重大活动都必须经过合伙人的同意,又很容易造成决策的延误和低效。由于人力资本作为一种特殊的资本形式在合伙制企业得到了应有的地位,体现了应有的价值,所以合伙制企业多在法律、会计、投资银行、管理咨询、广告、建筑设计、医疗等专业等领域比较常见。

古罗马的包税人的股份公司可以看作是股份公司的原始形式。近代的股份公司则起源于 15 世纪的欧洲,有史可查的有成立于 1407 年的英国冒险公司。由荷兰政府于 1602 年特许成立的荷兰东印度公司是较为典型的股份公司,出资者按出资比例进行利润分配,并承担风险。19 世纪中叶是股份公司蓬勃发展的阶段,机器大工业的兴起起了很大的推动作用。

资本积累时期的暴力与超经济的强制手段　　在资本主义早期的形成过程中充满着暴力与超经济的强制剥削手段。英国是在 16—18 世纪期间完成了资本的原始积累,以圈地运动为标志的对农民的暴力掠夺构成了原始积累全部过程的基础,对殖民地的血腥掠夺和工人阶级剩余价值的超经济强制手段的榨取构成了英国原始积累的重要来源。

所谓的圈地运动,就是领主用暴力或各种欺诈手段去强占农民的公有地和他们的份地,然后用栅栏、篱笆或壕沟圈围起来,就变成了领主的私有的大牧场。英国的圈地运动开始于 14 世纪,到 15 世纪末和 16 世纪随着市场的扩大和英国毛织业的蓬勃发展,养羊成为特别有利可图的事业,使得圈地运动进一步加剧。圈地运动的结果使得大批农民丧失了生产资料和生活资料,被迫流入城市成为一无所有的劳动者,成为企业的雇工和产业的后备军,为企业准备了廉价的劳动力。另一方面,在圈地运动中大量财富逐渐集中在少数人手中,也使得资本主义的机器大生产企业成为可能。

殖民地的扩张和对殖民的掠夺为资本主义企业的发展积累了资金,推动了西欧资本主义工业的原始积累。资本主义的积累是一个充满暴力和血腥的过程,它是资产阶级依靠杀戮、抢夺、奴役和征服等暴力手段来完成的。地理大发现之后,西欧国家纷纷派遣军事武装远征海外,在世界各地进行领土扩张,侵占了大批的殖民地。在非洲殖民地,英国人的掠夺活动主要是大量猎捕黑人运往美洲作为奴隶。殖民者对殖民地的疯狂掠夺大大加速了宗主国货币的积累,成为西欧资本主义原始积累的重要来源,也推动了资本主义工场手工业的发展。这一切正如马克思所说的那样:"美洲金银产地的发展,土著居民的被剿灭、被奴役和被埋葬于矿井,对东印度开始进行的征服和掠夺,非洲变成商业性猎获黑人的场所——这一切标志着资本主义生产时代的曙光。"①马克思在评论奴隶贸易对于英国资本主义发展的作用时指

---

① 马克思:《资本论》第 1 卷,人民出版社 2004 年版,第 860—861 页。

出:"没有奴隶制就没有棉花,没有棉花现代工业就不可能设想。奴隶制使殖民地具有价值,殖民地产生了世界贸易,世界贸易是大工业的必备条件。"①

资产者财富积累的过程则是靠榨取工人剩余劳动和牺牲工人利益获得的,这一过程充满了暴力和苦难。各国工人阶级在这一资本原始积累时期所遭受的折磨和摧残是难以历数的。在实行机器生产的工人中,工人随着机器的转动进行极其简单、机械的操作,成了机器的奴隶。随着机器的改进,工人的劳动强度不断加大。为了降低成本,赚取更多的剩余价值,资本家还大量雇用女工和童工。例如1839年英国纺织工厂有42万工人,其中妇女占24万多,18岁以下的男女童工有19万多。1832年,美国工业发达的北部工厂工人中2/5是不满16岁的童工。工人的劳动条件十分恶劣,19世纪上半期,工人的工作日一般长达14小时,甚至16—18小时。劳动场所狭小、肮脏,缺少必要的劳动保护措施,使得工人的身体健康受到了极大的损害,工伤事故层出不穷。据英国官方公布的材料,伦敦有20个贫民区,每区有10 000人左右,这些人居住的住房拥挤不堪,男女混杂,致使工人的身心和尊严遭受损害,精神沮丧,道德败坏②。资本家为了增强他们产品在世界市场上的竞争力,往往把工人的工资压得特别低。在经济不景气时,大批工人还会失业,资本家还进一步压低工资,不论在业或失业的工人生活都十分困难。

第三节 资本主义制度的建立

工业革命不仅是技术上的革命,它引发了英国社会的全面变革且要求股份公司这种社会资本的组织形式进一步发展。事实上,19世纪中叶以后,股份公司以其所具有的各种优势极大地推动了工业、运输业、公用事业、商业和银行业的发展,促进了资本主义经济的快速发展,它对英国乃至整个人类的社会经济生活都产生了极其深远的影响,它使人类进入了工业文明的资本主义的新时代。

---

① 马克思:《哲学的贫困》,《马克思恩格斯全集》第4卷,人民出版社1958年版,第145页。
② 参见宋则行等主编:《世界经济史》(上卷),经济科学出版社1994年版,第160页。

> 资本主义生产方式的确立及劳动对资本的隶属

工业革命之后,以机器为主体的大工场制度逐渐代替了以手工业为基础的手工工场。工厂制度的出现和发展,体现了生产关系的重大变化,标志着资本主义生产方式的最终确立。

16—18世纪是资本主义手工工场时期,这时期的一个很大变化是从手工作坊向大型的手工工场转变。企业的规模扩大了,性质也变化了。正如马克思在分析手工作坊规模扩大后的性质变化所说:"在这里,也像在自然科学上一样,证明了黑格尔在他的《逻辑学》中所发现的下列规律的正确性,即单纯的量的变化到一定点时就转变为质的区别。"[①]这种区别主要表现在,在工场内部分工的条件下,每一个雇工都变成了局部工人,局部工人不生产商品,成为商品是各个局部工人的共同产品。由于生产资料集中在一个老板手中,造成了局部工人对资本的绝对服从,也就是说,在手工工场内部雇主成为经营者、监督者,并主要依靠雇工生产所获得的利润收入,同时还使雇工成为资本的附属物。它已不同于简单协作的作坊:"简单协作大体上没有改变个人的劳动方式,而工场手工业却使它彻底地发生了革命,从根本上侵袭了个人的劳动力。……工场手工业工人按其自然的性质没有能力做一件独立的工作,他只能作为资本家工场的附属物展开生产活动。"[②]工人随着机器的转动进行极其简单、机械的操作,成了机器的奴隶。劳动开始形成了对资本的隶属关系。

而工业革命后建立的工厂制度,更以其高度的劳动生产率掌握了一个个产业部门,使社会关系来了一个彻底的变革。首先是工厂制度下的工人跟手工工场的工人相比,机器使工人仅有的一点薄产变得一钱不值,昂贵的机器是独立的手工业者和工人完全无力企求获得的。集中在城市大工厂的工人逐渐脱离了农业和副业,成为真正的一无所有的无产者。另一方面,资本主义生产方式的胜利排挤了封建地主阶级和一切中间阶级,社会的阶级结构形成了两极分化的资产阶级和无产阶级。

随着机械的改进工人的劳动强度不断增大,各国工人的劳动条件日趋恶化。在19世纪上半期,工作日一般长达14小时,甚至16—18小时。劳动条件的恶劣和劳动强度的加大使工人的身体健康受到了损害,工伤事故

---

① 马克思:《资本论》第1卷,人民出版社2004年版,第358页。
② 同上书,第417页。

层出不穷,工人的生活条件也得不到基本的保障。资本家还大量雇用女工和童工。例如 1830 年英国纺织工厂中有 42 万工人,其中妇女就占了 24 万之多,18 岁以下的男女童工就有 19 万多。工业革命时期,据英国官方公布的材料,伦敦有 20 个贫民区,每区由 10 000 人左右的。这些人住房拥挤不堪,男女混杂,身心健康和尊严都受到严重的损害。与工人阶级劳动条件恶化的同时,工人的实际工资也有不断下降的趋势。据 1851 年的统计,除建筑业工人工资可以维持全家人口的最低生活费用外,其他工业部门的工资都难以维持生活,有的甚至差一半。而在经济危机时期,大批的工人失业,资本家又进一步压低工资,无论在业或失业的工人的生活度更加困难。

工业革命建立起了以近代无产阶级和资产阶级为主体的社会,资本主义生产方式确立了,社会关系也随之发生了巨大的变化。这是最重要的一个社会后果。

资产阶级民主、自由等意识形态的形成 近现代西方资产阶级民主、自由等意识,被视为资本主义的原则,主要是在 18 世纪确立的。平等、民主、自由和人权这些原则,最初是作为一种政治思想提出的,在这一时期逐步被融进了资本主义的政治体制之中。

自中世纪后期,一系列思想家和宗教改革者,就开始寻找冲击封建君主制和教皇一统天下的突破口。在人才辈出的文艺复兴时期,文学艺术界、思想学术界高举人文主义的旗帜,以他们卓越的智慧,向宗教神学提出挑战,锋芒直指宗教蒙昧主义。他们对基督教以神为中心的宗教神学观点进行了猛烈的批判,确立了以人为中心的出发点,从而把眼光开始由神转向了以人为中心的世俗人生。他们强调要提高人的地位、尊严,赞美人的伟大,追求人性的解放和自由意志。重视人,尊重人,以人为中心是西方民主政治的最基本前提。

西方 18 世纪民主思想从某种意义上说,开始于英国思想家洛克发表的《政府论》。洛克以个人利益为中心,反对"君权神授",认为每一个人的权利都是天赋的,不可剥夺,从而率先提出了"天赋人权"的口号。他明确提出,人人在自然状态中都是自由的、平等的,任何人都不享有多于他人的权利。他认为,人们之间按照一定的契约关系结合起来,形成政府,根据契约条例,政府权力的主要目的是保护人民的财产。政府必须正式公布经常有效的法律,给人民生命、自由和财产以有效的保障。在洛克看来,在君主专制政体中,君主往往以意志代替法律,而没有任何规范可以约束他们。在这种情形下,人们往往会成为君主专制的受害者,并且没有申述的权利。为此,他提出以保护人的基本权利的三权分立学说,即国家有三种权力:立法权、行政权和联盟权,其中立法权是最高的权力,君主掌握的行政权和联盟权应从属于立法权。洛克为近代西方资本主义政治体制勾画了大体的轮廓和结构,确立了近代西方政治理想和实现这种理想的思路。他对专制主义的批判,对个人权力的高度重视和强调,都是以个人利益为出发点,以体现民意、保护人权为归宿的,这些都是资产阶级民主政治的基本精神。

18世纪法国启蒙思想家伏尔泰、孟德斯鸠、狄德罗、霍尔巴赫、爱尔维修等提倡人权和"理性",用自由、平等和"主权在民"的旗帜号召人民,反对专制主义,发展了洛克的学说,进一步把近代西方的民主自由观念推向了一个新的阶段。

在18世纪西方民主、自由思想的形成过程中,卢梭的思想尤为光芒四射。他的代表作《社会契约论》《论人类不平等的起源和基础》等著作中关于社会、政治的思想在当时和后世都产生有重要的影响,并比他的先辈们更为全面阐述了关于民主自由的政治理想。平等思想是卢梭政治思想的核心,他认为要实现个人自由,离不开平等。为此,他提出人人生而平等、财产尽可能平等、在法律面前人人平等、人人政治权力平等的思想。他在《论人类不平等的起源和基础》中把不平等分成三个阶段:在第一个阶段是富人组织社会,产生法律,法律袒护富人,欺凌穷人;第二个阶段产生了政府和官吏,确认了强者和弱者;第三个阶段政府出现了腐化,出现专制权力,暴君把一切人变成了盲目服从的奴隶,不平等在这一阶段达到了顶点。为了消灭这种不平等,他认为必须尊崇"天赋人权"和与生俱来的平等观念。在《社会契约论》中,卢梭提出建立一个能够保全自由的合理的社会政治结构的主张,在人类历史上第一次完整地提出了"人民主权"的学说,坚持人民主权是绝对的,神圣和不可侵犯的。在他看来 主权是不可转移的,也是不可分割的,因此,他只承认共和国,认为政府是主权者人民为了人民的利益而建立的一个管理公共事务的机构。它的权利来自人民,人民把权力委托给了政府,政府是主权者的执行人,是人民的公仆,它借助于人民的力量,按照人民的意志活动,应该服从人民,应该接受人民的监督。人民可以监督、改变或收回委托给官吏的权力。他还提出了公意理论,认为公意构成主权,是法律和政府的依据,公意是人民整体的意志,也包含个人的意志。个人服从公意,服从主权,也就是服从自己的意志,等于自由。为了确保每个人的自由,他特别强调在法律面前人人平等的原则。

> 资产阶级革命和政治统治地位的确立

西方的资产阶级革命首先是在英国大不列颠岛上爆发的,这场革命建立起了一个崭新的社会制度,这就是英国资产阶级革命及共和国的诞生。之后的英国便在这次革命以后阔步行进在了资本主义的大道上。

英国资产阶级革命爆发的直接导火线是斯图亚特王朝存在的财政危机。当时英国的国王没有固定的收入,平时宫廷的费用是靠国王领地的收入及骑士捐款来维持,如遇上作战等紧急情况,必须临时向臣民征收。传统上任何赋税的征收都要经过议会的同意,否则就是不合法的。国王查理由于受到众议院的约束,不能通过强大的官僚机器把重赋恣意加在英国人民的头上。查理也想方设法征税,但处处受到议会的掣肘。比起以往的国王来,查理的宫廷生活十分的豪华奢侈,但国王的收入根本无法满足宫廷奢侈生活的需求。查理不得不请求议会拨款。1625年和1628年,查理曾两次召开议会,但因议会对国王政府的指责过多而被查理强行解散。1628年,查理召开第三次议会,要求获得合法的筹款手段。新的议会作为交换条件要求国王批准他们提出的《权利请愿书》。情愿书中陈述了人民的种种痛苦之后提出了几项具体的要求,如未经议会同意不得强行借款和征税,不得没有法律依据或未经法庭判决而逮捕任何人和剥夺他的财产等等。查理悍然宣布休会。半年后复会,查理要求长期享有对酒类的入口征收吨税、对羊毛等物品的出口征收镑税等权利,而议会则宣布凡缴纳吨税和镑税的人为"王国的敌人""自由的叛徒",议会与国王的矛盾和对立加剧。查理再次下令解散议会,从此英国进入了一个较长时期的君主专制统治时期。在这一专制统治时期,政府不顾货币的贬值,严格按照旧规定向一切未接受骑士头衔的资产者勒索罚金,重新调查王室森林地界,对越界者罚款,恢复历史上曾有过而久已不实行的征税名目,还对一些日用品实行专卖政策,大大侵害了私有财产,干涉了资本主义所要求的自由竞争,使英国蓬勃发展的工商业受到了摧残并开始停滞。大批的工商业者开始逃离英国。英国工商业及农村牧场主已经拥有了雄厚的资本和实力,他们坚决反对查理的任意征税的行动。

英国的社会已在孕育的资本主义对封建专制主义的矛盾经过查理一世的财政政策而白热化了,终于在1642年8月23日导致议会与国王之间正式宣战。

英国的资产阶级革命就是在议会与国王之间的这场战争中展开的。战争的结果1646年国王查理被俘。1648年议会通过了审判国王的决议,经过多次激烈的辩论,最终以暴君和国家的敌人等罪名将查理推上了王宫广场上的断头台。英国变成了共和国。这一革命在英国历史上乃至欧洲历史上都是史无前例的。革命的目标不是要重建旧的秩序,而是要建立资本主义的发展所需要的新秩序。虽然革命后的英国也经历了许多曲折,最终使英国形成了以国王为元首的君主立宪体制,但制宪会议通过了"权利法案"(全名为《宣布臣民权利和自由与确定王位继承法案》),成为英国宪法的基本文件之一,明确规定了国王不得干涉国会事务,强调国会必须自由选举,议员必须拥有充分的言论自由。议会还取消了国王搁置或取消法律的权力,国王不得撇开议会设立税目并征税,不经议会许可不得拥有常备军等内容。随着君主立宪制的确立,议会成了国家的最高权力机关,这个最高权力不是属于某一个人,而是分属于不同地区不同阶层的一群人,他们主要是资产阶级的代表。在英国,议会成了国家的主宰,近代社会的政党也在这一革命中出现,并对当时和以后英国政治制度的发展产生了重大的影响。两党制后来成为资本主义社会影响最大、也是流行最广的政党制度,对政治决策的制衡、政权的稳定都起了重要的作用。英国在新的历史条件下开始了在人类近代化历程中的领跑作用。受英国革命的影响,欧美大陆也先后爆发了美国的独立战争和法国资产阶级革命,标志着资产阶级革命的高潮。革命后的新生资产阶级政权在欧美大陆傲然挺立,标志着资产阶级统治地位的确立,这是欧美历史上最伟大的事件。

思 考 题

1. 怎样解读商品经济是资本主义形成的前提和经济基础?
2. 资本主义企业产生的原因?
3. 资本怎样用暴力和超经济强制手段进行原始积累的?
4. 英国资产阶级的政治统治地位是怎样确立的?

本章参考文献

马克思:《资本论》第 1 卷,人民出版社 2004 年版。
马克思:《哲学的贫困》,《马克思恩格斯全集》第 4 卷。
宋则行等主编:《世界经济史》(上卷),经济科学出版社 1994 年版。

第十二章 资本与剩余价值

私有制商品经济的发展导致资本主义经济的产生。而资本主义的发展则把私有制商品经济推向了顶峰。在资本主义社会不仅一切劳动产品都是商品，连人的劳动力也变成了商品。资本主义的生产，就是以劳动力的买卖为条件的。劳动力转化为商品，货币才能转化为资本。

第一节 货币转化为资本

资本总公式及其矛盾　商品交换发展的结果产生货币，而货币正是资本的最初表现形态。但货币并不就是资本。从一枚货币本身，无法判断它是不是资本。但从它们的运动过程看，即从货币流通与资本流通来看，两者的区别就立即呈现出来了。

货币是商品交换的媒介，货币的运动是按下面的公式进行的：

$$W(商品) — G(货币) — W(商品)$$

公式两端是使用价值不同而价值量相等的两种商品，货币起着交换的媒介的作用。

作为资本的货币，它的运动就不同了。资本家拿货币去购买商品，并不是为了他自己要消费那些商品，而是为了重新把商品卖出，取得更多的货币，从中赚钱。所以资本的运动，是以货币为起点，又以货币为终点的。它的公式是：

$$G — W — G' \ (G' = G + \Delta G)$$

公式中的 G 是资本家的预付价值；G' 中资本运动过程告一段落时增大了的货币额；ΔG 是增加的货币，是扣除预付价值以后剩余的那一部分价值，马克思把它称为剩余价值。例如，资本家以 100 元购进商品，出售商品时获得 110 元，其中的 10 元是超过预付价值的余额，即剩余价值。

马克思把 $G—W—G'$ 这个公式，称为资本的总公式，因为，我们以下各章要分析到的各种形态的资本，它们的运动，都是为了实现价值增殖，为了攫取剩余价值。**资本就是带来剩余价值的价值。**

现在的问题是：资本流通终点的剩余价值是怎样产生的？来源何在？

马克思指出，剩余价值的产生，即货币到资本的转化，既不能单纯从流通来说明，又不能离开流通来说明。它必须在资本总公式包含的生产与流通的全过程来阐明。

劳动力的买和卖

马克思关于劳动力商品的理论，提供了理解货币转化为资本的钥匙。劳动力成为商品是货币变为资本的关键。

劳动力作为商品，也有使用价值和价值两个因素。

劳动力商品的价值，像其他一切商品的价值一样，也**是由生产和再生产这种商品的社会必要劳动时间决定的**。雇佣工人为了不断地再生产出劳动力卖给资本家，首先必须获得衣食住行各种必要的生活资料；必须赡养一个家庭，生儿育女，保证劳动力的供应不致中断；还必须接受为了能适应资本主义生产所必需的教育和训练。所以，劳动力的价值主要是由下列因素决定的：维持劳动者自身生存所必要的生产资料的价值；劳动者繁衍后代所必要的生活资料的价值；劳动者接受教育和训练所支出的费用。

劳动力价值的决定，除了像其他商品一样取决于劳动生产率的变化，即取决于劳动者生产所必需的各种生活资料的价值的变化以外，与其他商品不同的是，它还包含着历史的道德的因素。劳动者所在国家的自然条件及其历史发展和文化水平，都影响着劳动者衣、食、住、行等物质生产需要和教育、卫生、娱乐、旅游等文化生活需要的水平。劳动者的物质文化生活需要在数量上和质量上都不是固定不变的。在资本主义社会的发展过程中，在劳动力价值的决定上，有两种倾向相反的因素在起作用。一方面，随着生产机械化的发展和劳动生产率的提高，各种生活资料的价值日益降低，这一方面的因素使劳动力价值趋于降低。另一方面，随着社会生产力和社会文化水平的提高，维持劳动者及其家庭的正常生活所必需的生活资料的数量和质量的水平也日益提高，这一方面的因素则使劳动力价值趋于提高。但在一定的国家,在一定的时期,必需生活资料的范围是一定的。

现在再来看一看作为商品的劳动力的使用价值。

我们前面讲过,劳动力的支出就是劳动。而劳动,作为具体劳动,能创造各种使用价值,作为抽象劳动,能形成价值。所以,**劳动力的使用价值,就是创造商品、创造价值的能力**。资本家所购买的,正是劳动者的这种劳动能力。

劳动力的使用价值有一个与其他商品不同的特点。其他商品一旦进入消费过程,商品的价值就随着使用价值的消失而消失。劳动力这种特殊商品,在它的消费过程,也就是劳动者的劳动过程中,能创造出新的价值,创造出较劳动力价值本身更大的价值来。这超过的那一部分价值就是剩余价值。

资本家按照劳动力的价值购买了工人的劳动力,劳动力的使用价值就属于资本家所有了,工人的劳动过程中所创造的全部新价值,包括剩余价值,也就归资本家所有。剩余价值正是在劳动力卖和买的基础上产生的。商品交换的规律,没有被破坏,劳动力是按照等价交换的原则买卖的。但是通过劳动力的买卖,资本家无偿地攫取到了工人创造的剩余价值。马克思关于劳动力转化为商品和货币转化为资本的天才分析,无可辩驳地揭穿了资本主义剥削的秘密。

第二节 资本的增殖运动

上面指出,货币转化为资本,关键是劳动力转化成商品。但是,资本对劳动力的剥削,必须在生产与流通过程中才能实现,必须提供相应的生产资料才能现实地进行剩余价值生产。所以,有必要对上述资本总公式加以扩展,以包含具体的生产与流通过程。

<u>资本增殖运动的基本阶段</u> 从事资本主义生产的产业资本家,不管他具体经营的哪一部门的生产,他必须首先筹集一笔货币,用货币购买生产资料和劳动力,把它们投入生产过程制造出商品,然后把商品卖掉,收回货币,以便继续组织再生产。产业资本家从投入货币到收回价值增殖了的更多的货币,使产业资本经历了一个增殖运动。产业资本的这种增殖运动可以表示为如

下的公式：

$$G—W\genfrac{<}{}{0pt}{}{A}{P_m} \cdots P \cdots W'—G'$$

在上式中，G 代表货币，W 代表商品，A 代表劳动力，P_m 代表生产资料，$\cdots P \cdots$ 代表流通过程中断和生产过程的进行，W' 代表包含着剩余价值的新商品，G' 代表价值增殖了的货币量。产业资本的这种增殖运动，从流通过程和生产过程来区分，可以分解为三个不同的阶段。

第一阶段可称为购买阶段，即公式中

$$G—W\genfrac{<}{}{0pt}{}{A}{P_m}$$

这一段。在这一阶段上，资本首先以货币的形式出现。资本家利用货币从商品市场上购进各种生产资料，从劳动力市场上购买了工人的劳动力。正是由于购买了劳动力这种特殊的商品，才表明资本家手中的货币是资本，取得了货币资本的形式。

货币资本变成生产资本。是产业资本增殖运动的第一阶段的内容。

第二阶段可称为生产阶段，即公式

$$W\genfrac{<}{}{0pt}{}{A}{P_m} \cdots P \cdots W'$$

这一段。在这一阶段上，资本家把生产资料和劳动力投入生产，工人在生产过程中制造出某种新的商品，同时也就生产出了剩余价值。生产资料和劳动力本身并不就是资本。它们是任何社会生产中都必不可少的生产要素。但它们在资本家手中成为制造剩余价值的手段，就取得了生产资本的形式。生产资本的职能是生产剩余价值。经过生产过程 P 制造出来的新商品 W' 中，便已包含剩余价值在内。

经过生产过程，生产资本变为商品资本，是产业资本增殖运动的第二阶段的内容。

第三阶段可称为售卖阶段，即公式中 $W'—G'$ 这一段。在这一阶段上，资本家把商品售出，收回货币。W' 从实物形式看是新制造出来的商品。从价值形式看，W' 的量大于生产过程开始前的 W，因为它已包含着增殖的剩余价值。W' 作为增大了的资本价值的承担者，取得了商品资本的形式。商品资本的职能,就是将待实现的价值和剩余价值重新变为货币。

把商品资本变为货币资本,是产业资本增殖运动的第三阶段的内容。完成了这一变化,也就完成了产业资本增殖运动的最后一个环节。

本增殖运动的上述三个阶段,必须互相紧密衔接,毫不间断。如果资本的运动在第一阶段上发生了故障,资本家买不到必要的生产资料或雇不到合适的工人,货币资本不能转化为生产资本,就根本无法进行生产。如果资本的运动在第二阶段上出了毛病,生产资料和劳动力处于闲置状态,生产中断,生产资本不能转化为商品资本,剩余价值的生产也就中断了。如果资本的运动在第三阶段上遇到了困难,商品卖不出去,商品资本不能再转化为货币资本,剩余价值就无法实现,再生产也无法继续进行。

> **价值形成和价值增殖**

我们把资本增殖运动的上述三个基本阶段联接起来,就回到前面提出过的这个公式:

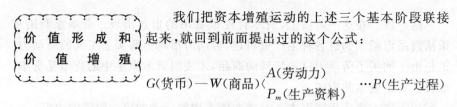

$$G(货币)—W(商品)\Big\langle \begin{matrix}A(劳动力)\\P_m(生产资料)\end{matrix} \cdots P(生产过程)$$

在上述公式中,资本家买进的商品和卖出的商品并不是同一的东西。以经营皮鞋制造的资本家为例,他买进的是工人的劳动力和牛皮、鞋钉、鞋绳、油漆、缝鞋机等生产资料。他卖出的是,是已经制成的皮鞋。由于资本家在购买的商品中包括了劳动力这一项,劳动者在劳动过程创造了比劳动力价值更大的价值,所以资本家出卖皮鞋所得的货币,比他购买劳动力和生产资料的货币更多,实现了价值增殖。

下面,我们把数字代入公式来进一步说明它。

资本家雇佣工人时,按劳动力日价值支付工人每天 6 元钱,而该工人每天劳动 12 小时,每小时可制一双鞋;每双鞋的市场价值是 30 元。同时,每双鞋的物料耗费(牛皮、鞋钉等)值 25 元,厂房及机器等耐用生产资料的损耗,分摊到每双鞋中的价值是 4 元,即每双鞋的生产资料耗费值 29 元。在这种生产安排下,资本是如何增殖的呢?

工人在一个工作日里干活 12 小时,生产了 12 双皮鞋,此时,一天产值是 12×30=360 元,而生产耗费的价值仅为 12×29+6=354 元,这当中的差额,即产值 360 减去耗费资本价值 354 元,6 元剩余价值就落入资本家的腰包了。

上述的例子中，制鞋工人 6 小时以内的劳动，仅仅是一个价值形成过程。在这个范围内，他的劳动形成了新价值，但没有超出劳动力的价值，没有给资本家增加些什么。他在 6 小时之外的劳动，仍不断地形成新价值，这时形成的新价值，已超出其劳动力的价值，实现了价值增殖。所以，**价值增殖过程是超过一定点而延长了的价值形成过程**。

从以上的分析可以知道，**雇佣工人的工作日**，是要区分为两部分的。一部分劳动时间，是用于再生产劳动力价值，叫作必要劳动时间，在这一时间内支出的劳动，叫作必要劳动。因为对于劳动者来说，这一部分劳动是维持他自己和家庭的生产所必要的。工作日中超过必要劳动时间以外的那一部分劳动时间，叫作剩余劳动时间。在这时间内支出的劳动，叫作剩余劳动。马克思在阐述剩余价值的本质时说："把剩余价值看作只是剩余劳动时间的凝结，只是对象化的剩余劳动，这对于认识剩余价值也具有决定性的意义。"①

货币和资本的区别，现在可以看得很明白了。货币是一般等价物，它的作用，是使两种价值相等的商品能够互相交换，它既不会在流通中增加价值，也不会减少价值。资本的作用就不同了。货币当作资本来运用，结果不但能收回原数货币所代表的价值，而且还能获得新增加的剩余价值。所以，从它的本质来说，**资本就是一种能带来剩余价值的价值**。

资本是带来剩余价值的价值。但是，资本的不同部分在为资本家带来剩余价值的过程中起着不同的作用。**转变为劳动力的那部分资本**，由于工人在生产过程中能创造出比劳动力价值更大的新价值，能为资本家生产剩余价值，会使原有的价值量发生变动，所以**马克思称它为可变资本**。**转变为生产资料的那部分资本**，只是借助于工人的具体劳动，把它原有的价值转移到新的劳动产品中去，不会变动它的价值量，所以**马克思称它为不变资本**。表现为生产资料的不变资本，虽然在生产过程中不能增加它本身的价值，可是，它是工人的活劳动的吸收器，是给资本家带来剩余价值的必要条件。马克思把资本科学地区分为可变资本和不变资本，使资本主义经济关系得到了更深刻的揭示。

如果以 c 代表不变资本，以 v 代表可变资本，以 m 代表剩余价值，那么，生产过程的结果即产品价值 W，就可以写成：

---

① 马克思：《资本论》第 1 卷，人民出版社 2004 年版，第 251 页。

$$W = c + v + m$$

其中,$c+v$是资本家的总预付资本,c为生产资料消耗。

$v+m$是生产过程创造的新价值,m为剩余价值。

在上述12双皮鞋的例子中,$W=360$,$c=348$,$v=6$,$m=6$。

流通过程与价值构成 上面分析了资本生产过程中经历的价值增殖。但是,生产过程的成果,即商品价值,必须在流通过程才能得到实现。这就涉及如何把商品销售出去,实现货币资本回流的问题了。

把生产过程终点的商品送到最终消费者手中,就是广义的销售过程。显然,这一过程和生产过程一样,也是要耗费劳动力与生产资料的;因此,同样也有一个预付资本$c+v$的耗费与补偿问题。

销售过程可能采取不同的组织形式,但不会改变销售过程中社会劳动必要耗费补偿问题的实质。第一种方式,生产企业内设销售部门,直接进行产品销售。在这种方式下,企业在销售过程的耗费,包括不变资本与可变资本,就是企业生产商品的总耗费的一部分。第二种方式,是生产企业将产品批发给专业销售企业(如商店),由商业企业代替产业企业去完成向最终消费者的销售过程。在这种情况下,商业企业从事商品销售的社会必要耗费,包括不变资本与可变资本,就构成了该种商品的总劳动耗费的组成部分。在现实当中,大多数企业的销售过程是同时使用两种方式的,即在企业内部设有销售部门,承担部分营销职能,同时依靠专业性商业机构从事正式的销售操作。为简化起见,我们把两种销售方式的区别忽略不计,而仅仅考虑销售过程的必要劳动耗费对商品价值构成的影响。

商品销售过程,即商品在流通过程中的运输、仓储、分类、包装等环节。同样需要有预付资本$c+v$用来购买生产资料和劳动力。而**在流通领域中工作的劳动者,也要参与价值形成和价值增殖过程**在流通领域中创造的新价值也要区分为$v+m$两部分。这样,前面所讲的生产过程的价值构成公式,$W=c+v+m$,在考虑销售过程后就必须加以修改了。这时,除了生产过程的$c+v$之外,还得扣除销售过程的$c+v$,剩余部分才是剩余价值,公式表示,就是:

$$W = (c+v)_1 + (c+v)_2 + m$$

其中，$(c+v)_1$ 为生产过程中生产资料及劳动力的必要耗费的价值；
$(c+v)_2$ 为销售过程中生产资料及劳动力的必要耗费的价值。

管理过程与价值构成

上述生产与流通过程的正常进行，还离不开另外一个过程，那就是对生产与流通的管理。一切大规模的社会劳动或共同劳动，都需要组织与协调，就像乐队需要指挥一样。**在资本增殖过程中发挥作用的管理劳动**，显然具有二重性，一方面，它是生产与流通过程正常进行必需的重要职能；另一方面，**它的职能必须以创造剩余价值为前提**。但是，管理劳动的这种二重性并不改变它在价值形成中的作用。

资本主义企业的管理劳动可以采取不同的存在形式。一种是由资本家本人担任企业管理者，另一种是由资本家聘用专业经理来从事企业管理。但这种区别同样不改变管理劳动在商品价值形成中的作用。即使是对资本家本人担任管理者的情况，也不能否认它的价值形成作用。**马克思说："资本家在生产过程中是作为劳动的管理者和指挥者出现的，在这个意义上说，资本家在劳动过程本身中起着积极作用。……当然就与雇佣工人的劳动一样，是一种加入产品价值的劳动。"**①

管理过程的劳动耗费同样也涉及不变资本与可变资本。它是指整个管理系统为履行经营管理职能而涉及的对生产资料的占用与各项可变耗费，如管理部门使用的办公楼宇、通讯与办公设备、管理部门的薪资福利、会议差旅等。若把管理过程考虑进来，则上述价值构成公式就应扩充为：

$$W = (c+v)_1 + (c+v)_2 + (c+v)_3 + m$$

其中，$(c+v)_3$ 代表管理过程中生产资料与劳动力的必要耗费的价值。

研发过程与价值构成

上面分析过生产过程的必要耗费，即 $(c+v)_1$ 的存在。但是，如果对生产过程进一步细致分析的话，我们可以看到，在进行商品生产之前，必须先把产品设计与相关工艺的技术问题解决掉。在科技日益发展之后，这种研究与开发过程就显得日益重要了。因此，有必要把它从

---

① 马克思：《剩余价值理论》，《马克思恩格斯全集》第 26 卷第 III 分册，第 550—551 页。

价值形成过程中独立出来加以考虑。

企业对产品与技术的研发也可采取不同的组织形式。一种是内设研发机构进行研发,另一种是从市场上购买相关技术专利而获得关于新产品与新技术的知识。在后一种情况下,技术专利购置费就和固定资产购置费相同,可以摊销进入商品价值构成的 c 与 v 两种耗费了。它包括从技术研究、产品开发到产品定型全过程所涉及的各类耗费,既有研发部门占用的固定资产折旧(房屋与设备),也有人员薪酬、物耗、外购、管理等项耗费。

当我们把研发过程的必要耗费列为独立项目后,商品价值构成就进一步扩充为:

$$W = (c+v)_1 + (c+v)_2 + (c+v)_3 + (c+v)_4 + m$$
$$= \sum_{i=1}^{4} (c+v)_i + m$$

其中,$(c+v)_4$ **为研发过程中生产资料与劳动力的必要耗费的价值。**

综上所述,马克思当年指出的价值构成公式可以扩展为较为一般形式:

$$W = \sum_{i=1}^{4} (c+v)_i + m$$

列表说明,则是:

表 12-1 扩展的商品价值构成

代号	定 义	近似对应会计科目
W	商品价值	主营收入
$(c+v)_1$	生产耗费,即生产过程中耗费的物化劳动与活劳动价值。	制造费用(含折旧)
$(c+v)_2$	销售耗费,即营销过程中企业耗费的物化劳动与活劳动价值。	销售费用
$(c+v)_3$	管理耗费,即管理过程中耗费的物化劳动与活劳动价值。	管理费用
$(c+v)_4$	研发耗费,即研发过程中耗费的物化劳动与活劳动价值。	研发费用

续 表

代号	定　义	近似对应会计科目
m	即剩余价值,扣除了维持简单再生产的各项必要耗费后,真正归于资本所有者的最终余额。	利润(利息未扣除)

对于价值构成的比例,除了可从各个子项的数量关系来看,还可以从它的两个大类,即价值必要耗费与净剩余之间的相互关系来看。上面说过,价值必要耗费 $\sum(c+v)$ 是生产、研发、销售、管理及财务各项耗费之和。这里指出两点:

静态地说,给定商品价值,则价值必要耗费与净剩余之间有一个此消彼长的关系。更为重要的是,就价值补偿的次序来看,价值必要耗费的补偿优先于剩余价值的存在。这就是说:商品价值实现后,首先要补偿各个耗费子项,包括生产、研发、营销及管理等,然后,当还有余额时,才是剩余价值。所谓剩余价值,顾名思义,也正是说,只有在经营全过程的物质与活劳动耗费全部得到补偿并仍然有余额时,它才存在;如果实现的价值不足以补偿全部耗费,则剩余价值便不存在(事实上是负数了!)。因此,**剩余价值与各项耗费相比,包括与劳动力价值补偿相比,是风险程度更高的项目**。

在社会形式上,对价值构成的不同大于进行补偿的优先次序是由企业的本质决定的。企业家经营企业,首先要购买生产要素,对各生产要素所有者支付要素价值;而这些要素价值,包括生产资料买价与劳动力的工资,都是事先就用合同规定的,不论企业后来经营状况好坏,合同一旦定了,这些要素价值便不能再由任何一方单方更改。所以,要素成本或价值形成过程的各项耗费,是一个由合同规定的常量。企业家经营过程形成的商品价值到市场上去实现为货币收入时,则是一个不受企业控制的变量。拿一个事后形成的变量去补偿另一个事前约定的常量,其余额当然也是变量,或大或小,可正可负。这就是剩余价值的不确定性的由来。当然,也正因为剩余价值是在补偿全部耗费之后的变量,企业家才有努力控制各项耗费的动力;而能否经常把全部耗费控制在价值之内以确保剩余价值为正,则是决定企业家能否持续成为企业家的关键。所谓企业家,就是在管理要素合约系统中制造与索取剩余价值的中心角色。

第三节 剩余价值最大化

资本主义生产目的

如上所述,资本家投入预付货币资本去组织生产的目的,是资本的增殖,即剩余价值的生产,就是追求剩余价值的最大化。

说**资本家追求剩余价值最大化**,这并不涉及道德人品的褒或贬;而**是揭示资本家这一角色的社会经济性质**。首先,剩余价值的存在是预付资本得到回收与增长的前提;如果资本家投资创办企业后,不能实现剩余价值,则意味着资本的失败;时间长了,资本所有者就退化了。其次,市场竞争的存在,迫使每一个企业追求最大限度的剩余价值;不能有效地实现剩余价值增长的企业,就要在市场竞争中被淘汰。因此,对剩余价值的无止境的追求,不仅源于资本家追求财富的内在冲动,而且是市场竞争的外在压力使然。资本家**是资本这一经济范畴的人格化,是一定阶级关系和利益的承担者**。

剩余价值极大化涉及两个方面的问题。第一,产出商品的价值越大越好;这是在一定劳动耗费条件下产出最大化的问题。第二,生产过程中的必要耗费 $\sum(c+v)$ 尽可能压缩,这是在一定产出条件下生产耗费最小的问题。

但是,无论是产出极大还是投入极小,都离不开劳动者这一根本因素。比如,产出极大就是劳动生产率的提高;因此,劳动者是否有效地工作就成了关键。再如生产耗费的最小化,涉及不变资本 c 与可变资本 v 两类;但是,不仅 v 的耗费与劳动效益直接对应,而且 c 的耗费,即生产资料的使用效率,也是由劳动者如何工作而决定的。工人在生产过程中是否千方百计地爱护设备,节约物耗,改进技能,将直接影响生产中的必要消耗水平。因此,劳动者作为生产过程的主体,是影响剩余价值水平的根本原因。

资本主义企业以雇佣劳动为基础,但企业目标的实现即剩余价值的生产,却有赖于劳动者的有效运作,这就产生了资本主义企业的基本问题,即:如何构造资本与劳动的关系,使剩余价值的生产得到保证?

显然,要实现剩余价值的生产,资本必须在雇佣生产工人的时候,对如何使用劳动者作好某种制度安排。也就是说,资本要求对进入企业的工人拥有具有权威的控制权。但是,从工人角度看,剩余价值与己无关,而劳动报酬、劳动条件及劳动强度等等则是最关心的;因此,工人不愿意让资本对自己拥有绝对控制权。结果,资本主义企业的劳资关系存在着本质上的矛盾;用今天的术语来说,劳资关系在本质上是博弈的。在现实中,这种劳资关系的特点导致了劳资之间的契约关系与权威—服从关系的共存。

上述问题的根源在于劳动作为商品的特殊性。在资本雇佣劳动者的时候,它面临一个特殊困难;它所能购买的是活生生的个人的劳动能力,而不是劳动;但对于剩余价值生产真正重要的却是该劳动者的劳动(质量与数量),而不是劳动者本人。事实上,不论什么样的劳资合约,都无法事前规定劳动者体力与脑力的实际支出或劳动服务水平。为什么呢?因为劳动服务水平是高度不确定的变量。在劳动过程完成之前,它是一个不确定数;而在劳动过程之中,它又极难测度。本质上,它是劳动者的生理能力与劳动意愿等一系列因素综合决定的函数。由于劳动服务水平的这种高度不确定性,导致了劳动契约的不完备性。由此,又导致了资本对劳动过程控制权的必然基础。

可以说,**契约平等与权威控制的并存,构成了资本主义企业的本质特征**。马克思认为:劳动与资本的自由合约并不改变企业内部由资本支配工人的权威强制关系。为什么呢?这里的关键在于:工人与资本自愿签订的劳动合约,本身就是关于接受企业内部等级制控制关系的约定。因此,资本与劳动在签约时的自由平等与签约后的等级服从必然是并行不悖地存在着的。

剩余价值生产的两种方法　资本家如何实现剩余价值极大化,马克思在《资本论》中归纳为两种主要方法:绝对剩余价值和相对剩余价值。

第一种方法,绝对剩余价值的生产。这时指延长工作日的绝对量,即延长工人每天工作的时间。譬如说,工人一个工作日原来是12小时,其中6小时是必要劳动时间,6小时是剩余劳动时间。现在资本家把工作日延长到14小时,必要劳动时间仍为6小时,剩余劳动时间则增加到8小时,可以多榨取2小时剩余劳动所创造的剩余价值。这种**在必要劳动时间不变的条件下,由于延长工作日的绝对量所产生的剩余价值,**

叫作绝对剩余价值。

用延长工作日来加强剩余价值的榨取,在资本主义发展的早期是资本家常用的方法。例如在19世纪初期,英国纺织工人早晨五点半进厂工作,到晚上八点半才收工,一天要工作15小时。我国抗日战争前上海很多工厂的工人,也是顶着星星进厂,顶着星星回家,两头不见太阳。

但工人的劳动时间毕竟有生理上的限制,同时也还有社会和道德的界限。人在一天内只能消耗一定数量的生命力,必须有时间休息,才能恢复其劳动能力。同时,劳动者也需要有时间来满足其精神生活和社会交往上的种种需要。所以工作日的长短虽然可变,但只能在一定的界限内进行,不可能过分延长。而且资本家延长工作日,必然要遭到无产阶级的激烈反对。1886年5月1日,美国芝加哥20万工人举行大罢工,抗议资本家无理延长工作日,要求实行八小时工作制,著名的"五一"国际劳动节即由此而来。从此,世界各国工人联合起来为缩短工作日而进行斗争的浪潮大大高涨起来。

第二种方法,相对剩余价值的生产。这是指除了延长工作日以外,资本家还可以通过另一种途径增加剩余价值的榨取,那就是革新技术装备,改进生产工艺,提高工人的劳动生产率,使必要劳动时间缩短,剩余劳动时间相对延长。

我们知道,工人的必要劳动时间是用来再生产劳动力价值的,而劳动力的价值,又决定于工人所需生活资料的价值。假如社会劳动生产率普遍提高,同量生活资料的价值就会降低,这样,劳动力的价值也就降低,必要劳动时间就可以缩短。

假定工人及其家庭一天平均需要的各项生活资料,是由6小时社会劳动所创造的,因此工人的必要劳动时间是6小时。假如面粉业、纺织业、建筑业等行业的劳动生产率普遍提高了一倍,只要3小时社会劳动就可以生产出同量的生活资料来,那么,工人工作日中的必要劳动时间就缩短到3小时。这样,虽然工人每天工作的时间不变,仍旧是12小时,但因为必要劳动时间已减少到3小时,剩余劳动时间就相对延长,增加到9小时,资本家多榨取了3小时剩余劳动所创造的剩余价值。这种**在工作日不变的条件下,由于必要劳动时间缩短所产生的剩余价值,叫作相对剩余价值。**

第四节 工资和生产组织形式

工资的本质和形式

资本家购买工人的劳动力,工人则从资本家那里取得工资,所以**从本质上看,工资是劳动力价值的货币表现,即劳动力的价格**。但是,从表面现象上看,工资似乎不是劳动力的代价而是劳动的代价。从资本家方面说,好像是:因为你劳动了,所以我给你工资;从工人方面说,好像是:因为你给我工资,所以我为你劳动。这样,工资取得了劳动的价值或价格的假象。

事实上,工人出卖的是他的劳动力而不是他的劳动。资本家在市场上购买的是工人的劳动力,工资是劳动力的价格。马克思指出:"工资不是它表面上呈现的那种东西,不是劳动的价值或价格,而只是劳动力的价值或价格的隐蔽形式。"[①]马克思在其早年的某些著作中也没有分清劳动和劳动力,但是后来在《资本论》和其他著作中,他对劳动和劳动力的区别进行了精辟的科学分析,从而揭示了剥削雇佣劳动的奥秘。

资本主义制度下的工资有两种基本形式:计时工资和计件工资。

工人将自己的劳动力出卖给资本家,总是有时间的限制,以一月、一周、一日或一小时为期。**劳动力的价格当以一定时间来做计算单位的时候,叫作计时工资,表现为月工资、周工资、日工资或小时工资**。在资本主义的发展过程中,工资的时间单位呈现出日益缩短的趋势。在两次世界大战之间的那一段期间,欧美主要资本主义国家盛行周工资和日工资。二次大战以后,发达资本主义国家已较普遍地采用小时工资制。采用小时工资制,有利于资本家缩短工作日。在采用小时工资制条件下缩短工作日,一方面有利于提高单位时间内的劳动强度,另一方面有利于在降低平均就业时间的条件下,保持较多的就业人口,避免失业人口过多所引起的麻烦。

计件工资不按时间单位支付工资,而按工人所生产的产品数量计算工资。计件工资无非是计时工资的转化形式。例如,一个制鞋工人的日工资是6元,每天制造12双皮鞋,改为计件工资后,每制成1双皮鞋支付工资0.5元,工人每天仍得工资6元。但事实上,资本家往往把身强力壮和技术

[①] 马克思:《哥达纲领批判》,《马克思恩格斯选集》第3卷,人民出版社2012年版,第370页。

熟练的工人所能完成的产品数量,作为确定计件工资单价的标准,迫使工人提高劳动强度。同时,实行计件工资制可以诱导工人拼命干活,"自动"提高劳动强度或延长工作日,千方百计多挣一些工资去养家糊口。

除了计时工资和计件工资这两种基本工资形式以外,在资本主义社会里,还逐步发展出许多派生形式,如资金、分红利、以"优惠价格"购买本企业股票等等。所有这些,就其本质讲,无非都是劳动力价值的转化形式。而其作用,除了刺激工人更加努力工作以外,还企图在工人中间制造这样一种错觉,似乎资本主义企业的利益同工人本身不是对立的,而是一致的。

名义工资、实际工资与工资水平 资本家通常是用货币来支付工资的,但工人所需要的不是货币本身,而是为了拿货币去购买生活资料,维持自己和家庭成员的生活。由于生活资料的价格的变动,同量的货币可以表现为不等量的生活资料,货币工资的多少并不能准确地反映工人实际生活水平的高低。所以,**以货币来表现的工资叫作名义工资,以这些货币所能实际买到的生活资料的数量来计算的工资,叫作实际工资**。名义工资和实际工资,并不是两种不同的工资,而是同一工资的两个侧面。

名义工资与实际工资之间的背离是经常发生的。如果名义工资不变,但是生活资料的价格上涨了,实际工资必然下跌。如果名义工资增加了,但生活资料价格上涨的幅度更大,实际工资还是减少。只有当名义工资增长的幅度大于生活资料价格上涨的幅度时,实际工资才会有所增长,但它增长的幅度仍小于名义工资增长的幅度。

工资水平在不同的国家和同一国家经济发展的不同阶段都是有差异的。工资既然是劳动力的价格,因此,凡是影响劳动力价值的各种因素,都会影响到工资水平。概括地说,工资水平的差异,主要是受各国的生产力发展水平、文化发展水平以及各国工人阶级形成和发展的历史条件等因素决定的。

就同一时期的各个不同国家来说,经济文化发展水平较高的国家,其工资水平也较高。在19世纪中期马克思写《资本论》的时候,当时最发达的资本主义国家英国的工资水平,约比德国、俄国等大陆国家的工资水平高出50%。从那时以来经过一百多年的发展,资本主义世界各国经济文化发展水平的差距更加扩大。现在,几个最发达国家的工资水平,从名义工资来看,往往比后进国家的工资水平高出几倍甚至十几倍。当然,从实际工资水平来说,差距并没有这么大,因为衣食住等基本生活资料的价格水平,在发达国家也高得多。同时,这种工资水平的差异,绝不意味着发达国家剩余价值生产的弱化。这是因为,由于价值规律在国际范围内的作用,发达国家中劳动强度和劳动生产率较高的工人的劳动,在世界市场上也是作为强化的劳动发挥作用的。发达国家里的工人,用较少的劳动时间可以再生产出劳动力的价值,所以工资水平较高的国家,那里的剩余价值率也往往较高。

就同一国家来说,随着经济文化发展水平的提高和再生产劳动力所必需的生活资料范围的扩大,从长时期看,工资水平是有所提高的。但是,(1)实际工资水平的提高一般总是落后于名义工资水平的提高;(2)工资水平的提高一般并不降低剩余价值率的水平;(3)工资水平的变化呈现为迂回曲折的现象,某些时期,工人的实际工资甚至名义工资也是下降的;(4)工资水平的提高,绝不是资本家发善心的结果,而是无产阶级同资产阶级持续不断地进行斗争的结果。

资本主义企业形式的变化 伴随着剩余价值生产方式和工资形式的变化,资本主义企业的形式也在发生变化。马克思在《资本论》中用大量篇幅描述了企业形式的历史变化。按照他的总结,到19世纪中叶,资本主义企业的生产组织,经历了三种主要形式:简单协作、工场手工业、工厂制度。简单协作这种企业形式,其实只是人数较多、规模较大的手工作坊。从生产技术上看,与个体手工业者的小作坊并无多大区别。但是,许多工人聚集在一起劳动,就产生了劳动分工的可能性,从而导致出现有内部分工的工场手工业这种企业组织形式。工场手工业内部的劳动分工,使每道工序的操作简单化,工具专门化,这就为机器生产代替手工劳动提供了可能性,导致由工场手工业发展为机器生产的工厂制度。马克思在《资本论》中对机械化工厂制度的经典分析,包括以机器为中心的分工协作体系,中央管理控制的性质与功能,机械化对生产力和对工人阶级命运的双重影响等等,至今仍然是对机械化工厂制度的最好分析,也是我们把握马克思价值学说、特别是剩余价值学说的客观基础。

今天我们知道,马克思当时称之为机器大工业发达形态的现代工厂,其实是以蒸汽机为动力的纺织厂,在某种意义上说,英国曼彻斯特纺织厂的经济逻辑与经济关系,为马克思提炼剩余价值学说提供了现实背景。

马克思时代的纺织工厂是什么样的呢?让我们拿波士顿地区的纺织企业加以说明①。1850年前后,波士顿地区追随英国纺织业的机器工厂模式,兴起了一批纺织企业。在技术上,这些纺织厂形成了从原棉进厂到纺纱、织布全过程连成一体的现代工厂布局;而制度上,则体现了以生产管理为主的特征。

这些纺织工厂的资本一般由少数私人用合伙集资的方法筹措,合伙人成为企业老板。在大多数场合不是全体合伙人都直接管理企业。但是工厂主要大权必然控制在主要合伙人手中。一般情况是:工厂财务,包括原料采购,由一位全日制工作的合伙人直接管理。产品销售由另外的合伙人负责,但该合伙人通常又是专业销售公司的合伙人,这是因为,当时纺织厂自己并不直接负责产品销售,而是把产品交给专门行销企业去销售的。生产方面,通常聘请一位懂机械技术的人担任主管(类似我国的"生产厂长"),负责工厂内部的设备与人工管理;这位生产主管则直接向负责财务的合伙人报告,并接受后者的督导。至于工厂内部,则按工艺流程的顺序安排空间布局。典型情况是:从底楼的原棉进厂与清理,经过二楼、三楼的抽纱、制绽、成坯、染整,再最终到四楼变为成品布,基本上每个主要工艺流程分占一个楼面;与此对应,每个楼面安排2—3名监工(领班),负责监管当班工人的操作与纪律。由于纺织作业需要的是技艺而不是蛮力,所以厂里的操作工以女性为主。在这种布局和规模下,工厂生产主管与各层的监工得以保持经济性联系,即使亲自关注工厂的操作,在时间与能力上也无大碍。

这个时代的"企业管理"其实还处于资本主义发展的初级阶段。财务上,已经使用了标准的复式记账法,对原料、成品、其他费用(工资与辅料等)及往来账款等分类记录,并合成综合平衡表。但是,当时还没有现代化工厂管理常见的成本分析,单位成本的概念尚未受到重视。行销上,一般由一位合伙人负责与专业营销商建立代理关系,工厂只管生产,推广与销售的事则全归独立的营销商。当时主要原料棉花也是由市场购入,所以采供与销售都完全由企业外的市场供求力量支配。纺织企业自身仅仅是实行了对生产

---

① 波士顿的纺织工厂虽不在马克思时代的英国,但设备与工厂制度与当时的英国并无实质差别。关于该公司的描述材料,取自美国经济史学家 Alfred Chandler, *The Visible Hand: The Managerial Revolution in American Business*, Harvard University Press, 1977。

过程的集中统一管理。在这种模式中,企业运行涉及的各项基本职能,如营销、生产、财务、采购等,或者是由不同法人企业通过市场交易方式进行协调,或者交给不同合伙人分工负责,各把一块,并不存在现代企业意义上的统一管理。

从政治经济学的视角来看,上述纺织工厂代表的企业应该如何定位呢?依据马克思的观点,我们至少可以指出如下几点:

(1) 私人资本不仅是企业财产所有者,而且也是创业与经营管理的主要承担者。之所以这样,一是创业所需资本还不是太大,二是管理过程也比较简单。现代企业条件下极为重要的两大操作系统,即研究开发与营销,当时还不存在;因此,所谓企业管理,不过是生产管理而已。正是在这样的经济状况下,造成了出资、创业与经营管理的"三位一体",即三种职能集于资本家一身的企业制度。其实,所谓"资本家"的概念,也只是在这种"三位一体"型企业模式中才得到了最确切的体现。

(2) 企业生产的商品的价值构成中,生产过程的耗费占有绝对主要的地位。由于不存在研究与开发,营销又由商业企业办理,管理上主要是资本家自己动手,专业人员微乎其微,因此,波士顿纺织厂的成本构成中就只有直接生产成本了;现代企业经营中占重要地位的研发、营销及管理费用,在当时几乎不存在。处在这种生产主导型的企业结构下,对资本家而言,自然就把生产过程的耗费等同于全部成本;商品实现价值超过生产成本的部分,就成了利润。

(3) 资本家是企业的剩余价值的唯一所有者,独占全部剩余价值。在上面描述的纺织厂中,操作工人按照计件或计时制计算工资,按月支取;而工头与生产主管除了工资会高些,也可以按厂主的评价获得些奖金外,与一般工人并无多大差别。基本上,厂主没有任何必要要把剩余价值拿出来让别人分享。在"三位一体"的老式企业中,资本家独占全部剩余价值是自然而然的现象。

(4) 资本家与产业工人的利益对立处于最为简单明了的制度架构中。在这种"三位一体"型企业中,资本家与工人之间没有什么中间管理层次的屏障,控制与被控制的关系相当直截了当。同时,资本家人数很少,管理层与专业人士层同乎不存在,企业最大数量的群体是操作工人,因此,利益矛盾就显现为绝大多数工人与极少数资本所有者之间的两极对立。

综上所述,马克思时代的资本主义企业,是以私人资本垄断为基础的。

在此基础上，产生了"三位一体"的资本家对剩余价值的独占，也产生了高度同质化却处境悲惨的产业工人的反抗。劳资的两极对立是与资本家的"三位一体"相互并存的。

然而，这种以"三位一体"与"两极对立"为特征的企业乃是资本主义企业形式的初级阶段，不妨称为业主制资本主义企业，马克思身后发生的一系列技术与企业制度变革，已经在现代经济的主要部门中把这种业主型企业送进了历史博物馆。马克思在《资本论》中已经提到公司制企业和股份公司形式，但这种现代企业形式当时还只是处于萌芽状态。对于资本主义的现代企业，我们将在后面详加分析。

第五节 西方经济学家的资本和剩余价值理论述评

关于资本理论

什么是资本？马克思认为，资本是带来剩余价值的价值，是资本家剥削雇佣工人的一种生产关系，而西方经济学家对什么是资本从来就有两种不同的理解。用奥国学派集大成者庞巴维克的话说是，一种资本概念的重心在获利上，在于作为收入来源这一特征上；另一种资本概念的重心则在生产上，在作为生产工具这一特征上。这两种不同的理解起源于亚当·斯密的《国富论》第二篇。他一方面说资本是提供收入（利润）的积蓄，另一方面又说资本是用来继续生产的积蓄。在他看来两种说法是统一的，因为只有把积蓄用于继续生产才能提供收入（利润）。实际上这两种说法已有本质区别。前一种说法接近于承认资本是资本家为获取利润而对工人的一种剥削关系，后一种说法则是把资本和生产资料等同起来了。以后的西方经济学家几乎都千篇一律地继承和发扬了斯密的第二种观点。例如，现代西方微观经济学的奠基人阿·马歇尔就提出，资本是当作生产要素的物品。

资本来自哪里？大多数西方经济学家认为，资本来源于人们的节约和储蓄。英国经济学纳骚·西尼尔干脆用"节欲"即节制消费的欲望来代替"资本"一词。马歇尔则用"等待"即延期享受来代替"节欲"以表示资本来源于人们（资本家）对目前享受的"推迟"和"牺牲"。

资本的功能或者说作用是什么？绝大多数西方经济学家认为，资本能提供一种新的生产力。最典型的是奥国学派庞巴维克所说的，没有资本的生产者是赤手空拳的，生产力低下。有了资本，人们就可进行"迂回生产"，生产效率可大大提高,好比有了渔船和渔网的渔翁所能捕捉的鱼的数量不知要比赤手空拳者能捕捉的要多出多少倍。总之,西方经济学家都否认资本是一种剥削雇佣工人的生产关系,都否认资本来源于剩余价值的积累,是能带来剩余价值的价值。在他们看来,资本不外是生产资料,存在于一切社会形态。从这一观念出发,原始人所用石刀、石斧、弓、箭也被说成资本了。这完全是对资本本质的曲解。

无形资本是一个重要范畴。指资本发展过程中从有形资本中独立出来的,没有实物形态的资本。以技术、品牌、商誉为代表的企业无形资本具备了资本生利的一般属性,但远比有形资本有了巨大的价值增值功能。无形资本的特征和运动规律与有形资本不同,无形资本理论是对有形资本理论的新拓展。

首先,大多数无形资本是由劳动创造的,具有个别性生产的特点,不像一般普通商品那样可成批生产,是一种稀缺性商品,有较高市场价值(价格),它的价值量应由个别生产的创造性智力劳动来决定,但在实践中企业在创造无形资本中的各种耗资又很难完整、准确计量,通行做法是用无形资本可能带来的收益来确定无形资本的价格。

第二,无形资本的价值增值能力来源于它的强大竞争功能和垄断能力。新技术是用更高劳动生产率和更低成本给企业带来超额利润的,而品牌、商誉、特许经营权经营用的无形资本,是用使企业产品占有更大市场的份额,使同样质量产品有更高销售价格,使企业垄断产品的某个细分市场等等途径使企业获取丰厚利润的。无形资本自身增值过程是一种典型的质量型而非数量型增值方式。无形资本可以在数量不扩张的情况下不断积累,但无形资本在使用中不像有形资本那样会磨损,反而越用越值钱。

第三,无形资本可被一个主体反复使用和被多个主体同时使用,这会使无形资本被侵害的机会大增,冒牌产品是这方面常见事例,因此,无形资本的安全对法律具有绝对的依赖性,市场经济国家必须高度重视对企业无形资本的保护。

关于剩余价值理论

剩余价值学说是马克思经济理论的核心,是揭露资本主义剥削的秘密、理解无产阶级和资产阶级对立的经济根源的最锐利的思想武器。因此,作为资产阶级利益代言人的西方经济学家无一不否认马克思的剩余价值理论。

在资产阶级古典政治经济学阶段,由于当时社会主要矛盾还不是无产阶级和资产阶级之间的矛盾,而是资产阶级和封建地主之间的矛盾。因此,古典经济学家还试图研究资本主义经济现象的相互联系和内在规律。因此,他们能奠定劳动价值论的基础,并在此基础上分别考察剩余价值的各种特殊形式包括利润、利息、地租等。例如,威廉·配第在地租的形态上考察了剩余价值,把地租说成是收获的农产品扣除包括种子(实际指耗费掉的生产资料的总称)和生产者的维持费即工资以后的剩余部分。配第的地租论实际上就是他的剩余价值理论,但并没有提出剩余价值这一科学的范畴。他还考察了工资和地租间的对立关系,实际就是劳动力价值和剩余价值间的对立关系。又如,法国重农主义代表弗朗斯瓦·魁奈在"纯产品"理论中考察了剩余价值,认为"纯产品"就是农产品价值超过为生产这些产品所必须耗费的价值的差额,地租则是剩余价值超过为生产这些产品所必须耗费的价值的差额,地租则是剩余价值最明显的形态。尽管他认为只有农业才能生产"纯产品"的观点是片面的,不正确的,但这种理论把剩余价值的生产从流通领域移到了生产领域。古典经济学的最主要代表人物亚当·斯密和大卫·李嘉图则更明确地在利润和地租形态上分析了剩余价值的起源。斯密从劳动价值论出发,提出资本一旦在私人手里积聚起来,劳动者为资本所雇佣后,劳动者对原材料增加的价值,在这种情况下就分为两部分,其中一部分支付劳动者工资,另一部分支付雇主的利润。在此,斯密已清楚说明利润是雇佣工人的无偿劳动创造出来的价值也就是剩余价值,尽管他没有提出剩余价值的概念,而且他还有其他一些错误的利润理论。大卫·李嘉图发展了斯密的剩余价值思想。他虽然没有像斯密那样明确指出利润来源于工人剩余劳动,但比斯密更为前后一贯地在劳动价值论基础上分析利润。他说:"商品的全部价值只分成两部分:一部分构成资本利润,另一部分构成劳动工资。"至于地租,他认为只是落到地主手中的特殊部分的利润。由于李嘉图考察问题时撇开了不变资本,似乎全部资本都花费在工资上了,因此,他讲的利润实际上就是剩余价值。他还分析了工资和利润的对立,实际上揭示了剩余价值理论中的资产阶级和无产阶级在经济利益上的对立关系。这样,李嘉图就成为资产阶级视野中探讨剩余价值思想最彻底最深刻的古典经济学家。然而,阶级的局限毕竟使他终究未能将剩余价值作为一个单独的科学范畴从它的各种表现形式(利润、利息、地租)中独立出来。这需要政治经济学在发展中有一个伟大的革命变革。这场深刻的变革是在马克思的科学的剩余价值理论中实现的。

思 考 题

1. 货币转化为资本的前提条件是什么？
2. 剩余价值是怎样生产出来的？
3. 资本的本质是什么？资本家用什么方法提高剥削程度？
4. 资本主义工资的本质是什么？它怎样掩盖资本的剥削关系？

本章参考文献

马克思：《资本论》第1卷，第4、5、14、17章，人民出版社2012年版。

第十三章 商业资本与交易费用

上一章分析了资本的增殖与剩余价值最大化。在这一章,我们转向资本的流通过程,并将马克思的流通费用扩展到现代经济学中的交易费用。最后,我们对交易费用和流通过程的组织形式加以说明。

第一节 资本循环与周转

前面讲过,资本运动的总公式是:

$$G - W \genfrac{\langle}{}{0pt}{}{A}{P_m} \cdots P \cdots W' \cdots G'$$

这里,资本家从投入资本 G,到最终收回一个增殖了的货币资本 G';这一完整过程,包括了购买 $\left(G - W \genfrac{\langle}{}{0pt}{}{A}{P_m}\right)$、生产 $(W \cdots P \cdots W')$ 以及售卖 $(W' - G')$ 这样三个阶段,并分别以货币资本(G)、生产资本 $\left(W \genfrac{\langle}{}{0pt}{}{A}{P_m}\right)$ 和商品资本(W')这三种形式存在。**产业资本依次经历三个阶段、采取三种形式、最后回复到其出发点形式的全过程,就是资本的循环。**

资本主义生产的一个特征是它的连续性。而为了实现连续不断的生产,产业资本不仅必须依次采取货币资本、生产资本和商品资本的形式,而且必须同时处在这三种形式上。这就是说,产业资本家必须把他的资本合乎比例地分为三部分,使之分别同时存在于货币资本、生产资本和商品资本的形式上,必须一面进行生产,一面买进下一生产过程所需的生产资料和劳动力,一面卖出新制成的商品,川流不息地实现着资本的循环。所以,产业资本的循环,作为一个连续不断的过程,不难看出它实际上包含着三种不同的循环形式:

$$\underbrace{\overbrace{G-W\cdots P\cdots W'-G'}^{①}\cdot G-W\cdots P\cdots W'-G'}_{②}\overbrace{}^{③}\cdots\cdots$$

上面的这个公式中,① $G\cdots\cdots G'$ 表现为货币资本的循环;② $W\cdots\cdots P$ 表现为生产资本的循环;③ $W'\cdots\cdots W'$ 表现为商品资本的循环。连续不断的产业资本的循环,必然同时包含着三个循环。从这里还可以明显地看出,货币资本、生产资本和商品资本,都是产业资本的职能形式。

资本周转 资本的循环,不是当作一个孤立的行为,而是当作周期性的过程来看待时,就叫作资本周转。考察资本循环和考察资本周转,都是考察资本的运动,但两者的侧重点不同。考察资本循环,重点在于分析产业资本在其运动过程中所经历的阶段,以及在各个阶段上资本形态的变化。考察资本周转,重点在于分析资本运动所经历的时间。

资本的周转必须经历生产领域和流通领域。资本处于生产领域的时间,叫作资本的生产时间。资本处于流通领域的时间,叫作资本的流通时间。两者的总和构成资本的周转时间。

资本的生产时间主要包括两部分。一是劳动时间,即劳动者为完成某种产品对劳动对象进行加工的时间。二是自然力独立作用于劳动对象的时间,如酿酒的发酵时间,某些化工产品生产中的化学反应时间,农作物的自然生长时间等。资本的流通时间也包括两个部分。一是购买阶段的时间,二是售卖阶段的时间。流通时间的长短,决定于生产地点距离市场的远近,运输条件的好坏,以及市场供需的状况。不同生产部门的生产条件和流通条件不同,资本的周转时间也就不同。建设大型水电站,开挖大运河和铺设长距离的铁路,同技术简单的加工工业相比,资本周转时间可以相差几百倍甚至成千倍。

$$n(周转次数) = \frac{U(年)}{u(周转时间)}$$

假定某一个别资本的周转时间是 3 个月,那么,它是一年周转 4 次。另一个别资本的周转时间两年,它就是一年周转 1/2 次。

> **固定资本与流动资本**

在分析资本的周转时间和周转次数的时候,有必要把固定资本和流动资本分别加以考察。

前面分析资本增殖的时候,曾把资本区分为不变资本和可变资本,那是根据资本的不同构成部分在剩余价值生产过程中的不同作用来区分的。固定资产和流动资本则是根据生产资本的各个组成部分不同的价值周转方式来区分的。

流动资本是以原料、燃料、辅助材料等形式存在的和转化为工人劳动力的那部分资本。原料、燃料、辅助材料经过一个生产过程,其使用价值便转变为新的实物形式,其价值则全部一次地转移到新商品中去,并随着商品的出售以货币形式回到资本家手中。用来购买劳动力的那部分资本,不发生价值转移的问题,它是由工人新创造的价值的一部分来抵偿的。但是,工人在生产过程中创造的相当于劳动力价值的这一部分价值,也是全部一次地加入到新商品中去,并随着商品的出售全部回到资本家手中。从这方面看,购买劳动力的那部分资本同原材料的价值周转有共同的特点,所以也是流动资本。

固定资本是指以厂房、机器、设备、工具等形式存在的那部分生产资本。它的实物形式全部参加生产过程,供多次生产使用。但它的价值则随着这些厂房、机器、设备和工具的逐步磨损,一部分一部分地转移到新产品上去。例如,1台机床的价值2万元,使用期限为十年。这样,它每年有2 000元的资本价值转移到产品中去。随着产品的出卖,每年有2 000元的资本价值以折旧金的形式回到资本家手中。

固定资本的磨损分为有形磨损和无形磨损两种。**有形磨损也称实物磨损,起因于机器设备的使用或自然力的作用**,如木质建筑物会腐朽,铁质设备会锈蚀等。**无形磨损也称精神磨损,起因于技术进步**。例如,由于生产技术的改进,使得生产同样机器的社会必要劳动时间减少了,从而使原有固定资本的价值降低了。或是由于出现了效能更高的新机器,造成效率低的老机器贬值。常常有这样的情况:从实物形态来看,机器还是完好无损的,但由于有了效率更高的新机器,继续使用老机器在经济上已不合算,只好提前报废。资本家为了避免无形磨损的损失,就采用轮班制等手段来加速固定资本的周转,以便尽快地收回固定资本的价值。

根据以上的分析,可以把固定资本和流动资本同不变资本和可变资本的区别和联系,表示如下:

```
按在剩余价值生产中的作用区分          按价值周转方式区分
         ┌厂房、机器、设备、工具──固定资本
   不变资本┤
         │原料、燃料、辅助材料
                              ┝流动资本
   可变资本──转化为劳动的资本
```

马克思按资本在剩余价值生产中作用的不同,把它分为不变资本和可变资本,目的在于揭示可变资本才是剩余价值的真正源泉,根据资本各部门价值周转方式的不同,把它划分为固定资本和流动资本,虽然可以揭示资本周转对价值增殖的影响,阐明资本的效率,但从这种划分中却看不出增殖的价值究竟从何而来。

第二节 商业资本的形成及其本质与职能

商业资本的形成和本质 在资本主义社会中,资本不仅以产业资本的具体形式存在,还以商业资本的具体形式存在。商业资本主要是从事商品经营即买卖商品的资本。它专门在流通领域活动,运动公式是 $G—W—G'$。商业资本存在的前提是商品生产和商品流通。早在原始社会解体时,商业资本就已产生了,在奴隶社会和封建社会中,获得过广泛的发展。那时商业资本是一种独立的资本,经营对象主要是简单商品生产者,即农民和手工业者,也包括奴隶主和封建主。它依靠贱买贵卖和欺诈等手段进行不等价交换赚取商业利润,其来源是小生产者的一部分劳动产品和奴隶主、封建主从奴隶、农奴身上榨取来的一部分剩余产品。在资本主义社会中,**商业资本**是和从事商品生产的产业资本密切联系的,**是从产业资本运动中独立出来完成商品资本职能的资本**。

在产业资本的运动中,为什么一部分商品资本的职能要独立出来由商业资本家来承担呢?

前面讲过,产业资本在其循环过程中必须经过购买阶段、生产阶段和售卖阶段这样三个阶段,依次采取货币资本、生产资本和商品资本三种职能形式。当产业资本的生产规模还比较小,商品售卖数量和种类还不多,距离市场又不远的时候,产业资本家完全可以由自己来实现资本的三种形式变化,执行相应的资本职能。随着资本主义的发展,产业资本的增加,生产和流通规模的扩大,市场距离越来越远的条件下,如果产业资本家继续由自己来完成商品的售卖,实现从商品资本到货币资本的转化,不仅困难很大,而且这样做会减少生产资本,减少利润,这对资本家来说是不合算的。所以,产业资本家愿意将实现商品资本的职能独立化,分给商业资本家去完成,自己的销售活动只限于向商业资本家出售商品。

产业资本循环中商品资本独立为商业资本,不仅是必要的,也是可能的。这是因为,第一,商品资本是产业资本循环过程的一种职能形式,它与其他两种形式的职能是不同的,因而存在着由不同的资本家来承担这一职能的可能性;第二,就个别产业资本的循环而言,商品资本的存在和形态变化,虽然只是它的连续不断的生产过程的一个经过点,一个过渡阶段,但就社会总资本考察,总有一部分要不断地以商品资本形式存在,作为流通资本停留在市场上,完成商品资本到货币资本的转化。所以,一部分商品资本独立化也是有基础的。

在什么条件下,商品资本才从产业资本的一部分独立出来成为商业资本呢?这需要下列两个条件:第一,商品资本最终转化为货币资本的过程,不是由产业资本家自己完成,而由商人去完成。商品资本的职能成了商人的独立存在的业务,成了他的专门职能。也就是说,存在着资本家之间的社会分工。但是单有这一点,这种特殊业务还不会是产业资本以外的特殊资本的职能。例如,在商品经营由产业资本家的推销员进行的地方,它只是产业资本的一种特殊业务,而不是一种特殊资本的职能。因此,第二个条件是商人必须预付货币资本,通过商品的买卖活动,实现商品资本向货币资本的转化。通过这种职能,商人把他的货币转化为货币资本,他的货币表现为 $G—W—G'$,能作为资本自行增殖。换言之,买卖商品的特殊业务作为一种特殊的投资时,商品资本的职能才独立为商业资本的职能。

所以,商业资本无非是作为商品资本存在和执行职能的那部分产业资本的独立化。商人预付的货币资本,是专门用于买卖商品的,因而只采取商品资本和货币资本的形式,从来不采取生产资本的形式,并且总是处在资本的流通领域中。

商业资本的职能和作用 商业资本从产业资本运动中分离出来,成为一种特殊资本,取得独立的运动形式 $G—W—G'$。但是,从社会总资本再生产的过程看,它所执行的,仍然是商品资本的职能。

先考察商业资本运动的第一阶段 $G—W$。例如,皮鞋商用 1 万元资本向皮鞋制造厂资本家购买皮鞋 500 双。这时对皮鞋厂资本家来说,他的商品资本已经完成了 $W'—G'$,可以重新购买生产资料和雇用工人进行再生产了。但是皮鞋还没有卖出去,对皮鞋本身来说,商品到货币的形式变化还没有发生,它仍然作为商品资本处在市场上,有待于卖掉。只不过它的所有者改变了,原来是在生产者手中,现在是在商人手中,把皮鞋卖掉的职能,由商人从生产者手中接过来了,成为商业资本家的特殊业务。可见,商业资本运动的第一阶段,即购买阶段,只是把商品资本转化为货币资本的职能,从产业资本家转移到商业资本家手里,并不是商品资本职能最终完成了。

商业资本运动的第二阶段,即售卖阶段,是商业资本的商品资本形式转化为货币资本形式的阶段。当这一过程完成,商业资本家手里的 W 转化为 G' 后,商品才实际上从流通领域退出,进入消费领域,由购买者消费了。所以,从社会总资本运动的角度看,**商业资本的职能是最终实现商品资本**。

不过,商业资本只是最终实现商品资本职能这一点,在社会总资本流通很顺利时,表现得并不明显。因为,这时市场情况良好,商品一般都能卖出去,产业资本家把商品卖给商业资本家,似乎就等于商品资本最终转化为货币资本了。但是,一旦商品流通阻塞,商业资本的这种职能就会深刻地暴露出来,被人们清楚地感觉到。譬如,如果上例中皮鞋商向皮鞋制造者买来的 500 双皮鞋,没有在一定时期内卖出去,而同一时期皮鞋制造者又生产出皮鞋 500 双。这是,上一次生产的 500 双皮鞋还没有进入消费领域,商业资本只是最终实现商品资本的职能就暴露无遗。商业资本家或者追加预付商业资本(而这总是有限度的),购买第二次生产的 500 双皮鞋,或者停止向皮鞋制造者购买皮鞋。皮鞋制造者的在生产过程必然受到影响,将被迫缩减以致停止生产。

商业资本的运动 $G—W—G'$,虽然只是**执行商品资本的职能**,对商品资本的最后出售起中介作用,并使商品能作为使用价值进入生产消费或个人消费,但它**对产业资本会有重要的反作用**:

第一,由于商业和产业的分工,商业活动从产业资本家分散的活动变成由商人集中进行的活动,会使专门用于商品买卖的资本减少。从整个社会资本看,就相应地减少了用于流通领域的资本数量,增加了用于生产领域的资本的数量,使再生产的规模能够扩大。

第二,由于商人专门从事商品买卖业务,所以,不仅产业资本家可以把它的商品较早地转化为货币,而且,由于商业资本家比产业资本家更加熟悉市场情况,更及时掌握信息,熟知消费者需求和销售渠道,商品资本本身也会比它处在产业资本家手中的时候更快地完成形态变化,缩短流通时间,加快资本的周转。

第三,由于商人不仅可以为某一生产部门的一个产业资本家推销商品,而且可以为这一部门的许多产业资本家推销商品;不仅可以为一个部门,而且可以为几个不同生产部门推销商品,因此,商业资本的周转和单个产业资本的周转不是一回事。商业资本的周转,不仅可以代表一个生产部门许多资本的周转,而且可以代表不同生产部门若干资本的周转。从全社会资本看,商业资本的存在,可以大大节省用于流通的总货币资本。

必须指出,商业资本的这些作用,要以它保持必要数量,不超过社会总资本的一定比例为限度。商业资本的必要数量与它的周转成反比。商业资本的周转,取决于两方面的因素:一是生产过程更新的速度和不同生产过程互相衔接的速度,另一个是消费的速度和规模。

总之,商业资本虽然只是在流通领域执行职能的资本,由于它能缩短流通时间,增加社会总资本中直接用在物质资料生产上的资本,因而能间接地增加剩余价值的生产和提高利润率。同时,它有助于市场的扩大,能促进产业资本之间的分工和以更大的规模来经营,因而商业资本的职能会提高产业资本的生产效率和资本的积累。

第三节 商业流通费用与流通服务的价值创造

商业流通费用 马克思从资本主义生产与流通过程的二重性出发,考察并区分出两类流通服务活动和相应的两类流通费用。一方面,资本主义流通的物质内容是使用价值从企业到消费者手中的运动过程,为此就需要有运输、仓储、分类、包装、配送等生产性流通服务活动,即现代经济中称为物流服务。另一方面,流通又是资本价值形态发生变化的过程,即商品资本向货币资本的形态变化过程,为此要进行搜寻谈判、计算、簿记、广告通信等纯粹流通服务。因此,流通费用可以区分为两大类:一类导源于生产过程在流通领域的延续,称为生产性流通费用;另一类单纯为资本在流通中变换形态即实现买卖交易所消耗的费用,称为纯粹流通费用。

生产性流通活动实质上是与产业企业同样的活动,它的价值创造性及流通费用的补偿不必专门考察,需要分析的是纯粹流通费用的补偿问题。

纯粹流通费用可具体分为三项:(1)买卖过程引起的费用。资本家之间(即企业之间)在进行交易、执行买进与卖出的职能时,必然要发生的一些费用,包括企业进行买卖的交涉联络费用、广告宣传与通信往来费用,还包括商业工人与职员的工资。(2)簿记费用,包括商业计算、估价和记账等簿记和会计工作所发生的费用,而且这类工作还要耗费有关物化劳动如纸笔文具、写字台、打印机、计算机等。(3)维持货币流通的费用。由于货币只是流通中介,虽然它是商品的一种,但它既不加入个人消费,也不加入生产消费,纯粹为商品流通服务,生产货币也要耗费活劳动与物化劳动,是纯粹的流通费用。

商业价值创造和商业利润来源 纯粹流通费用是由纯粹流通服务活动产生的,而在传统政治经济学教科书中,纯粹流通服务活动被认为是不创造价值的,因此,生产性流通费用外的商业流通费用补偿和商业利润来源都被看成不是来自商业劳动本身,而是对产业利润的分割,对整个资本家阶级剩余价值的一种扣除。理由是商业流通活动不创造价值,它只中介地对产业资本的物质产品提供了销售服务,即价值实现,因而商业流通费用和商业利润是来自商业企业对工业产品出厂的折让价格的加价。那为什么流通服务被看成是不创造价值的劳动呢,主要原因是它的服务结果没有物化,不像物质产品那样具有所谓劳动的"凝结"性。

我们认为服务劳动包括商业流通服务劳动完全存在着创造价值的理由。它与物质产品的生产劳动形成价值的原因并无不同。这些原因是商品经济中生产劳动所具有的社会性、抽象等同性和历史性。

(1)服务劳动的社会性。我们认为,正确认识服务劳动的凝结、物化,正确认识服务劳动创造价值,归根到底要从什么是商品,什么是商品的使用价值出发。马克思在《资本论》开宗明义的第一章就指出:"要生产商品,他不仅要生产使用价值,而且要为别人生产使用价值,即生产社会的使用价值。""要成为商品,产品必须通过交换,转到把它当作使用价值使用的人的手里。"① 那么,生产商品价值的劳动是不是一定要物化或凝结的呢?且看

---

① 马克思:《资本论》第1卷,人民出版社2004年版,第54页。

马克思怎么说:"同商品体的可感觉的粗糙的对象性正好相反,在商品体的价值对象性中连一个自然物质原子也没有。"①没有自然物质原子,即没有物质性的使用价值,那留有什么呢? 马克思继续说:"商品只有作为同一的社会单位即人类劳动的表现才具有价值对象性,因而它们的价值对象性纯粹是社会的"②,这就是说,商品的价值从本身是看不见,摸不到的;因为,它"纯粹是社会性的"是人们社会劳动的关系,只能在商品同商品的交换关系即社会关系中表现出来。例如,1支钢笔卖15元钱,15元是钢笔商品的交换价值。所以,劳动产品要成为商品,按马克思的意思"产品必须交换",实现供别人消费的社会使用价值,才是商品。如果一个人耗费了极大的劳动把它凝结在、物化在钢笔中,结果没有人要使用,没有人买,没有社会使用价值,产品就是废品而不是商品,更不可能有价值了。再举一例,歌唱家开一次室内演唱会,票价每位300元,卖出票子2 000张,共计收入60万元,就是证明演唱会具有60万元价值。既然商品的价值是纯粹社会的,是人们社会劳动的关系,只要产品有社会使用价值,有人买去满足物质需要或精神需要,就有交换价值,就是价值实现了,被证实是有价值的。它与使用价值是否具有物质载体无关。这里,关键在于价值是"社会劳动关系"、"交换"和"社会使用价值"几个字。

服务劳动形成的商品使用价值与物质产品一样都有满足人的某种需求的效用。但与物质产品相比,确实又有自己的特点:如,纯粹的服务是以活动形式存在而没有凝结、物化或结晶为物质形态;具有生产、交换、消费同时进行的特点;相当大部分是精神产品,特别是科学艺术产品,可贵之处在于创新。但服务产品使用价值的特点并不排斥服务劳动和物质产品生产的劳动都是人类社会劳动的共同性,都是创造价值的抽象劳动。

(2) 服务劳动的抽象等同性。商品生产是为了交换,交换是一种使用价值与另一种使用价值的交换。交换就要有交换的比例。在物质产品生产那里,由于各自相异的使用价值没有可比性,所以不能作为产品间交换比例的衡量参照系,而唯有生产产品所投入的抽象劳动作为同质的尺度能衡量交换比例,这个同质的抽象劳动指什么呢? 指人类同一的脑力体力的支出,即社会劳动形成价值实体。那么这里我们讨论服务产品与物质产品间以及

---

① 马克思:《资本论》第1卷,人民出版社2004年版,第61页。
② 同上。

不同的服务产品之间的交换比例是不是也由一种同质的尺度来衡量呢？回答也是肯定的，1 000 斤粮食换一项法律服务也好，一次手术换一架民航客运也好，都不是决定于某种物质产品与服务或者两种服务间使用价值的比例，而是决定于抽象掉了生产各种使用价值时的劳动的具体形式后的人的体力和脑力的支出，即抽象劳动。劳动的可抽象性或抽象等同性不会因为服务产品的非实物性而有任何改变。

关于抽象劳动的社会性，还要说两句。马克思十分强调抽象劳动和商品交换的联系，只有在商品交换条件下，具体劳动抽象为一般人类劳动才是有意义的。因为，在商品交换中才有必要把各不相同的具体劳动还原为无差别的人类劳动，即抽象劳动。所以，抽象劳动范畴的存在是商品交换这种社会条件所决定的，在交换这一社会过程中才真实存在，是商品生产者个别的具体劳动拿到社会上去比较、被承认为社会劳动的表现。其次，从生产商品的劳动与生产非商品的劳动比较，也可以看出抽象劳动是反映商品生产者之间处在平等的社会地位上交换劳动的关系。我们知道，人的劳动在社会中都有社会性，只是在不同的社会条件下劳动社会性才有不同的表现形式。例如，奴隶劳动也是一种社会劳动，可是在奴隶制度下，奴隶只被看成是会说话的工具，奴隶劳动也不被承认是人的劳动，主人可以命令他如牛如马那样干活，可以任意鞭打以至命令他们互相斗殴到死以供主人们娱乐。这里存在的是劳动的不平等性。在商品交换条件下，人们通过交换商品来交换劳动，彼此处于平等地位，积累在商品中的劳动被认为是人的劳动，与其他生产者的劳动一样是平等的人的劳动。所以，生产商品的劳动才具有社会均等性，抽象劳动正是反映了这种生产商品劳动的社会均等性。也正是这种有社会均等性的人类劳动或抽象劳动才是形成商品价值的。所以说，抽象劳动不单纯是人类劳动力在生理学意义上的支出，而是以这种支出为物质内容的劳动社会性的表现。

（3）生产商品的服务劳动的历史性。服务劳动是商品经济中生产商品的劳动。和商品经济一样是一种历史现象。它产生的条件是社会分工和产品的不同所有者。社会分工决定个人只生产一种产品，人与人在劳动上是相互依赖的；在直接生产中个人可以独立自主，但生产和生活中满足需要的各种产品总不能样样靠自己生产，总要依赖别人的劳动和产品，也要用自己的劳动和产品满足别人的需要。但产品是私有的，只能用商品交换的办法，既满足自己也满足别人即社会的需要。不过这不是社会一开始就做到的。

远在一百七十多万年到二十万年前的原始社会,人类社会慢慢进化,从没有社会分工,没有私有制和商品经济,第一产业为主,发展到第二产业工业为主再到第三产业兴起,是自给自足的自然经济发展为商品市场经济的漫长历史过程。可以预期,到将来共产主义,如第四章已说过的,随着生产力的极大发展,物质产品和文化精神产品像喷泉一样涌现出来,商品经济也会自行消亡。不过这是需要几代、十几代甚至更长时期人们努力奋斗才能实现的伟大美丽的梦。

根据上述分析,可以按照劳动价值论得出结论:在服务产品的流动形式使用价值上的、得到社会承认的抽象劳动,就是服务产品价值的质的规定性。

我们上面分析了服务劳动价值创造性一般,而纯粹商业服务作为服务劳动大家庭中的个别,它的使用价值是否也承担了价值呢?

由于生产性流通服务的价值创造性是被公认的,我们这里只分析过去被肯定为不创造价值的纯粹流通领域的纯粹商业服务的价值创造问题。

诚然,任何劳动的价值创造性要通过其产品的使用价值能够承担价值来证明。证明某种服务劳动的价值创造性更必须证明这种服务产品的使用价值能承担生产它们的劳动的价值。一种服务产品确实只有对购买者带来能体验的或实际的有时甚至是独立的使用价值,才具有对价值的承担能力。那么纯粹商业服务具有什么样的使用价值,它在服务产品世界中处在怎样一个位置上呢?我们可以对不同的服务劳动生产的不同使用价值进行分类并讨论它们同价值之间的联系。

对服务可以有多种分类方法或角度,有一种常见分类对我们讨论有针对适用性,它把可交易的服务分为生产者服务、消费者服务与分销服务。

(1)生产者服务。在政治经济学经典作家所处年代,为生产者服务的部门是非常不发达的,服务大多是用于生活消费的。但今天生产者服务已占世界服务产出的大部分,我们首先还是分析生产者服务即为实物商品生产提供的服务(忽略不计为服务生产者提供的生产者服务)。典型的生产者服务如产品设计,其服务对象是实物产品,这种服务劳动所生产的使用价值是提升它所服务的实物产品的使用价值的,其价值是追加到实物产品的价值上去的。这类服务也被称为"追加服务"。这样的服务的特点一是直接购买者为厂商;二是最终消费者购买的核心对象是实物商品,并非服务,但这些商品中包含了服务在它上面的实物性凝结;三是它改变了消费者所购物的状态,而不是消费者自身的状态。这类服务的使用价值性质及其价值在实物商品上的追加目前是没有认识分歧的。

(2) 消费者服务。这是满足人的多种生活消费需要的服务。它可分为满足人们精神需要和物质需要两种服务。前者如教育服务、艺术服务、体育服务、娱乐服务等,后者如医疗服务、客运服务、个人生活服务等。法律服务、咨询服务等既可能满足消费者精神需要,也可能满足消费者物质需要。不管是两种里面哪一种,它们都是消费者花钱购买的核心对象,也被称为"核心服务"。这样的服务的特点一是直接购买者为最终消费者;二是消费者购买的核心对象是服务本身,与物无关,而消费者之所以购买这些服务,是因为它们可为他们提供某种效用,即服务产品对他们带来的不仅实际而且是独立存在的使用价值;三是它改变了消费者的精神或人身的状况。消费者要获取这样的使用价值,就必须支付其价值。这类服务的独立存在的使用价值性质直接承担了服务劳动的价值。它不需要经过对实物商品的价值追加而迂回体现。人们对核心服务具有独立使用价值也是没有认识分歧的。只要承认服务劳动可以创造价值,就不会对消费者服务具有价值产生分歧。

(3) 分销服务(主要是商业批发零售)。这是消费者为获取实物商品而连带购买的服务。它有着比较复杂的特点:

第一,它是提供给消费者的(我们在此进一步抽象掉了批发商业服务,而只讨论零售商业服务),似同于消费者服务,但与作为消费者服务的核心服务又不一样,它与物不是完全脱离的。消费者不像购买艺术、旅游等服务产品那样直接而且仅仅购买服务,消费者购买商业服务时同时一定购买了实物商品,消费者是为了购买实物商品而购买商业服务的,而不是相反。

第二,它跟着物一起被购买,似同于生产者服务,但与作为生产者服务的追加服务又不一样,它不改变物的状况,不提升物的使用价值(我们抽象掉了生产性流通服务,只指纯粹流通服务)。

那么,这种服务要使其使用价值承担其劳动价值的载体何在呢?我们在上面说过,一种服务产品确实只有对购买者带来能体验的或实际的有时甚至是独立的使用价值,才能被认为它成了价值的承担者,纯粹商业服务具有这样的使用价值吗?回答是肯定的,这就是它给了消费者以便利。便利是效用,是使用价值。物质产品生产者明明可以按零售价格自行销售,但它们还是更多地选择了通过商业企业销售,原因我们已经在商业资本的形成与职能中分析,消费者明知生产厂家生产该商品,而且可对外零售,但大多数情况下还是选择从商家购买,他们需要的是一种效用,即便利。便利里面包含着体力的节省、时间的节省、信息成本的节省和运输费用的节省等等。若无商业服务,生产者不容易得到市场信息和销售渠道,也将承担更高销售成本。同样若无商业服务,消费不容易得到商品信息和购买渠道,也将支付更高购买价格。生产者为了获得便利,才以低于零售价格的出厂价格将产品给商业企业(若工厂自销,也要在出厂价格上加流通投入的费用),消费者为了获取方便,才在出厂价格之上另外支付商业服务的价格而从商业企业购买商品,尽管这个商品本身的效用与在厂家购买一样。如果说便利是效用不成问题,那么为什么我们又不直接把商业服务看为核心服务呢?原因是,毕竟它不能完全脱离物而存在,而被消费。其实,只要我们在方法论上将纯粹商业服务与购买时同时被购买的实物商品作分离,纯粹商业服务还是核心服务。核心服务当然承载价值。

在肯定纯粹商业服务创造价值后,顺乎逻辑地就可以看到,商业企业的销售收入扣除商品进价和各项流通费用后的剩余部分,就是商业利润。或者说,商业企业在投入了生产性流通服务和纯粹流通服务的劳动后,才获得了商品加价(进销差价),在扣除了生产性流通费用和纯粹流通费用后,剩余部分是商业利润。可见商业利润是商业工人用自己的商业服务创造的。

按经典政治经济学原理,流通活动只能完成价值实现,或价值形式的变化,不能产生价值增殖。此话只在以下意义上是对的,即我们的考察视野中只有实物商品,而这个被流通的实物商品本身通过商业媒介,从生产者手里转到消费者手上,只发生价值实现。但若我们一开始就把服务生产与物质生产一样,作为政治经济学研究的出发点,一开始就承认服务的使用价值以及它对价值的承担功能,我们就不会在生产者轻松地只由商业购买(进货)后就完成了产品的售卖过程,消费者也是方便地从商业企业而不是生产厂家购买了所需商品后,再说什么商业流通劳动只完成价值实现。现在我们看到了,其实,服务生产劳动与物质生产劳动在价值生产上本来就一样,服务产品与物质产品在使用价值提供上也本来就一样,只是当时对这个问题的认识条件与今天不一样罢了。

第四节 交易费用与交易协调结构

其实,流通费用并不等于流通企业(如商业企业)发生的费用,应该是流通过程发生的全部费用。而现代经济中的商品流通职能,大多数是由产业企业与专门的商业企业分工合作、共同承担的。因此,除了商业企业之外,生产企业也有流通费用的问题。这就引出了一个工商关系的问题。究竟在流通过程中工商企业应如何分工合作?生产企业在多大程度上参与流通过程?工商双方的分工合作内容如何界定并加以保障?这些就构成了买卖双方交易治理模式的选择。显然,工商之间交易治理模式的选择不可能是随心所欲的;从资本增殖这一目标出发,其实,交易的工工双方、工商双方和商商双方在交易治理模式的选择上,都会把降低流通费用、增加剩余价值作为行为准则。因此,对流通费用,特别是对纯粹流通费用更深入的认识,也是理解交易治理模式的基础。

企业之间的买卖过程引起的费用是企业间产品交易的重要费用。它究竟包含哪些呢?对于这个问题,现代经济学中的交易费用理论对之做出了极大努力,得到了饶有启示的进展。

交易与交易费用

任何商品或劳务的买卖,即交易活动,至少要牵涉到两方的不同利益主体。**由于交易各方利益不同及信息方面的某些特点,交易过程便会发生若干与生产成本不同的费用,即交易费用。**首先,任何交易开始之前,必定涉及关于交易伙伴及其产品的相关信息(如设计、型号、功能、质量等)的信息搜寻活动,为此就发生信息搜寻费用;其次,确定交易愿望后,就要进行关于交易条件(数量、质量、价格、售后服务等)的谈判及缔约,为此就发生合约的起草、商谈与签署生效方面的费用;然后,合约生效后又有监督履约,对履约过程中发生的变局进行调适以及对可能发生的违约行为进行处置(包括动用司法程序)等等方面的费用。这些与交易相关联的费用在交易过程中反复发生,它是由英国经济学家罗纳德·科斯在1930年首先揭示出来的。有时,人们将它们称为"科斯交易费用"。

交易费用的存在使用交易过程的协调成为重要的经济问题。如果协调不当,则不仅可能发生交易费用的失控,导致资源浪费,而且可能使交易过程中断,干扰整个资本运动过程的运行。因此,交易协调是资本运动增殖必须处理的大问题。

> **交易过程的特点**

交易费用对交易协调的影响在不同交易情况下是不同的。比如,对于花现钞买苹果这样的简单交易,利益冲突与信息问题的存在并不会影响到交易的顺利进行。一般人凭肉眼观察大概也可以判断苹果的质量;交易时是一手付钱一手拿货,交易之后双方权责两清,也谈不上缔约与监督履约的问题。相反,如果是利用按揭贷款购置商品房,则交易过程就大为复杂与不确定了。一方面是关于房屋的产权完整性(是否已被抵押出去?)、房屋质量(是否存在未列入协议书的工程隐患?)、居住环境(绿化率、安保等等)这种种关于产品与卖方信誉的问题,另一方面,对买方还贷能力的判断也是一个大问题。所有这些问题,不仅对普通人而言很难一下子弄得明白,而且多数要在合同生效执行后的很长时间里才可能看得清楚。显然,房屋交易与购买水果相比,是远为复杂的交易。但是,与投资创办企业相比,购房又是相对简单的交易活动了。可见,经济体系中交易行为的复杂程度是相差很远的,要处理好交易过程的协调问题,必先理解清楚交易过程的特点。

美国经济学家奥里弗·威廉姆森在20世纪70年代后一系列研究后,总结了与交易费用有关的交易过程三个特点。这三个特点是:资产专业化程度、不确定性和交易频率。

首先是资产专业化程度。有些交易,资产专业化程度很低。例如,家庭主妇到超级市场购买食物和日用小商品。各家超市供应的品种和价格大致相似,家庭主妇不必认定到哪一家购买,可以选择就近的一家。如对品种和价格不满意,可以另去别的超市。但有些交易,资产专业化程度很高,交易双方在交易中被捆在一起,不易退出交易关系。例如,有一家制造玻璃瓶的公司把制瓶工厂设在使用玻璃瓶的罐装厂旁边。这两家工厂的技术过程刚好衔接,两家工厂靠在一起,有明显的经济效益。按照常规,两家企业可以按照某种双方商定的方式来分享这种经济效益。但是,两家工厂放在一起,生产过程连成一气,双方就同时有专业化资产的风险了。比如说,罐装厂可能不顾先前谈好的价格,而要求制瓶厂降低价格;因为制瓶厂的生产场地已经被捆在罐装厂一起,他就找不到同样好的选择了。为了防止这种中途变卦的危险,制瓶厂可能要求在事前谈成一个比较明确而严格的合约,并确保事后执行该合约的能力。

影响交易费用的**第二个交易特点是交易的不确定性。**在交易费用的研究中,不确定性的含义很广。它既包括那种只要花费代价便能预见的变故,从而可以在合约中预先设置条款加以处理;也包括那种事前最多只能加以粗略猜想的变故;还包括这样一种情况,即交易一方掌握了另一方所不知晓的重要信息。不确定性很高时,交易双方对未来可能的变故太过渺茫,因此很难达成进入交易的合约。在这种情况下,关键就在于如何找到让双方信任的办法或机制,以便在不测之变发生时保证双方仍能够平等地共商应变之道。

最后,交易的频率也很重要。如果双方的交易量很大且正常地不断进行,那么,就很值得双方花费资源去作一个特殊安排。尽管这种特殊安排可能花费不少资源,但这种花费可以分摊到大量不断进行的交易中去,因此相对交易费用便下降了。反之,如果双方的交易是"一锤子买卖",或者偶尔为之,那么花费资源去设计专门为双方服务的交易机制就划不来了。可见,交易频率通过影响相对交易费用从而影响到交易方式的选择。

上述分析说明,不同类型的交易过程引起不同程度的交易费用。因此,不同的交易过程应该用不同的交易协调方式来进行。

交易的协调方式

交易协调方式指的是交易**双方根据情况变化调整交易条件的方式。**这种协调的条件可以是严格而明白无误地写入合约,比如说一种正规的仲裁程序;也可是隐含在习惯与法律之中的安排,比如,对资产的所有权一般意味着该所有者在某种界限内可以有权决定该资产的处置。在前面例子中提到制瓶厂与罐装厂,作为独立企业,可以签订合约来完成交易;如果罐装厂出资收购了制瓶厂(实行垂直联合),并雇用制瓶公司的原来老板担任经理,那么,双方关系就大不相同。这时,罐装厂老板成了制瓶厂的财产所有者,法律上和习惯上他都具有广泛的权力来运用这些资产,包括决定交易条件。市场合约与所有权(垂直联合)是两种不同的交易协调方式。

具体说来,在纯粹市场合约与完全垂直联合之间,还有一些介乎两者之间的办法。威廉姆森曾经提出一个四种方式的分类:

第一是"市场合约"。在这种交易中,交易条件完全在事前定好。比如学生拿现金购买教科书,或者主妇以钞票购买鸡蛋,都是一手交钱,一手交货,所有条件都在成交之前已经同意。交易一完,双方的关系也告完成。这是一种最简单的交易方式。但是，古典合约也可包括一些较复杂的交易。比如在西方国家购置房地产，通常主要过程就是商谈一份详尽的关于某一片房地产的买卖协议。这种协议通常要包括对可能出现的问题的处理条款，诸如：如果乙方不能履行这种或那种服务或承诺，则甲方得到如此这般的补偿，等等。

第二种方式叫作"双头关系"。该种交易方式的特点是，一切有关合约的应变事宜均由交易双方借助自身的能力来协商决定。举个例，当汽车公司在某种重要零部件厂进行参股和技术指导时，就使双方的零部件买卖关系具有了长期合作的基础。而麦当劳连锁店的小店主在加盟麦当劳公司时，先要筹资购买店中的部分设备，也就等于为麦当劳公司总部有效控制各分店的产品及服务质量、防止分店经理损害公司名声，提供了有效保证。

第三种，近似我们说过的垂直联合，在交易费用理论中称为"等级式交易"。在这种交易中，某一方由法律或习俗赋予某种权威，决定交易应该如何进行。另一方也可能保有某种权力，比如退出合约。但是在很大范围内，前一方是等级结构中的主导方，决定事情的基本安排。这种等级式合约的典型例子是劳工合约，在这种合约关系中，工人得到一定工资的交换条件是完成他老板的要求，而这些要求是由老板决定的。另一方面，工人如果认为老板的要求太过严苛繁复，则有辞职的权利，虽然辞职常常意味着经济损失。

最后一种，就是我们说的垂直联合，在交易费用学说的用语中，叫作"一统式管治结构"。这一方式的核心是由交易的一方拥有另一方的资产，从而使交易内部化。因为所有权一体化，对交易的控制也成企业内部管理问题了。

上述种种不同的交易协调结构都可以在现实经济生活中看到。事实上，不同的交易过程需要不同的交易协调方式，问题是什么样的交易过程该用哪种交易协调结构。

> 选择合适的交易协调结构

从经济学角度说，选择交易结构的问题也像其他经济选择（投资、消费、就业等）一样，选择者必须考虑不同选择的相对成本与收益关系。威廉姆森的基本命题是：交易者将选择那种使交易费用最小的交易协调结构。但何种交易协调结构能使交易费用最小，并无一定成规，须视交易过程的特征而定；也就是说，要看资产专业化程度、不确定性以及交易频率这些变量而定。

如果资产专业化程度很低，那么，无论是否有不确定性或者交易频率大小，只要采用市场合约形式就可以了。交易的不确定性对于交易协调结构的选择也有类似的影响。不确定性越低，使用古典合约方式来协调交易的好处也越多。不确定性很高时，就必须引进比较复杂的交易协调结构来处理日后不测之变。

当资产专业化程度或者不确定性较高但也不是极高的时候，各种关系式合约（双头式及等级式合约）就必须被采用了。但是，究竟关系式合约的何种形式应该采用，还要看交易频率。如果双方进行交易的频率很高，双头式合约可能较合适。如果甲方需要交易的频率很高而乙方则不高，那么，甲方将会选择那种给予自己较大控制权的方式，即等级式合约。

当资产专业化程度与不确定性非常高时，使用关系式合约也可能仍然不能防止太高的交易费用发生。因为在这种情况下，双方的风险都太大，必须花费更大的资源来进行合约前的计划、分析与商定起草复杂的合约，以及合约执行中的监督与管理。当牵涉到这种交易的维护与监督中的费用大到某一点时，交易中的某一方就可能买下另一方的资产，从而全面负责交易双方的协调与控制。这样，就进入了一统式交易协调结构，也就是垂直联合。比如，历史上通用汽车公司与费雪车身厂从合约到最终实行垂直联合的原因，就是因为车身制造需要高度专业化的设备投资，以及厂址选择的重要性，使得双方靠合约很难维持下去，最终导致通用汽车公司与费雪车身厂之间签署了一个为期十年的供货合约。当时，车身制造业正由过去的开顶式木质车身向封闭式金属车身过渡。制造新型车身需要进行专用设备的投资，而这些设备的用性很高，一旦闲置则对厂家损失较大。为了鼓励费雪车身厂进行这些专用资产的投资，合约规定通用汽车公司从费雪车身厂购买其所需全部封闭式金属车身。与此同时，为了保证这种近似垄断交易状态下通用汽车公司的利益，合约又规定了车身价格采用成本固定加成的办法，并不得超过费雪车身厂卖给其他汽车公司的要价；对于可能发生的有关价格的争端，通过强制性仲裁加以解决。但是，在合约执行上发生了许多困难。首先，汽车市场上的需求上升很快，尤其是对封闭型车身的需求，上升更多。其次，初始合约中的规定实际上使费雪车身厂可以把投资的资本成本通过车身定价转移给通用汽车公司。因此，通用汽车公司开始对所付的车身价格强烈不满。还有,通用汽车公司要求费雪车身厂搬迁到自己的汽车装配线附近,以便提高效率。但是,由于费雪车身厂担心搬迁工厂的成本,以及可能造成对通用汽车公司的依赖,拒绝搬迁。到1924年的时候,通用汽车公司认识到,维持和雪费车身厂的合约关系,成本太高,于是开始收购费雪厂的股权,并于1926年完成了这一收购。至此,通用汽车公司在主要汽车部件的联合上迈出了重要一步。

上面的说明,可以用图13-1来小结。

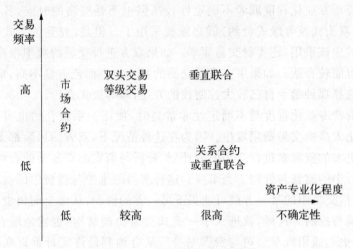

图13-1 交易协调方式的选择

资料来源:David M. Kréps, *A Course in Microeconomic Theory*, Princeton:N. J. Princeton University Press,1990,p. 753.

这是从经济效率(成本最小化)角度来看的交易方式的选择,而且主要是从静态角度来考虑的。如果从动态角度看,那么,还应该考虑若干其他因素,例如供货方的质量控制,销售方的专业市场开发能力,等等。当一种产品刚刚问世时,假设对某种零部件有很高的质量可靠性要求,而现行的该零件厂商不具备此类高质量产品的生产经验和生产能力。在这种情况下,即使交易过程的资产专业化程度不高,该产品的生产者仍然可能选择自己来生产(或者与零件厂合作生产)这种零件,以便更好地协调该零件与整体产品的质量标准。但是,随着生产经验的积累,工艺知识的传播,更多的零部件厂商加入到生产行列。当这种情况发生时,该产品的生产者也许就不必再继续经营自己的零件厂,因为它可以放心地从市场上购买专业零件厂生产的同样质量可靠、但因专业化而价格较低的零件。同样的动态变化也适用于销售方。当一种高级精密的产品(比如说,新式机电产品)初次面世、鲜为人知之时,制造商可能会发现原有的销售商因对此产品缺乏知识而不愿承销。因此,制造商就必须投资建立自己的销售力量,训练懂行的销售与服务人员网络,也就是实行垂直联合。年长日久,消费者对该类产品已相当熟悉,普通商业系统也可以对此种产品承担促销及维修服务的任务了。这个时候,制造商就可以适当减少自己对直接销售的努力,而更多地指导与使用经济系统中的有关商业企业。人们熟知的柯达胶卷公司即是一例。当新式胶卷刚问世之时,由于消费者与零售商都对产品缺少知识,造成产品的市场开发严重落后于技术潜力。在这种情况下,柯达公司便自己直接进入分销领域,打开市场。但是,随着消费者对胶卷的熟悉,以及普通零售商具备的多产品推销能力,胶卷分销就不再由生产商直接进行了。

以上从理论上说明了交易过程的特点同交易协调结构的联系。分析表明,实行垂直联合的主要是那些资产专业化程度高和不确定性大的交易过程。而具有这种特点的交易正好主要集中在现代产业部门中。

思 考 题

1. 什么是资本循环和资本周转,理解它们意义何在?
2. 如何说明商业资本的本质、职能和作用?
3. 为什么说两类流通费用都是创造价值的?
4. 商业协调方式和协调结构由什么因素决定"

本章参考文献

1. 马克思:《资本论》第 2 卷,第 1、6、7、8 章,人民出版社 2004 年版。
2. 威廉姆森:《治理机制》,1996 年版。
3. David M. Kréps, *A Course in Microeconomic Theory*, 1990.

第十四章 借贷资本和利息

在分析产业资本和商业资本时，是假定资本家完全依靠自有资本从事经营的。但实际上，许多资本家除了使用自有资本外，还使用从货币资本家那里借入的资本。这一章就来分析借贷资本的形成和特点，揭示货币资本家同其他资本家集团共同瓜分剩余价值的经济关系，并说明资本主义信用对资本主义发展的作用。

第一节 借贷资本的本质和特点

借贷资本的形成和本质 **借贷资本是资本主义的生息资本**。所谓生息资本，是指货币所有者为了获得利息而把它借给别人使用的货币资本。生息资本早在资本主义以前就有了，资本主义以前的生息资本是高利贷资本。

高利贷在原始公社解体时就已产生，在奴隶社会与封建社会获得了广泛的发展。那时候从事高利贷活动的主要有商人、僧侣、包税人以及一部分封建主，而高利贷的对象主要是小生产者即农民和手工业者，还有奴隶主和封建主。小生产者借款是为了购买急需的生产资料和生活资料以及纳税和缴租等，而奴隶主和封建主借款则是为了弥补各种寄生性消费的巨大开支。高利贷者不管贷款给谁，都要求有利息。贷款给小生产者时的利息无疑来自小生产者的劳动，贷款给寄生阶级时的利息，同样来自奴隶和农奴的剩余劳动。高利贷之所以称为高利贷，是因为利率很高。高利贷者所以能榨取很高的利率，主要是因为借款人不是为了获得追加资本而借款的，而是为了获得必需的购买手段和支付手段，因此，不考虑高额利息会不会使自己获利，只考虑如何应付急需的开支。

与高利贷资本不同，**借贷资本**是在资本主义条件下，适应着产业资本和商业资本的需要而产生和发展起来的，**是产业资本运动中分离出来的一种**

独立的资本形态。在这里,贷款人和借款人,借款的性质和动机以及利息决定和变动的规律都起了变化。

借贷资本的形成与资本主义再生产过程有着直接的联系。在产业资本循环过程中,必然形成大量暂时闲置的货币资本。首先,固定资本价值是逐渐转移到商品中去的,而固定资本在实物形态上的更新却要到它们完全磨损后才进行。在更新以前,资本家手里会有一部分固定资本的折旧费暂时闲置着。第二,由于商品出卖时间与支付工资及购买原材料等等的时间也不一致,商品售卖后,还未到付工资和买原材料等时间,一部分流动资本也会闲置。第三,当资本家预定用于扩大再生产的剩余价值还没有积累到一定数量,还不足以作为资本使用时,也会以货币形态储存起来。

这些闲置的货币资本既然闲置着,当然不能为其所有者带来利润。这同资本的本性是矛盾的。资本是必须时时刻刻带来剩余价值的。资本家必须给闲置的货币资本寻找出路。出路是有的,由于个别资本的循环是交错进行的,当一些资本家出售了商品又暂时不买,从而有闲置货币资本时,必然会有另一些资本家在产品出售之前要购进原料,或支付工资,或旧设备必须提前更新而需要临时补充货币资本。这时,闲置的货币资本就会暂时贷放给临时需要货币资本的资本家,从而形成借贷关系。货币所有者是在这样的条件下贷出货币的:第一,贷出的货币经一定时期后必须流回;第二,流回时必须带有一个增加的货币额,作为 $G+\Delta G$ 流回来,ΔG 就是利息,是使用货币的报酬。这时,暂时闲置的货币才成了借贷资本。贷出货币的资本家成了借贷资本家。借入货币资本的则是职能资本家。所以,借贷资本无非是从产业资本循环中分离出来,为了取得一定的利息而暂时贷给职能资本家使用的货币资本,这就是借贷资本的本质。借贷资本只是处在资本的流通领域中,而且只采取 $G-G'$ 的形式,由于它贷给职能资本家去发挥生产剩余价值的职能,所以它既体现着借贷资本家和职能资本家之间的关系,又体现着资本家和雇佣工人之间的关系。

借贷资本的特点

借贷资本虽然是从产业资本运动中分离出来的,但它一经成为一种独立的资本形式后,就具有与职能资本不同的一些特点。

首先,借贷资本是作为商品的资本或资本商品。当作借贷资本的货币,与普通货币不同,它不仅可充当一般等价物,还能生产利润,这是借贷资本的使用价值。借贷资本家出借货币资本,实际上就是把借贷资本生产利润的能力转让给职能资本家,以便这种资本真正发挥生产剩余价值的作用。这种情形,和一般商品让渡一样,一是让渡了一种使用价值,二是使用价值只有转到使用者手里才成为现实的使用价值。因此,借贷资本成了商品的资本,借贷关系也就表现为一种商品买卖关系了。

然而,借贷资本是和普通商品不同的特殊商品。在普通商品买卖时,卖者出售商品而取得货币,买者支出货币而取得商品,这里进行的是等价交换,发生的只是价值形态的变化而没有价值的增值。但借贷资本家把资本商品让渡给职能资本家时,并没有从对方取得任何等价物,而只是为了在一定时间以后重新把它取回,并带来一定的利息收入。他并没有放弃对自己的资本商品的所有权。因此,这种让渡,不是卖出,而是贷出,以后是要归还的。再从价格来看,普通商品买卖时,买方支付的是商品价格,而资本商品贷出后借方要支付的是利息,利息在形式上也表现为借贷资本的价格,然而,利息并不真是资本商品的价格,因为价格是价值的货币表现,借贷资本本身是一个价值额,因而已有一个价格,如果再说利息是价格,则同一个价值额就有了两个价格,这显然是不合理的。利息是资本使用权的价格。

借贷资本作为资本商品和普通商品的另一个区别是,借贷资本这种商品只表现为货币形态,而普通商品则表现为多种不同的使用价值形态,如机械厂主需要钢铁,农场主需要拖拉机等。到借贷资本市场上来的借款人需要的只是货币。这就是借贷资本市场的一致性。

第二,借贷资本是作为财产的资本,即所有权资本。借贷资本在借贷资本家手中时,只是一种财产资本,它只有转到职能资本家手中,才能发挥生产剩余价值的作用,但这时借贷资本家并没有放弃资本的所有权,一定时期后,本利都会流回他手中。这样,同一个借贷资本有了两重身份:对借贷资本家来说,它是所有权资本;对职能资本家来说,它是职能资本。资本的所有权和使用权分离了,这就可能形成一个专靠利息生活的食利者阶层。

第三,借贷资本运动和职能资本运动具有不同形式。产业资本循环公式是:$G-W-P\cdots W'-G'$,商业资本循环的公式是:$G-W-G'$,而借贷资本运动的公式则是:$G-G'$。借贷资本家贷出一定量货币资本,一定时期后收回更多的货币,从表面来看,借贷资本既不组织生产,又不组织流通,而可坐得收入,这就造成一种假象,似乎货币本身就有一种神秘的力量能自行增值,就像桃树本来会结桃一样。于是,资本拜物教的观念在借贷资本那里发展到了顶点,资本对雇佣劳动的剥削丝毫看不见了。实际上,货币本身并不会增殖,借贷资本的增殖,全赖职能资本家生产地使用了它。借贷资本运动的完整公式其实是:

$$G-G-W {<}_{Pm}^{A} \cdots P \cdots W'-G'-G'$$

在此公式中,$G-G$ 代表借贷资本家贷款给产业资本家;

$$G-W {<}_{Pm}^{A} \cdots P \cdots W'-G'$$

代表产业资本家运用借贷资本进行生产,创造剩余价值;$G'-G'$ 代表产业资本家向借贷资本家归还贷款和支付利息。由于 $G-G$ 这个过程发生在生产过程之前,$G'-G'$ 发生在生产过程之后,因而好像都和生产过程无关,这样,借贷资本的运动,就好像只是借者与贷者之间的事情,而与剩余价值的生产过程和流通过程无关,于是,借贷资本的整个运动公式便必然简化为 $G-G'$,资本主义剥削关系在借贷资本形态上被彻底掩盖起来了。

第二节 资本主义信用和银行

{商业信用和银行信用} 借贷资本的运动形式是资本主义信用。资本主义信用分为商业信用和银行信用两类。

商业信用是出售商品时以赊账形式,即延期支付形式所提供的信用。赊销商品之所以也是信用,是因为赊出商品等于卖者把商品借给了买者。和借贷货币必须有代价一样,赊购者必须向赊销者支付一笔利息,这笔利息是根据赊购品价格和当时的利率计算出来的。可见,商品赊销实际上是赊销者把一笔和商品价格相当的货币资本贷放给了买者。由于它是在商品形式上提供的信用,因此,被称为商业信用。

商业信用早在简单商品生产中就已产生,只是到资本主义时代才得到广泛发展。这是因为,商业信用的必要性是与产业资本循环的条件分不开的。在产业资本循环过程中,当一些资本家要出售商品时,不一定另一些资本家正巧有足够的现金来购买他们所需要的商品,于是,他们之间就有了赊购赊销的必要,否则,他们的再生产就会中断或缓慢下来。不仅如此,商业信用的必要性还为商业资本的存在和发展所决定。如果要求商人都用现金来购买商品，社会资本总额就要大大增加。商人事实上没有那么多现金，必然要求产业资本家给他们赊销。

在商业信用中，赊销人成了债权人，赊购人则成了债务人。为了保证债权，需要一种书面的债务凭证，这种书面债务凭证就是商业票据。商业票据分期票和汇票两种。期票是债务人对债权人开出的承诺在一定时期内支付还款的凭证。汇票是由债权人给债务人发出的命令他支付一定款项给第三者的支付命令书。既然汇票是由债权人给债务人发出的，因此，必须得到债务人承认，由债务人在汇票上签名盖章，这称为"承兑"。票据经债权人在它背后签字（背书）后才可以转让，并像货币一样在市面上流通，作为购买手段或支付手段。

从上面叙述中可见，商业信用有如下特点：第一，商业信用中贷出的资本是作为产业资本一部分的商品资本，即仍处于再生产过程一定阶段（$W'-G'$）上的商品资本，而不是闲置的货币资本。第二，商业信用中的债权人和债务人主要都是职能资本家。第三，商业信用的发展程度直接依存于资本主义生产和流通。在经济繁荣时，商业信用就扩大；而在经济危机和萧条时，商业信用就收缩。

由于有这些特点，因此**商业信用存在种种局限性**。一是商业信用的规模和期限要受职能资本家拥有的资本量、生产规模和资本周转情况的限制。这是因为，商业信用是职能资本家之间个人的信用，如果某职能资本家手中的备用资本不多，或他的资本周转不顺畅，他就无法为别人提供多少商业信用。二是商业信用要受商品使用价值流转方向的限制。例如，纺织机械制造业可以给纺织业提供商业信用，但不能倒过来由纺织业给纺织机械制造业提供商业信用。这些局限性说明，商业信用尽管促进了资本主义经济的发展，是资本主义信用的基础，但资本主义的发展又不能只靠商业信用来满足，还需要有另一种信用形式——银行信用。

银行信用是银行向借款人提供贷款的信用。（加注：个人信贷在下目银行借贷中阐述）与商业信用不同，银行信用中贷放出去的资本，已不是再生产过程中一定阶段的商品资本；银行信用中的当事人不再都是职能资本家，而只有债务人才是职能资本家，债权人总是以借贷资本家的资格出现的；银行信用的发展程度也不直接依存于资本主义生产和流通而和职能资本的运动会不相一致。这些特点，决定了银行信用能克服商业信用的局限性,例如,银行信用再不受职能资本家的准备资本的数量和周转的限制。银行所动员起来的资本,不仅仅是职能资本家手中暂时闲置的货币资本。再如,银行提供的信用,再不受商品流转方面的限制,而可以在任何方向上把资本分配到各生产部门和商业部门中,以至于消费者中去。

资本主义银行 银行信用主要由银行来办理。资本主义银行就是专门经营货币资本借贷的企业。银行经营货币资本,不外是充当借贷的中介,一方面通过存款的形式把货币资本集中起来,这就是银行的负债业务;另一方面通过放款的形式把货币资本贷放给职能资本家使用,这就是银行的资产业务。

银行资本家为经营银行业务所支配的货币资本,叫银行资本。银行资本只有一小部分是银行自有的资本,大部分是靠吸收进来的存款。银行存款的主要来源有:职能资本家暂时闲置的货币资本,货币资本家或食利者阶层的存款,社会各阶层的小额储蓄。

银行以期票贴现、抵押贷款、信用贷款、长期投资等多种方式经营放款业务。

银行除充当信贷中介以外,还充当支付中介,经营结算业务。例如,用支票(活期存款户向银行发出的提款通知单或凭证)办理本国企业之间的账款结算和用外汇进行国际之间往来结算等。

银行经营放款业务尤其贴现业务所需要的货币,除主要来自吸收存款外,还可发放银行券来代替现款。**银行券是银行发行的信用货币,它是在票据流通的基础上产生的。**前面说过,商业票据在到期前经过债权人"背书",可以代替货币作购买手段和支付手段,然而,由于商业信用的局限性,它只能在狭小的范围内流通,并有固定期限。如果票据持有人在一定情况下急需现款,就要到银行要求贴现,把期票兑换成现金。随着资本主义信用事业的发展,银行吸收的存款难以满足贴现的需要,银行就发行银行的票据即银行券来代替商业票据。由于银行券是银行发出的,就比工业家和商业家所发出的私人票据有更大的信用。而且,银行券是不定期的债务证券,银行应保证随时兑现,因此,对于受款人来说,银行券就和现金一样。

本来,银行券作为信用货币,是和纸币有本质区别的:纸币是从货币的流通手段中产生并由国家强制发行的,而银行券则是从货币的支付手段中产生并由银行以信用的形式发行的;纸币流通是以金属货币流通为基础的,纸币发行后就一直留在流通领域,而银行券会随着债务人(期票付款人)向银行偿还债务时按期返回银行;纸币一般不能兑换金属货币,而典型的银行券可以自由兑换金属货币。如果银行券的发行真正是以商业票据为基础,并且确能随时兑换,那么,银行券的币值就能稳定。现在,由于这两个条件被破坏,因此,世界上没有一个资本主义国家能维持银行券币值稳定了。

资本主义信用的作用 信用在资本主义经济中起着巨大作用:一方面促进资本主义经济发展,一方面加剧资本主义矛盾。信用怎样促进资本主义经济发展?

第一,信用能节省流通费用,加速资本周转。信用发展起来以后,商品买卖可用赊账方式,这大大加快了商品流通,缩短了流通时间,并能节省与商品流通有关的一切费用。另外,由于信用能使大部分商品买卖和债务结算不用现金,这就能使闲置的货币资本迅速集中起来重新投入流通,因而可加快货币流通,节省同货币流通有关的各项费用。信用这一作用,可以使社会总资本中生产资本份额增加,利润率提高。

第二,信用是资本集中的有力杠杆。一则信用加速了股份公司的发展,因为股份公司的股票很大一部分要通过银行来发行,并且银行还经常是股份公司的主要投资者;二则信用能加速大资本剥夺小资本过程,因为大资本比较容易得到银行的贷款而扩大生产,进行技术改造,在竞争中取胜。

信用也会加剧资本主义矛盾。

第一,促进生产和资本的集中,企业的生产规模可不受自有资本的限制而不断扩大,生产进一步社会化了;另一方面,生产资料和产品日益集中到少数大资本家手中。这样,生产社会化和生产资料资本主义占有形式之间的矛盾进一步尖锐化了。

第二,信用一方面能使职能资本家的资本得到充分的应用,不会闲置,并能迅速获得大量补充资本,因而生产可大大增长;另一方面信用会造成对商品的虚假的需求,使资本家在商品卖出以前盲目地扩大生产。信用还会促使资本家容易取得资本而向利润率高的部门过度投资,引起这些部门生产过度膨胀,加剧各部门间不平衡发展,加剧生产和消费的矛盾,加剧社会生产的比例失调。

第三节 借贷利息、银行利润与银行服务的价值创造

借贷利息和利率　职能资本家向借贷资本家借得货币资本后,从事生产经营,从雇佣工人身上获取剩余价值,取得平均利润,但他不能独享全部利润,因为他使用了别人的资本,他必须把他获得的一部分利润作为代价支付给货币所有者,这就是利息。从现象上看,**利息是货币所有者让渡货币使用权的回报,但就其实质看,是他凭借货币资本所有权对企业利润的分割**。因此,利息的质的规定性反映了利息来自职能资本所雇佣的工人创造的剩余价值;利息的量的规定性体现了职能资本和借贷资本的剩余价值分配关系。

利息的高低由利率衡量。所谓**利率(或利息率),是指一定时期内利息量与借贷资本量(本金)的比率**。

比如借贷资本为 1 万元,一年利息量为 500 元,则年利率为 5%。由于货币的同一性和借贷资本市场的一致性,因而借贷资本市场上的利率也是一致的,这和普通商品市场上不同商品有不同的价格的情况不一样。如果说煤的价格和布的价格是不一样的,但货币资本不管贷给煤矿主还是纺织品主,利率都是一致的。当然,利率的一致性又不排除即使在同一时期借贷资本市场上也会存在不同的利率,这是由种种因素决定的。例如,信用期限愈长,信用灵活性就愈小,利率就愈高,反之,就愈低。再如,信用的保证不同,债务人违约的可能性不同,信誉高低等,都会使债权人冒不同的风险,因而利率也会有所差别。

利率水平是怎样决定的呢?它一般决定于两个因素:一是职能资本的利润率水平;二是货币资本的供求关系。

利率就决定于资本利润率水平而言,职能资本家把自己的一部分利润以利息形式通过借贷资本家交给货币所有者以后,留下归自己的那一部分称为企业利润。可见,利润是划分为利息和企业利润两部分的。因为职能资本是为了获利而借入资本的,如果利息等于全部利润,职能资本家就无利可图,也就不会借钱。所以在正常情况下,利率必须低于职能资本能获取的正常利润率。但是,利率也不能低到水平为零,不然货币所有者不愿出借货币,借贷资本的供给就没有了。因此,职能资本的利润得分成两部分,利率

也就坐落在大于零和小于正常利润率之区间。这就是说利率首先决定于利润分割为企业利润和利息的比例。

在实际生活中,企业主即使是运用自有的资本从事经营的,也会进行这种划分。因为,他如果不使用自己的资本从事经营,本来也可以把这货币资本当作借贷资本来获取利息,现在自己使用了,就等于自己借给了自己,利息支付给自己罢了。因此,不但借用别人资本的资本家会把利润划分为利息和企业利润,就是使用自己资本从事经营的资本家,也会作这种划分。区别仅在于自有资本的企业家会把利息和企业利润合在一起而已。

利润普遍地划分为企业利润和利息两部分,还产生了这样一种假象:利息是资本所有权创造的,是资本财产的自然产物,而企业利润是职能资本家从事经营、组织生产、管理企业的"劳动"报酬,因而二者的真实来源就都模糊不清了。

利润分割为企业利润和利息的比例又决定于什么呢?这就是利率决定的第二个因素:货币资本的供求关系。供不应求,利率上升;供过于求,利率下降。

借贷资本的供求又由哪些因素决定呢?

先看借贷资本的供给。如上所述,借贷资本主要是由握有暂时闲置的货币资本的职能资本家提供的。此外,食利者手中的货币资本以及资本主义社会各阶级的货币储蓄和货币收入,也是可供贷出的货币。既然借贷资本来源于这些方面,因此一切影响这些来源的各种因素也就决定着借贷资本的供给量。第一,借贷资本供给量依存于资本主义生产规模的大小。在其他条件相同的情况下,资本主义生产规模愈大,暂时闲置的货币资本量也会愈大。第二,借贷资本量依存于食利者阶层的人数及其资本量,以及社会各阶层的货币储蓄量和货币收入量。第三,借贷资本供给量还依存于信用制度的发展程度,因为不管哪种来源的借贷资本一般并不由其所有者自己贷放给别人,而是把它存入银行或其他金融机构。因此,银行信用制度愈发展,被动员起来可供借贷的货币资本量也就愈大。此外,生产和流通的季节性,资本主义经济的周期性运动,也会使产业和商业中游离出来的货币资本量发生变化。国家垄断资本主义发展起来后,资产阶级国家也以贷款人的资格出现在借贷资本市场上。于是,国家提供贷款的规模也在很大程度上影响着借贷资本的供给。资产阶级国家就常常用放松和紧缩信贷的办法来调节利率,以影响投资和整个经济的发展。

再看对借贷资本的需求。在资本主义国家,工商业、农业、土地、国家公债、交易所投机和个人消费都会对借贷资本提出需求。因此,影响借贷资本需求量的因素也有多种:一是资本主义生产的规模。生产规模愈大,对借贷资本需求量也愈大。二是商业信用的发展程度。在其他条件不变时,商业信用愈发展,对借贷资本的需求量也愈小。三是资本主义生产和商品流通的季节性和资本主义经济的周期运动。在经济危机期间,由于商品销售困难,企业为了维持生产,对借贷资本的需求量就会增加。四是非生产性的信用需求的规模。这里主要指国家为弥补财政赤字的需求,交易所投机方面的需求以及个人消费的需求。例如,资本主义国家发生巨额财政赤字时,往往借助信用来弥补,这种信用的主要形式是发行公债。国家发行公债,就是政府以债务人面目对借贷资本提出需求。再如,在交易所投机方面,投机者不仅利用自己的借贷资本,而且也利用从银行借入的资本来购买有价证券。因此,交易所投机也引起对借贷资本的需求。至于由个人消费而引起的对借贷资本的需求,战后也得到了迅速的增长。

借贷资本供求双方的竞争,就是决定市场利率的主要因素。此外,习惯和法律的传统因素,在确定利率过程中也有相当大的作用。

由于利息率不但受职能资本利润率制约,而且决定于借贷资本供求关系,因此,利息率和利润率的变动趋势总的说来虽然是一致的,但是,从经济周期中各个阶段来看,它们的变化却往往会呈相反方向。在经济危机时期,商品过剩,价格下降,利润率下降,但这时利息率却反而会上涨。因为这时商品销售困难,资本家必须借入大量货币作为购买手段和支付手段。这时候,利息率急剧上升,甚至会超过利润率。在经济萧条时期,生产和流通大大缩减了,工厂企业中,一部分货币从职能资本中游离出来,形成借贷资本,使借贷资本供给增加了,可是,对借贷资本的需求却并不增大,于是,尽管这时候利润率比危机时期已有所提高,但利息率却下降到很低水平。

考虑利息率时,还要弄清市场利息率和平均利息率的关系。市场利息率指每一时期借贷资本供求状况决定的利息率,平均利息率则是相当长一个时期(如一个经济周期)内各个时期市场利息率的平均数。市场利息率是不断变动的,而平均利息率只有在较长时间内才变动,它受平均利润率的制约。这种情况容易使人们产生错觉,仿佛市场利息率和平均利息率的关系,如同价格和价值的关系一样,价格围绕价值上下波动,由价值决定,价值又有本身决定的内在规律性。市场利息率也围绕平均利息率波动,也由平均利息率决定,平均利息率也有本身决定的内在规律。之所以说这是错觉,是因为实际上平均利息率本来也只是各个时期的市场利息率的平均数,因此,不是平均利息率决定市场利息率,而是市场利息率决定平均利息率。

利息率受利润率制约,由借贷资本供求关系变动决定,并受经济周期变化的影响。这都说明,经济即生产和流通的情况决定着利息率。生产和流通的变动是第一性的,利息率的变动是派生的,然而,利息率反过来也影响生产和流通的发展,是调节资本主义经济的重要杠杆之一。

第一,利息率高低会影响借贷资本的形成,并进而影响生产和整个经济的发展。借贷资本除来源于职能资本运动中游离出来的闲散的货币资本以外,还来源于社会上闲散的资金。如果利息率较高,就有助于调动人们储蓄的积极性,增加借贷资本的供给,供发展工商业和其他事业之用。相反,如果利息率过低,就会影响人们储蓄,减少借贷资本的供给,职能资本家借不到所需要的货币资金,生产经营就不能顺利发展,整个经济就要受影响。

第二,利息率高低会影响对借贷资本的需求,影响投资,进而影响经济发展。由于利息是利润的一部分,如果利润率一定,利息率越高,企业利润就越少,职能资本家借款投资的积极性就越小。反之,如果利息率越低,职能资本家借款投资的积极性就能提高,这有助于生产发展和经济繁荣。

第三,一定的利息率和利息的存在,会促使职能资本家精打细算地使用货币资本,力求加速资本周转,提高资金使用效率。这样,在利润率为既定,利润分割为利息和企业利润的比例也既定的情况下,个别企业的利润率就可以提高。

> 银行服务价值创造与银行利润

银行是经营货币资本的企业。经营银行的资本也要获取利润。银行利润的来源何在呢?为叙述简单化,我们这里只分析以吸收存款和发放贷款作为业务活动的银行利润的来源问题。银行利润一直被看成是对职能资本,更确切说是对产业资本利润的分割。理由是银行利润来自银行收入,而银行收入就是贷款利息。利息如我们上面已分析的是职能资本所获剩余价值的一部分。这样的思想是以银行服务不创造价值为前提的。

如果我们不把银行收入看为来自贷款利息,事情就不会这样。在银行工作实践中与经济生活中,人们把存款人获取的存款利息加上银行的存贷息差叫作贷款利息，把它看为银行的毛收入，而银行利润是这个毛收入的一部分，所以银行利润就变成来自利息了。其实，所谓的贷款利息并不全部是利息。应该做一个"**息费分拆**"。所谓的**贷款利息其实是由存款利息加银行服务费构成的**。银行丝毫未向借款人收取任何利息，它只是将存款人诉求的利息中介地搬到借款人获取货币使用权的代价上。然后，银行在此之上又理所当然地加上了银行自己的服务费。银行的服务费是银行为客户提供的服务的价格。

银行服务费是银行服务的价格即银行服务劳动创造的价值的货币表现。那么银行服务作为一种劳动投入，它是否创造了价值呢？这还得从银行服务劳动价值的对象承担者，即它是否对服务接受者提供了使用价值来分析。

作为一种金融服务，银行服务多被列为生产者服务，因为它主要为厂商所用。银行服务也可以是消费者服务，也因为它可以为居民个人所用。但作为生产者服务，它并非追加服务，因为它没有使服务的对象产品的价值增殖，不像产品设计那样的生产者服务。作为消费者服务，它也不是核心服务，因为它不是居民购买服务的核心内容，居民购买银行服务的核心内容是货币或利息，而非服务本身，不像旅游那样的消费者服务是购买的核心内容。银行服务在功能分类的意义上讲，近似分销服务。因为它也是一种中介服务，它们都有这样的特点：与物在一起，又不在一起。这个"物"就是货币。银行服务与货币在一起，是因为它的内容就是集散货币、融通货币；银行服务又不与货币在一起，因为它不能附着到货币上面去。既然银行服务近似于分销服务，它的使用价值与商业服务一样，也是"便利"。是为存贷双方提供的便利。便利里面包含着体力的节省、时间的节省、信息成本的节省。存款人和借款人从银行那里获得了不仅是能体验的，而且是实际的使用价值。这个使用价值承担着银行服务的价值。

如何进一步看待银行利润呢？如果把贷款利息看为银行收入，然后减去所有成本，包括存款利息和其他各项管理费用后的剩余部分看为银行利润，那么银行利润就成为利息的一部分，即为对其他部门的剩余价值的分割甚至是瓜分。而事实上银行服务费才是银行收入，银行的成本是各项管理费，另外还有呆坏账损失。剩余部分就是银行利润。这样，银行利润就完全是银行员工的服务劳动创造的。

具体而言，银行的收入、成本与利润是这样的：

(1) 银行收入即银行服务费。它取决于两点：① 服务费率，即发放单位货币贷款的服务费用；② 放贷总额，即可放贷的规模和愿意放贷的规模。而可放贷规模又决定于银行吸收存款的规模与国家政策允许的其中可以放贷的比例。

(2) 银行成本即管理费用和呆坏账损失。管理费用是银行吸收存款与发放贷款的业务过程中所发生的所有交易费用、员工工资、办公设备费用等成本费用。呆坏账损失是在银行不能按期收回所发放的贷款，甚至根本收不回贷款时用自有资本核销而发生的资金损失。

(3) 银行利润。来自服务费的银行收入减去成本，即为银行利润。

思 考 题

1. 怎样理解与高利贷性质不同的资本主义借贷资本的本质和职能？
2. 资本主义有哪两种信用，商业信用有什么特点和局限性？
3. 什么是资本主义银行和银行信用？银行信用和商业信用有何不同？银行资本怎样组成？有哪些主要职能和作用？银行券为什么说是一种信用货币？和国家发行的纸币有什么不同，为什么现代的稳定性也愈来愈差？
4. 资本主义信用有哪些积极作用和消极作用？到现代是增加了还是减少了？
5. 利息的本质是什么？又怎样理解银行服务费是银行为客户提供的服务劳动的价格？

本章参考文献

马克思：《资本论》第 3 卷，第 27 章，人民出版社 2004 年版。

第十五章　社会总资本和利润率平均化

在上面几章中我们分析的是产业部门、商业部门和金融部门中个别资本的生产和流通过程,这一章要分析社会总资本和全社会的平均利润,但还是要从各部门个别企业的资本即个别资本着手,因为个别资本是全社会资本的细胞。

第一节　社会总资本和个别资本

社会总资本需要从两个维度去把握:一、它是社会各部门的个别企业资本的总和;二、它是社会分工条件下互相依存,互相联系个别部门资本的总和。

> 各部门个别资本总和

社会总资本或全社会资本是各部门个别资本总和,它包括农业、工业、建筑等制造业部门,也包括商业、金融、不同产、运输、仓储等不提供纯物质产品内容的部门,还包括体育、娱乐、教育仅提供精神产品等服务部门的个别资本。服务部门虽然要以物质生产部门为基础,提供足够的生活资料和生产资料;但反过来,非物质的服务产品,在满足人们物质和文化方面发展方面,越来越发挥出重要的作用。在第八章商品与货币中,已经分析过随着第三次社会大分工商业从手工业中分离出来,成为独立的产业部门,生产服务产品的劳动也是社会劳动,服务产品同样是通过交换供别人使用具有社会使用价值和价值的商品。第十三和第十四章,又分别论述商业流通服务和银行服务都是创造价值的社会生产部门。

> 全社会资本是互相联系互相依存的个别资本

前面对资本循环的分析已经表明:任何一个资本的循环都以其余部门单个资本的循环为前提,理论上和实际上,每一单个资本都和其他部门资本发生两方面的联系。一方面,它要和为它提供生产资料的企业联系,购买机器和原材料;另一方面,又要和消费它的产品的企业联系,销售自己的商品。这一个单个资本的买和卖必定就是另两个资本的卖和买。通过这种联系,各个独立的资本便形成一个有机的整体,它们的个别资本运动便汇合为一个整体的全社会资本的运动。

前面说过,资本都有一个特性:利润愈多愈好,至少要得到与别的等量资本等量利润或平均利润。所谓平均利润,指的是全社会的平均利润率,它的形成有两个竞争过程:一个是个别企业在同一部门内的竞争;另一个是不同部门资本在全社会的竞争。两种竞争的目的和方法不一样。前者为了取得超额利润而竞争,采取革新技术,降低商品个别价值的办法,结果形成部门利润率;部门间竞争是争取有利的投资场所的竞争,办法是把资本转移到有更高利润率的部门去,结果形成全社会平均利润率。

第二节 个别资本部门内竞争和部门利润率的形成

> 部门内部竞争和
> 部门利润率的形成

产业资本在循环过程中要经历一个生产过程和两个流通过程,完成剩余价值的生产和实现的职能。各产业资本之间,通过市场形成互相竞争的关系。资本主义竞争,使资本内在的追求剩余价值的本质作为一种外部强制力量支配每个资本家的行动。

资本主义竞争,最初表现为自由竞争的形式。自由竞争意味着分散的中小资本之间的相互关系。在这种竞争中,任何一个资本家都还没有力量操纵市场和垄断价格,只能受一只"看不见的手"即价值规律的支配和盲目行动。

中小资本的自由竞争又分成部门内部竞争和部门之间竞争两种形式。

部门内部竞争指生产同种商品的个别资本之间为扩大自己商品的销售市场,获得超额利润而进行的竞争。竞争的结果形成商品的市场价值,它的货币表现就是市场价格。这在商品生产一篇中已经说明过了。

市场价值一经确定,这一部门的利润率也就确定了。假定市场价格与市场价值是一致的,那么,该部门个别资本的**个别利润是个别企业工人创造的剩余价值的转化形式**;该部门利润是该部门工人创造的剩余价值的转化形式,该部门利润率是该部门全部预付资本与该部门所创造的剩余价值的比率。由于部门内各企业在同一市场价格下有不同的生产成本,因而总是有不同的企业利润率,但它们的加权平均数构成了部门利润率,因而部门利润率实际上也是由各企业利润率加权平均的部门平均利润率。

与此同时,也可以进一步知道,剩余价值和剩余价值率与利润和利润率的区别。剩余价值反映可变资本对工人的剥削关系,是事情的本质;利润反映全部资本在市场中赚钱的关系,是剩余价值的转化形式,而且恰恰是利润形态掩盖了资本的剥削关系的性质。同样,剩余价值率反映可变资本和剩余价值的比率,能真实反映资本剥削工人的程度,利润率是全部预付资本对剩余价值的比率,只说明资本赚钱的程度。由于预付资本数量大大超过可变资本,因此利润率大大低于剩余价值率,利润率大大掩盖了资本的剥削程度。所以,分清这些概念及其含义,是重要的。

我们知道,同一种商品在同一市场上是按照统一的市场价格出售的。这样,个别价值低于市场价值的资本家,按市场价值决定的市场价格出售商品时,就可比同一部门别的资本家得到更多利润及超额利润。超额利润是超额剩余价值的转化形式。

影响部门利润率的因素 部门利润率的高低受哪些因素的影响呢?上面说过,假定市场价格和市场价值是一致的,部门利润率由该部门创造的剩余价值和全部预付资本的比率决定。用公式表示:

$$p' = m/(c+v),$$
$$\because m = m' \cdot v,$$
$$\therefore p' = m' \cdot v/(c+v).$$

这是部门利润率的一般公式。

从这一公式中可以看出,决定部门利润率高低的因素有:

第一,剩余价值率的大小。m' 越大,p' 也越高,两者成正比。所以,一切提高 m' 的方法也就是提高 p' 的方法。

第二,资本有机构成的高低。有机构成愈低,总资本中 v 的比重愈大,在其他条件不变时,m 愈多,p' 也愈高;反之则反是。所以,利润率和资本有机构成是成反方向变化的。

第三,资本周转的快慢。一年内资本周转愈快,可变资本的周转次数愈多,在其他条件不变时,一年内该部门所创造的 m 量愈大,年剩余价值率、从而该部门资本的年利润率(即一年内该部门生产的剩余价值和预付总资本的比率)也愈高。所以,年利润率的高低与资本周转的速度成正比。

第四,不变资本的节约。在剩余价值量和剩余价值率已定的条件下,不变资本因节约而减少,预付总资本也会减少。从上述公式可以看出,同量剩余价值和减少了的预付资本相比,利润率自然也会提高。

第五,原材料价格的变动。在其他条件不变时,原材料价格上涨会使部门利润率下降;反之,就能提高。

上述各项影响部门利润率高低的因素说明,剩余价值率虽是制约部门利润率的根本因素,但不是唯一因素,部门利润率是多种因素共同作用的结果,它还有自身运动的规律性。

第三节 部门资本部门间竞争和全社会平均利润率的形成

不同产业部门利润率的差别

以上考察的是资本的部门平均利润率,但各个部门的平均利润率是有差别的。

假定不同部门的剩余价值率相同。这个假定是合理的,因为雇佣劳动者是自由人,他的劳动力可卖给任何一个部门的资本家,如果某一部门的 m' 特别高,就会引起这一部门工人的强烈反抗和大批工人退出这一部门。所以,尽管一切部门的剩余价值率有提高的趋势,但不同部门的 m' 大体是一致的。即使如此,各部门自身物质技术条件不同而决定的资本有机构成的差别,和资本周转速度的差别也会造成各部门平均利润率有高低的不同。见表 15-1:

表 15-1 不同部门间利润率

生产部门	预付资本	m'	m	商品价值	p'
食 品	$70c+30v$	100%	30	130	30%
纺 织	$80c+20v$	100%	20	120	20%
电 力	$90c+10v$	100%	10	110	10%

上表以产业资本的三个部门为例说明,在商品按价值出卖时,同样 100 个单位的预付资本,投入有机构成低的食品部门,利润率达到 30%,投入有机构成高的机械部门,利润率只有 10%,投入有平均构成的纺织部门,利润

率为20%,彼此是不同的。如果各部门的资本有机构成相同,但周转速度不一样,同理,周转速度快的部门可变资本周转次数多,年利润率就高,反之则反是。

但是,等量资本得不到等量利润即利润率不相等,是与利润的概念和资本的本性相矛盾的。利润,作为预付总资本的产物,只能因资本大小的不同而不同,不能因资本投入不同部门而有差别。如何才能使等量资本得到等量利润而不问它投入哪一部门呢?这是通过不同部门之间的竞争,资本由利润率低的部门向利润率高的部门自由转移而达到的。

部门间竞争和平均利润率的形成　部门内部竞争,形成各种商品的市场价值和不同的部门利润率,这是资本在部门间竞争的基础。等量资本要求等量利润,则必然引起资本在部门间的竞争。

部门间竞争和部门内竞争不同,它是不同部门的资本为争夺更有利的投资场所而进行的竞争。这种竞争表现为资本从利润率低的部门向利润率高的部门的转移。资本在各部门之间的自由转移,引起各部门商品供求量以及价格的变动,结果使各部门有差别的利润率转化成为全社会一般的利润率或平均利润率。

上表中,如果食品、纺织、电力三个部门的商品都按价值出售,100个单位的资本各自实现30、20、10个单位剩余价值(利润),利润率分别为30%、20%和10%。这样的利润率是电力部门的资本家所不能接受的,他必然会把自己的资本转移到食品部门去,社会上新形成的资本也会涌向食品部门而不投入电力部门。结果,电力部门的产品由于生产缩减,供不应求而价格上涨,利润率提高;相反,食品部门由于生产增加,供过于求而价格下跌,利润率提高;相反,食品部门由于生产增加,供过于求而价格下跌,利润率下降。资本从电力部门向食品部门转移以及相应的价格涨落过程会继续下去,直到各部门的利润率大体相等。这时,各部门的商品都按120个单位出售,不按各自的价值出售,三个部门的资本家都得到20个单位的利润,利润率都是20%。部门利润率即部门内各企业的平均利润率转化为社会平均利润率,即全社会各部门的平均利润率或均等的利润率了(见表15-2)。

表 15-2 部门利润率转化为一般利润率

生产部门	预付资本	m	商品价值	商品价格	平均利润率	平均利润与剩余价值差额
食品	$70c+30v$	30	130	120	20%	-10
纺织	$80c+20v$	20	120	120	20%	0
电力	$90c+10v$	10	110	120	20%	10

上表告诉我们，资本在各部门自由竞争和各部门商品价格升降的结果，是利润率平均化了。这一过程，实质上是各部门资本家通过竞争重新分割剩余价值的过程。因为，资本有机构成高，商品价格高于价值的机械部门，得到的利润大于本部门创造的剩余价值；反之，资本有机构成低，商品价格低于价值的食品部门，得到的利润小于本部门创造的剩余价值。只有处于平均构成的纺织部门，它的商品价格的等于价值，得到的利润才是与本部门创造的剩余价值相等的。同理，利润平均化以后，资本周转速度慢的部门得到的利润小于本部门创造的剩余价值，资本周转速度快的部门得到的利润大于本部门创造的剩余价值，只有处于平均速度的部门，它所得到的利润等于它所创造的剩余价值。从全社会所有的部门看，利润总额仍与剩余价值总额相等，既没有增加，也没有减少，只不过剩余价值在各部门之间重新作了分配。

所以，平均利润率 $\bar{P}'$ 是全社会的剩余价值总额 $\sum M$ 与全社会总资本 $\sum(C+V)$ 的比率，是按社会总资本平均计算的利润率。用公式表示：

$$\bar{P}' = \frac{\sum M}{\sum(C+V)}$$

利润转化为平均利润。按照这个平均利润率归于一定量资本的利润，就是平均利润。这里的分子 $\sum M$，包括商业利润和银行利润，这里的分母 $\sum(C+V)$ 包括商业资本和银行资本。平均利润不仅是产业资本中不同有机构成部门和不同周转速度部门间的平均利润，而且是包括商业资本和银行资本在内的全社会资本的平均利润。

这里有两点需要注意：第一，平均利润率并不是各部门利润率的简单平均值，平均利润也并不意味着各部门所得的绝对利润量相等，如上表所示的那样,各部门都按 20% 的平均利润率得到 20 单位的利润额。因为各部门利润率的高低,只是决定全社会平均利润率水平的一个因素,另一个决定它的因素是社会总资本在各部门的分配,即投在每个特殊部门因而有特殊利润率的资本的相对量。如果社会总资本投在有机构成低的部门的数量多,比重大,那么全社会的平均利润率就会提高;反之,如果社会总资本投在有机构成高的部门多,比重大,全社会的平均利润率就会降低。在平均利润率已定时,它和各部门资本绝对量的乘积,构成该部门平均利润的绝对量。第二,部门利润率转化为全社会的平均利润率,只是一种趋势,不能作绝对的理解。因为资本在各部门之间自由转移,虽是资本的特性,但在现实生活中,往往会有另一些相反的因素阻碍部门间竞争和资本的自由转移。

> 对利润率平均化的
> 反趋势:行业垄断

部门间利润率差别之所以仍经常存在,主要有以下几方面的原因:

(1) 沉淀成本与退出壁垒。所谓沉淀成本,是与现代产业投资的特点直接相关的。第二次产业革命中形成的重化工业与能源、交通这些基础产业中,企业建设投资的一个显著特点,就是一次性固定投入规模很大;企业建成后,不论是否生产,都要以折旧、摊销方式进入产品成本。结果往往是,产品总成本中的固定成本占了很大比例,而变动成本(即随产量变动的新增成本)的比重,相对较小。这种部门的企业建设时的一次性固定投入,凝结在固定资产上,又往往与特定的地理位置相结合,很不容易处理变现。这就形成了沉淀成本,就是已经发生而且短期内无法变现收回上的成本。显而易见,由于沉淀成本的存在,构成了资本从现有部门退出转到其他部门的障碍,形成退出壁垒。退出壁垒越高,利润率的部门差别便越是难以消失。

(2) 核心竞争力与进入壁垒。随着产业革命和科技发展,仅有资本投入已不再能保证企业可以进入某一产业部门了。这是因为,在企业的经营环境和技术日益复杂之后,企业竞争力越来越依赖企业自身的学习机制。在一个行业成功经营多年后,企业往往会积累起相应的专业诀窍、品牌效应、市场网络以及企业文化等无形资产,形成其特有的核心竞争力。在客观上具有阻碍潜在竞争者自由进入的作用,形成了后来者的进入壁垒。企业竞争力越是依赖经营实践的积累,则潜在竞争者进入的难度越大,利润率的部门差别越可能持续存在。

(3) 创新与先发优势。前面说过,对超额利润的追求,与竞争的压力促使企业进行创新。在科技日益重要的时代,一个企业若能通过创新成为行业的开拓者,那么,它除了获得超额利润外,也会在积累无形资产与形成行业标准等方面捷足先登,占领天时与地利。这种由率先进入某一行业而得到的好处,就是所谓(先发优势)。创新越是活跃,先发优势越是明显,则企业竞争力的差异越是持久,部门利润率的差距也就越难填平。

所以,即使在利润率平均化规律作用下,各部门的利润率仍然可以有差别。从个别年份看,差别甚至是很大的。但如果从较长的时期看,利润率又确实有平均化的趋势。

利润转化为平均利润以后,资本的剥削关系进一步被掩盖起来了。以前说过,生于价值一旦转化为利润,已经掩盖了剩余价值的真实来源,但那时剩余价值和利润的绝对量是一致的,只是剩余价值率和利润率有所不同。利润转化为平均利润后,许多部门的利润量和剩余价值量也不一致了,等量资本得到等量利润,似乎利润的多少只和资本的总量有关,利润无论在质上和量上都表现为预付总资本的产物,这就进一步掩盖了利润的起源和性质。

等量资本得到等量利润,或各部门利润量与各部门总资本量成比例这种剩余价值重新分配的关系,意味着整个资本主义经济就好像一个庞大的股份公司,而所有的资本家则像这个股份公司的大小股东,各部门每个资本家都按他的投资量得到相应的一份利润。各部门资本家之间,在争夺利润的竞争中虽然存在着矛盾,但在剥削工人、榨取更多剩余价值这个根本问题上,利益是完全一致的。因为各部门的剩余价值越多,全社会的剩余价值总额越大,平均利润率也越高,各部门资本家所能分得的利润也多。所以,在资本主义社会化大生产的条件下,工人不仅受直接雇用他们的个别资本家的剥削,与个别资本家相对立,而且受全社会的资本家的剥削,与资本家阶级相对立。

生产价格的形成

平均利润率的形成过程,利润转化为平均利润的过程,也就是价值转化为生产价格的过程。

生产价格的形成过程,在上述说明利润率平均化过程的表格中已经涉及了。不过,在那里我们假定固定资本的价值是一次全部转移到商品中去的,实际情况不可能是这样。如果我们把各部门固定资本磨损的差别及其对产品价值和成本的影响加进来考虑,生产价格形成的过程就如表15-3所示。

图表告诉我们:由于利润率的平均化,剩余价值要转化为平均利润,所以,商品不是按 $c+v+m$ 即价值出售,而是按 $c+v+\bar{p}$ 的价格,即生产价格出售。商品的生产价格,是由这个商品的成本价格加上按平均利润率计算归生产该商品的全部预付资本应获得的平均利润($\bar{p}$)构成的。**简言之,生产价格＝成本价格＋平均利润。**

生产价格以该商品的价值为基础,是价值的转化形式。这是因为,生产价格既然等于成本价格加平均利润,因此,以平均利润率的存在为前提。而利润率平均化问题的提出,则是因各个特殊部门的商品按价值出售会有不同利润率的存在。所以,生产价格的形成,只是商品价值中剩余价值部分依照各部门资本的大小重新分配的结果,是价值实现的形式变化了。

表15-3 生产价格的形成

生产部门	预付资本	m	用去的 c	成本价格	平均利润率	平均利润	商品价值	生产价格	生产价格和价值差额
食品	$70c+30v$	30	50	80	20%	20	110	100	－10
纺织	$80c+20v$	20	30	50	20%	20	70	70	0
电力	$90c+10v$	10	20	30	20%	20	40	50	10

价值转化为生产价格后,凡是资本有机构成不是社会平均构成的部门和资本周转速度不是社会平均速度的部门(商业部门和银行部门也是同理),商品的生产价格和价值在量上是不一致的。而且,这些部门商品生产价格与价值的差额和平均利润与剩余价值的差额相一致。但是,由于平均利润只是已有利润在各部门间的平均化,整个社会的平均利润总额和剩余价值总额是相等的,因而这些部门的生产价格总额和价值总额也是相等的。

价值转化为生产价格后,商品市场价格的变动就不再以价值为中心,而以生产价格为中心,围绕着生产价格上下波动了。但这并非说,市场价格最终只受商品生产价格的支配而不再受价值的支配了。恰恰相反,商品生产价格的一切变动最终都可以归结为价值的变动。因为,商品生产价格的变动取决于两个因素:一是平均利润率的变动,另一个是商品本身价值的变动。由于在一定时期内平均利润率是比较稳定的,商品生产价格的变动主要取决于自身价值的变动。而且,即使自身价值不变而平均利润率发生了变动,那也一定是另一些商品的价值发生变动的结果。所以,生产价格的形成不仅没有违背价值规律,相反恰好是在价值规律的基础上形成的,正是价值规律支配着生产价格的变动和在供求影响下的市场价格的变动。总之,生产价格是资本主义社会化大生产和商品经济条件下价值规律的具体表现形式。

价值转化为生产价格是商品关系发展的必然结果,是资本主义生产发展到一定高度的产物。马克思指出:"商品按照它们的价值或接近于它们的价值进行的交换,比那种按照它们的生产价格进行的交换,所要求的发展阶段要低得多。按照它们的生产价格进行的交换,则需要资本主义的发展达到一定的高度。"①从原始社会解体到资本主义生产方式为止的几千年历史时期内,商品都是按价值交换的,价值是市场价格运动的中心。即使在资本主义发展的初期,价值也还没有转化为生产价格,因为那时资本和劳动力在各部门之间的自由转移还比较困难,不同部门之间利润率平均化的社会条件和技术条件还不成熟。资本主义在一个国家内越是发展,特别是资本主义机器大生产的方式的形成,价值转化为生产价格的条件才成熟了。一方面,资本的统治地位使商品不只是当作商品来交换,而是当作资本的产品来交换,因而等量资本在相同时间内取得等量利润成了客观要求;另一方面,资本主义机器大生产方式在各部门的确立,商品经济和交通运输事业的发达,各生产部门之间联系的日益密切和生产技术上差别的逐渐缩小,商业自由和信用制度的发展以及行会制度的取消,使资本和劳动力在不同部门之间有了自由转移的条件,部门之间的竞争能在广阔的范围内展开,到这时,利润率才能平均化,从而利润才能转化为平均利润,价值才能转化为生产价格。

> 生产价格是资本主义商品再生产的条件

包含着平均利润的生产价格,是资本主义经济的表象,在资本主义竞争中直接支配着资本家的投资和生产活动。马克思也认为:"从长期来看生产价格是供给的条件,是每个特殊生产部门商品再生产的条件。"②正因为这样,我们才把由成本价格和平均利润构成的价格,叫作"生产价格"。

从长期看,生产价格怎样通过市场价格的变动,成为各部门和个别资本

---

① 马克思:《资本论》第3卷,人民出版社 2004 年版,第 197 页。
② 同上书,第 220 页。

家商品再生产和供给的条件的呢？

对某一部门的产品来说，在需求减少时，它的市场价格会低于生产价格。这时，这一部门资本家可能采取两种措施：或者是降低这部门商品的成本价格($c+v$)，如果其他条件不变，就会导致该商品的生产价格降低并与市场价格相适应，因此能重新获得平均利润，有了正常进行在生产和供给的条件；或者是缩减生产规模，一部分资本转移到利润率较高的部门，由于资本和劳动在各部门重新分配和该部门商品产量及供给量减少的结果，该商品的市场价格会上涨到重新与生产价格相一致，保证该部门在生产和供给的正常进行并获得平均利润。

所以，**从长期看，正是生产价格调节了资本主义商品的再生产和供给，并使按比例分配社会劳动这一人类社会生产普遍规律的要求得以实现**。在资本主义社会的各个生产部门中，凡是市场价格与生产价格一致的地方，就意味着建立了供给与需求之间的平衡比例关系。而出现市场价格与生产价格相脱离的现象，则是这一比例关系遭到破坏的表现。

各部门商品的再生产和供给都受生产价格的调节，按平均利润率获得平均利润，决不意味着同一生产部门的所有个别资本也只能实现相同的利润率，不可能获得超额利润。因为，这里所说的生产价格，不是个别企业的生产价格，而是社会生产价格即一个生产部门内由社会平均生产条件所决定的生产价格。商品的社会生产价格由该商品的平均成本价格加平均利润（按平均利润率计算分给整个部门的资本并相应摊到单位商品上的利润部分）构成，而商品的个别生产价格由商品的个别成本价格加平均利润（按平均利润率计算分给该个别资本并相应摊到单位商品上的利润部分）构成。由于各个企业的生产条件不同，个别生产价格不可能一样。在商品按社会生产价格售卖的条件下，只有个别成本价格等于部门平均成本价格的个别资本，才能实现与全社会平均利润率相等的利润率。个别成本价格高于部门平均成本价格的资本家，只能获得低于社会平均利润率的个别利润率。个别成本价格低于部门平均成本价格的资本家，则能获得高于社会平均利润率的个别利润率。**个别生产价格低于社会生产价格的差额，就构成个别企业得到的超额利润**，这是上面说过的个别价值低于市场价值构成的超额利润（它是超额剩余价值的转化形式）转化而来的。

同一部门个别资本存在利润率的差别，个别资本获得超额利润的现象也适用于按统一的市场价格出卖商品的场合。无论市场价格等于、高于或低于社会生产价格,个别成本价格低于部门平均成本价格的资本家,总可以实现更多利润;即使市场价格太低造成亏损,他们的损失也会小一些。所以,**对超额利润的追逐是个别资本改进技术、发展生产力的基本动力**。

为了追求超额利润的总量极大,个别资本家不但力求降低个别成本价格,而且**会把产量和供给量定在这样一点上**,即最后一个单位产品的个别生**产价格等于市场价格**。这是因为,在自由竞争条件下,每一部门中生产者人数众多,但各自在商品总供应量中所占比重不大,因此个别企业产销量的变动不会影响市场价格,也就是说,他销售任何数量的产品,每一单位提供的收入都是不变的。但是,在技术不变条件下,当其他生产要素不变而一个生产要素变动时,一定点以后它所提供的产量会出现递减现象,从而产量增加会使单位产品的成本递增。因此,从短期看,在这种市场条件下,个别资本家把产量定在这样一点上,即最后一个单位产品的个别生产价格等于市场价格,才能获得最大利润量。如果不是这样,当前者还小于后者时,表明最后一个单位仍可获得超额利润,继续扩大产量将是有利的;但当前者已大于后者时,表明最后这个单位产品的卖价已经减少了总利润,对资本家已经无益而有损了。

一个部门内个别资本家获得超额利润只是一种暂时现象。当多数企业在竞争中被迫也降低个别成本价格时,这一部门的平均成本价格从而生产价格也随之下降了。因此,除非他不断采取降低个别成本价格的新措施,否则从长期看,他的商品的再生产和供给,同样要受生产价格和平均利润的调节。

生产价格成为某些生产部门商品在生产和供给的条件,意味着社会上一部分剩余价值向资本有机构成高的部门转移,从历史发展过程看就是向电力、冶金等对整个资本主义经济发展具有重大意义的部门转移,使这些部门资本有机构成的提高不致引起利润率的下降。因此,它对资本主义的发展具有重大的意义,在客观上为资本有机构成的普遍提高,为整个经济和技术进步提供了必要的条件。

马克思的生产价格理论同劳动价值理论一起,是对资本主义市场生产和运行的科学说明,因而具有重要的理论和历史意义。

第四节　平均利润率的下降趋势

> 平均利润率的下降和利润量的同时增加

在上几节中,我们说明了资本在不同生产部门以及产业和商业部门之间自由竞争和转移的结果,会形成全社会的平均利润率。从长期看,利润率的趋势将是怎样的?它和利润量的变化有怎样一种关系?这就是本节要考察的问题。

我们知道,利润率 $p' = \dfrac{m}{c+v}$。在剩余价值率不变的情况下,只要不变资本 c 的大小不等,从而总资本的大小不等,它也会表现为不相同的利润率。

假定 $m' = 100\%$

如果 $c = 100, v = 100$,那么 $p' = \dfrac{100}{200} = 50\%$

$c = 300, v = 100$,那么 $p' = \dfrac{100}{400} = 25\%$

$c = 400, v = 100$,那么 $p' = \dfrac{100}{500} = 20\%$

上述例子说明:随着资本有机构成的提高,不变资本从而总资本的增加。在 m' 不变时,p' 会不断下降。

如果资本构成的这种变化,不仅发生在个别生产部门,而且或多或少地发生在一切生产部门,那么,它就意味着社会总资本的平均有机构成的提高和平均利润率的逐渐下降了。

资本主义生产方式的规律,在于通过改进生产技术和劳动组织,提高社会劳动生产力,不断增加相对剩余价值。这种生产方法日益发展,意味着同样数量的工人会使用更多的机器设备和其他各种固定资本,在同一时间内把更多的原料和辅助材料转化为产品。在资本的构成上,就表现为平均有机构成会不断提高。上例中假定的资本构成变化的序列,正表示了资本主义生产的历史过程和实际趋势。社会总资本平均有机构成提高的直接结果是:在剩余价值率不变甚至提高的同时会表现为一个下降的利润率。因此,平均利润率的下降趋势只是社会劳动生产力日益发展在资本主义生产方式下的特有表现。

利润率趋向下降的规律,决不排斥利润绝对量的同时增加。利润率的下降,只是总资本中可变资本相对减少的结果。但可变资本的绝对量,从而利润的绝对量却是能够同时增加的,而且必然会如此。资本主义生产过程实质上同时就是积累过程,社会劳动生产力的发展会加速积累。资本积累,一方面要求社会上有追加的劳动力;另一方面,由于它本身以及随之而来的积累时提高劳动生产力的物质手段,会造成相对过剩人口,提供随时可供剥削的劳动力。所以,在生产和积累的过程中,社会资本所占有的剩余劳动量从而利润绝对量,都必然会增加。因此,社会劳动生产力的提高,会造成社会资本占有的利润绝对量增加而利润率下降这种二重性的结果。但是,社会劳动生产力提高的这种双重作用,只是在总资本的增加比利润率的下降更为迅速得时候才能表现出来。

利润率下降利润量同时增加的规律,也表现为资本所生产的单位商品的生产价格下降,同时商品总量中包含的、通过商品售卖所实现的平均利润总量的绝对增加。

平均利润下降规律,揭示了资本主义生产方式本身所决定的客观必然趋势,即平均利润率会随社会资本平均有机构成或社会劳动生产力的提高而下降,但这不是说利润不能由于别的原因而下降。同时,它也不意味着资本主义社会只存在着使利润率下降的一种因素。恰恰相反,还有另外一些原因会对它起反作用,来阻挠和抵消这个一般规律的作用,使利润率下降不以直线式下降的绝对形式表现出来,而只有趋势的性质。

{阻碍利润率下降的因素} 利润率 $p' = m/(c+v)$
$= [m'/(c/v+1)]$

这就是说,凡是能增加剩余价值 m 和减少总资本 $c+v$,或可以提高剩余价值率 m' 和降低资本有机构成 c/v 的原因,都会阻碍利润率的下降。具体说来,这些因素主要有:

第一,剩余价值率的提高,在说明绝对剩余价值生产和相对剩余价值生产时已经说明过,它包括延长工作日、提高劳动强度、提高劳动生产率等方法。只要增加剩余价值和提高剩余价值率的方法,不是使总资本有机构成同步增加或按比例增加,它们就会阻碍利润率的下降。

第二,不变资本要素的节约和便宜。随着劳动生产率的提高,生产资料价值下降,使用生产资料部门的不变资本不会随生产资料消耗数量按比例地增加,甚至可以不增加直到减少,价格也会降低,所以它减弱了资本有机构成的提高,阻碍了利润率的下降。

第三,相对过剩人口。资本有机构成提高必然形成相对过剩人口和失业大军。它们的存在会压低工资,这既可增加剩余价值,又可减少可变资本,所以是阻碍利润率下降的最显著原因之一。同时工资便宜使有些部门使用手工劳动,增加可变资本比重,从而这些部门的剩余价值量和剩余价值率特别高,这也会使一般利润率的降低受阻。

第四,对外贸易。通过对外贸易,进口廉价的原材料、燃料等生产资料和粮食等生活资料,会使可变资本减少,不变资本变得便宜,从而提高剩余价值率和利润率。同时,通过对外贸易,特别是把商品输出到经济落后国家,得到较高的利润率,在自由竞争条件下会参加国内利润率的平均化,从而提高平均利润率。

从上述几个方面可以看到,引起利润率下降的一些原因,又会产生反作用,阻碍、延缓及部分地抵消这种下降。这些原因不会取消这个规律,但会减弱它的作用,它的作用只有经过一个很长时期,才会显示出来。

资本的价值增殖是资本主义生产的唯一目的和动力,利润率下降趋势的规律,恰是与这一目的矛盾的,因此,它会使资本主义生产总过程的一系列矛盾展开起来,关于这些矛盾,我们将在以后加以阐述。

思 考 题

1. 什么是个别资本、部门资本、社会资本(即社会总资本)?
2. 个别资本部门内竞争的目的和手段是什么,为什么必然形成部门利润率?
3. 部门资本部门间竞争的目的和手段又是什么?怎样会形成全社会平均利润率和平均利润?
4. 价值怎样转化为生产价格?生产价格的实际意义何在?怎样理解生产价格是资本主义商品再生产的条件?为什么个别资本家会把产量和供给量定在这样一点上,即最后一个单位产品的个别生产价格等于市场价格?
5. 为什么平均利润率有下降趋势,同时又有反趋势?

本章参考文献

马克思:《资本论》第 2 卷,第 20 章,人民出版社 2004 年版。

第十六章 资本主义农业和地租

上一章我们讨论了产业资本、商业资本和银行资本的平均利润问题,接下来我们研究在平均利润基础上的土地租问题。

资本主义生产方式不仅首先在工业中占统治地位,而且接着也使农业从属于自己,而在农业中占统治地位。这就是说,农业也是由资本家经营的。但是农业资本家只是农业工人创造的剩余价值的第一个占有者,而不是唯一占有者。资本主义大土地所有者也参与剩余价值的瓜分,取得地租。

本章主要通过对资本主义土地所有制和资本主义地租的考察,阐明农业中资本主义生产关系的特点和剩余价值怎样转化为各种地租形式而归资本主义土地所有者占有的。

第一节 资本主义土地所有制和资本主义地租

地租是土地租种者为租用土地而向土地所有者支付的经济代价,是土地所有权在经济上的实现。这是地租的一般概念。但是不同的社会形态里的地租有不同的性质和特点,因为它总是与不同社会的土地所有制形式相联系的。因此,要研究资本主义地租就必须先研究资本主义土地所有制的形成及其特点。

> 资本主义土地所制的形成和特点

资本主义的土地所有制是从资本主义以前的土地所有制形式转化而来的。资本主义在农村发展的过程,也就是资本主义土地所有制形成的过程。

由于各个国家的历史条件不同,资本主义土地所有制形成的特点也有所不同,列宁归纳了两条资本主义农业发展的道路,一条是普鲁士式道路,一条是美国式道路。

普鲁士式道路是改良的道路。其特点是地主阶级为了适应已在工业中占统治地位的资本主义的发展的需要,在不改变原有土地所有权的前提下,通过搞自上而下的农业改革,使地主经济逐渐演变为资本主义经济。他们规定农奴可用土地和货币向地主赎免封建义务。这样,一部分农奴成为自由劳动者,而地主在大量集中赎金和土地后,按资产阶级的经营方式改造地主庄园,使之成为资本主义的农场。这条道路是在保留地主特权,保存封建残余的条件下发展的资本主义农业道路。

美国式道路是革命的道路。它是在资产阶级革命摧毁旧式地主经济或者在原来就没有农奴制大地产的条件下,使小农经济迅速发展起来,随后,小农经济分化,农民的小土地所有制逐渐被资本主义的大土地所有制所代替,同时,形成了资本主义农场经济主和农业雇佣工人。这条道路是比较彻底地摆脱了封建关系束缚的资本主义农业道路。

资本主义土地所有制的主要特点是:土地所有权既同劳动者人身依附于土地这种关系相分离,即大量农业生产者变成一无所有的自由劳动者,又同土地经营相分离,即集中了大量土地的资本主义大土地所有者并不是农业经营者。正是这种土地所有制形式,造成了资本主义农业中存在着三个互相依存又互相对立的阶级,即大土地所有者、农业资本家和农业雇佣工人。农业资本家经营农业,必须先向土地所有者租借土地,并雇佣工人耕种,这样,资本家除了要向工人支付工资外,也要向土地所有者交纳地租,这种地租就是资本主义地租。

> **资本主义地租与封建地租**

资本主义地租是农业资本家按照租约在一定期限内,因使用土地而向土地所有者交纳的一定的经济代价。由于资本主义土地所有制与封建土地所有制不同,因此资本主义地租与封建地租也有如下区别:

(1)资本主义地租体现了资本主义农业中三个阶级的关系,而封建地租只体现地主与农业两个阶级的关系。

(2)资本主义地租体现的是三个阶级之间纯粹的契约关系,没有经济外的强制关系,而封建地租在不同程度上有超经济的强制关系,即与农民对地主的人身依附关系相联系。

(3)封建地租在量上通常等于全部农民剩余劳动或剩余产品,而资本主义地租只能是农业剩余价值的一部分,而不能是全部。因为,农业资本家先获取了平均利润。

这里就产生了一个问题,即农业中平均利润总和之外还有一个地租额,全部剩余价值大于平均利润总和,这表明资本主义地租的形成有其特殊的规律性。马克思说:"**地租分析上的全部困难在于,要说明的是农业利润超过平均利润而形成的余额,即不是说明剩余价值,而是说明这个生产部门所特有的超额的剩余价值。**"①

为了在劳动价值论基础上正确解决上面这个问题,在这里先要区分地租与租金。

纯粹的资本主义地租只能是从土地所有权出发的,是为使用土地本身而支付的,只能是剩余价值超过平均利润的余额。而日常所说的租金,则是农业资本家向地主交纳的全部货币额,它除了纯粹的地租外,还可能包括三个方面:

(1) 以租金形式交纳的、投在土地上的固定资本折旧费和利息,这显然不是为使用土地本身而支付的。

(2) 一些中小资本家由于竞争能力低,土地所有者乘机索取较高的租金,这些资本家被迫满足于较低的利润,这属于对平均利润一部分克扣,显然不是平均利润以外的超额利润。

(3) 土地所有者克扣了租佃资本家平均利润的一部分,后者又竭力转嫁给雇佣工人,克扣其工资,因此租金中还可能包括工人正常工资的一部分。

为了科学地分析资本主义地租的内在规律,必须抽象掉上述那些不是地租的附杂物,只考察纯粹形态的地租。

以上是资本主义地租的一般说明,资本主义地租分为级差地租和绝对地租以及垄断地租,它们是由不同的原因与条件形成的,因此需要分别考察。我们考察的只是农业中的地租,而舍去了土地上的其他经营如建筑地段、矿山等的地租问题。

第二节 级差地租

<u>级差地租形成的条件、原因及源泉</u>　资本主义农业实践表明,农业资本家向土地所有者交纳的地租是有级差性的。如果我们把全部耕地分为优、中、劣三等,我们可以假定,租种劣等地不交纳地租,而租种中等地就是交纳地租,而租种优等

---

① 马克思:《资本论》第3卷,人民出版社2004年版,第885页。

地则需交纳更多的地租。为什么地租会有级差性呢？这就是研究级差地租形成的条件与原因。

首先必须假定,农产品和工业品一样是按照其生产价格出售的,这样才能保证农业资本家获得平均利润。从而,构成级差地租的只能是一种超额利润,这种超额利润是农产品个别生产价格低于社会生产价格的结果。而个别生产价格与社会生产价格的差别产生于不同土地的不同生产条件或不同土地上投资的不同的生产力。

任何部门内部都存在企业之间生产条件的不平衡,从而都有超额利润的发生,这在工业部门和农业部门是一样的。但农业中的超额利润与工业中的超额利润是有区别的。首先,工业中的超额利润只是一种暂时的不稳定的现象,而农业中的超额利润却是一种比较长期、比较稳定的现象。其次,工业中的超额利润只有少数先进企业可以获得,而农业中的超额利润除了优等地投资外,租种中等地的资本家也可以得到。我们来看这两个特点是如何形成的。

第一,为什么农业中的超额利润会是一种经常的稳定的现象呢？我们知道,超额利润是由于握有较好的生产条件和生产技术从而个别生产价格低于社会生产价格而产生的。在工业中,没有任何一种自然因素阻碍任何一个企业去取得较好的设备与技术,落后企业也有可能上升为先进企业而取得超额利润,而一旦先进技术在全部门普及,超额利润便会消失。因此,超额利润没有稳定性。而在农业中却不是这样,土地是一种非常特殊的生产资料,它不能无限地被再生产出来,土地数量有限,尤其好地数量有限,租种了较好土地的资本家,就排斥了其他人同时也占有好地,因此,他获得了对较好土地的资本主义经营垄断,农场之间的生产条件的竞争受到了阻碍,使得垄断了较好土地的资本家就能长期稳定地保持生产优势,保持超额利润。可见,超额利润的持久化是资本主义经营垄断决定的。

第二,为什么中等条件的资本家也能得到超额利润,也交纳级差地租呢？这个问题实际上就是为什么农产品生产价格必须由劣等条件调节。由于中等地的经营也是垄断的,而劣等地经营同样以资本主义经营目的——平均利润为前提,如以中等条件调节农产品的生产价格,劣等地投资会因得不到平均利润而抽走,并引起农产品供应的减少。农产品供应减少后,价格自然会提高,直到劣等地投资也能得到平均利润为止。这样,中等地上的资本必然稳定地得到超额利润。

由于经营优等地和中等地有稳定的超额利润存在,这些地块的所有者在与农业资本家的竞争中,必然要求得到这部分超额利润,从而使它转化为地主所有的地租。可见,**级差地租的实体是农业超额利润,形成的原因是土地的资本主义经营垄断**。

至于不同土地的生产条件的差别或投在不同土地上的劳动生产率的差别,乃是形成级差地租的条件或自然基础。农业中的土地自然条件的差别只有与土地的资本主义经营垄断结合在一起,才可能形成级差地租。

由于只要有土地生产条件的差别这一自然基础和资本主义经营垄断这一社会经济原因,在劣等地以上的土地上投资总会有持久的超额利润。因此,土地私有权与级差地租实体的形成毫无关系,土地私有权只是使得已经存在的超额利润转归地主所有而已。

以上叙述了级差地租形成的条件与原因,那它的源泉是什么呢?级差地租是耕种优等地和中等地工人的劳动创造的,由于他们同量的个别劳动时间能创造较多的产品,从而在社会必要劳动时间这把统一的尺子下,就有较多的社会价值,这是自乘劳动的结果。

级差地租有两种具体形态。

级差地租 I

级差地租第一形态简称**级差地租 I**,它是**投入不同地块上的等量资本由于土地的肥沃程度不同和位置不同而产生的不同生产力的结果**。

我们先看土地肥沃程度差别引起的生产力的差别。

土地肥沃程度主要是指土壤的生物的、化学的和物理结构以及土壤中包含的植物营养素的程度。它首先与土地的自然因素有关,但它不只与自然因素有关,人们可以改造土地,提高其经济丰度,因此,土地的肥沃程度是相对可变的。但是在一定时期和一定技术条件下,全部被耕种的土地总是存在一个等级不同的肥沃程度,投在不同等级土地上的等量资本总是有生产率的差别。投在优等地和中等地上的资本产品的个别生产价格低于劣等地资本产品的个别生产价格。农产品既然按劣等地决定的社会生产价格出卖,因而经营优等地和中等地的农业资本家就可以获得数量不等的超额利润,形成级差地租。下面以面积相同而肥沃程度不同的三块地为例说明级差地租 I:

表 16-1　土地肥沃程度与级差地租 I

土地种类	所耗资本	平均利润	产量	个别生产价格		社会生产价格		级差地租 I
				全部产品	每担	每担	全部产品	
A(优)	100元	20元	6担	120元	20元	30元	180元	60元
B(中)	100元	20元	5担	120元	24元	30元	150元	30元
C(劣)	100元	20元	4担	120元	30元	30元	120元	0

上表中所列举的三块面积相等而肥沃程度不同的土地的投资都是100元,平均利润以20%算,都是20元,而产量分别是6担、5担、4担。虽然每块土地的全部产品的个别生产价格都是120元,但由于产量不同,使每块土地上每担产品的个别生产价格不一样,可是在市场上,它们都按照C地所决定的社会生产价格出卖,即按每担30元出卖,结果C地收入120元,正好补偿100元投资和取得20元平均利润,没有超额利润,而A地和B地收入各为180元和150元,分别获得60元和30元的超额利润。这个超额利润便构成级差地租 I。

级差地租的量有这样的规定性:第一,它的实物量要看土地丰度差异大小,差异越大,实物级差地租越多;第二,级差地租在货币形态上的量,除看丰度差异外,还取决于劣等条件所调节的社会生产价格大小,劣等地产量越低、生产价格越大,则货币级差地租就越多。

以上量的规定性是基于农产品供求关系不变,即原有耕地范围不变这个前提的。如果供求关系改变,又有如下量的规定性:第一,农产品需求扩大,要求扩大耕地面积。如果有更优土地存在,这类土地将提供比原优等地更多的级差地租,而原有各级土地提供的级差地租不变;如果只能向更劣等地投资,这样,原来各级土地提供的级差地租量都增加,原来不提供地租的劣等地也能提供级差地租。这两种情况下,级差地租都是增加的。第二,农产品需求缩小,以致劣等地退出生产,这样原来中等地变为相对的劣等地而不再提供地租,而优等地也减少了级差地租。

从上面分析可知,级差地租 I 的形成和量的规定性及量的变动,与投入生产的土地的肥沃程度差别及其变动有关。

下面再看以土地位置差别为条件的级差地租 I 的形成情况。

土地位置指土地距产品销售市场的远近,它不仅是地理意义上的自然距离,还包括由交通条件所决定的距离。距离也是可变的,如市场迁移、市场发展、交通条件改善等。但一定时期位置差别总是存在的。土地距离市场远近与运输费用成正比。如果几块土地肥沃程度相同,但距离市场远近不同,最远的运费最大,它也包括在农产品总消耗资本中,生产价格就由它来调节,距离稍近的土地上的投资就可以获得超额利润。

下面以三块肥沃程度相同,位置不同的土地为例,列表说明:

表16-2 土地位置与级差地租Ⅰ

土地地块	产量	耗费资本			平均利润(20%)	个别生产价格	社会生产价格	级差地租
		生产耗费	运费	共计				
A	4	100元	40元	140元	28元	168元	168元	0
B	4	100元	20元	120元	24元	144元	168元	24
C	4	100元	5元	105元	21元	126元	168元	42

上表中列举的A、B、C三块地面积相同,产量相同,生产中耗费资本都是100元,但运费不同,使总资本耗费不同。由于社会生产价格由耗费最大的A等地决定,为168元,使B等地和C等地分别得到其个别生产价格低于社会生产价格的差额即24元和42元超额利润。这个超额利润构成了级差地租Ⅰ。上述两个形成级差地租Ⅰ的条件是分别研究的,其实这两个条件是结合在一起的,每块地都有一定的肥沃程度和位置,这两个条件在各块地上可形成各种组合。

级差地租Ⅱ 级差地租第二形态简称**级差地租Ⅱ**,它是**连续在同一地块上投资有不同生产力的结果。但是要注意,这种不同生产力是指新投资的生产力与劣等地的生产力的差别。**

假定农业资本家在好地(A)上连续投资,最初投资100元,产6担,按每担30元的生产价格出卖,可产生60元的级差地租Ⅰ。现在假定再追加投资100元,用于购置新农具、追加肥料、加强作物管理等,假定这样增产了5担粮食,增产部分共收入150元,扣除生产成本和平均利润以后,得超额利润30元,这30元就形成级差地租Ⅱ。级差地租Ⅱ的形成见下表:

表 16-3　级差地租Ⅱ

土地种类	所耗资本	平均利润	产量	个别生产价格		社会生产价格		级差地租
				全部产品	每担	每担	全部产品	
A(优)	100元	20元	6担	120元	20元	30元	180元	Ⅰ 60元
	追加100元	20元	5担	120元	24元	30元	150元	Ⅱ 30元
C(劣)	100元	20元	4担	120元	30元	30元	120元	0

应该指出，我们上面所说的"等量"资本追加在同一块土地上，这只是为了便于说明问题，事实上，追加资本不一定是"等量"的，但可以用追加资本与增加的级差地租量的比率来计算级差地租Ⅱ的地租率。另外，追加投资与原有投资往往是合在一起使用的，产量也不能按资本分开，但这不妨碍在理论上分析级差地租Ⅱ。

还应该指出，由于追加投资的生产率是与劣等地原有生产率比较，所以在个别情况下，只要劣等地追加投资的生产率高于原生产率，在一个阶段内也能获得级差地租Ⅱ。但是由于追加投资与原有投资无法截然分开，当劣等地追加投资普遍提高了生产率时，社会生产价格就由劣等地两笔投资的生产价格的平均数来决定。这时，如果只有一笔资本的话，劣等地投资将得不到平均利润。

在土地上连续追加投资有一个最后的数量界限，这就是最后的、收益最小的一笔投资的单位产量费用等于当时由劣等条件决定的生产价格，或产量等于劣等地当时产量，超过这个界限，资本家不会再投资。马克思说过："追加资本尚能按一般生产价格来进行生产的情况形成一个界限。超过这个界限，同一土地上的追加投资就必须停止。"①

级差地租Ⅰ与级差地租Ⅱ的关系　级差地租Ⅰ和Ⅱ的相同点：两者都是等量资本有不等生产率的结果，两者的实体都是个别生产价格与社会生产价格的差额。

级差地租Ⅰ和Ⅱ的区别：第一，级差地租Ⅰ是不同土地投资的生产率差别的结果，与粗放经营相联系；级差地租Ⅱ是同一

---

① 马克思：《资本论》第3卷，人民出版社2004年版，第831页。

地块上不同投资的生产率的结果,是与集约经营相联系的。第二,级差地租Ⅰ主要以自然丰度为基础,而级差地租Ⅱ是以经济丰度为基础的。第三,级差地租Ⅰ由于比较明显,在缔结租约时就已属于地主所有,而级差地租Ⅱ就不一定是这样,一般说在租约有效期内归农业资本家所有,在期满后重新缔约时,往往由于地主与资本家的竞争而归地主所有,这促使资本家总是力图签订长期租约,并在租期内滥用地力。

级差地租Ⅰ与级差地租Ⅱ还有这样的联系:级差地租Ⅰ是级差地租Ⅱ的基础与前提。因为,历史上总是先粗放经营,再集约经营,而且,同一地块上追加投资的生产率是与劣等地生产率相比较,要以不同地块的不同等级存在为前提。

第三节 绝对地租

绝对地租形成的条件、原因及源泉

在研究级差地租时,我们假定劣等地不付地租,实际上,租种任何土地包括劣等地都得付地租,这是土地私有权所要求的,作为土地所有者来说,出租土地就是为了获取地租,即使是劣等地,宁愿荒芜,也不肯白白地让人使用。这种**不管那一块土地都绝对地要求收取的地租,就是绝对地租**。

级差地租是各级土地出现劳动生产率差别后的结果,土地所有权只使超额利润转化为地主所有,而绝对地租直接是土地私有权的结果。很明显,**土地私有权的垄断是产生绝对地租的原因**。更一般地说,是土地所有权的垄断要求绝对地租的产生,因为地租是土地所有权的经济实现形式,没有绝对地租便意味着土地所有者放弃了土地所有权。

在讨论级差地租的时候,我们知道是稳定的超额利润这一价值实体的存在,才产生了级差地租。而这里,在讨论绝对地租时,地租的绝对性决定了是它的存在要求农产品必须按高于生产价格的价格出售。因为我们知道,若按劣等条件决定的社会生产价格出售产品,只能使劣等地投资正好得到平均利润,如果还要支付绝对地租,要么就是资本家得不到平均利润,要么就是农产品超过它的生产价格出售。由于平均利润规律和竞争规律的作用,前者显然是不可能的,只能是后者。但生产价格与市场价格的差额从何而来?在农业资本有机构成尚低于社会平均水平的时代,马克思是在农产品价值的基础上说明这个差额的。

这里就有两个层次的问题。一是农产品有没有可能,既在生产价格之上又在价值之内出卖。我们知道商品的生产价格在量上可能大于、等于或小于其价值,这取决于生产这个商品的部门的资本有机构成是高于、等于还是低于社会平均资本有机构成。由于在资本主义发展的历史过程中,农业部门的资本有机构成长时期来比工业平均资本有机构成低,所以其价值是大于生产价格的,这使得农产品按生产价格以上的价值出售成为可能。但是,工业中也有资本有机构成差别,为什么有机构成低的部门不能按其价值出售而只能按生产价格出售呢?按照马克思的分析,这就要解决第二层次的问题,即农产品为什么能够在生产价格以上出售,它的必然性在哪里?诚然,工业各部门也有资本有机构成产价格。工业各部门产品最终按生产价格出售是资本在部门间自由转移的结果。但是,农业部门相对于工业部门之间的竞争有其特殊性,农业中的土地私有权垄断构成对农业投资或资本向农业转移的障碍。任何对农业的投资,即使是租种劣等地,也得付地租。如果按生产价格出售农产品,资本家仍得不到平均利润,劣等地就会退出生产,而社会又需求劣等地所生产的农产品。可见,农产品价格必然上涨到生产价格以上,直到劣等地能提供绝对地租为止。这样,农产品价值超过其生产价格的部分就得以不参加全社会利润平均化过程,而被截留下来,农产品得以按价值出售,价值与生产价格的差额得以在本部门内作为绝对地租。

绝对地租的形成可见下表:

表 16-4 绝对地租

生产部门	资本有机构成	剩余价值 $m' = 100\%$	平均利润	产品价值	生产价格	绝对地租
工业	$80c + 20v$	20	20	120	120	0
农业	$60c + 40v$	40	20	140	120	20

上表说明:由于农业资本有机构成比工业低,在等量资本和相等的剩余价值率的条件下,农业部门的剩余价值大于平均利润,即农业部门的农产品价值大于生产价格,两者差额便构成绝对地租的实体。

绝对地租也有量的规定性。首先,绝对地租的量取决于价值与生产价格差额本身,即受农业资本有机构成与工业平均资本有机构成差别的量的限制。如果工业平均资本有机构成不变,绝对地租量的变化与农业资本有机构成呈反方向变化，并在量上受农业资本有机构成变化的幅度限制；相反，如果农业资本有机构成不变，绝对地租量的变化与工业平均资本有机构成的变化呈正方向运动，并在量上受工业平均资本有机构成变化的幅度的限制。其次，当我们说绝对地租的量等于农产品价值与生产价格的差额，这也是一种抽象规定。其实，这种量的大小究竟是等于价值与生产价格差额的全部还是其中的一部分，完全取决于农产品的供求状况。

我们按照从抽象到具体的叙述方法，先假定农产品是按生产价格出售的，从而级差地租的货币量等于实物量乘以生产价格，到讲完绝对地租后，我们知道农产品其实是按照价值出售的，这样，级差地租的货币量就得修正。

我们把前面关于级差地租Ⅰ的图表加以修正，并把修正后的图表与绝对地租的图表加以合并，就可以列出如下关于总地租的图表：

表 16－5　土地的总地租

土地等级	资本有机构成 $c:v$	剩余价值 $m'=100\%$	平均利润	产量（担）	个别生产价格		个别价值		社会价值		级差地租	绝对地租	总地租
					全部产品	每担	全部产品	每担	每担	全部产品			
优	60∶40	40	20	6	120	20	140	23.3	35	210	70	20	90
中	60∶40	40	20	5	120	24	140	28	35	175	35	20	55
劣	60∶40	40	20	4	120	30	140	35	35	140	0	20	20
合计	180∶120	120	60	15	360		420			525	105	60	165

上表告诉我们，级差地租实际上是优等地或中等地的全部产品的社会价值减去个别价值，而绝对地租是各级土地的全部产品的个别价值减去个别生产价格。而只要从全部产品的社会价值减去生产价格，便可计算出各级土地的总地租。

> 垄　断　地　租

在资本主义制度下，除了级差地租和绝对地租这两种基本地租形式外，还有垄断地租。

有些土地能种特别优越的和稀少的产品，如优质葡萄、人参、名茶等，这种土地数量非常有限，产品有独到之处，而社会对它的需求又十分强烈，这时，垄断地经营这种土地资本家就能以高于价值的垄断价格出卖其产品而获得垄断利润，而这部分垄断利润最终要以垄断地租形式转归土地所有者。可以看出，**垄断地租形成的条件是某种土地的特殊优越性和稀缺性，而其原因是对这种土地的资本主义经营垄断**，其源泉完全是从流通领域转移过来的购买者的剩余价值或工资。土地私有权在垄断地租的形成中不起作用，它只是使这部分垄断利润归地主所有而已。

正因为垄断地租纯粹是由流通领域转移过来的，是一种完全不由产品的价值或生产价格决定的垄断价格的一部分，因此，它的量完全由购买者的欲望和支付能力决定。

土地价格

在资本主义社会中，由于商品的普遍化，占有的东西都能当商品出卖，土地也同样能出卖，并由此取得了价格形态。但是土地不是劳动产品，没有价值，**土地价格**也就不是"土地价值"的货币形态，而只是**地租的资本化，是地租的一次性支付**。

土地价格的量如何规定呢？马克思说，任何一笔定期收入都能被看为是一个想象的资本的利息。土地本身虽然无价值，但凭借它可以定期取得地租，等于凭借存在银行里的资本可以定期取得利息一样，用一定量货币购买土地后取得的地租量，应该等于用这笔货币所能取得的利息。正因为如此，土地价格就等于地租额除以当时的银行利息率，其公式如下：

$$土地价格 = \frac{地租}{利息率}$$

从这一公式可知：**土地价格与地租量成正比，与当时的银行利息率成反比**。

在市场的实际运行过程中，凡是能够影响土地提供的地租量和利息率的因素，又都会间接地再影响土地价格。

各种影响土地价格的因素对土地价格影响的方向、程度和关系视土地个案的具体情况而有所不同，这些因素相互影响，共同决定某一土地的价格。

影响土地价格的因素主要有制度因素、社会因素以及区域因素等。

制度因素：

1. 土地所有制。土地所有制它直接制约着土地价格的存在、上涨或下跌。
2. 土地使用权出让期限。一定年数的地租总额，与土地使用权的期限有密切关系,在其他条件不变的情况下,土地价格水平与土地使用权的出售年限成正比。

3. 地价政策。一般讲,高地价政策是政府开放对地价的管制,甚至采取某些措施引导地价的上涨;低地价政策是政府采用各种手段抑制地价上涨,从而导致地价水平的下跌或停滞。

社会因素:

1. 经济水平。社会稳定,经济发展迅速,收入增长快,必然导致地产业兴旺发达,土地价格随之上升,反之,则相反。

2. 人口因素。人口增长快、密度大、素质高,则对土地的需求旺盛,在土地供给短时间内无法增加或是增加量不大时,必然导致租金上升,地价上扬,反之,则需求疲软,地价下跌。

区域因素:

从区域因素看,决定某一具体地区的地价的重要因素是该地区的土地供求关系。

土地价格的波动总是由于土地供求的不平衡所造成的。从长期看,由于土地资源的有限性与稀缺性,土地需求的增加常常远大于土地供给的增加,因而导致了土地租金的上升,另一方面,由于资本有机构成的不断降低,整个市场的利率水平将不断降低,从而导致土地价格有不断上涨的趋势。

第四节 资本主义在农业中发展及当前的新特点

资本主义农业中的生产集中

资本主义一旦侵入农业,就要为自己的发展开辟道路,马克思关于资本主义工业中生产和资本集中的原理,对于资本主义农业也是适用的。

农业中生产和资本集中的最显著标志是:大生产排挤小生产,农场的数目剧减,农产品的生产和销售越来越集中到少数大农场中。值得注意的是,在资本主义农业发展的一定阶段中,大生产排挤小生产的过程与工业比起来相对要缓慢一些,原因在于:(1)农业生产和资本的扩大,一般采取集约经营办法,使得许多小农户能保留一块土地勉强维持生产。(2)农业的季节性生产特点,使大农场愿意在周围保留一些小农户,以便在农忙季节随时可雇到临时工。

农业中大生产排挤小生产的过程,从十九世纪开始一直延续到现在。

由于资本主义发展不平衡,这一排挤过程在当前发达的资本主义国家和第三世界国家中表现出不同特点,前者是资本主义大农场排挤资本主义小农场,后者是资本主义大生产排挤自给自足小生产。

资本主义农业落后于工业 在资本主义发展的一定历史阶段中,农业的发展落后于工业的发展。农业落后于工业,主要表现为农业生产技术的落后,在整个十九世纪到二十世纪初期,农业劳动生产率的增长比工业劳动生产率增长要慢。农业的发展在相当长的一个时期内落后于工业的原因是:

从生产关系方面看:(1)农业中资本主义生产关系的建立迟于工业,并且封建残余的消除不如工业彻底。(2)土地私有权所攫取的大量地租和地价收入,多用于寄生性奢侈性消费,影响了农业生产发展。(3)农业生产与资本集中的过程比工业慢。

从生产力方面看,主要是农业物质技术基础落后于工业。资本主义工业部门从主要是手工劳动过渡到大机器生产,比农业大约要早100年左右。而且,农业技术改革还有赖于工业提供生产工具和其他物质基础,因此,工业部门自然要在一个相当长的时期内比农业更快地提高劳动生产率。再加上许多工业部门生产周期比农业短、资本周转快,更有利于技术改革。

此外,城市工商业和银行通过工农业产品的价格剪刀差和高利贷等形式对农村的剥削,资产阶级国家对农村的捐税勒索等,都对农业的发展在不同程度上起了阻碍作用,形成了农业长期落后于工业的局面,并加深了城乡对立。

但是,正如马克思早已预料的那样,农业与工业的发展关系会有这样三个阶段:在原始的、资本主义前的生产方式下,农业生产率高于工业;在资本主义蓬勃发展时期,工业生产率发展快于农业;但到工业发展到一定阶段,农业生产率必定又比工业生产率相对地增长得快,农业资本有机构成与工业资本有机构成的差别会消失。

二次大战后发达资本主义国家农业发展中的新特点和地租 第二次世界大战以后,特别是近三十年来,大多数资本主义国家的农业发展中出现了一些新特点。

首先,是农业生产的现代化和工业化。其主要内容是农业机械化和自动化。农业生产现代化还包括农业生产中采用现代科技成果。

其次,是农业生产的专业化和社会化。随着农业生产的现代化和工业化,农业日益专业化和社会化,专业化主要表现为农场专业性分工,甚至是地区专业性分工。而农业的工业化和专业化又促进了农业生产的社会化,后者主要表现在专门为农业服务的前后行业的兴起,使直接从事农业生产的人员只占全社会劳动人口的一小部分。

再次,在农业生产现代化、工业化、专业化和社会化的条件下,产生了以农业为主体的对农产品生产、加工、运输、销售的纵向合并的联合综合体企业,组成农、工、商联合公司,这种大型联合企业通常为垄断资本所有或控制。

最后,以上这些新特点必然带来农业生产率和资本有机构成的大幅度提高。从20世纪50年代和60年代起,美国及欧盟多国的农业资本有机构成已等于或超过工业资本有机构成。

农业资本有机构成已不低于社会平均资本有机构成这一新特点,必然对资本主义的绝对地租的形成带来影响,应该如何来看这个问题呢?

由于资本有机构成的提高,农产品价值与生产价格在量上基本相等,原来所说的那种以价值与生产价格差额作为实体的绝对地租是不再存在了,但从土地私有权要对每一块土地绝对地索取地租的意义看,它还是不是存在呢?应该说,由于土地私有权垄断这一产生绝对地租的原因还存在,绝对地租也还是存在的。

正如马克思在《资本论》中所说:"如果最坏土地A……不提供一个超过生产价格的余额,即地租,就不可能被耕种,那么,土地所有权就是引起这个价格上涨的原因。土地所有权本身已经产生地租。"①

这种新的绝对地租的来源何在呢?马克思对这个问题有过精辟的论述。他说:"农业资本的平均构成等于或高于社会平均构成"时,乍一看来,会存在这样的矛盾,一方面是农产品的价值已不高于其生产价格,而另一方面"新的,比一向耕种的土地更坏的土地也支付地租"。但这只是乍看起来的矛盾,其实并不矛盾,马克思接着说:"这种地租在这种情况下只能来自市场价格超过价值和生产价格的余额,简单地说,只能来自产品的垄断价格。"②另外,马克思还说过:"如果由于土地所有权对在未耕地上进行不付

---

① 马克思:《资本论》第3卷,人民出版社2004年版,第854页。
② 同上书,第865页。

地租的投资造成限制,以致谷物不仅要高于它的生产价格出售,而且还要高于它的价值出售,那么,地租就会造成垄断价格。"①可见,垄断价格是农业资本有机构成提高到等于或高于社会平均构成以后的绝对地租的来源。

垄断价格有三种。一种是资本主义发展到垄断阶段,造成了垄断资本对经济生活的全面统治,垄断组织为了攫取垄断高额利润,垄断了商品的生产、收购和销售,人为地规定的垄断价格。这种垄断价格是垄断阶段中垄断组织所特有的主要价格形式。它不仅在农业中,而且在工业和所有部门中都普遍地存在着。它并不能反映土地私有权的特有垄断的实质,因此不能说明绝对地租的来源。第二种是垄断了特殊自然条件所产生的垄断价格。这种垄断价格中包含的垄断利润,由于土地所有者对该自然条件具有所有权的垄断,因而转归地主所有,这是"垄断价格产生地租",因而是垄断地租,也不能说明绝对地租问题。第三种是由于对土地所有权的垄断,也不能说明绝对地租问题。第三种是由于对土地所有权的垄断,土地所有者要向租用者收取绝对地租,如果这时农产品仍像其他产品一样按只包含平均利润的生产价格出售,土地经营者将得不到平均利润。因此,农产品必然要按高于生产价格的价格出售。这个农产品市场价格与生产价格的差额无论是"等于价值超过生产价格而形成的全部余额,还是只等于其中的一部分,农产品总是按垄断价格出售"②。在农业资本有机构成低于工业资本有机构成时,这种高于生产价格,但仍在价值之内的垄断价格构成绝对地租的来源。在工农业资本有机构成相等后,农产品的垄断价格当然仍高于生产价格,同时,必然高于与生产价格相等的价值。这个由地租产生的高于生产价格和价值的垄断价格便构成新的绝对地租的来源。当然,第一种垄断价格在当今也可以同时作为绝对地租的来源之一。

除了垄断价格作为当代发达资本主义国家的农业绝对地租的来源外,由于农产品经常过剩,各国政府实行价格支持政策,(或由国家对农产品出口给予津贴,或由国家以保证价格收购全部过剩农产品再输出)保护农产品生产和销售利益以及实行休耕补贴,也为绝对地租的形成提供了一种来源,这实际上是国家通过财政再分配手段把劳动者创造的一部分国民收入作为地租转入土地所有者手中。

---

① 马克思:《资本论》第 3 卷,人民出版社 2004 年版,第 877 页。
② 同上书,第 862 页。

第五节 非农土地地租和完全形态的生产价格

非农土地(矿山地租和建筑地段地租等)也有地租。本节讨论非农土地地租问题。

矿山地租 矿山地租是和农业地租一样决定的。就级差地租来说,矿产品的价格必须由劣等矿山产品的生产价格来调节,矿山蕴藏量的相对丰度和相对位置,会产生较优矿山经营者的稳定的超额利润,从而转化为级差地租。就绝对地租来讲,由于矿山土地所有权的存在,也必然因为绝对地租而产生垄断价格,不管这个垄断价格是高于生产价格还是高于价值,最后,就垄断地租来讲,某些稀有矿产品垄断价格的存在,也会形成垄断地租。

建筑地段地租 虽然建筑地段的级差地租产生的条件非土地丰度而在于土地位置的差别,这一特点应引起我们的注意,但我们更要研究的是建筑地段的绝对地租问题。

建筑地段应包含所有城市工商等各产业的用地。而只要有建筑地段用地的土地所有权垄断,不管它是私有还是国家所有,都要求有经济上的实现,只不过在私有场合直接表现为出租使用权的绝对地租要求,以实现土地所有权的经济利益;在国有场合,可以表现为绝对地收取土地使用费等形式以实现国家财政利益,或平衡土地使用者(使用多寡之别)之间及土地使用者与非使用者之间的经济利益。

一旦进入到对建筑地段绝对地租的考察也就是进入了对所有土地使用部门的绝对地租来源的考察,而不再分农业与非农业。于是,马克思考察农业资本有机构成低于社会平均构成时所阐述的绝对地租形成的条件也即农产品价值高于生产价格的条件必须被淡化,因为不仅资本有机构成低的农业资本家要缴纳绝对地租,而且就在那个时候,资本有机构成高的工业部门的资本家也得缴纳绝对地租,而这样的部门并不存在高于生产价格的价值。也因为此,专门考察资本有机构成提高后的农业的绝对地租来源也变得意义缩小了,因为某个部门的资本有机构成高低即它的生产价格与价值的量的关系并不影响绝对地租的形成条件。

与级差地租的产生需要不同土地的生产率的差别这一条件先决存在不同,绝对地租的产生只有土地所有权垄断这一原因就足够了,那么全社会所有部门的绝对地租的来源在哪里呢?它只是由整个社会的剩余价值来支付的。

绝对地租的存在降低了社会平均利润率,而不是降低生产价格。因为我们不能认为先有一个不包括绝对地租的生产价格,然后再有一个超过这个生产价格(在农业资本有机构成低于社会平均构成时)的农产品市场价格或超过价值(在农业资本有机构成不低于社会平均构成后)的农产品市场价格。完全形态的生产价格本来就应该包含有一个绝对地租,它是成本价格+平均利润+绝对地租。其中成本用于补偿生产费用,绝对地租缴给土地所有者,平均利润为资本所有者所得。

从理论上说,马克思主义的生产价格概念本身就是指以这个包含平均利润的价格出售产品是生产得以进行(即再生产)的条件。在我们论述城市建筑地段的绝对地租即所有部门都必须交纳绝对地租后可以知道,要取得生产条件必须取得土地使用权,为取得土地使用权就必须支付绝对地租,包括平均利润并且绝对地租的价格才是生产价格。

就完全形态的生产价格来说,可以更进一步明确为它是由生产成本加上由产业利润、商业利润和银行利润与社会总资本平均而得的平均利润,再加上绝对地租三部分总和构成的。它才是各部门再生产得以进行的条件。

第六节　土地所有权与土地资源配置

在现代市场经济的大背景中,资本主义发达国家的土地所有权呈现出公有制与私有制并存的局面,各国政府仍对土地实施较之其他商品和要素远为广泛、直接和严格的管理控制,形成了各具特色的土地管理制度。多种所有制并存的土地所有制形式一方面强化了土地供给的市场竞争,有利于土地配置的效率提高,另一方面,又可能因土地配置中不同所有制的目标差异,而不利于城市建设的有序发展。

混合型的资本主义现代土地所有制　目前,世界上发达的资本主义国家没有一个实行百分之百的土地私有制或公有制,各国土地所有制均不相同,都有自己的特色,但都为公私并存。

美国:美国是现代资本主义的典型,其土地并非全部私有,但是以私有制为主。美国的土地分为私人所有、联邦所有和州政府所有。联邦政府所有的土地占国土面积的土地32%,州政府所有的土地占10%,私人所有的土地占58%,就城市来看,1922年—1923年美国在30个大城市的全部土地中,有近30%的土地是公有的,有些城市的公有土地比重更大。

英联邦国家:英联邦国家法定为公有的土地在其各自国土总面积中占大部分比重。在英国,全部土地法定归英王所有(但在英国法律中,英王是国家的象征,因而土地归英王所有也就是归英国政府所有)。加拿大现行土地所有制分联邦公有、省公有和私人所有三种形式。前两种土地称为皇家土地,两者合计占国土面积的90%,私人土地占10%。但是全国的经济效益较高的土地,基本上都被私人占有。澳大利亚由于各州历史、自然、经济等各方面状况不同,公有土地的比例及分布状况不一,如在昆士兰州,公有土地占89%,私有土地占11%;在新南威尔士州,西部地区的土地98%为公有,而在东部和中部,仅有34%的土地为公有。新加坡自独立后逐步推进土地公有化和国有化,目前全国公有土地已经从独立前的60%增加到了现在的80%。

日本:日本现行的土地制度是土地私有制,但这并不意味着全部土地都为私人所有,除了个人和公司等法人占有土地以外,国家和都、道、府、县、市、町、村等地方公共团体也占有土地。目前,国家和地方公共团体所有的土地占国土面积的35%,私人所有地土地占65%。

多种土地所有制下的土地流转　由于发达的资本主义国家存在着多种形式的土地所有制,因而在土地所有权的流转上,也存在着多种形式,主要包括政府转让公有土地以及政府征用私人土地。

政府转让公有土地:政府转让公有土地所有权因转让对象不同,又包括以下两种情况:(1)政府与政府间的土地所有权买卖这种现象在英联邦国家及原英联邦国家很普遍。如在美国和加拿大,各级政府都拥有自己的土地,而且成为各级政府的财产,虽然都是公有土地,但土地产权及归属关系很明确。在这些国家,不同级政府之间,甚至同一级政府的不同部门之间,一旦需要使用对方土地时,不能通过行政无偿划拨,而同样通过市场,按照等价交换原则实现。而在日本,政府土地可以分为"行政财产"和"普通财产"土地。前者是为完成公共目的所需的物质要素,所以在出卖等处分原则上禁止私权的制定;后者不直接以公共服务为目的,因而可以按照市场规则进行交易。(2)政府将公有土地所有权转让给私人或私人企业,在一些国家,政府掌握着较多的土地,除满足自身使用和为公共目的而使用土地之外,还有富余。政府根据经济发展的需要,为了更好地发挥这些土地的效益,往往以市场价格将公有土地卖给或租给私人或私人企业。一方面,政府从中得到卖地的收入;另一方面,这些私人或企业一旦获取土地所有权,他们将会以高度的积极性通过不动产市场机制将土地投入更高强调的使用,从而不仅个人受益,而且促进该土地所在区域整个经济的发展。如在新加坡,其采用的土地政策与香港大体类似,国有或政府所有土地只租不卖,不出让所有权。而在多数资本主义国家,公有土地可卖可租,土地所有权和使用权买卖同时并存。

政府获取私人土地:在一些资本主义国家,政府一方面出卖公有土地给私人,另一方面往往又通过其他方式获取私有土地,从而使政府始终保留有一定比例的公有土地,以满足公益事业发展的需要。政府获取私有土地包括以下三种情况:(1)购买或交换。如美国法律规定土地可以买卖和出租。联邦政府为了国家和社会公益事业兴建铁路、公路及其他设施,需要占用私人土地,可通过购买或交换的方式获得。加拿大法律也规定政府使用私人土地必须向私人购买。(2)征用。在许多国家,政府为了纯粹的公共目的而需要土地,如进行城市基础设施和公共事业的建设等,可通过一定的法律形式和法律程序对所需的私有土地进行征用。如美国、澳大利亚、新加坡等国家都制定了相应的土地使用(征用)法。法律规定,凡是公共目的所需要的土地,原土地所有者和使用者应该转让给政府。如果原土地所有者不从,则政府可以行使土地征用权,将其征为国有,但是其价格必须得到补偿,也就是说,征用带有一定的强制性,但并不是无偿划拨,而是一种交换。征用土地的补偿价格视各国的具体情况而有所不同,在美国和加拿大,同市场价格不相上下,而在新加坡则明显低于市场价格。在国外,征用土地是法律规定政府的专有行为,任何个人和集团都无权出面行使这个属于政府的专有行为。(3) 土地开发中公有土地的无偿获取。在一些国家的法律中规定,开发商进行土地开发或建设时,如建工厂、商店或住宅,必须按规划将一部分土地用于公共设施建设,如用于修建道路、上下水、电信管线、绿地等。土地开发者按规划要求建好后,必须将一定比例的公共设施用地无偿交给政府,由政府所有并进行管理。如在加拿大的安大略省,土地开发商开发土地的 5% 需留作公共用地,开发完成后,必须无偿归政府所有。

公私并存的土地所有制形式的历史意义

积极意义:多种土地所有制并存对于发达资本主义国家的土地配置与城市建设有着不可低估的作用。首先,公私并存的土地所有制形式把竞争带入了土地市场,让"看不见的手"在土地市场中发挥了作用,有利于较少垄断,提高消费者的利益。其次,在土地从公有转向私有或是私有转向公有过程中,由于充分遵守市场原则,双方都可以获得可观的经济效益与社会效益,从而对国家与地区的经济发展也有促进作用。再次,由于土地所有权以及其他相应权利的经济性流转,推进了资本主义国家在土地交易与使用上的法律建设、城市的整体规划建设等宏观内容,有利于城市的良性发展。

消极意义:由于公有土地与私人土地在某些方面存在着一定的可替代性,因而在一定程度上会加剧公有土地与私人土地的恶性竞争,如果相关法律法规的建设不健全,这种恶性的竞争会导致整个社会总效益的下降。另外,由于土地的多种所有制形式,导致了城市在进行整个规划时必须考虑公有土地与私人土地利益最大化目的的不同,从而不利于城市的合理建设与发展。

思 考 题

1. 资本主义农业生产方式与地租和封建主义的有什么区别?

2. 什么是资本主义级差地租?级差地租的实体,产生的自然条件、原因、形态和源泉是什么?

3. 什么是资本主义绝对地租?绝对地租的实体、条件、原因和源泉是什么;在农业有机构成已等于工业后,原因又何在?

4. 什么是垄断价格?形成的条件和原因又在哪方?

5. 什么是农业的土地价格？它受哪些因素的影响？

6. 第二次世界大战后至今，资本主义的农业生产方式（包括生产力和生产关系）经济和社会关系有了哪些重大的变化和发展？

本章参考文献

马克思：《资本论》第 3 卷，第 37、38、45 章，人民出版社 2004 年版。

第十七章 资本主义再生产及其矛盾

第一节 资本主义再生产和资本积累

资本主义再生产与积累　　物质资料的生产是人类社会的基础。人类社会要生存下去,生产就不能中断,生产过程实际上就是再生产过程。每一个社会的生产和再生产都有它的特点,这一章要研究资本主义再生产的特点,看它是受什么样的规律支配的。

前面已经分析过,资本主义企业生产出来的商品,它的价值是由 $c+v+m$ 构成的。$c+v$ 是资本家预付的不变资本和可变资本,这一部分价值是资本家的"老本",如果把这部分价值消费掉了,资本主义生产就不能继续,资本家也就不能继续当资本家了。m 是资本家可以自由支配的。如果资本家把 m 都花费在他个人消费的用途上,结果会怎么样呢?很明显,结果是:当资本家开始再生产的时候,他手里的资本并没有增加,只能买回如同前一生产过程开始时同样多的生产资料,雇用同样多的工人,生产过程仍按原来的规模重复进行。这种生产规模不变的再生产叫作简单再生产。

从再生产的角度来考察,资本主义的生产过程,不仅生产商品和生产剩余价值,而且还在生产和再生产资本主义生产关系,即不断地创造出形成资本家和雇佣工人的社会条件。资本主义再生产是物质资料再生产和资本主义生产关系再生产的统一。

但是,简单再生产并不是资本主义再生产的特征。资本主义再生产的特征是扩大再生产。

要进行扩大再生产,资本家就不能把到手的剩余价值全部用于个人消费,而是必须把一部分剩余价值再当作资本来运用,添购更多的生产资料,雇用更多的工人,从而使下一个生产过程生产出更多的产品和价值,实现扩大再生产。在资本主义的扩大再生产中,资本家的资本总额在不断增大,他所占有的生产资料 c 和雇用的工人 v 也在不断增加。所以,在资本主义生产规模扩大的同时,也正在更大的规模上再生产着资本主义生产关系。

可见,资本家的资本额的增大,只是因为资本家把他的剩余价值的一部分当作了追加资本。资本无非就是资本化了的剩余价值,**资本积累就是剩余价值的资本化**。所以,资本积累是**资本主义扩大再生产的源泉**。

资本家为什么要不断进行资本积累来扩大再生产呢?曾经有资产阶级经济学家(例如 19 世纪的英国人西尼尔)把资本积累归因于资本家"节欲"的美德,而利润则是对资本家节欲美德的报酬。但在马克思看来,决定资本积累的主要力量不是资本家的个人品质特点,而是资本主义经济制度的内在逻辑。具体而言,资本家必须进行扩大再生产,是出于两重原因:(1) 因为资本对财富的欲望在整体上说是不可能满足的;虽然对个别资本家而言,也许有到一定规模而退出商界的可能,但对资本总体而言,永远不可能有停止积累的事情发生。因为如果那样,资本主义经济就停止运动了。(2) 因为资本之间的竞争形成了推动资本积累的巨大压力。市场竞争如逆水行舟,不进则退,不能有效强化自身的企业难免终被淘汰的命运。总而言之,内在的攫取剩余价值冲动与外在的竞争压力,推动资本积累的步伐不能停顿。马克思指出:"竞争使资本主义生产方式的内在规律作为外在的强制规律支配着每一个资本家。竞争迫使他不断扩大自己的资本来维持自己的资本,而他扩大资本只能靠累进的积累。"[①]

资本积累的形式

单个资本主义企业的资本积累与扩大再生产,可以通过两种形式来进行:资本积累和资本集中。

资本积累就是个别资本通过资本积累即剩余价值资本化而扩大它的规模也叫积聚。举例来说,某皮鞋制造业的资本家原有资本 10 000 元,每年可得纯利润 2 000 元,1 000 元积累起来,通过每年的剩余价值资本化,五年后资本扩大到 15 000 元,这就是资本积累。

资本集中就是把许多已经存在的规模较小的资本,合并成为大资本。资本集中又有两种方式:第一种方式是大鱼吃小鱼,大资本并吞小资本。

---

① 马克思:《资本论》第 1 卷,人民出版社 2004 年版,第 683 页。

第二种方式是把许多分散的小资本(包括社会闲散资金)集合成为一个大资本,那就是组织股份公司的方式。一个1亿元的大资本,分成1 000万股,每股10元,很快便可筹集起来。

通过资本积聚的方式来扩大个别资本,速度很慢,很难适应组织技术先进的大企业的需要,而资本集中,特别是股份公司形式的那种资本集中,则很能适合这种需要。资本主义各国兴筑铁路,就是通过组织股份公司创办起来的。在资本主义发展的初期,有些工厂是一个资本家独资经营的企业,某些工厂则是几个资本家合伙经营的企业。随着生产技术的进步和生产规模的扩大,股份公司越来越成为资本主义企业的主要形式。

资本有机构成及其变化　　前面几章在讲到不变资本和可变资本的时候,已多次简单地提到"资本有机构成"。现在分析资本积累和扩大再生产,必须较深入地来研究资本有机构成这个范畴。

扩大再生产有两种形式。一种叫作外延式的扩大再生产,表现为生产要素(生产资料和劳动力)量的增大,在旧工厂之外增建新工厂,资本的总量增加了,但不变资本和可变资本的比例没有发生变化,如同我们前面假定的情况那样。另一种叫作内含式的扩大再生产,表现为生产要素使用效率的提高。它是以生产技术的进步和资本构成的变化为前提的。

为组织生产,资本家购买的生产资料和雇用的工人,必须比例适当。两者之间的数量对比,取决于各生产部门的特点和技术水平,取决于各企业技术装备的先进程度。**生产资料数量和劳动力数量的这种比例,因为是取决于技术条件的,所以叫作资本的技术构成。**

资本的构成也可以从价值的角度来考察。生产资料的价值表现为不变资本,劳动力的价值表现为可变资本。**不变资本的价值和可变资本的价值之间的比例,叫作资本的价值构成。**资本技术构成和资本价值构成之间存在着密切的关系。既然资本价值构成无非就是生产资料价值和劳动力价值的比例,那么资本价值构成显然是由资本技术构成决定的。资本价值构成的变化同资本技术构成的变化由于会受到生产资料的价格和劳动力价格的变动的影响,不会是完全相同的;但它大体上总是反映了资本技术构成的变化的。这种**由资本技术构成决定而又反映技术构成变化的资本价值构成,叫作资本有机构成**,它的公式是 $c:v$。

在资本主义扩大再生产的发展过程中,由于资本家在竞争中不断采用新技术,资本的技术构成趋向提高,资本有机构成也呈现出提高的趋向。下表是美国加工工业在1889年到1939年50年间资本有机构成变化的情况:

表17-1　1889—1939年美国加工工业资本有机构成

年　份	c(不变资本总额,单位:10亿美元)	v(工资总额,单位:10亿美元)	$c:v$(资本有机构成)
1889	8.40	1.89	4.44:1
1899	12.36	2.32	5.33:1
1909	20.24	3.21	6.31:1
1919	60.83	9.61	6.33:1
1929	66.40	10.88	6.10:1
1939	58.86	9.09	6.48:1

但是,资本价值构成与资本技术构成之间的依赖关系并不是十分确定的。从逻辑上说,资本技术构成的提高并不必然地导致资本价值构成的提高。为什么呢?因为按照定义,资本技术构成的提高仅仅表明工人推动的生产资料的数量的增加;但生产资料与劳动者相对数量变化并不必然等于两者的相对价值变化。比如说,原来每个工人平均占用1台工作机,后来占用了3台工作机,显然是资本技术构成提高了3倍。但价值上呢?在同一时期,由于社会生产力提高导致了工人实际工资(或劳动力价值)上升和不变资本(工作机)的贬值,比如说现在每台工作机仅仅是原先价值的三分之一,故三台工作机代表的不变资本v则提高了1倍,那么,结果是:资本技术构成提高了3倍,资本价值构成则下降了1倍。因为,在工人推动的工作机增加3倍的同时,这些工作机的价值未变,但工人的劳动力价值上升了1倍。

上面的分析表明:资本价值构成并不总是与资本技术构成按同一方向和同一步伐变化。在不同时期,两者关系有可能不同。比如在马克思写作《资本论》的时代,正好是第一次工业革命(蒸汽机与纺织业)向第二次工业革命(电力、铁路与重化工)过渡的时候,资本技术构成与资本价值构成确实经历了持续而明显的提高。也许是受当时历史事件的影响,马克思提出了资本有机构成趋向提高的论断。现在我们看到,资本有机构成在某些当代产业部门中并不总是提高的,比如信息产业与基因生物技术产业中,可变资本在全部预付资本中的比例肯定是较汽车或钢铁工业提高而不是降低了。总之,虽然资本技术构成的提高有导致资本有机构成提高的趋势,但在不同时期不同产业中,存在着反趋势的作用。因此,现实生活中的资本有机构成到底怎样变化,必须参照实际情况加以分析。

第二节 社会总资本的再生产和流通

以上对资本积累动因的分析,是从单个资本的角度进行的;当我们讨论资本有机构成与平均利润的问题时,又是以社会上的全部资本作为对象的。事实上,每一个别资本是不能脱离总资本而存在的。一个企业购买设备、原料或销售它的产品,都必须同其他企业发生交接关系。相互联系和相互依存的个别资本的总和,构成社会总资本。这一章,我们要从社会总资本的角度考察资本主义经济的运行。

研究社会总资本再生产的出发点 对社会资本的考察可以大致分为两个层次:(1)把国民经济从整体上分解为生产资料和消费资料两大类别,考察这两大部类的相互关系;(2)把社会再生产与流通全部加总,考察社会总量生产与总量消费的关系,即日常所说的宏观经济分析。下面,我们分别来进行考察。

从社会总资本角度来研究再生产,首先就是研究社会总产品的实现问题。这就是:"工人和资本家从哪里获得自己的消费品?资本家从哪里获得生产资料?生产出来的产品怎样满足这些需求和怎样使扩大生产成为可能?因而这里不仅是'价值补偿,而且是物质补偿'。"①既然要从价值补偿和实物补偿两方面来考察社会总产品的实现问题,那就首先要对社会总产品从价值形态和实物形态上来做一些分析。

从价值形态方面看,资本主义社会的总产品是由这样三个部分组成的:c(不变资本)$+v$(可变资本)$+m$(剩余价值)。从实物形态方面看,社会总产品可以从各种不同的角度作多种多样的分类,如农产品、重工业产品和轻工业产品,耐用品与非耐用品,原料、中间产品和最终产品等等。但从再生产

---

① 列宁:"俄国资本主义的发展",《列宁选集》第1卷,人民出版社2012年版,第178页。

的角度来看,可以分为这样两大类:用于满足生产消费需要的生产资料和用于满足个人消费需要的消费资料。与此相适应,整个社会生产可划分为两大部类:生产生产资料的第一部类(Ⅰ)和生产消费资料的第二部类(Ⅱ)下面就从这样的角度出发,来考察社会总资本的简单再生产和扩大再生产。

社会总资本的简单再生产

再生产实际上是一个错综复杂的问题。为了便于分析,必须把再生产过程抽象化和简单化。以下是一些假定的条件:(1)这是一个纯粹的资本主义社会,只有资本家和工人两个阶级;(2)商品按价值出售,价格不变;(3)没有对外贸易;(4)不变资本全部在一个生产过程中消耗掉。

按照以上的假定,可以把社会总资本在一定时期(假定为一年)的生产表现为下列图式:

Ⅰ(第一部类)$4\,000c + 1\,000v + 1\,000m = 6\,000$(生产资料)

Ⅱ(第二部类)$2\,000c + 500v + 500m = 3\,000$(消费资料)

社会总资本 $6\,000c + 1\,500v + 1\,500m = 9\,000$(社会总产品)

现在且来看一看,第一、第二两部类的产品,是经过怎样的交换来实现其价值,并在实物形态上各自取得进行再生产所必需的商品。

第一部类年生产品价值 $6\,000$,实物形态是机器、燃料、工具、原料、辅助材料等各种各样的生产资料。为了维持第一部类各企业的简单再生产,第一部类内部各企业的资本家,必须互相购买,借以补偿这一部类各企业在生产过程中耗费掉的 $4\,000$ 不变资本(Ic)。第一部类产品中余下来的 $1\,000v + 1\,000m$,其实物形态是生产资料。但第一部类的资本家和工人不能用生产资料而必须用消费资料来满足自己的个人需要,所以必须拿这部分产品同第二部类去交换。

第二部类的年生产品价值 $3\,000$,实物形态是粮食、肉类、衣服、家庭用品等各种各样的消费资料。这 $3\,000$ 消费资料中,相当于 $500v + 500m$ 的那一部分消费资料,由于第二部类各企业的资本家和工人购买生活用品而实现,还剩下相当于 $2\,000c$ 的消费资料,需要用来换取各种生产资料以弥补第二部类各企业在生产过程中耗费掉的不变资本。

这样,扣除了两部类内部的交换以后,第一部类各企业手中还握有其

价值相当于 $1\,000v+1\,000m$ 的生产资料,第二部类各企业手中握有其价值相当于 $2\,000c$ 的消费资料,双方的产品,在实物形态上恰好是对方所需要的,在价值量上又恰好是相等的。这样,经过两部类之间的交换,社会总产品都实现了。两部类之间的交换,可用下列图式表示:

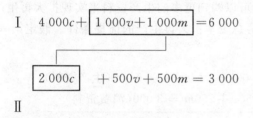

Ⅰ　$4\,000c +$ $1\,000v + 1\,000m$ $= 6\,000$

　　$2\,000c$　$+ 500v + 500m = 3\,000$

Ⅱ

第二年开始时,第一部类的 $6\,000$ 中,$1\,000$ 已用于资本家的生活消费,资本家手中剩下 $5\,000$,仍按 $4\,000c+1\,000v$ 的有机构成进行再生产,第二年的年生产品价值仍为 $6\,000$。第二部类的 $3\,000$ 中,500 已为资本家消费掉,资本家手中只剩 $2\,500$,仍按 $2\,000c+500v$ 的有机构成进行再生产,剥削率不变,第二年的年生产品仍为 $3\,000$。第一第二两部类加起来,社会总产品或商品形态的社会总资本仍为 $9\,000$,表现了简单再生产。

从以上的分析和图式中可以看出,**社会总资本简单再生产的实现条件有以下三个**:

第一个条件:$Ⅰ(v+m) = Ⅱc$,这个条件说明了两部类之间的相互依赖关系。

第二个条件:$Ⅰ(c+v+m) = Ⅰc + Ⅱc$,这个条件说明了简单再生产条件下生产资料的补偿。

第三个条件:$Ⅰ(c+v+m) = Ⅰ(v+m) + Ⅱ(v+m)$,这个条件说明了简单再生产条件下消费资料的实现。

社会总资本的扩大再生产

资本主义再生产的特征是扩大再生产。在分析个别资本的扩大再生产时,我们只从价值形态上提了一个条件,即剩余价值的资本化。这样,在第二个生产过程开始时,他就有了较大的资本,可以购买更多的生产资料,雇用更多的工人,从而实现扩大再生产。现在分析社会总资本的再生产,就要从实物形态上再补充一个条件,那就是:在社会总产品的实物构成中,第一部类所生产的生产资料总量,必须大于第一、第二两部类消耗掉的生产资料量,用符号表示,即 $I(c+v+m) > Ic+IIc$。如果把第一部类内部各个资本家互相购买生产资料的数量扣除掉,也就是说,把 $I(c+v+m) > Ic+IIc$ 这一公式两端的 Ic 都减去,那么,上述的条件就变为 $I(v+m) > IIc$。这两个公式表明,第一、第二两部类除了补偿生产中耗费掉的生产资料以外,还可以购到更多的生产资料来实现扩大再生产。

下面试用图式来论证社会总资本扩大再生产的前提条件。假定第一年社会总资本的生产过程如下:

I (第一部类) $4\,000c + 1\,000v + 1\,000m = 6\,000$ (生产资料)
II (第二部类) $1\,500c + 750v + 750m = 3\,000$ (消费资料)

社会总资本 $5\,500c + 1\,750v + 1\,750m = 9\,000$ (社会总产品)

以上图式中的数字是符合 $I(c+v+m) > Ic+IIc$ 和 $I(v+m) > IIc$ 这两个条件的。从追加的生产资料来源上看,扩大再生产的条件已经具备了。

前面讲过,扩大再生产有外延式和内含式两种形式。进行外延式的扩大再生产,资本家必须添雇工人,那就还必须要有追加的生产资料。在这种情况下,就还要加上说明追加的生产资料来源的前提条件。这个条件用公式来表示,就是:

$$II(c+v+m) > I\left(v+\frac{m}{x}\right) + II\left(v+\frac{m}{x}\right)$$

在这个公式中,$\frac{m}{x}$ 代表剩余价值中用于资本家个人消费的部分。这一公式表明:第二部类的产品,在满足两部类工人和资本家的消费以外,还有余额可作为追加的生活资料。这个公式的两端各减去 $II\left(v+\frac{m}{x}\right)$,即把第二部类工人和资本家的生活消费撇开,就成为这样一个公式:

$$II\left(c+m-\frac{m}{x}\right) > I\left(v+\frac{m}{x}\right)$$

这个公式从两部类关系的角度说明追加的生活资料的来源。

为了满足扩大再生产的上述前提条件,资本家必须把剥削到的剩余价值作适当的分割,一部分用作追加的不变资本(Δc),一部分用作追加的可变资本(Δv),一部分用作资本家的消费 $\left(\frac{m}{x}\right)$。

假定第一部类的资本家将所剥削到的 1 000m 中的一半用作个人消费 $\left(500\dfrac{m}{x}\right)$，另外的 500m 作为追加资本，并仍按 4c∶1v 的有机构成，购买追加的生产资料（400△c）和增雇工人（100△v）。这样，第一部类的年生产品，按剩余价值资本化的要求，便在价值形态上作如下的分割：

$$\text{I }(4\,000c+400\triangle c)+(1\,000v+100\triangle v)+500\dfrac{m}{x}=6\,000$$

现在再来看第二部类。第二部类所需要的生产资料必须由第一部类提供。根据上式，第一部类的年生产品 6 000 中，4 400 要用来满足本部类的需要，剩下来可以卖给第二部类的只有 1 600，其中 1 500 必须用于维持第二部类简单再生产的需要；只剩 100 可用于第二部类的扩大再生产。按照第二部类 2c∶1v 的有机构成，既然只有价值 100 的生产资料可作为追加的不变资本（100△c），那么，就只有 50m 可用作追加的可变资本（50△v）。第二部类资本家剥削到的 750m 中，除掉作为追加资本的 150m，余下的 600m 用于资本家的个人消费。这样，第二部类的年生产品，按剩余价值资本化的要求，在价值形态上便作如下的分割：

$$\text{II }(1\,500c+100\triangle c)+(750v+50\triangle v)+600\dfrac{m}{x}=3\,000$$

第一部类和第二部类的年生产品，在价值形态上按上述公式分割，两部类之间的交换和两部类产品价值的实现，可用图式表示如下：

$$\text{I }\quad(4\,000c+400\triangle c)+\boxed{(1\,000v+100\triangle v)+500\dfrac{m}{x}}=6\,000$$

$$\text{II }\quad\boxed{(1\,500c+100\triangle c)}\ +(750v+50\triangle v)+600\dfrac{m}{x}=3\,000$$

第一年的社会总产品按上列图式实现，则第二年的生产过程开始时第一和第二两部类的资本将如下式：

$$\text{I}\qquad 4\,400c+1\,100v$$
$$\text{II}\qquad 1\,600c+800v$$

如剥削率不变,则第二年社会总资本的生产过程将表现如下式:

Ⅰ(第一部类)$4\,400c + 1\,100v + 1\,100m = 6\,600$(生产资料)
Ⅱ(第二部类)$1\,600c + 800v + 800m = 3\,200$(消费资料)

社会总资产 $6\,000c + 1\,900v + 1\,900m = 9\,800$(社会总产品)

第一年的社会总产品价值是 9 000,第二年增加到 9 800,实现了扩大再生产。

从以上的分析中可以看出,扩大再生产的实现条件是:

1. $Ⅰ\left(v + \Delta v + \dfrac{m}{x}\right) = Ⅱ(c + \Delta c)$

这个公式表明了第一、第二两部类之间的相互依赖关系。

2. $Ⅰ(c + v + m) = Ⅰ(c + \Delta c) + Ⅱ(c + \Delta c)$

这个公式表明了第一部类产品的实现。

3. $Ⅱ(c + v + m) = Ⅰ\left(v + \Delta v + \dfrac{m}{x}\right) + Ⅱ\left(v + \Delta v + \dfrac{m}{x}\right)$

这个公式表明了第二部类产品的实现。

【两大部类平衡发展的要求】 以上分析表明,社会再生产要能顺利进行,就必须在生产资料(第Ⅰ部类)与消费资料(第Ⅱ部类)的生产规模上保持适当的比例;也就是说,两部类之间的按比例平衡发展,是社会总的再生产顺利进行的前提。

两大部类按比例平衡发展的客观要求,在资本有机构成提高的前提下,会表现为第一部类的发展速度快于第二部类,这就是人们常说的生产资料优先增长。

为什么说,在资本有机构成提高的条件下,社会总资本再生产的实现就要求生产资料部类的较快增长呢?马克思在《资本论》中并未考察这一问题。列宁后来在运用马克思关于社会总资本再生产的理论与图式时,才引入资本有机构成的变动这一因素。按照列宁的推演,在资本有机构成提高的条件下,生产资料较快增长是必然的。

资本有机构成提高,表明在再生产的发展过程中,不变资本在社会总资本中的比重将趋于增大,可变资本的比重将趋于缩小。不变资本的物质内容是生产资料,可变资本的物质内容是劳动力。不变资本比重的增大和可变资本比重的缩小,意味着同等数量的资本,对生产资料的需求,将比对于用来再生产劳动力的消费资料的需求更大,也意味着同等数量的劳动力将推动日益增多的生产资料,因而客观上要求生产资料增长。

扩大再生产条件下总供给和总需求的平衡

上面对社会总产品实现条件的考察,重点是从两大部类间的交换关系着眼的。但是,社会总产品的实现也可以从社会产品的供给与总需求的关系上观察。其实,这只是同一问题的两种表述。当简单再生产下社会产品实现条件 $I(v+m) = IIc$ 存在时,该年社会产品的总供给与总需求必然相等。

在下表中,社会产品的总供给被社会两大部类的生产性需求和消费性需求所购买,因而社会总产品的总供给与总需求的相等,这和两大部类相交换量相等[即 $I(v+m) = IIc$],显然只是同一问题的两个角度的观察。在本节,我们着眼社会年产品的供求总和的平衡关系,所以称之为总量平衡条件,或宏观平衡条件。下面我们来剖析扩大再生产条件下的宏观平衡条件。

宏观平衡意味着年产品的总供给与总需求相等。总供给可以分为潜在的总供给与现实的总供给。一国拥有的物质资源、技术和劳动者数量所能生产出的最大产量,表示一国年产品的最大可能产量或供给潜力。该国实际上生产出的年产品是现实总供给。就现实总供给使用价值而言,它表现为提供到市场上的一定种类和一定数量的物质产品;就价值而论,它表示一国某年中的国民总产值。令国民总产值为 AS,在扩大再生产的条件下,由于年总产品中必须留出追加的 Δc 和 Δv,所以总供给的公式表现为:

$$AS = c + v + m = c + v + (\Delta c + \Delta v + m_x)$$

式中 v、Δv 与 m_x 虽然性质上完全不同,但就它们的使用方向而论,又都是预备进入消费的。$v + \Delta v + m_x$ 表示国民总产值中将要用于消费的部分,我们称为消费基金,记为 E。而式中 c 与 Δc,一则是折旧基金的货币积累,一则是由剩余价值转化而来的追加(货币)积累或净积累,$c + \Delta c$ 表示国民总产值中将不用于消费的那一部分,也就是以货币资本形式存在的储蓄基金,记为 S。显然,国民总产值等于储蓄基金与消费基金之和,以公式表

示，即

$$AS = (c + \Delta c) + (v + \Delta v + m_x)$$
$$\quad\ \downarrow\qquad\qquad\ \ \downarrow$$
$$=\ \ S\ \ +\ \ E$$

（S：储蓄基金　E：消费基金）

这就是说，总供给从价值上说，无非是一年的国民总产值；从用途上看，即一定的消费基金与储蓄基金。

所谓总需求，是指对于年产品的有支付能力的需求，包括工人阶级的工资收入和资本家剩余价值中的 m_x，形成对消费资料的需求。二者的性质不同，但就其在社会总产品实现中的经济机能而言，它们同样是对年产品一个部分的购买。假定工人阶级没有储蓄，工资收入全部进入当年消费，那么，社会对消费资料的需求量就是：$v + \Delta v + m_x = E$。同时，资本家在消费需求之外，重要的是其对生产资料的需求，即投资需求。令投资需求为 I，总需要为 AD，则其等于消费需求与投资需求之和，以公式表示：

$$AD = E + I$$

社会年产品的总供求相等时，则为：

$$AS = AD, \text{或} E + S = E + I, \text{即} S = I$$

这就是当代宏观经济学中的宏观平衡条件：储蓄等于投资。如果这两个量相等，即 $S = I$，就意味着社会总产品的全部实现。若 $S > I$，就意味着社会总产品的全部实现。若 $S > I$，则年产品的总供给大于总需求，这意味着发生生产过剩；若 $S < I$，则年产品的总需求大于总供给，这在实际上不可能实现，因而将通过普遍的价格上涨或对外贸易等其他途径来恢复平衡。

第三节　社会资本再生产实现过程的矛盾和比例失调

资本主义生产的基本特点，一是生产服从剩余价值的狭义目的，赚钱是资本家的经济活动的最高动机；二是社会生产的无政府状态，每一单个资本为着自身的价值增殖各行其是。这样，资本主义生产在总体上必然不可能自觉地按照某种客观比例进行，而是充满着矛盾。

再生产矛盾的具体表现

资本主义制度下社会再生产矛盾的具体表现，就主要方面看，可归纳如下：

(1) 社会生产的无政府状态与按比例发展的客观规律的矛盾。随着生产社会化的发展，单个企业的生产越来越表现为整个社会分工系统中的一个有机组成部分，不同企业之间、企业与社会经济之间越来越不可分割。任何一个部门的破坏，任何一个比例的失调，都有可能导致社会再生产的困难。但是，在资本主义生产中，企业生产什么、如何生产、生产多少，都由企业自身支配。就单个企业来讲，其内部经济活动都有严密的组织性；但是在社会范围内，生产却是完全自发的，单个企业不知道其他企业的生产情况，也不知道自己的商品是否符合社会需要。这就难免引起社会再生产的比例失调。

(2) 生产无限增大趋势与有支付能力的需求相对落后之间的矛盾，或剩余价值生产与剩余价值实现之间的矛盾。资本主义生产本质上是剩余价值生产。内在的追求剩余价值的冲动，外在的竞争压力，推动着资本家进行扩大再生产；而资本主义经济立足于其上的现代化机器大工业，又为社会生产的跳跃性增长提供了物质条件。因而，就长期过程来说，资本主义生产具有无限扩大的内在趋势。但是，剩余价值生产的扩大，要通过总产品的扩大销售来实现。如果卖不掉，或者卖掉一部分，或者在生产价格以下的价格出售，那么，生产出来的剩余价值就不能完全实现，就会导致剩余价值生产与实现之间的脱节。

(3) 资本主义生产与分配的矛盾。上面所说的生产与消费的矛盾取决于生产与分配的矛盾。资本主义社会的国民收入分配受着自发力量的调节。工资与利润的对立，决定了资本家阶级有一种内在的倾向企图尽量压低工人的工资水平；但是，工资水平并不取决于资本家的主观愿望。在长时期中，决定工资水平的是劳动力的价值，而劳动力价值中包含有社会的、历史的、道德的因素。从短时期看，工资水平则受产业后备军的大小，即由劳动力供求状况调节。但是，工资不仅影响消费倾向，还影响着利润率。在其他条件不变时，工资与利润率成反比，工资占国民收入的比例越高，则利润率越低。而利润率高低决定着资本家对未来的预期，从而决定着他的当前投资需求。这样，国民收入分割为工资与利润的比率就具有双重的作用：一方面，由这个分割率形成的工资水平，决定着社会消费需求；另一方面，在这个分割比率下形成的利润率高度决定着资本家的投资需求。在资本主义经济中找不到这样一个国民收入分配比率,按此比率形成的消费需求与投资需求之和恰好能够保证剩余价值的实现。因此,剩余价值生产与实现的矛盾,乃是产生于生产与分配的矛盾。

【资本主义生产方式的本质矛盾】上面我们说明了资本主义再生产的几个矛盾。就生产与消费的矛盾来说,它取决于生产与分配的矛盾。而生产与分配的矛盾又取决于生产过程内部的矛盾,这就是剩余价值生产这一生产目的和无限发展社会生产力这一手段之间的矛盾。马克思说:"总的说来,矛盾在于:资本主义生产方式包含着绝对发展生产力的趋势,而不管价值及其中包含的剩余价值如何,也不管资本主义生产借以进行的社会关系如何;而另一方面,它的目的是保存现有资本价值和最大限度地增殖资本价值(也就是使这个价值越来越迅速地增加)。"[①]剩余价值作为生产目的,就意味着生产不是为了消费;相反,工人阶级的消费需求只有在保证剩余价值生产的界限内才能成为现实的需求。这样,资本主义生产方式的这个矛盾中就包含了生产扩大与有支付能力的需求相对落后之间的矛盾,包含了生产过剩、人口过剩的客观必然性。

【比例失调的两种类型】上面我们列举了资本主义再生产过程的几个矛盾。不难理解,在这些矛盾的基础上,实现资本主义再生产所需要的客观比例难免经常地遭到破坏。资本主义再生产过程发生的比例失调,可以分为两种类型:

(1)局部比例失调。不同种类的商品的生产规模,是各个企业根据市场价格的变动自发安排的,因此,就每一个时刻来看,总是一部分商品生产过多,同时另一部分商品生产过少。这种一些商品生产过多与另一些商品生产不足同时存在的比例失调,就是局部比例失调。

局部比例失调是价值规律作用的结果,但又依靠价值规律的作用自发地加以纠正。供不应求,价格高于价值,从而商品利润优厚,资本便会自发扩张其生产;生产扩大过多,使供大于求,价格便会跌至价值以下,资本便会

---

① 马克思:《资本论》第3卷,人民出版社2004年版,第278页。

自发地缩减其生产。唯有在供求一致，价格与价值一致时，产量才会稳定下来。这种价格与产量之间的自发调整，其途径一是使行业的原有资本扩大或缩小其产量；二是资本在不同行业之间的自发转移。可见，自由竞争状态乃是价值规律自发调节作用的前提条件。而价值规律的自发调节作用，又体现在价格围绕价值、供给围绕需求的波动过程之中。

（2）宏观比例失调。我们已经说过，资本主义追逐利润的目的决定再生产中经常存在着总供给大于总需求的趋势。总供给大于总需求，指的不是某些部门供大于求而另一些部门供不应求，而是主要经济部门同时供大于求，即普遍的生产过剩，这就是宏观比例失调。

比例失调的两种形式也就是危机的两种形式。由局部比例失调产生的是局部危机。马克思说："不可否认，有些部门可能生产过多，因此另一部门则可能生产过少；所以，局部危机可能由于生产比例失调而发生"[①]。与此不同，宏观比例失调引起的是周期性发生的经济危机，是普遍性生产过剩的危机。这种危机不像局部危机那样随时发生又随时解决，而是周期性地发生的。下节我们所分析的就是这种周期性经济危机。如果我们不加说明地使用经济危机这一术语时，我们总是指这种以普遍性生产过剩为特征的周期性危机。

思 考 题

1. 什么是资本积累？什么是资本有机构成及其提高？
2. 为什么研究总资本再生产要研究社会总产品的实现？
3. 什么是社会总资本简单再生产实现的条件？什么又是社会总资本扩大再生产条件下实现的条件？
4. 扩大再生产条件下总供给和总需求实现的平衡条件是什么？
5. 资本主义社会再生产过程的矛盾和比例失调有哪几种表现或类型？

本章参考文献

马克思：《资本论》第 2 卷，第 20 章，人民出版社 2004 年版。

[①] 马克思：《剩余价值理论》，《马克思恩格斯全集》第 26 卷第 Ⅱ 分册，第 595 页。

第十八章 资本主义经济危机与周期理论

资本主义几百年的历史发展表明,资本主义是在经济周期性危机不断重复的过程中向前发展的。从1825年英国爆发第一次商品普遍过剩的经济危机开始,资本主义在其后的历史进程中,几乎每隔8—10年就爆发一次经济危机。经济危机主义发展的周期性,也集中地反映了资本主义生产方式的内在矛盾和历史局限性。

第一节 马克思主义的经济危机理论

马克思主义认为资本主义的发展呈现出周期性的特征,而经济危机则是资本主义周期性特征的最重要的表现形式。

经济危机的实质 资本主义经济危机的实质首先在于生产的过剩。列宁指出:"危机是什么?是生产过剩,生产的商品不能实现,找不到需求。"①生产过剩,商品普遍卖不出去,这是危机的基本现象。在危机爆发的时候,往往出现两种极端矛盾的现象,那就是一方面会有资本家把商品大批销毁的现象,另一方面会有大批失业工人没有生存所必要的衣食。所以,经济危机中所表现出来的过剩不是指商品相对于社会的绝对需要而言的过剩,而是相对于社会购买力不足而言的相对过剩。就社会生产数量与社会对产品的需求量的关系而言,由于人们的需求是不断增长的,因此,社会生产在总体上永远不能满足人们对产品的需求,社会产品不是过多而是太少了。和现有人口相比,社会生活资料的数量还远不能使每个社会成员都得到满足;就生产资料而言,其数量还不足以满足全社会劳动力就业的需求。因此,无论是生活资

---

① 列宁:"评经济浪漫主义",《列宁全集》第2卷,第135—136页。

料还是生产资料都无法满足社会的总体需求,社会产品不可能太多而只会太少。资本主义之所以在生产绝对不足的同时会发生经济危机,正说明这是一种相对过剩,是相对于有支付能力的需求的过剩,而不是一种绝对过剩。所以,经济危机就现象而言,首先表现为总供给相对于有支付能力的总需求的过剩。

所谓总需求,不是指对哪一种商品的特殊需求,而是指对社会生活资料和生产资料的总需求。对生活资料的有支付能力的需求,对于工人而言,取决于他们的工资收入;对资本家而言,取决于他把剩余价值分割为收入与资本的比例。工资与剩余价值中用于收入的部分,是全社会对生活资料的支付能力,也是对生活资料的现实的需求。对生产资料的需求,撇开补偿的部分,取决于剩余价值中未用于个人消费而形成货币资本积累的部分。但积累的货币资本只是表明资本家手上掌握着多少生产资料的支付能力。这种对生产资料可能有的支付能力,还不是对生产资料的现实需求。资本家对生产资料的现实需求,由预期利润决定;没有一定高度的预期利润利率,即使他有对一定生产资料的支付能力,也不会有购买生产资料的现实动力。只有既具有投资动机,又具有现实支付能力的需求,才形成对生产资料的现实需求,即投资需求。

如果投资需求不足,就会形成资本积累的过剩。而"资本的生产过剩,从来仅仅是指能够作为资本执行职能即能够用来按一定剥削程度剥削劳动的生产资料——劳动资料和生活资料——的生产过剩"①。这就是说,当资本现实积累不能继续带来利润,也就是不能自我增殖时,那么资本(他的物质要素就是生产资料)就成为过剩的了,社会生产资料和生活资料的总需求或总消费就相对不足了。所以,**经济危机就其基本现象而论,它是相对于现实总需求的普遍生产过剩;而就其实质来说,它是积累的过剩。**

经济危机的可能性 经济危机既然是普遍生产过剩的结果,那么,只有在生产与消费相互分离的经济中才会发生。在自给自足的自然经济中,在商品经济处于初期物物交换的状态时,生产与需要、买与卖还没有彻底分离,就很难发生商品大量卖不出去的现象。只是在出现了以货币为媒介的商品

---

① 马克思:《资本论》第 3 卷,人民出版社 2004 年版,第 284—285 页。

流通以后,或者说,只是在经济关系通过货币表现的时候,才有发生经济危机的可能。

第一,货币作为流通手段的职能,包含商品有卖不出去的可能。在以货币为媒介的流通当中,商品运动分为出卖(W—G)和购买(G—W)两个阶段,买和卖在时间上和空间上分裂为相互独立的两个行为。如果有些商品的生产者在商品出卖后不立即购买,就会有另外一些商品生产者的商品卖不出去。

第二,货币作为支付手段的职能中包含着经济危机的可能。由于货币支付手段职能的出现,商品的买卖由现金交易发展为信用交易。这时商品的买卖不仅在时间上分离,而且在空间上也发生了分离,商品生产者赊销赊购商品,形成包含一系列的债权债务关系的信用链条,如果某一个商品生产者因为无法出售商品而造成无法如期偿债,那么一系列相关的债务人也会发生无法偿债的债务危机。由于货币支付职能所产生的这种危机,不是因为商品一般性地卖不出去,而是因为商品在一定期限内卖不出去,或是因为以商品按期出卖为基础的一系列支付环节遭到了破坏。上述经济危机的两种可能,在商品经济中是客观存在的,但是,在资本主义以前的小商品经济中,这种可能性还不具备发生的现实条件。这是因为:第一,简单商品生产的目的主要是为了交换到个人需求的物品,为买而卖,卖后一般就继之以买,故买卖脱节的现象一般不会大规模发生。第二,那时,生产水平低下,社会分工不太发达,因而缺乏发生大规模生产过剩的物质基础。第三,那时的商品经济不是社会占主导地位的经济形式,商品经济的范围不大,时常具有较强的地方性质,而且各地市场彼此隔绝,信用关系尚未完全展开。因此,即使出现支付困难或者是买卖脱节,也只是局限于局部地区,也不至于殃及整个国民经济的范围。所以马克思说:"这些形式包含着危机的可能性,但仅仅是可能性。这种可能性要发展为现实,必须有整整一系列的关系,从简单商品流通的观点来看,这些关系还根本不存在。"[1]

只是在资本主义生产方式已经占统治地位,商品生产和货币流通已经强加于整个社会时,危机的上述两种形式才会转化为现实。和危机的两种形式相对应,资本主义经济危机的现实形式也有商品(商业)危机和货币(金融)危机两种。就商业危机和金融危机二者来说,前者是后者的基础(撇开由于银行、财政本身的问题引起的金融危机不论)。没有金融危机时仍可能

---

[1] 马克思:《资本论》第1卷,人民出版社2004年版,第135—136页。

发生商业危机,而没有商业危机时则不会发生金融危机。金融危机实质上是在货币执行支付手段职能时才存在的。因此,研究危机的条件时,更为重要的是要研究由货币流通手段所引起的商业危机。但是,商业危机作为商品卖不出去的普遍现象,也只是危机的一般表现,而不是危机的原因。现在,我们关心的是商业危机的可能性转化为现实性的原因。

经济危机的根源和必然性　　资本主义经济危机的可能性转化为现实性的原因是什么呢?"危机必然产生,是因为生产的集体性和占有的个人性发生矛盾"[①]。危机的最终根源在于资本主义的基本矛盾。从再生产的过程来看,这个矛盾的实质在于:资本主义的生产方式包含着绝对发展生产力的趋势,但其目的又仅仅局限于保存和繁殖资本价值。这个矛盾通过利润率的下降而激化起来并引起经济危机。

如前所述,经济危机作为普遍生产过剩这一现象,实际上是资本积累相对于增殖高度(即利润率)的过剩。利润率作为资本积累和资本主义生产的调节者,其高度与变化趋势对于再生产的变换具有决定意义。只要具有一定高度的利润率,外在的竞争压力就会使剩余价值转化为资本的过程顺利展开,资本主义再生产便会扩大。但是,社会生产力的发展又包含着导致利润率下降的因素。这可以从两个角度去考察。

从长期趋势来看,社会生产力发展中必然存在技术进步。资本积累的直接结果就是资本有机构成的提高,这就使社会一般利润率在长期中呈现逐步下降的趋势。利润率下降迫使资本主义企业必须追加资本以保存和增加资本,而资本追加又表现为生产力的继续发展。当然,这里说的只是利润率有下降的趋势,实际上还有许多因素会带来利润率的提高,如技术进步等。在上述两种因素的合力作用下,利润率未必就一定下降。

从短期来看,可以假设没有技术进步,因而也没有资本有机构成的提高。这样,资本积累和再生产就表现为外延式的扩大再生产。资本积累的进行,意味着劳动力就业的增加和对生产资料需求的增加。对生产资料需求的增加会引起制造生产资料的行业扩大再生产,即进行资本积累,而新的劳动力就业的增加也会带来对生活资料的需求的增加,这又会引起生产生

---

① 列宁:"评经济浪漫主义",《列宁全集》第2卷,人民出版社1960年版,第136页。

活资料的生产部门的资本积累。接着,制造生产资料的部门与消费品部门的新的积累又会按同样的方式引起相关部门的新的又一轮的资本积累和扩张;新的资本积累又引起新的积累和扩张……如此循环,资本积累与社会再生产的扩张形成了相互传递的连锁作用链条。资本积累本身包含着进一步的资本积累,生产的扩张又会引起新的扩张。这样整个经济就会进入繁荣时期。当繁荣到来之时,又包含着利润率下降和资本积累终止的因素。一方面,在资本有机构成未变的情况下,资本积累的推进必然引起劳动力需求的增长,而这种需求增长达到一定程度后,就会引起劳动力市场供求关系的失衡,当劳动力供不应求时,资本家就要面对增加工资的压力。因此,资本积累的增加所引起的对劳动力需求的增长必然导致工资的上涨。用马克思的话来说,就是工人阶级会"暂时享受一下相对的繁荣"[①]。另一方面,社会生产规模的扩大,引起对生产资料需求的扩大,某些缺乏供给弹性的生产资料的价格就会上升。工资和原材料价格的上升,在某种意义上就意味着利润率的下降,这是构成资本积累的一大障碍。

在资本有机构成提高的条件下,利润率表现为下降的长期趋势;在资本有机构成不变时,利润率会出现实际的下降。我们讨论的与经济危机有关的利润率主要是指后面一种,即利润率的实际下降。这是因为:第一,长期下降趋势无法用来说明周期性的经济波动。第二,资本有机构成提高的基础是固定资本的更新换代,但是大规模的固定资本更新换代一般是发生在经济危机后的萧条阶段,它不可能说明在此之前发生的危机和周期性,与经济危机有关的只能是周期性波动的利润率,即短期利润率。

总的来说,资本积累的推动在繁荣的顶点必然逻辑地包含着利润率的实际下降。利润率的下降反过来又会限制和软化资本积累的动机。马克思说:"利润率即资本的相对增长率,首先对一切新的独立形成的资本嫩芽来说,是重要的。只要资本的形成仅仅发生在某些可以用利润量来弥补利润率的少数现成的大资本手中,使生产活跃的火焰就会熄灭。生产就会进入睡眠状态。利润率是资本主义生产的推动力;那种而且只有那种生产出来能够提供利润的东西才会被生产。"[②]因此,当利润率下降到一定程度,追加的资本不会带来追加的利润时,现实资本的积累就会停止。"只要为了资本

---

① 马克思:《资本论》第 2 卷,人民出版社 2004 年版,第 457 页。
② 马克思:《资本论》第 3 卷,人民出版社 2004 年版,第 288 页。

主义生产目的而需要的追加资本＝0，那就会有资本的绝对生产过剩。但是，资本主义生产的目的是资本增殖……就是说，只要增加以后的资本同增加以前的资本相比，只生产一样多甚至更少的剩余价值量，那就会发生资本的绝对生产过剩。"① 这种资本的生产过剩，就生产过程来讲，就是生产力的两个要素（生产资料和劳动力）作为资本的过剩，即资本过剩和人口过剩；而就生产过程的结果来讲，则是生产出来的商品过剩。其实资本是由商品构成的，因而资本的生产过剩包含着商品的生产过剩。

资本主义生产的过剩意味着危机的形成。但是，生产过程实际形成的资本过剩，由于商业投机和信用投机制度的扩张可能被暂时地掩盖起来。在大商人看来，在繁荣时期，个人资本都在积累，生产和消费都在增加，行情和价格都在"看涨"，因此，他们大批进货从事囤积投机，这就更加抬高了商品的价格。由于价格看涨，产业资本的利润也就相应的比较乐观，本来已经形成过剩而应该中止的投资这时反而会继续扩大。在这里，大规模的投机性囤积所利用的就是信用制度的灵活性。但是，一旦信用制度受制于这样大规模的投机交易，它的灵活性就减少了。因为繁荣的后期，货币资本需求的急剧上升，必然引起利息率的上升。一方面，对劳动力需求的增加与工资的提高，增加了产业资本家对货币资本的需求；另一方面，资本积累的继续进行，尤其批发商业的大规模投机造成了对货币资本的巨大需求，这就导致金融市场上的资金供不应求和利息率的上升。而且，对于银行来说，会发生银行准备金的减少（发生提前挤兑）和中央银行的黄金准备外流（因为国内利率已提高），结果货币资本供给的减少又会加剧资金的供不应求。导致利率的进一步上升。这种情况一般发生在繁荣的最后阶段，对资本主义再生产的繁荣阶段的终结具有很重要的意义。

利息率的显著提高和金融市场的供不应求，标志着资本主义生产过剩被信用制度扩张到了极点。工资、原材料价格和利息率的共同提高使产业资本家的利润大幅度下降，特别是投机性囤积遭遇的困难可能更大。利息率的上升不仅使投机性囤积失去了获利的机会，而且还使它们要支付利息。而一旦投机者失去了囤积的能力和信心转向抛售商品，那么社会就会发现生产早已过剩了。大规模投机交易的崩溃是由繁荣转向危机的标志。马克思描述这种现象说："这时，商品的潮流一浪一浪涌来，最后终于发现，以前涌入的潮流只

---

① 马克思：《资本论》第3卷，人民出版社2004年版，第280页。

是表面上被消费吞没。商品资本在资本市场上互相争夺位置。后涌入的商品,为了卖掉只好降低价格出售。以前涌入的商品还没有变成现金,支付期限却已经到来。商品持有者不得不宣告无力支付,或者为了支付不得不给价就卖。这种出售同需求的实际状况绝对无关。同它有关的,只是支付的需求,只是把商品转化为货币的绝对必要。于是危机爆发了。"①可见,一旦商品市场的崩溃发生,便会转化为金融市场的崩溃。危机的实质是资本的生产过剩,但是在这里首先爆发的却是货币危机和商业危机。所以,马克思说:"危机最初不是在和直接消费有关的零售业中暴露和爆发的,而是在批发商业和向它提供社会货币资本的银行业中暴露和爆发的。"②

由于资本主义再生产过程的全部联系都是以信用为基础的,因而,信用制度的崩溃也就引起再生产过程的混乱和萎缩。而资本积累与生产规模一旦萎缩,就会像扩张那样产生一系列的连锁反应。失业工人的增加、工资的下降、工人的消费便随之一同下降;生产资料的需求也会也会随之进一步减少;对工人劳动力的需求又会进一步地减少,如此不断,资本主义再生产的过程变为生产逐渐萎缩和下降的过程。

第二节 经济危机的周期性及其物质基础

<u>经济危机的周期性及其物质基础</u>　经济危机的周期性爆发,使资本主义发展一再地被经济危机所打断,从而使资本主义再生产也呈现出周期性的特点。危机的爆发反映了资本主义再生产过程中的各种矛盾,它本身变成了对资本主义各种矛盾的强制性宣泄,但这只是对资本主义各种矛盾的暂时解决,资本主义在生产中所包含的基本矛盾依然存在。而且,随着经济危机过后再生产的恢复和扩大,这些矛盾便会进一步激化起来。因此,经济危机既是对资本主义矛盾的暂时解决,同时又孕育着新的经济危机。所以,马克思说:"危机永远只是现有矛盾的暂时的暴力的解决,永远只是使已经破坏的平衡得到瞬间恢复的暴力的爆发。"③

---

① 马克思:《资本论》第 2 卷,人民出版社 2004 年版,第 89 页。
② 马克思:《资本论》第 3 卷,人民出版社 2004 年版,第 339 页。
③ 同上书,第 277 页。

从一个危机到下一个危机之间,有一个再生产从疲软的萧条状态复苏过来,然后再转入繁荣的发展过程。危机、萧条、复苏和繁荣这四个阶段,构成资本主义再生产的一个经济周期。现在,我们来看看资本主义再生产是如何具体地通过这些阶段的。危机是前一周期的终点,又是新的周期的起点。在危机到来之时,资本主义再生产处于混乱和瘫痪状态,社会生产力遭到极大的破坏。商品市场上,销路闭塞,存货剧增,价格猛跌,甚至发生人为销毁某些商品的现象;货币市场上,信用破坏,货币奇缺,利率猛增,股票价格骤跌;劳动力市场上,产业后备军扩大,实际工资下降;生产急剧下降,工厂开工不足,企业倒闭数目明显上升。经济生活的破坏蔓延于整个社会,当危机持续一段时间后,通过了最低迷的时期后就转入了萧条阶段。

萧条阶段是周期的停滞阶段。在萧条阶段中,生产停止下降,物价停止下跌,但都停留在危机结束时的水平上。物价低迷、商业萎缩、游资充斥是该阶段的主要特点。在这种情况下,资本要能获得利润就必须降低生产成本。同时由于危机造成的工人失业和资本贬值也为资本家提供了大量的廉价劳动力、原材料和资本,从而为资本家获得较高的利润率提供了可能。于是,在危机之后能够保存下来的资本,便会进行固定资本的更新,而一旦资本的积累开始进行,它便会以下上面所说的形式连锁性的展开新一轮的生产扩张。于是生产资料生产部门和生活资料生产部门的需求开始上升。这样在生产规模逐渐扩大,工人就业人数逐渐增加,商业信用逐渐活跃,这样,萧条阶段又逐步转向复苏阶段。

复苏阶段是经济周期中的经济恢复阶段。这时投资和固定资本更新规模累积性地扩大,物价慢慢地回升,信用事业日益扩展,社会生产逐步恢复到危机前的水平。当社会生产达到危机前的最高点时,复苏阶段便过渡到高涨或繁荣阶段。

在繁荣阶段上,生产迅速发展、物价上涨、利润增多、投资大量增加、新企业不断建立,旧企业迅速扩充,商业异常活跃,信用关系普遍发展,市场扩大,表现出一派繁荣景象。但是资本积累和社会再生产扩张到一定程度后,又会导致利润率的下降,情况就会发生反转。恩格斯曾描述繁荣后期的情况说:"步伐逐渐加快,慢步转成快步,工业快步转成跑步,跑步又转成工业、商业、信用和投机事业的真正障碍赛马中的狂奔,最后,经过几次拼命的跳跃重新陷入崩溃的深渊。"①

危机的周期性是由利润率的周期性波动所引起的,而就危机周期性的物质基础来说,它又取决于固定资本的再生产周期。这可以从两个方面来看。一方面,虽然资本投入的时期分布在周期的不同阶段,并不是只在某一阶段上才发生投资,但是,大规模的固定资本的更新却总是相对集中地发生在危机之后。因为,危机之后资本家要使自己的企业能够盈利,不得不采用新机器和新的生产方法;同时,危机会引起资本集中,也是促进固定资本更新的因素。所以危机总是形成大规模固定资本更新的起点;另一方面,固定资本大规模的更新总是引起提供固定资本要素的部门的扩张,而一旦这些部门(如机器生产部门)形成了新的生产力,那么即使机器部门维持简单再生产,也要求使用这种机器的部门每年都添置这种机器。但是固定资本周转的周期性决定了一旦固定资本更新后就要每隔若干年后才会发生新的更新。而如果机器使用部门逐步扩大购买机器,就必然会发生机器制造部门的生产过剩。这种固定资本的过剩和生产衰减当然会以累积的连锁作用过程发展为经济危机。

固定资本的再生产成为危机周期性的物质基础,周期性危机又进一步形成固定资本再生产周期的基础。这样相互影响,"正如天体一经投入一定的运动就会不断地重复这种运动一样,社会生产一经进入交替发生膨胀和收缩的运动,也会不断地重复这种运动。而结果又会变成原因,于是不断地再生产出自身条件的整个过程的阶段变换就采取周期性的形式。"②

自资本主义诞生以来,资本主义的再生产就遵循着这种危机—萧条—复苏—繁荣—危机这样的发展规律,退一步进两步地向前发展着。自1825在英国发生第一次经济危机以来,以后每隔8—10年就爆发一次,危机的范围波及欧洲和美洲的主要资本主义国家。

战后经济危机的新特点 经济危机的发生呈现出周期性,但是并不是说每次危机都是一样的。由于资本主义生产力和生产关系也会随着时代的发展而不断进化,科技为交通运输和电讯事业的发展提供了技术保证,而交通运

---

① 恩格斯:"反杜林论",《马克思恩格斯选集》第3卷,人民出版社2012年版,第663—664页。
② 马克思:《资本论》第1卷,人民出版社2004年版,第730页。

输和电讯事业以及国际性垄断企业的出现又使全球经济一体化的特征日益明显,20世纪90年代所谓新经济的出现还改写了世界经济发展的一些特征。所有这些,都是资本主义经济危机呈现出新的特点。

1929年英国爆发的资本主义经济危机,遍及资本主义各国及其殖民地和半殖民地,由于世界性危机首次发生,各国都没有相应的应对措施,因而持续时间很长,生产和社会生活遭到的破坏程度也很深,危机低谷时的1932年与危机爆发时的1929年相比,美国工业生产下跌了46.2%,德国下跌了40.2%,法国下跌了30.9%,英国下跌了16.2%。在这次危机中,各主要资本主义国家的失业人数最高时达到4 500万人之多。

这次危机之后,各资本主义国家纷纷研究和探索解决经济危机的对策,加强国家对宏观经济的干预,特别是二次大战后,各国纷纷采用凯恩斯主义的积极的财政政策,因而,二战后的资本主义经济危机出现了一些新的特点。

第一,危机次数较二战前更为频繁,或者说,两次危机之间的时间间隔更短。二次大战结束后,到1990—1992年的危机为止的47年间,美国发生过9次经济危机,平均5年多就发生一次;同期的日本、联邦德国、英国、法国、意大利等发达的资本主义国家,也分别发生过6次到9次的经济危机,危机周期与战前的8—12年相比,都显著地缩短了。

第二,战后经济危机中的物价变化表现为上涨而不是价格剧烈下降。战前的危机中,物价一般要猛烈下跌,而在战后的危机中由于金本位制的废除和各国政府实行的通货膨胀政策,物价下跌只是短暂的现象,而大部分时间里则表现为物价的持续上涨。

第三,再生产的周期变形了。由于国家干预,战后经济周期中,危机以后的萧条阶段变短,与复苏阶段不易区分,四个阶段的划分不如战前明显。同时,危机阶段持续的时间也较短,生产下降的幅度变小。战后美国9次危机中,生产连续下降的时间,最短的只有6个月,最长的也只有17个月;生产下降的幅度,小的在6%—8%之间,大的在13%—14%之间。从这些现象上看,战后危机的程度较战前轻。正因为这个原因,战后经济危机往往被称为经济衰退。

第四,50年代和60年代,由于战后重建和新一轮技术革命所带动的持续的大规模的固定资本更新,资本主义世界曾出现过高速增长的黄金时代。但是从1974—1975年的那次危机开始,各主要资本主义国家都出现了通货膨胀与经济停滞并存的"滞涨"局面。这种情况说明,战后各国采取的反危机措施遭到了挑战,通货膨胀和积极的财政政策失灵。在以后的经济发展过程中,尽管各国都在积极寻找促进经济增长的措施,但是,各国的经济增长率都不高。各国相继走出滞涨的泥潭后,从1983—1989年的7年增长时期,美、日、德、法、英、意、加等7个主要工业国家的经济年均增长率仅为3.6%,而同期这些国家的失业率则为7%—11%,这反映了经济危机的深化趋势。

第三节 经济危机的作用和历史意义

资本主义经济危机周期性的爆发对于资本主义的发展起到了什么样的作用?

首先,资本主义经济危机是资本主义生产关系中生产和消费的矛盾发展到一定程度的产物,它体现了资本主义生产关系中的基本矛盾,同时,又通过这种危机形式强制性地给予暂时的解决,而且危机对生产力的破坏为资本主义生产再次提供了发展的空间,使资本主义经济得以继续发展,但是在发展的过程中又孕育着新的危机。

经济危机加快了资本的积聚和集中。在资本主义发展的过程中,资本主义企业之间的竞争非常激烈,在竞争中通过优胜劣汰,小的企业被大企业吃掉,这样,资本的集中在所难免。在危机过程中,这种资本集中的进程大大地加快了。危机到来之时,企业破产的数目急剧增加,而势力较大的企业则乘机大肆扩张。在1825年的英国第一次经济危机中,英格兰和威尔士有3 300个企业破产,而在危机前的1823年企业破产数目只有1 200个;美国在1973年的经济危机中,有5 183个企业破产,而在危机前的1971年,企业破产的只有2 915个。在经济危机中首先破产的,往往是那些资力比较薄弱的中小企业,这些破产企业的可以利用的设备和场地,被大企业以极低的价格收买到自己的麾下。列宁指出:"二等富翁被一等富翁代替,资本力量增大,大批小私有者破产(如小额存款人随着银行的破产而丧失全部财产),工人阶级极端贫困化,——这就是危机所造成的后果。"[①]

资本主义经济危机暴露了资本主义制度的历史过渡性。经济危机不仅

[①] 列宁:"危机的教训",《列宁全集》第5卷,人民出版社1986年版,第76页。

加剧了资本主义的资本集中和资本家之间的矛盾,而且,也激化了资本家与工人阶级之间的矛盾,激化了资本主义的基本矛盾,从而经济危机的爆发加速了资本主义向更高社会历史阶段——社会主义和共产主义的发展步伐,加速了资本主义的灭亡。

经济危机期间,资本家总是通过降低工人工资和解雇工人的方式转嫁经济危机所带来的损失,这会使资本家和工人阶级之间的矛盾更加激化。不仅如此,危机所波及的范围不仅局限于本国,发达资本主义国家总是力图把危机转嫁给殖民地及其附属国的人民,通过压求被一种新的原材料价格和倾销过剩产品的方式剥削殖民地及附属国的人民,从而导致殖民地及附属国的经济更加依附于发达资本主义国家,加剧了与殖民地及附属国之间的矛盾;再者,危机期间,各主要资本主义国家之间在世界范围内争夺商品销售市场和资本输出范围的斗争也更加激烈。更为有意义的是,经济危机暴露了资本主义制度的过渡性。危机表明,以资本主义私有制为基础的资本主义生产关系,与在这种生产关系下发展起来的社会化的生产力,存在着深刻的矛盾,对资本主义生产关系作重大的改革。

思 考 题

1. 经济危机的可能性是怎样产生的?有哪两种形态?什么条件下才有现实性?
2. 什么是经济危机的现象、实质和必然性?
3. 什么是经济危机的周期性和它的物质基础——固定资本更新?
4. 经济危机的作用和历史意义如何?

本章参考文献

1. 列宁:"评经济浪漫主义",《列宁全集》第 2 卷。
2. 恩格斯:《反杜林论》,《马克思恩格斯选集》第 3 卷,人民出版社 2012 年版。
3. 马克思:《资本论》,人民出版社 2004 年版。

第五篇 垄断资本主义经济

第十九章 自由竞争资本主义向垄断资本主义的转型

从19世纪70年代起,世界资本主义开始从自由竞争阶段向垄断阶段过渡。这一时期发展的基础,是自19世纪中期开始并陆续在19世纪末20世纪初形成高潮的技术革命,以及由技术革命引起的生产力的大发展。科学技术的巨大进步,工业生产的迅速发展,使企业的规模越来越大,使资本与生产不断集中到少数大企业的手中;生产和资本高度集中,为少数大资本家的联合和实行垄断创造了条件。垄断组织在各个部门陆续建立起来,并逐渐发展为工业资本与银行资本相融合的金融资本的统治。这样,自由竞争资本主义便过渡到了垄断资本主义。

但是,我们也必须同样注意到,即使是在世界主要资本主义国家内部,由于进入工业化的时间和方式的差异,它们各自所表现出来的由自由资本主义向垄断资本主义转型的模式和特点是很不相同的。如果对此不加区分的话,就无法让我们准确地理解垄断资本主义这一从19世纪末开始的资本主义世界的普遍现象。

第一节 技术创新和长波周期的转换:转型的动力基础

产业革命改变了人类经济运行的基本形态,激起了资本主义经济持续性的扩张和突破。经济运行中的周期性波动由此成为最主要的特征之一,并谱写出了一连串连续的主导产业部门。所谓的主导产业,是指经济部门非但本身具有快速增长的特性,而且还是社会整体加速发展的原动力,并且,受此影响的经济活动地区的兴衰支配着经济发展的过程,也规定了持续进行的工业革命的各个阶段,同时主导着世界政治格局的变迁和改观①。经济发展的主要原因,可以归结为一系列为投资和经济扩张提供新机会的技术创新,新的产品、更有效的生产工艺或者新的交通运输方式,都会有力地推动某个经济部门的发展。但是,到头来,用库兹涅茨的术语来说,那些"划时代"创新的扩展势头会开始减弱,引起投资边际利润下降,以及其他新的和发展中的部门取代旧的部门②。因此,每一次的经济长周期波动、也即是康德拉基耶夫意义上的经济长波波动,都至少从两个方面改变着世界经济结构:首先是由技术革命而造成的产业结构变化和供需内容调整;其次是伴随着创新和发展不均衡所形成的国家相对经济实力的变动③。

第二次技术革命与主导产业的确立

资本主义从自由竞争阶段向垄断阶段的过渡发展的基础,正是自19世纪中开始并陆续在19世纪末20世纪初形成高潮的第二次产业革命,以及由技术革命引起的生产力的大发展。第二次技术革命与从18世纪下半叶兴起的第一次技术革命不同,第一次技术革命中的发明家大多数是些普通的技术工人,他们基本不掌握理论性的科学知识,而主要是在实践中自行摸索,根据社会的需要,凭借工作经验,进行局部的改良和创新,存在一定的局限性。而第二次技术革命情况则不同,发明家多半是专家学者,科学与技术密切结合,这方面的成果也就很快地被应用到生产上来。在19世纪末20世纪初,自然科学有惊人的进步,各种科学本身发生了重大的革命,电学、力学、化学与电子学的原理都相继应用到工程技术上来,促进了社会生产力的巨大飞跃。

1. 第二次技术革命的主要内容

19世纪下半叶至20世纪初的技术革命,是以近代物理、化学的发展为基础的。19世纪中期,经典热力学已经形成了一个以热力学三大定律为基础的理论体系;电磁学的建立为电动机的发明奠定了理论基础;化学中门捷列夫化学元素周期律的建立,证明了自然界在化学上的物质统一性,使化学工业的发展具备了理论前提。在科学发展的基础上,技术的革命越来越摆

---

① R. Reuveny and W. Thompson, 2001, "Leading sectors, lead economies and economic growth", *Review of International Polictical Economy*, 8: 4 Winter, pp. 689-719.

② [美]西蒙·库兹涅茨:《现代经济增长》,北京经济学院出版社1989年版。

③ 赵涛:《经济长波论》,中国人民大学出版社1988年版,第112页。

脱了个别能工巧匠在生产中偶然发现的过程,而表现为科学指导下的能动的创造性活动,这大大促进了技术发展的速度,丰富了技术革命的内容。正是在这一科学革命的背景下,在19世纪末期和20世纪初期,以欧美先进的资本主义国家为主,出现了工业技术革新和发明的高潮。

技术革命首先表现在能源和动力领域。在第一次工业革命时期,用煤和蒸汽机作为能源和动力,代替了生产中的人力和畜力,使社会生产力空前发展,以至于人们把该工业革命时期称作"蒸汽时代"。随着大机器工业生产的规模日益扩大,机器不断专业化,越来越多的手工业工具发展为独立的机器,蒸汽机已显得体积庞大,启动不便,且费用昂贵。生产的发展要求新的能源和动力,在这种形势下,出现的最重要的技术进步就是电力的运用和内燃机的发明。

因此,如果说第一次产业革命是"蒸汽时代",那么第二次产业革命则是"电气时代"。19世纪上半期,英国物理学家法拉第发明了电磁感应定律,为创造发电机和电动机提供了科学的基本原理,并实际创造出一系列的模型。19世纪中期以后,在生产需要的推动下,发电机、电动机的技术迅速发展并逐步完善。1866年,德国人西门子研制成功了第一台自激式发电机。1878年,他又发明了电动机,并很快为大家所熟知和使用。随着对电的特性的理解与实际掌握,电能被广泛应用,发电机迅速取代了蒸汽机。以后电的应用越来越广,不但用作动力,还被用来照明。生产和生活领域中各种电器的广泛使用,产生了对电力的大量需求,19世纪80年代,德普勒实验高压直流输电成功。19世纪90年代初,远距离输电法正式使用。从此,从城市到乡村,从平原到山区,电力使工业的发展完全摆脱了地方条件的限制,城乡面貌显著改观,促使19世纪末20世纪初生产力的空前发展。电的意义重大,不仅在于它提供了可以远距离传输的强大动力,引起了动力革命,还在于它使信息传递的速度日益加快,适应了社会化大生产的需要,也正是从这个时候开始,通信技术和通信速度得以脱离运输工具而获得了独立的发展空间。电讯技术的发展,促进工业生产和运输业的大发展,缩短了世界各地区时间和空间上的距离,也促使世界经济一体化,"电气化时代"由此开启。

这时期的动力机,除发电机外,还有内燃机。这是一种热力发动机,由燃料在汽缸内燃烧而形成高温产生动力。内燃机的发明不仅使得汽车、汽船、拖拉机乃至飞机的使用和普及成为可能,而且,正是由于内燃机的发明和使用,石油的用途大为增广。从此,石油开采和内燃机的应用互为需求,构成能源动力革命的另一个重要内容。

技术革命还表现在材料革命和化学工艺的革新上。第二次工业革命时期,机器的大量发明和广泛使用,使钢铁成为基本的工业材料。19世纪中期以后,工业规模扩大和技术的发展,用机器生产机器,需要更坚韧、更耐腐蚀和高温的材料,从而使一系列新的炼钢法,如贝塞麦和托马斯炼钢法等,应运而生,钢的产量、品种和用途不断增多,钢在工业材料中的支配地位,日渐确立,工业生产也随之进入"钢铁时代"。另一方面,化学工艺的进步,使得新的材料和质素源源问世,如合金钢、合成氨、人造丝、人造纤维和塑料,等等。作为新兴资本主义国家的德国在这个领域中的表现尤其突出,19世纪中期以后,它几乎垄断了所有化学方面的重要发明,这些发明不断渗透到冶金、石油提炼、纺织、橡胶和建筑等许多部门,甚至还延伸到人造材料和与食品有关的农业中去,又促使这些部门发生变革。

技术革命同样表现在交通运输工具方面。工农业生产的扩大,不仅需要更快速、灵活的运输工具,而且也为这些新运输工具的出现提供了条件。在电气时代,在内燃机广为应用的时代,交通运输发生了新的革命;钢铁生产的增长和质量的提高,以及电力工业的发展,成为交通运输业革新的基础。在铁路方面,钢轨、钢桥、混凝土桥代替了铁桥和铁轨,铁路的安全性和运输能力不断提高;在海运方面,钢制的轮船代替了木制的帆船,成为海上运输的主要工具。汽车作为一种新型的交通工具自19世纪90年代开始制造以后,迅速得到发展。汽车工业这时以美国最为发达,到20世纪20年代,汽车已经成为美国工业的支柱产业,使美国以"汽车王国"著称。在空运方面,飞机制造业已然诞生,19世纪末发明了飞艇与飞机,1903年美国人莱特兄弟研制的飞机,机身轻而有双翼,飞速高而比较平稳,并于1906年获得专利。

2. 技术革命和经济社会变革

技术的进步和革新,直接促进生产的发展,并伴随发生经济和社会政治等方面的变革。第一,生产力突飞猛进地向前发展,工业较发达国家的产业结构发生变化,主要资本主义国家迅速实现了工业化。第二,采用先进技术需要巨额的资金,只有资本雄厚的企业才有力量采用。这样,以先进技术装备的大企业增强了竞争能力,而更多的中小企业则被排挤,促进了资本和生产的集中和垄断,可以说,这个时期的技术进步为垄断资本主义的形成创造了物质条件。第三,苏伊士运河(1869年)和巴拿马运河(1914年)的竣工通航,大大缩短了东西航海的距离,在世界经济发展中具有重大的意义。而电话和电报的广泛使用,海底电缆的铺设,可以说几乎消灭了空间和时间的"距离",使经济信息的交流和工商业务的发展达到一个新的阶段。这让世界各个地区都被卷入到资本主义经济体系中来,为资本主义世界发展成为一个囊括全球的体系提供了技术上的前提。第四,新的技术革命使生产组织也发生了变革。过去由于动力和传动装置限制而将同种机器并列的工艺组织,已由按照产品加工工艺组成的流水线代替,并以流水线为基础,产生了新的劳动组织和现代管理体系,这就是"泰勒制"和"福特制"的出现。流水作业的生产装置和新的生产组织形式本身就是经济增长的有利推促因素,通过细化分工而提高了劳动生产率。

> 技术-经济范式
> 转型与大规模生产
> 需 求 形 成

1. 技术-经济范式的理解

随着经济长波更迭而来的结构性变动效应,可以从技术-经济范式理论出发加以解释。佩雷兹(Perez)在1983年发表于《未来》杂志的论文《社会经济系统中的结构变迁与新技术吸收》中首次提出了"技术型式"(technical style)的概念,从而将技术范式与经济增长直接联系了起来,强调长波的社会经济结构效应。所谓的"技术型式"是指生产性组织和"技术常识"的理想形态,以及"这样一种能演化出关键性技术发展范式的特定历史形态,并导致现有产业获得了实质性的相对成本结构变化,创造出一系列能利用这种演化的大量新的机会"[①]。

伴随着长波运动而出现的不仅有大量技术创新带来的跨越性突破,还有相应的技术-经济范式更迭,以至进一步从结构上影响世界经济的发展形态。在此基础上,Perez进一步认为长波运动并不仅仅是一种经济现象,它所体现和衡量的是整个国际和国内社会经济和制度体系的和谐与否,Perez的"技术体系"概念,也就是后来又进一步为Perez和Freeman所发展成的

[①] Clark Freeman and C. Perez, 1988, Structural crises of adjustment, business cycles and investment behavior, in G. Dosi, and C. Freeman, et al, (eds) Technical Change and Economic Theory, London: Pinter Press.

"技术-经济范式",所指的就是一系列变量的集束,包括基本生产资料、生产过程以及所附属的机械化模式,劳动分工、组织和公司结构、特殊分销模式的货物供应、消费模式、生活和休闲方式等[①]。可见,科学技术的重大突破将会形成一定社会发展阶段的主导技术结构,以及由此决定的经济生产范围、规模以及水平的相应变动。

2. 大规模生产的经济结构效应

第二次技术革命的最直接的经济后果是促进了生产力的迅速发展,生产力的发展又导致了大规模的生产需求。19世纪最后30年至20世纪初是资本主义世界工业生产和交通运输业的迅猛发展期,在1870—1913年期间,世界工业增长了4倍多,这一速度超过了在这以前的任何时期,同期,资本主义国家工业生产已经占了世界工业产出总量的4/5以上,其中,英美两国的工业生产更是几乎占据世界工业生产总量的一半。主要资本主义国家在世界工业生产中的相对地位这一时期也出现了一些明显的变化,如1870年英国工业生产仍是世界第一,但到了80年代初期美国已超过了英国,成为世界第一大工业生产国,新起的德国工业在20世纪初也超过了英国。其他如俄国、意大利和加拿大等国的工业生产地位分别也都有不同程度的提高。尤其是日本,作为新加入的资本主义国家,起点较低,但发展速度很快,在19世纪末至20世纪初基本上保持了与世界工业生产总量同步增长的速度[②]。

资本主义工业高速增长的大规模生产需求与世界交通运输的迅猛发展是密切相联系的。海陆交通运输业的迅猛增长,是这一时期资本主义以及各国内部各地区加强联系的重要手段。除了欧洲和美洲的铁路长度在继续增加外,亚洲、非洲和大洋洲的铁路建设也有快速发展,这三个洲的铁路营业公里占世界总量的比重由1870年的5.6%上升到1913年的17.0%[③]。欧美国家的铁路干线,即将各主要地区或重要城市连接起来的铁道线,基本上是在这一时期中建成的。铁路网的普及对各资本主义国家经济的增长起到了很大的推动作用,加速了各国统一国内市场的形成,也促进了世界市场的形成。在1870年主要的资本主义船运大国当时仍以木制帆船为主,蒸汽船尚处

---

① Jacob J. Van Duijn, 1983, *The long wave in economic life*, London & Boston: Allen & Unwin, p.154.

② [美]W·W·罗斯托:《世界经济:历史与展望》,得克萨斯大学出版社1978年版,第52—53页。

③ [俄]尤·瓦尔加:《世界经济危机(1848—1935年)》,世界知识出版社1958年版,第431页。

于刚刚兴起的阶段,1870—1913 年则是汽船代替木帆船的时代,蒸汽船吨位超过木帆船,英国和美国在此期间一直都是最大的船运业国家。世界船运业的发展,进一步把各大陆连接起来,极大地促进了国际贸易,推动了资本主义国家的工业生产。

资本主义国家大规模的生产带来了经济的高速增长和国民经济部门结构的变化,其中美、德两国更是运用新技术、发展新型工业部门以获得高速增长的典型。而随着国民经济的增长,主要资本主义国家的经济结构也发生了明显的变化,一是制造业、交通运输业等非农业部门的现代化进程较快,产出比重也明显上升;二是在工业结构内部,重工业的发展快于轻工业,这使得如钢铁业、化学工业、电气工业、重型设备制造业、汽车和机车制造业等重工业获得了迅速的发展。可以说,重工业的高速发展是资本主义工业化过程中的一个突出现象,从根本上说,它是工业化的最重要的物质基础和发展动力。重工业的强大发展不仅为整个工业提供了新的充裕的能源和原材料,而且还提供了新的技术装备,带来了劳动生产率的提高和产品加工深化程度的提高。资本主义工业向纵深发展,与初期相比成为一个更高效率的现代化生产。同时,大规模生产需要大量的资本积累,自由资本主义向垄断资本主义的转型,获得了更加现实的动力。

第二节 宏观国际环境的变化与世界市场的形成:转型的外部条件

> 地理大发现后宏观国际环境的巨变

世界市场早在 15 世纪已在形成中,那时候欧洲商业强国纷纷向海外攘夺殖民地和市场,欧洲的贸易中心已从地中海区域转移到大西洋沿岸,贸易领域大大扩张。17 世纪至 18 世纪初期,因为大规模的手工业发展,需要向外销售,世界市场得到进一步的扩张。产业革命发生后,由于使用机器实行批量生产,商品产量大幅度增加,国内市场顿感狭隘不足以容纳,对于国外市场的要求更加急切,欧美资本主义国家就向原来闭关自守的国家要求通商互市,所求不遂时动辄以武力相恫吓,迫使很多国家不由自主地卷入到国际商务、甚至是国际生产体系中。到了 19 世纪末 20 世纪初,随着欧美主要资本主义国家工业的发达化,大量机制品行销全球,于是就展开并基本完成了对世界市场的划分。

> **19世纪晚期世界市场的形成**

1. 商品与资本的输出及国际分工体系的形成

资本主义发达国家需要商品市场,需要原料供应地,也同样需要适当的投资场所,就是说它们不但要输出过剩商品,也要输出过剩资本。发达国家因资本积累丰裕而导致其边际产出率的下降,而不发达国家因资本短缺而存在迫切的现实输入需求,同时新工业与铁路开发等也亟待大规模地投入,投资利益非常优厚。资本是最富有灵活性的,它总是向最有利的方向移动,所以发达国家的资本乐于输往欠发达国家是势所必然,而国际资本输出又进一步推动了资本主义的发展。国际资本的输出,在19世纪就已经开始了,在英国资本兴起之前,荷兰资本曾是国际资本流动中的重要角色。荷兰资本在英国工业革命时期曾大量进入英国,随着英国工业革命的完成,英国资本开始输出。19世纪后半期,英国以外的其他资本主义国家也开始了资本输出,规模和投放地区同比不断扩大。虽然发达国家的输出资本主要用于直接投资,尤其是工矿业原材料部门和基础设施建设领域,但在客观上也促使资本主义工业在世界范围内广为扩散。

随着资本主义在世界范围内的扩散和国际分工体系的形成,到了19世纪60—70年代,一个被赋予了新的经济和物质技术基础的世界市场形成了。它的形成,是资本主义生产方式向国际领域扩展的体现,也是工业资本取代商业资本在世界市场上占统治地位的体现。

2. 世界市场的形成和发展是资本主义生产方式的历史结果

世界市场是随着地理大发现而产生的,随着工业革命的胜利而形成的。地理大发现为世界市场的形成准备了地域上的条件。地理大发现以后的近300年间,西欧新兴的资产阶级在重商主义经济理念,和大规模工业生产能力的双重驱使下,奔走于世界各个大洲,在世界各地建立了广泛的经济联系,并把欧洲原有的区域性市场同亚洲、美洲、非洲以及大洋洲的许多国家和地区的地方性市场连接起来,同时,在大西洋沿岸形成了一批繁盛的国际贸易港口和国际贸易中心。19世纪40—60年代,世界贸易的增长速度超过了世界工业的增长速度,第一次经济全球化的高潮由此掀起。

3. 国际金本位制的确立

19世纪黄金逐渐演变为单一的世界货币,各主要资本主义国家的货币相继过渡到金本位制,是世界市场形成的重要标志。金本位制有自身的优点,尤其是非常适合当时世界经济发展的要求,同时它本身也有助于世界市场的稳定和世界贸易的扩大,促进各国经济贸易联系的加强。这一时期居于世界市场中心国家的货币都有了确定的含金量,它们之间存在着固定的比价,所以便利了国际支付和国际结算,使世界市场保持汇率的稳定,市场机制更加完善。

4. 世界经济体系的确立

在19世纪末期与20世纪初期,随着世界市场的逐步形成,世界经济体系也建立了起来。到19世纪60—70年代,世界上除了非洲内陆以及亚洲、拉丁美洲极少数国家和地区外,都已卷入到世界市场的密网中。过去外围地区和边缘民族自给自足和闭关自守的状态,已被世界各国的互相往来和互相依赖所代替了。可见,资本主义发展到这时,在人类历史上第一次形成了通过分工和世界市场把各国的生产、流通、分配融为一体的世界经济,而且,由资本主义机器大工业的发展和扩散所带动的世界市场的形成,实质上标志着一个以资本主义生产关系占主导地位的世界经济体系的形成。

第三节 自由资本主义向垄断资本主义转型的基本途径

资本主义经济制度的发展经历了两个阶段,即自由竞争资本主义阶段和垄断资本主义阶段。随着技术创新能力的进步和生产规模化、社会化程度的提高,古典式自由竞争的生产形态已经不能完全满足和反映市场生产方式和竞争方式的变化,以大规模资本集中和生产集中为特征的垄断资本主义在19世纪的最后30年中应时出现,并逐渐达到了它发展的高潮。

> **垄断经济的概念**

所谓**垄断经济**,是指当个别企业占有了某个产业领域中很大部分产量份额时,他便能够行使一定的垄断权力,垄断权力导致企业产量少于它们处于**竞争性市场中所生产的产量并且可采取比在竞争性市场中更高的价格**,从而获得更高额垄断利润。垄断的经济效应是多重的,一方面,它能限制竞争和造成社会福利的损失,如,具有垄断能力的企业能够经常限制新的投资和新的企业进入它们所在的行业领域,其结果是抑制了资源从不大有价值的利用转向有价值的利用之运动;大企业还往往从事非价格竞争,造成了一些经济上供不应求资源的大量浪费。另一方面,垄断也可能是技术创新和社会福利增进因素,也就是说垄断并不全然是坏的。比如,19世纪托拉斯形式的企业组织实际上也正是生机勃勃的竞争或节约成本的结果,可见垄断在产生弊病的同时,也带来了规模经济和技术进步。

那么,自由竞争是通过什么途径走向垄断的呢?

走向垄断的基本途径　　走向垄断的基本途径首先是**对公共品的需求增加**。在19世纪的最后二三十年中,正是资本主义国家公用事业大发展和对公共品需求快速上升的时代,而公用事业和公共品的供给,从技术上看,它们都具有自然垄断的天然属性。从约翰·穆勒最早提出自然垄断的概念开始,经济学家就已经关注自然垄断和规模经济之间的密切联系,后来,以萨缪尔森等人为代表的现代自然垄断理论,更是舍弃了自然垄断赖以形成的自然因素或自然条件等表面现象,克服了早期自然垄断理论泛泛而谈的缺点,从经济特性的角度,将自然垄断的本质和根源归结到规模经济的技术特征上来。认为在技术和市场需求不变的条件下,产品的长期平均成本在其产出规模扩大到整个产业的产量时仍然处于递减状态中,那么由一个企业垄断经营就会比多个企业提供相同的产量更有效率(成本更节约),于是就产生了自然垄断。因此,自然垄断存在的根源在于它所特有的经济特性——规模经济。

在企业的生产函数具有规模报酬递减或规模报酬恒常的情况下,一般来说只要通过"反托拉斯"法消除进入"壁垒",鼓励其他企业加入该产业开展竞争,不用进行限价,也可最终使价格降至与最低平均成本相等的水平,消除垄断。但如果是在生产函数呈现规模报酬递增(成本递减)的时候,则一般认为非实行限价不能达到效率最优的生产量水平。

在规模报酬递增的条件下,一方面,原来最先进入该产业部门的企业,生产规模越大,成本就会越低,因而必然具有把生产规模扩大到独占市场的程度;另一方面,在垄断企业已经存在的情况下,任何新的企图进入该产业的企业的成本,最初都是较高的,事实上无法与垄断者展开竞争。因此,在这种生产部门,由生产技术的性质本身所决定,不可避免地会产生垄断。并且,从生产的角度看,由一个企业大规模地生产,的确要比由几个规模较小的企业同时进行生产,能够更有效率地利用资源。这就是"自然垄断",也就是并非由于人为地限制进入,而是出于"自然"的技术原因而形成的垄断。一般地,电力、自来水、通信等所谓"公用商品"的生产部门,都属于这种易于形成自然垄断的部门,也正是这些部门,成为政府管制的重要对象①。

走向垄断的第二个基本途径是由**中小企业向大企业的过渡**。由于市场是有缺陷的,而市场的功能在一定程度上又是可以被企业所替代的,因此在企业自组织原理的推动下,旨在克服市场缺陷的大企业的出现是不可避免的,并且对于经济发展也是有利的。但是大企业的出现也会带来问题,那就是垄断。尽管大企业与垄断两者之间并没有必然的联系,一个资产和销售总额很大的企业并不一定拥有垄断权,相反,一个较小的企业在某些特殊的情况下却可能拥有很大的垄断权,但在一般情况下,总是大企业比小企业更容易获得垄断权。

从古典企业组织到**现代企业组织**的历史演变过程,实际上**是以工商企业管理协调这只"看得见的手"逐步取代市场协调这只"看不见的手"**的过程。促成这种转变,并加强这种转变趋势的因素,按照美国企业史学家钱德勒的分析②,大致可以归纳为以下几种:

第一,是内部化的好处。一般说来,当管理上的协调机制比市场机制的协调能带来更大的生产力,较低的成本和较高的利润时,现代多单位的工商企业就会取代传统的小企业。管理上的协调机制之所以能比市场机制带来更大的生产力、较低的成本和较高的利润,又是因为它可以把以前由几个经营单位进行的活动及其相互交易内部化,从而扩大了生产规模,并造成了信息与交易成本的节约。

第二,是管理层级制的建立。上述内部化的好处只有当一群经理人员被集合在一起,并取代先前由价格和市场机制执行的功能时才能实现。经理人员的集合和分层管理,有效地控制了各单位间的竞争,确保了企业的原料来源和成品与服务的销路,从而使得内部化的利益得以实现。

第三,是企业生产的规模扩张。在小规模生产的企业组织里,推行层级制管理通常是无效率的,因为它会造成过多的管理成本。因此,现代工商企业总是首先在这样一些部门和产业中出现、成长并持续繁荣,这些部门和产业具有新的先进技术,而且具有不断扩大的市场。反之,在那些技术并不能造成产出

---

① 樊纲:《市场机制与经济效率》,上海人民出版社1999年版,第178页。

② [美]小阿尔弗雷德·钱德勒:《看得见的手——美国企业的管理革命》,北京:商务印书馆1987年版,第6—12页。

的急剧增加、市场依然是小而专的产业部门中,由于管理的协调并不比市场的协调更为有利,因而在那些领域里,现代企业组织的出现就比较晚。

第四,是参与层级制管理的各级经理工作的技术化和职业化。为保证管理的协调比市场的协调更有效率,管理阶层的选拔与晋升变得越来越依赖于培训、经验和表现,而不是家族关系或金钱。所以,如果把他们与传统的小商业公司的雇主和经理人员相比,那么,不难发现,他们的工作更具有职业性和技术性。

第五,是企业所有权与管理权的分离。企业所有权与管理权的分离,既是经理工作职业化和技术化的后果,同时又是它的原因。当许多单位工商企业在规模和经营多样化方面达到一定水平,其经理变得更加职业化时,企业的管理就会和它的所有权分开;另一方面,经理决策权的加强和管理协调效率的提高,若没有管理权和所有权的分离,也是不可能的。所以,准确地讲,第五和第四两个因素实际上是互为因果的。

从古典企业组织到现代企业组织的演变经过来看,它包含着企业功能的放大,即企业由一个单纯的生产单位(从而只承担生产功能)转变为一个复杂的承担多种经济功能的经济机构。现代企业功能的放大表现为,企业不仅执行其传统的生产功能,而且也执行原先为市场所执行的功能。这些新的功能是:协调流入现有生产和分配过程的产品流量的功能,以及为未来的生产和分配分派资金和人员的功能。[①]

在美国,随着工业生产的发展,在19世纪的最后30年中,快速产生了资本和生产的集中。1873年的经济危机和19世纪末期的激烈竞争使大量的美国中小企业破产,促进了资本和生产的集中。据统计,在1860至1900年美国工厂的资本积聚和集中概况是:每一工厂的平均生产额增加了3倍多,资本额增加了5倍多,重工业部门的情况则更为显著。在19世纪80年代,农业机器制造厂的数目减少一半多,其生产量却增加了1倍多。到20世纪初,生产的集中更为加强。

走向垄断的第三个基本途径是**产业结构升级社会资本大规模向重工业部门集中**。

以美国为例,在19世纪的最后三、四十年中,产业结构发生了巨大的变化。首先,从重工业部门来看,钢铁工业的发展速度很快。1860年时生铁

[①] 华民:《西方混合经济体制研究》,复旦大学出版社1995年版,第243—245页。

产量只有83万吨,南北战争后用烟煤炼成的焦炭来炼铁(1839年前是用木炭炼铁,1839年起用有烟煤冶炼),产量大大增加,到1900年时年产铁1 379万吨,1913年又增加到3 097万吨,1860—1913年年产量增加约37倍。1880年,美国有30个州都有炼铁工业,出产铁矿的主要中心是明尼苏达州、密歇根州和亚拉巴马州。钢的生产在1860年时只有1.2万吨,由于采用了电力熔炼方法和扩大炼炉的体积,到1900年时年产量便达到1 035万吨,1913年又增加到3 180万吨,1951年的钢产量达到1.05亿吨以上,占世界产量的一半。此外,煤的开采量从1860年的1 820万吨增加到1913年的5亿多吨,机器制造业也取得很大发展①。

其次在铁路建设方面,为了把东部各州同西部各州在政治和经济上联结起来、需要迅速修建新铁路。美国政府采取措施鼓励铁路的修建,其铁路线总长度从1865年的3.5万英里增加到1900年的29万英里,1913年又增加到37.9万英里。资产阶级从铁路股票和土地的投机活动中获取了巨大的货币资本,而大规模修筑铁路对美国西部的开发和工农业的发展起到很大的推动作用,尤其对美国钢铁工业、机器制造业和煤炭工业等重工业部门的发展起了积极的促进作用。

此外,在石油工业、电气工业和汽车工业等新兴产业中,美国也大都获得了领先于世界的高速发展。尤其是美国在工业化过程形成了自己的重要特点,即大批量生产方式,按照福特的说法,大批量生产就是把动力、准确性、经济性、制度化、连续性和高速度等原理集中地运用于制造一种产品,从而就会产生一种生产组织:能用最低限度的成本,大批量生产用标准材料、人工和设计所组合而成的有用商品。大批量生产主要以零件的标准化和机件能互相配换的原则为依据,到20世纪初期,美国的生产技术已发展到标准化阶段。

垄断形成过程中企业组织形式的变化 伴随着产业结构的升级,企业对大规模集中社会资本的要求日渐提高。为了满足这种社会发展的变化,以美国为代表的资本主义国家的企业组织形式也发生了很大的变化。

(1)有限责任公司制的盛行。有限责任公司制的最大优点,就是它的

---

① 刘云龙:《欧美近代经济史》,云南大学出版社1995年版,第253页。

投资来源极广,既能吸引大投资者,也能吸引小投资者,而且在公司制下,资本的所有权和经营权分离,这种分离为企业家创造了广阔的活动天地。公司制还为企业巨型化创造了前提条件,正是在公司制普及的同时,美国工业开始走上集中和垄断之路的。通过控股,工业部门的大型企业迅速增加,它们在工业生产中的主导地位迅速确立。

(2) 银行、证券公司等金融中介机构的快速发展。以英国为例,19世纪70年代以后,中小银行不断为大银行所吞并,在银行数目日益减少的情况下,大银行的分支行和存款数却迅速增加,1865年英国股份银行有250家,1875年合并成120家,到1900年减少到98家,存款更加集中。1880—1909年,英国所有银行的存款从5亿英镑增加到9.1亿英镑,增长了80%。并且,通过银行的合并,银行业日益高度集中,仅1891—1902年就发生了银行合并活动114起,在集中的基础上,银行业本身的垄断在同步发展。

(3) 银行资本和工业资本的融合,形成了银行垄断资本。1893年经济危机以后,银行资本与工业资本融合为金融资本已成为美国经济生活的显著特点。银行巨头摩根于1901年组织美国钢铁公司,石油大王洛克菲勒把美国最大的银行花旗银行变成了洛克菲勒的银行,这可以作为工业资本与银行资本融合的典型例子。

第四节 走向垄断资本主义两种模式: 市场自发式和政府外推式

19世纪晚期,世界经济在自由资本主义向垄断资本主义转型的过程中,比较明显地表现出了两种不同的模式。其中,在以英美为代表的核心先发型资本主义国家,这个过程可以概括为市场自发模式;而在以法德为代表的追赶型后发型资本主义国家中,这个过程则可以称之为政府外推式。

以英美为代表的核心先发型资本主义国家 在19世纪最后30年,由于世界生产技术的巨大进步,世界工业生产特别是重工业生产得到迅速发展,企业规模不断扩大,股份公司广泛发展,资本和生产的集中日益加强,进而,生产的集中又引起和推动垄断组织的产生。1873年的世界经济危机使许许多多个小企业破产,危机后的长期萧条又引起企业间的激烈竞争、新技术的采用和新产业部门的出现,自由竞争进一步促进生产的集中,而生产的集中又随垄断组织广泛发展起来。以英美为代表的核心先发型资本主义国家,在这个阶段中主要表现出来的是以市场为导向的垄断资本主义。

1. 先发型垄断资本主义的基本特征

以英美为代表的核心先发型工业化国家,它们在走向垄断的过程中,首先主要表现为市场的自发垄断,这一点与其他资本主义国家存在很大的差异。换句话说,在这个类型的垄断转型中,主要是由市场自身的力量,而不是政府的外部推动来完成的。

根据规模经济理论,当企业处于适度规模经济范围时,其平均生产成本和交易成本较小,规模收益较大。因此,规模经济的最低限要求企业的规模不应低于最小经济规模,否则,牺牲规模经济就谈不上有效竞争。同时,市场竞争度的最低限也要求竞争收益大于竞争成本,从而使有效竞争存在于一个合理的区间,而不是一个点。说明:

有效竞争是一种适度竞争。所谓适度竞争是指竞争和垄断达到一个具有较高效率的均衡,符合效率的原则。而其反面则是竞争过度或竞争不足。竞争过度表现为企业数量和生产规模超过市场需要,造成生产能力严重过剩,规模经济效益差。竞争不足会抑制市场竞争功能的有效发挥,产生垄断的弊端,使资源不能自动流向社会最需要的地方,从而影响资源的有效配置;同时,竞争不足还会使企业缺乏创新动力和压力。只有适度竞争,才能获得最大效率。有效竞争本质上也是一种适度竞争,它需要在垄断与竞争之间保持一种均衡,防止走向两个极端。

英国垄断资本发展的特点就体现了这样的一种有效竞争状态。比如,其垄断组织一般都是在激烈的竞争中由减少后的若干家大企业合并改组为大股份公司,并经过兼并活动后形成生产上的联合,在英国控制商品销售条件的辛迪加和卡特尔比较少。列宁指出:在自由贸易的英国,集中同样引起垄断,不过时间稍晚,形式也许有所不同。比如,英国的铁道部门从19世纪中叶起就逐步合并并走向垄断。到1914年,英国的1 000多条铁路已分属于约11家大铁道公司所有,而且相互之间订立了经营协定,实现了铁路垄断。

另外,英国银行业集中和垄断的程度虽然超过美国和德国,但银行资本和工业资本的融合却不如美、德。直到19世纪末20世纪初,银行资本和工业资本的结合才开始逐步加强,商业银行允许企业以透支连续延期的方式进行变相的长期贷款,同时还扩大以公司股票和债券为担保的抵押贷款,加强对投资公司、投资经纪人的资助与控制。

这一类垄断转型的第二个主要特征是,政府与企业之间存在着互相制约的关系。垄断虽然能实现规模经济,但也是存在明显弊端的。首先,根据亚当·斯密的分析,垄断会产生三种显著的低效率。一是垄断将导致产量的减少,从而导致福利下降;第二,资源将被用于获取、维持和扩大垄断,从而造成资源使用的浪费;第三,垄断在技术上是低效率的,给定相同的投入量,垄断的产出将少于竞争者的产业。

垄断除了存在以上三个方面的低效率之外,还存在 X—无效率。根据雷本斯坦的观点,X—无效率在很大程度上是由资源所有者的动机低效率所引起的产出损失而造成的。X—无效率对垄断者和竞争者都有影响。但一般说来,垄断者由于不受竞争的约束,所以它的 X—无效率将更大,因此,一个产业的竞争度越大,受 X—无效率影响的厂商数就越少。反之,则相反。可见,垄断既能引起资源配置的损失,又能造成成本损失,即存在于垄断企业内部的低效率的资源配置法则。

此外,垄断还会产生另一种额外的成本——寻租。寻租是流落在非生产性领域的一种资源浪费,它们力图转移财富或阻止福利的增加财富。

其次,垄断企业存在,导致社会福利水平的下降,这是因为垄断企业把价格提高到最低平均成本之上,以较高的价格和低于竞争市场的产量,获得垄断利润,导致社会生产能力未能充分利用,降低了社会福利。另一方面,长期垄断利润的存在,还造成收入分配的不平等。这也是社会要求限制垄断的一个重要的原因。

正因为这样,对待垄断的正确态度应是不过分限制垄断,也不让垄断权力行使过度,而这意味着政府管制的必要。自美国于 1890 年制定第一个反垄断法《谢尔曼法》以来,西方国家限制垄断权力过分膨胀的政府管制从来就没有放松过。

限制垄断的措施主要有两种,一种是限制个别垄断企业的规模和市场占有率,打破垄断企业造成的"进入壁垒",鼓励其他企业进入市场,以展开竞争,使价格下降,产量增加。另一种措施就是直接限制价格,把"价格上限"定在最低平均成本上,以消除垄断利润,实现帕累托最优的边际条件[1]。

---

[1] 樊纲:《市场机制与经济效率》,上海人民出版社 1999 年版,第 177 页。

以美国为例，19世纪70年代是其垄断企业大发展的时期。1879年成立的美国第一个托拉斯是洛克菲勒的美孚石油公司；后来，1884年在棉籽榨油业中成立了棉油托拉斯，1887年成立了威士忌酒托拉斯、制糖托拉斯、全国铝制品托拉斯和铅矿托拉斯等，垄断盛行一时。

之后，美国政府于1890年颁行了《谢尔曼反托拉斯法》，宣布"凡有妨碍各州之间商务与对外贸易的一切合同，或按照托拉斯及其他形式所组成的企业合并或阴谋，均属违法……"；"凡进行垄断、合并或与他人阴谋垄断各州间任何部分的贸易及商务或对外贸易的人，其行为均属违法……"；规定违反法律的人要受到罚款或监禁，而且受害人可以得到相当于所受损害3倍的赔偿；美国的一些"巡回法庭"有权防止或禁止对这个法案的违犯，首席检察官受命对违法行为提出公诉①。作为世界上第一部的反垄断法，无论它的实际效果如何，毕竟，它既反映了当时美国垄断程度的发达，也体现出政府希望对大规模垄断行为有所制约的努力。

但是，我们也必须看到，不同形式的垄断所造成的福利损失是不同的。一般来讲，由"技术"因素引起的自然垄断对福利所造成的损害最小。就自然垄断一般是由生产的最低效率规模所决定而言，自然垄断所带来的实际上是规模的经济。因此，自然垄断即使会造成福利损失，比如政府的管制和补贴成本，但与其所带来的规模经济相抵消的结果，这种福利损失将是有限的②。

2. 先发型垄断资本主义的经济增长效应

垄断虽然会产生低效率，但垄断同时也会带来许多的好处。垄断的好处其实从垄断的形成与发展机理中就可以看到，概括起来主要体现在以下三个方面。

第一，垄断可以带来规模经济。由这个角度出发，垄断将导致福利的增加而不是损失，这种福利的增加实际上是垄断的社会收益，它来源于规模经济的实现。

第二，免除利用市场的成本。垄断，尤其是通过纵向一体化达成的垄断，能够使一定的外部性转而内部化，从而降低和节省市场上发生的交易费用。事实上，垄断在一定程度上是对市场价格机制的一种替代。

---

① 刘云龙：《欧美近代经济史》，云南大学出版社1995年版，第260页。
② 华民：《西方混合经济体制研究》，复旦大学出版社1995年版，第260页。

第三,垄断有利于技术创新。美国经济学家熊彼特认为,技术创新需要大的厂商的存在,在这方面完全竞争企业的效率通常是不高的,这是因为,小厂商通常是不可能为技术开发与研究支付大量费用的。加尔布雷思效法熊彼特,也认为大厂商是引致技术进步的最完整的工具。他的理由是,研究与看法支出对于小厂商来说是太昂贵了,以至于它们不适于从事研究与开发工作,因为研究与开发的过程是一个消耗时间的过程,而小企业由于它们没有足够的财力,以致不能等待一种被推迟的报酬。此后,阿罗又通过对市场和研究与开发之间关系的分析发现,竞争经济在发明活动中是投资不足的。其原因在于:① 竞争的厂商更不愿意承担创新的风险;② 竞争的企业更不能占有创新的收益;③ 竞争的企业甚至不能够从使用发明的递增的收益中获得利益。尽管有许多经济学家至今仍然坚持竞争企业由于受到市场压力而比垄断企业具有更加强烈的创新动机,而垄断企业由于拥有市场力量而具有创新惰性的观点,但从大量的经验证据来看,垄断企业在技术创新方面确实要比竞争企业发挥着更大的作用。这一特点,尤其表现在以电力和重化工业为主导产业的第二次工业革命期间,由于存在大规模投资的要求和进入壁垒,中小企业的技术进步推动作用在那个年代是相形见绌的。

此外,通过市场自由竞争而形成垄断的过程,从微观上直接培植了能够孕育创新性企业家的环境;而从宏观上,则使得内生经济增长路径的形成成为可能,导致垄断资本主义非帝国主义化转向的潜在动能或将形成。

<blockquote>以德法日为代表的追赶型资本主义国家</blockquote>

英、美和德、法、日等主要资本主义国家虽然都在19世纪末相继开始了向垄断资本主义的转型,但是两者之间的在转型的模式和路径上还是存在比较明显差异的。除了拥有同样的走向垄断的一般原因和途径之外,相比于英美主要是以市场为基础的内生性演变形态而言,法国、德国和日本更多的则是在追赶和借鉴等外生力量的推动下,由政府作为主导,较为激进地创设出了进入现代垄断资本主义的道路,相对于英美的市场自发型转型,我们也可称德法为政府外推型转型。所以在这部分,我们将主要剖析这一类型的转变原因、模式、主要特征与经济效应。其中,最为突出的就是这类垄断转型模式中银行的重要中介作用和金融资本的异常发达现象。

1. 走向垄断的主要原因：大规模金融资本的出现

以德国和日本为代表，作为后起的资本主义国家，在19世纪70年代起的垄断风潮中，由旨在追赶而推动的低成本集中资本方式对于推动垄断的形成起到很大的作用。在垄断的基础上，银行的地位和作用发生了新的变化，由普通的中介人变成了万能的主宰者。主要表现是：

第一，银行控制和支配着整个社会的工商企业。少数银行业垄断组织通过存放款和其他金融业务，首先密切地了解各个工商企业的业务状况，然后加以监督，用扩大或缩小、便利或阻碍信贷的办法来影响他们，甚至做到完全决定他们的命运。

第二，银行促进和加速垄断组织的形成。银行和工商企业之间，由于业务的扩大和长期贷款的增加，有了休戚与共的利害关系。为此，银行或是用增加贷款的办法，帮助有关企业增强竞争实力，以打败竞争对手；或是促成相关企业之间达成协议，建立同盟，实现联合。

第三，银行成为股票和债券买卖的场所，并代理工商企业发行有价证券。这时，工商企业的创办或扩大，大多必须通过银行。银行通过包揽工商企业有价证券的发行，既可以从中获取巨额利润，又可持有企业的有价证券。伺机使企业在生产集中和垄断基础上，银行业垄断资本和工业垄断资本融合或混合生长，形成的一种新型垄断资本即金融资本。

2. 走向垄断的典型途径：政府推动以及银行和实业的直接嫁接

在追赶型的后发资本主义国家中，有政府推动，以及银行和实业的直接嫁接而导致的垄断，成为企业向垄断资本主义形态转型的典型途径。以德国为例，从1873年起由于几次经济危机的影响，外加国家实行的保护关税政策和政府参与企业集中的活动，使生产集中的过程加速。在德国，工业的迅速发展和国内市场的相对狭小之间存在着很大的矛盾，在国外市场上又面临着其他国家的激烈竞争，销售市场成为一个严重问题。德国的大资本家为了避免竞争带来的损害，保证企业能获得高额利润，便需要利用垄断组织（主要是卡特尔）作为控制国内市场和夺取国外市场的手段。大银行为了保障投资安全和增加收入，也强迫接受银行长期贷款的各生产企业达成协议，阻止竞争、组成垄断同盟，而政府也采用高额保护关税政策、补助输出政策和其他直接间接的方式来促进垄断组织的发展。这样，在德国便发生了"卡特尔运动"，垄断组织蓬勃发展起来、并不断升级。以钢铁行业为代表，1903年时，盛行的垄断组织辛迪加又不得不对战略地位更强的"混合"康采恩让步,这种企业的联合体既不按辛迪加规定的价格交售自己的煤,也不像纯粹的钢铁厂那样购买辛迪加的焦炭,它使卡特尔制度的目标之一——维持独立企业趋于失败。

另外,由于参与制度在卡特尔各参加者中间得到广泛发展,各企业间也建立了互相交错的紧密关系,这就使垄断组织能够控制全国的经济生活。工业垄断资本和银行垄断资本密切结合又进而产生金融资本,并进一步推动了这种结合程度和控制能力。在德国,银行既经营贴现、贷款、发行有价证券,又兼营投资等业务。德国的大银行通过长期贷款、公司透支、发行股票和股份参与等方式与工业企业密切联系,对工业施加重要影响,而德国的工业企业资金比较缺乏,在创立工业企业时非常需要大银行的积极参与。除上述方式外,还可通过银行和工业企业之间的个人联合,使德国银行垄断资本同工业垄断资本结合起来。正是这样的金融网络系统,形成了独特的德国式"主银行制度"和垄断资本主义演变。

3. 不以实业为基础的银行资本先行繁荣和垄断

法国可以说是在由自由竞争向垄断资本主义演变过程中比较特别的一个。它并不算是一个后起的工业化国家,但法国的工业资本主义尤其是重工业资本主义始终并不发达,但与此形成对照的是,法国的金融资本主义尤其发达,随着世界主要资本主义国家纷纷向垄断转型大潮的到来,法国就表现出不以实业为基础的银行资本先行繁荣和走入垄断的独特表现。

早在19世纪50—60年代,银行和交易所就在法国大规模地建立起来,设立了许多商业银行和工业银行,还出现了农业银行或农业信贷银行,其他新设立的大银行还有"土地信贷银行"(1852年)、"法国工商业发展总公司"(1848年创立,1854年改组)、"里昂信贷银行"(1863年)、"马赛工业信贷储金公司"(1864年)等。其中"动产信贷银行"尤其引人注目,它是一家法国大股份公司,是在19世纪50年代交易所买空卖空、投机活动盛行的情况下所出现的新型金融企业。它与路易·波拿巴政府有密切的关系,并得到该政府的保护。动产信贷银行的主要目的是充当信贷的中介,参加创立工业企业或其他企业,它广泛投资于工业和铁路建设,曾参加法国、奥地利、匈牙利、西班牙、瑞士和俄国的铁路建设。这家银行用发行本银行股票得来的资金又收买各种工业企业的股票和其他有价证券,成为工业企业的所有者。

事实上,到19世纪60年代,法国的金融资本家已经实际控制了国家的经济命脉。法国的银行和交易所除在国内从事信贷和投机活动外,还大量贷给外国。1869年,法国的资本输出达到100亿法郎,仅次于英国而居世界第二位。

在19世纪70年代以前,法国的银行资本就已相当发达,而从19世纪70年代起,由于巨额公债的发行、工业生产的增长以及因物价上涨而造成的商业投机活动的加剧,促进了银行信贷事业的进一步发展。这一时期,除原有的金融机构外,又纷纷创设了许多新的银行,例如,1872年开设的巴黎荷兰银行后来发展成法国最强大的金融集团之一;具有殖民性质的东方汇理银行业务发展也非常迅速。到20世纪初,法国又成立了许多新银行。1901年开设的法国工商银行、西非银行和1904年开设的巴黎联合银行等规模都很大。

从19世纪末到20世纪初,法国银行资本的集中大大超过工业资本的集中。随着银行资本的飞速发展,银行资本与工业资本日益融合,形成金融资本的统治。

4. 追赶型垄断资本主义的基本特征

这一类追赶型垄断资本主义往往不是在完善的市场经济环境中,通过企业的自由竞争逐渐过渡到垄断资本主义的,正因为如此,它们在转型过程中表现出的是更多的政府介入和市场缺失。

首先,在工业领域内部,政府直接通过政策性干预以及指导性计划影响市场机制的运作。比如,德国商品和资本市场的形成,自始至终存在政府干预的影子。统一的商品市场的形成一开始就是政府干预的结果,建立德意志关税同盟、修建连接德意志各主要经济区域的铁路、运河系统,完全或大部是由政府包办的;资本市场的发展和统一,也与政府的直接干预分不开,普法战争的大笔赔款,出于军事目的的政府大量投资,建立国家银行系统等,都对资本市场的发育和统一起过决定性影响。

而日本的工业化也是自上而下开始的。第一批近代工厂是由政府兴办的,第一批近代交通运输事业也是由政府的投资启动的。在工业化的全部过程中,政府所发挥的作用,比任何西方国家都突出。以"殖产兴业、富国强兵"为目标的日本,在甲午战争结束后更是提出了庞大的军备扩充计划,扩军的投资最终流向重工业,尤其是钢铁、造船、机器制造等工业部门,从而促成了重工业的空前发展。在造船业,日本政府于1896年颁布《航海奖励法》和《造船奖励法》,用立法的形式鼓励发展造船业,并直接投资带动,取得巨大成效;在机器制造业的发展过程中,政府的作用同样是明显的①。可见,像德国、日本这样一些没有经过政治革命,而只进行了某些有利于发展近代工业部门的社会经济制度改良的国家,工业化一旦启动之后,虽然追赶和崛起的速度非常之快,但大规模政府干预的制度后遗症长期难以消除。

其次,政府直接干预经济的能力伴随金融垄断程度的提高而不断上升。在日本,政府控制最突出的关键部门是金融,在这个领域存在着包括日本银行、正金银行、劝业银行和兴业银行在内的四个庞大的国有银行系统。这四大银行,每一个都拥有众多的分支机构,而且都是官方的金融代理者。不仅如此,国有银行之外,还有一个直接受大藏省存款部管理的邮政储蓄系统,它经营邮政转账和邮政储蓄,控制着一个小额资本形成的重要渠道。

正是由于这样的原因,通过庞大的国有银行系统,日本政府实现了对大部分私营经济的控制,尤其是对中小企业的控制,这限制了市场因素的正常运作。并且除了政府垄断部分银行业务外,存在着一股强大的财阀经济力量,它们的影响无处不在。其中一些有代表性的大财阀几乎每一个都是一个庞大的金融集团,在政治上和皇室、政府乃至军方有密切的联系,在经济上则从事跨部门跨行业的垄断性经营。到20世纪20年代,几乎所有较大的私人企业都有自己的金融机构,许多都具有垄断性财阀的特征。

德国虽然也有一大批私营股份银行,但是几乎所有的私人商业银行都对国家银行存在严重依赖性,因此德国在资本资源的价格和流向上,国家具有绝对的控制权。此外,德国近代工业大都是在政府投资的带动下创办的,这决定了在工业化过程中形成的现代工业,过多地受到政府的控制,其中最突出的是铁路运输业和重工业。

正是由于这些反市场因素的强烈存在性,使得这两个国家所表现出来的垄断与政府之间更多的是合作而非制约,随着世界经济形势的变化和国内动荡的加剧,在其内部对经济体制本身的改革要求日益突出。

5. 追赶型垄断资本主义的经济增长效应

在追赶型的垄断资本主义国家中,由于垄断不仅来自市场本身的需求,更有政府激进的创设性推动,所以市场竞争中应有的创新环境和企业家精神大为受损,而是由金融家直接俘获了企业家,甚至是政府。

正如列宁指出的:"随着银行的日益集中,只能向愈来愈少的机构请求

---

① 赵伟,1994,《现代工业社会与经济体制选择》,中国社会科学出版社,第57—58页。

贷款了,这就使大工业更加依赖于少数几个银行集团。在工业同金融界联系密切的情况下,需要银行资本的那些工业公司活动的自由受到了限制。"他又说:"说到银行和工业的密切联系,那么,正是在这一方面,银行的新作用恐怕表现得最明显。银行给某个企业主贴现票据,给他开立往来账户等等……如果这些业务愈来愈频繁、愈来愈加强,如果银行把大量资本'收集'在自己手里,如果办理某个企业的往来账使银行能够愈来愈详细和充分地了解它的顾客的经济状况(事实上也确实如此),那么,结果就是工业资本家愈来愈完全依赖于银行。""同时,银行同最大的工商业企业之间的所谓人事结合也发展起来,双方通过占有股票,通过银行和工商业企业的经理互任对方的监事(或董事),而日益融合起来。"①"生产的集中;从集中生长起来的垄断;银行和工业融合或者说长合在一起,——这就是金融资本产生的历史和这一概念的内容。"②可见,在金融资本和金融寡头为主导的经济体制中,金融力量统治着一切,既控制着政府,又控制了企业,甚至也控制着舆论——那就是媒体。

由于缺少内部的市场竞争环境,因此,也正是在这一类型的垄断资本主义国家中,外生扩张型的经济增长模式更加容易导致向帝国主义的转变。

总结以上的分析,我们不难得出如下的一系列结论。首先,自由竞争资本主义向垄断资本主义过渡是19世纪技术创新,以及大规模生产范式盛行的必然结果;其次,自由竞争资本主义向垄断资本主义过渡的模式和路径是多样的。以英美为代表的垄断转型,与以德法日为代表的垄断转型存在很大的差异;再次,金融资本在后发追赶型的垄断转型中更加得到张扬;最后,垄断资本主义并不必然走向帝国主义。依赖于市场竞争为主要方式的垄断演化,更可能走上内生经济增长的路径。

思 考 题

1. 经济长周期波动,一般而言会从哪些方面改变着世界经济结构?
2. 简述19世纪60—70年代,一个区别于早期世界市场的、赋予了新的经济和物质技术基础的世界市场形成的主要原因。

---

① 《列宁选集》第2卷,人民出版社2012年版,第607页。
② 同上书,第613页。

3. 简述市场经济由自由竞争走向垄断的基本途径。

4. 谈谈你是如何理解以德法日为代表的追赶型资本主义走向垄断的典型途径的?

本章参考文献

1. 赵涛:《经济长波论》,中国人民大学出版社1988年版。
2. 刘云龙:《欧美近代经济史》,云南大学出版社1995年版。
3. 华民:《西方混合经济体制研究》,复旦大学出版社1995年版。
4. [美]W·W·罗斯托:《世界经济:历史与展望》,得克萨斯大学出版社1978年版。
5. [美]小阿尔弗雷德·钱德勒:《看得见的手——美国企业的管理革命》,商务印书馆1987年版。
6. [美]西蒙·库兹涅茨:《现代经济增长》,北京经济学院出版社1989年版。

第二十章　社会化大资本的企业和垄断

资本积累，总是在企业这个平台上进行的。因此资本积累的进行首先意味着企业规模的扩大。在马克思所说的机器大工业问世以来的一百数十年中，企业，这个资本主义经济的基本单位，其规模发生了令人惊奇的增长。在当今经济世界，虽然仍是大中小企业并举，虽然大企业的数目相对较少，但其经济重要性则远非数目可以表达。可以毫不夸张地说，今日经济体系中一切以现代技术为特征的产业，都是建立在大企业的核心作用的基础上的。若无大企业的龙头地位，则现代产业部门，诸如航空、飞机、汽车、石化、玻璃、钢铁、卷烟、软性饮料等，简直就不可思议了。今日之世界，乃是大企业为中心的时代。

大企业的兴起不只是规模变化；更重要的，它引致了企业制度的演进。一是资本产权上，为了积聚足够的企业资本往往要求资本来源的社会化，从而导致企业所有权与经营权的分离，所谓"公司治理"的问题由此而生；二是企业管理上，企业变成巨无霸了，自然导致企业总部与具体业务或职能单位的分离，所谓公司管理体系的问题也由此产生了。企业所有权的多元化和企业管理的专业化，标志着资本在其自身限度内的社会化。

本章首先阐述大企业兴起与发展的技术经济原因，然后，对公司治理问题与内部管理体系问题分别进行讨论，最后，对企业制度变革的社会化意义加以简单说明。

第一节　社会化大企业及其形成原因

大企业的规模与构成　人们说到大企业时，不一定体会到他心目中的大企业何其之大。中国有句古话，叫作"富可敌国"，形容某些私家豪门的财富规模之大。拿到今天大型公司的世界来看，这句原本夸张的话倒成了现实。

按照统计,全球 500 家最大的企业的年营业额已经高达 7 万亿美元,相当于全世界国民生产总值的 45%。如果把公司与国家都看作经济单位,把公司销售额与国家的国民生产总值当作产出来比较,那么,即使像中国这样的大国,2002 年的国民生产总值(10 万亿人民币)也只是美国通用汽车公司这一个企业销售收入(1 000 多亿美元)的十来倍,而像土耳其、泰国这种中等水平、中等规模的国家,整个国家的国民生产总值竟然还比不上全球最大几家公司中的任何一家的产值,更不要谈其他众多的穷国、小国了!

解剖现代巨型公司的构成,有以下三个方面的特点:

(1) 横向联合。横向联合指的是开设多家生产工厂来制造某种产品。一家公司内包括多家工厂,已经成为大公司的普遍情形。哈佛大学两名教授曾在 20 世纪 70 年代初就美国制造业的 200 家公司做过一项调查,发现基本上每家公司都有多家工厂,平均一家公司拥有 9 家工厂。在销售行业中,开设多家商店来销售同样的产品,则更加是标准的实践了。

(2) 纵向联合。纵向联合指的是企业把经营过程扩展到生产、供应、销售的不同环节。今天的大型企业,几乎没有只管生产而不涉足原材料供应及营销过程的。以汽车为例。汽车制造过程需要成千上万的零部件。汽车公司并不总是制造所有这些零部件,但是对其中相当一部分重要零部件,汽车公司还是选择自制为多。销售方面,汽车公司也不直接向最终用户卖车,但是汽车公司总要向与本公司签有长期合同的销售公司提供指导与监督。至于在一种产品的产供销全过程中,多少环节与多大比例应纳入公司内部,多少应该通过市场关系来解决,是一个需要具体分析的问题。我们已在本书前面交易费用的有关章节中讨论过了。

(3) 多样化经营。多样化经营指的是一家企业同时生产与经营若干种不同产品。生产汽车的公司同时制造电子产品,或者旅馆老板同时办航空,便是走上了多样化经营的轨道。

管理学家把企业多样化分成四种不同类型。当企业仅仅生产经营一种产品时,称为"单产品企业";当企业增加产品种类,但是新生产的产品与原来产品有技术上的紧密联系时,称为"相关产品企业";如果实行多样化经营的企业中某种产品的比重大,其他产品的份额在公司总产值中并不重要,那么这种企业则称为"主导产品企业";如果企业经营的多种项目与产品几乎平分秋色,而且相互之间缺乏技术或市场上的内在联系,这种企业则叫"不相关产品企业"。

举例来说,一家电子公司创立伊始,因为资金与技术的限制,可能仅生产收音机一种产品,是一个单一产品的公司。后来,因为经营成功,积累了更多资金与经验,于是逐步扩大到生产录音机、电视机以及摄像机等产品,从而成为一家相关产品的多产品企业。而后,这家公司可能又扩展到化妆品、航空、旅游以及房地产等毫不相关的行业。如果刚开始时这些新发展起来的项目还比较小,而原来的基本阵营电子产品的产值还是公司销售额的大头,比如说70%以上,那么,这家公司就是"主导产品企业";如果这些后发展的各种项目得到迅速扩张,以至于所有这些产品变得差不多同样重要,没有一种产品能够在公司总销售额中占到50%以上,那么,这家公司就成了"不相关产品企业"了。

上述横向、纵向联合及多元化经营,都不限于一国范围;这些扩张过程均可在国际舞台上进行。于是,形成了以全球经济为发展舞台的跨国企业。结果就使企业规模与日俱增,成为包罗万象、机构繁多、势力雄厚的庞然大物。

为什么产生如此规模庞大的大企业?从根本上说,这是现代科技条件下生产力日益社会化的产物。马克思曾经指出:**资本主义的基本矛盾在于生产资料私有制与社会化生产力间的冲突**。随着生产力的进一步社会化,资本主义私有制如无改进,就无法适应生产力的发展了。马克思曾把当时业已出现的股份制公司中的资本社会化,看作"资本在资本主义关系内部的自我扬弃"。实际上,大企业的出现与发展,正是在生产力社会化压力下,资本私有制不断追寻自我扩展、不断拓宽资本的社会化空间的过程。

当然,生产力社会化提出了改革企业制度的客观要求;但实际上企业如何变大,还得看是否具备管理大型企业的主观条件。这就涉及企业制度与管理方法的创新了。我们知道,在企业变大的过程中诞生了现代管理学,而正是管理创新与管理教育的发展,为现代大型企业的发展提供了运行保障。

下面就对两者分别加以说明。

〔生产力社会化与大企业〕 现代大企业的起点是大规模生产与行销。但是,规模产销的前提是现代交通与通信所提供的快速、正常而可靠的服务。因此,铁路与电报在19世纪后半期的出现与发展,标志了现代生产力的新高度。铁路与电报的采用很快就引起了生产与行销方式的变革。铁路提供了速度、可靠性以及批量运输的可能，使得大规模行销与生产有了时间保证；电报、电话及邮政服务的改善，则为在更大范围内传递信息、进行协调和控制提供了技术前提。

1. 规模经济与横向联合

导致大企业产生的技术经济原因之一是横向联合，而横向联合的动因则主要是规模经济。规模经济有种种来源，诸如设备专门化与劳动分工对效率改进的效应，大型设备能力扩大的边际成本递减，规模储备导致的存货与仓储节约等。这些规模经济的来源，大都可以适用于一个企业拥有多家工厂的情况。大规模储备的节约在多工厂的企业，会更容易实现。比如说，一个企业有五家工厂使用上百台的同类机器设备。在这种情况下，就值得成立一家专门的维修与储备设备车间，来更好地计划使用维修力量与设备。通过专业化分工而产生的节约，在多工厂的企业也同样需要。在多工厂的企业中，可将产品的细类品种分配到不同工厂去生产，实现工厂生产的专门化，借以提高效率。汽车公司中通常都是把高档豪华型车放在一种工厂，而大众经济型车则放在另一工厂中。按照历史学家的研究，通用汽车公司在20世纪20年代终于从危机阴影中走出来，并且迅速成为世界汽车工业的明星，主要原因就是当时由斯隆出任总裁后，率先实行对轿车进行分等，划出五等的汽车市场，然后实行公司重组，让每一等级的车辆由不同工厂分别生产与经营。结果是大大增强了生产效率以及灵活性。

不过，与多工厂企业相联系的规模经济，最重要的还是在管理方面。具有多个工厂的企业有能力使用专门的会计、资金、行销、研究与开发、乃至法律事务等人才。一旦为单个大规模工厂的经营管理所需要的人才齐备后，那么，再增加第二家、第三家工厂，并不需要增加同量的经营管理者。因此，多工厂企业为企业家充分发挥自己的经营能力提供了天地。

2. 交易费用与垂直联合

上面说过，垂直联合是指处于生产过程的产、供、销不同环节的经济单位合成于一个企业之内。当生产者向所需原料部门的环节扩展，是向上游的垂直联合；如果生产者把产品销售环节的企业并入自身，则是向下游的垂直联合。垂直联合的意义在于：原本由市场机制中介的供销双方的关系，经过垂直联合后，成了同一企业内部不同部门的管理关系。

那么，既然市场交易在经济理论上已被说明是简捷有效的，为什么要有公司管理来取代市场交易？这是因为节省交易费用的需要。独立主体之间的市场交易并非没有成本,诸如收集信息、谈判签约、监督合约的执行等,都是常见的交易费用。于是问题的关键是比较公司内部管理费用与市场交易费用谁大谁小。既然19世纪后期垂直联合得到广泛发展,那么,可以推断,其间一定发生了市场交易费用相对升高的情况。首先,在规模生产情况下,市场链条中断导致的损害显著扩大,从而对销售与原材料来源的稳定性要求更高了;其次,固定资产专业化的发展,特别是大型设备与特定地理位置(如炼钢高炉、化学工厂装置等)的联系,导致了"沉淀成本"的攀升。前面说过,资产专业度越高,沉淀成本越大,则市场交易费用及风险也越大。简言之,19世纪后期开始的第二次产业革命由于其大大提升了资产专业度,规模经济以及增加了不确定性的危险,从而创造了企业走上垂直联合之路的经济动因。

到20世纪初,资本集约度高的现代产业中,企业已经广泛成为多单位与多功能的了。现代产业的形成采取了两种不同形式。某些单功能的生产者主动扩展,进入分销与采购原材料的领域,建立自身的分销机构和采购组织,从而扩大企业规模和增加企业的功能。另外一些企业则主要走了合并的道路。

管理社会化与大企业　规模经济与市场费用节约是现代大型企业产生的经济动因,但大型企业能否生存与发展,则要看企业是否具备管理能力了。事实上,现代企业的兴起过程也是企业管理社会化的发展过程。

现代大型企业在管理上的主要问题可以分为两类:一是组织与协调产供销各环节的有效衔接,确保企业运作的稳定高效;二是策划与选择企业长远发展战略,并筹措与分配资源来实现这种战略。与此对应,企业内部决策可以分成战略决策与营运决策两个层次。战略决策包括企业发展方向的选择,产品类型的升级,基本技术基础的转向,经营地域的界定,企业的资产负债结构,企业管理层及事业部领导人的选拔、评估与奖惩等。战略决策之外的事项,主要是在既定战略框架内的产、供、销、人、财、物的运作,就是所谓的营运决策了。

上述两层决策的集中或分散,区分出现代企业管理结构的两大基本形式。其一是U型企业,或称功能型企业;其特征是把营运与战略决策的权力都集中于企业总部。其二是M型企业,又称为事业部型分权结构;它是以企业总部与中层管理者之间的分权为特征的。M 型公司的核心特征，就是把企业按照产品或经营地域或客户群体组成若干事业部，由公司总部与各事业部实行分权；总部承担战略决策，事业部负责营运决策。事业部作为独立核算的利润中心，享有相当广泛的经营自主权。但是，这种自主权又是在公司统一政策架构内界定的，并且与别的事业部构成依存关系。事实上，根据情况调整与决定公司总部与事业部之间的权限划分，乃是当今大企业管理中最复杂也是最重要的问题。

M 型企业的发展意味着企业组织的科层化发展。所谓科层化，是指企业内部众多的经理人员，已不再直接接受市场这个"看不见的手"的选择；他们的兴衰荣辱，在很大程度上是由企业内部的评价与奖惩制度决定的。这些经营人员，不再像传统业主那样为了自己拥有的企业工作，不再是靠冒险精神与运气去闯自己的天地，而是从企业内部的预算分配过程中争得资源。现代科层制企业中的经理人员具有了"官员"的部分属性与特征。这一身份变化引出了当代大企业管理中最最困难的问题，那就是，如何激励经理阶层追求企业的总体绩效而不是短期的个人利益？如何管理与控制众多部门？

资本社会化与大企业 　企业变大的过程也是资本所有者多元化过程。推动这一多元化过程的有几种力量。生产力发展与民众收入水平提高，使日益增多的大众家庭加入储蓄投资者的行列；社会保障方面的制度创新，催生了包括养老金与公司年金等长期持股资本；而各式各样的共同基金的发展又为公众投资提供了简单易行的机制；最后，创业一代的资本家离开人世，留下了巨额资产，相当大一部分以基金会方式转化成了社会性长期基金。这些因素互相推动，导致了过去半个世纪中发达国家股票投资者数量的惊人增长。以美国为例，全国直接持有股票的人数及其占全国成年人口的百分比：1953 年分别是 649 万人和 4.2%，到 1985 年增至 4 704 万人和 20.1%，而 1995 年则高达 5 130 万人和 31%；如果加上间接持股者（指用经纪人名义登记与持股），则 1996 年全美持股者占成年人口的比重是 43%。

在如此高比例的公众持股的同时，以各类基金为主的机构投资者以惊人的速度发展起来，成为现代企业的最重要股东，彻底改变了私人或家庭资本控制企业股份的状况。20 世纪 30 年代时，洛克菲勒家族与梅隆家族还分别在埃克森石油公司和海湾石油公司拥有 20% 和 90% 的股权，但到 70

年代后期,这个比例就降到了1％和7％。相反,共同基金管理者忠诚公司(Fidelity)的规模发展到如此之大,以至于其在众多公司的持股量曾高达全美上市公司股票市值的2％左右。全美大学教师退休基金在1996年时已拥有7 000亿美元以上的资产,持有大约1 500家美国公司近1％的发行股票以及30—40家公司的多至10％的股权。下表表明,从总体上说,发达国家企业的资产所有权已经高度多元化了。

表20-1 1996年企业资产持有者分类(占总资产的1％)

国家 持有者	美国	英国	德国	法国	瑞士	日本
个人	49	21	15	23	18	20
银行	6	2	10	7	1	15
退休保险基金	27	50	12	9	14	12
投资基金	12	8	8	12	15	—
其他金融机构	1	9	—	3	—	14
非金融机构	—	—	42	19	11	27
政府	—	1	4	2	8	1
对外股东	5	9	9	25	32	11
总计	100	100	100	100	100	100

资料来源:OECD:Shareholder value and the market in corporate control in OECD countries, Financial Market Trends, 1998 Vol. 69:15-67.

股东多元化的结果首先是股东持股比例的分散化,单一股东持股权重持续下降。就现代公司的正常状况来看,持股超过5％的单一私人股东已属例外。

现代企业的新特征

经历了管理与资本社会化的双重变革之后,马克思时代的业主制企业已经为现代公司所取代。与业主制企业相比,现代大型企业有什么新特征呢?

(1)"三位一体"的资本家让位于"三者分离"的公司治理结构。这就是说,原来集出资、创业与经营管理三种职能于一身的资本家,现在分解了;这三种职能开始分解为由股东、董事及经营层组成的制度化管理体系。如果按照资本家一词的经典内涵,则在大多数场合,现代企业里找不到谁是资本家了。

(2) 劳资两极的简单对立让位于多元化主体构成的复杂分工体系。在企业科层组织中,从董事、高层经营者、中层经理、各级专业人员及一线生产销售人员,形成了一个多层分工的内部角色系统。高层经营者与基层员工的关系不再具有阶级对立的性质。同时,由于资本所有者处于企业之外,各类劳动者与资本所有者已经不再具有直接的社会互动关系了。

(3) 私人富豪对资本所有权的垄断让位于资本多元化基础上的股权社会化。除了第一代创业者可能会在企业持有相对控股权这种特殊情况,现代企业财产所有权的通则是多股东、多元化与社会化,而不是集中化。大规模基金的兴起与发展,使得股权资本公众性与联合性大为提高了。

(4) 企业劳动者的范围大大拓宽。原来,在马克思笔下的纺织厂中,劳动者就等于一线工人;如今,在成熟的现代企业中,不仅有了研发、营销及中层管理类劳动者,而且高层管理者、创业者,甚至董事会成员都职业化了。这些企业员工,用今天的话来说,是知识工作者。对于现代企业的运行而言,知识工作者与一线生产工人相比,如果不说是更为重要的话,至少应该是同样重要的。

第二节 现代企业中的委托-代理关系

在典型现代大企业中,不仅发生了所有权与经营权的分离,而且所有权本身也高度分散了;不仅发生了企业战略决策与营运决策的分权,而且这两种决策都可能在不同的科层科级上发生了。因此,理解现代大企业的运动规律,必然要弄清:(1) 所有者与营运者之间的多层委托与代理关系;(2) 决策者与营运者之间多层次的集权与分权选择。当然,在这两大问题中都涉及企业科层的多个层次;但为了简化分析,我们可以把这多层组织系统划分两大层次来看。第一,企业股东、董事及总部管理层之间的关系,这就是常说的公司治理结构问题;第二,企业总部与企业内部各级经营单位之间的分层递进的相互关系,这就是常说的企业管理问题。两者共同点在于:如何建立委托-代理关系。

> **委托-代理关系的内容**

当所有者与经营者、高层管理者与下层管理者之间层层授权的时候,自然就产生了这样一个问题:授权委托方如何保证其代理人能够尽力去实现委托方利益呢?显然,代理人不会自动去追求他人(委托人)利益最大化。因此,委托人必须提供某种激励机制,去引导代理人的行为。这样,需要选择合适的业绩指标,当使用这些指标对代理人进行业绩考核时,代理人的行为将会与委托人的利益一致。营造这种利益一致性,是解决委托-代理关系的关键。

委托-代理关系的具体界定形式是双方的经济合约。由于现代企业内部多层授权关系的现实,体现委托-代理关系的合约必然是多层次的。那么,不同层级的合约中会使用何种业绩考核指标呢?

对企业所有者而言,委托-代理关系的实质是如何确保实现企业剩余价值。而剩余价值是产出品价值与各项生产耗费之差额,即:

$$\begin{aligned} m &= \omega - \sum (c+v)_i \\ &= \omega - [(c+v)_1 + (c+v)_2 + (c+v)_3 + (c+v)_4] \\ &= \omega - [生产成本 + 研发费用 + 营销费用 + 管理费用] \end{aligned}$$

显然,要保证剩余价值或企业利润极大,就必须使各项成本费用最小。因此,关于委托-代理的合约不仅包括企业最终利润,而且要包括各项成本费用。就是说,企业所有者所需要的委托-代理合约是一个涉及企业科层不同级别与不同部门的多层合约体系,而不仅仅是关于某一个终极指标的约定。

大企业的多层合约体系将随企业具体情况而不完全一样。但一个业务多元化的大企业中,典型的合约体系可以分成四级,如图20-1所示。

> **多层合约的难题与关键**

从图20-1的企业多层合约系统中,我们看到,有两个极为困难的问题。第一,动力问题;第二,信息问题。动力问题讲的是,合约各方尽到最大努力的积极性从何而来?大企业的困难在于,由于个人努力的绩效不易从团队绩效中分离识别,单个当事人的收益好坏与自己的业绩就难以直接挂钩;而且,企业越大,层级越多,责权利关系越容易模糊,所以,多层合约系统中的当事人积极性存在着逐级衰减的危险。所谓信息问题,主要是签约各方的信息不对称,甲方通过合约激励和约束乙方所需要的相关信息不仅不易取得,而且常常就控制在乙方手上。由于这种信息不

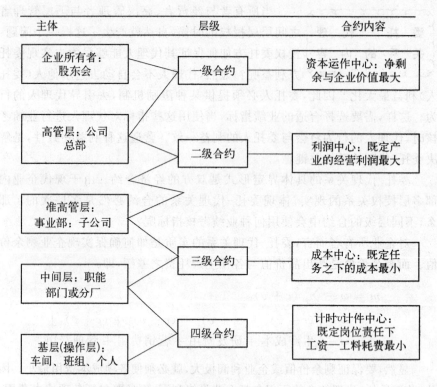

图 20-1　典型现代企业中的合约体系

对称,决定了甲方只能有不完全的信息。在不完全的信息下如何形成有效合约,以实现企业价值最大呢?

实践证明,解决这个难题的关键是企业内部参与多层合约的当事人中间,产生一个既有足够动力也有足够信息的委托方。显然,这只能是高级管理层,而企业股东们所要做的则是与高级管理层达成一个让后者在某种条件下按某种比例分享净剩余的合约安排。有了这种净剩余的分享权,高级管理层便具有或者是部分地具有了企业所有者的属性,也就是说,他可望把净剩余作为其行动的动力源了。然后,高级管理层再尽其所能,直接主持和指导部属去逐级形成企业内部其他的多级合约。

由于股东-董事会与高级管理层的合约对企业价值起着关键作用,它也成了公司治理结构问题的中心议题。

案例:迪士尼公司首席执行官艾斯纳的薪酬

美国迪士尼公司是世界娱乐业著名公司。但自从其创始人去世后,公司业绩不断下滑,在 20 世纪 80 年代初,其税后权益资本收益率降到了低于行业平均水平。为扭转颓势,公司董事会聘请了世界颇有名气的艾斯纳(Eisner)出任首席执行官(CEO),并与之签署了一份为期 6 年(1984—1990)的薪酬合约。

该合同参照当时美国娱乐业高级管理的工资水平,为艾斯纳确定固定年薪为 750 000 美元。同时约定,在公司税后权益资本收益率超过 9% 时,艾斯纳可得税后利润 2% 作为奖金;此外,按签约年份(1984 年)的股票市价(每股 14 美元),又授予艾斯纳 200 万股期限为 10 年的公司股票期权。

在制定这份合同的过程中,公司董事会聘请咨询公司对合同的风险与收益进行了评价。作为利润分成奖依据的基准指数(9%)是一个需要经过努力才能达到的指标;至于选择期权,而不是授股,也是为了增加艾斯纳的风险,强化双方利润的一致。

合同实施的结果证明,这是一个双赢的安排。在艾斯纳加入迪士尼之前,公司每年利润不到 1 亿美元。而到 1988 年,公司利润上升到了 5.5 亿美元。其股票价格也由 1984 年的 14 美元上升到 1989 年初的 66 美元。公司业绩的飞升,给股东与艾斯纳本人均带来巨大的收益。如果以美国标准普尔 500 家大公司的平均收益为参照,迪士尼公司的股东在艾斯纳任职期间获得了 50—60 亿美元的额外增加值。同时,艾斯纳个人在 1988 年根据薪酬合同得到的奖金即超过 700 万美元,大约是其年薪的 10 倍。到 1989 年初艾斯纳能从股票期权中获取的收益更高达 10 400 万美元,为其任期 6 年的固定薪总和 450 万美元的 23 倍。这使他成为当时美国薪酬最高的 CEO。

对这个合约稍加分析可以看出,它的核心是把剩余的一部分(2% 的利润和 200 万份股权增值)在一定期限中约定给了公司 CEO 艾斯纳;但艾斯纳要得到约定的报酬,则首先要为企业所有股东创造基本回报,并使股权增值。为此,艾氏便必须把公司内部各个经营单位(准高级管理层)的积极性调动起来,并指导与帮助高级管理层去调动其下属的积极性。这意味着层层合约,层层建立明确的责权利关系。值得注意的是,艾斯纳之所以更合适与准高级管理层等层次形成合约,是因为他作为具有自然控制权的内部人,可以占有较完备的信息,实施更有效的合约监督。如果艾斯纳本人首先没有足够的动力,则后面的各部分层合约都会失灵。

第三节 现代企业中的净剩余分配

从上例可见，高级管理层参与分享企业净剩余，是现代企业有效运转的必要条件。其次，除了企业高层管理之外，某些其他人员（如科技人才）也广泛参与了企业净剩余分享计划。这标志着资本主义企业在其核心层面的改革：净剩余的资本独占转变为由资本与劳动等多元化利润主体的分享。

问题是：为什么资本会同意劳动对净剩余的分享？资本和劳动对净剩余的分享，有什么客观规则吗？

本节试图对上述问题进行分析。首先，简介净剩余分配的经济形式，然后提出基于净剩余分享模式的企业分类，并依据资本社会化和劳动资本化两个指标对剩余分享模式的差异作出分析。

净剩余分配的形式

净剩余分享制的形成意味着部分劳动者——主要是管理人员与科技人员——的总收入不再仅仅是工资这种固定收入了；他们的总收入现在包含了两个部分，其一是马克思定义的作为劳动力价值再生产所必需的生活资料价值；其二则是来自对净剩余的分享。前者通过大家熟悉的工资形态表现出来，而后者则表现在利润分成、股票期权以及股票赠予等多种方式上。

也许有人会问：上述收入为什么不能统统看作劳动力再生产的必要资料？要认清这个问题，不能从劳动者收入数量上着眼。其实，对所谓劳动力再生产的必要资料，在量上进行规定是很困难的；因为正如马克思说过的，它的标准和水平是受社会历史文化与道德等因素影响的。因此，如果仅仅由于劳动者收入水平有了提高，就宣称其收入包括了净剩余，那么，不赞成的论者完全可以说：收入水平提高并不改变这些人的收入性质，它仍然是劳动力价值的补偿，因为在今天新的社会文化道德条件下，劳动力再生产所需要的必要资料也提高了。

之所以把他们的收入分为两个部分，原因不在于收入水平的提高，而在于他们的收入来源性质不同。就工资来说，它是就业合同规定的稳定收入，不论企业经营好坏，必然按合同约定的数量和时间兑现。这意味着，工资的来源是商品价值中的必要耗费部分，在净剩余之前扣取。而利润分成或股权收益则是与企业经营业绩挂钩的可变收入,其前提是企业净剩余达到某种水平;如果净剩余不存在或达不到约定水准,则这部分收益就不存在了。这就是说,利润分成和股权作为可变收入,其来源是企业净剩余,与净剩余一样面对较高的风险。由此可见,现代企业经营管理者与科技骨干的总收入中,已经包含了部分对企业净剩余的分割。

员工参与企业净剩余分配的形式不一,主要的有以下几种:

1. 利润分成。这是指从企业税后利润(即净剩余的会计表现)中拿出一部分,作为对经营管理者的奖励。获奖量取决于:(1)用作计奖基数的利润;(2)利润奖的约定比例。显然,分成量是与计奖利润和提成比例二者成正比的。但是,不管基数和比例定成什么样,也不管经营者最终得到的这部分收入是大是小,它在实质上是净剩余的分割,应该是一目了然的。

2. 股票期权和赠予。股票赠予等于向当事人直接给予资本所有者(股东)的资格。至于股票期权,则稍为复杂些。所谓期权,是指在一定时期内,按预先约定的价格与股数购买某一股票的权力。所以,一份股票期权对获得者有多大价值,取决于约定的行权价格(成本价)与实际行权时的股价之差;超额越多,则同量股票期权对获得者的价值越大。

股票期权的收益属于净剩余分配范畴。表面上看,期权收益来自股价上涨;而股价上涨是市场决定的,与净剩余没有什么关系。实际上,企业净剩余(即净利润)是股价的基础;虽然短期中两者可能背离,但就较长期而言,股票价格总是要反映企业赢利能力的。我们知道,对经营者的薪酬合同一般都涉及较长的时期,经营者如能有效改善企业的经营业绩,使赢利水平稳定提高,则通常都可享受到股票增值的利益。因此,股票期权和赠予之间,并无本质区别,同属于经营者对净剩余的分享。

> **净剩余分享模式与企业分类**

从理论上分析净剩余分配模式,涉及两个层次:第一,全部净剩余在资本与劳动之间如何分配;第二,归于资本的净剩余在资本所有者或股东之间如何分配,也就是说,企业股东结构如何。

这两个问题,可分别称之为劳动资本化与资本社会化。

所谓劳动资本化,指劳动力价值(今天通常说人力资本)转化为企业股权的过程。而经由劳动资本化形成的股权占企业总股份的比重,则标志着企业社会化程度的高低。所谓资本社会化,是指资本所有权由独资老板或几个合伙人集中控制转变为多元股东分散持有的过程。显然,企业的资本社会化程度是由企业股权在股东之间的分布情况显示的。此外,劳动资本化的发展程度也会影响资本社会化的程度,因为劳动资本化越发展,意味着企业股权转入管理创业者手上的比重越大。

上述两个指标的组合,可以形成四种形态,用来描述净剩余分配或企业所有权的不同模式:

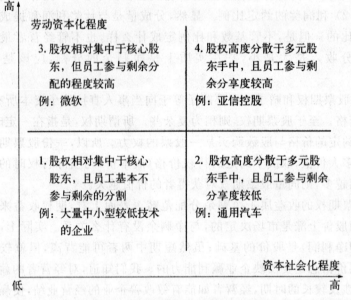

图 20-2 按社会化程度分类的企业模式

在图 20-2 中列出的四种企业类型代表着对传统资本主义模式的不同程度的扬弃。让我们简单说明一下:

类型之一,即处于图中左下角的企业,资本社会化与劳动资本化的程度都很低。这意味着企业净剩余主要由股东占有,员工基本报酬形式是工资;同时,企业股东人数较少,控股权通常集中在个人、家族或主要合伙人手上。这类企业通常规模不大,技术含量较低,创业者、出资者与企业管理者三种角色高度重合。显然,这类企业与马克思笔下的业主型资本主义企业最为相似。

值得指出的是,虽然这种业主型企业已不是当代经济中的主角,但就企业数量和就业人数而言,哪怕是在最发达的国家中,仍然是经济系统的重要组成部分;尤其在与大众日常生活有关的行业如特色餐馆、旅游服务、车辆修理、农产品运销等行业起着主要作用。

类型之二,即处于图右下角的企业,资本社会化程度很高但劳动资本化程度不高。在这类企业中,和业主型企业相似,员工基本以工资为主要形式补偿劳动力价值,净剩余则主要归企业股东所有。但股东人数很多,企业总股权在大量股东之间分散持有,以至于没有够资格称得上"老板"或"资本家"的控股者。这类企业通常规模很大,处在资本密集的产业中,企业的创业者恐怕已不在人世,由职业管理团队控制企业的战略与运营。由于股权高度分散,企业董事会便不再主要由股东担任;执行层董事、外部及独立董事通常要占到董事会的三分之二以上。

类型之三,处于图左上角的企业,资本社会化程度低而劳动资本化程度高。这类企业的典型例子可以用美国微软公司来代表。微软公司初次发行上市时的股权非常集中,盖茨与艾伦这两位最早创业者(含对父母的赠股)持有公司股权在发行前高达78.7%,而上市后也仅仅降低了8.7个百分点,仍然高达70%,特别是,其中盖茨个人就绝对控股了公司,上市前他持股49.2%,加上他赠给父母姐妹的0.6%,总共近50%;初次发行后仍然高达45.1%,足以形成对公司的个人控制了!

与此同时,微软公司中员工通过股票期权成为企业的股东。1986年初次发行上市时,副总裁巴尔默、总经理兼首席运营官雪莉等12名公司核心层成员共持股2 299 099份,占上市前公司总股本的9.9%①。显然,此时参与净剩余分享的员工人数并不多。上市之后,这种情况发生了变化,享受股份期权的范围和人数显著扩大,大批中级管理、研发与营销人员都获得了与业绩挂钩的个人股权。

类型之四,即图中处于右上角的企业,资本社会化与劳动资本化两个指标都高。在这类企业中,不但员工通过各种机制较广泛地成为股东,而且股东总人数众多,股权分散,资本所有者和企业经营层高度分立。因此,企业的公众性与社会性都得到了高度发展。亚信控股公司(ASIAINFO)代表了

---

① 值得强调的是这不是一个小数字了:按上市当天市价,它相当于48 281 079美元;按一年后市价,则已变成209 218 009美元;若折合到2001年,则是令人瞠目结舌的23 174 917 920美元了。

这类企业。

亚信控股是一家从事互联网基础设施建设与服务的高科技企业,1993年由两名中国留美学生为主于美国得克萨斯州创立。1995年初公司回到北京开展业务,逐渐打开局面。1998年成功进行了第一轮融资,引入美国公司提供的风险投资1 800万美元。凭借这些资金的支持,公司更快地扩张业务,营收与市场份额都大幅攀升。公司遂决定筹备上市,并在上市前接纳英特尔公司高达2 000万美元的投资。

公司上市前得到了高达近4 000万美元的资本投资。但由于企业的高科技特征,相当一部分管理与技术骨干都以授股或期权方式获得了可观数量的股份,以至于包括出纳在内的加盟一定年限以上的全体员工,都获得一点哪怕是象征性的股份。整个股票授权的进程大致分为三个级别:第一,最早创业并一直主持高层管理的两人,得股最多,各占20%;第二,1995年回北京不久加盟的高管层成员,主要是执行副总、首席技术官、销售副总等4人,也获得相当可观的股份,总计约为25%;第三个级别,是第一次融资后才加盟高管层及此前加盟的中层骨干多人,每人获股在0.1%至0.5%之间,加上其他员工的微量授股,共计不超过10%。后来,按照与风险投资商在初次融资协议中关于以经营绩效为准调整股权的约定,又对投资方的股权作了增补。这样逐年发展以后,公司在上市前的总股本中,形成了4∶6的持股格局,即提供近4 000万美元财务资本的投资者们获得了不足40%的股份,而提供人力资本的管理层及全体员工占有的股份则超过了60%。在某种意义上,亚信公司股权的形成与演化生动地揭示了古典资本主义在当代经济中的扬弃。

综上所述,可见上面四种企业净剩余分享类型在当代经济体系中是并存的,但似乎有各自的行业重点。其中,类型之一,即业主型企业主要存在于技术不高,劳动密集的部门,单个企业不大但企业数量很多,对吸纳就业、保障日常民生意义最大。类型之二,即经理制的企业,主要是从第二次产业革命的基本部门中发展起来的,这些企业大体上至20世纪前半叶即已成长壮大,其后经过股本公众化和管理职业化的改造;直至今天,在单个企业规模与知名度上仍然处在经济体系的中心,像通用电气、杜邦化学、壳牌石油、联合利华这样一些几乎是家喻户晓的企业,就属这一类。类型之三和之四,都属于当代技术革命(尤其是信息技术与生物技术)发生的那些行业中的企业,两者的关键区别是:创业股东是否仍然控制企业的股权与经营权？是者如微软、甲骨文、戴尔电脑,否者如亚信、思科、硅图、美国在线。两者的共同点是：都发展起了一套员工参与净剩余或股权持有的机制。

净剩余分配模式的驱动因素

资本社会化与劳动资本化的出现,是什么原因造成的呢？

1. 资本社会化的驱动因素

出于财富最大化和确保控制权安全性的考虑,创业股东原则上是希望尽可能地占有企业股权的。资本社会化,即股权向其他人的扩散,只能是由于有客观原因迫使企业主稀释其股权。这可以从资本供求两个方面的驱动因素进行分析。

其一,创业所必要的资金规模。它显然是因行业而异的。比如软件、零售这类行业,与重化工或通讯设备制造这类行业相比,前者不仅固定资产投入少,而且现金流量易于预期,因此它创业所需必要资金就小得多。正因为如此,微软公司的创业资本基本上是比尔·盖茨与保罗·艾伦两人自筹。结果是,公司股权高度集中于两人之手。相反,太阳微系统公司虽也是高科技企业,但作为通信设备制造商,不仅创业需要有较大固定资产投入,而且产品销售也需要有较大的流动资本,公司创业资金不可能靠创业者的个人储蓄来解决；因此,形成了较分散的股权结构,4名创业者的投本合起来也不足20%。

其二,企业经营现金流量的特征与竞争压力。如果市场竞争压力很大而企业现金回流周期较长,则创业者迫于生存压力需要扩股融资,从而导致创业股东的股权下降；反之,如果企业在经营上有良好的净现金流,企业发展可以依赖内生资金而不必扩股融资,则创业者就能够继续保持较高控股地位。这方面的例子,反面可举1920年代的通用汽车公司,正面可看沃尔玛商业集团。前者由杜兰特个人控股被迫转向股权分散化,主要原因就是当时积压存货太多,货款回收不了,现金周转失灵,使公司陷入困境,从而被迫接受改组。而沃尔玛公司由兄弟几人在二战后创立,一直经营稳健；企业由于经营的是零售业务,现货现卖,而进货则可向生产商赊销及代销,故现金流量很好。所以,几十年中一直保持了家族股份的控制权。

其三,信用融资行业的经营特点。信用融资的难或易会影响到企业的资产负债决策。在缺少发展资金时,是通过增资扩股还是通过增加负债来解决问题,直接决定着股权是否稀释。企业的融资决策,不仅是企业行为,而且取决于一国银行业的制度与历史特点。例如:美国投资资本行业高度发达,而银行对企业负债比例的管理较严,故美国企业的发展资金首先要靠股权资本解决,银行只能在流动资金和部分投资配套资金上给予贷款。相比之下,日本、韩国和中国,社会储蓄主要进入了银行系统,加之银行与产业之间的交叉关系,使得企业可以高比例负债,靠贷款搞建设。

其四,创业者生命周期。这是指创业股东退出企业的时机与方式对企业股权社会化程度的影响。思科公司上市时的大股东是斯坦福大学的一对教授夫妇;但因两人的长期兴趣不在创业经营,故企业上市后不久,两人即把所持股份全部售出,改变了公司的股东构成。相比之下,比尔·盖茨创业早、能力强,又具有传统企业家那种追求成功的持久热情,结果是他对微软公司始终具有不可比拟的股份控制权。但是,人活百岁,终有一死。当盖茨某一天离开公司,微软公司的私人控股性质也就会终结了。在正常情况下,这宗特大股权不可能被少数几个投资人所接替,也不大会以遗产形成留给家人。剩下的方法只能是成立一个公益基金会接受捐赠,而基金会受赠后也可能陆续卖出微软股权,打造多元化的资产组合。那时,微软的股权社会化程度与目前相比,肯定会大大提高。

2. 劳动资本化的驱动因素

劳动参与企业净剩余的分割意味着劳动转化为资本,即劳动的资本化。但哪些劳动参与净剩余的分割,劳动能在多大程度上参与净剩余的分割?这是需要探讨的问题。

上面谈到两个基本事实:第一,科技含量不同的企业,劳动参与企业剩余分享的程度也不同。第二,同一企业内部不同类型的劳动者参与剩余占有的程度也不同。总的来说,创业、高管层和技术发明骨干等的劳动转化为股权的程度最高,其次是管理和专业型劳动;而在生产一线或办公室基层的作业人员,一般很少有劳动转化为股权的可能。

为什么不同类型的劳动在企业剩余分享中的地位不同?要说明这个问题,就要对不同类型劳动的特征进行解析。马克思当年对复杂与简单劳动作过区分;在科技渗入经济已经高度发展的今天,这种区分更有意义了。

劳动可以从两个维度加以分析：第一，劳动的重复性或创新性，即劳动的内容与方式在不同时间里是简单重复，还是每一次都要涉及对新信息的处理与新情况的应对。打字员的打字工作是高度重复的，而科技人员的研究工作则因题而异，经常涉及大量"第一次"面对的难题。从完全重复到高度创新，不同的劳动可以排列出不同程度的重复性和创新性。第二，劳动效果的可测度性，即劳动成果在多大程度上可以进行定量的测算。搬运工的搬运数量是可以精确计量的，而研发人员的成果呢？就不容易衡量了。同样，不同劳动的可测度性也可以从低到高加以排列。把这两个指标组合起来，就可以对劳动作如图20-3所示的分类。

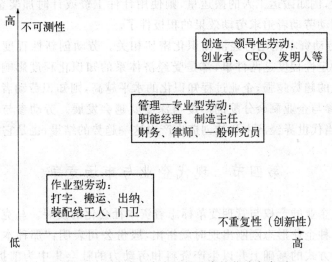

图 20-3 按劳动者内在特征分类的劳动者类型

那么，上述劳动分类对于理解净剩余分配有什么关系呢？

1. 创新性程度越高的劳动参与净剩余分享的程度也会越高。这可能有三个方面的原因：一是创新性劳动在企业价值形成中的作用最为重要。任何企业任何时候，只要参与市场竞争，则对手的竞争行为总会创造出形形色色的挑战，要求企业尽快应对与超越，这就要求创新。创新不仅是指技术突破，也可能是生产组织、成本控制或客户服务等方面的推陈出新，总之，在当今全球化趋势下，管理与技术创新已经成为所有企业参与竞争的必修课了。其二，高度创新的劳动属于稀缺资源，在相当程度上出自天赋或者由人生的特殊阅历中积累而来，而不是学校或其他机构通过培训能够复制出来的。因此,这类劳动的供给非常有限,在关于自身收入的谈判中处于强势地位。其三,创新性高的劳动通常收入水平也高;而收入越高则承担风险的能力越强;因此,他用部分工资收入交换企业剩余参与权的意愿也就越强。我们看到,美国企业高管层收入分配的一个趋势是:底薪等固定收入占总收入的比例降低,而由股票权益代表的风险收入的比例则相应提高。

2. 劳动成果的可测性与净剩余分配有密切关联。劳动效果越不好测量,则使用工资奖金这些外部刺激手段的效果越差,也就越有必要把追求劳动效果最优化的动力加以内在化。而要促使劳动者把追求劳动成果的动力内在化,就得把他收入的一部分与企业剩余挂钩。相反,如果劳动成果可以准确计量,例如搬运工人的搬运量,则使用计件工资或计时加奖金,就基本上可以调动劳动者追求劳动效果的积极性了。

3. 劳动资本化也与经济知识化密切相关。劳动创新性程度和劳动效果的不确定性程度这两件事,都是受经济体系的知识化程度影响的。科技渗入产业的趋势越强,企业过程知识化的水平越高,则知识劳动者的比重越大,劳动参与企业剩余分配的广度与深度就越会发展。劳动参与剩余的分享,既是当代世界经济中科技创造生产力这一趋势的结果,也是它的原因。

第四节 现代企业与市场竞争

现代企业的产权与管理变革标志着资本社会化的发展。马克思早在股份公司这种企业形态刚刚出现时就指出,股份公司表明:"那种本身建立在社会生产方式的基础上并以生产资料和劳动力的社会集中为前提的资本,在这里直接取得了社会资本(即那些直接联合起来的个人的资本)的形式,而与私人资本相对立,并且它的企业也表现为社会企业,而与私人企业相对立。"[①]

既然现代企业形态推动了资本主义条件下生产资料社会化的发展,那么,它也就为生产力的继续发展开拓了新的空间。从某种意义上说,资本主义经济在经历了两次世界大战和20世纪30年代世界经济大危机的冲击之后,之所以仍然没有衰亡,反而获得了新的较长期的增长,究其主要原因,正是由于企业制度创新带来的资本社会化为生产力进步创造了

---

① 马克思:《资本论》第3卷,人民出版社2004年版,第494—495页。

条件。

具体说来,现代大企业能够容许生产力继续发展,可以分为三点说明。其一,大企业的市场势力增大并未消灭市场竞争;其二,大企业的发展没有妨碍中小企业的发展;其三,大企业具有更大的资本集中与科技进步的能力。

大企业与市场竞争

企业规模太大的危险,首推垄断。垄断和寡头合盟一旦发展,就会扼杀市场竞争,从而阻碍技术进步与企业运行效率。历史上,大企业确实通过各种手段试图形成与保持某种垄断者的地位。最为著名的例子,如美国石油大王洛克菲勒,曾经控制全美国百分之九十左右的油品销售。但是,由于国家反垄断法的实施以及寡头合盟自身的内在不稳定性,绝大多数早期的垄断结盟没能生存下来;真正形成的是所谓寡头竞争型市场结构。而寡头竞争并没有消灭竞争,而是改变了竞争的主要方式;价格竞争的重要性降低了,但非价格竞争(品种、质量、服务等)的意义增大了;尤其是,企业间对新产品开发的积极性更高了。大家都力图创新,谋求首先推出新产品或新工艺,以获得创新带来的超额利润。由此可见,企业规模巨型化并不等于垄断和技术停滞。究其根本原因,在于不仅继续存在着竞争,而且由于竞争者数目减少与实力加强,使竞争进入了更高阶段。

大企业与中小企业

大企业在主要产业中占据了核心地位,并不意味着中小企业以至个体经济不存在了。在现实生产中,中小企业数量仍很多。例如,1981年,日本中小企业占企业总数的99.4%、职工总数的81.4%和产值的一半以上。大企业的比重仅为企业总数的0.6%和职工总数的18.6%。中小企业为社会提供大量商品和服务,广泛的就业机会,是推动技术进步,发展新兴产业的重要力量。虽然中小企业的地位不稳固,每年有成千上万家破产、倒闭,"死亡率"很高,但其诞生更容易,"出生率"超过"死亡率",其绝对数是不断增长的。这种情况在二战后特别明显。

在资本主义大企业统治下,中小企业得以生存和发展的原因是多方面的。生产力的多层次性,生产部门的多门类性,需求的多样性,为它的滋生提供了肥沃的土壤。从生产关系看,中小企业独立经营,灵活性大,适应性强,专业性高,提交市场的商品额低,因而活力较强。从上层建筑看,资产阶级国家为了解决恼人的失业问题,保障社会安定,也采取一些支持、扶植中小企业的政策,使大量中小企业得以存在和发展。

另一方面,大企业通过购销关系、承包合同、外围协作等形式,把各式各样的中小企业联结成网络,从事产品的生产与行销。这既有利于自身节约投资,也起了组织与协调众多中小企业活动的作用,增强了经济运行的秩序与稳定性。

大企业与创新 前面说过,创新是竞争的产物。企业巨型化既然没能消灭竞争,当然也不会消灭创新。而且,由于大企业的某些特点,创新可能还会加速。第一,价格竞争的作用降低了,而在非价格竞争手段中,创新是具有诱惑力的;因此,大企业的创新动机有时可能更强了。第二,大企业资本实力雄厚,有能力支持较为长远的重大创新;这使得创新的质量得到了提高。第三,大企业拥有较为成熟的推广与行销系统,对于具有市场潜力的新产品,能够比较有把握地导入市场。由于这一原因,大企业又为那些专长于研发却无力推广的中小企业提供了合作机会。在现实中,由中小企业主导开发的新技术、新产品,很多是卖给大企业,又由大企业推向市场的。从上述几个方面来看,大企业的发展对创新活动是有积极作用的。

当然,这不排除寡头竞争在某些时候会阻碍技术进步与生产力发展。比如,当市场相对成熟,参与竞争的企业数目很少而且形成了千丝万缕的交叉关系的时候,它们之间就可能互相勾结,使市场竞争不能发挥作用。这时,为了激发企业活力,就必须解决寡头结盟问题,强化市场竞争了。但是,从当代资本主义发展的现实观察,这种寡头结盟的难度是很大的;尤其在经济全球化背景下,国际竞争的发展更加提高了每一国家内部的产业竞争,大企业要想在一个产业形成同盟垄断,是越来越难了。

总之,现代大型企业的生产与发展,标志着生产资料私有制在一定程度上的社会化,标志着资本在向着社会化方向自我扬弃。这一发展的结果是拓宽了生产继续发展的空间。虽然大型企业之间存在着合盟垄断,从而阻碍生产力发展的可能,但在市场竞争全球化的大背景下,这种可能越来越不容易成为现实。因此,总的说来,现代企业制度的发展促进了资本主义社会生产力的继续发展。

思 考 题

1. 现代大企业有哪些新的特点？它与生产力的发展是怎样的关系？
2. 什么是现代企业中的委托代理关系？发挥它积极作用的关键在哪里？
3. 怎样认识资本社会化、劳动资本化和剩余价值分享的关系？
4. 在现代资本主义经济中，中小企业为什么存在和发展，它们与大企业是一种什么样的关系？

本章参考文献

列宁：《帝国主义是资本主义的最高形态》，第1章。

第二十一章 国家资本与国家的经济参与

第一节 国家经济参与的发展和原因

国家经济参与的发展 资本主义经济制度登上历史舞台时,占统治地位的经济运行形式是自由市场。这种状态一直延续到19世纪末期。在这一时期,经济运行的基本调节力量是市场,生产什么、如何生产的问题是通过企业间的自由竞争在市场上解决的。国家仅仅负责国防、治安和某些基础性的公共设施等活动;政府主要是提供对财产与交易的法律保障。因此,这一阶段的国家实质上只是资本主义的"守夜人"。亚当·斯密的《国富论》中阐述的"看不见的手",正是自由市场资本主义的理论概括。虽然完全自由放任的资本主义从未在现实生产中存在过,但直到第二次世界大战前后,政府在经济生活中的作用确实是不那么明显。

当然,国家对经济生活的干预,在资本主义早期就已存在。特别是第一次世界大战期间,由于受战争的情势所迫,许多国家实行了生产和分配的社会调节,其中有些国家还实行了普遍劳动义务制。1929—1933年的那次空前严重的世界经济危机,迫使垄断资本再次求助于国家加强对经济生活的干预。第二次世界大战期间,国家的经济干预有了新的广泛发展。德、意、日等国依靠法西斯专政,用强制手段发展军事法西斯国家垄断资本主义。美、英等国也重新成立了一系列对经济实行战时"管理"和"监督"的国家机构。战争结束后,由于军事需要减少,这方面的国家控制也相应减少了。截至这一时期为止,国家干预的发展,多半是作为一种对付战争或危机的应急措施,带有时起时落的临时性质。二次大战后,尤其是从50年代开始,国家经济参与的发展出现了新特点。它作为社会资本再生产过程的一种经常性需要,在主要资本主义国家里以多种形式广泛而迅速地发展起来,达到前所未有的规模。从规模上看,如果以财政开支占国内生产总值的比重作为衡量的尺度,那么,第一次世界大战前各主要资本主义国家大致在10%左右;两次大战之间上升到20%左右;二次大战后继续上升。据世界银行的统计资料,1996年发达资本主义国家中央政府支出占国内生产总值的百分比,美国最低,也要占22.3%,德国占33.6%,英国占42.0%,法国占46.7%,意大利占50.6%。

在财政规模扩大的背后,是政府对经济生活干预的广度与深度的发展。在二战后逐步形成了政府干预的体系,这主要包括:国有经济部门,政府直接支出(财政政策),货币市场调节(货币政策)以及在社保、福利方面的社会政策。在某些时期中(比如20世纪50、60年代的法国和20世纪60年代的日本等),资本主义国家还实施了把指导性发展计划和政府间接调节措施相结合的整体性政府干预。

<u>市 场 失 灵 与
国 家 参 与</u>

问题是:为什么在二战以后,特别是20世纪50年代后,国家经济干预以各种形式迅速而广泛地发展起来呢?大致说来,有这样几个原因:(1)市场机制存在内在缺陷,即所谓"市场失灵"问题;(2)前苏联社会主义经济在30年代后的成就,对自由放任经济学提出了挑战;(3)凯恩斯主义经济学的形成与发展,为国家经济干预提供了理论及操作的指导;而国内政治发展也创造了加大国家经济作用的实现条件。

所谓市场失灵是指市场本身不能导致资源的有效配置,原因主要有:

其一,是外部性。外部性是指一个人的行为对他人福利的影响。如果此种影响是不利的,就称为"负外部性";如果影响是有利的,则称为"正外部性"。排放废气的汽车有负外部性,因为它产生了路人不得不呼吸的有害烟雾;新技术的研究具有正外部性,因为它创造出来的知识也可以被别人运用。显然,存在外部性的场合,生产与需求的私人成本不等于社会成本(包含了外部性),因此,市场上私人决策之互动便不会产生最优资源配置。

其二,是公共物品。所谓公共物品,指既无排他性(可以阻止他人使用的特性)又无竞争性(一个人使用某物品时减少了其他人的使用)的物品;与此对应,那种既有排他性又有竞争性的物品称为私人物品。公共物品的例子如清洁的空气、国防及基础知识的创造等。由于公共物品可被大众免费享用,所以人们有一种"搭便车"的愿望。搭便车者就是那种想得到一种物品的效用但不愿为此支付成本的人。显然,自由市场上的私人决策无法提供社会必要的公共物品。

其三,是市场势力。所谓市场势力,是指一些经济主体对市场价格有显著影响能力的情形。假如一个地区(市场)里只有一个供应商,则该供应商对产品定价就有控制力。在这种情况下,该供应商收取的垄断价格不仅导致资源配置的低效,而且产生收入分配的不公正。

其四,是普遍失业。本来,随着经济周期的变化,就业岗位有增有减,这种失业应该可以由市场自身的力量加以调节。但是,还有一种如20世纪30年代世界性经济危机的失业,它是自由市场运作失灵的产物,很难由市场自身的力量自发调节。

上述种种市场失灵现象,本是市场经济与生俱来的产物。但是,在第二次工业革命(电力、电气、重化工业)导致生产力社会化高度发展之后,这些市场失灵现象具有了更大的危害。比如,环境污染这一"外部性"问题,在产业革命刚刚展开时,企业规模小,污染有限,而且自然环境的净化能力还较强,公众对环境意识也还不高。现在,随着电力与重化工业的快速发展,大型联合企业对环境污染能力显著增大,污染物对环境与人类健康的危害也与日俱增;同时,随着社会大众温饱问题解决与教育的普及,人们对环境保护的意识日益增强,这时社会大众作为污染受害方就不愿容忍企业继续增加污染了。但是,社会大众作为分散的个体,如何联合起来与排放污染的企业进行斗争呢?这就要求国家干预了,国家有制定法律、法规,实施产业管理与财政收支等三项职能。

再比如,教育与基础科学研究,明显具有巨大的正外部效应,对一国的人才素质与长远技术竞争力至关重要,但是基础教育与科研很难作为一项赢利性产业由私人资本投资兴办,原因是投资回报极不确定且周期太长。这一矛盾在进入20世纪后更显深化。此时,由于物理、化学等基础学科的突破和电力、重化工业的兴起,产业进步与基础科学的关系发生了质的变化。过去,技术发明常常出于某些特殊人才的"偶然"幸运(瓦特的蒸汽机);今天,新产品或新工艺的创新越来越离不开有组织的系统研究与规范化工业实践的密切结合了。因此,在19世纪与20世纪之交,欧洲出现以理工科技为发展目标的现代大学,随后,传到美国就迅速发展起来了。当然,私人捐款对创办现代高等教育与科研的事业可以发挥重要作用;但是,国家在政策规划与财政(或资源)支出上,无疑扮演了日益重大的角色。

再比如,失业本来也是市场经济的内在产物。既然有经济周期,就肯定有就业人数的周期波动。但是,社会对失业及贫穷人口的态度则是与时而变的。在工业化早期,许多工厂工人不久前还是农民,家庭亲友也许还在农村。这时,失业不等于孤立无助。随着工业化的完成,城市产业工人完全依赖城市就业作为生活之源了;同时,由于生产社会化的发展,经济周期性波动与产业军绝对规模空前扩大,失业人群的潜在社会影响力也相应上升。再则,由于社会教育与文化水平的提高,大众对贫穷弱势群体的同情随之而起。在这新的经济与社会环境下,失业与贫穷人口的问题必然成为国家干预的主要领域之一。事实上,过去一个世纪中,欧美资本主义各国财政结构中,就业与社会保障一类收支达到并保持了很高的比重,成为公共财政中最重要的项目之一。

国家参与的思想与政治条件

如果说在生产力社会化发展条件下市场失灵具有更大破坏性这一事实,是国家经济干预得以发展的客观动因的话,那么,20世纪30年代后,凯恩斯主义经济学的兴起和当时的国际政治发展,则提供了国家大规模介入经济生活的直接驱动力量。

在30年代世界性大危机之前,西方经济学界的流行观点是以法国经济学家萨伊(J. B. Say, 1767—1832)命名的"萨伊法则"。萨伊法则描绘了一个在长期中没有失业与普遍性生产过剩的美好世界,在一百多年中为众多资产阶级经济学家所广泛接受。然而30年代的世界性经济危机以令人目眩的方式暴露了萨伊法则的谬误。正是在对萨伊法则的批判中,产生了凯恩斯的宏观经济学。在1936年发表的《就业、利息和货币通论》一书中,凯恩斯提出的有效需求理论否定了储蓄必然等于投资的教条,通过"工资刚性"假说否定了充分就业教条。在凯恩斯看来,收入扣除消费后的储蓄,并不必然用于投资,因为调节储蓄(与消费)的是收入变动和利率,而调节投资的则是资本边际效率与利率;两者由不完全相同的变量来调节,所以很难自动趋于平衡。若储蓄不能全部转为投资,则消费与投资组成的有效需求,就小于总供给。这种有效需求不足就导致普遍性生产过剩;在普遍生产过剩条件下,企业不愿雇用工人,而劳动市场上又存在"工资刚性",不可能使工资下降到让失业者全部就业的水准。因此,就形成了"非自愿失业"。凯恩斯这套理论推出后不久,被称为"凯恩斯革命",就是指的否定了过去那种迷信自由市场的宏观调节功能的传统经济理论,论证了非充分就业条件下政府宏观干预的必要性。

除了受凯恩斯学说的影响,二战前后的国际政治形势,也推动了国家经济参与的发展。20世纪30年代,当欧美资本主义经历世界性经济危机的同时,以国有制和中央计划经济为特点的苏联却出现了国民经济的持续高速增长,迅速建立起了重工业为基础的较完整的产业体系。凭借这一时期奠定的工业经济基础,苏联有效抗击了法西斯德国的全面进攻,为二战中反法西斯联盟的胜利做出了巨大贡献。这一切,使得苏联的经济制度在世界范围内赢得了尊重或关注,也推动了欧美各国政、商、学各界人士对市场经济缺陷的反思和对国家经济作用的肯定。与此同时,欧美各国自30年代大危机直到二战,经济一直不好;战争的巨大破坏更把英、法、德、日、意等大国的国民经济拖到了濒临崩溃的边缘。在当时条件下,完全靠市场机制的自发作用来恢复经济,显然是既不确定又十分缓慢。

国家经济参与的加强,也与资本主义各国国内的政治形势有关。30年代大危机之后,大量失业的存在和生活的贫困使劳资关系趋于紧张。广大居民要求改善生活的愿望强烈。他们虽然没有市场上的发言权,但二战后资产阶级民主有所发展,广大居民有了政治上的投票权,他们组成工会、政党,提出自己的利益要求。国家固然是统治阶级的国家,但在被统治阶级力量壮大后,也不得不谋求阶级关系的协调,维护社会的安定和基本制度的稳固。因此,国家成为主体进入经济体制的结果,形成经济市场和政治市场共同决定资源配置和收入分配的新制度。充分就业、公平分配、受教育权利、环境生态保护等也成了社会经济目标。

第二节 国家经济参与的基本形式:国有经济及宏观政策调节

国家对经济生活的参与,主要表现为国家经济与政策调节;政策调节主要包括财政、货币与收入政策;由于它们主要用于对经济总量水平的调节,又称为宏观经济政策。

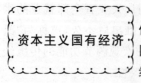

资本主义国有经济是资产阶级国家所有、并当作资本用于经营的国有财产,主要是国有银行、其他国有企业和国私合资企业中的国有资本。国有资本经营的通常有三种部门。一是基础设施和基本产业

部门如燃料、动力、运输、通信等。二是自然垄断部门,如邮政、供水排水系统等。三是提供重要公共物品和服务的行业,如教育与基础研究。例如,在国有经济发展高峰的 1978—1987 年,英、法、意、原联邦德国、奥地利、瑞典、美、日等 14 个发达国家的邮政全部国有。其他部门国有的,铁路有 11 个国家,电讯有 9 个国家,煤气有 7 个国家,电力、航空有 6 个国家。在基础产业和主导产业中,钢铁国有的有 7 个国家,国有的比重达 50%—75%;汽车制造国有的有 6 个国家,国有的比重介于 25%—100%;煤炭国有的有 5 个国家,国有的比重占 50%—100%。

资本主义国有经济是通过国有化和国家财政拨款新建两条途径形成的。国有化即把私人企业收归国有,它一般都给予高价补偿,对高级职员的职务和工资作出优厚的安排,对工人也有一定的安抚措施。二战后初期,西欧各国实行较大规模的国有化,是现代化大企业因遭战争破坏大伤元气,恢复和技术改造需要大量投资而私人资本积累有限矛盾的产物,也是对付美国大举占领西欧市场的需要。

国有经济的性质由国家的性质决定。在私人资本继续成为社会的经济基础的条件下,它虽然也有某些与私人资本不同的特点,但仍然是资本主义所有制。国有企业对资本主义经济起着双重作用:一方面,资产阶级国家可以直接控制国有企业并通过它影响非国有企业,是国民经济体系的重要基础,它奠定了若干基础部门的生产规模和技术基础,有利于整个资本主义经济的正常运行和私人资本利润的增加;另一方面,加重了财政负担,本身又官僚主义严重,效率低下。正是资本主义国有企业的这种二重性,资产阶级国家有时不得不运用国有化来缓和一下资本主义的矛盾,而一有适当的机会,又要实行国有企业的私有化。

宏观政策调节的目的与手段　　国家通过宏观政策调节经济运行,是一种对经济的间接调节,即通过影响和改变市场信号(价格、成本、利润等),来间接影响市场主体的经济行为,从而达到影响总体经济运行的目标。

国家宏观经济调节的政策目标经历了一个发展过程,从当代西方发达国家实践来看,一般包括四项:充分就业、经济增长、物价稳定和国际收支平衡。

充分就业作为宏观经济政策的基本目标,是对 30 年代大危机中严重失业状态的社会反应。二战后,英美两国率先以法律形式规定,谋求充分就业是政府的责任。此后,这一政策的目标在欧美主要资本主义国家得到确认。

然而,实现充分就业离不开经济增长。这一逻辑关系在20世纪60年代由于经济增长理论的发展而被广泛认识。按照现代经济增长论,由于人口(劳动力)的自然增长和劳动生产率的提高,实现可持续的充分就业必然要求相应的经济增长。因此,充分就业与经济增长这两个目标,在内在逻辑上是完全一致的。同时,二战之后的一段时间,苏联社会主义经济高速增长对欧美各国形成巨大挑战,也激发了主要资本主义国家对经济快速增长的追求。

经济增长可能导致经济过热,通货膨胀便随之而来。特别是20世纪70年代出现了经济停滞与通货膨胀并发症,即所谓滞涨。这时,通货膨胀又取代失业成为发达国家面临的头号经济问题;控制通货膨胀成了宏观经济政策的重点目标。

最后,二战之后国家贸易与资本流动持续迅速地发展。国际收支状况成了国民经济是否健康的重要指标。例如日本在二战后曾有过20年的高速增长时期,其间却爆发过五次经济危机,而其中四次是由于国际收支出现逆差引起的。二战后的英国经济在很长时期中"走走停停",以致被人称为"英国病",其中一个很重要原因就是国际收支不断出现问题。有鉴于此,各国政府又相继把维持国际收支平衡,作为宏观调节的第四项目标。

以上所述国家宏观调节的大政策目标,既有内在一致性,如就业与增长;又有相互矛盾之处,如充分就业与物价稳定。因此,不同国家或一个国家不同时期在政策目标的选择上,往往会有各自的侧重点,而不是面面俱到的。

{ 政府的财政调节 }
财政政策的调节,是指财政收入、支出以及公债的决策对经济的影响。显然,财政收支中的税收设计可以有微观效应,例如某种优惠可以刺激某一产业或区域的发展;也可以有收入分配效应,例如累进税与社会福利支付就具有减少收入分配差距的作用。但这里我们着重讨论财政政策的宏观调节作用。

财政包括收入与支出。而国家的收支变动会对再生产水平和国民收入总量产生一定影响。如果政府增加支出,但未同时增加税收,这样就会出现财政赤字。假定社会处于非充分就业状态（有多余生产资料、劳动力未利用），这样的赤字财政能增加社会总需求,提高就业和生产总水平。如果政府支出不变,税收减少,可刺激私人投资,增加商品供应。如果政府支出和税收同量增加,实行平衡财政,这时国家干预经济的效果,一方面要看增税的负担主要是落在企业身上还是落在居民身上,另一方面还要看增加的财政支出主要用在什么方面。不同的收支组合会带来不同的经济效果。

值得强调的是,政府收支对国民收入的影响并不仅仅限于政府支出本身,而是有一个多次放大过程。首先,政府支出代表对物品与劳动力的需求;其次,劳动力增加的收入将部分地转为消费,增加对消费品部门 A 的需求,由此劳动消费品部门 A 的产出规模扩大;再次,消费品部门 A 劳动力增加了收入,又要部分地转为消费需求 B,再一次地引致 B 部门的生产与工人收入的增加,如此等等。结果,政府新增财政支出对国民收入的效应就包括:(1) 财政支出增量本身;(2) 这笔财政支出引致的消费需求与消费品部门收入之系列增加量。由此可见,增加一笔财政支出,由此引起的国民收入增加量并不仅限于这笔初始财政支出量,而是初始支出量的若干倍。这就是"乘数原理"。

还有一点值得强调的是,由于其内在的体制原因,财政制度本身具有某种熨平经济周期的作用。即使税率与财政支出不变,财政制度本身会随着经济周期的变化,自动调整税收与转移支付,从而对冲与缓和经济波动,增强经济运行的稳定性。因此被称为自动稳定器。所谓自动稳定器,主要有两种机制。(1) 税收的自动变化。当经济扩张时,生产、就业与收入增加,税收相应增加;同时,由于税率是累进的,税收增长率便超过收入增长率,居民可支配收入也相应减少;因此,遏制总需求扩张与经济过热。反之,当经济衰退时,情况刚好反过来。(2) 政府转移支付。政府转移支付具有和税收相同的作用。萧条到来时,失业增加自然引致社保与福利类支出增加;由此提高居民可支配收入与总需求;反之则反是。因此,由于税收的累进性与转移支付的累退性(收入越多,支付越少),两者便有了缓解经济波动的自动稳定作用。

政府的货币调节　　货币调节作用的发挥,以实行不兑现的纸币制度为前提。只有这样,才能使货币供应量迅速膨胀或收缩。利用货币政策调节经济的机制是这样的:政府控制货币供应量,从而影响利率;通过利率进一步影响投资,最终达到影响总需求和社会再生产水平的效果。这里,货币政策的传导机制分为两个阶段。一是"货币供给量→利率",因为利率是由货币的供求决定的。当货币的需求既定时,政府增加货币供应量,就会使货币供大于求,引起利率降低。二是"利率→投资"。从本质上说,利息是剩余价值在货币资本所有者与企业家之间的分割,但对于产业资本家来说,利息是他进行生产的一种费用,是他的生产成本。所以,利率的变动对产业资本家的利润有影响。利率降低意味企业家利润率升高,利润率升高可能使投资增加。反之,货币供给减少则会使利率上升,进而投资减少。货币政策对投资的影响不是直接的,而是通过利率这个中介间接起作用的。

实施宏观政策的主要工具手段有三项:

1. 公共市场业务。这是指中央银行在金融市场公开买卖政府债券,影响商业银行的存款准备金,导致货币供应量变化,从而影响生产、就业与物价。例如,当经济不振时,中央银行在市场买进财政部发行的政府债券,增加商业银行系统的货币,并引起债券价格上升。货币量增加与债券价格上涨的结果,则是利率下跌,从而促进投资与需求扩大,带动生产、就业与物价的增长。反之,若经济过热而央行想加以遏制时,则可采取相反举动,即卖出库存的政府债券。那时,便会引起货币供应量减少与债券价格下跌,从而利率上升,投资与生产下降。

2. 调整贴现率。所谓贴现率,是指央行向商业银行买入期票的折扣率或者发行贷款的利率。通过调节贴现率,央行可以限制或鼓励商业银行借款,从而影响货币存量与利率。同时,由于贴现率即是商业银行借款,从而影响货币存量与利率。同时,由于贴现率即是商业银行向央行借钱的成本,所以,通过对贴现率调节,也帮助解决银行的流动性问题。此外,贴现率还具有中央银行对社会大众表达其宏观判断与政策意向的作用;而市场与投资大众也通常这么看待贴现率的消息。因此,对贴现率的调节也在一定程度上影响人们对宏观经济走势的预期。

3. 改变法定存款准备金率。法定存款准备金率影响商业银行存款中有多大比例可用于放贷。所以,央行通过改变法定存款准备金率,便可影响商业银行的可贷放货币量,从而影响就业与物价。

收入政策是指通过政策措施对工资和物价进行目标性干预的政策;由于它影响的是市场经济条件下国民收入分解为工资与利润的比例,所以称为收入政策。

从理论上说,货币工资增长率与劳动生产率增长率之间存在着适应关系。假如两者增长率相等,则物价水平保持不变,国民收入分为工资和利润的比例也不会变。但如果货币工资增长率超过劳动生产率的增率,那么,除非企业家甘愿忍受利润率下降,否则就是物价上涨。本来,在自由竞争的市场经济中,物价、工资与利润是由市场主体的自愿合约决定的,基本上由供求与竞争条件决定,并随经济周期波动。但是,在二战后的欧美发达资本主义国家,出现了新的情况。一方面,工会组织的集体谈判力量有很大增长,另一方面,寡头垄断体制下大企业操纵市场价格的力量也大大增强,于是就出现了市场竞争不完全条件下工资与物价的螺旋式上涨。当物价上涨时,工会就要求增加货币工资;而货币工资增长了,资方又提高物价。商品市场与劳动力市场从自由竞争转向寡头垄断,从结构上阻碍了工资、利润与物价之比例关系的市场调节,使得物价上涨变得不可遏止。正是在这种背景下,政府试图通过对工资与物价的管理,制止通货膨胀。

收入政策可以有不同形式。第一,协商与劝说,即通过协商,借助道义的力量劝说企业资方与工会同时自觉限制各自所要求的物价与工资的提高。第二,行政管制,即对工资与物价实施行政管制,企业与工会关于提高物价与工资的要求必须得到政府主管物价工资的部门批准。第三,劝说与管制混合,即把上述两种方法联合使用。实践表明:在现代市场经济中,用行政力量冻结和管制价格与工资,短期内也许有点作用,但长期下去必然扭曲价格体系,导致资源配置失效和劳动生产率下降,最终既阻碍生产与就业,又难免物价上涨。

经济计划与产业政策

二战以后,当资本主义国家参与经济最为活跃的时期,不少国家还采用了一种更加全面与综合的形式,这就是国民经济计划及相应的产业政策。

资本主义经济计划是逐步产生的。起初,重点是经济预测,并不涉及政府的经济目标与政策手段。后来,30年代大危机之后，开始出现反危机性质的短期计划，其特点是主要追求短时期的单项目标。二战以后，在恢复战争创伤、重建国民经济基础方面存在着迫切性；加上当时苏联国民经济计划取得了普遍认可的成就。因而，一些发达国家开始国民经济整体计划的尝试。

完整的经济计划化至少包括三个方面。第一，中期和长期的经济预测，这是计划工作的基础。除了官方的技术机构以外，资本主义国家还有许多民间研究机构在从事经济预测，预测内容包括生产潜力、科技发展、投资与消费、增长速度与结构变动等方面。第二，选择经济发展的总目标并确定和力图协调各项具体目标，由技术业务机构把这些目标分解成相应的经济计量模型。第三，选择实现计划目标的政策和手段。计划化的这几个方面的相互衔接，直接关系着计划的效能。

资本主义经济计划的基本特点，是它建立在私营企业的充分自主权的基础上。公司决策所依据的还是利润率，而不是国家计划。国家计划对私营公司没有行政约束力。因此，国家实现其计划目标就不是靠指标本身，而是其他手段。这些手段包括两类：一类是国家直接的经济活动，即国有企业的生产，国家从事的投资和国家消费；另一类是国家的经济杠杆调节，即我们前面所说的财政、货币和收入政策。国家经济计划的实现，主要依靠把私营公司引导到国家所希望的轨道上去。比如说，经济计划中一般都有总投资和部门间投资比例的安排，国家不可能把计划中的投资安排下达私营企业去执行，但是国家直接投资是可以根据计划安排的，国家投资的部门结构多少也能影响私人投资的方向。同时，国家还可以通过对不同部门的投资实行有区别的税收、津贴、信贷政策，去鼓励投资到某些部门而抑制对另一些部门的投资。这些就是产业政策。这样，尽管政府计划的投资增长率指标和部门间投资分配没有指令性的强制力量，但通过政府经济政策的吸引力，政府的产业政策也有可能得到一定程度的实现。

资本主义国家实施经济计划的早期，取得过较为显著的成绩。例如法国在二战后头两个五年计划中，预定的经济指标基本顺利完成，国民经济迅速恢复了高速增长。再如，20世纪60年代的日本政府提出国民收入十年倍增计划，未到十年，就顺利完成了。但是，进入80年代后，发达国家的经济计划就退潮了。究其原因，乃是因为随着国民经济发展成熟，与世界先进水平差距不再明显。国民经济越是发达，部门联系越是广泛，市场越是千变万化，计划目标越是需要经常修改，这样，计划的可行性与必要性越来越小了。由此可见，经济计划的实现与否，不单是一个政府间接调节是否有效的问题，它有更广泛的背景，取决于更多的因素，例如一国经济发展的历史和所处阶段所赋予的该国经济的一般素质，经济计划指标本身的可行性，资本主义世界市场的影响，国内政治和阶级斗争采取的形式，等等。就经济计划本身来说，也存在着使资产阶级国家经济计划难于实现的一系列困难。这一点，我们下一节中再述。

第三节 国家参与的后果与政府管理

国家对经济生活的广泛参与，理所当然地影响了国民经济运行的各个方面。特别是，再生产的经济周期发生了变形。

<u>经济周期的新特点</u> 随着国家经济调节体系的发展，资本主义的市场运行机制改变了。以市场供求自发波动为基础的经济周期也随之有了新的特点。这一变化可以分为两大阶段。20世纪60年代是一个分水岭。

二战后至60年代末的约25年中，几乎所有西方发达国家运用凯恩斯主义的宏观调节政策，配合着累进所得税为基础的社会保障与福利措施，都取得了显著成效。在大部分时间里，失业率较低，通货膨胀率也不高，同时，经济周期变温和了。首先，各主要国家的再生产周期存在不平衡发展，有些国家很少发生经济危机。这和战前资本主义世界经济危机的同步性是不同的。第二，再生产周期变形，危机时间缩短，经济周期的四个阶段的区别不太明显，同时，危机在深度、广度上都不像30年代大危机那样严重。第三，再生产周期中的生产增长时期（复苏和高涨阶段），更明显地超过生产下降和停滞时期（危机和萧条），危机时期的生产停滞和下降相当轻微，因此，整个资本主义经济在战后二十多年中总的是处在相对的"高速增长"时期。

但是，进入70年代后，情况发生逆转。主要发达国家经济增长率大幅下降，失业率猛增，同时通货膨胀率也急剧上升。其中1974—1975年和1980—1981年两次，几个国家的通货膨胀率达到两位数，而实际国民收入却出现了负增长。由于这种经济衰退与通货膨胀同时发生的现象是过去闻所未闻,西方经济学界专门发明了"滞胀"一词,用于描述这一新现象。滞胀的出现,标志着国家宏观调节进入了顾此失彼、进退维谷的困境:要遏止不可遏止的通货膨胀,就得让业已严重的经济衰退与失业问题雪上加霜;反过来,要刺激经济缓解失业问题,就得给已经过高的通货膨胀火上浇油。正是在这个背景下,出现了对国家干预,特别是凯恩斯主义宏观政策的批评,并孕育了以美国里根与英国撒切尔政府为代表的政策转向。

> 菲利浦斯曲线

如上所述,凯恩斯式的宏观调节政策在对经济增长与失业发生作用的同时,也影响着物价水平;而且,这两种作用一利一弊:降低失业率的扩张性政策会提升通货膨胀;降低通货膨胀的紧缩政策则会增加失业。这种失业与通胀之间的替代关系,就是著名的菲利浦斯曲线。

所谓菲利浦斯曲线是对经济学家菲利浦斯(A. W. Phillips)所发现的失业与通胀之间的实证关系的概括。1958年,菲利浦斯发表论文,对英国1861—1957年近一百年间的统计数据分析后发现,货币工资增长率与失业率之间存在着长期稳定的反向关系:低失业率时总是有高货币工资增长率,反之则反是。由于货币工资增长率扣减劳动生产率增长后,可直接调整为通货膨胀率,所以,菲利浦斯发现的上述货币工资增长率与失业率之间的替代关系,可以转换成描述通货膨胀与失业之间的此消彼长关系。表达在图形上,便是菲利浦斯曲线。见图21-1。

如图21-1所示,当失业率=5%时,通胀率为零。当失业率降到4%时,通胀率=3%,当失业率降至3%,通胀率提高到6%,等等,这一关系表示,较低的失业率与较低的通胀率是可以相互替代的,当政府通过扩大有效需求以增加就业减少失业时,就必须承受较高的通胀率为代价;反之,为了遏制通货膨胀而紧缩有效需求时,就必须使更多的工人陷入失业。

菲利浦斯曲线所表达的失业与通胀的关系,初看是为凯恩斯式宏观调控提供了经验依据。按此曲线,政府可以综合考虑失业率与通胀率的状况,选择合适的财政与货币政策组合,以达到较为合意的结果。

但是,进一步分析表明,菲利浦斯曲线所表示的替代关系是对历史上市场经济自发结果的回顾性总结;如果政府人为干预这一关系,那么,这种替代关系就不一定存在了。事实上,如果市场主体(企业与工人)已经熟悉并

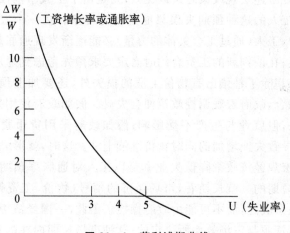

图 21-1　菲利浦斯曲线

预知政府政策对物价的干预习惯的话,那么,菲利浦斯曲线将会变形,即宏观政策失灵;在某些情况下,甚至会走到反面:不是失业率与通胀率此消彼长,而是两者同时上升,这就是所谓滞胀了。

预期与菲利浦斯曲线的失灵　　导致宏观政策失灵的关键是市场主体对通货膨胀的预期。以扩张性宏观政策为例来看。当这一政策扩大总需求及提高通货膨胀率的时候,为什么失业率下降呢?这是因为,面对扩大的总需求,厂商应会扩大生产,从而扩大对工人雇用。但是,厂商对工人的雇用(即对劳动力的需求)必须与工人的就业条件(即劳动力的供给)相结合。所以问题关键便成了:在通货膨胀率上升的条件下,企业还能用原来的货币工资水平雇用更多工人吗?这就取决于企业与工人对通货膨胀率是否已有预期,并且在制定工资契约时加以考虑了。

假设在市场主体对政府宏观扩张政策的通货膨胀效应还没有熟悉时,企业与工人的工资合约按原有通胀率制定;这时,扩张性政策扩大总需求与提升通胀率,自然导致就业扩大;原因是通货膨胀率的额外上升并不引起货币工资相应调整;工人的劳动供给照旧,企业对劳动的需求则因实际工资率下降而扩大了。于是,扩张性政策在提高通胀率的同时,便扩大了总生产与就业。

可见，此外所述宏观政策之所以见效，乃是由于工人事前没能预期到通胀率。但是，工人的这种预期失误只能是暂时现象。在一个宏观调控已成惯例的环境中，工人（通过工会集体的力量）必能逐渐发现通胀趋势，从而修改其预期失误；在谈判新的工资合约时必定要求预先考虑到通胀率的提高，要求工资增长率除了补偿已有物价上涨的损失外，还要加上预期未来的通胀率。在这场合，政府宏观调控政策便会失灵。假如政府使用扩张性政策，它会加速通胀，但就业与生产不受影响；假如政府采用货币紧缩来对付通胀，则可能在导致失业增加的同时物价继续上涨。这时，就形成了"滞涨"。

可见，用宏观经济政策降低失业率是以工人对通胀率预期失误为前提的，故只能是短期的。就长期看，市场经济的信号（物价、工资等）只能由市场基本供求关系决定，而不可能由政府操控。因此，一国经济中的长期失业率应是国内的资源与市场效率所决定的；这种市场长期内在的失业率，即美国经济学家弗里德曼所说的"自然失业率"，不可能由政府短期宏观调控所改变。换言之，菲利浦斯曲线所表达的失业率与通胀率的替代关系，仅仅存在于短期中，就长期而言，无论通胀率怎么变，自然失业率不会受影响。

> 政府调节与
> 政府失灵

综上所述，可见国家的经济作用是二重的。我们看到，国家干预的基本内容在于国家作为经济活动的主体之一参与社会再生产的运动过程。在这个参与过程中，国家有时代替个别资本从事某些投资、生产、消费的活动，有时则超越个别资本的范围履行了对社会资本运动的协调、指导等管理职能，国家通过各方面的调节活动力图弥补市场的某些固有弱点。从这一方面说，国家参与社会再生产对资本主义经济发展是有积极作用的。但另一方面，国有所有的经济活动都是以政府支配庞大的国民收入为前提的。由于政府从事的经济活动的增加，相应的政府自身规模和活动的增加，政府的财政开支越来越大。这种状况，即所谓"大政府"与赤字财政的出现与发展，成了理解当代资本主义经济不可忽略的侧面。

大政府产生的政府失灵问题，大致可从两个层次加以说明。

第一，政府决策与利益集团的竞争。国家调节经济活动的实质，当然是维持资本主义经济的正常运行。但是，具体经济决策对不同利益集团的利害关系又不可能相同。比如，政府的财政预算中，税种与税率如何设定，支出项目包括哪些部门与地区，这些都是与社会不同集团或地区的利益相关的。与此同时,由于西方民主政治在百多年的发展,工人阶级和社会大众参政条件与参政意识的进步,使得国家的重大经济决策必须与议会民主运作规范相符合。这意味着,社会不同利益集团积极参与政策形成过程的竞争(比如游说),试图把政策变得对本集团更有利。而究竟哪些集团影响力更大,则取决于各个集团拥有的资源和政治经验了。实践证明,在一般情况下,控制财富主体而又组织有序的特殊利益集团最能对国家发生影响。无论如何,国家经济决策的形成,更多的是受到利益集团之间的竞争与妥协之影响,而宏观经济运行的客观需要倒不见得有太大作用。以财政政策为例,若按经济稳定的需要,则财政收支应根据经济周期灵活调整。但考虑到预算过程的政治角力,不难理解其间的难度。总的说来,增支容易节支难,减税容易增税难。财政政策容易流于单向流动,要想根据经济变化灵活微调,其实是做不到的。

第二,政策实施与行政科层的官僚主义。再好的决策,还得通过政府行政部门去贯彻实施。因此,政府官员的行政行为就很重要了。在现代公务员体制下担任公职的官员,是受雇于国家的专业人才;在资本主义制度环境下,自然也是追求利益最大化的理性人。因此,行政部门追求部门预算增加与部门任务的易于完成,官员个人追求职位晋升或为日后个人发展打好台阶,就成了较为常见的倾向。在这种情况下,人浮于事,办事拖沓,讲究形式而忽视实效,盲从上级而忽视解决问题,各式各样的官僚主义便发展起来了。从实践来看,举凡福利政策、环境保护、产品安全监督等政策领域,都存在着严重的官僚主义。20世纪80年代欧美各国对"大政府"的批评中,很大部分是指向行政科层的。有鉴于此,企业与其他利益团体往往具体介入行政立法,试图使行政部门的事权得到法律规范,减少行政部门的自由裁度权,从而减轻官僚主义之害。

市场失灵的新形式

本节前述的市场失灵引起了现代国家对国民经济运行的干预;但是,由于市场经济的内在力量和国家干预过程的缺陷,又决定了国家干预的效果有限。而且,从当代市场经济发展的新情况来看,市场失灵的表现形式发生了新的变化,或者说出现了若干新型的市场失灵现象,使国家干预更显无力。

这里所说的新型市场失灵,指的是在原有市场失灵形式之外,产生的市

场失灵的新表现形式,举例如下:

第一,金融业大发展导致传统的价格机制失灵。许多人都已经认识到,在金融市场上交易的产品与一般商品不同,买方之所以购买某种金融产品(比如股票)并不是为了它的使用价值,即消费或使用,而是为了将其卖出后获得价差之利润,即买是为了卖,目的是赚取价格波动的差额。由于金融产品的内在价值很不直观,很难确定什么是合理价格,通常要依赖各类机构(如审计公司、评级公司、投资公司乃至财经评论人等)的研究报告和评论。因此,金融投资品的价格受市场上各种声音的影响极大。而市场上关于价格走势的预期一旦形成,便又会反过来左右个别买家的决策。这样,就产生了对金融投资品"追涨杀跌"的反常行为。简单来说,就是价格涨了,人们不是减少购买,而是买进更多;价格跌了,人们不是增加购买,而是卖出更多。这种"追涨杀跌"行为从根本上颠覆了主流经济学的价格理论。在原有价格理论中(均衡价格论与生产价格论)需求曲线向右下方倾斜,涨价时减少购买(需求),跌价时则增加需求。正因为这样,价格的自由涨落才能引导、调节供给与需求在波动中趋于均衡。但是,当金融投资品市场上大量存在"追涨杀跌"行为时,价格的自由涨落就不会引导恢复供求平衡,而是放大市场价格波动乃至形成震荡。我们知道金融投资品早已存在,并非当代的新事物,但是1980年代以来,金融产业规模急剧扩大,尤其是各色金融衍生品层出不穷、发展迅猛,使得整个金融行业呈现爆炸式膨胀,交易规模远远超过实体经济。在这种情况下,金融投资领域的价格机制失灵便严重影响到整个国民经济,结果是,市场价格运动对供求平衡和资源配置的有效调节能力就严重地丧失了。美国近几十年先后三次发生金融资产泡沫化的危机,一次是1980年代的储蓄贷款危机,一次是2003年的互联网泡沫破灭,最近一次则是2008年以来的由次贷危机引发的全球金融危机。从趋势上看,每一次危机都比前一次的后果更加严重。这充分说明,在当代金融产业大发展的背景下,市场价格配置资源调节供求与实现平衡的能力已经严重丧失了。

第二,货币发行信用化与美元霸权导致了全球流动性泛滥。在经济理论与历史的大多数时期中,货币是一般等价物,自身具有价值,当国家承担货币发行特别是纸币后,也通过与黄金等贵金属挂钩,即"金本位制"来保障货币的内在价值,从而使货币发行受到内在经济规律的制约。但是,1971年美元与黄金正式脱钩,此后美元便完全符号化了。美元是美国一个国家发行的纸币,美国如何发行美元则完全取决于美国的国内经济与政治需求,而不受金本位体制下的那种经济约束,美元本身几乎没有任何价值,但是依靠美国在全球的强势地位,美国发行纸币等于直接增加全球货币供给或流动性供给。由于过去几十年美国实体经济走弱,贸易赤字不断累积,财政赤字不停抬升,同时家庭部门储蓄甚少,都迫使美国政府不断印发美元,导致全球范围的流动性泛滥,泛滥的货币无法在实体经济中找到投资领域,便成为四处转移逐利的"游资"或者"热钱"。显然,这种流动性过剩和上述金融业大扩张正好相辅相成,使市场价格机制失灵问题雪上加霜。

第三,全球化与新的收入分配两极分化。政治经济学早已揭示,收入分配不平等是资本主义市场经济的固有问题。但是,在资本主义发展的不同阶段,收入分配不平等的程度是变化着的。在资本积累与工业革命启动阶段,收入分配的不平等非常严重,甚至发生了马克思所说的"工人阶级绝对贫困化"。后来,随着资本积累的深化,社会资本存量的增长,科学技术的进步,劳动生产率逐步提高,于是工人阶级的收入水平相应提升,生活水平得到改善,但是相对于资本所有者而言,工人阶级收入提高相对较慢,所以差距并未缩小。马克思将这一情况称为"工人阶级相对贫困化",即绝对收入提高,但相对收入下降。再后来,特别是第二次世界大战之后的约30年中,美国与西欧发达资本主义国家先后经历了新科技产业化浪潮,形成了资本主义经济增长的黄金年代。于是福利国家出现了,相应的福利政策、措施相继出台。这期间,劳动者不但绝对收入水平上升,而且相对于资本所有者的相对收入也提高了,因此改善了全社会收入分配不平等状况。在社会结构上,这就是常说的中产阶级规模扩大。在美国,人们称其为"两头小,中间大"的橄榄型社会,即富豪与贫困人口这两头都小,而中间的中产阶级规模很大。可惜好景不长。1980年代以来,在新自由主义转向与全球化深化的背景下,收入分配两极分化的趋势再次出现。由原来"两头小,中间大"橄榄型社会,逐渐变成"两头大,中间小"的M型社会,即中间的中产阶级瓦解、变小,而两头的富人与穷人都显著增加,并且在富人群体中形成从超级富豪到普通富人的一种分布,在穷人群体中也形成从极贫到一般低收入的分布,这种M型社会及其背后所代表的新一轮收入分配两极分化,在美国尤为明显。过去30多年,美国GDP显著增长,人均GDP从1980年的26 530.1美元增长到2010年的42 175.1美元。但是,期间中产阶级家庭的真实收入则基本没有增长,甚至略有下降;与此同时,处于顶尖5%的家庭,其收入占比则从1968年的16.3%上升到2011年的22.3%;1968年的基尼系数在0.39

左右,2011年为0.48。其中原因尚无太多学术研究,可能是源于美国在此期间的信息化、全球化、经济虚拟化三大力量结合所产生的结果。在以信息技术为主的产业革命浪潮侵袭下,产业结构中虚拟经济与文化、娱乐、传媒等第三产业发展迅猛,实体经济尤其是制造业相对衰退,实体产业提供的中等收入就业岗位减少。同时,现代信息技术又与现代交通结合,为公司扁平化、规模化、全球化提供技术保障,大公司内部的管理层级缩减,使得控制关键资源的人群能支配的资源和财富的规模急剧放大,使控制关键资源的精英群体积累财富的能力空前提升。掌握关键资源的人群收入激增,使美国中产阶级只能向收入分配的两端移动。与100年前相比,富豪占社会的比重增加,而且从平民发展成为富豪的时间缩短,这是现代市场经济条件下由现代技术革命所引发的、不容忽视的趋势性现象。其中,虚拟经济越发达、娱乐经济越发达,创造中产阶级能力较强的技术密集型制造业越是显著萎缩,滑向M型社会的危险就越大。

总之,国家经济调节是资本主义市场失灵的产物;但国家干预的过度发展不仅导致政策效果的下降,而且产生了新的弊端,即所谓政府失灵及其新的表现形式。如何比较合理地把政府这只"看得见的手"与市场这只"看不见的手"相配合,根据不同发展阶段面临的不同问题而实行相应的政府调节方式,仍然是当代资本主义各国面临的挑战。

思 考 题

1. 现代资本主义经济中,国家参与经济是怎样发展起来的?有哪些调节手段?
2. 什么叫市场失灵和政府失灵?
3. 什么是"滞胀"?它是怎样产生的?
4. 当代市场经济的发展,怎样产生出不同于过去的市场失灵的新形式?

本章参考文献

列宁:《帝国主义是资本主义的最高阶段》,第2—3章。

第二十二章　金融资本与垄断

资本主义进入垄断时期后，社会化大生产的迅速扩张大大促进了银行业等金融部门的发展，并进而推动了现代金融体系的形成。与生产部门的垄断形成相一致，这一时期银行业也出现了垄断并与产业资本的垄断相融合而形成了金融资本。随着资本主义经济的进一步发展，金融资本问题呈现出了新的形态，对经济的影响也不断增强，带来了经济的虚拟化等相关问题。

第一节　现代金融体系的形成

> 现代金融体系的形成是社会化大生产的内在需求

资本主义生产方式是高度社会化的，在其形成的初期，就使得借贷资本战胜了传统的高利贷资本，银行业得以形成。随着资本主义生产的扩张，特别是生产部门不断集中并出现垄断后，形成了庞大的资金供求：生产扩大化一方面使得大企业需要的贷款数额扩大，期限延长；另一方面，在资本周转过程中，又必然会出现大量的、暂时闲置的货币资金。沟通资金供求，并进而创造信用，这是银行业的重要功能，生产规模的扩大自然催生了更多的金融需求，推动了银行业的发展。

社会化大生产对金融体系的需求又是全方位的，不仅仅限于融资需求。例如，经济生活中广泛存在着各种不确定性，原材料价格的波动、市场需求的不稳定性、乃至于意外事故造成的人身伤害和财产损失等，都会带来严重损失。如何对风险准确定价，如何提供有效的风险管理机制，对于经济发展来说意义重大，而这正是金融机构与金融市场所能发挥的功能。此外，提供流动性、进行高效的清算与支付、信息生产、形成有效的监督激励机制、财富管理等，都是生产力发展后对所必然产生的需求，都需要经济中的金融部门予以满足。

解决上述金融需求,既可以采取设立银行等金融中介机构的方式,也可以采取发展金融市场的方式,例如,企业既可以从银行那里获取贷款,也可以通过在金融市场上发行股票与债券来获取资金。**依据资金供求双方关系的差异,资金通过银行等中介机构从资金盈余者流向资金稀缺者的融资方式被称为间接融资,资金直接通过金融市场从资金盈余者流向资金稀缺者的融资方式则被称为直接融资**。银行与金融市场在满足金融需求方面具有各自不同的特点:企业在金融市场上直接获取资金时,由于没有中间环节而往往筹资成本较低,筹资规模较大,但是其便利程度也受到金融市场发达程度的制约,特别是资金供求双方往往在意愿上存在着不一致,例如借贷期限长短不一、数量大小不一等,此时银行的介入就能很好解决这一问题。在防范金融风险,解决信息不对称问题时,银行与金融市场也都具有各自不同的适用性与针对性。

随着生产的发展,银行及其他中介机构、金融市场也逐步产生和发展起来,并进而出现代表政府对金融活动进行宏观管理的中央银行及其他金融监管后,现代的金融体系也就形成了。

现代金融体系简介　现代金融体系是由一系列金融中介机构和金融市场所构成的有机整体,其功能随着市场经济和生产的发展不断丰富和完善,在经济发展中依据各国具体情况的差异而形成了不同的模式。

现代金融体系可以按照金融体系中银行与金融市场的地位差异分为两大类:以美国和英国为代表的市场主导型体系(Market-oriented Financial System)和以德国和日本为代表的银行主导型体系(Banking-oriented Financial System),其差异如下表所示:

表22-1　各国金融系统概览

	美国	英国	日本	法国	德国
金融市场	最重要	最重要	发达	相对不重要	不重要
银行竞争集中度	由高到低 →				

资料来源:Franklin Allen 和 Douglas Gale:《比较金融系统》,中国人民大学出版社2002年版。

从表中可以看出,美国和德国处在两个不同的极端。在美国,金融市场起着重要的资源配置作用,金融市场的成熟和多样化使美国的金融市场比较发达,企业更多依赖金融市场融资。美国的这种金融市场占主导地位的金融系统被称为市场主导型金融体系。德国的情况恰恰相反,银行系统主宰着资金的融通活动,大部分企业依靠银行贷款获得外源融资。1993年,德国的银行资产占国民生产总值的152%,而股票市场的市值只有国民生产总值的24%。这种以银行等金融中介机构占主导地位的金融系统被称为银行主导型金融体系。不同金融体系的比较是一个非常有意思的话题,其优劣目前并没有一致结论,美国与德国在这两种差异巨大的金融体系下经济都得到了长期发展。

现代金融体系的发展过程有着不同的划分,我们可以依据金融活动的活跃情况而将之划分为三个阶段,并以美国金融体系为例进行简单介绍:

第一个阶段,19世纪后期至20世纪30年代大危机前的自由放任时期。1913年《联邦储备法》指引下联邦储备体系的建立,标志着美国现代金融制度的正式形成。这一时期,美国银行普遍以混业经营为主,商业银行业务和投资银行业务相互渗透,商业银行不仅开展传统的存贷款业务,而且还直接或通过附属机构开展债券、股票承销,甚至二级市场证券投资业务。当时美国普遍奉行自由竞争理念,对混业经营的银行不过多干预,这在刺激银行业发展的同时,也为20世纪30年代末的金融危机埋下了隐患。

第二,20世界30年代大危机至20世纪60年代严格监管时期。1929至1933年,由美国股票市场危机给美国金融体系造成了严重冲击,致使银行大量倒闭,金融市场一片混乱,货币信用体制也摇摇欲坠,并进而引起了全球性的经济大衰退。危机过后,美国当局反思自由竞争与银行、证券和保险混业经营对金融体系稳定的影响,当时主流观点认为,混业经营对金融危机有推波助澜的作用,应切断银行业、保险业和证券市场的业务联系,这样证券市场的危机就不会快速蔓延到银行业,进而引发整个国民经济的危机。在这一思想的指导下,美国国会于1933年出台了《格拉斯-斯蒂格尔法》,将银行业和投资银行业务严格分离,此外其他一系列法律也都对银行业务施加了各种严格限制。

第三,20世纪60年代后期的管制放松与金融创新时期。进入20世纪60年代后,随着技术进步和金融市场交易活动的迅速发展,越来越多的金融业务被吸引到了金融市场上,美国银行业则因受制于各种管制措施而面临着严峻挑战。在激烈竞争之下,大量新的金融产品被设计出来,在美国兴起了金融创新浪潮,原有的金融管制政策被逐步冲破,金融工程等新的金融技术手段也不断得到应用。随后,金融分业政策也被不断突破,1999年《金融现代服务法》的生效,标志着全面混业经营时代的到来,由此金融机构之间的业务界限被模糊,金融服务范围再度多样化,信息生产和风险管理功能日渐成为银行的重要功能,机构之间的并购大量发生,混业经营和全能银行成为新的生存状态和发展趋势。

> **银行业的发展及现代金融中介体系**

从事金融活动的各种组织,统称为金融中介机构,其基本作用是从资金供给方获取资金,再向资金需求方提供资金,从而间接地促成资金由供方向借方的转移。不同类型的金融中介机构通过向资金供求双方提供不同种类的金融商品与服务,可以显著地提高资金运动的质量、数量和效率。在金融中介机构中,历史最为悠久、业务最为广泛、地位最为重要的就是银行。

银行从诞生开始,就服务于社会化大生产,其经营模式也随时间和环境不断发展和深化。早期的银行业务都与商业活动有关,主要集中于吸收短期存款、贴现票据和商品流通中的短期周转性贷款,因此又被称为商业银行。银行以吸收个人或机构的存款作为主要资金来源,以向个人、企业、政府发放各种类型的贷款作为主要的资金运用,存贷款业务是银行最为传统和主要的业务。银行是现代经济中最主要的支付与清算系统,在发达国家内部,绝大部分市场交易都是通过商业银行的支付系统结算的。银行还提供着非常丰富的各类金融商品与金融服务,被称为"金融百货公司"。

在不同的国家,银行有着不同的经营模式。传统上,英国、美国和日本等国家对银行与其他金融机构的经营范围作严格的职能分工,而德国、奥地利等国的商业银行则可以不受限制地从事各种期限的存贷款和全面的证券投资业务,属于全能银行模式。

在20世纪60年代后期,在金融市场产品及非银行金融机构的逐渐兴起的冲击下,银行存款大量流失,这大大削弱了银行的盈利基础,加大了银行的经营风险。银行不得不通过金融创新应对挑战。银行传统的存贷款业务都可以在银行资产负债表中体现,又被称为表内业务,相应的,信托、租赁等一系列新兴的业务则被称为统称为表外业务。在20世纪50—60年代，西方商业银行表外业务占全部业务总量的比重仅为5％，但到1985年，美国5大商业银行集团的表外业务活动量近6 000亿美元，已经超过了同期表内业务总资产(5 300亿美元)，1988年表外业务更是高达2.2万亿美元，而同期表内业务的资产仅为7 800亿美元；表外业务的占总收入的比例也不断上升。随着金融管制的放宽、银行竞争的加剧、信息技术的发展，商业银行经营模式区别逐渐淡化，尤其是进入20世纪90年代后期，各国的商业银行均出现了业务国际化、创新多样化、融资证券化和经营电子化的新发展趋势。

除了银行外，还活跃着很多其他金融中介机构，根据其业务类型差异可以分为四大类：存款型金融机构、投资型金融机构、契约型金融和政策型金融机构。

其一，存款型金融机构。这是以接受个人、家庭、企业或政府部门的存款和发放贷款为主要业务的金融中介机构，又可以进一步细分为商业银行、储蓄贷款协会等。储蓄贷款协会在美国成立于19世纪30年代，传统上以发放抵押贷款为主要的资金运用方式，目前在美国所有存款型金融机构中资产总额位居第二。

其二，投资型中介机构。投资型中介机构以存款以外的其他方式聚集资金，依靠提供金融服务或资金投资管理实现盈利的金融中介机构。投资型中介机构可以分为基金管理公司和投资银行等。

基金管理公司通过与个人签订合约或者向个人出售股份来筹集资金，将大众手中的零散资金集中起来，委托具有专业知识和投资经验的专家进行管理和运作，并由信誉良好的金融机构充当所募集资金的信托人或保管人。基金经理人将通过多元化的投资组合，努力降低投资风险，谋求资本长期、稳定的增值。投资者按出资比例分享投资收益与承担投资风险。

投资银行是专门从事代理发行长期融资证券，为证券的流通转让提供经纪人服务，并作为企业资产重组或并购的财务顾问的金融机构，在许多国家也被称为证券公司。

其三，合约型储蓄机构。合约型储蓄机构以合约方式从合约持有人手中获得资金，然后按照合约规定向合约持有人提供服务。合约型储蓄机构包括了各种保险公司和养老基金。

保险是分摊意外损失的一种金融安排。投保人通过支付一定的费用避免未来较大的损失。保险公司通过向众多投保人收取保险费，对发生了事故的不幸的投保人赔偿损失。保险公司的保险业务可以分为四大类：财产保险、人身保险、责任保险和保证保险。保险公司的大量保险费收入，一般都是用于风险较小、收益稳定的金融投资。

养老基金与一般的投资基金管理公司不同，是为了以年金的形式向参加者提供退休收入的金融机构。养老基金资金来源稳定，数额巨大，往往用于投资，因此在融资活动中发挥了重要的作用。

其四，政策性金融机构。政策性金融机构是由政府投资设立或担保的、根据政府的决策和意向发放贷款的、不以营利为目标的金融机构。政策性金融机构有特定的资金来源，一般不向公众吸收存款，基本任务是为了向特定的部门或产业提供资金，促进该部门或该产业的发展，因此，政策性银行不以营利为目的，主要考虑的是社会效益。例如，国家开发银行的主要目的是筹集和引导境外资金，重点向国家基础设施、基础产业和支柱产业项目以及重大技术改造和高新技术产业化项目发放贷款。

现代金融市场体系

金融市场是进行金融工具交易的场所，在这里资金通过交易的方式从资金盈余者转移到资金短缺者手中，并形成了利率等金融价格引导着资金的流动与配置。现代的金融市场可以通过有形的交易场所来进行，也可以通过现代通信设施建立起来的网络来进行，无形的金融市场在近年来发展迅速。

金融市场可以依据不同标准，划分为多种类型：

其一，按照交易的金融工具的期限，金融市场可以划分为货币市场和资本市场。货币市场是指交易的金融工具的期限在一年以下的短期金融市场。资本市场是指交易的金融工具的期限在一年以上的长期金融市场。资本市场和货币市场相比，区别可见下表。

表 22 - 2　货币市场和资本市场的比较

	货币市场	资本市场
金融工具期限	一年以内	一年以上
市场作用	短期资金融通	筹集的资金用于长期企业发展或项目投资

续 表

	货币市场	资本市场
流动性	较高	较低
风险程度	较低	较高

货币市场的主要功能是为了保持金融资产的流动性，以便随时转换成为现金。因此，货币市场的流动性比较高，风险也相对较低，既可以满足资金短缺者的短期资金需求，也为资金盈余者暂时闲置的资金找到了用武之地。例如，同业拆借市场就是一个典型的货币市场。同业拆借市场是金融中介机构之间为调剂临时性的头寸及满足流动性需要而进行的短期资金借贷市场。

资本市场主要包括股票市场和长期债券市场，主要满足工商企业的中长期投资需求和政府弥补财政赤字的需要。与货币市场主要满足流动性交易需求不同，储蓄转化为投资主要是在资本市场上进行的，资本市场的发展情况对于一国经济发展意义重大。

其二，按照金融工具的交易类型，金融市场可以划分为一级市场和二级市场。**一级市场是资金短缺者首次将金融工具出售给资金盈余者以筹集所需资金的金融市场，又称为发行市场或初级市场；二级市场就是已发行的金融工具流通转让的金融市场，又称为流通市场或次级市场。**二级市场以一级市场为基础，二级市场越活跃，金融工具的流动性越高，资金盈余者才更加愿意持有这些金融工具。

在初级市场上，需要筹资的企业或者政府，或者自己直接、或者借助投资银行等中介机构的帮助发行证券。初级市场上新证券的发行有公募与私募两种方式，前者针对公众发行，在信息披露等监管程序上有着更严格的要求，后者针对少数特定的投资者，手续更为简单，但不能公开上市。

二级市场有两种形式：证券交易所和场外交易市场。证券交易所为其成员提供了固定的交易场所与完善的交易设施，同时实施规范化的管理，在证券交易所上市交易的公司必须满足交易所制定的具体上市条件。证券交易所是二级市场的核心，著名的有美国纽约证券交易所等，这里股票交易行情情况被编制为道琼斯指数，对于全球经济有着非常重要的影响。场外交易市场则是由计算机网络组成的无形市场，交易较为灵活，在发达国家，除了最大的公司外,大部分公司的股票都在场外交易市场上进行交易。美国的全国证券商协会自动报价系统(NASDAQ),又被称为纳斯达克市场,是世界上最主要的场外交易市场,在这里上市交易的高新技术企业股票是其重要特色。

现代金融调控与监管体系 金融活动对经济运行有着非常重要的影响,因此政府必须要进行有效干预与管理,以调控经济与金融运行,并防范金融风险与金融危机。目前,各国均建立了中央银行或者类似于中央银行的金融管理机构,代表国家进行金融调控与监管,在金融体系中居于核心地位。金融调控与监管职能,有的国家是统一由中央银行行使,有的国家则分开而在中央银行之外另设专门的金融监管机构。

1. 中央银行与货币政策简介

中央银行是伴随着银行业发展深化而成熟的,其发展经历了一般银行、大银行、发行银行与中央银行的历史轨迹,标志着现代中央银行产生的是英国的英格兰银行的设立。1694年,英国政府为了筹募经费120万英镑,国会制定法案核准英格兰银行成立,并依法授予其代理国库、以政府债权作为抵押发行货币的权利,这些特权使得英格兰银行初步具有了中央银行的部分职能,成为"国家银行和私人银行之间的奇特混合物"。1833年,英国国会通过法案,规定英格兰银行的纸币为全国唯一的法偿货币。1844年的银行法《比尔条例》一方面规定了不再产生新的货币发行银行,限制了其他银行发行货币的数量,另一方面扩大了英格兰银行的货币发行权,使得英格兰银行具有了国家发行银行的特质,真正确立了其中央银行的地位。19世纪中叶以后,随着英格兰银行对货币发行权的垄断,以及其信誉和地位的提升,商业银行纷纷在英格兰银行开设准备金存款账户,由英格兰银行划转、冲销彼此间的债权债务,从而使英格兰银行获得了清算银行的地位,成为"银行的银行",1872年,英格兰银行开始对其他银行在困难时提供资金支持,即承担"最后贷款人"的责任。至此,英格兰银行从私人银行逐步成为中央银行,成为现代中央银行的鼻祖。随后,法国、德国等主要国家也相继成立了中央银行,如法兰西银行业于1848年垄断了法国货币发行权,并于19世纪70年代成为法国的中央银行;改组于1875年的德国国家银行(原普鲁士银行),于20世纪初基本独享货币发行权,成为德国中央银行。

与上述欧洲银行不同,美国中央银行的建立经历了一个漫长曲折的过程,从1791年设立的第一国民银行开始,直至1913年,美国国会通过《联邦储蓄法》,正式建立了美国联邦储备体系,统一发行联邦储备券,并把会员银行的存款储备分别集中于12家联邦储备银行,协同履行中央银行的职能。从19世纪初到第一次世界大战之前,约有29个国家(其中大部分是欧洲国家)的普通银行通过垄断一国货币发行权,提供清算和结算业务,逐步成为中央银行。1920年在比利时布鲁塞尔举办的国际金融会议对现代中央银行制度的建立起到了重要作用。该会议以解决当时世界范围金融恐慌和通货膨胀为主要议题,建议各国尽快设立中央银行,从1921年到1942年,世界各国改组或新设立的中央银行共有43家,遍布世界各大洲。

中央银行的基本职能一般表达为三个方面:第一,"**发行的银行**",即垄断货币的发行权,成为全国唯一的现钞发行机构。第二,"**银行的银行**",即中央银行业务对象不是一般企业和个人,而是商业银行与其他金融机构。中央银行对商业银行和其他金融机构的活动施以有效的影响,具体体现在三个方面:集中存款准备金,并制定存款准备金要求;最后的贷款人,即在单个金融机构或者整个金融体系出现流动性困难及金融动荡时,由中央银行提供紧急资金支持以维护金融稳定;组织全国的清算。第三,"**国家的银行**",是指中央银行代表国家制定货币政策,代理国库收支以及为国家提供各种金融服务。

中央银行在制定货币政策时,一般包含三个方面的基本内容:(1)政策目标;(2)实现目标所运用的政策工具;(3)预期达到的政策效果。从目标的确定,政策工具的运用到实现预期的政策效果,中间存在着一些作用环节,其中有中介指标和政策的传导。

货币政策的目标是一个由最终目标、中介目标,操作目标所构成的目标体系。货币政策的最终目标主要有经济增长、物价稳定、充分就业和国际收支平衡,中央银行必须有所取舍,选择目标的最优组合。但是中央银行常常面临的问题是,它无法直接控制这些政策目标。它拥有一系列的工具可以使用,并且这些工具能够在一段时间之后(通常是一年以上)间接地影响到这些目标。然而中央银行不可能等到这些影响在最终目标上反映出来再对政策进行修正——此时可能已经无法弥补所犯的错误了。因此,中央银行需要在政策工具和最终目标之间选择一系列与最终目标联系密切的变量作为目标,对货币政策的力度和效果进行及时和准确的监控。这些作为监控指标的变量就是我们通常所说的中介目标(intermediate targets)。中介目标主要有货币供应量和利率,一定条件下信贷总量和汇率也可以作为中介目标使用。中央银行选择中介目标主要依据相关性、可测性和可控性。可供选择的操作目标主要有准备金、基础货币和货币市场利率,需要结合各国具体经济条件进行抉择。然而,这些中介目标也不是中央银行的政策工具所能够直接影响的,因此中央银行又选择另一套被称作操作目标(operating targets)的变量,诸如储备总量(准备金、基础货币等)或利率,作为中介目标的"中介目标"来进行跟踪。这些变量对中央银行政策工具的反应较为敏感,是政策工具的操作能够直接引起变动的指标。

因此,货币政策目标可以分成了三个层次:操作目标、中介目标和最终目标,其关系如下图所示:

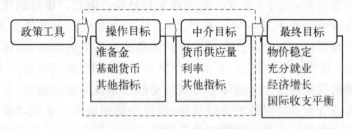

图 22-1 货币政策目标体系

中央银行为了实现上述货币政策目标,需要的政策工具包括:一般性货币政策工具、选择性货币政策工具和其他的货币政策工具。**中央银行通常使用的一般性货币政策工具主要有三个:法定存款准备金政策、再贴现政策和公开市场操作。**其中公开市场是中央银行最重要的货币政策工具。选择性货币政策工具是指中央银行针对某些特殊的经济领域或特殊用途的信贷而采用的信用调节工具。主要的选择性货币政策工具有消费者信用控制、证券市场信用控制、不动产信用控制、优惠利率和进口保证金制度等。作为一般性货币政策和选择性货币政策的补充,其他的货币政策工具主要有直接信用控制和间接信用指导。前者包括利率最高限额、信用配额、流动性比率和直接干预等,后者主要是指道义劝告和窗口指导。

2. 金融监管问题

金融脆弱性是金融体系的固有特征,例如当银行出现流动性困难时,存款人失去信心,发生挤兑,而挤兑导致银行陷入更严重的流动性冲击,形成恶性循环;同时,风险会在一国金融体系的不同领域中乃至于不同的国家金融体系中扩散,形成连锁反应。金融体系所具有的脆弱性,在遭遇经济体内部出现经济增长乏力、财政赤字严重等问题,或者被外界的大量投机性资金所冲击时,就会形成金融危机。在最近几十年来,国际上金融危机频频发生,给全球经济造成了极大冲击。

正是由于金融系统的一般缺陷的存在和金融体系所处的关键地位,金融体系客观上需要依靠政府的权威实施金融监管以维护其稳定,因此金融监管就显得尤为重要了,**金融监管是指金融当局制定并执行一些规则和行为规范,以直接干预金融市场的资源配置,或间接改变金融机构和金融产品消费者的供需决策。金融监管体系通常由外部监管、行业自律和金融机构内部控制三部分组成**,其中外部监管是主体,金融机构内部控制是基础,行业自律是必要补充。

在监管体系中,对商业银行的监管尤为重要,**《巴塞尔协议》是世界各国银行监管中普遍采用的准则**。《巴塞尔协议》源自20世纪70年代初西方银行业遭遇第二次世界大战以来的首次严重金融危机,当时原联邦德国的赫斯塔特银行、伦敦的不列颠-以色列银行和美国富兰克林国民银行相继倒闭。一系列银行倒闭事件促使国际清算银行发起了1975年在瑞士巴塞尔,十国集团和瑞士、卢森堡的中央银行行长会议,讨论跨国银行的国际监督和管理问题,成立了常设监督机构"巴塞尔银行监督委员会",该委员会由各国监管当局派代表组成。当年,委员会达成了《对银行国外机构的监督原则》,提出了针对国际银行监管主体缺位的现实,如何确保外国银行受到充分监管,该协议确定了两点重要内容:(1)任何银行的国外机构都不能逃避监管;(2)母国和东道国应共同承担的责任。1988年,巴塞尔委员会制定并颁布《关于统一国际银行的资本计量和资本标准的协议》,即通常所讲的《巴塞尔协议》,该协议对银行资产的风险状况进行了区分,规定从事国际业务的银行总资本占风险资产的比例不得低于8%,核心资本占风险资产的比例不得低于4%,由此确立了以资本充足率为主要指标的国际银行业监管标准。20世纪90年代之后,在金融创新不断推动下,金融风险因素对银行业的影响越来越大,为了应对国际金融的新变化,巴塞尔委员会于1996年6月提出了以资本充足率、市场外部监管、风险内控机制为三大支柱的巴塞尔新资本协议,是目前国际银行业监管共同遵守的准则。

第二节 金融体系中垄断的形成：金融资本

当世界经济自19世纪晚期从自由资本主义时期过渡到垄断资本主义时期时，金融体系中所形成的垄断是这一转型的重要组成部分，并且成为垄断资本主义最为重要的特征。

银行业走向垄断与金融资本的形成

19世纪末，在生产集中并引起大公司垄断的同时，银行业也在走向高度集中并形成了垄断，银行垄断资本进而与工业垄断资本相互融合形成了垄断地位前所未有的金融资本，金融资本是垄断资本主义时代的典型"统治者"。

银行业的集中以生产集中为基础，也是它自身竞争的必然结果。企业规模扩大后，一般需要更大规模与更长期限的贷款，大银行能够更好满足这些需求。同时，银行业竞争的加剧也使得大银行的资本雄厚、信用高、服务专业等优势凸显出来，在竞争中往往中小银行不断被排挤和吞并，在当时的欧洲国家中出现了银行业高度集中的趋势，并进而形成了银行部门的垄断。例如，1910年前后英国4家大银行各拥有400家以上的分支行，法国3家最大银行共有分支行1 229家，德国柏林的9家最大银行集中了德国所有银行存款的51%，并同归附它们的银行一起支配了德国银行资本总额的83%。

银行业的集中与垄断，使得银行和工业间的关系发生了根本的转变。居于垄断地位的大银行能够为企业提供更为有力的金融支持，从而促进了工业生产的集中与垄断组织形成；同时，大银行与企业之间的联系也显著增强了，大银行可以与大企业之间形成更为稳定的联系机制，为了保障自身的贷款安全也更多介入到企业的经营管理与生产运营中去，也更有能力影响、监督和控制企业的经营决策。在这种情况下，银行逐步成为工商企业的支配者，并且与工商企业关系日益密切，并且形成了相互融合的趋势。

银行垄断资本与产业垄断资本之间的融合主要是通过资本的相互参与来达到的，股份公司制度是两者得以相互交融的重要条件。大银行的支配性地位，使得他们可以通过购买工商企业的股票和创办新企业等办法，将自己的资本渗入到工商企业中去，成为产业资本的所有者；另一方面，大产业资本家看到大银行垄断地位的优势，也会通过购买银行股份或者创办新银行的方式向银行业渗入,这样通过资本参与的方式融为一体。资本的相互参与自然还带来了组织上的人事融合,银行垄断资本与产业垄断资本之间互派人员担任对方的董事监事,从而进一步融为一体。

这样,在生产集中和垄断成长过程中,银行资本和产业资本就融合成了一种新型资本形式——金融资本。金融资本的概念,在马克思主义经济学家中最早是由拉法格提出的,他在《美国托拉斯及其经济、社会和政治意义》一文中指出了工业资本与银行资本日趋结合的趋势,并且指出金融资本已经成为资本主义万能的统治者和神经中枢。随后,希法亭在1910年出版了《金融资本》一书,对这一问题进行了系统阐述,产生了重大影响。在对希法亭的研究进行批判借鉴的基础上,列宁在《帝国主义是资本主义的最高阶段》中,最终确立了金融资本理论。**列宁指出:"生产的集中;(银行)由集中而成长起来的垄断;银行和工业的融合或混合生长——这就是金融资本产生的历史和这一概念的内容"。**

金融资本形成后,将之前相对独立的产业资本、商业资本与银行借贷资本融合起来,其作用贯穿于这三种资本的运动之中,并使这些运动服从于自己的利益,从而成为资本主义国家占统治地位的资本形式。资本家是资本的人格化,金融资本的统治地位必然也体现在掌握了金融资本的少数资本家和资本家集团身上,这些对经济拥有实际垄断权的少数人即是金融寡头。列宁指出,金融寡头在经济领域中通过"参与制"实现统治,即通过掌握部分股份的方法来层层控制企业,以"子公司""孙公司"等方式形成一座金字塔,站在塔尖上的则是金融寡头。

金融资本的形成对资本主义的发展产生了重要影响:金融资本的流动性使得主要资本主义国家对外的典型形象由商品输出转为资本输出,并且金融资本因其特别灵活的流动方式而便于集中起来对外扩张,是推动国际垄断联盟瓜分世界的重要力量;同时,金融资本出现后,资本的货币形式在资本的增殖与积累中逐渐占据主导和统治地位,食利者阶层迅速形成,资本主义因此具有了明显的寄生性与腐朽性。

> 新的历史时期关于"金融资本"是否存在的争议

希法亭、列宁等人对金融资本的分析是对马克思主义经济学理论的重大发展,是对当时经济现状的准确分析,具有里程碑式的意义。在二战后,特别是在1960年代金融创新浪潮出现后,资本主义经济发生了一系列重大的变化,希法亭、列宁等人当年建立的金融资本理论的科

学性受到了严重挑战,这在当前经济实力最为强大、金融部门最为发达的美国表现得尤为明显:

——生产领域的垄断状况发生了重大变化,由于美国反垄断法的实行以及垄断联盟内在的不稳定性,集中度高的行业中也主要以寡头竞争的市场结构为主,纯粹的行业垄断很少存在,摩根财团等20世纪初期控制了美国经济命脉的主要财团纷纷瓦解;

——银行在金融体系中的地位逐步下降,商业银行吸收存款和发放贷款的两者基本功能被金融市场严重侵蚀,出现了"银行衰亡论",甚至如富国银行的首席执行官迪克·科瓦舍维奇在20世纪90年代所说:"银行业已死,我们只需给他烧纸"①;

——银行等金融机构的持股行为受到法律的严格限制,对企业的控制力显著下降,且在美国持股高度分散化的格局下,经理阶层往往成为公司实际运营的真正支配者与控制者。

正是因为资本主义经济在20世纪中所发生的上述变化,希法亭、列宁等人的金融资本理论在当今时代背景下的科学性受到了质疑,即使在现代马克思主义经济学者内部也产生了重大争议。例如著名学者保罗·斯威齐就在其1942年出版的《资本主义发展论》中认为在产业资本家对银行资本的依赖逐步降低的情况下,"金融资本"这个概念可以舍弃了。在近期,考斯达斯·拉帕维查斯在其2008年发表的《金融化了的资本主义:危机和金融掠夺》中也持相近观点,认为以美国为代表的金融市场为主的进入模式改变了金融资本存在的金融体系基础,金融资本时代已经过去。

重新认识当代金融资本 我们认为,希法亭、列宁等人所建立的金融资本理论不仅在当时是科学的,就其理论实质内涵来说,在新的历史条件下也是成立的,只是在表现形式上已经发生了重大的变化。

在金融活动高度膨胀化、自由化、国际化的今天,金融资本依然存在,只是表现为了新的历史形态:金融领域内的各种形式资本高度交融而形成一个整体,以高度专业化的金融交易方式实现价值增值,并且发挥着对经济与社会各方面的高度控制力与影响力。

---

① 转引自杰拉尔德·F·戴维斯:《金融改变一个国家》,机械工业出版社2011年版,第101页。

第一,当代金融资本是金融领域内高度一体化的各种资本形式所构成的整体。

金融是经济的血液,资本以货币金融形式持有时,就意味着获得了最强的流动性,在不同的金融业务、金融工具、金融机构乃至于不同的地域与不同的国家之间自由流动与转换是其内在需求。尽管这种跨部门的流动性也会带来金融风险显著加大等问题,但是其在范围经济与规模经济方面的效率提升是非常突出的,全球金融监管当局一直在这个问题上进行着艰难的权衡。1990年代初期,英国、德国、法国等欧洲国家相继完成了以金融自由化和混业经营为核心的金融改革,1990年代末美国废除了"格拉斯—斯蒂格尔法案"而取消了长期的金融分业管制,同期日本也实施了金融制度大变革,这些改革从政策上为金融领域内资本的一体化创造了条件。

资本在金融领域内的一体化是以多种形式实现的。首先,以同行业或者跨行业购并的方式实现不同金融部门资本的融合与集中。在1990年代末,在国际范围内掀起了金融业的购并热潮。从银行业内部的并购看,金额都多在百亿、数百亿美元以上,并且多是强强联合,形成了一批金融"巨无霸",奠定了美国、英国、法国、德国、瑞士等国银行业的主要格局①。从跨行业的并购看,商业银行往往是并购的主导者,例如美国花旗银行同旅行证公司的兼并,合并后的集团的业务范围包含商业银行、投资银行和保险业,成为全球第一家业务范围涵盖最广的国际金融集团,美国大通曼哈顿银行与摩根银行合并组成摩根大通银行,是商业银行与投资银行合并的典型事例,相反的情况则是德国最大的保险公司安联保险以主导者身份与德国三大银

---

① 在英国,汇丰银行与米德兰银行合并为汇丰控股,苏格兰皇家银行收购国民西敏寺银行,劳埃德银行与信贷储蓄银行合并,巴克莱银行也完成了一系列收购行动,由此形成了新四大清算银行。在法国,农业银行与里昂信贷银行合并成农业信贷集团,巴黎国民银行收购巴黎巴银行,兴业银行也完成了一系列收购行动,形成了主导法国银行产业的三大银行。在德国,德意志银行收购美国信孚银行,德累斯顿银行和德国商业银行也完成了一系列收购行动,形成了主导德国银行产业的三大银行。在瑞士,瑞士联合银行及瑞士银行集团合并成瑞银集团,瑞士信贷银行与瑞士人民银行合并成瑞信集团,形成垄断瑞士银行产业的两大银行。在日本,三菱银行、东京银行与三菱信托合并成三菱东京金融集团(此后又与日联控股合并成三菱日联金融集团),第一劝业银行、富士银行与日本兴业银行合并成瑞穗金融集团,樱花银行与住友银行合并成三井住友金融集团,形成了主导日本银行产业的三大银行。详见李石凯,王晓雷:"2011年度'全球银行1 000排行榜'述评",《新金融》2011年第9期。

行之一德累斯顿银行合并。在 2008 年美国金融危机后,美国第五大投资银行贝尔斯登被摩根大通银行收购;第三大投资银行美林被美国银行收购,另外两大投资银行高盛和摩根斯坦利转型为银行控股公司,更是体现了不同形式金融资本的一体化。

其次,不同金融中介机构之间以及银行等金融中介机构与金融市场之间业务的互相融合。这一方面体现在,商业银行在受到金融市场迅速发展的冲击下,为了生存而进行金融创新,将传统的银行业务渗透到资本市场中去,例如商业银行上市、从事资产管理业务、从事投资银行业务、推行信贷资产证券化等;另一方面则体现在,自 20 世纪 60 年代开始,基于金融市场上的各种非银行金融中介结构及其工具与产品发挥着类似传统商业银行职能,形成了所谓的影子银行体系。影子银行体系包括投资银行、对冲基金、货币市场基金、债权保险公司,结构投资工具等非银行机构类金融机构与产品,它们将传统的银行信贷关系演变为隐藏在资产证券化中的信贷关系,这种信贷关系行使了传统银行功能,但是没有传统银行的组织机构,也不受到传统货币监管当局对存款的监管,类似传统银行的"影子"因此得名。

当资本在不同金融领域中日益一体化时,原有的不同类型的货币金融资本形式之间的区别就日益模糊,并且已经统一为金融资本这个整体范畴。例如,在金融高度发达的情况下,货币本身就是一个金融资产的概念,企业运营中以现金方式持有的货币是极少的,货币资本就体现为金融资本的一个类别。再例如,目前的国际上诸多大型商业银行都已上市,银行资本的概念也不再具有独立性而成为金融资本的又一类别。资本在现代金融领域中的高度流动性与原有金融领域的不同资本形式高度一体性,使得我们应该从整体上来定义和认识金融资本。

第二,当代金融资本主要通过高度专业化、复杂化的金融交易实现资本增殖。

金融活动在当代高度发达,很重要的一个因素是与现代化大生产的需求有关,金融活动所具有的管理风险等功能对于现代经济来说是至关重要的。在当代金融资本循环和运动过程中,尽管始终保持着金融形态而体现为资本的直接增殖,但是所涉及很多的交易行为是高度复杂和专业化的,因此已经不再是简单的"剪息票"行为所能涵盖的了,也不能仅从投机赌博的角度来认识。

金融资本增殖中金融交易活动的复杂化与专业化表现在金融活动的各

个方面。例如,从银行的工商企业贷款来看,涉及信用调查和风险评估、财务分析、贷款定价、贷款管理等多个环节,并且贷款产品在不断创新之中,体现了综合性的金融服务功能。再例如,从机构投资者的证券投资行为来看,需要依据市场上各种信息以及"资本资产定价模型"等现代投资学理论来评估证券价格、选择管理投资组合,这是非常专业的行为。再例如,为支持高科技企业创业所形成的风险投资行为,其运作包括融资、投资、管理、退出等阶段,需要协调风险投资家、技术专家、投资者等多方关系,只有专业化人才管理下的投资中介才能胜任。又例如,投资银行的兼并收购业务需要运用法律、会计、企业经营管理等综合知识,一般分为前期准备、方案设计、谈判签约和接管整合四个阶段,往往是非常错综复杂的。

因此,当代金融资本的增殖方式应该从以下几方面来理解:

首先,金融资本的运动规律需要用新的资本循环公式来描述。在马克思的分析中,将借贷资本的循环方式归纳为"以货币为起点和终点的流通形式 $G \cdots G'$",以直接收取利息这种极为简单的"钱能生钱"的方式不断增殖。我们认为,这种描述已经不能反映出当代金融资本的运动特征,应该采用新的资本循环公式而描述为:"$G \cdots F \cdots G'$",其中"F"即表示各类金融交易行为,是这些专业化的金融交易行为使得金融资本获得增值,这些金融交易行为的复杂性丝毫不逊色于产业资本与商业资本循环中的相关交易活动,已经无法再像马克思生活的时代那样将其忽略。

其次,希法亭提出的"创业利润"概念对于理解金融资本的增殖依然具有重要意义。在希法亭当年的分析中,创业利润是指在利用股息资本化方法评估股票价格时,因为较好的经营业绩而导致股票交易价格超越其发行价格时股份企业所有者所获得利润,"创业利润既不是欺诈,也不是补偿或报酬,而是一种特殊的(sui generis)经济范畴"。希法亭提出"创业利润"概念,将之与普通的利息或者股息收入区分开,背后隐含着对金融活动复杂性的初步认识,反映了金融资本的增殖过程。在认识当代金融资本运动规律时,我们可以看到,希法亭当年提出的"创业利润"不仅依然存在,而且其适用范围已经大大拓展了:不仅存在一级市场与二级市场之间的价格比较之中,而且也存在于一级市场内部或者二级市场内部的交易价格比较之中,例如对非上市公司并购并改善公司营利性后再转让所获得价差收入,以及持有在市场上价格被低估的公司股票以获得的价格收入;不仅存在于证券市场交易之中,而且也可能存在于银行的存贷款业务之中,例如新出现的"选择权贷款",即商业银行在与具有高增长潜力的优质企业签署一般贷款协议的同时,与该企业约定获得一定比例的认股选择权,并将该认股选择权指定由与商业银行签署合作协议的股权投资基金行使,在合作的股权投资基金行权并退出实现投资收益时,商业银行有权分享目标企业股权转让所带来的超额收益。

再次,金融资本的价值增殖已有较大比重来自专业化的金融服务活动,或者与这些金融服务活动紧密相关,而这些金融服务活动是社会化大生产顺利进行的必然要求,是社会化大生产的一部分,因此金融资本的增殖过程不能视为纯粹是寄生性的。马克思在《剩余价值理论》中写道:"自然,所有以这种或那种方式参加商品生产的人,从真正的工人到(有别于资本家的)经理、工程师,都属于生产劳动者的范围。"[①]目前,关于当代条件下如何理解马克思的劳动价值论还有着较大争议[②],我们认为,如果承认企业的经营管理活动是生产劳动的一部分而创造价值的话,那么有相当大比例的金融服务活动与经营管理活动属性相同,自然一样也是创造价值的,金融资本的运动已经不能完全认为是寄生性的了。

第三,当代金融资本对经济其他领域及社会具有非常强大的控制力与影响力。

在当代条件下,金融资本的影响体现在对社会其他领域的控制之上,也体现在对整个经济运行方式的改变之上,其中后者就是资本主义经济金融化的问题,我们将在下节予以专门分析,在此首先分析其对社会其他领域的控制力问题。

金融资本对其他领域的控制力体现在:

首先,金融资本对企业的控制力。如何处理不同形式的金融资本与企业管理者及职工的关系、保证金融资本的收益与增值,这一问题经过不断发展已经演化成为现代意义上的公司治理结构问题,目前已经形成了不同的模式及相应的系统性制度安排。

在美国所形成的基于金融市场的公司治理模式中,股东对企业的控制权主要有内部治理机制与外部治理机制两种途径。内部治理机制简单来说

[①] 《马克思恩格斯全集》,第26卷Ⅰ,人民出版社1972年版,第147页。
[②] 我国关于劳动价值论问题的争论情况,可以参见王璐:"马克思劳动价值论争50年",《思想战线》2005年第2期。

是"用手投票",即股东以其所拥有的"每股一票"的投票权,通过投票选择经营者和参与公司重大事项的决策来实现。外部治理机制包括市场退出与控制权市场:市场退出即"用脚投票",通过抛售股票而影响股票价格的方式来对管理者表达不满并形成制衡;控制权市场主要通过兼并、收购、敌意收购、杠杆收购等方式来使企业达到效率经营目的。内部与外部治理机制的有效性取决于一系列条件,例如股权结构、市场定价效率等。

美国长期以来原子式高度分散的股权结构,使得"经理层控制"问题比较突出,金融资本的利益受到了影响,在此情况下,重新恢复金融资本对企业的有效控制就成为美国公司治理模式演变的必然要求,这最终还是通过金融资本的自身调整来实现的。随着机构持股者比例的不断上升,在1990年后机构持股者比例超过了个人股东,机构投资者有能力联合起来维护金融资本的权益,从而出现了"机构投资者积极主义",金融资本作为公司股东的影响力重新上升,公司存在的价值就是为了股东的利益这一"股东至上主义"的观点重新盛行。1990年代处,美国五大公司董事会(IBM、康柏、AT&T和捷运)迫于机构投资者压力而先后解雇CEO并调整经营策略,安然事件也是在机构投资者的质疑下才暴露出来。此外,为了激励经理阶层努力提高业绩以维护股东权益,还采用了股票期权激励等多种金融工具,金融资本对企业的控制力以一种更为专业的方式强化了。

其次,金融资本对个人的控制力。随着金融体系的不断发展,劳动者个人及其家庭也越来越多地被席卷到金融活动中去,金融资本有了更多增殖的机会,金融资本的控制力也随之拓展。金融资本对个人的控制力体现在负债与资产两个渠道:从负债渠道看,信用卡文化的兴起改变了民众的消费习惯,目前美国普通家庭都是借助信用卡而"透支消费"的,这为银行等金融机构提供了更多的获利空间,同时对银行的依赖性也大大增强了;从资产渠道看,劳动者的个人财富主要都投放到金融市场上获取收益,无论是直接进行证券投资还是以持有共同基金等方式进行间接投资,他们较少的资金量实际上为规模更大的金融资本提供了财务杠杆的来源,使得金融资本能够动用超出自身力量的金融资源来交易获利。

再次,金融资本对政府的控制力。与列宁时代的差异在于,今天的政府采用货币财政政策等工具极其深入介入到经济的运行中,金融资本通过股市价格波动等方式对政府政策有着强大的影响力。更为明显的是,美国政府的经济官员经常由来自华尔街的金融高管来担任,华尔街甚至被称为"财政部长制造商":1995年至1999年任财政部长的罗伯特·爱德华·鲁宾任职前在高盛供职近30年,2006年至2009年任财政部长的亨利·鲍尔森则曾经是高盛的董事长与CEO。来自华尔街的政府官员显然在维护金融资本利益方面不遗余力:鲁宾推动了取消金融业混业经营限制的1999年《金融服务现代化法案》的通过,金融资本借此开始大规模的兼并收购扩张;鲍尔森则在2008年美国金融危机中用尽全力救助华尔街金融机构。

此外,金融资本通过金融国际化而对外国特别是发展中国家具有强大的影响力,这一点我们将在金融国际化再具体介绍。

显然,金融资本在金融领域内的垄断力量并没有消失,而是得到了某种程度的强化,其表现形式也更为复杂和隐蔽,依然是当代资本主义经济的重要特征。

第三节 金融资本与垄断资本主义经济的虚拟化

金融资本作为垄断资本主义经济的"统治者",不仅对经济的各个领域拥有着强大的控制力,而且也深刻改变了资本主义经济的运行方式,金融活动急剧膨胀,使得经济越来越呈现出高度依赖于金融业的虚拟化倾向。

马克思的"虚拟资本"概念及其现代内涵 在分析信用、银行、股份公司等早期金融活动时,马克思提出了"虚拟资本"的概念,以与现实中的产业资本与商业资本相区别。**所谓虚拟资本,是指以有价证券形式存在、并能给持有者带来一定收入的资本**,如国债券、股票、汇票、等等。同产房、机器等实际资本运动不同,股票等虚拟资本本身没有价值,只是现实资本的纸质复本,"只是代表已积累的对于未来生产的索取权或者权利证书"[①]。

虚拟资本有其特殊的运动规律。以股票为例,同时出现了公司的实际资本的运动,以及与它分离、而作为其代表的股票的运动,用公式表示如下:

---

① 马克思:《资本论》第3卷,人民出版社2004年版,第531页。

$$S—G—W \genfrac{}{}{0pt}{}{Pm}{A} \cdots W' \cdots G'$$
$$|$$
$$G1$$
$$|$$
$$S$$

用股票(S)票面价值付出的货币资本(G),去购买生产资料(Pm)和劳动力(A),把货币资本转化为生产资本,完成剩余价值生产和流通的职能,这形成实际资本的运动。资本也只能有这一实际运动。但同时,为了使股票能够买卖又需要由专门的货币资本($G1$),有独立的运动和决定股票价格的特殊方式,从而使股票本身看起来也像是资本在运动了。

马克思提出的虚拟资本概念,用今天的眼光来看,大体上就对应着在证券市场上的各种金融工具,按照我们在上一节的分析,可以认为是金融资本概念中的一个类别。马克思提出的这个概念在很长时间内并没有被广泛使用,但是因为其中的"虚拟"这两个字非常精彩地刻画了金融资本的本质特征,在金融资本不断膨胀并对经济产生越来越大影响的今天,这个概念也就越来越多被提起,并且被赋予了新的时代内涵。

金融活动在马克思生活的时代之后,经历了长足的发展与创新,特别是在最近20年中,在金融活动内部呈现出了高度的自我创造、自我循环、自我膨胀的特征,与现实经济之间的联系越来越弱,这一状况用马克思提出的"虚拟"这个词来描述是非常贴切与传神的。如果说,当年股票等金融工具的出现,使得现实资本与其纸质复本同时形成,资本出现了"虚拟化"运动的话,那么这还只是第一重的"虚拟化",还只是金融资本在超越了现实经济的金融领域中自我运动的起始点。

金融资本的第二重"虚拟化",是衍生金融工具的形成。**金融衍生工具是指在货币、债券、股票等传统金融工具的基础上衍化和派生的、以杠杆和信用交易为特征的金融工具。**按照产品类型,可以将金融衍生工具分为远期、期货、期权、和互换四类。以期货为例,这是指由期货交易所统一制定的、规定在将来某一特定时间和地点交割一定数量的实物商品或金融商品的标准化合约。例如,对于在证券交易所交易的某种债券,可以在期货交易所中交易在未来某一天交割的该种债券的期货合约,该债券就会同时出现在现货市场与期货市场上不同价格,交易者可以据此进行投机交易或者提前锁定未来的交易价格以转移风险。

金融资本的第三重"虚拟化",是运用金融工程方法,将若干种基础金融商品和金融衍生品相结合设计出的新型结构化金融产品,这些新型金融衍生工具比期货、期权等传统衍生工具更为复杂,风险也更加难以识别和定价,其可以反复衍生创设的特点使得其"虚拟性"更加突出。

2008年爆发的席卷全球的美国金融危机,之所以由本来由房地产贷款问题进而形成全球金融海啸,就是金融资本反复虚拟化的结果,特别是与借助金融工程方法而进行的第三重虚拟化有关,我们对此进行简单介绍。美国房地产信贷机构发放抵押贷款时,信用等级较低的贷款被称为"次级抵押贷款",此时还是常规的货币资本运动。为了提高信贷资产的流动性,次级抵押贷款经过投资银行的资产证券化操作后,形成了抵押支持债券(简称MBS),这就是一种典型的依据金融工程方法创设的衍生金融工具,可以视为"首轮虚拟化"。由于次级抵押贷款为基础资产的抵押支持债券具有较大风险,很难获得较高的信用评级,无法达到美国大型投资机构如退休基金、保险基金、政府基金等的投资条件,为此,华尔街的金融机构又进行了金融创新,开发出了一种新型的结构化金融衍生工具——担保债务凭证(简称CDO),这可视为"次轮虚拟化",CDO是将抵押支持债券经过重新开发组合后,形成具有较高信用等级与较低信用等级的两类债券,其中高信用等级债券可以由养老基金、保险资金等机构投资者持有,而低信用等级债券可供追求高风险、高收益的投资者持有。担保债务凭证是一种结构化金融产品,可以依据上述原理而进行反复创设,形成"N轮虚拟化",这样经过多次打包组合后,大部分原始资产都已经包装成高等级的结构化产品出售给市场,剩下的很小一部分则由于风险实在太高,被华尔街戏称为"核废料"。此外,为了满足持有担保债务凭证投资者风险规避需求,又创设了一种贷款违约保险——信贷违约掉期(简称CDS),卖方通过出售其获取保险费,这可视为是"N+1轮虚拟化"。

金融资本所具有的"虚拟化"运动规律,使得当前美国等国经济形成了金融市场规模远远超越实体经济规模、衍生金融工具市场规模又远远超越基础金融资产的倒金字塔结构。按照2007年底的价格计算,美国只有约10万亿美元的房贷,其中有不到2万亿美元的次级按揭贷款,却催生了超过2万亿美元的MBS、超过1万亿美元的CDO,以此为基础又催生了近62万亿美元的CDS。可供参照的是,美国2007年的GDP总量约为1.4万亿美元,尽管后者是流量数据而不完全具有可比性,但还是足够能说明问题。

> 金融资本推动垄断资本主义经济走向"虚拟化"

金融资本的膨胀,深刻地改变了垄断资本主义经济的发展模式,出现了高度的"虚拟化"或者说"金融化"倾向,这引起了国内外不同学派的研究者的共同关注,有的现代马克思主义经济学家将其命名为"垄断金融资本主义",认为这是资本主义经济在矛盾中发展的又一个新阶段的诞生[1]。

关于当代资本主义的"虚拟化"或"金融化"特征,有着经济、政治、社会等多重维度的解读,但尚无统一的定义[2]。我们不妨从如下三方面来从经济上认识当代资本主义经济"虚拟化"或"金融化"的主要表现:

1. 金融资产的高度积累

资本主义经济的"虚拟化"必然是以金融资本的不断积累与高度膨胀为前提和重要特征的,我们不妨利用银行部门的数据,来观察金融资本从马克思写作《资本论》的时代到今天的发展情况。

图 22-2 中的三条曲线分别反映了 14 个发达经济体的银行贷款占 GDP 比例、银行资产占 GDP 比例以及广义货币(M2,即各类银行存款)占 GDP 比例情况。从上图中可以看出:

第一,金融资本整体上的历史发展进程。这三者总体上的发展特征是一致的,即自 1870 年起逐步上升,直至 1929—1933 年大危机时发展到了第一个高峰,随后在危机打击下迅速下滑,在二战后又开始逐步上升,速度逐步加快而达到新的历史高度,这从总体上反映出了金融资本的历史进程。

第二,金融资本的内部结构特征。具体来看,三者之间又呈现出了较大差异,其中广义货币占 GDP 比例上升最慢,而银行资产占 GDP 比例上升最为迅猛,这反映出的信息是:首先,在"虚拟化"程度不断上升的情况下,银行体系内存款相对比例并没有非常明显的增长,这说明社会的金融资产更多以非银行存款的方式持有,传统的银行存款方式的吸引力下降,居民及企

---

[1] 约翰·贝拉米·福斯特:"资本的金融化与危机",《马克思主义与现实》2008 年第 4 期。
[2] 崔学东:"当代资本主义金融化与金融危机——异端经济学金融化研究述评",《社会科学战线》2009 年第 7 期。

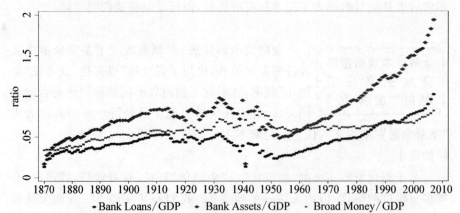

图 22-2 14 个发达经济体银行部门资产负债情况(1870—2010)

资料来源：Taylor, Alan M.,2012,"The Great Leveage", BIS Working Paper

业更倾向于选择证券市场上能够提供更高收益的金融资产作为其金融资本的持有形式；其次，银行的贷款增长超过了其存款增长，这体现了银行体系有了更大的信用创造能力，更多利用存款以外的其他资金来源来进行融资，特别是从金融市场上获取资金，金融资本的自我扩张能力在增强；再次，银行资产的增长情况远远超过银行的贷款增长，这说明银行的业务呈现出了高度的"证券化"的特征，银行与银行之间的资金往来更加密切，银行体系与金融市场高度融合，银行业务与其他金融机构业务高度融合，金融资本作为一个整体的自我积累迅速上升。

2. 金融业在经济中的地位显著提高

首先是金融业在 GDP 中的比重。美国这一比例自 1860 年来的情况如图 22-2 所示，可以看出，金融业在 GDP 中的比重同样经历了先逐步增长直至 1930 年代大危机前的高峰，然后迅速下降，二战后再逐步回升，1980 年后超越了历史高点且速度进一步加快。

其次，社会各部门的负债情况。美国经济中的政府、金融机构、公司、家庭这四个部门的负债率总体自 1980 年以来都显著上升了，其中金融机构与家庭的负债率上升情况更为突出，在 2008 年金融危机后则有所下降。

再次，金融业利润占经济体利润总额情况。从美国情况看，在 1960 年代金融业利润只占全社会利润的 15% 左右，但是随后的上升程度是惊人的,2005年金融业利润约占全社会利润的40%。考虑到美国金融业所占GDP的比重尚没有超过10%,其含义则更为惊人,金融业是美国各行业中最赚钱的部门,金融资本已经发展到这一程度,以至于不仅"钱能生钱"而且是"钱最能生钱"。

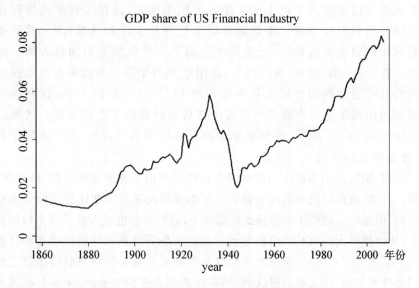

图 22-3 美国金融业占 GDP 比例(1860—2007)

资料来源:Thomas Philippon,2008,"The future of the financial industry"

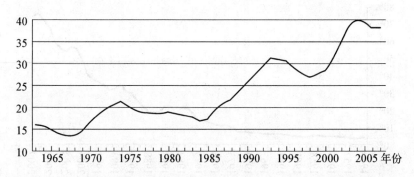

图 22-4 金融业利润占美国各行业利润总额的百分比(5 年移动平均线)

资料来源:约翰·贝拉米·福斯特:"资本的金融化与危机",《马克思主义与现实》2008 年第 4 期,吴娓译。

3. 金融业带来其他行业、其他领域的"虚拟化"

经济中最为明显的"虚拟化"莫过于金融行业之外的"虚拟化",我们不妨从两个角度来观察这一现象。

首先是非金融行业的利润来源情况。金融业带来的经济"虚拟化"的一个重要方面是改变了资本主义经济的积累模式,这很大程度上体现在非金融公司利润日益通过金融渠道而不是商品生产和贸易,为了获取更高利润率的剩余价值分配,产业资本不断从生产领域退出而投入到金融业中。在2005年,福特、通用汽车、通用电气当年第三季度来自金融投机操作的利差交易利润分别占其净收入的157%、125%和55%,这意味着福特和通用汽车公司表面的财务盈余背后是巨额的生产性亏损。法国的情况则如图22-5所示,近年来非金融企业的利润已经近80%来源于利息、股息等金融性收入。

其次,国际大宗商品市场的价格变化也呈现出了越来越明显的"虚拟化"特征。石油、粮食等大宗商品市场的价格本来是由来源于实体经济的供求所决定的,但是在金融资本非常活跃的情况下,这些商品也成为投机资本炒作的对象,从而使得大宗商品的价格变动与股票市场等金融市场的价格变动日益同步。如图22-6所示,能源类商品以及非能源类商品价格与股票指数之间的相关性在2000年之前是很低的,但是在近年来迅速上升,相关系数都接近0.7,这意味着大宗商品价格与股票指数的变动已经高度一致了。

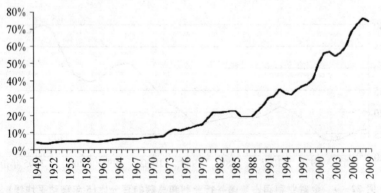

图22-5 法国非金融企业总运营利润中金融性收入所占比例

资料来源:Ignacio Álvarez Peralta,2012,"Financialization and the wage-labor nexus: the case of France"。

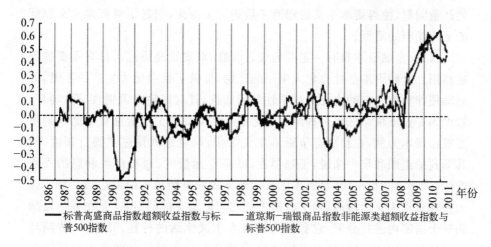

图 22-6 大宗商品价格指数与股票指数之间的相关系数

资料来源：UNCTAD(2011)。

金融资本及经济"虚拟化"的历史作用　　金融资本所带来的经济"虚拟化"，是当代垄断资本主义极其重要的特征，如何认识经济"虚拟化"在资本主义历史进程的影响，如何认识"虚拟化"后的资本主义经济未来趋势，这是一个非常重大而复杂的课题，我们在此仅略作分析。

金融资本是资本主义发展到垄断阶段后的一个历史性范畴，是货币、信用、借贷资本等金融现象按照历史的逻辑所演变的必然结果，这些范畴彼此之间具有内在的一致性。马克思在分析资本主义信用的历史作用时，曾经指出："信用制度固有的二重性质是：一方面，把资本主义生产的动力——用剥削他人劳动的方法来发财致富——发展成为最纯粹最巨大的赌博欺诈制度，并且使剥削社会财富的少数人的人数越来越减少；另一方面，造成转到一种新生产方式的过渡形式。"[①]马克思对信用问题两重性的分析，对我们讨论金融资本问题具有非常重要的意义。

我们认为，金融资本及其所带来的经济"虚拟化"，对于垄断资本主义乃至于当代全球经济的影响也具有双重性：一方面，它反映了社会发展的必然要求，对于社会的进步具有显著的推动作用；另一方面，它也形成了一系

---

① 马克思：《资本论》第3卷，人民出版社2004年版，第500页。

列严重问题,使得资本主义的固有矛盾进一步激化,引起了对资本主义制度的更为深刻的质疑。

首先,金融资本具有一定的历史进步性,对现代经济运行具有重要的促进作用。金融资本是社会化大生产的产物,反映了社会化大生产的需要,其运动规律具有一定的内在的科学性与精密性,其对风险的识别、定价、转移、管理等专业方法是任何一种经济形态都必然需要的。以金融资本的早期形态银行资本为例,在自由竞争资本主义阶段,马克思就说过:"银行制度,就其形式的组织和集中来说,正如早在1697年出版的《对英格兰利息的几点看法》一书已经指出的,是资本主义生产方式的最精巧和最发达的产物。"进入垄断资本主义阶段后,列宁也指出:"它们汇集空前的财富,又在幅员辽阔的整个国家内进行分配,它们是全部资本主义生活的神经。这是一些精巧而复杂的机构,是经过几个世纪才形成的。"银行业只是金融资本的形式之一,今天的银行业的信用创造、风险管理、财富管理等技术早就远远超越了一个世纪前的状况,而在经济证券化的情况下,银行业甚至都不是金融资本在技术进步上最快的领域,金融资本对社会生产的重大推动作用是不应否定的。因此,有人将金融资本视为是完全投机性的,认为金融资本的增殖完全靠投机诈骗,这一看法是偏颇的,有人提出要建立"没有华尔街的美国经济",同样也是一种极端的意见,只是试图让历史倒退的梦想。

其次,金融资本的形成发展反映了资本主义的自我调整与转型。著名马克思主义经济学家保罗·斯威齐对现代金融资本的分析是极为深刻的,他认为垄断资本主义下生产必然是过剩的,垄断资本主义的正常状态就是停滞,此时金融化就成了一个令人绝望而且危险的"救世主",不论从投资方面还是从消费方面,金融部门的膨胀都起到了抵消垄断资本主义生产停滞趋势的积极作用,因此我们在经济金融化后观察到的实体经济停滞而金融部门膨胀并存的现象时,后者是前者的结果而非原因。斯威齐的这一看法具有着非常深远的影响力,新熊彼特学派的代表人物佩蕾丝在《技术革命与金融资本》一书中,提出在技术革命推动经济增长的过程中,每次技术革命形成和扩散时,金融资本都起到了关键性的作用,技术革命和金融资本的互动决定了每个阶段经济增长的形式,这可视为是对斯威齐观点的重要补充①;福斯特等人提出的"资本主义双重积累机制"理论,进一步强调了金融资本积累的独特性,对斯威齐的理论也作了进一步的完善。当然,近年来美国一些激进的经济学家(如托马斯·帕利,2007)提出了相反的金融化导致经济停滞的理论,进一步说明了这个问题的复杂性,可以为我们认识今天的实体经济与虚拟经济之间的关系提供参考。

再次,金融资本极大激化了资本主义的种种固有矛盾。对于资本主义生产方式必然引起的生产过剩问题,金融资本像毒品或兴奋剂对那些运动员一样,使得经济沉溺于债务扩张的刺激而更加复杂化了;对于资本主义经济运行中破坏性最大而又必然周期爆发的经济危机问题,金融资本在很大程度上延缓甚至改变了经济周期的同时,又以自身高度的投机性与脆弱性给经济带来了更加易发与更加具有破坏力的金融危机,使得经济运行更加不稳定;对于资本主义全球化下中心国家与外围国家之间的冲突对立,金融资本常以最能引起争议的方式来试图在国际间自由流动,使得外围国家产生更大的不满;对于资本主义分配中资本与劳动之间的不平等性,金融资本将这种不平等性大大放大而达到一个极致。如同 2008 年的美国金融危机引起的"占领华尔街运动"中的示威口号而言:"我们是 99%",金融资本在成为控制经济的极少数精英权势集团的同时,也最大限度地孤立了自己。

总之,金融资本是资本运动最纯粹、最自由和最高级的形式,金融资本主义是资本主义从商业资本主义、工业资本主义一路发展而来的最高阶段,资本主义经济在这一时期正面临着空前的质疑,可谓:"绝怜高处多风雨,已近琼楼最顶层"。

思 考 题

1. 现代金融体系是如何构成的?其主要类型有哪些?
2. 金融资本的概念是什么?如何理解当代条件下金融资本的内涵?
3. 什么是虚拟资本?金融资本是如何带来现代资本主义经济的虚拟

---

① 佩蕾丝的观点可以视为在斯威齐与熊彼特之间进行了一种调和,展示了两人理论相契合的一面。1947 年 3 月,斯威齐与熊彼特在哈佛大学礼堂中就资本主义的未来展开了辩论,列昂惕夫是辩论的主持人,这场辩论在数十年后都让保罗·萨缪尔森记忆犹新。

化的？

本章参考文献

1. 马克思：《资本论》第 3 卷，人民出版社 2004 年版。
2. 鲁道夫·希法亭：《金融资本——资本主义最新发展的研究》，商务印书馆 1997 年版。
3. 列宁：《帝国主义是资本主义的最高阶段》，人民出版社 2001 年版。
4. 保罗·巴兰、保罗·斯威齐：《垄断资本》，商务印书馆 1977 年版。
5. 卡萝塔·佩蕾丝：《技术革命与金融资本》，中国人民大学出版社 2007 年版。
6. Epstein, G. A., *Financialization and the World Economy*, Edward Elgar Pub. 2005：210-219,111-148,77-110.
7. Foster, J. B., The Financialization of Accumulation, *Monthly Review*, 2010, Vol. 62, No. 5：1-17.

第二十三章 国际分工与资本国际化

资本主义经济是开放型经济、国际化经济。上面各章,我们主要把资本的运动限于一国范围进行分析,这一章则以它的国际运动为对象。

第一节 国际分工与世界市场的新变化

国际分工及战后的新特征 生产国际化意味着生产力是在世界各国互相依存的过程中发挥作用的。这种互相依存的基础是**国际分工**,即社会分工超出国界而形成的国与国之间的**生产专业化**。国际分工的产生和发展,取决于两个条件:一个是自然条件,包括各国资源、气候、土壤等的差异;另一个是社会经济技术条件,包括各国科学技术和生产力发展水平的不同,国内市场的大小,人口的多寡和社会的经济结构等。

国际分工随资本主义生产方式的确立和第一次产业革命而迅速发展,到第二次产业革命后最终形成。由于资本主义生产方式历史上首先是在欧洲少数国家的工业部门发展起来的,是从属于追逐利润需要的,因此国际分工也必然带上资本的烙印,形成了少数欧洲先进工业国和亚洲、非洲、拉丁美洲大多数落后的农业矿产业国之间不合理的产业分工格局。发达国家搞工业、落后国家搞农业矿产业这样的国际分工,对经济落后国家人民极其不利,但可以为发达国家**商品资本的国际化,即在世界市场上销售商品、实现价值和剩余价值**提供最有利的条件,也为发达国家提供了在世界市场上购买原材料的最有利条件。

二次大战以后的科技革命,使国际分工出现了一些新的特征。

首先,除原来那种部门间(工业与农业、采矿业)分工外,大大发展了工业部门内部的分工,即工业产品的专业化、零部件的专业化以至工艺的专业化。这是当代国际分工的基本趋向和基本特征。产品的专业化,即在这个或那个国家内集中生产该部门的某些产品。例如,拖拉机制造,美国专门生产大马力的轮式和履带式的,英国生产中型轮式的,联邦德国则生产小马力的。零部件专业化就是各国生产的零部件不供自己使用而供别国企业去装配,由许多国家协作生产一种产品。现已有一系列所谓欧洲式产品。例如,"R-1800"载重汽车是在英国装配的,它的零件则由瑞典(发动机)、联邦德国(控制设备)、意大利(车身)等生产。工艺专业化则指完成工艺过程的某些工作,如制造锻件、铸件、模压件、毛坯或提供某种中间产品供应给分布在许多国家的工厂。从生产力的角度看,这种以国际水平分工为基础的生产要素的国际间流动和组合,构成了生产的国际化。其次,传统的国际分工以自然资源为基础,现代国际分工常常建立在科研活动成果的基础之上,特别是占据科技革命前沿阵地的新部门、新产品,如电脑、激光技术、飞机制造等。一个国家能否提供知识技术密集产品,在国际专业化中占一席之地,又取决于投在该部门的科研费用的多少。据有些学者估计,美国飞机制造业中科研费占净产值的19.9%,因而美国飞机在国际市场上具有较强的竞争力。由于科学探索和技术开发需要大规模投资,有时一个大公司也力不从心。例如,美国"DC-3型"飞机的研制和设计费用不超过30万美元,而"波音-747型"飞机的同类费用则达7.5亿美元,增长了2500倍。这就促使某些研究和设计工作由几国联合进行或者发展专业化。再次,许多发展中国家的单一农业或采掘业经济的状况有了改变;19世纪形成的工业国与农业原料国、世界城市与世界农村的分工已有所削弱。发达国家与发展中国家的分工,现在表现为"资本密集产品"与"劳动密集产品"的分工,高级尖端技术工业与一般工业的分工。20世纪80年代信息革命时代的到来,国际分工又发展到产品内分工,即同一个产品的不同工序、不同零部件在不同国家组织生产。可见,从产业间分工到产业内分工再到产品内分工,使专业化越来越深入细致,对促进生产发展和劳动生产率提高的作用也更大了。

世界市场的新变化

分工与市场是密切联系的。国际分工是世界市场的基础。**世界市场是世界范围内进行交换的场所和交换关系的总和。** 世界市场囊括了世界的各个角落,通过国际流通在不同程度上和不同条件下把所有国家的生产、交换、分配和消费连在一起。

世界市场主要包括:世界商品市场、世界资本市场以及两个市场中共同存在的各国货币间的汇兑所构成的外汇市场。

世界商品市场,是商品越过国界在国际范围流通,具体形式就是国际贸易,由各国对外贸易构成。各国对外贸易包括商品输出和输入,两方面互为条件,互相影响。**一国一定期间(通常为一年)的出口总值大于进口总值形成的差额,谓之贸易顺差或出超;反之则称贸易逆差或入超**。贸易差额反映一国的外贸状况,是影响一国国际收支状况的基本因素。

二次大战后,在国际分工深化的推动下,世界商品市场有了重大变化:(1)国际贸易数额庞大,发展迅速,地位提高。据世界银行的统计资料,1996年世界贸易出口总额达到5.4万亿美元,分别为1956年、1970年和1980年的60倍、17.4倍和3倍。而据维基百科援引世界贸易组织的估计数,2011年世界贸易的出口总额则高达约17.8万亿美元。世界贸易增长的速度超过了世界各国国民生产总值增长的速度,它在世界国民生产总值中的比重也从1950年的5.5%上升到1995年的18.5%。这表明,对外贸易在各国经济发展中的意义增大了。(2)国际贸易的商品结构起变化了。贸易结构变动的基本趋势是粮食和原料等初级产品的比重缩减,工业制成品的比重有很大的增加。在美国,高技术产品出口在其出口总额中所占比重,从1980年的20%增加到1987年的32%,8年间增加了12个百分点。同时,产业内贸易与产业间贸易相比,有更迅速的增加。1964—1974年,OECD(经济合作与发展组织)国家间制成品贸易中的产业内贸易比重从53.7%提高到60.4%,提高了6.7个百分点。还有值得注意的是,包括运输、保险、装卸、技术转让、国际旅游等构成的服务贸易发展甚快,规模可观。从贸易的国别构成看,发达资本主义国家贸易的扩大,多半是他们相互间的贸易,其在出口总额中的比重,从1958年的65.6%提高到1974年的76.8%,与发展中国家贸易的比重相应地降低了。(3)随贸易额的增加、结构的变化和商品种类的增多,贸易方式也更多样化,出现了补偿贸易、来料加工贸易、租赁贸易等形式。

国际金融市场的变化也是十分显著的:(1)国际货币体系经历了一个从相对稳定的日益混乱、动荡的过程。二次大战后,资本主义世界实行的,是以美元为中心的货币体系。主要内容是:美元与黄金挂钩,其他国家货币与美元挂钩,而美元保持固定的汇率——**一国货币单位与另一国货币单位的兑换比率**。通过这两个挂钩,美元获得等同于黄金的地位,确立了它在国际货币领域里的中心地位,成了各国主要国际支付手段和外汇储备。进入 20 世纪 70 年代后,由于美国国际收支逆差不断扩大,带来了严重的美元危机,1971 年 8 月美国政府宣布停止美元按固定比率兑换黄金,于是其他国家也先后放弃了对美元的固定汇率,改为浮动汇率,美元为中心的国际货币体系也就宣告崩溃了。(2) 汇率浮动幅度大,国际金融市场充满风险。由于各国金融资产升降变迁迅速,各国又都把汇率当作一项重要的政策工具,通过它的制定和变动,来达到一定的目的,也由于浮动汇率便利了在外汇上的投机,因此外汇市场行市变动剧烈,增幅跌幅甚大。(3) 金融国际化趋势加强,国际金融市场正在成为世界经济舞台的重心。战前,各国内外金融是隔离的,国际金融市场上的借贷业务通常在本国人和外国人之间进行,并受到所在国有关法规的管制。战后,由于美元作为国际支付手段,它流向世界各地,形成欧洲美元、石油美元,出现欧洲美元市场、亚洲美元市场,它们几乎不受任何一国的管制,借贷业务主要在外国人之间进行,金融国际化趋势大大加强。同时,新的国际金融组织和机构纷纷建立,国际金融中心和金融市场高度发达,金融衍生工具不断创新,国际金融活动空前活跃起来。

  国际金融市场的活跃,导致国际金融泡沫化的产生。第二次世界大战前,国际金融交易(外汇买卖)主要是为了应付国际贸易的需要。当时,金融交易量与商品交易量基本上是一致的。金融交易的背后有商品交易支持,不是泡沫经济。二战后,国际金融交易逐渐与国际商品交易脱节,而且这种脱节是以加速度发展的。例如,作为世界金融中心的美国,在 20 世纪 60 年代,其国际贸易额占到国际金融交易额的 80% 以上,而在 90 年代,其国际贸易额已不到国际金融交易额的 1%。全世界的情况也是如此。1996 年,世界贸易进出口总量为 10.9 万亿美元,平均每天为 300 亿美元,而世界金融市场上每天的金融交易有上万亿美元,贸易量仅为金融交易量的 0.8%。从维基百科援引的国际清算银行数据可以推算,2006 年国际金融衍生品交易所的利率、外汇及股指衍生品的合并交易额就高达约 1 700 万亿美元,而 2006 年美国国内生产总值约为 12.5 万亿美元。金融泡沫化的现象极为明显。

  国际金融市场的发展,是经济全球化的反映。它是一把"双刃剑"。它有促进国际贸易、国际投资和生产国际化的正面效应,但也因其与实物经济发展脱节而成为世界经济发展的不稳定因素,增加金融危机在国际间传播与扩散的可能性。处置得当,正面效应发挥作用;处置失当,负面影响形成冲击。而且正负效应的转化往往具有突发性,令人措手不及。1997 年爆发的亚洲金融危机,就是实例之一。而由美国 2007—2008 年金融危机波及全球而形成、至今影响未消的经济大衰退(Great Recession),更是以极大的破坏力和宰割力昭示了这一点。

劳动力的国际流动

劳动力国际流动的加强,是资本的国际经济联系加强和生产国际化的一个重要方面。

劳动力的国际流动是资本主义发展的必然结果,其基础是资本积累过程的不平衡。在世界市场上,劳动力的主要提供者,一般是资本积累不足、劳动人口过剩的国家,需求者则是资本主义发展较年轻、有较高积累速度但后备劳动力不足的国家。

在自由资本主义向垄断资本主义过渡的过程中,随着殖民地的开拓,帝国主义国家曾经以贩卖奴隶、招收"猪仔"(条件极其苛刻的合同制工人)等形式,从非洲和亚洲运送大量强壮劳动力去开发北美洲、拉丁美洲和大洋洲。劳动力国际流动的这种原始形式,随着殖民体系的瓦解而销声匿迹了。

在当代,劳动力国际流动出现了新的背景。科技进步在各个部门的发展程度和对劳动力的要求是不同的。在新兴部门对熟练工人需求增加的情况下,当地居民或是尽量避开工作繁重、生产恶劣的工作,或是要求提高工资。对于由此而产生的劳动力不足,不少发达国家通过吸收外国工人来弥补。20 世纪 70 年代初,外国雇佣工人在欧洲"共同市场"各国雇工中的比重超过 7%,联邦德国和法国在 10% 左右。

科学技术专家的流动,是当今劳动力流动的新现象之一。这种流动的方向主要是从欧洲和其他地方流入美国。这一方面是由于美国对专家需求增长,另一方面是专家们希望得到更好的工作条件和生活保证。

第二节 资本的国际化

资本输出与借贷资本的国际化

资本主义生产的国际化,必然要求**资本的国际化**,即资本越出国界在国际范围运动。因为,在资本主义条件下,生产要素和产品都是作为资本存在的。资本的其循环和周转的运动中,要采取商品资本、货币资本和生产资本三种形式,所以,资本国际化也相应地表现为**以商品资本独立化为内容的商业资本国际化、以货币资本独立化为内容的借贷资本国**

际化和以生产资本为主要内容的产业资本国际化三种形式。

关于**商业资本的国际化**，前面谈国际分工的部分已提到了。随着商业资本国际化而俱来的，必定是国际间货币流通的发展，货币作为国际支付手段职能的发展。这样，为适应支付需要而产生的短期借贷关系和各国货币的兑换，也必然日见频繁。于是，出现了**借贷资本国际化，即资本在国与国之间的借贷**，把资本能生产和实现剩余价值这样一种使用价值让渡给了别的国家，当然要以定期偿还并带来定量利息为前提。

在中小资本为主体的自由竞争时期，总的说来，资本主义国家不是资本过剩而是资本不足。有些企业在已定的利润率下无法充分运用其所积累起来的货币资金，也完全可以通过信用杠杆转移到国内其他部门加以运用，并不存在向国外输出资本的必然性。

到19世纪后半期，在自由资本主义向垄断资本主义过渡的过程中，少数发达资本主义国家才具备条件能有大量**资本输出**，即资本家、资本家集团或资产阶级国家的政府为了获得高额利润或利息而对国外进行投资和贷款。

资本输出的必要性，是由少数最发达资本主义国家内金融资本的垄断统治造成的。首先，这是"过剩"资本追逐利润的需要。金融资本的统治，使垄断组织手中积累的大量货币资本变成"过剩"资本。在国内，有利的投资场所已经垄断组织占领了，它们不愿意把资本投入那些无利或微利的部门，因此资本就相对地显得过剩。为了追逐高额利润，必须把资本输出到国外去。其次，也是扩大市场和垄断原料来源的需要。垄断造成的大规模生产使市场问题和原料来源问题尖锐起来，为此而展开的国际间竞争加剧了。资本输出既可以带动商品输出，又可以越过对方贸易和关税壁垒，在国外就地生产、就地销售。把资本输出到落后国家去开发资源，既可获得廉价原料的稳定来源，又可垄断它们，加强在国际竞争中的地位。至于资本输出的可能性，是因为资本主义的发展已把世界上绝大多数的国家卷入了世界市场，落后国家和地区的商品经济大都有一定的发展，交通运输业和银行业的发展也为输入资本创造了物质条件。

历史事实表明，正是从19世纪后半期开始，在英、法、德、美等国向巨大的金融资本垄断统治过渡期间，资本输出迅速增加，成为帝国主义的一个重要经济特征。那时，资本的流向，主要是发达资本主义国家流入经济落后国家和地区，特别是流向自己的殖民地和势力范围。资本输出的形式，主要是间接投资。间接投资是通过间接金融市场或直接金融市场而实现的。在间接金融市场,主要是贷款的形式,即由资本主义国家的政府、银行、企业或资本家个人出面,把货币资本直接借给外国的政府、银行、企业或个人;在直接金融市场,主要是证券投资的形式,即前者购买后者的债券、股票等。资本输出除间接投资外,也有直接投资形式,即发达国家在国外直接兴办工厂、矿山、银行、商店等企业。但直接投资已不是借贷资本的国际化,而是**产业资本的国际化**了。

> 产业资本国际化

产业资本国际化是指资本跨越国界从事商品的生产和经营,在国际范围内生产和实现剩余价值。它是在商业资本国际化和借贷资本国际化发展的基础上形成的。它的大规模发展,是第三次产业革命的结果。前面说过,战后国际分工加深的主要特征在于工业部门内部产品、零部件、工艺的分工和专业化生产,这就必然要求资本越出国界,从全世界的视野来组织生产和经营。商业、借贷资本的国际化从流通方面保证了产业资本国际化的实现。

产业资本国际化首先表现在各国对外直接投资的急速增长上。以美国为例,它的私人对外直接投资额,1950 年为 118 亿美元,1986 年为 2 600 亿美元,为 1950 年的 22 倍。从美、英、法、联邦德国、日本几个发达资本主义国家总体看,1960—1984 年,私人对外直接投资增长了 8.4 倍,累计额已达 5 490 亿美元,而且,从地区上看,私人对外直接投资主要是发达国家之间相互投资,它们对发展中国家(包括某些地区)的投资已退居次要地位。20 世纪 70 年代初期,发达资本主义国家相互投资约占全部对外直接投资额的 2/3,对发展中国家投资占 1/3,到 80 年代中期,前者已提高到 3/4,而后者则降到 1/4 左右。在投资的产业结构上,发达资本主义国家之间主要投在第二产业和第三产业,特别是那些与科技进步紧密相关的"知识""技术"密集的问题,如电子、计算机、汽车制造、金融等。对发展中国家则主要投在传统的、"劳动"密集、耗料耗能多以至污染大的部门。据维基百科的相关资料,截止 2008 年底,估计全世界累计对外直接投资总额高达约 16.2 万亿美元。

各国的对外直接投资主要是通过跨国公司进行的。**跨国公司是一种国际性的企业,它以本国总公司为基地,通过对外直接投资在其他国家和地区**

设立子公司,从事跨国界的生产、销售和其他业务活动。

早在二次大战前,主要资本主义国家就有一些大公司在外国建立子公司。但只是从20世纪50年代以后,跨国公司才获得规模空前的发展。90年代初,全球约有2万家跨国公司,其中绝大部分为中小企业,但起核心作用的是数百家年销售额超过10亿美元的大公司。它们组成"10亿美元俱乐部",是发达资本主义国家垄断性跨国公司。它们已成为当代国际经济中的重要力量。根据联合国《1997年世界投资报告》的材料,1996年跨国公司已经发展到44 508家,分布在全球的附属企业达276 659家。发达国家的跨国公司为36 380家,占全球总数的81.3%。目前,跨国公司在世界贸易中的份额已高达50%。世界100家最大的跨国公司是国际生产中的主要角色。1995年它们的国外销售额就达2万多亿美元,国外雇员近600万人。在资本主义世界的主要工业部门和新兴工业部门,如石油、飞机、汽车、化学、电子、电器等行业中,几乎都由10至15家最大公司所垄断,其中大部分是跨国公司。

跨国公司实行全球性战略安排,以全球市场和劳力、资源为对象,以整个公司的最大利润而不是某一子公司局部利益为决策依据。公司内部实行一体化的、高度集中的管理体制,定点生产,定向销售。董事会是最高决策机构,各地子公司的投资、生产、销售、资金、人事、利润使用、内部价格等都要遵守董事会的决定,各子公司只在规定的范围内活动。它就活动范围而言是国际的,但按其资本和控制来说一般是一国的。

跨国公司的一个重要趋势是向多种经营方向发展。随着跨国工矿业、贸易公司的形成,跨国银行伴随而来。它们拥有巨大的流动资金和借贷能力,在国际贸易金融市场上占有举足轻重的地位。

跨国公司已成为当代国际范围内生产和资本运动的主要组织形式。大型的、跨国经营的公司,不仅可以加深国际分工,而且也有力量推进科学技术进步和生产力的加快发展;既可以为剩余资本找到出路,又可以在全球范围内找到生产要素的最优结合,更有利于资本增殖。它可以使生产最接近原材料、能源和销售市场;可以利用工资的国民差异在低工资国家安排劳动密集型产品或零件的生产;可以增加出口;可以转移经营风险;可以为母公司所在国提供大量股息等。

这表明,跨国公司的生产和经营活动跨越国界,使商品资本、货币资本的国际化纳入以生产资本为中心的产业资本运行的轨道,使资本循环的三阶段呈现出新的特点：在购买阶段雇用多国籍工人；在生产阶段，劳动过程和剩余价值生产过程都国际化了；在售卖阶段，以全球市场为对象，剩余价值在国际范围实现。所以，跨国公司为主体的资本国际化，是战后资本主义世界经济发展中具有重要意义的新现象、新特点。

第三节 世界体系中的发达和发展中国家经济的并存与矛盾

>发达和不发达国家并存及后者的基本特征

资本主义经济是资本主义私有制基础上的市场经济。它的诞生和发展都同市场特别是世界市场的扩大紧密联系着。追求剩余价值的本质和社会化商品经济的特点决定它是开放型经济。它在不断的扩展和变动中逐渐把世界各国、各地区联结成为一个互相依存的世界经济体系。

资本主义的发展没有给世界上各民族的人民带来普遍的富裕和繁荣。相反，造成了富国和穷国的分化和对立。二战前这种对立表现为先进宗主国与落后的殖民地、半殖民地国家的对立，在战后则形成了少数发达资本主义国家和大多数不发达的民族独立国家的格局，即南北经济关系。这一格局反映了现代资本主义世界体系的基本特征。

据联合国开发计划署《2007年人类发展报告》，处于世界人口最贫困端的40％人口的收入仅占全球总收入的5％，而处于最富裕端的20％人口却占世界总收入的四分之三。根据世界银行的统计数字及《福布斯》杂志的有关报道，2006年全世界人口约为65亿，国内生产总值（GDP）的总和为48.2万亿美元。其中，世界最富裕国家（人口约为10亿）的GDP为36.6万亿美元，占76％；全世界最富的497名亿万富翁（约占世界人口的0.000 008％）拥有3.5万亿美元的财富，占世界GDP总和的7％多；低收入国家（人口24亿）的GDP仅为1.6万亿美元，占3.3％；中等收入国家（人口30亿）的GDP则仅为10万亿美元多，占20.7％。贫富悬殊，何等鲜明。

不发达国家经济与发达国家经济相比，除人均国民生产总值悬殊外，大多数国家具有下列共同的基本经济特征：(1)农业是国民经济主要部门；工业不发达，商业、金融、通信等服务业很少，基础设施十分简陋和不足；技术落后，劳动生产率低，许多国家粮食不能自给。(2)外贸不平衡，进口发达国家的工业品,出口主要依赖少数几种农矿产品。(3)在经济结构中,资本主义经济占有一定比重,有的国家外国资本有很大影响甚至占支配地位。在农村,占主体地位的是个体农民经济。封建半封建经济关系还存在,有的还相当有力量。(4)平均生活水平低下,但国内又贫富悬殊。占发展中国家人口40%的贫困者,只占有国民收入的10%。他们的贫困除表现在收入极低外,还反映在预期寿命短,婴儿和儿童死亡率高,文化教育落后,成人识字率低等方面。

在这些基本因素的作用下,不发达国家在其发展过程中,大都呈现出以下两大特点:一是贫困的恶性循环。从供给方面看,人均收入低意味着低储蓄(低积累);储蓄不多,资本形成(或投资)能力也不强;资本不足,技术水平难以提高,从而导致低生产率;结果又形成低收入,呈现出恶性循环。从需求方面看,低收入意味着市场购买力有限;购买力有限导致市场销售不旺,结果引起投资需求缺乏;投资刺激不足,实际投入的资本必然不多;结果,生产率提不高,收入也提不高;收入提不高,需求也继续陷入低水平,这样也形成了一个恶性循环。二是,从长期动态地看,经济难免是停滞的。不发达国家的经济,在某一时点上观察可能是增长的;当人均产量提高、积累和投资增加时,消费水平也在提高;由于消费水平提高,死亡率下降而出生率上升,结果净人口增加,新增国民收入为新增人口所耗尽,经济成为零增长;超过这一点,导致人均产量下降,国民收入和投资下降,消费水平也随之下降,于是死亡率开始提高,净增人口开始减少。随着人口增长停滞,生产慢慢恢复,人均产量再次提高,便进入新一轮产量增长和人口增长的恶性循环。

进一步要阐明的问题是,当代资本主义世界体系中发达与不发达国家的经济关系格局是如何形成的,这种关系的基础和本质是什么?

【发达和发展中国家经济关系的起源和本质】从历史事实看,二战后当代资本主义世界体系的发达和不发达经济关系,是二战前帝国主义国家或垄断资本主义国家同殖民地国家、半殖民地国家之间的关系在战后演变而来的。再往前追溯,它又来自自由竞争时期资本主义工业国同经济殖民地的关系,其基础则是先进工业国与落后农业国的划分。

在马克思看来,落后的农业国是先进工业国的经济殖民地。这也正是以现代世界市场为基础的殖民地与以前的特别是中世纪的附属国区别之所在。而经济殖民地又不一定以丧失国家主权为前提。马克思在论述《现代殖民理论》时说过："从经济上来说，美国仍然是欧洲的殖民地。"①马克思作出这一判断时，美国独立已经90年了。

殖民地对垄断前自由资本主义经济产生和发展的作用，主要是通过殖民地贸易可加速资本原始积累和资本主义的产生和发展。这是因为，(1)资本主义对殖民地的种种掠夺行为，归根到底是为了获取更多金银货币，将其转化为资本，会加速资本主义经济的发展；(2)经济殖民地作为农产品和初级产品的提供者，其产品比先进工业国同类产品便宜，因此一方面使工业国不变资本的要素变得便宜，另一方面又使工业国可变资本变得便宜，从而具有提高工业国利润率的作用；(3)发达国家输出到落后国家商品，可按高于本国价值的国际价值实现，从而提高了本国的平均利润率；(4)殖民地由于经济发展水平低，利润率一般比较高，发达国家投在殖民地的资本就能获得较高的利润率等。

垄断前殖民地对提高先进资本主义国家的利润率虽有重大作用，但它不是资本主义生产必不可少的条件。因为殖民地只提供一种国外市场，它虽可调节产品实现中的矛盾，使发达国家过剩产品到国外扩大市场，短缺产品从国外市场获得补充，但假如没有国外市场，资本主义生产经过局部和全面的危机还是可以存在和发展的。所以，经济殖民地不是垄断前资本主义存在的必要条件。

到了垄断资本主义时期，情况发生了根本变化。这时的殖民地，作为有利的商品销售市场、廉价原料的产地、可靠而有利的投资场所，就具有前所未有的重要作用，是垄断资本主义经济必不可少的存在条件。而且，为了排除殖民地的竞争者，垄断地占有它，最安全的办法就是兼并殖民地领土。历史事实表明，正是1876年到1914年自由资本主义过渡到垄断资本主义的几十年中，英、俄、法、德、美、日等列强疯狂地向外抢占殖民地。在这段时间里，上述6个列强共攫取了2 500万平方公里领土，世界领土终于被分割完毕，全世界由少数占有殖民地的国家即殖民帝国和极大多数殖民地国家及过渡形态的半殖民地和附属国组成，垄断资本主义成了包括帝国主义殖民体系在内的世界体系。正如列宁指出的："资本主义已成为极少数'先进'国

---

① 马克思：《资本论》第1卷，人民出版社2004年版，第876页注(253)。

对世界上绝大多数居民实行殖民压迫和金融扼杀的世界体系。"①

帝国主义殖民体系是垄断资本主义世界体系的重要组成部分。其中，少数帝国主义国家处于中心地位，大多数殖民地国家和地区处于外围地位，其基础则是前者对后者的剥削和压迫，结果是，一方面破坏了那些地方的自然经济的基础，促进了城乡商品经济的发展，给资本主义的生产造成了某些客观的条件和可能；但同时又中断了它们独立发展的过程。首先，帝国主义的殖民统治造成殖民地附属国经济对宗主国的严重依附性。帝国主义国家通过资本输出、特别是直接投资控制这些国家和地区的经济命脉，通过建立傀儡政权甚至赤裸裸的殖民政权操纵财政、金融、交通等，把这些国家和地区的经济发展纳入为他们服务的国际分工体系，形成以生产和出口少数几种初级产品为特征的单一经济结构，剥夺了它们独立发展民族经济的基本条件。第二，帝国主义的殖民统治阻碍了殖民地国家的资本积累和民族工业的发展。第三，在帝国主义及其代理人的盘剥下，广大劳动人民身受外国帝国主义、本国资本主义和前资本主义的多重剥削，陷入极端贫困的境地。

由少数帝国主义国家重新瓜分殖民地引起的第二次世界大战结束后，亚、非、拉地区原殖民地、半殖民地和附属国反帝斗争的民族独立运动风起云涌并取得胜利，产生了一百多个争得民族独立的主权国家，国际垄断资本受到沉重打击，世界殖民体系基本被消灭了。

但是，正如马克思当年判断美国取得独立90年后还是欧洲的经济殖民地那样，当代已经争得民族独立的广大不发达国家，也还没有摆脱原先少数帝国主义国家经济殖民地的地位。其基础还在于当代发达和不发达国家间不合理的国际分工。二战后至今，原来的工业国和农业国的划分逐渐消失，原来的工业国主要生产高新技术和资本密集型产品，包括运用高新技术大规模生产的农产品。原来的农业国则主要生产劳动密集型产品，包括运用低技术粗加工的工业制成品和农、矿初级产品。也就是说，标志着第一生产力的科学技术，是被发达资本主义国家垄断着的，这就不能不使不发达国家继续在经济上处于依附地位。当前，世界很大部分的专利权和新技术都属发达国家的财产；世界制造业的90%在发达国家；跨国公司在全世界的总投资和世界贸易中都占有很大份额；在国际储备方面，1970—1974年间，占世界人口70%的不发达国家在国际储备中所占的份额还不到4%；发展中

---

① 列宁：《帝国主义是资本主义的最高阶段》，人民出版社2001年版，第4—5页。

国家数目庞大,但它们在各种国际经济组织中拥有的权力很有限,不能对国际经济决策产生重大影响。凡此种种,都表明发达和不发达国家之间是一种不平等的国际经济关系。

从以上分析可以看出,当代资本主义世界体系中的发达和发展中及不发达国家的经济关系,是资本主义世界体系内两种经济发展水平不同国家的关系。它是从二战前帝国主义宗主国及其殖民地和附属国的关系演变过来的。宗主国与殖民地国家的关系,是统治与被奴役、主人与仆人的关系;**现在发达国家和不发达国家的关系,已经是独立的主权国家间的关系;但从经济关系看,还存在不合理国际分工和不平等经济地位基础上发达国家和发展中及不发达国家剥削和被剥削的关系。**

> 发达国家对不发达国家的国际剥削

在当代资本主义条件下,发达国家显然已不是用暴力掠过的手段,而是采用非暴力的经济机制来保证其垄断利润,它的主要内容有:商品交换、货币关系、资本输出、国家"援助"等。

当代发达国家和不发达国家的商品交换,由目前的国际分工所决定,不发达国家出口的商品中,约 3/4 属初级产品,进口商品 2/3 为制成品。发达国家资本有机构成和劳动生产率高的商品和不发达国家有机构成和劳动生产率低的商品相交换,事实上是不平等的,前者的小量劳动换了后者的大量劳动,形成国际间的剥削关系。不仅如此,在垄断条件下,目前跨国公司控制了世界贸易的 3/5 和不发达国家出口贸易的 1/2,垄断了世界市场的贸易和价格,使不发达国家在贸易上更处于不利地位,蒙受巨大损失。二次大战后,世界贸易的变化,对大多数出口初级产品的发展中国家都是不利的。例如,在很长一个时期内,发展中国家输出石油的价格一直被跨国石油垄断集团压在很低的水平上。1973 年 10 月提价前,阿拉伯原油价格每桶仅 3 美元,而且 1955—1970 年间美元贬值 34%,使产油国实际收入相应减少 1/3 以上。另一方面,在国际垄断资本的操纵下,发达国家制成品的价格不断上涨,价格剪刀差呈扩大趋势。据有关资料估算,20 世纪 50 和 60 年代,原料和成品价格指数之比,从 1950 年的 1:1 下降到 1970 年的 0.71:1。进入 80 年代,制成品价格一再被提高而初级产品价格一再被压低,贸易条件对不发达国家更为不利。据世界银行《1991 年世界发展报告》的资料,1980—1987 年低收入和中等收入国家初级产品的价格,年平均下降 6.9%,而高收入发达国家制成品价格则年平均上涨1.8%。发达国家可以通过关税和非关税手段,如累进制高关税、进口限额以及所谓"反倾销"等手段,推行贸易保护主义。不发达国家由于经济力量单薄,几乎不可能对发达国家的资本品的进口采取限制措施。这就使它们的贸易条件更趋恶化。国际贸易还包括技术贸易和劳务贸易。在这一类贸易中,发展中国家更处于不利地位。跨国公司为保持其技术垄断地位,常严格限制向不发达国家转让先进技术,至于高额收费和转让不适用技术的情况,也是司空见惯的。

发达国家也通过国际货币体系和金融体系剥削和控制不发达国家。如前所述,战后,在以美元为中心的国际货币制度下,美元充当了国际储备货币和国际支付手段。在这种情况下,如果美元减低含金量,35美元换不到1盎司黄金,持有美元的国家就蒙受损失了。据统计,1971年底美元第一次贬值7.89%,全部发展中国家的外汇储备即损失了13.56亿美元,以后美元又第二次贬值直至同黄金完全脱钩,停止外国政府和中央银行用美元兑换黄金,而美元购买力又不断下降,发展中国家的损失就更大了。目前实行的是以发达国家货币(美元、欧元、英镑、日元)为核心的多元化浮动汇率制度,某些发达国家的货币成为主要的储备货币和支付结算手段。发展中国家一般都要和某个发达国家货币或某些发达国家合成货币(如特别提款权)挂钩,以致它们的经济不可避免地受到这些国家汇率政策和经济情况的影响。

资本输出和跨国经营,是发达国家垄断资本剥削不发达国家,攫取垄断利润和实现经济控制的又一重要机制和途径。不发达国家资金短缺,利息率高。对不发达国家的借贷资本形式的输出,可获得很高的利息。二战后,不发达国家劳力、土地、原料等价格便宜的条件仍然存在,对不发达国家的生产资本形式的输出,仍可获得很高的利润率,一般要比发达国家间相互投资的利润率高一倍以上。发达国家对落后国家的直接投资,其好处,除了获得垄断利润,还在于占领发展中国家的市场,提高在国际市场上的竞争能力;同时力图保持不合理的国际分工,使发展中国家继续处于经济上的依附地位。

在发达国家垄断资本剥削发展中国家的过程中,发达国家政府起很大作用。它通过提供低利、偿还期长但往往有附带的经济以至政治条件的援助和贷款,为私人资本的商品输出和资本输出开路,影响发展中国家政府的政策。

二战以后在旧殖民体系瓦解过程中先后争得了解放的民族独立国家,

绝大部分仍留在世界资本主义体系中。其中少数几个中东国家依靠石油资源富了起来，进入了上中等收入经济甚至高收入经济的行列。拉丁美洲的巴西、阿根廷、智利、墨西哥等几个国家和亚洲的马来西亚、新加坡、韩国等少数几个国家，经过半个多世纪的努力发展，也进入了上中等收入经济和高收入经济的行列。但大多数发展中国家仍处于"低收入"和"下中等收入"的贫困和不富裕境况，承受着国际贸易条件恶化和国际收支出现巨额赤字而不得不背上日益沉重的债务包袱。战后少数几个发展中国家（地区）走上工业化道路和富裕起来，并没有从根本上改变资本主义世界体系中发展中国家贫穷落后的总体面貌。在当代资本主义条件下，发达国家显然已不是用暴力掠夺的手段，而主要采用非暴力的经济机制来保证其垄断利润。它的主要内容有：商品交换、货币关系、资本输出、国家"援助"等。

尽管广大发展中国家本身也存在不少问题，如人口增长过快，经济发展战略失误，本国统治阶级对人民剥削，宗教矛盾和民族冲突等，但从根本上看，帝国主义的控制和掠夺，不合理的国际经济旧秩序，仍然是当今大多数发展中国家未能摆脱贫穷落后状态的主要原因。

争取公正合理的国际经济秩序和不发达国家的发展问题　　由于不发达国家难以摆脱贫困落后面貌的重要原因是受国际经济关系中旧秩序的束缚，因此不发达国家必然要求建立国际经济新秩序，获得平等的发展环境。从发达国家看，不发达国家经济在一定条件下获得某种发展，对保证其获得稳定的、长期的垄断利润，对保证其自身经济的增长也是有利的，因此广大发展中国家作为一个群体联合起来，通过谈判和斗争，限制发达国家的剥削和控制，逐步消除不平等的经济关系，建立国际经济新秩序，是可能的。

发展中国家在争取建立国际经济合理秩序的过程中，面临着自身如何发展的问题，包括社会经济改革、发展战略选择、南南经济合作等方面的问题。几乎所有不发达国家内部都存在着严重的社会和经济问题。这些问题既是贫困造成的，又是贫困加剧的原因。不解决这些问题，就很难摆脱贫困的厄运。

困扰不发达国家的社会经济问题，主要是：经济上的两极分化，政局不稳和缺乏民主，官员贪污腐败。结果，在社会的一极是少数享有经济、政治、法律等一切权力的特权阶层，另一极则是没有稳定的工作、没有住所、缺衣少食、受疾病折磨的贫苦大众。这些国家的改革,在经济上应实行土地改革,彻底消除封建半封建制度;发展民族经济和小型企业;制订限制以权谋私的社会政策和扩大就业的经济政策,达到防止财富过分集中于少数权贵和改善贫困民众生活的目的。在政治上要推进民主建设,政府根据宪法和法律进行管理,公务员和官吏需经考试录取任用,按工作业绩升降,坚决惩治腐败。当然,改革要有稳定做保证,没有政治稳定,谈不上改革,也难有发展。

不发达国家要摆脱贫困,发展南南合作十分重要。南南之间的合作既是自身经济发展的重要途径,也是对国际经济新秩序的有力推动。南南合作的形式可以多种多样。例如区域和分区的一体化,货币和信贷合作,扩大优惠贸易制度,技术合作,建立合作基金等。不发达国家间的合作正在发展,潜力还很大,随着合作的扩大,不发达国家在摆脱贫困、发展经济的道路上必将迈出更有力的步伐。

思 考 题

1. 二次大战后国际分工和世界市场有什么新变化?
2. 怎样理解资本国际化?
3. 怎样理解发达国家和发展中国家经济的来源和现今存在的矛盾?

本章参考文献

1. 马克思:《资本论》第1卷,人民出版社2004年版。
2. 列宁:《帝国主义是资本主义的最高阶段》,人民出版社2001年版。

第六篇 新技术革命时代的市场经济全球化发展

第二十四章 市场经济全球化总论

当代经济全球化的本质是市场经济关系的全球扩张,信息技术革命为代表的技术进步是生产力层面推动经济全球化的动力,而直接推动经济全球化的最主要微观主体是活跃在世界市场的跨国公司。市场经济体制已经成为世界各国的普遍体制选择,在工业化的全球扩散过程中,各资本主义国家经济发展基本上是以市场为取向的,而到了20世纪70年代晚期之后,转型国家也开始向市场经济体制转轨。

经济全球化有收益也有风险。从收益的角度看,微观上全球化无论给消费者还是生产者都扩大了市场选择和福利提高的可能,而在宏观上,全球化参与度的高低往往决定了一个国家经济发展程度的高低。但经济全球化一开始在某种程度上可以说是由欧美发达国家、跨国公司和国际组织共同推动的,在全球化过程中欧美国家和跨国公司取得了政治经济文化等方面的主导甚至是霸权地位,这势必引起其他国家和组织不满和反对。此外经济全球化对原有世界秩序的冲击还带来了其他一系列问题、冲突与挑战。

第一节 经济全球化的内涵、特征及动因

经济全球化的概念 经济全球化,是指世界各国各地区的经济在运动中相互依存、融合为一个体系的趋势。具体表现为资本、劳动、人才、商品和服务在全球范围内的大规模流动,贸易、金融、投资活动遍及全球,生产要素在全球配置和重组。

1985年美国学者特·莱维首次提出"经济全球化"一词。经济全球化是全球化的一个领域,但很多时候我们将经济全球化等同于全球化,这是因为经济全球化是当前全球化最重要的一个领域,经济全球化也是研究最多,

最具有操作性、发展最完善的一个领域。广义的经济全球化是一个包含经济、政治、社会和法律等领域"去国家化"的进程,实际上也是市场经济体制在全球扩张的过程和结果。全球化背景下,商品、服务、资本、劳动力、信息、犯罪、污染、毒品以及宗教信仰的跨国活动已经成为一种常态。基于技术的全球网络已经初具形态。国际贸易、货币、金融体系以及联合国机制的确立,使得政治与经济、国内市场与国际市场之间的界限越来越模糊。全球化让我们生活在同一个"地球村"之中。

世界贸易组织前任总干事雷纳托·鲁杰罗认为经济全球化表达了这样一种情势,美国作为世界经济的领导者不断受到来自欧洲、日本甚至新兴市场国家的压力和挑战;苏东集团中央集权计划经济体制的崩溃形成了真正意义上的资本主义世界体系;贸易和金融自由化加上电讯、互联网技术革命推动人类社会向全球化发展。

国际货币基金组织将经济全球化定义为:"跨国商品与服务交易及国际资本流动规模和形式的增加,以及技术的广泛迅速传播使世界各国经济的相互依赖性增强。"IMF认为,二战以后全球范围内的市场融合是人类近现代史上真正意义的全球化,它不仅涉及世界经济的广度和深度,而且技术革命也为当代全球化提供了物质基础。国际贸易、国际资本流动、国际技术转移的发展使得世界各国形成越来越紧密的相互依赖状态,彼此的市场、企业以及生产环节都融合在一起,呈现高度一体化的过程。

【经济全球化的特征和表现】随着科技革命的深入发展,国际贸易、金融和投资不断推动世界市场的融合过程。不断演进的经济全球化呈现如下特征:

第一,市场经济全球扩张并占据主导地位,市场经济体制成为世界各国发展经济的基本模式。冷战结束后,世界主题由和平与战争转变为发展与合作,安全和意识形态对抗让位于经济、科技、文化领域的竞争。苏东集团的解体、第三世界转变发展思路融入国际市场,这些都促成了真正意义上的世界经济体系的形成。一方面是日益庞大的跨国企业,另一方面是联合国、世界贸易组织、国际货币基金组织、世界银行以及2014年成立的金砖国家开发银行等国际机构及机制,两者共同构建了国际政治经济体系运行的基本框架。

第二,国际分工体系深化,基于价值链的全球生产、流通、交换和分配活动日益复杂。全球网络的形成使得国际分工无论在规模还是效率上都有了质的飞跃。世界性的分工、流通、交换和分配体系大大突破了主权国家的基本概念,一个国家的经济活动往往对其他国家产生不同程度的影响。第一、第二、第三产业在发达国家和发展中国家之间进行分工,制造业的不同生产环节分布在不同的国家和地区,全球生产、研发、销售和竞争战略已经渗透每个企业的经营管理中。

第三,金融问题成为经济全球化中的一个重要命题,金融自由化风险和收益并存。垄断资本凭借国际资本市场和全球技术网络从金融层面完成了对世界资源的重新分配。金融权力的国际化表现为发达国家之间、发达国家与发展中国家之间、发展中国家之间在资本市场、大宗商品定价权、产业导向等领域的定位和职能。当前国际金融自由化发展的过程也是70年代布雷顿森林体系崩溃后世界性金融权力体系重建的过程。国际金融市场上活动主体和融资方式的急剧变化,扩大了金融自由化的规模和范围。频频爆发的金融危机告诉人们世界金融网络的发展必须加以理性对待和审慎监管。

第四,在全球范围投资和贸易的跨国公司在经济全球化中发挥愈来愈重要的作用。以追逐利润作为主要目标,承担贸易、投资和技术转移载体的跨国公司是经济全球化的重要推动力量。全球竞争战略加速了国际市场一体化的进程。跨国公司通过自身行为将各国市场、各种要素紧密地联系在一起。全球范围内的生产投资、兼并收购对不同经济体的资源进行重组和利用,真正实现了全球资源的优化配置。跨国公司强大的经济力量也对主权国家造成一定的威胁。企业逐利的天性和政府的秩序理念常常会发生冲突,如何协调日益深刻的市场和国家关系也对经济全球化提出了一个新的命题。

此外,如果站在国家主体的角度看,90年代开始的新一轮的经济全球化,是一场以发达国家为主导,当代科学技术为基础,跨国公司为主要动力的世界范围内的产业结构调整。这次结构调整大体上采取两种形式:一是发达国家之间,通过跨国公司间的相互交叉投资、企业兼并,在更大的经济规模上配置资源,开拓市场,更新技术,从而实现了发达国家间投资和资金密集型产业的升级。第二种形式是发达国家把劳动和资本密集型产业向发展中国家转移,使发展中国家自90年代以来吸引外资总量大幅增加。

> **经济全球化的动因**

经济全球化的动因有多种解释,不同学者对经济全球化的动因都做出了自己的解答,我们对其归纳如下:

(1) 经济全球化是国家对市场退却,是自由市场主义对国家干预主义的胜利。结束了中央集权计划经济体制的苏联和东欧国家开始走上市场经济道路。中国、印度等新兴市场国家也确立了开放和市场化的发展方向,市场经济成为全球经济发展的基本模式。

(2) 市场经济运行制度成为世界经济体系的主导力量。市场经济与生俱来就有向外扩张的本能,其跨越国界不但推动了国际贸易、国际投资和国际金融的全球化,而且还把生产方式、意识形态和价值观带到世界各地。在生产、贸易、投资以及各种要素全球流动的推动下,世界经济逐步统一在全球市场经济体系的框架中。西方马克思主义者伊曼纽尔·沃勒斯坦认为,资本主义制度主导了经济全球化,资本主义最终实现了全球范围的发展和扩张。历史证明了 16 世纪诞生于西欧一角的资本主义制度如今在世界绝大多数国家生根开花。资本主义主导的世界体系是当今国际政治经济关系中唯一完备的体系。

(3) 科技革命对经济全球化具有决定性意义。工业社会之前,人类活动只能在相当小的范围内展开。16 世纪以来,地理大发现以及三次科技革命的发生极大地改变了人类近现代文明发展历程,为全球化的形成和发展奠定了物质基础,人类活动得以在全球层面展开。特别是 20 世纪末以国际互联网为代表的信息技术的发展,进一步为全球化奠定了物质技术基础,日新月异的信息技术降低了企业远距离控制与交易的成本,为信息、商品和要素的全球化流动提供了技术上的支持。总之,技术进步为世界各国经济、社会和文化交流提供了各种可能性,使得全球相互依赖关系日益加深。

(4) 经济全球化是跨国公司迅猛发展的结果。推动经济全球化的微观动力是活跃在世界市场的跨国公司。20 世纪 70 年代以来,跨国公司的迅猛发展将世界经济推向全球化发展的又一轮高潮。反过来,更加专业化的国际分工、世界市场的扩大和统一、科学技术进步又都为跨国公司的发展提供了历史机遇。围绕跨国公司展开的世界财富的流动、交换和分配造成全球化利益关系的进一步加深。以跨国公司市场运行为核心的经济秩序保证了更高层次的经济全球化过程。

第二节　经济全球化的本质：市场经济关系的全球扩张

从马克思主义政治经济学的理论视野看，经济全球化的本质就是市场经济的生产关系在全球范围内的扩张。随着这一扩张，市场经济体制已成为世界各国的普遍体制选择。在工业化的全球扩散过程中，各资本主义国家经济发展基本上是以市场为取向的，而到了20世纪70年代晚期之后，转型国家也开始向市场经济体制转轨。市场经济已成为当代世界经济工业化、信息化和全球化发展的基本前提和体制基础，而世界各国经济在全球市场经济体系中联系更加紧密。

市场经济体制的发展进程

从近现代世界经济体系的形成和发展历程来看，市场经济体制作为一种系统化的制度安排基本经历了三个阶段：

1. 市场经济体制发展的早期（初始）阶段：古典自由主义阶段，时间基本从工业革命开始到1929—1933年大萧条为止。

这一时期，资本主义古典政治经济学理论占据主导地位，在实践中推行自由放任的市场经济机制。作为政治经济学以及经济学学科的现代起源，亚当·斯密在1776年出版了《国民财富的性质和原因的研究》，斯密在提出他对古典政治经济学的理解过程中，最早提出了自由市场经济机制，也就是所谓的"看不见的手"。在政策主张上，斯密奉行自由市场经济制度，认为国家是为了保护私有财产而存在的，反对政府干预经济。

随着人类社会全面进入大工业时代，过去认为资源充足丰富的说法逐渐被资源稀缺性所替代，市场经济体制发展面临一些新的问题，也出现一些新的动向。大卫·李嘉图、卡尔·马克思等学者开始关注经济社会的利益分配问题；阿尔弗雷德·马歇尔、约瑟夫·熊彼特、约翰·凯恩斯等学者则侧重自由放任基础上市场机制自动调节功能的实证研究。

从英国工业革命确立古典自由主义市场经济体制到20世纪30年代大萧条之前这一段历史时期中，英国、美国等主要西方工业国家是实施市场经济体制的代表国家。他们的一些共同特征是：私有企业是市场运行的主体，股份所有制是企业采用的主要组织形式，市场机制是调节资源配置的主要方式。

英国是人类历史上第一个完成工业革命的国家,也是资本主义市场经济体制的发源地,在长达 150 年的时间里"日不落帝国"是世界公认的领导者。不过在经历两次世界大战后,英国整体实力相对衰落,自由贸易政策事实上的失败,金本位制的崩溃导致英镑霸权地位终结,英国所倡导的古典自由主义市场经济体制受到严峻的挑战。

英国的衰落却伴随着美国的崛起。在摆脱英国殖民统治后,美国赶上工业革命的浪潮并跻身进入发达国家行列。1929—1933 年大危机前的美国基本上"孤立"于资本主义世界体系之外,不过美国也是采取和英国相似的古典自由主义市场经济体制,依靠"看不见的手"来配置资源。1789 年颁布的美国宪法为私有财产和自由竞争确立了合法性。1890 年,美国国会通过了《保护贸易及商业以免非法限制及垄断法案》(即《谢尔曼反托拉斯法》)。

2. 市场经济体制发展的凯恩斯主义时期:1929—1933 年大危机到 20 世纪 70 年代石油危机。

古典自由主义市场经济体制向凯恩斯主义市场经济体制的转型始于 19 世纪晚期,当时世界主要工业国家由自由竞争资本主义发展进入到垄断资本主义阶段。伴随着人类近代工业文明史上的第二次科技革命,机器大生产和资本社会化的程度不断加深,古典自由主义的市场经济理论已无法对现实经济问题做出令人满意的解释。不少国家走上通过战争进行掠夺和扩张的道路,而恰恰是无关于战事的美国首先爆发了史无前例的经济危机,并迅速扩散到整个资本主义世界。战争、救难和反思直接推动了凯恩斯主义的兴起。1936 年凯恩斯出版了《就业、利息和货币通论》,系统提出了宏观经济学理论以及国家干预经济政策主张,即凯恩斯主义。他从有效需求原理出发,否定了"看不见的手"的万能作用,认为市场自由调节机制并不能实现充分就业,也无法保证经济自动均衡,因此,在存在市场失灵的基本前提下必须强调政府的主动干预。凯恩斯主义改变了资本主义世界对经济和社会发展的基本认知和行为模式,自此工业国家大规模采用宏观经济政策干预和调节经济,包括财政政策、货币政策、产业政策、收入政策等一系列宏观经济政策。

从世界范围主要工业国家情况来看,美国在罗斯福新政后正式宣告了凯恩斯主义登上历史舞台。1935 年美国颁布《社会保障法》,这标志着美国政府全面承担起社会保障职能,也是美国政府调节和干预经济的开端。美国政治经济体系建立在法治框架下的市场经济基础上,财政政策和货币政策是最主要的宏观经济政策工具。从总体上看,美国的市场经济模式以私有制和自由竞争为基础,并辅以政府在经济政策上的一系列调控措施,包括对就业、经济增长、通货膨胀、国际收支平衡等宏观指标的指导和监管。

由于不同国家在政治、经济、社会、文化以及意识形态等方面不尽相同,所以同样的指导思想和方法在不同国家实践的结果会产生较大的差异。凯恩斯主义在欧洲和其他发达国家的实践,最终形成各具特色的市场经济体制,不过,无论是德国的社会市场模式、法国的计划指导模式、瑞典的国家福利模式还是日本的政府主导模式,这些资本主义国家的市场经济体制之本质是一致的。

二战后一个重要的特点是大量新独立的第三世界国家选择了资本主义发展道路。在冷战背景下,受欧美发达国家市场经济以及苏东社会主义集团计划经济模式的双重影响,这些发展中国家形成了形形色色具有不同区域特征的政治经济体系,如拉美模式、东亚模式等。但是不管是拉美国家还是东亚国家和地区,他们在发展经济时都充分考虑到本国的实际情况,并没有完全照搬或简单模仿欧美国家的市场经济体制,这也是他们在特定环境中取得惊人经济成就的前提条件之一。而且在巴西经济奇迹、"亚洲四小龙"奇迹等事实面前,我们也再次认识到政府干预对经济发展的积极作用,这是凯恩斯经济学在发展中资本主义国家的运用和实践。

3. 市场经济体制发展的新自由主义时期:20 世纪 70 年代到 2008 年全球金融危机。

新自由主义作为一种思潮始于 20 世纪 50 年代,在一段时间里实际上与凯恩斯主义平行存在与竞争,它倡导的是对古典自由主义的回归和复兴,但是这种回归和复兴属于新时代背景下的重新认识和再次出发。新自由主义既给传统自由主义做了各种修补,设置了抽象的理论约束和假设,使其在方法体系上实证化和模型化,又把经济学归纳到一般科学的范畴,将规范和道德等涉及价值评判的问题剥离出研究框架或者外生化处理。新自由主义思想的代表主要有弗里德里希·哈耶克、米尔顿·弗里德曼、罗伯特·卢卡斯、马丁·费尔德斯坦等。货币主义、理性预期、供给学派是新自由主义的主要流派。

新自由主义接替凯恩斯主义成为新时期市场经济制度的理论基石并不是偶然的,可以说凯恩斯主义在 20 世纪 70 年代遭遇的失败并不是他在理论上出现了致命的缺陷,而是因为时代发展速度太快,一些重大事件、新问题和新现象的出现大大超越了人们对世界的已有认识。新自由主义的出现正好迎合了公众对政府日益增长的厌倦情绪和批判态度。例如,新自由主义者对经济和社会秩序的理解,与当时"垮掉的一代"(Beat Generation)、越南战争引发的全面反战运动以及各种形式的无政府主义思潮是相互契合的。

20世纪80年代后,里根、撒切尔、密特朗这些西方主要国家领导人联手在全世界掀起一场新自由主义运动的浪潮,私有化一轮接着一轮、橄榄枝与和平鸽在东西方阵营频频传递,华盛顿共识形成并在亚非拉国家推行。总之在多种因素的共同作用下,新自由主义由一种学术思潮逐渐转变为占据主流的经济和社会发展的指导思想,不仅学术界接受和认可了新自由主义的话语权和地位,同时新自由主义也成为世界大多数国家政府制定政策的理论基石和逻辑主线。新自由主义在现实世界中的具体表现包括反对国家干预、信奉市场机制的自我调节能力、追求发展的速度和效率、用自然科学的逻辑和方法来推演社会科学的合理性、自觉承担起引领世界体系走上自由解放之路的"重任"。

20世纪80年代拉美国家的债务危机、90年代初苏联、东欧国家的集体崩溃以及90年代末东南亚国家遭遇的金融危机、美国新经济的巨大成功,这些重大历史事件在不同时刻、从不同侧面证明了新自由主义的现实存在感。进入21世纪前后,新自由主义影响力进一步扩张,世界上除了个别国家外基本已经统一在现代市场经济体制的框架内,基于互联网科技、知识和信息新要素基础上的生产方式为新自由主义市场经济体制的扩张提供了物质支持。

然而从2008年全球金融危机开始,新自由主义经济理论和政策突然遭遇信任危机,无论是发达国家还是发展中国家对新自由主义的质疑和批判不断,苍白的解释和无力的对策迫使各国政府在应对经济危机时不断寻求其他形式的解释和帮助。首先,面对金融危机,世界各国政府必须联合起来采取措施共同应对,其次,强调市场失灵状态下政府必须强势介入干预和调控经济,最后,学术界和决策层也达成基本共识,就是在市场经济体制之下,绝对的自由放任和自由竞争是不可持续的。新自由主义必须和凯恩斯主义有效结合,现代市场经济必须是私有部门和国有部门并存、"看不见的手"和"看得见的手"共同发挥作用、效率和公平相结合的混合型制度。危机期间,美国政府连续推出了《医疗保险改革法案》和《金融监管改革法案》,欧盟成立了欧洲系统性风险委员会和欧洲金融监督系统,日本政府出台以及数度修正《为实现安心生活的紧急综合对策》等,这些举措都标志着20世纪70年代兴起的新自由主义市场经济体制开始明显转向。市场经济模式开始进入到国家和市场力量并存、共同发挥作用的新阶段,是否可以定义为新凯恩斯主义或者新国家干预主义,这还需要在理论上进行充分的阐述以及在实践中反复的检验。

现代市场经济体制的特征　不论是传统的市场经济体制还是现代的市场经济体制,不论是古典自由主义、凯恩斯主义还是新自由主义,它们都具有一些共同的基本特征,这是构成市场经济体系的不可或缺的要素。

1. 强调资源的市场化配置机制

要发挥"看不见的手"的自动调节作用必须依靠以下两方面的基本制度:

(1) 自由竞争的企业。无论是私有企业还是公有企业,必须是在特定的制度环境下自由经营、自由竞争的企业,它们构成市场经济体制运行的微观基础,也是市场化机制作用得以发挥的载体。

(2) 对外开放和自由贸易。对外开放和自由贸易体现了市场经济体制具有高度外向性的特征,是资源全球配置的必要渠道。

2. 认可政府对经济的调控或干预

英国政府通过战争和自由贸易开始走上寻求世界领导权的道路,其后美国凭借战争和金融资本登上世界权力之巅,他们在推行自由市场经济制度的同时也积极履行政府在经济管理方面的职责,用"看得见的手"作为"看不见的手"的必要补充和辅助。在战争、经济危机等特定时期政府甚至会全面介入或接管经济,正常情况下,现代主权国家政府主要通过以下渠道来建立、发展和完善市场经济体制并进行经济干预。

(1) 完善的财政体系与高效的金融市场。市场经济体制能够不断完善和发展,其中极大程度上归因于现代化的财政体制和货币体制的确立。从最初以税赋和公共信贷为核心的近代财政体制发展到今天包括税收、预决算、公共管理等内容在内的现代财政体制;从最初的单一银行制发展到今天包括中央银行、商业银行、非银行金融机构、多元化金融市场在内的现代金融体系。不断发展的财政体系和金融货币体制成为市场经济制度演变和进化的助推剂。财政政策和货币政策以及其他宏观经济管理政策是政府调控经济的主要工具。

(2) 完善的社会保障体系。在成熟发达的市场经济体中,一个不断发展和完善的社会保障体系是检验市场经济体制成败的重要标准,也是市场经济体制的减震器和安全网。17世纪初,英国制定了历史上第一个社会保障法案,即《伊丽莎白济贫法》。在此后的社会发展过程中,社会保障制度在西方工业国家得到不断健全和完善,发达国家形成了各具特色的社会保障体系。二战后,作为平行市场的苏东社会主义国家也建立了一套计划经济体制下的社会保障制度。由此可见,社会保障是人类社会一个恒久的主题。尽管一些极端自由主义者认为社会保障、福利国家有百害而无一利,但是在现实世界还没有完美制度的情况下,在市场经济体制还有缺陷和漏洞的时候,社会保障体制作为稳定器和防火墙的作用和功能是不可替代的。

3. 明确法治作为经济和社会运行的基本框架

市场经济是用"看不见的手"来实现资源的优化配置,但是它有一个基本前提,就是市场机制起作用必须建立在平等的自由基础上,但只有法治才是自由得以真正平等实现的保障。其次,法治也是维护国家和市场力量平衡的手段,以防止国家权力对市场自由的侵害或者自由市场对主权国家的威胁。

> 二战后市场经济体制的全球扩张

二战后,起源于西方工业国家的市场经济体制在全球范围内扩张出现过的两次高潮,分别是:二战后到20世纪80年代期间,市场经济体制在第三世界国家的实践;20世纪80年代末90年代初开始,市场经济体制在转型国家和新兴市场国家的扩张。在这个过程中,市场经济体制本身及世界经济格局也发生着深刻的调整和变化:从凯恩斯主义到新自由主义再到对新自由主义的质疑与反思,从欧美发达国家占据绝对话语权到面临新生力量的挑战以及建立国际新秩序呼声不断,等等。

1. 二战后到20世纪80年代,拉美经济奇迹和东亚模式

从20世纪50年代开始,选择资本主义发展道路的发展中国家中出现了部分十分抢眼的国家,其中有以巴西、阿根廷、墨西哥为代表的拉美国家以及以亚洲"四小龙"为代表的东亚国家和地区。这些国家在较短的时间实

现了经济起飞,在完成工业化过程中表现出前所未有的速度和效率。

(1) 拉美经济奇迹。拉美国家泛指美洲大陆上美加之外的以拉丁语为主的美洲国家,拉美国家自然资源非常丰富,殖民时期拉美国家主要从事自然资源和初级产品的出口。19世纪拉美国家普遍取得民族独立后,对外贸易从原来向西班牙和葡萄牙出口转向英、法、美等国。在第二次产业革命的推动下,19世纪末20世纪初的拉美国家经历了第一次高速发展时期,但是拉美国家并没有抓住机遇完成本国的工业化改造。直到二战后,当世界重新回到经济发展道路上来时,拉美国家才开始真正意义上的经济建设。

从20世纪50年代起,在凯恩斯主义以及计划经济的双重影响下,拉美国家开始寻求一条适合拉美地区的独立发展道路。拉美国家采取了进口替代发展战略,在保护主义基础上,通过大规模国有化和加强基础设施建设投入等手段,实现了又一个较长时期的经济高速增长,工业化水平得到极大的提高。到20世纪70年代末80年代初,部分拉美国家的人均国民生产总值已经达到或者接近中等发达国家的水平。因此,拉美国家近20年的发展成就被誉为拉美经济奇迹或者拉美模式,巴西、阿根廷和墨西哥是其中的典型代表。

拉美经济奇迹建立在进口替代发展战略基础上,主要指在国家有意识的推动和指导下逐步建立起本国的工业体系,以本国的工业品取代进口工业品。拉美国家经济发展同样选择了市场经济体制,但是在具体实施过程中又表现出一些不同于西方发达国家的特征,主要包括:政府对经济和社会发展强有力的干预;对国内企业的保护主义政策;过度依赖自然资源和初级产品的出口;过度依赖外资;外汇储备不足;分配不平等问题比较严重等。

从具体政策上来看,拉美国家进口替代发展战略有着深厚的凯恩斯经济学的烙印,强调国家对经济的直接干预,利用财政和货币政策、收入分配和产业政策、甚至是管制和保护贸易政策等。国家对本国民族工业的保护,对进口的抑制和替代,在一段时间内刺激了拉美国家的工业化进程,拉美地区也普遍取得了较快的经济和社会发展,但是最终拉美国家没有实现完全的工业化,原因当然多种多样,其中进口替代战略的内在缺陷也是造成拉美国家未能跻身发达经济体行列的原因之一。例如,进口替代不利于充分竞争,贸易保护对于不同部门利益分配造成严重扭曲,拉美地区历史上大庄园主、大军阀式经济格局不利于工业化和财富分配的有效展开等。20世纪70年代,第一次石油危机引爆了大萧条以来资本主义世界性经济危机,美元危机和布雷顿森林体系的崩溃加剧了拉美国家的资金压力，国内资本本身就匮乏的拉美国家走上了负债发展的道路，80年代债务危机的全面爆发也宣告拉美国家工业化进程的终结，货币贬值、经济衰退、政局不稳、社会问题严重，整个80年代对于拉美国家来说是"失去的10年"。

20世纪90年代后，在新自由主义和华盛顿共识的影响下，拉美国家对发展战略和经济政策进行了重大调整。包括放松管制、减少国家干预，进口替代转变为出口导向，鼓励竞争加快对外开放等。拉美国家逐步走出了债务危机的泥潭，实现了一定程度的经济增长。但是，过早过快地走上自由化道路也给拉美国家带来新的问题，金融领域成为危机频发的重灾区，如墨西哥金融危机、阿根廷货币和粮食危机、巴西雷亚尔危机等。

（2）东亚模式。二战后，在美国战略导向和朝鲜战争的刺激下日本首先实现了经济复兴，随后是韩国、新加坡、中国香港和中国台湾等四个东亚国家和地区从20世纪60年代开始了一场令世人瞩目的工业化运动。它们的经济成就、建设速度、发展模式引发了世人的关注和讨论，这构成东亚经济奇迹的核心内容。

1993年7月世界银行发表了一部名为《东亚奇迹》的研究报告，对日本、亚洲四小龙以及印尼等国家和地区的经验进行了全面总结，首次提出了"东亚模式"的概念，并对东亚模式的成果给予了充分肯定。报告中指出东亚模式能够取得成功主要有以下特征：强政府型的市场经济体制，强调政府在经济发展中的指导和干预作用；东亚地区普遍的高储蓄倾向有助于快速增加资本积累，大规模投资有效拉动国内经济发展；实施出口导向发展战略，以贸易推动本国产业竞争力提升；积极引进国外先进技术，促进国内产业结构调整和完善等。

相比较拉美国家实施的进口替代发展战略，东亚模式提倡的是高度依赖国际市场的出口导向发展战略，这对于东亚国家的成功发挥了至关重要的作用。出口导向发展战略强调贸易的重要性，通过发展本国的出口导向工业，从而实现从初级产品出口向工业品制成品出口的结构性提升，提高本国产业的国际竞争力。出口导向发展战略的目标在于打造一个以出口贸易为中心、立足国际市场的经济体系，将本国或者本地区构建成世界经济体系的一个内嵌模块。这种思路对于小经济体确实很有吸引力，这可以帮助它们摆脱来自地缘和资源的束缚，快速完成工业化过程，但在解决大国发展问题上该模式还是存在较大的局限性。

作为深受凯恩斯主义影响的资本主义发展体系,东亚模式在理解和发挥政府作用方面也是非常明确的,政府干预和市场机制相结合,以政府为主导的市场经济体制是东亚模式的一个重要特征。政府到底在经济成功中发挥了什么样的作用,这是东亚模式受到争议最多的地方。新自由主义是不承认政府作用的,但事实上不同国家、不同时期政府干预经济的积极作用和显著结果还是有目共睹的。

直到1997年东南亚金融危机爆发,东亚模式受到根本性的挑战。金融领域的混乱彻底打乱了东南亚国家和地区的发展步骤,来自新自由主义的批评和责难以及国内外的忧患困境迫使东亚国家和地区对过去的发展思维和经济战略做出深刻调整。具体政策和措施包括减少政府干预的力度、放松管制发挥市场机制;从单纯的出口导向转变为出口导向和发展内需并重的战略;开放金融市场、促进自由化进程、加强区域合作与协调发展。

2. 20世纪90年代起,转型国家和新兴市场国家进入世界体系

20世纪80年代末90年代初国际政治经济格局发生了重大的调整。一批前计划经济国家走上市场经济发展道路,一批游离于西方世界体系的国家开始对外开放,以转型国家和新兴市场国家为代表的发展中国家的发展问题成为国际社会的重要议题。进入2000年后,世界经济领域相继出现了"金砖国家"(BRICS)、"展望五国"(VISTA)、"新钻十一国"(N-11)等,这些国家群体概念的出现从某种程度上体现了世界对一些发展中国家经济成长和发展成果的关注和肯定。

(1) 转型国家。20世纪80年代末90年代初东欧剧变、苏联解体。这些原社会主义国家迅速摈弃了传统的中央集权计划经济体制,在政治、经济、社会全面动荡的背景下,快速向市场经济体制转型。这里的转型并不是某个领域的局部转变,而是涉及所有领域的全面的、彻底的、系统的由一个体系向另一个体系的转变。

转型初期,独联体和中东欧国家普遍出现了严重的经济下滑和政府腐败现象,政治不稳、社会动乱甚至国内战争此起彼伏。发生在这些国家和地区的转型的实际情形是,旧的制度被打破了,新的制度还没有建立,于是产生所谓的"制度真空"。这些国家在一定时期内到处充满了对未来的迷惘以及对现状的失望,这种混乱格局一直到21世纪初期才得以逐步扭转,转型国家重新回到政治、经济和社会发展的正轨。

在当今全球化背景下,市场经济方向对绝大多数转型国家而言是很现

实的一种运作模式,它也是转型国家融入世界体系的纽带。而建设市场经济体制对于转型国家而言是一个全新的挑战。

(2) 金砖国家。2001年,高盛公司首席经济学家吉姆·奥尼尔在一份报告中首度提出 BRICS 的概念,中文译成"金砖四国",即巴西(Brazil)、俄罗斯(Russia)、印度(India)和中国(China)四个国家,它们国名英文首字母缩写组成"BRICs"。2003年高盛公司又出台一份报告对2050年经济做了预测。他们认为2050年金砖四国的 GDP 总和将超过美国、日本、德国、英国、法国和意大利(G6)的 GDP 总和,中国将在2039年取代美国成为全球经济总量最大的国家。

2004年高盛公司提出了第二份报告,指出18世纪工业化时代、19世纪电气化时代、20世纪信息化时代,21世纪则是"金砖四国"的时代。"金砖四国"的诞生对国际政治经济格局产生了比较重大的影响。"金砖四国"越来越成为西方发达工业国家和其他发展中国家重点关注的对象。

2009年6月,"金砖四国"领导人首次峰会在俄罗斯叶卡捷琳堡举行,这是新兴市场国家发展的重要里程碑,会议发表了《"金砖四国"领导人俄罗斯叶卡捷琳堡会晤联合声明》。2010年4月,"金砖四国"第二次领导人峰会在巴西首都巴伐利亚召开。此次会议标志着"金砖国家"合作机制的初步建立,会后发表了《"金砖四国"领导人第二次正式会晤联合声明》。2010年11月,20国集团会议在韩国首尔举行,南非在此次会议上正式提出申请加入"金砖四国"组织。2010年12月,中国、俄罗斯、印度、巴西一致商定吸收南非作为该机制正式成员,南非加入"金砖四国"后,"金砖四国"就变成"金砖五国","金砖四国"合作机制转变为"金砖国家"(BRICS)合作机制。2011年4月,第三届"金砖国家"领导人峰会在中国三亚举行,南非作为正式成员国出席了会议。三亚会议代表了一个更高的起点,自此一个横跨亚非拉地区的代表新兴市场经济体的国际性平台诞生了。会议发表了《三亚宣言》,基本反映了五国领导人对国际经济形势、金融贸易能源合作与发展等领域的共识。三亚会议还有一个重大成果是金砖国家首次金融合作达成了一致,金砖国家正式签署了《金砖国家银行合作机制金融合作框架协议》。2012年3月,金砖国家领导人在印度首都新德里举行了第四次会晤。会后发表了《德里宣言》和"德里行动计划"。此次会议上金砖国家开发银行共同签署了《金砖国家银行合作机制多边本币授信总协议》和《多边信用证保兑服务协议》。此外,峰会领导人还倡议和呼吁成立金砖国家共同开发银行。

2013年3月,第五届金砖国家领导人峰会在南非德班举行。会议发表了《德班宣言》和"德班行动计划",并同意正式商讨建立金砖国家开发银行,同时筹备建立金砖国家外汇储备库。此外,金砖国家财贸部长还联合发表了《金砖国家贸易投资合作框架》。德班会议就深化金砖国家与非洲合作议题展开了积极讨论,这是首次在非洲大陆举行金砖国家峰会,大会邀请了非洲联盟领导人以及包括安哥拉、刚果、埃及、几内亚、塞内加尔等15个非洲国家首脑出席了会议。

2014年7月,金砖国家领导人在巴西福塔莱萨举行第六次会晤,会晤主题为"包容性增长的可持续解决方案",会后发表了《福塔莱萨宣言》。此次会晤在经济方面的成果有两个令世界瞩目的重点:一是宣布成立金砖国家开发银行,为金砖国家以及其他新兴市场和发展中国家的基础设施建设、可持续发展项目筹措资金,该开发银行法定资本确定为1 000亿美元,初始认缴资本500亿美元,由创始成员国平等出资,银行总部设于上海;二是宣布签署建立初始资金规模为1 000亿美元的应急储备安排协议,以便在帮助成员国应对短期流动性压力方面发挥积极的预防作用,促进金砖国家进一步合作,加强全球金融安全网,并对现有的国际机制形成补充。此外,金砖国家领导人在此次会晤期间还举行了同南美国家领导人的对话会,共商促进金砖国家与南美国家合作事宜。

从历届金砖国家峰会来看,金砖国家在全球和地区的影响力持续扩大,金砖国家合作机制的形成和发展,代表了全球新兴市场经济体的一种趋势和方向。也许今后会有更多的新兴经济体加入到金砖国家机制中,这将对发达国家主导的世界经济体系以及成熟市场经济体制带来巨大的冲击。金砖国家的发展模式和道路是前所未有的,可能会有挫折和风险,但是这些国家在国际政治经济格局中能够发挥越来越重要的作用,这一点是可以肯定的。

第三节 经济全球化的效应分析

经济全球化的积极效应 经济全球化的过程实际上是国家和市场、权力与财富矛盾作用的一种表现,经济全球化的发展有助于最大程度地发挥市场机制优化资源配置的功能和作用。

1. 经济全球化极大推动世界经济向前发展

经济全球化,尤其是建立在自由市场经济基础上全球化能够促进世界贸易、投资、金融的大发展。市场机制充分挖掘经济增长的潜力,有助于世界范围内资源的优化配置,实现全球财富的共同增长,从而提高各国的福利水平。此外,经济全球化为载体的国家间政治、经济和文化交流将会进一步夯实和平与稳定的基础,以发展促进和平的模式能够尽量减少引发战争和动荡的不稳定因素。越来越多的国家参与经济全球化中,国家与国家之间越来越紧密的相互依赖关系有助于更加公平的国际经济新秩序的建立。

2. 经济全球化过程中国家的重新定位

1648年《威斯特法利亚和约》确定了现代国家主权规则,但是在封闭经济中国家和市场容易发生错配,拥有公权力的国家时常干预经济正常运作。而经济全球化使得国家在享受全球化利益同时也受到国际规制的约束,政治权力的过程、政府管理经济事务必须公开、透明,并接受外来监督。国际政治经济关系相互依赖程度的加深使得合理让渡部分主权、参与全球化进程成为一种共识。在跨国公司、国际组织等影响下国家必须对自身进行重新界定。在开放条件下,如何更好地理解国家和市场关系对于把握经济全球化的发展趋势具有十分重要的意义。

3. 经济全球化有助于国际机制的深化和完善

经济全球化的一个重大收益就是国际机制不断完善,其重要性不断提高。经济全球化最终将产生一个统一的国际市场。而以国际组织、国际法、国际惯例等为主要内容的国际机制,对于规范全球范围内国家和非国家主体行为、协调它们之间的利益、解决彼此间的争端具有十分重要的意义。联合国、欧洲联盟、世界贸易组织、国际货币基金组织、世界银行等国际组织在处理和协调国际经济事务中地位和作用不断增强。

4. 经济全球化促进国家间形成为更为密切的相互依赖关系

经济全球化改变了传统地缘政治关系,无论是发达国家还是发展中国家,无论是南北关系还是南南关系,越来越紧密的相互依赖关系已经成为时代特征。经济全球化的不断深入,国家间彼此利益纵横交错,一个国家的决策行为会对其他国家产生影响,参与经济全球化越多、越深,对国际市场的影响越大。尽管大国在经济全球化方向上具有指导意义,但是竞争与合作仍是经济全球化持续深化的基础。WTO、IMF等国际经济组织,欧盟、北美自由贸易区、亚太经合组织等区域合作组织构成一国参与经济全球化的平台和通道。因此,相互依赖关系下的不同国家间的竞争与合作是经济全球化的表现形式。

5. 经济全球化提升微观经济运行的效率和福利

国家间竞争与合作需要通过一定的微观组织来实现。企业、消费者和政府部门是现代经济的三驾马车。科技进步、信息化、知识经济的发展正在形成一股巨大的推动力,在实现经济全球化重心向贸易、投资、金融、能源等领域转移的同时,推动世界生产力和全球福利进入一个全新的发展阶段。在这种背景下,可持续发展、企业社会责任、绿色 GDP 已经成为微观主体追求的新目标。与此相适应,以科学发展、和谐社会为核心的新财富观和新价值观成为增加国民财富、优化资源配置的基本理念。

> **经济全球化的风险与冲突**

经济全球化是当今世界发展的主要趋势之一,但是在全球化的前进方向上,反对声从来就没有断过。区域经济一体化是世界发展的另外一个方向。经济全球化在某种程度可以说是欧美发达国家、跨国公司和国际组织共同作用的结果。在全球化过程中欧美国家和跨国公司取得了政治经济文化等方面的主导甚至是霸权地位,这势必引起其他国家和组织不满和反对。在这种情况下,区域合作成为不少国家应对世界霸权的首要选择,经济全球化与区域经济一体化的矛盾不断加剧。

1. 经济全球化的辩证分析

经济全球化带来的贸易、资本、金融的自由流动在缺乏有效监管的情况下会对世界经济造成不可预测的冲击和威胁。FDI 和金融资本在许多发展中国家形成事实上的控制和不平等发展的结果。资本主义世界体系下的经济全球化加剧了资本主义生产方式的全球扩张,剥削与被剥削、支配与被支配、掠夺与被掠夺,伴随拜金主义、自私自利等价值观构成国际社会关系的基本面貌。诚然,经济全球化已经成为不可逆转的发展潮流,但是经济全球化有其内在矛盾,也会表现出脆弱和不平衡的一面,无论国家间的协调与合作,还是政治经济社会关系的冲突与纷争,经济全球化在人类文明发展中的负面影响和作用还是事实存在。

第一次世界大战的全球化是西方列强的全球化,世界上大多数国家和地区没有纳入到全球化体系中,或者作为殖民体系的一部分间接地参与了全球化。20世纪50年代后开始的新一轮全球化基本上覆盖了地球的每个角落。但是这轮全球化仍是少数大国的舞台,发达国家和发展中国家不平衡特征日益显著,落后国家从经济全球化中得到收益与付出的代价相比是微不足道的。就目前而言,经济全球化带来的福祉离预期目标还有较大的差距。

2. 经济全球化产生的新问题

经济全球化引发了许多新的社会、经济和政治问题,诸如全球气候问题、新殖民主义、跨国毒品和犯罪等。从某方面理解,自由贸易、跨国公司、国际资本流动给这些负面性的全球活动提供了生长的土壤和环境。那么对于这些新问题,怎么解决?这是一个值得讨论的主题。有些人提出加强对跨国公司的约束和管理,有些人主张实施贸易保护主义政策,有些人提议进一步的区域合作和双边谈判。来自发展中国家的人士则批判经济全球化把资本主义制度、污染、腐朽的生活方式带到全世界。跨国公司、金融寡头、国际组织都是西方国家控制世界的主要工具,发展中国家面临的是不公正、不平等、不自由的国际秩序。

因此,面对全球化带来的新问题出现了林林总总的解决方案,但是这些回答都不可能有效地解决经济全球化带来的负面效应。经济全球化的影响涉及政治、经济、社会、文化等领域的方方面面,就目前而言,主要涉及新自由主义的全球监管问题、国际金融货币体系的改革、发展中国家发展等问题。

3. 经济全球化冲突的焦点

当今经济全球化的一个重要特征就是市场力量加强而国家影响力下降,市场经济制度成为各国经济发展的通用模式,国家权力在全球化和区域一体化过程中受到不同程度的挑战和削弱。经济全球化的理想目标是推动各国经济发展趋于接近,南北差距减小。但实际上随着经济全球化程度的不断加深,发达国家与发展中国家之间的鸿沟并没有明显缩小,而是愈来愈大,缺乏约束的市场力量时不时对经济体系造成负面的冲击。

首先,经济全球化冲突表现于跨国公司和政府之间的冲突。为了增强本国企业在国际市场上的竞争力,各国政府纷纷采取放松管制、降低公司税率、扶持本国企业等措施。发展中国家为了吸引更多的外国投资营造了相当优惠的条件和环境,有些是以牺牲环境和可持续发展为代价的。跨国公司在全球范围内的生产、研发和销售活动对主权国家也造成较大的压力,这是经济全球化冲突表现的一个方面。尽管经济全球化还没有从根本上威胁到国家主权,但是经济全球化导致主权国家在经济、政治和文化事务上让渡出部分权力已经是不争的事实。经济全球化对一国内外政策的约束和影响越来越大,国际贸易、国际资本流动、跨国公司以及国际组织的迅猛发展导致政府权力的相对衰弱。

其次,经济全球化对福利制度的严重挑战。经济全球化追求效率,社会公允是排在第二位的。福利制度所带来的庞大开支只会削弱国家的竞争力,因此经济全球化背景下,西方国家首先尝到了一场对福利措施广泛的社会保障体制进行改革和限制的运动。在这个问题上欧美日等发达国家有着不同的意见,发展中国家对社会保障也有自己的理解。福利制度到底是经济全球化的绊脚石还是稳定器,改革福利制度会不会带来更深层次的政治、经济和社会问题,有没有所谓的"第三条道路"、"中间道路"的选择,这些都是经济全球化背景下急需解决的问题。

最后,经济全球化带来价值取向的冲突。崇尚自由、追求效率、鼓励竞争的经济全球化是否得到世界各国的认同,市场经济、开放经济、自由经济能否成为世界发展的范式,经济全球化正在重塑国际社会的价值取向和发展规则。有主张建立自由主义市场经济体制下的世界资本主义体系,并以普世价值、和平与共同发展为基础的国际新经济秩序作为方向和目标。也有认为经济全球化造成的对传统价值体系的冲击和影响可能使得一国政治经济制度发生某种程度的转变,但是最终形成一种体制或政策上趋同可能性不大。美国式自由民主的政治经济体系很难移植到其他经济体系身上。而围绕价值取向和发展模式的竞争乃至冲突却给经济全球化的演进和发展带来许多新的阻力。世界各国在认知上对经济全球化趋势已经没有多大异议,但是在实践操作中各国经济模式和社会制度仍表现出显著的多样性。

思 考 题

1. 什么是经济全球化的内涵?
2. 二战后市场经济体制是如何在全球扩张的?
3. 试辩证分析经济全球化的效应。

本章参考文献

1. 程伟:《经济全球化与经济转轨互动研究》,商务印书馆 2005 年版。
2. 路爱国:"全球化与资本主义世界经济:经济全球化研究综述",《世界经济》2000 年版第 5 期。
3. 邱尊社:《马克思主义与当代经济全球化问题研究》,北京大学出版社 2006 年版。
4. 约瑟夫·斯蒂格利茨:《全球化及其不满》,机械工业出版社 2004 年版。

第二十五章 第三次科技革命是全球化的物质技术基础

资本主义发展的根本动力在于技术进步,以及它所决定的相应的技术—经济范式更迭。20世纪80到90年代以来,随着计算机技术和网络技术的发展和普及,人类进入了一个知识经济时代和信息化、网络化时代。这种巨大变化对世界经济乃至人类社会的各个方面产生了深远的影响。本章第一节首先介绍第三次科技革命及其特点和影响;第二节介绍信息和网络化生产组织形式的变化;第三节介绍信息和网络化对世界经济发展的重要影响。

第一节 信息和网络化时代的基本内涵和主要特征

（一）第三次科技革命概述

> 第三次科技革命

开始于20世纪下半叶的第三次科技革命以数字化和网络化为主要特征,信息技术和信息产业在这次科技革命中起着领头羊和支柱产业的作用,它使全球经济增长方式发生了深刻的变革。

所谓第三次科学技术革命,是相对于人类此前于18世纪中期到19世纪的第一次科技革命(以蒸汽机的发明与使用为主要标志)和19世纪70年代到20世纪初的第二次科技革命(以电力使用为主要标志)而言的。这次革命以原子能、电子计算机、空间技术和生物工程的发明和应用为主要标志,涉及信息技术、生物技术、新能源技术、新材料技术、激光技术、新制造(加工)技术、空间开发技术和海洋开发技术等诸多领域的一场信息控制技术革命。

它是人类文明史上继蒸汽技术革命和电力技术革命之后科技领域里的又一次重大飞跃。它不仅极大地推动了人类社会技术、经济、政治、文化领域的变革,而且也影响了人类的生活方式和思维方式,使人类社会生活和自身的现代化迈向更高的境界。正是从这个意义上讲,第三次科技革命是迄今为止对人类历史影响最大、最为深远的一次科技革命,是人类经济和文明史上不可忽略的一个重大事件。

(二) 第三次科技革命的特点

第三次科技革命是前两次科技革命的延续,但是它的范围又有了突破性的进展,它具有自身独特的特点:

(1) 科学技术已经渗透到日常生活的各个领域,影响生产力的各个方面。

这次科技革命具有全面性。邓小平曾经在 1978 年指出:"现代科学技术正在经历着一场伟大的革命,近三十年来,现代科学技术不只是在个别的科学理论上,个别的生产技术上获得发展,也不只是有了一般意义上的进步和改革,而是几乎各门科学技术领域都发生了深刻的变化,出现了新的飞跃,产生了并且正在继续产生一系列新兴科学技术。"[1]因此,这次科技革命使得生产力各个方面如生产工具、劳动对象及人在物质生产中的地位等方面都发生了重大的变化。

(2) 科学和技术密切结合相互促进,科学技术各个领域间相互渗透,高度分化又高度综合。

这次科技革命具有综合性的特点。它改变了以往科学和技术平行发展、各为系统的特点,实现了科学和技术的相互渗透和高度融合。在 19 世纪前,科学和技术是相互分离的,没有形成一个统一及相互促进的综合。而在新科技革命中,新兴技术领域都呈现出科学技术化、技术科学化、科学技术相互渗透、密不可分的一体化特点。

(3) 科学技术从发明到应用的时间越来越短,科学技术转化为直接生产力的速度加快。

当代科技革命应用于生产的周期大为缩短。由于科学革命与技术革命形成一个统一的过程,科学技术转化为生产力的时间大大加快。如今,像生物、纳米等新兴的科学领域,科学和技术之间的界限已经非常模糊。许多科学发现很快就转化为专利和产品[2]。

---

[1] 邓小平:《邓小平文选》第二卷,人民出版社 1994 年版,第 87 页。
[2] 徐冠华:"科技创新与经济发展",《中国经济大讲堂》,辽宁人民出版社 2006 年版。

(4) 现代科学技术在经济增长中的作用越来越大,科学技术已经成为第一生产力。

科学技术在一国经济增长中的作用日益突出。如今,一国综合国力的强弱主要是看一国经济发展水平,而经济发展水平主要取决于科学技术的发展水平。发达国家的科学技术水平在经济发展中的贡献率几乎都在70%以上。科学技术,尤其是高新技术已经成为第一生产力及经济增长最主要的推动力量。

(5) 科学技术的发展需要开发大量的人才资源。

人类已经进入了信息时代,其战略的核心就是人力资本也就是人才。人力资本表现为人的知识、能力、经验和熟练程度等。在高科技时代,掌握现代科技和知识的人才是科技的载体,是人力资本的中心。因此,发达国家非常重视人才的培养。而像中国等发展中国家也在大幅度增加教育投资,大力培养科技人才。

(三) 第三次科技革命的深远影响

第三次科技革命对整个世界政治、经济方面的影响至今很难全面和准确地衡量,但是它对世界产生的深远影响是远远超过前两次科技革命。它对社会各个方面都产生了深远的影响。科学技术是推动一个国家发展最重要的动力,它不仅决定一个国家生产力的大小,还决定一个国家生产方式和生活方式。

从生产力角度看,科技革命对社会生产力有巨大的推动作用:(1) 科技促进劳动者劳动能力的提高,劳动者掌握了更加丰富的自然科学、管理科学理论和现代化的生产技术,使其生产效率不断提高。(2) 科技促进劳动资料效能的提高。劳动资料中生产工具是关键,随着人类社会的发展,生产工具在不断的进步,由原始社会的木棍、石器、铁制的简单工具,以后发展到半机械化和机械化工具,现在又发展到由电子计算机操纵和控制的自动化机器体系。(3) 科技促进劳动对象的进步,劳动对象无论在种类、性能与用途上都发生了革命性的变化。此外,随着科技的进步,生产过程的其他方面,如生产管理、工艺流程、信息采集、传播等要素也会发生极大的变化,从而促进生产力的发展①。

本次科技革命给生产方式也带来了一系列新的变化:(1) 这次科技革

---

① 郭新赞、郭俊华《政治经济学原理》,中国财政经济出版社 2009 年版,第 425 页。

命以电脑部分代替人脑的功能为伊始。(2) 这次科技革命产生的生产方式以知识为基础,由此产生以知识创新为基础的经济,即知识经济。(3) 互联网是新的生产方式中信息传输的主要媒介,它较电网有更高的传输速度,更广的传输范围,尽管它不能离开电网。(4) 新的科技革命影响下的主导产业和支柱产业是以信息技术产业为代表的新兴的高新科技产业,即以电子信息技术为领头的集计算机技术、通信技术、光电子技术、人工智能技术、机电控制技术的高科技群[①]。

信息和网络化的基本内涵

1. 信息及信息时代

现代世界,随着经济全球化不断深入的发展,以信息和网络技术为代表的第三次科技革命不断地取得突破,信息和网络化已成为人类经济社会发展的强大动力,推动着各国经济社会走向新的历史高度。

信息是对客观世界中各种事物的特征和变化的反映,是客观事物之间相互作用和联系的表征以及经过传递后的再现[②]。人们通常用最具代表性的生产工具来代表一个历史时期,如人类文明的发展时代历程有:石器时代、红铜时代、青铜时代、铁器时代、黑暗时代、启蒙时代、蒸汽时代、电气时代、原子时代等。用这种思维模式来看 20 世纪,在近一百年的时间里,人类已经从电气时代走向了信息时代。计算机的出现和逐步的普及,使信息对整个社会的影响程度已逐步提高到了一种绝对重要的地位。信息量多少、信息传播的速度、信息处理的速度以及应用信息的程度等都以几何级数的方式迅速增长。信息技术的发展对人们学习知识、掌握知识、运用知识都提出了新的挑战。在计算机技术和网络技术的应用程度越来越高的情况下,人们的学习速度在不断加快,也就是说从数字处理时代到微机时代再到网络化时代,学习速度越来越快。

2. 互联网和网络化时代

随着信息技术的发展,互联网将成为图像、话音和数据"三网合一"的多媒体业务综合平台,并与电子商务、电子政务、电子公务、电子医务、电子教学等交叉融合。互联网已逐渐超过报刊、广播和电视的影响力,形成"第四

---

① 吴树青、逄锦聚:《政治经济学》,高等教育出版社 2009 年版,第 24 页。
② 徐辉:"信息技术在我国企业管理中应用研究",《中国科技信息》2007 年版第 17 期。

媒体"①。信息网络化是指通过全社会广泛地使用信息网络,实现信息资源的高度共享,加速信息资源的开发和利用,进一步优化社会资源配置,最终大幅提高全社会的劳动生产率。信息网络化的重点是使信息依附于网络,实现信息资源高度共享并且实现信息传递、存储、开发和应用的一体化。

信息网络化的发展引发了新的社会生产方式。计算机与互联网在生产和流通领域的应用,不仅仅提高了劳动生产率,而且由于降低了信息使用成本而使信息变得更加容易获取、更加充分与对称,这必将使得商品和服务市场的供求均衡达成变得更加容易,供求双方的交易费用随之大幅下降。以致可以这样说,互联网正在改变着人们的生产方式、流通方式和交换方式。

信息和网络化时代的特征

(一)信息的特征

首先我们看一下信息的一般特征。这些特征有:可传递性、时效性、累积性、共享性、无限性、普遍性、永恒性以及载体的可变换性。

而网络化信息也有其独特的传播特点②:

(1) 高速度。互联网其同步实时传输功能是所有其他传统媒体都不能企及的。只需轻点鼠标,用户就可以在互联网上任意链接自己感兴趣的网站,数秒之内便能浏览到所需的网页,同时也可以非常快捷地在网上发布信息。作为"信息高速公路"的主干,互联网能够让用户最快捷地获知天下时事,并能帮助他们最快地作出反应。

(2) 大容量。与非网络信息相比,网络信息的数量多,质量也较难控制。就传播信息的容量来看,网络化信息的丰富性远非任何一种传统媒介可比。随便在网上输入一个关键词,搜索出来的动辄就是成千上万条信息。昔日的信息匮乏已经被今天的信息过剩所取代,而因此如何从铺天盖地、汹涌而来的这么多信息中寻找到自己真正需要的信息,成为网络时代人们面临的新的难题。

(3) 变化频率高、形式多样性。网络信息,包括信息地址、信息链接、信息内容经常处于变动之中,非网络信息一般变化较慢。网络信息则处在瞬

---

① 范尚华:"信息网络化的发展趋势——三网融合",《现代情报》2004 年版第 12 期。
② 束春德、王宝卿、孙先芳:"网络化建设与网络信息的特点",《图书馆学研究》1997 年版第 4 期。

息万变中。网络信息在形式上包括了文本、超文本、图像、声音、软件、数据等多种形式,在存取与利用方法上也具有多样性。这也是与非网络信息的一个很重要的区别。

(4) 扩充方便。非网络信息一经出版,就有了固定的样式,一般较难加以扩展和扩充,而网络信息则可以根据实际需要,随时加以扩充。只要信息有变化,网络信息会第一时间进行更新,以求信息的时效性和准确度。

(5) 可互动。随着光纤技术、交换技术的发展和网络的迅速普及,使通信速度迅速提高而通信费用显著下降。这使得计算机网络正在成为人们重要的通信工具,通信的快速、廉价使人们能够获得超地域的相互沟通能力,极大地扩大了人们的联系。网络实现了点对点的传播方式:既担任着作为大众传播工具向广大受众传递信息、教授知识、引导舆论的功能,又充当着网上用户之间进行人际交往的工具。它把大众传播和人际传播融为一体,是一种全新的、特殊的传播方式,网络传播不同于传统传播的最大的一点就是它具有人际传播的特性,实现了以往传媒无法实现的互动。

(6) 跨文化。网络信息传播扩大了人与人之间的交往,模糊了地域和空间的概念,带来了不同国家和不同社会文化的全方位开放。不论背景如何、表现形式如何,任何一种文化都有机会在网上获得展示空间。网络包容了传统文明状态下所产生的一切文化因素,各种文化形式都可以并存。全球网络的开通,极大地促进了不同民族文化形态间的接触、对话,可以形成世界范围内的文化共享。信息网络化还为人们提供了更多文化参与的机会,不管人们处在什么样的国度,拥有什么样的收入水平和教育水平,都可以以独立身份随时随地参与其中,促进了跨文化的交流。

(二) 网络时代的主要特征

从世界及我国网络发展的现实状况和未来趋势来看,网络时代呈现出与传统社会大不相同的新特征[1]:

(1) 网络信息成为现代化建设极为重要的社会财富。

对信息和信息技术的掌控能力是国家实力的重要组成部分。在网络时代,信息将会变成一种非常重要的社会资源,将会成为经济社会发展所依赖的综合性要素、无形资产和社会财富,并逐渐起决定性的作用。人类社会经

---

[1] 贾月梅:"网络时代的消费特征及营销对策研究",《现代财经(天津财经大学学报)》2001年版第8期。

历好几次技术革命,而网络时代到来,宣告了一场新的科技革命的到来。这场以信息技术为核心的新科技革命对人类带来的影响完全可以与火的发现、电的发明相媲美。网络时代的主要元素就是信息,通过计算机和互联网,信息技术的发展空前加快,人们了解信息、传递信息的渠道增多、速度变快,信息的及时性、有效性和双向互动性也变得更强。这就给人类社会政治、经济、文化等各个方面都带来新的深刻的变化。同时,信息技术的发展也将会推动与信息相关产业的进步与发展,如生物技术和电子技术等。网络不仅推动了物质生产的巨大发展,还推动了精神产品生产、文化生产及其消费的巨大发展,催生了新的文化业态。随着网络时代的深入发展,这一改变将会变得更为明显。信息的海量、开放、多元及网络化互动传播,信息消费的平民化、大众化,打破了信息垄断,改变了信息单向传播和单一话语权的局面。

(2) 网络社会形态成为现代社会的新形态。

其一,网络改变着现实社会的结构。网络产生了虚拟社会、虚拟国家。虚拟社会不是虚无社会,而是现实社会的一种网络化延伸和网络社会的实体化存在。虚拟社会不仅是一种可以进行思想文化交流创造的精神家园,而且还是可以进行物质创造活动的公共生活空间。网络生活成为现实生活的重要补充和延伸,虚拟社会具有了实体社会的功能。其二,网络改变了社会阶层形态。由于网络虚拟社会的出现,人们将依据各自在网络社会所扮演的角色和对信息占有的程度,重新划分社会阶层,信息穷人和信息富人阶层成为网络时代新的阶层形态,它直接影响到人们在网络时代的财富积累。其三,网络改变了人与社会的关系。网络催生了具有相对独立意义的数字公民和网民,网民成为人们在社会上生存、发展的新身份。网民较之现实社会公民身份具有更大的自由表达权、更大的发展空间、更多的自我表现机会。其四,网络改变了人们之间的交往方式和人际关系。网络社群成为新的社会群体,网缘成为继血缘、业缘、地缘之后的又一新的人际关系。通过计算机和网络,人们可以拥有一个新的公共或私人的生活领域,人们的生活方式出现了崭新的形式。网络使人与人之间的沟通更加方便,使人与人之间的关系更为多样化,使世界的距离变得越来越小。虽然网络交往有可能淡化现实社会的人际交往,增加人们的孤独感,但是网络交往毕竟扩展了人们的交往范围和空间。理论上说网络社区人们的交往可以跨越单位、地区和国界,这就使得人们的视野和思维变得空前开阔,情感也变得更为丰富多彩。

(3) 网络文化成为现代文化中崭新的文化形态。

互联网加剧了各种思想文化的相互激荡,成为信息传播和知识扩散广泛快捷的新载体,催生了网络文化这一新的文化形态。网络文化的诞生是人类文化的一大进步、一大创造,它的独特性、丰富性、便捷性、广域性、交互性、多媒体性都是其他任何文化形式都难以比拟的。网络作为重要的文化生产、消费、服务和交流场所,精英文化与草根文化并存发展,这使得人民群众的文化创造积极性在网络时代得到极大迸发,文化权益将得到有效实现、发展和维护;网络文化产业作为重要的产业形态,为我们发展社会主义文化产业、增强文化产业的国际竞争力和综合实力,提供了巨大机遇和有利抓手;网络作为最为先进的文化传播工具,将有利于我们建立更为便捷、更为广泛的社会主义文化传播体系。不仅如此,网络对科技、教育、卫生、体育等大文化的影响也是十分明显的,比如远程教育、远程医疗将真正成为可能。网络加速科技的进步,为人类带来福祉,这为我们发展各项社会事业提供了极好的条件。

(4) 网络经济成为重要的经济形态。

信息网络化与经济全球化相互交织,推动着全球产业分工深化和经济结构调整,重塑了全球经济竞争格局。网络时代,不仅电子商务和IT产业获得了巨大发展,而且网络技术对传统产业进行了改造,网络技术、信息技术与传统产业结合还将产生新的产业形态,网络发展也催生了诸如"蓝海战略"、"长尾理论"、"微内容开发"等新的经济发展、管理理论。网络经济将极大地改变传统经济的生产、流通方式,运行、管理方式和组织形态。网络经济的价值并不在于它本身立即能给社会带来多少有形的财富和利润,而在于它可以营造一个新的社会形态,为全体社会成员提高经济创造力提供一个平台,使整个社会能实现财富的迅速聚集和飞跃发展。互联网所代表的现代信息技术革命,带来了交换和市场体系的又一次革命,网络经济就是这种革命的结果。网络交换提高了交易的频率和速度。**网络经济是电子化的现代交换经济,是市场活动的网络化,因此也可以说,网络经济就是网络化的市场经济。**显然,网络经济为我国驾驭社会主义市场经济提供了新的支点。我们要促进国民经济又好又快发展,就必须坚持实行以信息化带动工业化,以工业化促进现代化的方针,大力发展网络经济,充分利用网络技术、信息技术提升传统经济,创新经济和管理发展模式。

第二节 信息和网络化时代生产组织形式的变化

> 马克思关于生产组织形式的论述

马克思在《资本论》中指出政治经济学的研究对象是生产方式,它是指生产过程的条件与形式。马克思在《资本论》中主要研究了资本主义经济运动过程,他指出,在资本主义生产的社会形式下,生产技术条件和社会条件的变革主要经历三个阶段:简单协作、分工和工场手工业、机器大工业。而这三个阶段下的生产组织形式是各有不同的。而关于生产组织形式的内涵,马克思在《资本论》还提到了"机构""体系""生产有机体""总体工人"等。在《资本论》第四篇相对剩余价值生产中,"相对剩余价值的生产使劳动的技术过程和社会组织发生彻底的革命"①,马克思在这里提到的是生产的社会组织形式,简称为生产组织形式;马克思在《资本论》第12章分析工场手工业生产方式时指出:"工场手工业分工通过手工业活动的分解,劳动工具的专门化,局部工人的形成以及局部工人在一个总机构中的分组和结合,造成了社会生产过程的质的划分和量的比例,从而创立了社会劳动的一定组织,这样就同时发展了新的、社会的劳动生产力。"②这里的"机构"也可以看成生产组织形式;而在《资本论》第一章中,"分工是自然形成的生产有机体,它的纤维在商品生产者的背后交织在一起"③,这里将分工看成生产组织形式;"但在某些手工工场,这种小组本身就是一个已经组织好了的劳动体,而总机构由这些基本的生产有机体的重复或倍加形成。"④由此可以推断马克思说的生产组织是劳动的组织。

由这些片段中,我们可以总结出马克思对于生产组织的观点,生产组织形式就是指生产的社会条件。由此我们有了对生产组织形式含义的认识,即生产过程中分工、协作及由此产生的劳动的具体形式和生产要素相结合的方式。而本节所述信息和网络化生产组织形式也就是指生产过程中具有网络性质的分工、协作及生产要素实现有效配置的具体形式。

---

① 马克思:《资本论》第1卷,人民出版社2004年版,第583页。
② 同上书,第421—422页。
③ 同上书,第127页。
④ 同上书,第401—402页。

> 信息和网络化生产组织形式的内涵与特征

1. 信息和网络化生产组织形式的内涵

关于网络化生产组织,经济学界有着不同的研究,侧重点也不一样。网络是由节点和连线组成的系统。**信息和网络化生产组织形式就是信息与网络结合并参与生产的组织形式**。信息和网络化生产组织形式主要分为企业内部网络化组织形式和企业外部网络化组织形式。

企业内部网络化组织形式是指运用信息和网络化进行企业的内部管理。企业内部形成一个统一的网络化管理,使信息快速传播及有效地共享。这样可以减少企业管理所需要的成本并且能够提高企业的生产效率。

企业外部网络化组织形式包括纵向和横向两种形式。纵向网络化组织形式是指企业与其上下游企业形成一个统一的网络化组织进行资源共享。纵向网络化组织形式可以帮助企业快速得知产品供求的信息,有利于企业生产连续性。如丰田汽车公司与福特汽车公司等都构建了以自身作为核心的由众多供应商和分销商组成的垂直型网络。**横向网络化生产组织是指由不同行业的企业组成的网络化组织**。这些企业一般是由有业务往来的企业构成。这样做有利于使企业能够及时了解与自身息息相关的企业的情况,便于企业及时作出生产决定。如 UPS 联邦快递整合东芝等公司的售后服务业务。

2. 信息和网络化生产组织形式的特征

信息和网络化生产组织形式具有以下显著的特征:(1)全方位的交流与合作。信息和网络化组织形式区别于传统的组织形式的是其信息量大且传播速度快。无论是企业之间还是企业内部各组织之间都能进行快速的全面的交流,有利于实现创新和双赢。这些交流与合作都以信息技术为核心,并随着科技的发展不断强化。(2)生产过程的相互渗透和生产目标的一致性。企业之间之所以可以建立网络化的生产组织就是因为企业之间的生产目标具有一致性。一致性的生产目标使企业在做决定时不仅考虑自身利润的最大化也会考虑到整个组织产业链的利润最大化。核心企业和供应企业各自有各自的优点,可以发挥优势,节约成本,资源共享。(3)完全的信息共享。完全的信息共享是信息和网络化组织形式的基础和前提。网络化组织形式要求信息高度共享,而信息高度共享是建立在信息完全的基础上的。(4)结构的扁平化。由于信息和网络化要求传递速度快这个特点决定了其组织结构的扁平化。信息的快速流通和传播决定了上下级之间关系的紧密性,而这又决定了结构越来越向扁平化趋势发展。(5)无约束性。信息和网络化组织形式是无边界的,形式不固定,是一种比较松散的组织,加入和退出比较没有约束。(6)层级结构依然存在。虽然组织结构比较松散,但是层级结构依然具有权威性,不然就会造成组织结构的混乱。在这种情况下,组织结构向扁平化方向发展。(7)高度专业化和协作。信息和网络化组织的前提基础就是高度的分工和专业化。只有企业内部和企业之间分工协作,这种组织关系才能加强。(8)反应敏捷。信息和网络化组织又一个重要的特征就是灵活性。组织要对各种传来的信息做出最快速的反应以其适应市场的发展。(9)市场机制的有效运用。网络化组织中的成员都遵循价值规律,在市场机制下,在公平合理的前提下签订契约组织网络化生产的。(10)学习型组织。信息和网络化组织中的企业成员相互之间资源共享,共同学习。

除此之外,信息和网络化生产组织形式的特征还有很多,如核心能力的整合,采用新型管理模式,分散与集中并存的状态和小型化、专业化的表现形式等。

信息和网络化生产组织形式产生的原因 信息和网络化生产组织形式产生的根本原因是资本主义社会的基本矛盾即生产资料私人占有和社会化大生产之间的矛盾。一方面,无论是科技的进步、生产力的发展都要求生产方式向联合方向发展。而另一方面,传统的生产方式已不适应社会化大生产的发展。所以生产方式就朝着联合发展的网络化组织形式发展。生产力、生产方式、生产关系之间相互作用产生了网络化生产组织形式,而这种生产形式的产生与扩散,必然会引起生产方式的变化,并对生产力、生产技术也产生反作用。

信息和网络化生产组织形式产生的具体原因如下:

(1)科学技术水平的进步为信息和网络化组织形式提供了必要的物质基础。在20世纪后期,我们迎来了以信息化、互联网为代表的第三次科技革命。科学技术的进步深刻的改变了人们的生产和生活方式,促使了高度的分工和专业化。技术条件的变革把生产组织形式推向了网络化的生产组织形式。总之,科技进步推动了分工的深化和扩展,促成了网络化生产组织形式的形成。

(2) 资本追求利润最大化的本能促进了网络化生产组织形式的形成。资本过剩和资本不足都是资本家头疼的问题。为了解决这个问题,最好的办法就是网络化生产组织的形成。一方面,由于利润率下降的趋势,一般企业就会将资本投入到利润率较高的行业或者编织生产网络,将利润率低的生产过程外包给其他企业,从而提高利润率。这就使网络化的生产组织形成。另一方面,许多小规模的企业由于资金限制不能获得高利润,它们就会联合在一起或加入生产网络,进行网络化生产,促使网络化生产组织形成。

(3) 企业外部环境的新变化。随着科学技术的发展,企业面临的外部环境越来越复杂。企业必须提高对市场的反应速度,这就要求提高信息和决策的传播速度。企业需要在企业内部和企业之间都改变组织结构,以加快信息的传递和获取。这就要求成立信息流通更快的联合组织形式即网络化组织结构。

(4) 国际贸易和投资的发展促进了网络化生产组织形式的发展。国际贸易的发展和对外投资的扩大极大地促进了世界范围内网络化生产组织的形成和发展。

信息和网络化生产组织形式的效应　信息和网络化生产组织的变革给社会经济和各个方面带来了深远的影响。它促使企业降低了成本,提高了效率也改变了企业内部各部门及企业之间的关系[①]。

1. 提高了生产效率

信息和网络化组织形式促使企业专业化分工的深化,提高了企业的生产效率,提高了企业的核心竞争力。同时也在一定程度上缓解了生产社会化和私有制之间的矛盾。

2. 促进科学技术的进步

信息和网络化生产组织形式对科技研发的形成起到了极大的促进作用。在网络信息时代,创新更多的是采取企业、个人、研究机构等不同性质参与主体联合进行的创新组织形式。运用这种创新组织形式可以进行更大规模的研发活动,促进科学技术的进步。

---

① 佟贺廷:"网络化生产组织形式的政治经济学分析",河南大学硕士学位论文,2010年,第21—24页。

3. 推动了生产关系的变革

信息和网络化生产组织形式能够推动生产关系的变革,提高劳动者的地位。首先,网络化使生产组织扁平化,劳动者与管理者之间的等级差距变小;其次,技术网络的支持使许多企业不需要劳动者集体集中进行生产,弱化了管理者对劳动者的监管,使劳动者更加自由。第三,网络化生产组织本身对于自由、平等、独立、自主的客观需求。

4. 加强了市场机制

信息和网络化生产组织形式是比较松散的契约组织形式,这种契约关系由于利益主体的不同而尤为脆弱。这就要求参与者要遵守规则,加强市场机制监管。这在客观上完善和发展了市场机制。

5. 改变资本的本性

资本的本性是追求利润最大化,然而在信息和网络化生产组织形式条件下,资本的本性发生了变化。企业由追求自身利润最大化变为追求集体利润的最大化。在这深刻的变化过程中,资本价值增殖的本性发生变化。生产资料的资本性质将逐渐被消除,变为如马克思所说的由社会共有的。

总之,生产组织形式的网络化变革并没有从根本上改变资本主义,因为它并没有能将资本、雇佣劳动消灭,所以不可能改变整个资本主义制度。它仍旧是一种资本主义性质的生产组织形式,以资本为主导的管理模式和以利润为主导的分配模式。但是,资本主义的生产方式与生产关系的确发生了部分质变,企业内部民主程度提高。

第三节 信息和网络化对经济发展的重大影响

第三次科技革命与前两次科技革命相比,对资本主义经济产生了更加深刻的影响。以信息技术为核心的第三次科技革命把人们带入了信息和网络化时代,扩展了人们认识和改造世界的广度和宽度,使人类进入了电动化、智能化时代,对当代资本主义经济发展产生了深远的影响。

> 拉动了经济增长,使经济增长理念发生了变化

信息和网络化时代的到来,对世界各国经济社会的发展产生了深远的影响。发达国家普遍希望通过自己的信息和技术优势保持世界经济领先的地位;新兴工业化国家则希望通过加快科技发展,加快

信息化而跻身于发达国家的行列;发展中国家则希望以信息化推动工业化发展。信息和网络在经济发展中起到了越来越重要的作用。在这些年间,各国都非常重视信息和网络化的发展,大力推进科技进步。

各国经济的增长与加快信息化及不断创新是分不开的。目前美国等发达国家垄断着世界上大多数行业的高新技术和生产核心环节,在激烈的国际竞争中占据优势。据统计,全球每年高技术产业约70%的巨额利润被少数几个发达国家分享,尤其是信息产业产值中发达国家所占比重高达98%[1]。同时信息和网络化时代的到来还改变了人们对经济增长理念的认识。在信息和网络化时代,新增长理论认为,知识的传播和创新将是经济增长的关键,进入信息时代技术进步将使经济增长保持持续发展的趋势,使人们奢望的"收益递增"成为可能,由此导致经济发展模式面临重新选择过程。社会将进入一个以知识生产、创新为主导的知识经济时代。

> "再工业化"是生产方式的创新

信息科技和网络化时代对各国经济发展都产生了巨大的影响。世界经济发展始终与科技创新相结合,因此许多国家都把发展科技和创新作为战略重点。在经历了一段时期的去工业化之后,西方一些发达国家走上"再工业化"的道路。以2010年美国总统奥巴马签署《制造业促进法案》为标志,发达国家的"再工业化"发展战略。奥巴马政府先后推出"买美国货"、《制造业促进法案》、"五年出口翻番目标",以及"促进就业措施"等一系列政策措施及战略部署。欧洲推出"未来工厂计划"等。

"再工业化"发展战略提出的背景是:20世纪后期,信息时代的到来,劳动力成本高企等因素,促成了全球经济的再分工。"去工业化"中的美国,金融业突飞猛进和制造业蜂拥外迁,成了这一时期的两大突出现象。也恰恰由于金融衍生品的泛滥和第二产业的空洞化,导致美国陷入了自大萧条后的最大危机。1980—2011年期间,美国制造业增加值从5 840亿美元增加到19 040亿美元,占世界制造业增加值的比重从20.93%降低到16.83%;同一时期,英国制造业增加值从1 260亿美元增加到2 330亿美元,占世界制造业增加值的比重从4.52%降低到2.06%。也导致美国失业率飙升到10%上下、房地产大面积崩溃等,即使是上百年来让美国人骄傲的汽车制造

---

[1] 郭新赞、郭俊华:《政治经济学原理》,中国财政经济出版社2009年版,第434页。

业,也面临着破产的现实威胁。

2008年国际金融危机后,世界主要发达国家一些学者重新认识到以制造业为主体的实体经济的战略意义。一些学者指出,制造业和服务业不是对立的,而是互补的。制造业被认为是经济增长的发动机,是经济活力的源泉,在国家长期繁荣中起关键性作用。制造业的发展可以在产业内和产业外引起其他产业的活动,具有较高的乘数效应。不要忘记,制造业对生产的发展,就业的扩大至关重要,其创新更是提高劳动生产率的第一要素。而劳动生产率的提高正是人们生活水平提高的基础。因此,必须全面和正确认识和处理制造业和服务业,实体经济和金融等虚拟经济的关系。要使两者相互依存,相互促进,共同发展。

在信息和网络化的影响下,在80年代的1983年,美国已开始对传统行业进行了技术改造。美国钢铁业中的大部分就已开始计祘机的技术改造,普及了电脑辅助设计和电脑辅助制造系统,使传统钢铁业焕发了新的活力。传统工业在采用高新技术实现了自动化。

发达国家的"再工业化",不是简单的"实业回归",其实质是以高新技术为依托,发展高附加值的制造业,如先进制造技术、新能源、环保、信息等新兴产业和在此基础上的服务业。这也就是说,以信息网络技术为基础的先进制造业要为服务业提供先进技术和设备,同样服务业在提高和丰富人们物质文化生活的同时,也要更好为制造业服务,使两者持续协调地发展。

奥巴马政府实施的"再工业化"战略,中短期目标是加快经济复苏,创造就业,推动美国经济走出低谷,优化产业结构,重振美国制造业,提升国际竞争力,改善国际收支状况等;远期目标则是要在世界经济领域掀起一场"再工业化"的高潮,促使主导"新型制造业"的先进技术和设备在环保、能源、交通,乃至所有经济领域遍地开花,以达到巩固并长期维持其世界第一经济超级大国的地位。

发达国家的再工业化对我国的工业化进程形成了巨大的挑战。再工业化主要表现为以制造业信息化和服务化为核心特征的现代制造技术和先进制造业的发展,这将导致直接从事生产制造的人数的减少,逐步实现少量"现代知识型员工"对大量"传统简单劳动者"的替代,我国制造业长期以来基于劳动成本低所形成的竞争优势会加速弱化。不仅如此,发达工业国家不仅通过技术创新和品牌优势占领价值链的两端,还可以通过现代制造技术来提高制造环节和制造产业的生产效率,再加之制造业服务化趋势又会固化发达国家在高端服务业上已有的优势,从而使得发达国家能够形成整个产业链的竞争优势,我国原有的赶超发达国家的产业发展路径可能被封堵。

但同时,发达国家的再工业化也是倒逼我国产业转型升级的新机遇。一方面,发达国家再工业化迫使我国制造业总体发展战略必须从基于要素的低成本战略转向基于创新的差异化战略,从而推进产业转型升级。另一方面,发达国家的再工业化会催生新的制造系统和生产设备产业的发展,而这些产业的发展又会带动信息产业、新材料产业等新的产业门类的出现和增长,从而为我国战略性新兴产业的培育和发展创造很好的机会。

发达国家再工业化还及时为我国产业转型升级指明了方向。再工业化加快了制造业和服务业深度融合的趋势,二、三产业的界线日趋模糊化,这意味着我国一味地强调提升服务业所占比例的产业结构调整方向和产业政策导向需要重新审视,需要从制造业和服务业的内在衔接关系角度入手,围绕如何提升我国制造复杂工业品能力来制定我国服务业发展战略。而我国也要十分重视这次产业转型升级的新机遇,抓住机遇,努力建设创新型国家,实现我国经济战略目标[①]。

> 社会经济结构的根本变革

信息和网络化促进了产业结构的演变。发达资本主义国家正在实现从工业经济向信息经济的转变。产业结构是指各个产业的构成及其之间的比例关系。产业结构的变化及其所导致的其他经济结构的变化主要表现在以下几个方面:

(1) 高新技术产业迅速发展,信息技术与计算机产业成为改变世界经济格局的龙头产业。信息产业的飞速发展,构成了现代社会产业结构升级中最引人注目的现象,信息技术产业正在成为西方国家经济发展的主导产业,成为新的经济增长点。全球信息产业将成为世界第一大产业。无所不在的网络将从一个全新角度重新考查企业与其供应商、客户、合作企业、竞争企业和其他企业之间的关系,重新选择经营方式、竞争形式和生产途径。

(2) 第三产业尤其是信息产业迅速发展。20世纪80年代以前,随着科

---

① 《人民日报》,2014年1月8日。

技革命的到来,资本主义国家普遍出现了产业结构的变化:第一产业的比重下降,第二产业有升有降,第三产业大幅上升。科学技术发展进步,高科技的应用使第一产业农业资本有机构成提高,机器代替了人力,这样就减少了农业部门的劳动需求量,从而使第一产业比重下降。而节约下来的劳动力转移到第二、第三产业又促使了第三产业的蓬勃发展。而 20 世纪 80 年代以来,发达的资本主义国家产业结构又发生了一次新的变化。产业结构向服务化、信息化和网络化转变,信息产业迅速发展。人类社会的生产活动已经从过去依赖于自然资源变为更多地依赖于科技、信息和网络化。以信息产业和网络产业为主的高新技术产业已经成为国民经济的支柱产业。大量信息技术产品的出现,推动了互联网市场的蓬勃发展,而信息技术的应用范围也几乎遍及所有经济部门和产业。据统计,目前美国高科技产业的产值在国民生产总值中已占 50% 以上,这表明高新技术产业已经取代了汽车业等老牌支柱产业,成为最大的产业部门。

(3) 就业结构也发生了重大的变革。第一次重大变革是与第一次产业结构调整相关的,它一方面表现为第一产业就业人数的迅速下降,第三产业的就业人数大幅度上升;另一方面表现为白领工人阶层人数的上升。第二次重大变革是与工业经济向信息经济的结构调整相联系的,它主要表现为"知识型、技能型"劳动者数量大幅上升,非"知识型"劳动者下降。在信息和网络化时代,从事信息搜集与处理的工作需要知识型人才,而知识型人才需要掌握更多的知识和技能。在产业结构的大变革中,那些没有掌握新技能、非熟练的劳动力就没法转到新兴产业去,就会被市场淘汰,从而产生结构性失业的问题。所以,随着信息和网络化时代的到来,教育和培训就越来越重要了。当代创造价值的各种劳动在一定意义上都是"科技劳动"。从理论和现实相结合的角度看,基础性科技劳动、应用性科技劳动、开发性科技劳动和科技化的生产劳动基本上已经囊括了当代经济社会中的创造价值的各种劳动。这四个层面的科技劳动是既相互区别又相互联系的。如图 25 - 1 所示。

(4) 企业在管理上发生了变化,建立现代企业新的经营管理制度。随着信息和网络化的大力发展、企业生产规模扩大,企业与外界联系更加紧密,这促进了企业管理方式向科学化和网络化发展。企业外部如供销关系、用户关系、合作关系等,企业内部如组织结构、管理模式等,都将发生质的改变。科技革命使发达资本主义国家的企业管理方式经历了科学管理、现代

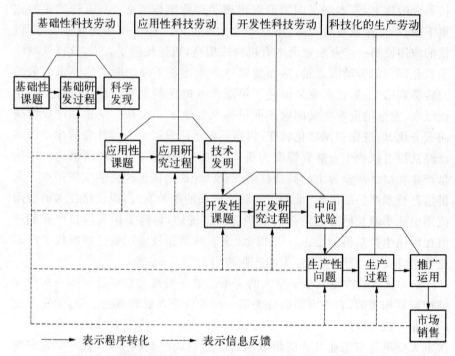

图 25-1 当代经济社会中整个科技劳动或整个生产劳动的示意图

资料来源：刘冠军：《现代科技劳动价值论研究》，中国社会科学出版社 2009 年，第 207 页。

经营管理、行为科学、系统理论、决策论等发展阶段走向了网络化管理方式。企业内部已形成了网络化的组织结构，这样有利于信息的快速传递，有利于管理效率的提高，大大增加了企业的活力。虚拟企业诞生和多变的动态组织结构将把人、技术和管理等资源优化配置为最理想状态，以适应全球市场环境的突变和富有个性需求的竞争挑战。全球网络将使新型跨国企业和"超国界经济"的企业战略联盟组织成为全球经济的垄断，使虚拟经济和虚拟经济组织充塞整个世界市场，使国际贸易、国际金融和国际投资的运行机制网络化。

（5）人们的消费方式和财富的分配方式将发生重大改变。随着信息和网络化的大力发展，人们的消费方式和财富的分配方式发生了重大的变革。以实体资源、人力资源和技术资源参与财富分配的格局已经形成，而后者参与的比重将趋于增大。网络使得企业供货商、制造商、经销商和零售商以及传播媒体间的界限日趋模糊,消费者有可能直接参与产品的策划与生产、销售,产品的多样化和个性化将成为未来企业经营战略的主导思想。

思 考 题

1. 第三次科技革命与前两次科技革命不同的特点是什么?
2. 从世界及我国网络发展的现实状况和未来趋势来看,网络时代呈现出与传统社会大不相同的新特征有哪些?
3. 马克思传统的生产组织形式与信息和网络化生产组织形式有哪些联系和区别?
4. 信息和网络化对社会经济发展有哪些重要意义?

本章参考文献

1. 邓小平:《邓小平文选》第二卷,人民出版社1994年版。
2. [德] 马克思:《资本论》第1卷,人民出版社2004年版。
3. [英] 亚当·斯密:《国民财富的性质和原因的研究》,商务印书馆1997年版。

第二十六章　全球贸易自由化及其深化

贸易自由化是 20 世纪后半叶世界经济的一个重要特征,也是全球范围内资本主义发展的一个新要求。分工产生效率、贸易产生惠利,贸易自由化不仅是经济全球化的基础,而且是经济全球化的先导。国际贸易长期遭受贸易保护政策的干预和阻碍,这种状况与资本主义生产规模和能级不断上升的客观事实之间存在强烈的冲突,因此,从关贸总协定、WTO、地区性贸易协定到双边贸易协定,以及其他区域经济一体化形式的加强,都是世界各国力图降低贸易成本、增加贸易便利的制度化和自由化深化的努力。这部分中将主要分析贸易自由化的动因、机制和效应。

第一节　贸易自由化的动因

贸易自由化既是一种状态,也是一个过程。作为一种状态,它表示国际贸易不存在某种或某些形式的限制(比如关税、非关税壁垒等);作为一个过程,它包含着旨在消除阻碍国际贸易发展的种种限制。毫无疑问,促进战后国际贸易自由化的原因很多,总结起来大致包括以下四个方面:

战后相对稳定的国际环境　但这一局面来之不易。在历史上,19 世纪后半叶是欧洲国家进行国际合作的黄金时期,这一时期出现了技术进步、工业化和经济高速增长,从而推动了国际贸易多边主义的发展。但是好景不长,农业保护的增强、欧洲列强对殖民地和外围国家的贸易控制、美国等国兴起导致的各列强对势力范围的争夺以及欧洲国家特别是法国和德国之间的领土争端,最终导致了 1914 年"一战"的爆发。"一战"之后的贸易保护虽然有所减少,但各国贸易政策的不稳定性和不可预见性仍然十分严重,再加上很多国家经济条件的不断恶化,最终导致了 1929 年世界经济大危机(Great Depression)的爆发。1930年美国国会通过的《斯穆特-霍利关税法》(The Smoot-Hawley Tariff)将关税提高了历史最高水平,引燃了各国之间的贸易战火(关税战),进一步恶化了经济危机,使得1929—1932年间世界贸易锐减60%。很多国家出现了严重的通货紧缩和失业。与此同时,随着20世纪30年代早期金本位制度的解体和货币的急剧贬值,各国的货币政策也陷入危机。20世纪30年代中期以后,美国与21个国家达成了一系列双边贸易协定,降低关税30%—50%,并基于最惠国待遇原则把这些协定扩展至其他国家。这不仅对于缓解当时的经济危机起到了重要作用,而且为"二战"后建立新的多边贸易体制积累了很好经验。

　　第二次世界大战使世界经济受到了重创,许多国家面临经济衰退、黄金和外汇储备短缺等问题。但美国经过"二战"反而成为世界上最强大的政治和经济强国;与"一战"结束后的表现不同,这次美国更愿意为构建国际经济新秩序承担更大的责任。于是,在美国的提议下,国际货币与金融会议于1944年7月在美国新罕布什尔州布雷顿森林召开。当时,国际社会急需解决三大国际经济关系问题:在金融方面,需重建国际货币体系,维持各国货币汇率稳定和国际收支平衡;在国际投资方面,建立处理战后重建以及长期国际投资问题的国际组织;在贸易方面,重建国际贸易秩序,遏制贸易保护主义和歧视性贸易政策,促进国际贸易自由化。对前两个问题的解决导致国际货币基金组织(International Monetary Fund,IMF)和国际复兴开发银行(即世界银行)(International Bank of Reconstruction and Development,IBRD)的产生。而如何解决第三个问题,当时的设想是要建立国际贸易组织(International Trade Organization,ITO)。尽管这一设想没有实现,但作为围绕《国际贸易组织宪章》而进行的一系列谈判的副产品,《关税与贸易总协定》(General Agreement on Tariffs and Trade,GATT)产生了。起初,GATT被作为一项临时协定,待《国际贸易组织宪章》获得批准之时,它将自动终止。因此,GATT的签字方也被称为"缔约方"(contracting party)。从1947年11月15日开始,23个国家陆续签署了GATT《临时适用议定书》,同意从1948年1月1日开始实施GATT。由于《国际贸易组织宪章》最终没有获得大多数国家的批准,因此,GATT一直以临时适用的多边协定形式存在,直到1995年1月日WTO正式建立,共存续了47年。

尽管战后世界经济被划分为西方工业国家、发展中国家和计划经济国家三大区域,世界政治格局被分割为以美国和苏联为首的两大阵营,但国际货币基金组织、世界银行以及 GATT/WTO 这三大支柱还是支撑起了战后相对稳定的国际经济环境,在最大程度上促进了国际贸易的自由化发展。

> 战后越来越多的国家和地区选择了市场经济体制

一国在计划经济体制下不可能有国内贸易的自由化,而计划经济国家之间的国际贸易也很难实现应有的自由化。也就是说,以市场经济为基础的国内贸易自由化是国际贸易自由化的基础。"二战"之后全球经济体制的初始格局主要体现为三大板块:(1) 从 20 世纪 40 年代末开始一直到 20 世纪 60 年代,位于亚、非、拉地区的国家如印度、印度尼西亚、埃及以及中国等掀起了轰轰烈烈的去殖民化运动(decolonization),纷纷取得了国家独立,并开始了加快经济发展的历史征程。但这些国家大多在初期并未实行市场经济体制。比如,中国在 1949 年成立后进入了高度集中的、封闭的计划经济时代,直到 1978 年的改革开放。在"独立自主、集中统一、互通有无、调节余缺"的对外贸易方针指引下,一方面,全国的对外贸易都由隶属于国家外贸部的大约 12 家外贸公司(FTCs)进行①,国际贸易实现了高度计划管理;另一方面,根据国内的生产供应情况,而不是根据比较优势来安排进出口贸易。这是一种极端的进口替代战略。(2) 前苏联为推动共产党国家的经济合作而于 1949 年 1 月建立"经济互助委员会"(Council for Mutual Economic Assistance, CMEA)(1949—1991 年)。当时成员有前苏联、保加利亚、捷克斯洛伐克、匈牙利、波兰和罗马尼亚,阿尔巴尼亚和民主德国不久也加入该组织;后来,蒙古、古巴和越南先后加入,从而成为跨地区的经济组织。该组织随着苏联解体和东欧剧变而于 1991 年解体。

---

① 1982 年以前,中国主管外贸的政府机构为外贸部(the Ministry of Foreign Trade, MOFT),随后合并了国家进口委员会(the State Import Commission)、国家外国投资委员会(the State Foreign Investment Commission)和对外经济关系部(the Ministry of Foreign Economic Relations),设立对外经济关系与贸易部(the Ministry of Foreign Economic Relations and Trade, MOFERT),1993 年更名为对外贸易与经济合作部(the Ministry of Foreign Trade and Economic Cooperation, MOFTEC),中国"入世"后的 2002 年再次更名为商务部(the Ministry of Foreign Commerce, MOFCOM)。

"经济互助委员会"中的国家在对应的时期里基本上实行的也是计划经济体制。(3)与上述两大板块不同的是,以美国与西欧国家为主的经济体在战后实行的基本上都是市场经济体制。然而,随着时间的推移,进入20世纪70年代、80年代,在前两大板块中,早先实行计划经济的国家通过实践逐渐认识到,只有选择市场经济体制,才能最大限度地提高资源配置效率与经济运行效率,发挥比较优势、参与国际竞争、提高国际竞争力,从而加快本国经济发展、提高人民生活水平与综合国力。从目前全球来看,绝大多数国家与地区都已经实行了市场经济体制,甚至对于极少数固守计划经济体制传统的国家如古巴、朝鲜也都正在考虑选择局部地区或领域试行市场经济的做法。也就是说,世界各国、各地区的经济体制虽不尽相同,但逐渐趋同化即趋于市场化、自由化。这构成了全球贸易自由化的体制基础。

> 经济体之间多层次的自由贸易关系制度安排

首先在多边层面上,当今的全球多边贸易体制已经走过了60多年的风雨历程,其结构和功能不断丰富和完善。WTO的非歧视原则(包括最惠国待遇原则和国民待遇原则)、自由贸易原则、透明度原则、公平竞争原则以及鼓励发展和经济改革原则贯穿于WTO的各个协定和协议之中,构成了现代多边贸易体制的基础。从形式上看,在所有具有全球职能的国际组织中,WTO是最具有民主性的。WTO"一个成员一票"的管理制度远比布雷顿森林体系机构(世界银行和国际货币基金组织)更具民主性。从结构上看,尽管WTO成员没有联合国成员那么多,但截至2013年,WTO正式成员已达159个,加入WTO的经济体远远多于没有加入的,而且WTO不设类似于安理会的机构,可以说WTO比联合国更具民主性[①]。这将从多边体制和机制上制约有关成员方的贸易保护主义行为。另外,更为重要的是,在GATT/WTO框架下的多轮多边谈判,使阻碍贸易自由化发展的关税与非关税壁垒得到了持续不断的削减(见表26-1)。

---

① Evans, P., 2000, Economic Governance Institutions in a Global Political Economy: Implications for Developing Countries, Paper presented at *the High-level Round Table on Trade and Development: Directions for the Twenty-first Century*, UNCTAD X, Feb. 12, Bangkok.

表26-1 现代多边贸易体制的发展历程：1947—2013

主要发展阶段	贸易谈判名称	时期与参加方数量	谈判议题与方法步骤	谈判结果
1. 现代多边贸易体制的产生：1947—1963年的GATT	日内瓦回合(Geneva Round)	1947年；23个经济体	关税：产品对产品的谈判(item-by-item offer-request negotiations)	15 000个税号的减让
	安纳西回合（法国）(Annecy Round)	1949年；33个经济体	关税：产品对产品的谈判	5 000项关税减让
	托奎回合(英国)(Torquay Round)	1950年；34个经济体	关税：产品对产品的谈判	8 700项关税减让
	日内瓦回合(Geneva Round)	1956年；22个经济体	关税：产品对产品的谈判	适度的关税削减
	狄龙回合(Dillon Round)	1960—1961年；45个经济体	关税：产品对产品的谈判	4 400项关税的相互减让；欧洲经济共同体(EEC)关于制成品关税20%线性削减的建议未获通过
2. 现代多边贸易体制的巩固：1963—1986年的GATT	肯尼迪回合(Kennedy Round)	1963—1967年；48个经济体	关税：公式法减让（formula approach (linear cut)）、产品对产品的谈判；非关税措施：反倾销、海关估价	平均关税降低35%；大约33 000个税号受到约束；达成海关估价与反倾销协议
	东京回合(Tokyo Round)	1973—1979年；99个经济体	关税：有例外的公式法减让；非关税措施：反倾销、政府采购、进口许可、产品标准、保障条款、发展中国家的特殊与差别待遇	OECD制成品进口平均关税下降1/3，达到6%；针对除安全保障外所有非关税问题的自愿行动准则(voluntary codes of conduct)获得通过

续 表

主要发展阶段	贸易谈判名称	时期与参加方数量	谈判议题与方法步骤	谈判结果
3. 现代多边贸易体制的转型：从GATT到WTO	乌拉圭回合（Uruguay Round）	1986—1994年；1986年为103个经济体，1993年底为117个经济体	关税：公式法减让，产品对产品的谈判；非关税措施：所有东京回合问题，加上服务、知识产权、装运前检验、原产地规则、与贸易有关的投资措施、争端解决、贸易政策透明度与监督	平均关税再次下降1/3；农产品、纺织品与服务受到规则约束；WTO成立；关于服务与知识产权（TRIPs）的新协议；大多数东京回合的规则被扩展以适用于所有WTO成员
4. 现代多边贸易体制的新时期：WTO框架下的多哈谈判	多哈回合（Doha Round）	2001年—？；截至2013年为159个经济体	关税：公式法减让，产品对产品的谈判；非关税措施：贸易便利化、规则、服务、环境	该轮谈判尚未结束

资料来源：WTO, 2007, *World Trade Report*, p.198.

其次在区域与双边层面上,"二战"之后尤其是自20世纪90年代初以来,以有关经济体签订区域贸易协议(region trade agreements, RTAs)和建立自由贸易区(free trade area, FTA)为代表的区域经济一体化成为世界经济发展的一大显著特征。这一特征并未因为这次全球金融危机的影响而有所改变。据WTO官方网站统计,截至2012年,向WTO报告的自由贸易区个数累计达546个,其中354个已经付诸实施。另外,还不断有新的自由贸易区正处于谈判或考虑之中。目前,除蒙古和毛里塔尼亚以外的其他所有WTO成员都参加了至少1个自由贸易区,有27个成员参加的自由贸易区数量甚至高达34个(见表26-2)。而且,自由贸易区虽然在字面上似乎仅涉及"贸易",但其建设与发展不是仅仅局限于贸易领域,还涵盖投资、金融等很多方面,因此,目前国际上关于自由贸易区比较准确的提法是"更紧密经济伙伴安排"(closer economic partnership)。这意味着,自由贸易区的建设与发展不仅大大促进了贸易的自由化,还促进了投资与金融领域的自由化。

表26-2　截至2012年全球218个经济体参加自由贸易区情况
（包括157个WTO成员）

		对应的经济体个数			对应的经济体个数占经济体总数的比重(%)
		非WTO成员	WTO成员	总数	
参加的自由贸易区个数	0	3	2	5	2.29
	1	29	11	40	18.35
	2	11	35	46	21.1
	3	8	20	28	12.84
	4	3	10	13	5.96
	5	3	5	8	3.67
	6	2	8	10	4.59
	7		5	5	2.29
	8	1	10	11	5.05
	9		5	5	2.29
	10	1	1	2	0.92

续　表

<table>
<tr><th colspan="2"></th><th colspan="3">对应的经济体个数</th><th>对应的经济体个数占经济体总数的比重(%)</th></tr>
<tr><th colspan="2"></th><th>非WTO成员</th><th>WTO成员</th><th>总数</th><th></th></tr>
<tr><td rowspan="11">参加的自由贸易区个数</td><td>11</td><td></td><td>3</td><td>3</td><td>1.38</td></tr>
<tr><td>13</td><td></td><td>1</td><td>1</td><td>0.46</td></tr>
<tr><td>14</td><td></td><td>3</td><td>3</td><td>1.38</td></tr>
<tr><td>15</td><td></td><td>2</td><td>2</td><td>0.92</td></tr>
<tr><td>16</td><td></td><td>1</td><td>1</td><td>0.46</td></tr>
<tr><td>19</td><td></td><td>2</td><td>2</td><td>0.92</td></tr>
<tr><td>22</td><td></td><td>1</td><td>1</td><td>0.46</td></tr>
<tr><td>26</td><td></td><td>1</td><td>1</td><td>0.46</td></tr>
<tr><td>27</td><td></td><td>3</td><td>3</td><td>1.38</td></tr>
<tr><td>33</td><td></td><td>1</td><td>1</td><td>0.46</td></tr>
<tr><td>34</td><td></td><td>27</td><td>27</td><td>12.39</td></tr>
<tr><td colspan="2">合计</td><td>61</td><td>157</td><td>218</td><td>100</td></tr>
</table>

注：截至2012年，全球218个经济体中只有5个经济体未参加任何自由贸易区，其中包括2个WTO成员即蒙古和毛里塔尼亚(Mauritania)以及3个非WTO成员即帕劳(Palau)、圣多美和普林西比(Sao Tome and Principe)和索马里(Somalia)。

数据来源：根据WTO相关数据库制作。

科技革命降低了广义的贸易成本　　广义的贸易成本是指除生产商品的边际成本之外其他所有将商品送达最终用户而发生的成本，即包括运费及时间成本在内的运输成本、关税及非关税壁垒的政策障碍、信息成本、合同实施成本、与使用不同货币有关的成本、法律法规成本以及包括批发和零售在内的当地分销成本。[①]毫无疑问，贸易成本的高低在很大程度上决定着产品/服务可贸易性(tradability)的高低。每单位重量的价值高的产品(作为价值一部分的运输成本低)，是高度可贸易的，比如黄金；如果产品进行跨境交易的成本太高，这一高

---

① Anderson, James E. and van Wincoop, Eric, 2004, "Trade Costs", *Journal of Economic Literature*, Vol. 42, No. 3, pp. 691–751.

成本要么由于产品体积过大而价值过低,要么由于容易损耗或贬值,那么该产品就属于低贸易性的或非贸易性的产品。有形产品(即货物)运输的集装箱化(Containerization)发展,加快了货物运输与装卸速度,使贸易双方都能节约使用资金和降低仓储费用,同时还能减少货物损毁,简化包装和节省包装材料。以计算机和互联网为基础的信息与通信技术(ICT)的发展使得一些无形产品(即服务)如金融服务、通讯服务等的国际贸易成为可能。Freund and Weinhold 基于美国的服务贸易数据并通过实证分析发现,国外互联网(Internet)的发展对于美国服务贸易出口与进口具有显著的促进作用。这一研究实际上间接地证明了服务的可贸易性与互联网技术发展之间的正相关关系[①]。因此,科技革命引起的交通和通信工具的进一步改进,使得运输成本和通信成本持续下降,为国际贸易的不断扩大与自由化发展提供了技术手段。

第二节 贸易自由化的机制

贸易自由化的理论精髓是自由市场经济原理,因此,自由市场机制是贸易自由化的基本机制,这一机制体现在以下两个方面。

微观层面上的国际分工机制 现实表明,在经济全球化时代,世界各国和各地区的生产活动与产业日益交融在一起,具体表现为,企业通过 FDI 或非股权模式(non-equity modes, NEMs)如外包(outsourcing)等形式将其不同的生产阶段布局于不同的国家和地区,从而极大限度地利用因资源禀赋的跨国差异而产生的商业机会[②]。这样,一种产品的生产往往由多个国家的多家企业共同完成,其生产的各个环节及其增加值是在不同国家实现的,即出现所谓的"任务贸易"(trade in tasks)或"增加值贸易"(trade in value added)[③]。正如

---

① Freund, C. and Weinhold, D., 2002, "The Internet and International Trade in Services", *American Economic Review Papers and Proceedings*, Vol. 92, No. 2, pp. 236 – 240.

② UNCTAD, 2011, *World Investment Report: Non-equity Modes of International Production and Development*, New York and Geneva.

③ Grossman, G. and Rossi-Hansberg, E., 2008, "Trading Tasks: A Simple Theory of Offshoring", *American Economic Review*, 98(5): 1978 – 1997. Stehrer, Robert, Foster, Neil and de Vries, Gaaitzen, 2012, "Value Added and Factors in Trade: A Comprehensive Approach", WIOD Working Paper No. 7.

Grossman and Helpman 所言,"我们正生活在一个外包的时代。企业正在将越来越多的活动外包出去,从产品设计到装配,从研究与开发到市场营销、分销和售后服务。有些企业走得更远,已经成为'虚拟'(virtual)制造商,仅仅从事设计而不进行制造。"[1]世界贸易组织 1998 年的一份报告显示:在一辆"美国"轿车(American car)的生产过程中,30%的价值是在韩国进行装配、17.5%是到日本采购元件和先进技术、7.5%在德国进行设计、4%到中国台湾和新加坡购买小部件、2.5%到英国进行广告与市场营销、1.5%到爱尔兰和巴巴多斯进行数据处理。这意味着只有 37%的价值产生于美国本土[2]。表 26-3 描述了 20 世纪 90 年代中期和 21 世纪初主要 OECD 和非 OECD 经济体的进口占中间需求和最终需求的比重。特别是进口(中间品)占中间需求的比重几乎在所有样本经济体都是趋于上升的(法国和英国例外)。这说明,在全球经济与世界市场通过国际贸易变得日益一体化(integration)的同时,全球产业链、价值链以及相应的生产活动和生产过程则变得越来越分散化(disintegration),全球供应链和价值链意义上的各经济体之间的相互依存程度在不断加深[3]。同时,企业尤其是跨国企业主宰着不断细化和深化的国际分工,使得产业链、供应链和价值链在国际与区域范围内的战略布局以及由此形成的经济集聚日益重要,对国际贸易的自由化程度尤为敏感。

表 26-3 主要 OECD 经济体和非 OECD 经济体的进口占最终需求和中间需求(消费)的比重(%)

	中间需求		最终需求	
	1990 年代中期	2000 年代初期	1990 年代中期	2000 年代初期
澳大利亚	12.5	13.0	10.4	10.9
奥地利	25.3	29.5	18.1	21.8

[1] Grossman G. and Helpman E., 2002, "Outsourcing in a Global Economy", NBER Working Paper No. 8728, January.

[2] World Trade Organization, Annual Report 1998, Geneva: World Trade Organization, 1998, p. 36.

[3] Feenstra, Robert C., 1998, "Integration of Trade and Disintegration of Production in the Global Economy", *Journal of Economic Perspectives*, 12: 31–50.

续　表

	中间需求		最终需求	
	1990年代中期	2000年代初期	1990年代中期	2000年代初期
比利时	30.5	34.7	23.4	27.0
加拿大	24.2	26.4	18.6	21.0
捷克共和国	24.3	32.3	22.4	26.9
丹麦	22.3	23.4	15.8	17.0
芬兰	20.0	23.9	15.7	17.3
法国	15.3	14.4	11.8	10.7
德国	15.3	20.0	11.1	14.8
希腊	20.2	21.1	15.1	17.3
匈牙利	35.5	45.0	25.6	33.0
爱尔兰	—	50.0	—	38.0
意大利	17.1	19.1	11.9	13.8
日本	6.4	7.8	4.7	5.8
韩国	19.6	23.5	14.9	17.5
荷兰	28.8	30.0	20.3	21.8
新西兰	14.7	—	13.0	—
挪威	18.6	22.5	16.0	18.4
波兰	13.6	18.3	11.2	16.4
葡萄牙	20.6	23.4	17.4	19.2
斯洛伐克共和国	27.6	33.3	24.1	30.3
西班牙	16.9	22.5	11.9	16.6
瑞典	23.3	26.7	17.1	20.1
瑞士	—	25.3	—	21.5
土耳其	17.0	18.9	14.4	16.3
英国	17.4	16.0	13.8	14.6

续表

	中间需求		最终需求	
	1990年代中期	2000年代初期	1990年代中期	2000年代初期
美国	6.7	7.6	5.8	6.7
*阿根廷	9.9	—	7.4	—
*巴西	7.3	9.0	5.4	6.6
*中国大陆	7.9	9.6	6.4	7.7
*中国台湾	26.2	27.8	20.1	21.4
*印度	9.9	11.7	6.4	8.1
*印度尼西亚	18.3	21.0	12.8	16.7
*以色列	17.4	—	11.7	—
*俄罗斯	12.6	14.3	11.7	13.5
*新加坡	54.9	57.8	46.1	47.2

注：*为非OECD经济体。
数据来源：OECD Input-Output tables。

宏观层面上的制度变迁机制　在经济全球化深入发展的背景下，越来越多的国家和地区追求更高水平的经济开放与自由化。这不仅可以从越来越多的经济体加入以WTO为主导的多边贸易体制这一事实得到印证，而且还可以从近年来国际经贸领域出现的区域主义安排蓬勃发展的趋势中得以证实。对于WTO成员来说，"多哈发展议程"（Doha Development Agenda，DDA）谈判陷于僵局，WTO体制很可能因为这一局面持续下去并进一步恶化而变成"僵尸"。这样将会导致WTO成员出现分化：一些经济体对目前的WTO体制日益感到厌倦；另一些经济体则把WTO当作公共产品、"搭便车"和机会主义的心态日趋严重。不仅如此，目前的多边经贸框架也是残缺的，因为迄今为止缺乏像WTO那样的多边投资框架。这些都促使有关成员寻求新的途径特别是通过建立自由贸易区这种涉及国家少、见效快的方式来实现多边框架无法达成的目标。所以，几乎所有的WTO成员和非WTO成员都把自由贸易区看作是一种重要的贸易政策工具，并借此推进本国或本地区的贸易投资战略乃至经济发展战略。不断发展的国际经济贸易与分工现实日益要求突破既有规则与体制方面的约束,从而使改革领域逐渐从传统的"边境上壁垒"(on-the-border barriers)(即涉及降低关税与非关税壁垒的"第一代"贸易自由化)延伸至"边境内壁垒"(behind-the-border barriers)(即涉及国内规制改革的"第二代"贸易自由化)[1]。更为重要的是,进入新世纪,国际经济活动中的"贸易-投资-服务"相互交织,客观上要求出台"21世纪的贸易规则",涉及知识产权保护、投资保证、资本流动保证、人员流动以及一流基础设施(电信、网络等)的提供等方面。自由贸易区的自由化空间范围虽没有WTO那么大,但其自由化程度大大高于目前的WTO多边框架,是WTO多边体制的"升级版"。

不仅如此,区域主义安排的蓬勃发展还呈现出多边化趋势。这一趋势主要体现在美国等国的战略动向之中。继在北美大陆先后于1989年建立美加自由贸易区(CUSFTA)和1994年建立北美自由贸易区(NAFTA)之后,美国目前正在亚太地区积极推动实施"跨太平洋伙伴关系协定"(Trans-Pacific Partnership Agreement)即TPP及其扩容。TPP的贸易自由化程度大大高于目前以WTO为代表的多边贸易自由化的程度。与此同时,2013年2月13日,美国总统奥巴马、欧洲理事会主席范龙佩和欧盟委员会主席巴罗佐发表联合声明称,双方将在当年6月正式展开"跨大西洋贸易与投资伙伴协议"即TTIP的谈判,以最终建立美欧自由贸易区。如果把TPP、TTIP和NAFTA加起来的话,那么我们就会看到一个庞大的、由美国等发达经济体主导的自由贸易区集团,这将是一个崭新的、更加开放自由的准多边体制。正如美国前国务卿希拉里·克林顿早在2013年1月31日的演讲中所提到的:"要推动一个涵盖亚洲、拉丁美洲和欧洲的、影响深远的经济议程"。到那时,目前的WTO体制必然会被这些国家抛弃或被作为最低限度开放平台。试想,早在1947年的时候,GATT的创始缔约方也就只有23个国家,但却逐渐演变成目前囊括159个经济体的全球多边体制。以史为鉴,可以明白美国等国的区域主义多边化战略动向意味深长。与此同时,美国还着力推动《国际服务协定》(International Services Agreement, ISA)(或称《服务贸易协定》,TISA)的达成,以替代目前的《服务贸易总协定》(Gen-

---

[1] Lawrence, Robert Z., 1996, *Regionalism, Multilateralism, and Deeper Integration*, Brookings Institution Press.

eral Agreement on Trade in Services, GATS)。由此可见,美国不仅试图在空间范围上,而且在贸易、投资与服务领域进行全方位整合,从而意欲重组全球经贸体制。

因此,以自由贸易区为代表的区域主义的兴起,在某种程度上是为了摆脱 WTO 多边体制所遇到的障碍甚至停滞,与此同时也产生了一种倒逼机制,从而试图解决多边体制的现有问题、突破现有的障碍。但如果这一倒逼机制不起作用,则区域主义很有可能发展成新的多边主义、生长出新的多边体制,即出现所谓的"区域主义的多边化"。如此不断演进,从而在多重框架内形成区域性安排与多边体制互动发展的格局。这一制度结构演进机制生生不息,是不以人的意志为转移的。制度缺陷必然会倒逼制度的进一步创新,而不是踯躅不前。这一被制度经济学揭示的规律不仅适用于一国之内,也同样适用于国际社会。

第三节 贸易自由化的效应

国际贸易自由化将主要从以下六个方面对一国经济以及世界经济产生深刻影响:

价格效应 贸易自由化首先使一国的国内外产品市场更加紧密地联系在一起,产品的国内相对价格(即国内贸易条件)与国际相对价格(即国际贸易条件)必然会发生不同程度的变化。国内价格相对于国外价格较高的产品成为进口品,而国内价格相对于国外价格较低的产品将成为出口品。产品的进出口调节着国内外市场的价格,使之趋于均等化,进而影响要素价格(下面的收入分配效应进一步加以讨论)。

贸易效应 以生产技术、资源禀赋、消费偏好、规模经济等方面差异为基础的贸易自由化,必然导致进出口总量与结构的变化。这些变化也是贸易自由化的国内消费效应与国内生产(资源配置)效应的综合体现。"二战"之后世界以及主要经济体的货物贸易增长超过了同期 GDP 的增长。其原因如前面所提到的主要包括:(1)技术进步大幅度降低了运输和通讯成本;(2)更加开放的贸易政策;(3)经济组织的变化,比如垂直一体化,这也是由技术进步和市场开放诱发的。然而,贸易体制的自由化方式是多样的,包括采取单边、双边、区域以及多边的形式。但问题是:如何将"二战"之后世界贸易的扩张与 WTO 引致的自由化联系起来呢?有研究发现,WTO 对贸易有显著的正面影响,可以使世界贸易增加大约 120%(仅在 2000 年就达到 8 万亿美元)。但这一影响是不平均的:工业化国家比发展中国家更积极地参与互惠贸易谈判,因而其贸易增长较多;双边贸易量在双方都实施自由化时比只有一方实施自由化时要大;对于没有实行自由化的部门或行业,其贸易量没有增长①。

经济增长效应 从理论上讲,国际贸易自由化对经济增长的影响主要是基于比较优势(传统贸易理论强调的)、规模经济(新贸易理论强调的)以及异质性企业竞争(异质性企业贸易理论强调的)而导致的专业化及其引起的资源配置改进的结果。在动态意义上,国际贸易自由化对经济增长的影响如图 26-1 所示,即通过要素积累、"干中学"以及创新机制从宏观与微观两个层面影响经济增长。从现实数据看,GDP 增长与贸易增长存在很强的正相关关系,这一关系未必表明两者到底是谁引起谁,而是意味着这两个变量之间存在很重要的相关关系。

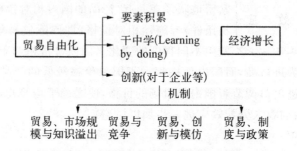

图 26-1 贸易自由化的经济增长效应

资料来源:WTO,2008,"Trade in a Globalizing World",World Trade Report.

---

① Subramanian, A. and Wei, S. J., 2007, "The WTO Promotes Trade, Strongly but Unevenly", *Journal of International Economics*, 72, pp.151-175.

结构调整效应

一方面,贸易自由化导致产品国内外价格的相对变化,引起国内、国际专业化分工的调整,有些会缩减,有些则趋于扩张;另一方面,贸易自由化导致生产要素国内外价格的相对变化,引起国内、国际资源配置的调整,进而导致行业、部门、领域的调整(根据 Rybczynski 定理)。这是贸易自由化引起的产业结构调整效应、要素结构调整效应。同时,贸易自由化还会导致一国的体制、机制与制度结构发生变化,这在前面已经讨论过。另外,从国际贸易和投资的动力结构看,经济全球化、贸易自由化、经济体制市场化已经使国际贸易和投资的主要动力结构发生根本性转换,即正逐渐由传统的比较优势转换到规模经济优势再到企业尤其是跨国企业优势;传统比较优势与规模经济优势不是不重要,而是集中地由企业发挥出来,企业是各种优势的集大成者和最终实现者。这是贸易与投资自由化各种效应的微观基础。

收入分配效应

包括三个层次:一是一国国内不同主体(消费者、生产者、政府)、不同行业、不同地区或领域之间的收入分配效应;二是贸易国之间的收入分配效应;三是一国或一组国家(或地区)乃至全球的净福利效应。Stolper-Samuelson 定理指出,一种产品的价格的上升(另一种产品价格不变)将提高该产品密集使用的要素的实际报酬,同时降低另一个要素的实际报酬。这隐含着产品相对价格的变化将产生很强的收入分配效应,即有的要素将因此成为受益者(gainers),而有的则成为受损者(losers)。在开放经济条件下,一国相对丰裕的要素将因为贸易而受益,而相对稀缺的要素将因为贸易而受损。这是因为密集使用丰裕要素生产的产品出口,该产品价格上升(与封闭经济下相比);而密集使用稀缺要素生产的产品将进口,该产品价格下降(与封闭经济下相比)。这是贸易产生的收益在贸易国国内不同要素之间的分配。同时,对于各贸易国而言,由于前面提到的价格效应、贸易效应、经济增长效应与结构调整效应的差异,有些贸易国可能因为贸易自由化而获利或获得相对更多的利益,而有些则可能受损或获得相对较少的利益。就一国整体而言,贸易自由化产生的福利效应可能为正,也可能为负,这取决于很多因素,不同的国家也不尽相同。但就世界整体而言,如前面所显示的,贸易自由化会提高整个世界的福利水平。

> **制度变革效应**

如图26-1所示，贸易自由化将导致各国在体制、机制与制度方面的相互竞争，而不仅仅限于产品、要素与技术上的竞争。越来越多的国家实行自由市场经济体制这一事实本身就证明，市场经济体制优于计划经济体制；国际经贸领域区域主义的兴起也表明，WTO多边制度框架存在缺陷，需要进一步加以完善。在政策层面上，贸易自由化导致贸易政策（包括关税与非关税措施）的制订和实施目的发生转向，即逐渐由主要保护国内生产者免受进口竞争的影响，转为主要关注诸多公共政策（public policy）目标的实现。正如前 WTO 总干事 Pascal Lamy 所言，贸易政策措施特别是非关税措施的目的正在由"保护"（protection）转向"预防"（precaution）[①]。这一变化趋势在几乎每个经济体特别是发达经济体都可以感受得到，因为随着经济的发展、收入水平的提高，人们对涉及人类共同关心的健康、安全、劳工标准、环境质量以及其他社会关切等方面的问题越来越重视。这些问题已经被纳入到公共政策议题之中，并且在国际经济关系中无处不在。显然，这一动向已经跨越政治制度与意识形态的差异，成为人类社会的共同追求。

思 考 题

1. 什么是贸易自由化？请阐述贸易自由化的基本动因。

2. 自由市场机制是贸易自由化的基本机制，这一机制主要体现在哪些方面？

3. 国际贸易自由化将主要从哪些方面对一国经济以及世界经济产生深刻影响？

4. 为什么说贸易自由化导致贸易政策的制订和实施目的逐渐由主要保护国内生产者免受进口竞争的影响，转为主要关注诸多公共政策目标的实现？

5. 什么是增加值贸易（trade in value added）？其产生的原因是什么？

6. 近年来，全球自由贸易区蓬勃发展。请谈谈这一发展趋势与WTO

---

① WTO, 2012, "Trade and Public Policies: A Closer Look at Non-tariff Measures in the 21st Century", World Trade Report, p. 3.

多边体制的关系。

本章参考文献

1. Anderson, James E. and van Wincoop, Eric, 2004, "Trade Costs", *Journal of Economic Literature*, Vol. 42, No. 3., pp. 691 – 751.

2. Evans, P., 2000, "Economic Governance Institutions in a Global Political Economy: Implications for Developing Countries", Paper presented at the High-level Round Table on Trade and Development: Directions for the Twenty-first Century, UNCTAD X, Feb. 12, Bangkok.

3. Feenstra, Robert C., 1998, "Integration of Trade and Disintegration of Production in the Global Economy", *Journal of Economic Perspectives*, 12: 31 – 50.

4. Freund, C. and Weinhold, D., 2002, "The Internet and International Trade in Services", *American Economic Review Papers and Proceedings*, Vol. 92, No. 2, pp. 236 – 240.

5. Grossman G. and Helpman E., 2002, "Outsourcing in a Global Economy", NBER Working Paper No. 8728, January.

6. Grossman, G. and Rossi-Hansberg, E., 2008, "Trading Tasks: A Simple Theory of Offshoring", *American Economic Review*, 98(5): 1978 – 1997.

7. Lawrence, Robert Z., 1996, *Regionalism, Multilateralism, and Deeper Integration*, Brookings Institution Press.

8. Stehrer, Robert, Foster, Neil and de Vries, Gaaitzen, 2012, "Value Added and Factors in Trade: A Comprehensive Approach", WIOD Working Paper No. 7.

9. Subramanian, A. and Wei, S. J., 2007, "The WTO Promotes Trade, Strongly but Unevenly", *Journal of International Economics*, 72, pp. 151 – 175.

10. UNCTAD, 2011, World Investment Report: Non-equity modes of International Production and Development, New York and Geneva.

11. WTO, 1998, Annual Report, Geneva: World Trade Organiza-

tion.

12. WTO, 2007, World Trade Report, Geneva: World Trade Organization.

13. WTO, 2008, "Trade in a Globalizing World", World Trade Report, Geneva: World Trade Organization.

14. WTO, 2012, "Trade and Public Policies: A Closer Look at Non-tariff Measures in the 21st Century", World Trade Report, Geneva: World Trade Organization.

第二十七章　全球价值链下的国际分工

跨国公司是国际生产一体化的微观主体,也是与经济全球化相对应的企业组织形式。以跨国公司为主导的产业内贸易与产品内贸易、外包与加工贸易等,已经成为国际生产以及资本跨国界投资的基本形式。跨国公司构成了全球范围内资源优化配置的组织形态,推动了基于价值链的全球范围内的国际分工。本部分内容着重分析:(1)国际分工理论与形态的发展;(2)全球价值链下国际分工的基本特征;(3)全球价值链下的国际分工效应。

第一节　国际分工理论与形态的发展

国际分工是指各国在从事商品生产时,相互间实行的劳动分工和产品分工,它是社会分工向国际范围扩展的结果。国际分工是国际贸易和世界市场的基础,也是维持世界经济发展秩序的基石。国际分工大致可以分为三种类型,即产业间分工、产业内分工、产品内分工[①]。

15世纪的地理大发现和16、17世纪资本主义生产方式的萌芽,为国际分工形成准备了条件。19世纪中叶大机器工业的广泛建立,使国际分工最终形成。影响国际分工的产生和发展的因素很多,主要取决于两个条件:一是社会经济条件,包括科学技术水平、生产力发展水平、国内市场大小、人口多寡和社会经济结构差异;二是自然条件,包括气候、土壤、资源禀赋、国土面积和地理位置。技术进步使得企业生产系统在全球进行简易复制成为可能,关税下降、贸易壁垒减少、运输成本降低、通信技术进步及其成本降低,以及国际政治关系改善等,则促进了国际分工的深化。

国际分工与国内分工的基本区别是生产活动划分和协作超越了国家疆

---

①　张毅:《全球产业结构调整与国际分工变化》,人民出版社2012年版,第155页。

界,前者蕴含了两个或两个以上主权国家之间的利益矛盾,而后者只蕴含了一个国家内部的利益矛盾①。

> **国际分工理论**

按照分析出发点的不同,国际分工理论可以分成以下五类。

第一,世界体系下的国际分工理论。该理论把世界生产体系作为一个整体考察,旨在发现这一体系结构的变化规律,是对依附理论的一个发展。世界体系论把依附理论的中心-外围两级结构,拓展为核心-半外围-外围的三级结构。

第二,市场体系下的国际分工理论。该理论从跨越国界的"自由市场"假设出发,着重分析通过市场机制来实现由国家间的绝对成本差异、比较成本差异、资源要素禀赋差异等带来的分工好处。在市场体系下,斯密研究了绝对优势对国际分工的影响以及市场规模对国际分工的限制,李嘉图研究了比较优势对国际分工的影响。

第三,国家体系下的国际分工理论。该理论基于国家利益概念分析国际分工,基本内容是如何利用国家主权影响本国参与国际分工的方式、程度以及策略。李斯特认为,在参与国际分工时必须由国家引导。比如,"重要的工业部门",也就是"对国家独立自主的关系来说,有着头等重要意义的工业",要予以保护。

第四,企业体系下的国际分工理论。该理论重点考察"企业内分工"和"企业机制"对国际分工的影响。小岛清认为,对外直接投资应从对投资国来说已经成为或即将成为比较劣势的产业,即边际产业(marginal industry)依次进行,资本密集型产业和技术密集型产业由于技术含量高,应该在国内组织生产,这样的直接投资可以扩大投资国与被投资国的比较成本差距,为投资国创造出新的比较成本优势,从而可以扩大对有比较优势的中间产品的出口,扩大投资国的对外贸易。

第五,个人体系下的国际分工理论。该理论强调交易效率改进有助于最优分工水平不断发生变化,导致个人的专业化水平、生产率、贸易依存度、商业化程度、内生比较利益、生产集中度、市场一体化程度、经济结构多样化程度、贸易品种类及相关市场个数等增加或增进,并形成劳动分工的演进

---

① 张苏:《论新国际分工》,经济科学出版社 2008 年版,第 13 页。

过程。

> **国际分工形态的发展**

国际分工形态的发展经历了三个阶段。

第一阶段是产业间分工。18世纪60年代从英国开始的工业革命,导致了以机器为主体的近代工厂制度对以手工业为基础的手工工场制度的替代,引起社会生产力的巨大发展。美、法两国在19世纪初、德国在19世纪30年代先后开始工业革命,它们利用英国的先进技术和经验,加快了建立工厂制度的进程,并分别于19世纪50年代末、60年代末和70年代末基本上完成了工业革命。早期的国际分工则形成于19世纪70年代到第二次世界大战时期。这一时期的国际分工是宗主国和殖民地之间的垂直分工,它实质上是一种产业间分工,即由亚、非、拉国家专门生产矿物原料、农业原料及食品等初级产品,而欧美国家专门生产工业制成品。

第二阶段是产业内分工。从20世纪50年代到20世纪80年代,这个时期国际贸易的内容发生了巨大变化,不再主要是农产品、原材料与工业品贸易,而变成了主要是工业品与工业品的贸易,与此同时产业部门出现了内部生产的专业化,即产品专业化,发达国家将劳动密集型、环境污染较大的产业或本国失去比较优势的产业转移到发展中国家,自己致力于发展资本密集型产业和技术密集型产业,推动本国产业结构升级。

第三阶段是产品内分工。20世纪80年代至今,信息技术发展促使国际分工由产品层面深入到工序方面,特定产品生产过程中的不同工序、不同区段、不同零部件在地理空间上分布到不同国家和地区,由每个国家和地区针对产品生产价值链的特定环节进行专业化的国际分工。产业内分工进一步深化和细化形成产品内分工[①]。

第二节 全球价值链下国际分工的基本特征

国际分工正从最终产品分工向着产品生产中的不同工序和片段分工发展。这种分工模式既可以由原来的最终产品生产厂商运用对外直接投资(FDI)在别的国家设立与其有资产关系的子公司来进行,也可以通过外包

---

① 张毅:《全球产业结构调整与国际分工变化》,人民出版社2012年版,第156页。

(Outsourcing)形式将产品生产部分环节转移给与其没有资产关系的国外厂商来进行①。

{全球价值链内涵} **价值链**(Value Chains)主要是指一种商品在生产过程中所经历的从原材料处理到最终产品形成的各个连续的价值增值阶段。产品价值创造过程主要由基本活动(含生产、营销和售后服务等)和支持性活动(含原材料供应、技术、人力资源和财务等)两部分完成,这些活动在公司价值创造过程中相互联系,由此构成公司价值创造的行为链条(Porter,1985)②。该链条具体可以分为三大环节:一是技术环节,包括研究与开发、产品设计、组织设计等分环节;二是生产环节,包括专用设备生产、零部件生产、终端加工组装、测试、质量控制、包装等分环节;三是营销环节,包括原材料采购、分销物流、批发及零售、广告、品牌管理及售后服务等分环节。由于这些环节或者活动本质上就是一个个价值创造过程,其前后有序的承接关系和价值大小也就可以用价值链条形式来表示。

作为分工的领导者和组织者,跨国公司通过在世界各地的生产资源整合,建立起世界范围内的工厂或制造飞地,形成一张庞大的全球生产网络(Global Production Network, GPN)。这一背景下,**产品价值链也在全球范围内形成了全球价值链**(Global Value Chains, GVC),即在全球范围内组织最佳的价值生产过程。于是,这一巨大的跨国界的生产链条联结了分布于不同国家的技术环节、生产环节以及营销环节。全球价值链各个环节在形式上虽然可以看作一个连续的过程,但在全球化过程中这一完整连续的价值链条实际上是被分开的,在空间上一般离散性地分布于各地。

{全球价值链国际分工的形成} 全球价值链分工形成模式可分为生产者驱动和购买者驱动两种。生产者驱动是指由生产者投资来推动市场需求,形成全球生产供应链的垂直分工体系。而购买者驱动型是指拥有强大品牌优势和销售

---

① 殷宁宇、魏颖:《国际分工对产业结构的影响》,经济科学出版社 2012 年版,第 12 页。
② Porter, M. E., 1985, *Competitive Advantage: Creating and Sustaining Superior Performance*, New York: The Free Press.

渠道的经济体通过全球采购、代工生产即 OEM(Original Equipment Manufacture)等组织起来的跨国商品流通网络,通过强大的市场需求来拉动那些奉行出口导向战略的发展中地区的工业化。

国际专业化和分工的发展、贸易成本的下降,使得企业内部的设计、生产、营销以及对最终用户的支持与服务等价值链活动,在地理上的分割成为可能。过去几十年,随着生产和贸易的全球化,世界价值创造体系在全球出现了前所未有的垂直分离和重构。在经济全球化的背景下,商品的生产过程被分解为不同阶段。围绕某种商品的生产形成了一种跨国生产组织体系,把分布在世界各地不同规模的企业、机构组织在一个一体化的生产网络中,从而出现了全球价值链分工(Gereffi,1999)[1]。20 世纪 90 年代以来,越来越多的发达国家跨国公司开始了基于价值链的全球布局,旨在达到把不同国家和地区的区位优势转化为企业价值链特定环节竞争优势的目的。

全球价值链分工打破了产业内分工中的国家边界,突出了跨国公司在国际分工和贸易中的主导地位。出于资源优化配置的考虑,跨国公司根据不同生产环节的要素密集型特征而在全球范围内寻找最优的区位进行相关的产品生产环节布点,主要是将具有劳动密集型的加工生产组装等制造环节转移至发展中国家,具有资本(包括人力资本)、技术密集型特点的上游品牌、融资、研发和下游物流、营销等服务环节置于发达国家。如此一来,企业竞争优势与国家比较优势的统一关系发生了一定程度的分离,企业的竞争优势不再仅仅来源于一国的比较优势,而是来自世界各国的比较优势(Gereffi,1994)[2]。国际商业战略的设定形式,实际上是国家的比较优势和企业的竞争能力之间相互作用的结果。其中,国家比较优势决定了整个价值链条各个环节在国家或地区之间如何进行空间配置;企业的竞争能力则决定了企业应该专注于价值链条上的技术层面和环节,以在竞争中保持竞争优势(Kogut,1985)[3]。

基于全球价值链的国际分工体系表现出以下趋势。第一,垂直型产品

---

[1] Gereffi, G., 1999, A Commodity Chains Framework for Analyzing Global Industries, Duke University Working Paper.

[2] Gereffi, G., and M. Korzeniewicz, 1994, *Commodity Chains and Global Capitalism*, London: Pager.

[3] Kogut, B., 1985, Designing Global Strategies: Comparative and Competitive Value-added Chains, *Sloan Management Review*, 26 (24): 15 – 28.

内国际分工程度不断深化。第二,水平型产品内国际分工竞争激烈。随着国际分工的进一步深化,生产开始向模块化方向发展,由于标准化组件在各地都能生产,集中式生产模式开始向分散式产品内分工发展。第三,跨国公司全球化经营成为国际分工的重要载体。产品内国际分工为跨国公司提供了崭新的全球化经营环境,使跨国公司突破了单一或分散的区域资源限制,形成跨国、跨区域的高度专业化国际分工和全球一体化的国际生产运营,从而最大限度地获取全球资源整合效率。第四,发达国家和发展中国家在国际分工中地位差异明显。**产品内国际分工进一步固化了发达国家和发展中国家在国际分工中的地位。在产品内国际分工全球生产网络中,发达国家处于高附加值的高端环节,发展中国家则处于低附加值环节。**

跨国公司

随着国际分工的逐渐推进,作为价值链国际分工的重要载体,跨国公司在国际分工特别是产品内分工中扮演越来越重要的角色。

1. 跨国公司的早期发展

跨国公司的生成,可以追溯到 19 世纪 60—70 年代。那时,尽管资本主义列强的主要资本输出方式为间接投资,即采取借贷资本输出形式,但也有直接投资,其投资行业是当时落后国家的铁路修建和矿业开采,后者则是典型的纵向一体化直接投资。在当时不甚发达的制造业中,直接投资表现为相对发达国家之间的水平直接投资。

若纯粹从全方位的跨国经营角度来看,首创跨国经营的是当时在世界经济中处于支配地位的英国金融机构,因为贸易结算上的需要使银行必须跟着进入大英帝国在世界各地的殖民领地。所以早在 1830 年,第一家面向全球经营的机构是英国的一家银行,当时它的业务已发展到了澳大利亚、加拿大和印度群岛。相比较而言,制造业企业的跨国经营则要晚许多年。大约是 1880 年,英国人建立了第一家制造业跨国公司。1914 年,英国的莱弗兄弟公司(Lever Brothers)、杰和普·柯茨公司(J&P Coats)、邓洛浦公司(Dunlop)和"留声机"公司等企业开始在欧洲、美国和英国等地大规模地开展跨国经营活动。

2. 跨国公司与生产一体化

20 世纪末,随着经济全球化不断深入,为迎接知识经济、网络经济带来的挑战,跨国公司相继进行战略调整。为了更大程度地发挥自身的资本、技术、管理等优势,充分利用世界各地有利的生产要素,跨国公司开始选择在全球范围内进行布局,将具备供求关系的上、下游产业分布在世界不同的地区,以实现资源共享和优势互补,并形成了全球生产经营网络①。

经济全球化促进了劳动、资本、技术等各种生产要素在全球范围内的进一步流动,先前以产品为界限的分工发展成为以生产要素为界限的分工,各国成为世界生产的一部分,成为产品价值链的一个环节,这成为跨国公司全球生产经营网络构建的基本前提和推动力量。

与此同时,跨国公司通过全球生产经营网络构建,反过来进一步促进了经济全球化的深入发展。全球生产经营网络不仅是新型国际分工在经济全球化时代深化发展的产物,是经济全球化水平提升的又一重要标志,而且其本身就是经济全球化的深入运行方式。世界各国或地区在比较优势的引导下成功嵌入全球价值链,越来越多的企业在不同价值链环节上参与分工,各种生产要素的国际间流动更为频繁,产品要素的无国界化特征更为明显。

> 跨国公司国际
> 直接投资变化

随着全球价值链国际分工的形成,跨国公司国际直接投资呈现出以下特征。

1. 投资行业变化

近年来国际直接投资的产业结构发生了从第一产业和传统制造业向第三产业的转变过程,尤其是第三产业中的金融、保险、不动产、商业等行业正成为国际直接投资的热点。第三产业的投资在国际直接投资存量和流量中的比重由20世纪70年代的不足30%提高到90年代以来的50%—60%,高新技术产业、金融、保险、电信、流通等行业的对外直接投资已占日本、欧洲对外直接投资的80%以上,占美国对外直接投资的90%以上。

跨国公司在资金、技术和信息上的优势和跨国公司在全球范围内配置资源的经营行为,也使其在服务领域占据主导地位。由于新兴服务业的知识化和信息化特征,服务部门跨国公司比制造业跨国公司的资本密集度更高、技术优势更强,也更容易形成世界市场的垄断局面,形成其全球范围网络优势。随着全球市场的融合,信息成本降低,交易费用进一步下降,服务业比制造业更加具有采用跨国公司形式对外发展的倾向。

---

① 卢进勇、刘恩专:《跨国公司经营与管理》,机械工业出版社2013年版,第87页。

随着各发达国家产业结构的高级化,在制造业内部国际直接投资有向高新技术产业转移的趋势,特别是发达国家之间的相互投资以及发达国家向新兴工业国的投资较明显地集中在资本、技术密集型产业,如计算机、新材料、新能源、生物工程等。IT 产业国际投资的快速增长曾经是 20 世纪 90 年代后半期国际直接投资的显著特点之一[①]。

值得注意的是,国际直接投资正越来越多地参与到东道国的基础设施建设中。促使这一变化的原因首先是许多国家深感基础设施建设的不足将会制约本国的经济增长,并因此部分放松了国家对基础设施投资的控制,开始吸收外国资本参与本国基础设施建设。特别是,发展中国家大都处于经济起飞阶段,基础设施建设资金缺口大,发达国家与新兴工业化国家的信息高速公路建设等也需要耗巨资才能完成,而技术进步,特别是电信技术的进步,将早先以自然垄断占主导地位的基础设施行业逐步转化为竞争性行业,使得这些行业成为具有潜在巨大投资盈利机会的行业。

2. 跨国公司并购迅速发展

20 世纪 90 年代以来,国际并购投资得到了迅速发展,1995 年全球跨国并购投资总额为 2 290 亿美元,2000 年迅速增长到 11 000 亿美元,绝对额增长了四倍多,跨国并购投资占全球国际直接投资的比重也由 1995 年的 69.7% 上升到 2000 年的 87.1%。跨国并购投资增长速度如此之快,使其一跃成为国际直接投资的最主要方式。跨国并购投资有以下特点。

第一,收购是跨国并购的主要形式。按跨国并购数目计算,20 世纪 90 年代兼并占跨国并购的比重从来没有超过 3%,所谓"并购"基本上都是"收购",其中全资收购又是收购的主要形式。在跨国并购中,换股是主要的运作方法,即并购方发行新股换取被并购方的旧股。这样做既能合法避税,又可节约交易成本。

第二,跨国并购类型以水平并购和混合并购为主。在跨国并购浪潮中,无论是从并购企业数还是从并购值来看,水平并购(同行业中不同企业的并购)均占第一位,其次是混合并购(既有水平并购又有垂直并购),最后是垂直并购(关联产业间的并购)。1999 年水平并购值占全部跨国并购的 70%,比 1990 年上升了 15.4 个百分点。混合并购在 20 世纪 90 年代中期企业多元化经营战略的影响下曾经很活跃,但到 20 世纪 90 年代后期,随着国际市

---

① 赵晋平:"我国外资政策调整的影响分析",《国际贸易》2003 年第 5 期。

场竞争日益激烈,公司经营战线开始收缩,混合并购出现下降,1999年混合并购占跨国并购总数的27%。与水平并购和混合并购相比,垂直并购占全部跨国并购的比重一直在10%以下。

第三,高技术行业跨国并购比重逐步上升。总体上来看,跨国并购的产业仍集中在制造业和服务业,而服务业跨国并购的份额在上升,制造业跨国并购的份额趋于下降。仅以1999年为例,以并购出售金额计算,服务业占60%,制造业占30%。服务业内部的跨国并购主要集中在电信、金融和商业服务领域,制造业内部的跨国并购主要集中于化工、电子及设备和石油产业。此外,高新技术产业并购的兴起也不容忽视,其中最明显的行业是通信产业和制药业。2000年,欧美通讯业出现了跨国并购高潮,如法国电信公司用350亿美元收购了英国第三大移动电信公司奥兰治公司,德国电信用507亿美元并购了美国声流公司等。

第四,发达国家的跨国并购是主要力量,但发展中国家的跨国并购在逐年上升。20世纪90年代中期以来,跨国并购就已经成为发达国家对外直接投资的主要方式,90年代后期进一步得到加强。与此同时,发展中国家1999年的对外并购比1990年增加了5.9倍,由70亿美元上升到412亿美元。

3. 研发全球化

跨国公司研发全球化是指跨国公司在全球各地设立研发机构,从事产品的研究和开发工作。20世纪90年代以来,跨国公司对外研发投资飞速发展,跨国公司在OECD国家的研发投资平均等于这些国家研发投资的12%。

从地理分布上看[1],欧洲、美国、日本企业的相互研发投资是当前的主导格局。比如在1997年,美国的跨国公司海外研发投资额高达140.75亿美元,主要投向德国、英国、加拿大、法国和日本,这五国占到美国全部海外研发投资的67%。同一年,美国吸纳国外企业研发投资额为196.9亿美元,其中前四位投资国分别是瑞士、德国、日本和英国,这四国占到当年美国吸纳海外研发投资的65.8%。

跨国公司的研发活动大体可分为战略性和适应性两大类。前者指对保持核心竞争力起关键作用的研发项目,后者是指为了适应东道国市场需求

---

[1] 李安方:"试析跨国公司R&D全球化的发展趋势",《世界经济研究》2002年第4期。

而进行改良的研发项目。后者主要部署在发展中国家和地区,约有 77% 分布在新加坡、印度、巴西、墨西哥和中国台湾地区,前者集中在母国或少数发达国家进行。但随着科技革命的发展以及经济全球化条件下竞争的空前加剧,跨国公司战略性研发项目也开始移向少数发展中国家和地区。例如,印度的班加罗尔现在不仅是世界的软件开发中心之一,也开始成为跨国公司战略性研发的重要基地。

从产业分布来看,跨国公司对外研发投资主要集中在高新技术领域,如信息、医药、电气、化工和汽车等行业。1997 年,美国的制造业中,研发全球化程度最高的是医药行业(为 33.1%),其次是汽车行业(为 27%),然后是食品和饮料行业(为 19.8%)、化工行业(11.2%)等。高新技术行业跨国研发程度之所以比较高,主要是由于高新技术行业的科技竞争日益激烈,跨国公司为了在竞争中占据优势,不得不在世界各地建立研发机构,以跟踪技术发展的最新动态。

跨国公司相互之间的研发活动多采用开放、合作的方式进行。进入知识经济时代后,跨国公司通过研发全球化这一形式将国际技术合作发展到了前所未有的高度,实现了高端科技在国际间的迅速流动,逐渐发展成跨国公司之间的战略技术联盟。跨国公司之间的战略技术联盟是一种便于跨国公司通过战略性合作,实现优势互补、风险分担的新型企业合作方式。通过战略技术联盟,跨国公司可以共同分担巨额的研发费用,分享研发成果,与其他跨国公司一起进入国际市场构建全球性的研发网络。

跨国公司在东道国设立的研发投资项目主要有三种模式:一是在东道国设立研究与开发机构,包括建立产品改进中心、产品研究与开发中心、技术开发中心、基础技术研究中心和综合性研究与开发中心。二是对高科技公司投资,包括投资参股、收购兼并和独资创立。三是建立技术战略联盟,包括联合研究与开发、交换技术与专利、共同制定技术标准等[①]。

跨国公司研发全球化正不断与其研发本土化加强结合。**跨国公司研发本土化是指跨国公司在东道国投资同时,也在东道国设立研发机构的现象。**跨国公司研发本土化从属于跨国公司研发全球化范畴,即在哪里投资,就在哪里开展研发活动,不仅与东道国进行经贸方面的往来,而且还延伸到技术领域的合作,以服务于公司全球经营的战略目标,使研发活动直接与

---

① 王建华:"上海吸引外商研发投资问题研究",《上海经济研究》2002 年第 9 期。

公司的战略相协调,并将东道国列为重要的高新技术和优秀人才的直接获取地。因此,跨国公司研发活动本土化既指通过在东道国开展针对东道国生产经营的研发活动,又指利用东道国本土人才与研发资源开展战略性研发活动。

4. 发展中国家对外直接投资显著增长

20世纪90年代以来,越来越多的发展中国家加入到了资本输出国的行列,国际投资的主体呈现出多元化趋势(参见表27-1)。如新兴工业化国家和地区、阿拉伯海湾石油国家、部分拉美国家和中国,纷纷对外投资,其对外直接投资数额迅速增长。

在发展中国家中,亚太地区、拉丁美洲及加勒比地区的发展中国家是对外投资的主体,其中亚太地区最为突出。20世纪90年代开始,随着新兴工业化国家经济高速增长,亚洲与拉丁美洲的对外投资有了长足的进步,2000年与1990年相比亚洲地区新兴工业化国家对外投资总额增加了近8倍,拉丁美洲的新兴工业化国家对外直接投资则增长了7倍之多(参见表27-2)。

表27-1 发展中国家对外直接投资规模(单位:百万美元)

	1988—1993	1994	1995	1996	1997	1998	1999
发展中国家	23 509	42 124	50 259	57 763	64 335	33 045	65 638
世界	221 357	282 902	357 537	390 776	471 906	687 111	799 928
发展中国家所占比例	10.6%	14.9%	14.1%	14.8%	13.6%	4.8%	8.2%

资料来源:United Nations:World Investment Report 2000, pp. 289-294。

表27-2 不同地区发展中国家对外直接投资规模(单位:百万美元)

	1980	1985	1990	1995	2000
非洲	1 119	346	2 103	3 051	1 481
拉丁美洲和加勒比地区	1 129	1 048	3 163	7 493	21 748
亚太地区	1 062	2 861	11 434	41 003	8 0978

资料来源:http://stats.unctad.org/fdi/eng/TableViewer/wdsview/dispviewp.asp。

在亚洲,中国香港是最主要的对外投资者,1999年香港的FDI流出量为199亿美元,约占发展中国家和地区FDI流出量的1/3,占亚太地区FDI流出量的50%以上。除香港以外,中国台湾地区、新加坡、韩国、泰国、马来西亚等国家和地区也是亚太地区对外直接投资的主要力量。

第三节 全球价值链下国际分工的效应分析

尽管有些批评全球化的学者指责跨国公司的对外投资使一些国家在经济上遭受剥削而陷入贫困的境地,但现有证据表明,基于全球价值链国际分工的跨国公司直接投资在总体上是有助于母国和东道国福利改进的。

> 对国际贸易结构的影响

在全球价值链分工模式下,最终产品的生产过程可以被分为前后两个阶段:在第一个生产阶段中,中间产品由劳动与特定要素结合起来进行生产,中间品可贸易并全部用于出口,在国际市场上用来交换其他国家生产的中间品;第二个生产阶段是用劳动和进口的中间品来生产最终产品。

因此,当国际分工对象从产品层面深入到工序层面,特定产品生产过程被拆分为不同的生产阶段在不同国家与地区进行生产,国际贸易性质发生了重要改变(Hummels et al,1998)[①],尤其是在汽车、电脑、电子等领域,产品内贸易成为这一时期国际贸易最重要的组成部分。比如,1980—2006年,世界范围内中间产品贸易额由6 365.867亿美元增加到52 775.885亿美元,增长了7.3倍,零部件贸易额从1 489.613亿美元增加到19 716.483亿美元,增长了12.2倍。而在产业内贸易基础上演变为越来越具有紧密区域生产网络特征的东亚地区,产品内分工的零部件贸易额更是增加迅猛(参见表27-3)。SITC7类和SITC8类贸易中,零部件贸易甚至占到了整个贸易比重的35%以上,贡献率达45%。

---

① Hummels, D., D. Rapoport, and K.-M. Yi, 1998, Vertical Specification and the Changing Nature of World Trade, *Economic Policy Review*, 4(2): 79-99.

表 27-3 零部件在制成品出口和进口中的比重及贡献率(%)

国家/地区	零部件占制成品出口、进口比重								零部件的贡献率			
	1992		1996		2000		2003		1992—2003			
	出口	进口	出口	进口	出口	进口	出口	进口	出口	进口		
东亚	19.2	19.8	28.0	27.9	32.0	35.4	27.9	34.6	34.9	45.4		
日本	21.2	14.2	30.0	19.3	30.6	24.2	27.9	21.5	47.1	27.7		
东亚(日本除外)	17.5	21.1	26.7	30.2	32.8	38.4	27.9	37.4	33.2	48.8		
中国	5.5	17.6	9.8	21.1	14.5	33.5	15.2	34.3	17.1	38.4		
韩国	17.1	25.2	25.2	27.4	30.6	38.9	25.5	33.6	30.9	40.7		
东盟	24.7	28.2	35.0	39.3	44.4	48.6	40.6	47.1	49.5	67.8		
印度尼西亚	3.7	18.5	7.4	23.8	14.2	19.4	13.9	18.5	24.5	18.5		
马来西亚	38.7	35.2	42.6	47.5	49.7	58.8	42.7	55.7	44.6	74.4		
菲律宾	19.8	24.8	52.5	43.6	64.0	55.1	63.8	63.1	70.0	76.5		
新加坡	27.0	30.0	39.7	42.8	49.6	51.7	46.7	49.2	59.8	70.8		
泰国	19.1	24.7	23.4	32.9	35.9	39.8	26.7	32.5	31.0	41.0		
北美自由贸易区	25.3	18.9	27.2	23.6	28.1	22.8	25.6	17.7	26.0	16.9		
欧盟	15.9	15.3	17.7	18.9	18.9	20.3	16.7	17.6	17.9	21.8		
世界	17.9	16.8	20.3	19.8	25.4	24.5	21.1	20.7	24.4	24.4		

资料来源:胡超:《新形态国际分工与国际经济失衡研究》,经济管理出版社2012年版,第43—46页。

基于价值链的国际分工极大地促进了跨国公司母公司与海外子公司,以及子公司与子公司之间的企业内贸易。首先,母子公司、子公司之间的产品内分工不仅使得企业内贸易成为一种需要,而且成为一种减少企业成本、提高利润、规避风险的重要有效手段。企业内贸易将部分国际市场内部化,减少了生产和贸易风险,促进了跨国公司对全球资源的整合,还可以利用转移价格获取高额利润。其次,企业内贸易发生的必要条件是存在跨国公司母公司和子公司构成的网络系统,而价值链国际分工的一个重要伴生现象是跨国公司网络系统覆盖面越来越广,并促进企业内贸易迅速发展。

国家间利益分配不平衡 国际分工从产品分工深入到价值链分工,不同国家依其比较优势在全球价值链条上的地位和利益获得是不平衡的[1]。一国在全球价值链中的分工地位可以通过产品技术复杂度、垂直专业化、出口复杂度、出口附加值等多个指标进行衡量,受到规模报酬、贸易壁垒、文化、交易成本等多种因素影响。在实施跨国经营时,跨国公司偏向于选择空间广阔的市场,因为在较大的市场环境中更能找到具备特定技术要求的中间产品,以满足最终生产需求;比如,从节省成本的角度,跨国公司更愿意与交通通信设施好的国家进行合作,也即基础设施好的国家在全球价值链分工中更能处于主导地位(Grossman and Helpman,2002)[2]。此外,在全球价值链分工条件下,人力资源是第二产业内分工高度的直接影响因素,人力资源质量对产业内分工高度起正向促进作用,而人力资源数量对产业内分工高度起反向消极作用(卢福财和罗瑞荣,2010)[3]。

国家之间的价值链分工模式表明,一个国家的产品体现了该国的专业化方向,也反映了该国的经济发展状况,越富裕的国家出口的产品越高端(Hausmann,2005)[4]。发达国家依靠比较优势在国际扩张过程中将产品生

---

[1] Hummels, D., J. Ishii, and K.-M. Yi, 2001, The Nature and Growth of Vertical Specification in World Trade, *Journal of International Economics*, 54(1): 75-96.

[2] Grossman, Gene M., and Elhanan Helpman, 2002, Integration versus Outsourcing in Industry Equilibrium, *Quarterly Journal of Economics*, 117(5): 85-120.

[3] 卢福财、罗瑞荣:"全球价值链分工条件下产业高度与人力资源的关系——以中国第二产业为例",《中国工业经济》2010年第8期。

[4] Hausmann, R., J. Hwang, and D. Rodrik, 2005, What You Export Matters, NBER Working Paper 11905.

产环节打碎,把不同价值链片段分配到不同的地域空间(刘志彪,2007)[①]。在整个过程中,制造业环节被转移到发展中国家,但核心技术和销售渠道仍被发达国家牢牢掌握,发达国家控制着全球价值链条上绝大部分的利润。

【东道国产业价值链提升效应】由跨国公司主导的国际价值链分工存在产业和价值链双重递进的内在机制,并通过上下游供应链的相互传导,促进东道国技术积累和技术进步,形成产业价值链提升的内在动力。比如,借助跨国公司研发中心本土化,东道国通过与跨国公司开展合作及共同从事研究活动,可以得到本来很难得到的专有技术。而且,即使专有技术和研发活动一直保持在跨国公司体系之内,但通过在东道国投资活动的溢出效应,跨国公司在东道国研发中心仍会对东道国企业的技术能力产生正面影响,这对于技术资产、技术力量有限的东道国来说,影响尤其明显。

价值链分工可以使参与国的资源得到更有效的利用,对东道国资本密集型工业行业和劳动密集型工业行业的生产率提高均有促进作用,但对前者的积极影响更大[②]。对于发达国家而言,生产者将其缺乏竞争力的生产环节(指产品的劳动密集型生产阶段)转移给发展中国家后,会使自己成为世界市场上更具有竞争力的最终产品生产者;对发展中国家而言,从发达国家转移来的是资本(或技术)密集型的产品生产环节,这为发展中国家提供了一个发展资本或技术密集型中间品加工组装制造业的较好机会,而这样的发展机遇将使发展中国家能够更快地进行生产结构优化调整,从而有利于其更快实现工业化。

但是,由于发达国家的跨国公司控制了价值链的战略性环节,处于价值链低端环节的发展中国家只得到微薄的价值增值,更为严重的是,发展中国家产业的进一步发展与升级受到了一定的限制与阻碍。在这种国际经济背景下,通过对外直接投资实现技术获取和逆向溢出、实现向全球价值链高端环节的主动延展而非被动嵌入,正成为发展中国家一部分企业或行业的必然选择。

[①] 刘志彪:"中国贸易量增长与本土产业的升级——基于全球价值链的治理视角",《学术月刊》2007 年第 2 期。

[②] Arndt, S. W., and H. Kierzkowski (eds), 2001, *Fragmentation: New Production and Trade Patterns in the World Economy*, Oxford: Oxford University Press.

> **东道国劳动就业效应**

国际范围内价值链分工可以造成熟练劳动密集型非贸易品价格相对于非熟练劳动密集型非贸易品价格上升,而熟练劳动密集型非贸易品相对价格的上升与熟练劳动力相对工资的上升是密切相关的,非熟练劳动密集型非贸易品相对价格的下降和非熟练劳动力相对工资的下降也是密切相关的[①]。因此,国际范围内价值链分工拉大了劳动工资的不平等。

假定世界存在三种生产要素,即非技术劳动力(L),技术劳动力(H),资本(K);产品生产也分为三种,一是生产非技术劳动密集型的中间投入品 $Y1$(一般指工厂生产等活动),二是生产技术劳动密集型的中间投入品 $Y2$(一般指研发活动或营销管理等活动),三是将两种投入品组装以生产出最终产品 Y;分析表明,当本国将 $Y1$ 的生产活动转移到国外后,非技术劳动的收益率会相对于技术劳动的收益率出现下降;但对发展中国家来说,这种生产过程的转移则使其增加了技术劳动密集型的生产活动,也提高了发展中国家的技术劳动收益率。因此,参与国际价值链分工的结果是,无论是在外国还是在本国,技术劳动力相对于非技术劳动力的收益率都得到了提高,此判断在美国、日本、德国、墨西哥等发达国家和发展中国家都得到了证实。

> **对东道国宏观政策的影响**

跨国公司作为推动全球价值链分工的主导力量,在这个过程中形成了更有效率的生产和竞争模式,其战略核心就是以跨国公司为主体,按照国家和地区的比较优势,将资源配置在产品的价值链环节上,从而形成全球性价值链分工体系,因而国际分工格局、经济组织方式和产业结构调整都发生了深刻变化,并强化了世界各国之间的相互依存度。

对跨国公司开放投资领域的风险在于外资可能会将一些产生不利于社会可持续发展的产业转移到东道国。比如,严重污染环境的产业,严重消耗不可再生资源的产业,对劳动者身心会产生重大损害的产业。再就是威胁重要核心部门发展。如果外资渗透到诸如金融、公用设施产业,极有可能使东道国的货币政策、财政政策等手段难以发挥应有作用。由于商业秘密,东道国很难像管理本国企业那样有效管理跨国公司在本国的经营活动。

---

① 张苏:《论新国际分工》,经济科学出版社 2008 年版,第 143 页。

跨国公司带来的环境破坏与东道国的外资政策有关。引进 FDI 及 FDI 为主导的外资经济结构变动对东道国宏观经济政策的影响也是可选择的，况且宏观政策的有效性多数由东道国国内因素引起，比如中央银行货币政策的有效使用受电子货币普及的影响更大而不是外资流动。当然，不管是制造业 FDI 还是其他行业的 FDI，必须进入生产过程才能创造利润，但这最终取决于实体部门产品的生产规模和市场实现能力。

思 考 题

1. 简述国际分工理论发展脉络。
2. 国际分工形态有哪些？请简要说明。
3. 简述全球价值链国际分工的形成原因。
4. 跨国公司全球生产对东道国有哪些影响？
5. 简述全球价值链国际分工的效应。

本章参考文献

1. 卢进勇、刘恩专：《跨国公司经营与管理》，机械工业出版社 2013 年版。
2. 田素华：《外商直接投资进入中国的结构变动与效应研究》，中央编译出版社 2013 年版。
3. 殷宁宇、魏颖：《国际分工对产业结构的影响》，经济科学出版社 2012 年版。
4. 张毅：《全球产业结构调整与国际分工变化》，人民出版社 2012 年版。
5. 张苏：《论新国际分工》，经济科学出版社 2008 年版。
6. Arndt, S. W., and H. Kierzkowski (eds), 2001, *Fragmentation: New Production and Trade Patterns in the World Economy*, Oxford: Oxford University Press.
7. Porter, M. E., 1985, *Competitive Advantage: Creating and Sustaining Superior Performance*, New York: The Free Press.

第二十八章 金融国际化及全球化

资本的国际运动是资本主义生存和发展的条件。当代资本主义经济最深刻的变化发生在金融领域,而金融国际化则是这一变化的集中表现,并集中体现为金融市场国际化、金融交易国际化、金融机构国际化和金融监管国际化。

在金融国际化过程中,发达资本主义国家尤其是美国占据着核心主导地位,而发展中国家则始终难以摆脱边缘和依附的特征。此外,国际金融投机活动盛行,而且每过一段时间就会爆发全球性金融危机。本部分将分析金融国际化背景下资本跨国流动、国际货币体系、国际金融市场等问题,从金融视角阐释当代资本主义的新发展,包括:(1)金融国际化的形成与发展;(2)金融国际化的内容;(3)金融国际化的特征;(4)金融国际化的动因;(5)金融国际化的影响。

第一节 金融国际化的形成与发展

金融领域已成为经济全球化的前沿阵地。在这一领域,国际金融中心蓬勃发展,巨额资本在国际范围内以前所未有的速度进行流动和交易。

【国际资本流动高潮迭起】分析金融国际化问题可以从国际资本流动开始①。截至2013年,国际资本流动共经历了四次发展高潮。第一次高潮从1870年至第一次世界大战

---

① 现代意义上的国际资本流动最早起源于欧洲的荷兰。早期的国际资本流动主要用于弥补商品活动中交换媒介的缺乏,还没有进入到实际的生产过程。在1870年以前,荷兰、英国、法国一直是主要的资本输出国家。Obstfeld 和 Taylor(2002)运用经济理论与经济史方法研究了1860—2000年期间的国际资本流动历史,认为开放经济下货币当局在不可能三角形框架下所作的政策选择可解释国际资本流动发展的阶段性特征。参见 Obstfeld, Maurice, and Alan M. Taylor, 2002. *Globalization and Capital Markets*. NBER Working Paper 8846。

爆发,跨国债券投资是国际资本流动的主要形式,这一时期的国际资本主要是流向劳动力稀缺、自然资源丰裕的欧洲殖民地国家和地区①。

第二次高潮从第一次世界大战结束到 1929 年大萧条时期,仍旧以国际债券投资为主,主要用于弥补资本流入国公共部门的财政赤字。第三次高潮从 1973 年石油危机到 1982 年拉美债务危机,国际资本流动以银行贷款为主,借款人主要是发展中国家的政府部门。第四次高潮从 20 世纪 90 年代开始,一直延续到现在,以证券投资和跨国公司直接投资为主要形式,投资对象为资本流入国的私人部门,主要用于生产活动。

国际金融中心蓬勃发展

13 世纪到 16 世纪上半叶,凭借在国际贸易和国际金融领域占据的统治地位,意大利的佛罗伦萨、威尼斯、热那亚先后成为当时也是世界上早期出现的国际金融中心②。17 世纪,以荷兰的经济实力为后盾,阿姆斯特丹成为欧洲的商业贸易中心,并取代热那亚成为新的欧洲金融中心。

工业革命完成后,英国成为世界工业和贸易大国,殖民地遍布世界各地,英镑成为当时最重要的国际货币。尽管在金本位制度下黄金是最主要的国际结算货币和国际储备货币,但当时 40% 以上的国际贸易结算都是通过英镑完成的,而且当某国出现贸易逆差时,英格兰银行作为国际借贷中心向该逆差国提供英镑贷款。这一时期,随着伦敦货币市场的形成,世界各地大量短期资金聚集到伦敦,为国际贸易活动提供了充足的资金。与此同时,英国商人不断扩大对外投资,所持有的境外资产净值从 1810 年的数千万英镑迅速增至 1860 年的 3.6 亿镑。19 世纪末,伦敦已成为真正意义上的国际金融中心,并持续到二战爆发前。

第一次世界大战使英国经济遭受了沉重打击,英镑在国际贸易、国际金融市场中的主导地位被严重削弱,金融机构纷纷外迁,伦敦的国际金融中心地位开始下降。同时,美国因经济实力增强而对外投资增加,成为世界最大的债权国。一战后,美国恢复金币本位制,美元与黄金保持固定兑换关系,

---

① 1890—1913 年期间,资本流入国家的经常项目赤字约为其 GDP 的 3.8%,一战前期最高达到 GDP 的 5%。

② 陶君道:《国际金融中心与世界经济》,中国金融出版社 2010 年版,第 125—128 页。

美元逐渐成为在国际贸易结算和国际借贷领域广泛使用的国际货币。1944年布雷顿森林体系的建立正式确立了美元的国际货币地位,美元取代英镑成为主要的国际储备和国际清算货币。世界各国的外汇储备大部分以美元计价,并由纽约联邦储备银行代为保管,一些外国官方机构也将持有的部分黄金存放在纽约联邦储备银行。世界各国的美元交易都在美国进行,并且只能在纽约的商业银行账户上办理收付、清算和划拨,纽约成为世界美元交易的清算中心。纽约还聚集了大量商业银行、储蓄银行、投资银行、证券交易商、保险公司等金融机构。纽约成为全球最活跃、最发达的金融中心。

1957年后,英国经济逐步复苏,英国金融监管当局开始放松外汇管制,为国际资金流动提供便利。同时,英国大力发展离岸金融业务,形成了规模庞大的欧洲美元市场,金融业务国际化提高到了一个新的水平。20世纪60年代,伦敦国际金融中心开始重新崛起并在离岸金融领域与纽约国际金融中心展开激烈竞争。直到今天,伦敦一直保持着世界主要国际金融中心的地位。20世纪70年代,凭借日本不断增强的经济实力,东京逐步发展成为亚太地区最大的区域性国际金融中心。20世纪80年代,日本采取金融自由化、日元国际化等措施,逐步开放国内金融市场,加快日本金融自由化进程。随着日本成为世界最大债权国(1985年)、设立离岸金融市场(1988年)、东京证券市场交易额超过纽约居于世界第一(1988年)、银行业对外资产余额占全世界的比重超过1/3,20世纪80年代中后期,东京发展成为全球性国际金融中心,与伦敦、纽约并驾齐驱。

20世纪70年代以后,随着离岸金融业务的发展,东京、新加坡、中国香港等国际金融中心相继崛起,一批离岸金融中心纷纷涌现,如巴林、巴哈马、开曼群岛等。20世纪90年代,一些亚洲国家城市,如上海、孟买、曼谷、马尼拉、吉隆坡、迪拜等开始致力于建设区域性国际金融中心,多元化、多层次的国际金融中心格局在世界范围内基本形成。

金融全球化 金融全球化是指:随着全球经济市场化不断推进、各国逐步实行金融自由化和实施放松管制的金融政策,金融业得以在全球范围内实现跨国经营,金融制度、金融市场、金融主体、金融工具等在全球范围内得以优化配置,最终实现金融资本在世界各国和各地区市场之间的自由流动,从而达到金融资源在全球范围内的利用效率最大化。金融全球化是在金融自由化、国际化基础上形成和发展起来的。金融自由化是金融全球化的前提和条件①,没有各个国家和地区金融管制的放松,就没有金融全球化;金融国际化是实现金融全球化的必经途径。

表 28-1　1980—1992 年金融资产存量的增长

类别	1980*		1991		1992	实际平均增长率
外汇	4.839	43%	11.288		32%	1%
国际债券	0.207	2%	1.465		4%	13%
公共债券	1.934	18%	8.707		25%	9%
企业债券						
银行债券	0.487	9%	1.856		10%	7%
非银行债券	0.489	9%	1.844			7%
股票	2.75	28%	10.323		29%	6%
总计	10.706	100%	35.483		100%	5%

说明:① *按 1992 年汇率计算的名义数量。② 除百分比外,其余数据的单位为 10 亿美元。

资料来源:弗朗索瓦·沙奈:《金融全球化》,中央编译出版社 2001 年版,第 15 页。

当代金融全球化过程可分为三个阶段②。当代金融全球化进程的第一个阶段可以追溯到 1960 年,为"间接"的金融国际化阶段。在此阶段,彼此分隔的货币与金融体系并存,其特点是,金融管理体系和有限的金融国际化居统治地位,而有限的金融国际化则是通过欧洲美元市场这一途径实现的。欧洲美元市场与各国金融体系平行或"外在"地发展。那个时期,无论从国家还是从国际角度来看,银行都是居统治地位的金融机构。

20 世纪 60 年代末汇兑市场首先爆发了英镑币值高估危机,然后是美元币值高估危机,它标志着投机性金融力量卷土重来和固定汇率制度的终结。1971 年 8 月,美国单方面宣布废除布雷顿森林体系。布雷顿森林体系的废除结束了美元与黄金双挂钩制度,同时开辟了浮动汇率的道路。采用浮动汇率制度是货币长期不稳定的起点。它使汇兑市场成为金融全球化的

---

① 在下文中我们有时对金融国际化与金融全球化两个概念不做严格区分。
② 弗朗索瓦·沙奈:《金融全球化》,中央编译出版社 2001 年版,第 13—20 页。

第一个阶段。表28-1给出了金融资产在流动程度极高条件下迅速增长的情形。

开始于1979—1981年的金融全球化第二个阶段为放宽管制和自由化阶段。美国和英国政府采取的措施产生了当代自由化和全球化的金融体系。从1979年开始实行的措施，使各国金融体系实现了自由化或者说消除了它们与外界的"阻隔"，这些措施也标志着一场广泛的放宽货币和金融管制运动的开端。

它首先适应了工业化国家政府财政赤字融资的需要。对外国金融投资者完全开放的债券市场的建立，实现了通过国库券和其他金融市场债券对政府财政赤字的投资。根据国际货币基金组织提供的资料，仅美国国债就占了经合组织国家国债总和的39%。如表28-1所示，在此时期，国债市场掌握了世界金融市场大约30%的金融资产。这些金融资产不断寻求稳定的、流动的收益，它们在二级市场中不断地进行交易。此外，外汇所代表的金融资产占很高比重，而以汇兑市场为基础的套利和投机交易主要以外汇市场为基础。

在金融市场或非"中介金融"制度中，养老基金和共同基金等非银行金融组织起着主导作用。这些机构直接从金融全球化建设性改革以及经合组织国家利用金融市场债券为预算赤字融资的活动中受益。比如，养老基金的经济特征极为复杂。一方面它是对工资和薪金征收的分担费用积累的结果，其公开的目的是保证工资劳动者能够成为退休金领取者，使他们能够定期地领取稳定的养老金。另一方面，一旦储蓄积累的数量超过一定限度，基金就会转移到非银行金融机构中去，其职能是在保持这种巨额货币资本流动性的基础上使其最大限度地增值。

第三阶段为套利的普遍化和"新兴市场"加入阶段。债券市场阻隔的消除和放宽管制引起了股票市场阻隔的消除和放宽管制。1986年新加坡发生金融"大爆炸"，迫使其他金融中心加快了自由化进程，这一事件标志着金融全球化第三阶段的开始。股市日益增进的一体化，产生于各股市之间阻隔的消除，特别是产生于每日每时在股市交易大厅进行的大宗金融交易。

从20世纪90年代初开始，新兴市场的加入标志着金融全球化进入了最新发展阶段。这些市场与旧的金融中心如新加坡不同，新加坡等金融中心是在原英镑区范围内形成的，它们在金融全球化初始阶段对欧洲外汇市场的扩张和国际化发挥了积极的作用。真正意义的新兴市场是指某些亚洲国家和像中国这样真正的新兴金融市场,此外还指那些已有几十年历史甚至上百年历史(例如阿根廷)的金融市场。这些市场自 1929 年危机以来已经建立了对资本运动进行严格控制的制度,此外,这些国家也没有把国债证券化。美国、国际货币基金组织及其追随者则不遗余力地推动新兴工业化国家金融市场的自由化改革,推动这些国家国债证券化创新,以及实行国内债券市场与金融体系中心国家金融市场一体化。

接连不断发生的金融冲突和危机是从第三阶段开始的。1989 年不动产部门垃圾债券市场的崩溃,宣布了该部门投机泡沫的破裂。这一破裂导致 1990—1991 年许多国家大量银行和金融机构破产和濒临破产,而日本由于它在美国的私人储蓄银行破产则显得尤为突出。接着发生的是 1992 年 8、9 月间对欧洲货币体系中大部分货币的大规模投机,这一投机给中央银行储备造成重大损失并迫使数种货币脱离欧洲货币体系。1993 年又发生了对某些货币反弹的投机。1994 年发生了从 1994 年冬一直延续到 1995 年的墨西哥金融危机,并波及阿根廷和巴西等新兴市场。1995 年 2 月底,因金融衍生产品市场交易失败巴林银行破产。

第二节 金融国际化的主要内容

金融国际化包括金融市场交易一体化、金融机构经营活动国际化、金融系统运行协调与监管国际化等内容,也涉及国际货币体系的数次更迭和变迁。

金融市场一体化

金融市场是金融活动的载体,金融市场一体化就是金融交易场所超越时空和地域限制而趋向于一体。当前全球主要国际金融中心已连成一片,全球各地以及不同类型的金融市场已趋于一体,金融市场依赖性和相关性日益密切。金融市场一体化有两个重要的因素:一是放松或取消对资金流动及金融机构跨地区、跨国经营的限制,即金融自由化;二是金融创新,包括新的金融工具、融资方式与服务方式的创造,新技术的应用,新的金融市场的开拓,新的金融管理或组织形式的推行。特别是信息通信技术的高度发达和广泛应用,全球金融市场已经开始走向金融网络化,即全球金融信息系统、交易系统、支付系统和清算系统的网络化。

外汇市场是全球金融市场的重要部分。外汇市场是世界范围内的交易商、银行、企业和个人买卖货币的场所。外汇市场上的主要参与者是商业银行和投资银行。2001年英国是世界上最大的外汇交易中心,其交易量占世界全部交易量的31%。此外,美国占16%,日本占9%,澳大利亚、中国香港、新加坡、瑞士和德国也是世界上比较重要的大型外汇交易中心。外汇市场交易类型包括现货交易、远期交易、掉期交易、外汇期货交易、外汇期权交易等。全球外汇市场和黄金市场已经实现了每天24小时连续不间断交易。世界上任何一个角落有关汇率的政治、经济信息,几乎同步显示在世界任何一个角落的银行外汇交易所电脑网络终端的显示器上。远隔重洋的地球两端以亿美元为单位的外汇交易在数秒钟之内就可以完成。

欧洲货币是指在货币发行国家以外以该货币标值的银行存款[①]。这些银行多为离岸银行。虽然被称为欧洲货币,但这些存款并非一定存放在欧洲。在伦敦银行中的美元存款属于欧洲美元存款,在旧金山的日元存款称为欧洲日元存款。大多数欧洲货币存款有固定利率和期限,且其到期期限与远期外汇交易合约相匹配。欧洲货币市场的一小部分由银行存单、浮动利率票据、拆入货币组成。伦敦同业拆借利率(LIBOR)是伦敦银行间市场上银行间相互提供贷款的利率,世界范围内的银行或企业的借款利率可参照LIBOR水平,增加一个风险溢价得到。

金融机构国际化　　金融企业海外分支结构迅速增加、海外业务规模扩大、海外资产急剧膨胀。随着全球竞争加剧和金融风险增加,国际上许多大银行将扩大规模、扩展业务以提高效益和增强抗风险能力作为发展战略。进入20世纪90年代后,一些国家先后不同程度放松了对别国金融机构在本国从事金融业务或设立分支机构的限制,从而促进了各国银行向海外的拓展。1997年末,世界贸易组织成员国签署"金融服务协议",把允许外国在其境内建立金融服务公司并将按竞争原则运行作为加入该组织的重要条件,进一步促进了各国金融业务和机构的跨国发展。

全球性的银行合并和兼并的浪潮使巨型跨国商业银行和投资银行不断

---

① Nelson, Mark, 2001, *International Macroeconomics and Finance: Theory and Econometric Methods*, Blackwell Publishers, Chapter 1.

涌现。据统计在 2000 年以资产排名的世界 1 000 家大银行中,前 25 家大银行的资产占 1 000 家银行资产的 40%,而 1996 年仅为 28%。1996 年至 1997 年,日本东京银行、三菱银行合并成为当时全球最大的银行;美国大通银行与化学银行合并成为全美最大的银行;法国农业信贷银行收购法国东方银行;荷兰银行与英国的罗富齐集团合并,专业经营全球股票市场投资业务;瑞士银行收购英国标准渣打银行的大部分国际银行业务,收购资产为 50 亿美元。1998 年,美国花旗银行与旅行者集团达成合并协议,组成全球最大的金融服务企业;德意志银行动用 101 亿美元收购美国第八大银行信孚银行的全部股权①。

世界范围内一流大银行的分支机构往往分布在全球各个大洲,并且在主要国际金融中心的银行业市场上占据相当的份额,具有重要的市场影响力②。从机构网络来看,花旗集团 1 万多家机构分布在 100 多个国家和地区,汇丰银行在 81 个国家和地区拥有超过 7 000 家分支机构,标准渣打银行在非洲拥有广阔而密集的机构网络,在亚洲则做到了在每一个国家和地区都有分支机构。从收入和利润的地区构成来看,2004 年花旗银行净经营利润构成为:北美 47%,亚洲(除日本外)16%,拉美 10%,日本 5%,欧洲和中东及非洲合计为 14%;2004 年汇丰银行经营(税前)利润的构成为:北美 30.8%,欧洲 29.6%,中国香港 26.9%,亚太地区(中国香港除外)10.3%,拉美 2.4%;同期,标准渣打银行的利润构成是:中国香港 29%,新加坡 18.6%,亚太其他地区 14.5%,中东及南亚地区 36.3%,非洲地区 8%,北美及英国 0.6%。

金融协调与监管全球化　汇率作为开放经济下的重要价格变量,其波动对国际贸易和国际投资有着重要影响③。为了稳定国际贸易和投资关系,需要对汇率进行国际协调。汇率政策国际协调最成功的范例当数二战后布雷顿森林体系下的固定汇率制,其对战后国际贸易发展有着重要作用。但由于该体系存在着特里芬两难,20 世纪 70 年代完全崩溃。现阶段,随着国际贸易、国际投资和国际金融业务的高速发展,汇率政策国际协调愈加重要。各国也认识到

---

① 赵京霞:"世界金融变革中的跨国银行",《国际贸易问题》1999 年第 9 期。
② 田素华:《外资银行在东道国的信贷偏好》,复旦大学出版社 2010 年版,第 4 页。
③ 张幼文、干杏娣:《金融深化的国际进程》,上海远东出版社 1998 年版,第 272 页。

了汇率协调的重要性,并积极推进区域性货币一体化和双边谈判。

国际社会认为,应该由国际货币基金组织承担短期资本流动控制职能,比如,建立和完善经济"预警系统"和应急筹款机制;对各国经济运行情况提出意见,以防止私人资本大规模抽逃或投机对一国经济的冲击;若发现成员国经济出现问题,及时启动应急筹款机制,拨付专项基金以提供援助。

由于金融全球化,各金融机构跨国经营现象十分普遍,单靠一国金融当局对其进行监管无法达到减少金融风险的目的。因而需要各国金融监管机构的通力合作。巴塞尔银行监督委员会(Basle Committee on Banking Supervision)是最重要的国际性金融监管组织。其目的在于建立银行监督的基本原则,促进管理者之间的沟通,以管理银行资本和风险。此外,还有欧洲联盟的银行顾问委员会(BAC)、国际证券委员会(International Organization of Securities Commissions, IOSCO)、国际会计标准委员会、国际证券市场协会(ISMA)、国际金融协会(Institue of International Finance)。乌拉圭回合谈判达成的《服务贸易总协定》及其金融附录,是金融全球化走向制度化的标志,构成了对各国对外金融关系的基本约束。

次级抵押贷款问题引发的2008年美国金融危机显示,银行以贷款紧缩来满足资本监管需要助推了世界金融危机。为了应对金融危机,政策制定者强调对银行实施审慎监管,包括提高资本金比率要求,完善银行资产风险权重估计,设计反周期资本金要求等。G20集团在2009年4月的伦敦峰会和同年匹兹堡峰会上均要求实施银行资本监管改革,提高商业银行资本充足率要求。2010年12月16日,巴塞尔委员会正式颁布了巴塞尔Ⅲ。从1988年的Basel Ⅰ到2004年Basel Ⅱ再到2010年Basel Ⅲ,世界范围内对银行资本金监管要求日趋完善。Basel Ⅲ要求银行普通股持有比率为4.5%(Basel Ⅱ为2%),风险加权一级资本比率6%(Basel Ⅱ为4%),并同时要求银行额外持有留存缓冲资本比率2.5%。

> 国际货币体系数次更迭

在金融全球化过程中,国际货币体系先后经历了金本位制、布雷顿森林体系,并进入到牙买加体系。国际货币体系演进是金融国际化的结果,也推动了金融国际化发展。

1. 金本位制

金本位制形成于19世纪80年代第一次大规模的经济全球化时期。金币本位制是金本位制的最初形态,金币本位制崩溃以后,金块本位制和金汇兑本位制同时流行①。典型的国际金本位制的特点是:以黄金确定货币所代表的价值,各国货币具有法定的含金量,并按所含黄金重量来确定彼此的比价;按照法定的含金量,金币可以自由铸造,同时也可以自由熔化;金币是无限法偿货币,具有最后支付手段的地位,一国的金币同代表金币流通的其他金属(比如银)铸币或银行券可以自由兑换;各国的货币储备是黄金,国际结算主要使用黄金,黄金可以自由输出输入。国际金本位制保证了各国物价水平的相对稳定,保证了各国货币之间黄金平价和汇率的相对稳定,对当时的经济全球化进程和世界经济的发展起到了积极的促进作用。

金本位制也存在一些明显的缺陷,主要表现在:该货币制度依赖于黄金供给,而现实中黄金产量的增长无法满足世界经济贸易增长对黄金的需求;同时各国经济实力的巨大差距造成黄金储备分布的极端不平衡。因此,银行券的发行日益增多,黄金的兑换日益困难。第一次世界大战爆发后,各国相继中止黄金输出,停止银行券和黄金之间的自由兑换,国际金本位制濒于崩溃。1929年的世界经济危机宣告了金本位制的彻底瓦解,人类历史上的第一次大规模的经济全球化进程也陷入了沉寂。

2. 布雷顿森林体系

20世纪30年代的世界性经济危机和第二次世界大战的爆发使国际货币体系陷入极度混乱,给世界各国经济发展带来了严重的影响。1944年7月,在美国新罕布什尔州布雷顿森林召开的国际金融会议上通过了美国主导拟定的《布雷顿森林协定》,从而形成了第二次世界大战后运转达25年之久的以美元为中心的布雷顿森林体系。布雷顿森林体系的基本内容是:美元与黄金挂钩,确认美国1934年1月规定的美元含金量为0.888 671克,即35美元=1盎司黄金;各国货币按黄金量与美元建立平价关系,并可按35美元一盎司的官价向美国兑换黄金;实行可调整的钉住汇率制,各国货币对美元的汇率只能在平价±0.15的区间内调整。布雷顿森林体系实际上实行的是"黄金——美元本位制"。国际货币基金组织(IMF)则是维持这一体系正常运转的中心机构,它有监督国际汇率、提供国际信贷、协调国际货币关系三大职能。布雷顿森林体系的建立,结束了第二次世界大战前国际货币金融领域的动荡无序状态,对战后的经济恢复和发展起到了积极的作用。

---

① 羌建新:"国际货币体系与全球金融危机",《国际关系学院学报》2010年第3期。

布雷顿森林体系也存在着自己无法克服的内在缺陷。在布雷顿森林体系下，美元是唯一的储备货币，且资本流动受到限制，各国中央银行要想积累储备货币就必须对美国拥有经常项目顺差，即美元成为储备货币的必要条件是美国保持经常项目逆差。因此，为了满足不断增长的世界各国支付和对储备货币的需求，美国必须通过经常项目逆差不断输出美元。但是，美国经常项目逆差持续不断的积累从而美元储备货币供给的不断增加，又会损害美元持有者对美国的1美元兑换35盎司黄金的保证的信心。简言之，美元储备货币以美国保持经常项目逆差为条件，但美国经常项目逆差的持续积累又必然导致市场对美元信心崩溃，从而动摇布雷顿森林体系的基石。这就是所谓的"特里芬两难"（Triffin Dilemma）。布雷顿森林体系这一内在不可调和的矛盾和结构性缺陷导致了20世纪60年代美元危机频发，并最终导致了布雷顿森林体系解体。

3. 牙买加体系

自20世纪70年代初美元停止兑换黄金、两次贬值以后，各国相继实行浮动汇率制，第二次世界大战后建立的以美元为中心的布雷顿森林体系逐步走向瓦解。1976年1月，主要国家在牙买加首都金斯敦签署了牙买加协定，同年4月，IMF通过了国际货币基金协定第二修正案，标志着国际货币体系进入了一个新的阶段——牙买加体系。牙买加体系的核心内容包括：第一，黄金非货币化。黄金与货币脱钩，IMF成员国之间以及成员国与IMF之间需用黄金支付的义务一律取消。第二，国际储备多元化。美元是最主要的储备货币，日元、德国马克（2001年以后是欧元）则构成重要的储备货币，特别提款权（SDR）进入储备资产行列。第三，汇率安排多样化。将业已形成的浮动汇率和其他汇率制度合法化，各成员国在服从IMF指导和监督的前提下可以根据本国的实际选择不同的汇率制度。第四，国际收支调节机制多样化。主要通过汇率机制、利率机制、IMF干预和贷款活动调节国际收支。

在牙买加协定基础上形成的新的国际货币体系，是对布雷顿森林体系的扬弃。一方面，它继承了布雷顿森林体系下的国际货币基金组织（IMF），而且IMF的作用还得到了加强；另一方面，尽管美元不再是唯一的国际储备货币，但未影响到它在国际储备货币中的支配地位，而且黄金被非货币化，因此，牙买加体系实际上实行的是"美元本位制"。与布雷顿森林体系相比，牙买加体系表现出了较强的灵活性和适应性，既提高了各国宏观经济政策的自主性，也增加了国际收支调节机制的有效性，因此，在维持国际经济正常运行、推动世界经济持续发展方面具有积极的作用;但是,另一方面,浮动的汇率制度和资本的跨境自由流动,又使得牙买加体系成为一种"无秩序的体系"或"无体系的体系",这种"无秩序"、"无体系"的国际货币体系在新的国际金融环境下已越来越成为国际金融市场动荡的根源之一。

第三节 金融国际化的特征

在金融国际化时期,资本大规模和高速跨国流动,虚拟经济日益发展,资本流动量远高于生产和贸易所需资金量[①]。此外,金融创新不断加快,特别是金融自由化和放宽管制并没有取消各国的金融体系,它们只是以"不充分"或"不完全"形式使其一体化并形成一个整体。

> 国际金融体系有明显的等级之分

在金融国际化时期,美国的金融体系支配着其他国家的金融体系,这是美元的地位以及美国的债券和股票市场的规模所决定的,但是,各国(甚至经济合作与发展组织内部)之间的发展不平衡以及它们之间的货币和金融竞争并未消失,甚至被金融自由化和放宽管制激活了。

现行国际金融体系下,各国金融资产持有结构很不对称。美国居民多持有外国股权资产,而外国居民多持有美国债权资产。2000—2007年,美国居民持有的境外股权资产普遍出现了升值,而外国持有的美国债权资产收益则基本上维持不变,美国在世界范围内的资产规模显著提高,而且每年有净收益流入,这与美国对外净资产头寸为负值形成了鲜明对比[②]。2004年,美国经常项目赤字为6 681亿美元,但2004年美国对外净负债只增加了1 700亿美元。到2004年底,美国对外净负债为9 420亿美元,但2004年美国从其拥有的国外资产中所获得的收益比美国对外负债所支付的费用高出538亿美元

---

① 麦肯锡全球研究所称,1980—2008年,全球金融资产上升到140万亿美元,增长了1 166%;金融资产占全球GDP的比重从1980年的100%上升到2008年的325%。

② "US and global imbalance: can dark matter prevent a big bang?" www.utdt.edu/~fsturzen/publications.htm;"The United States current account deficit is a figment of bad accounting. If only."The Economist, January 21st 2006, P74. Goldman Sachs的专家指出,美国利用资产黑洞的出口能力并无规律可循,比如,2004年美国出口规模为3 510亿美元,2003年出口为1.2万亿美元,而2002年只有1 720亿美元。参见"What changes if intangible investment is measured properly?" The Economist, March 4th 2006, P66.

(参见图 28-1)。其中的原因是：2004 年美国以外国家的股票市场表现强于华尔街，美国拥有的外国股权资产超过外国拥有的美国股权资产。

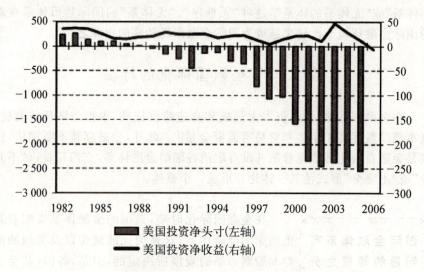

图 28-1　美国国际投资头寸与对外投资净收益(亿美元)

数据来源：Bureau of Economic Analysis, U.S.。

国际证券投资成为国际资本流动的重要形式

国际游资规模日益膨胀，已成为国际金融市场上的一支重要力量①。20 世纪 90 年代以来，由于金融自由化的迅速发展、金融业电脑化运作、金融工具创新的日新月异、各类基金数量迅速增长与金融资产的迅速膨胀，以及由于国际金融市场缺乏有效的监管制度和措施，国际资本流动表现出大规模、高流动的特点，更多地以国际游资的形式出现。哪里有利润，它就冲向哪里；哪里有风险，它就从哪里逃走。这类游离于商品和劳务运行之外以谋利或保值为目的巨额游资流动性特别强。在现代通信和电子技术条件下，调动巨额资金只需一个电话或按一下按钮，巨额的交易瞬间即可成交。由于金融衍生工具可运用"杠杆原理"，以较少的"保证金"就

---

① 国际游资又称热钱(Hot Money)，是一种没有固定的投资领域，以追求高额短期利润为主要目的进行投机、期限在一年以下的短期资本。这类资本来源主要有两大类：一是证券市场上机构投资者所控制的各类基金；另一类是专业投资者从事期货、期权、掉期等衍生工具交易所掌握的资本。

能够买卖几十倍乃至上百倍于其保证金的金融商品,所以往往一家金融机构的少量交易就可牵动整个国际金融市场的运转,而一位普通的交易员也能以少量资金进行巨额交易,从而断送一家历史悠久的跨国金融机构前程。

国际证券投资的发展已成为一种不能忽视的潮流。据统计,1975年全球证券资本流动占国际资本流动总额的比重为15%,1993年以来(除1995年外)证券融资在国际资本流动总额中所占的比重均在45%以上。统计数据显示,1991—2001年,流入美国的国际证券投资始终超过流入美国的国际直接投资,而且流入美国的国际证券投资总额保持了一个稳定上升的趋势(除1998年有所下降外);同期,流入新兴市场国家的国际证券投资尽管大多数年份低于国际直接投资,而且近年来绝对数量有所下降,但是在总体上仍旧保持一定的规模(参见图28-2)。

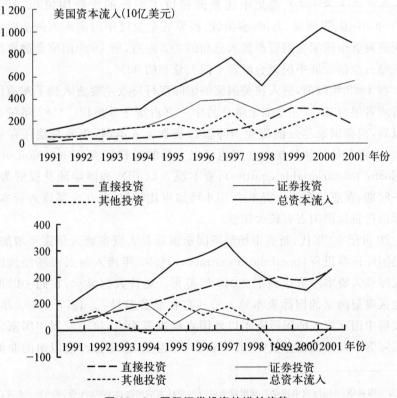

图28-2 国际证券投资的增长趋势

资料来源:美国证券业协会(SIA)数据库。

布雷顿森林体系下固定汇率制度崩溃后,许多国家开始鼓励证券资本在国内和国外之间自由流动。在此之前,为了使货币政策对国内经济有调节效果,许多国家始终坚持限制证券资本跨国流动。即使到1980年,也只有加拿大、德国、荷兰、瑞士、英国和美国等六个发达国家对外开放了金融市场;发展中国家的资本流动,除FDI外,多数采用政府从国际经济组织贷款或从发达国家商业银行贷款的形式。到20世纪90年代,国际证券资本才开始大规模流向发展中国家。

发展中国家资本流入变动显著 1982年拉美债务危机以后,发展中国家资本流入规模大幅度下降,直到1988年,发展中国家资本流入规模才开始快速增加。发展中国家资本流入主要集中在亚洲和拉丁美洲的少数国家①。1990—1995年,中国、墨西哥、韩国、泰国、巴西等五个发展中国家流入的金融资本占所有发展中国家金融资产流入总和的2/3左右,前18个国家金融资产流入规模占全部发展中国家金融资本流入总和的90%。

在1982年以前,进入拉美国家的国际银行贷款主要流入到了东道国的政府或者银行部门,在全部金融交易中一直占据主导地位。1982年债务危机以后,拉美国家尽可能避免国际银行贷款流入本国,主要是偿还存量贷款,或者将存量贷款转换为在国内可以交易的股权证券(conversion of the old loans to marketable equities),资本流入以FDI和国际证券投资为主。同一时期,东亚国家流入资本中FDI增加也比较快,但在全部流入资本中,国际银行贷款仍旧占有较大比重。

20世纪90年代,新兴市场经济国家国际私人资本流入量逐年增加,尤其是国际证券投资(portfolio investment),1996年流入新兴市场经济国家的国际私人资本净值达到了2 240亿美元。统计数据显示,在同一时期不同地区典型国家的国际资本流入形式存在显著差异②。1977—1995年,亚洲发展中国家流入的国际资本以外国直接投资为主,拉美发展中国家流入的国际资本以外国证券投资(股票和债券)为主,撒哈拉沙漠以南的非洲国

---

① 田素华:《国际资本流动与货币政策效应》,复旦大学出版社2008年版,第11—14页。
② 田素华:《国际资本流动新趋势与上海提高外资利用效率问题研究》(研究报告),2003年,第1—21页。

家(Sub-Saharan Africa)流入的国际资本以官方或者具有官方支持背景的外国援助为主。从发展水平来看,中等收入国家流入的国际资本中外国股票投资在全部流入资本中所占的比重显著高于低收入国家,低收入国家流入的国际资本以外国官方贷款为主。

第四节　金融国际化发展的成因

金融资产与一般商品存在明显差异:有形商品的国际贸易主要是为了满足人们的生活或生产需要,金融国际化则受投资者获利动机和风险规避动机驱使。

金融国际化是由多方面因素共同推进的。从内在原因考察,金融国际化是资本追逐利润的本性所推动;从外在原因来考察,实体经济的发展从需求和供给两方面为金融国际化提出了要求,金融自由化改革、金融创新推进了金融国际化的发展。

> 货币资本向全球
> 扩张的原动力

金融资本作为银行资本和产业资本的统一体,其在运动过程中的唯一目的就是追逐尽可能多的剩余价值,以实现自身价值增值。资本主义在扩大再生产过程中,由于资本主义经济中部门内部和部门之间竞争的广泛存在,资本不断积累,并形成垄断组织,资本主义逐步从自由资本主义向垄断资本主义过渡。金融资本统治时期,在新技术革命的推动下,资本主义经济高速发展,资本积累和集中达到了前所未有的高度。资本主义国家的垄断组织手中积累了大量的"过剩"资本,国内利润率随着资本有机构成的提高而不断下降[1]。为满足资本对于"等量资本获取等量利润"的要求、缓和资本主义基本矛盾、拓宽生存空间,资本主义国家大力推进金融全球化。因此,资本对于利润的追求是金融全球化形成的内生动力[2]。

金融国际化是私人资本(产业资本和银行资本)加强自身地位的运动与

---

[1] 李其庆:"金融全球化的成因与特征",《马克思主义与现实》2002年第4期。
[2] 李仁真、何焰:"金融全球化与国际金融法的晚近发展",《武大国际法评论》2003年第0期。

政府原有的越来越行不通的政策之间矛盾冲突的结果。20 世纪 60 年代中期,早在"石油冲击"和 1974—1975 年衰退到来之前,由于美国跨国公司没有把利润返回国内,也没有把它们投资于生产,而是把它们投资于伦敦离岸市场,欧洲美元市场得以形成。金融机构在这方面取得的经验以及它们为发展中国家提供债务服务而进行的转移支付,使它们能够施加压力以获得双重好处:有利于债权人获得高额利息的货币政策和进一步扩大的金融自由化。扩大需求以振兴经济政策的失败、20 世纪 70 年代的滞胀以及彻底破坏工资劳动者捍卫自己购买力和社会成果的条件这一想法引发了美国的货币政策转折。这一转折与养老基金和共同基金所集中的储蓄额超过一定限度的增长的时期相一致。在政府需要寻找新的方法以通过不太痛苦的政策解决赤字问题的情况下,养老基金和共同基金寻找新的投资机会的需求更容易得到满足。

就金融领域而言,全球化意味着允许尽可能经常地和稳妥地通过操纵不论发达国家还是"新兴"的金融中心来获取工业利润、金融企业收益以及利息和红利。全球化构架的主要目标是允许国际范围的"金融投资资本"在放宽了管制的金融市场上进行增值活动,正是这些市场构成了今天"金融全球化"的空间。金融全球化的一个主要原动力就是通过操纵"新兴"金融中心进行的金融投资,实现让他人支付一部分发达国家退休人口社会保障的目的。为此,它们就需要建立起稳定的和经常性的"获取"利益的机制:向发展中国家、特别是向那些工业化起步较晚但至少有所作为的国家提出打开和放宽金融市场、允许这些国家的银行与国际银行建立直接联系、允许后者在当地立足。东道国当地的银行、金融集团以及依附政策权利的寡头集团,都因当地金融体系与世界资本主义金融体系一体化而获得广泛的收益,对它们来说这种一体化意味着获取可观的中介金融收入。国有企业私有化或非上市工业集团在市场上发放债券,从而出售现存企业资本的结果无一例外地是使外国货币资本和在这一过程中不断加强的国内金融资本获得非常强大的经济和政治权利。它们从此不仅可以收取红利并把这些红利转移到纽约、伦敦或东京金融中心,而且可以决定其资本已被出售的企业的未来。

金融自由化

1. 金融自由化与金融资产增长率

各国货币体系和金融市场之间日益紧密的联系,是金融自由化和放宽管制的结果①。布雷顿森林体系单方面废除后实行的浮动汇率制度和主要工业国家追随美国实行的国债证券化以及金融管制放松和自由化政策,直接导致1929年大危机后以及二次大战后制定的大部分金融监管和监督机制被大量废除。美国和英国在1979—1982年间率先采取了这种政策,其他主要工业国家在后来的若干年内也相继采取了同样的政策。

在金融全球化时期,金融企业成为收益、利息和红利的食利者不仅出现在国内,而且还扩张到国际范围,因为国家之间的资源流动往往给每个国家内部由股票和债券市场控制的各社会阶级和阶层之间财产的转移造成影响,这正是"金融全球化"的目的。尽管资源流动表现为货币和对金融投资的回报形式,但无论如何这是"实际"资源的转移。

"金融全球化"是"资本全球化"的支柱,也是"资本全球化"的致命弱点。资本全球化的一个重要基础是战后经济的长期高速发展。战后经济的长期高速发展在重新刺激积累的同时,也使资本再次启动了国际扩张和集中与积聚的空前过程。但是,如果没有1979—1981年由撒切尔夫人和里根总统实施的自由化、放宽金融管制和私有化经济政策,资本全球化也是不可能的。这些政策的实施使资本在工业化国家成功地打破了自1945年至70年代末以来束缚和制约资本活动的大部分羁绊和屏障。货币在资本主义生产方式中占据的决定性地位又使自由化和放宽金融管制政策具有了战略特征和后果。随着新自由主义政策的实施,以工业为主的金融资本或"纯"金融投资资本的活动领域和统治空间扩展到全球的大部分地区,在所有有形的商品领域中,跨国工业集团都承担了建立世界资本主义政治和社会统治的责任。

然而,主导整个资本积累运动的并不是这些跨国集团,而是各种以食利

---

① 弗朗索瓦·沙奈:《金融全球化》,中央编译出版社2001年版,第2、22页。在涉及物质商品(产品)和非物质商品(服务)的生产和贸易时,全球化表现的是寡头垄断集团在有支付能力需求的市场上,在资源供给、工业生产布局、对主要竞争对手战略等方面所采取的"全球化"方法和行动的战略能力。在金融领域,金融投资者进行的交易、金融资产(外汇、债券、股票和衍生产品)的构成,以及他们采取的决策(无论是在不同金融工具和不同市场之间的套利,还是选择购买其货币或证券的国家)与寡头垄断集团的情况相同。

性金融资本为基础的机构,它们不论在收入的分配还是在投资节奏上,或是在工薪就业水平和条件方面,都可以通过操纵金融市场活动而起决定性作用。这类机构包括各种银行,尤其包括那些被称为机构投资者的组织:保险公司、养老基金、金融投资公司以及互助基金等,后者往往是发达国家的大型银行或保险公司的信用分支机构。机构投资者通过操纵交易市场而成为工业集团的所有者,它们是一种特殊类型的股东所有者,其金融收益战略与工业投资的需求毫不相干,而且它们以极其粗暴的方式提高剩余价值率和获取剩余价值。有极大多数的金融交易在由专业金融机构相互关系形成的封闭领域中进行。这些交易既没有商品和服务贸易也没有投资相对应。例如每天外汇市场的交易额高达 14 000 亿美元,而与之相对应的"现实的"国际贸易只占 5—8%(国际清算银行,1994,1995)。

金融领域具有特殊动力,从而它在量上以高于投资、国内生产总值或交换增长的速度增长,并经常引起世界经济形势的剧烈动荡。1980—1992 年,经合组织国家的金融资产存量的年均增长率为其固定资本形成增长率的 2.6 倍。金融领域的加速增长是紧紧伴随着各国金融体系的自由化和放宽管制以及从有管理的金融制度向市场金融制度的过渡而发生的,它与金融全球化同时发生。

2. 发达国家的金融自由化和放松管制

金融自由化的产生一方面是为了适应跨国公司发展的需要,另一方面是金融创新的发展使得金融管制失效,金融当局不得不放松管制,加快金融自由化。

美国(1973 年)和德国(1974 年)最早放松了资本管制,英国在 1979 年放松对资本流动的管制,日本从 1980 年也开始逐步放松资本管制,法国和意大利在 20 世纪 90 年代时取消了对跨国投资的限制。1979 年,英国取消了妨碍国际资本自由流出或流入的一切限制。美国 20 世纪 80 年代放松利率管制,90 年代撤销商业银行跨州经营限制。1984 年,日本给予了美国银行进入许多东京金融市场(包括承销政府债券)的权利。1986 年,日本的三家最大的证券公司获准在美国承销美国国库券[1]。

上世纪末以来,以证券形式持有其大部分资产的机构投资者(例如养老基金、人寿保险公司和共同基金)大量出现,使得传统的银行业务受到了明

---

[1] 赵京霞:"世界金融变革中的跨国银行",《国际贸易问题》1999 年第 9 期。

显威胁,银行一类吸收存款机构的重要性开始下降。20世纪80年代初开始,在银行等存款机构的压力下,美国、日本和法国等国家逐步放松了本国金融机构从事金融业务范围的限制,允许银行将发行可转让债务工具作为增加资金的手段,以便扩大放贷能力和增强金融基础。银行业务结构的变化使得存款吸收机构和机构投资者的功能发生了交叉,并加剧了金融机构在吸收存款业务与证券业务(包括证券的发行和交易及资产管理)之间的竞争。银行和机构投资者的业务重合在国际市场上比国内市场发展得更为迅速,由此直接推动了国际资本流动证券化的发展进程。

3. 发展中国家的金融改革和对外开放

20世纪70年代以来,以拉美国家为代表的发展中国家首先进行了以金融自由化为核心的金融体制改革,拉美国家的金融自由化具有典型的激进特征。南锥体国家实施的金融自由化主要包括:(1)实行利率市场化;(2)取消定向贷款;(3)降低银行储备金比率。拉美的第二次金融自由化始于80年代末或90年代初,此次实施金融自由化的国家不再限于少数,而是几乎遍布整个拉美大陆。除南锥体国家在70年代采取的措施以外,此次金融自由化还采取了对国有银行实施私有化、积极引进外国银行的参与及加强中央银行的独立性等措施。

除个别国家,东南亚国家的金融自由化主要采取渐进式的自由化战略。尽管东南亚国家金融自由化的具体措施略有不同,但各国金融自由化改革均以放宽政府管制,开放金融市场,加速金融国际化为特征。从金融自由化的内容来看,东南亚国家的金融制度的演进大致经历了如下六个阶段:(1)逐步放松了对利率的控制;(2)为加强金融领域的竞争,取消了一些金融领域准入限制;(3)减少了政府对金融机构包括银行和非银行金融机构干预,在日常经营和资产管理方面给了这些机构更多的自主权;(4)改变了传统的金融分业经营方式,使金融机构向综合化方向发展;(5)放松了对外汇交易的限制;(6)使资本跨国流动更加自由[①]。

4. 国际经济组织推动

关税与贸易总协定及其后的世界贸易组织、国际货币基金组织和巴塞尔委员会等组织及其规定是金融全球化的制度基础。这些国际组织为开放

---

① 陈柳钦:"金融自由化在发展中国家的实践及中国的金融开放",《南都学坛(南阳师范学院人文社会科学学报)》2006年第3期。

商品和金融市场,促进货物、服务、资本流动和知识产权保护提供了稳定的多边协调机制。而世界贸易组织的"金融服务协议"将金融领域的开放作为加入 WTO 的重要条件,进而大大促进了各国金融业务和机构的跨国发展。①

巴塞尔协议是迄今为止对国际银行业发展产生影响最大的国际协定之一。协议实施以来,国际银行业的资本充足水平明显提高。该协议以统一的计算方法和标准打破常规,从银行资本值及资本/风险资产比率的角度评价银行的实力和抵御风险的能力,即由重视资产总值到重视资本与资产比率、由扩张性的银行发展战略转为更谨慎的经营、由注重银行的盈利性到较多的考虑流动性和安全性。巴塞尔协议有助于国际银行业在平等的基础上进行竞争,为国际间银行监管和协调提供了极大方便,促使发展中国家根据巴塞尔协议监管本国商业银行,确保国际银行体系在国际债务危机和金融风潮中平稳顺利运营。

> 金融国际化的现实原因

1. 金融领域膨胀的现实根源

金融领域仍然是依靠投资和劳动要素所创造的财富而生存的。金融交易者通过金融投资增值的资本以及他们通过不同类型金融资产实现的套利始终是从生产部门产生的,只不过它们开始采用由商品和服务的生产和交换的机会来决定的收入形式。在这种情况下,这些收入中的很大部分就被金融领域所攫取并转移其中,成为这个领域的利润。只有在这种转移发生之后,许多造成金融资产名义数量膨胀的大量虚拟增值的过程才得以在金融内部封闭的领域中形成。

向发展中国家提供的贷款最先创造了在同时期内大规模转移财富的机制。欧洲美元市场对"石油美元"的回收使经合组织国家通过迅速增加出口克服了 1974 年的衰退,但是"石油美元"的回收也使众多发展中国家在长达 20 年时间里背负了沉重的债务。而银行集团向这些国家提供贷款的利息又被转移到发达国家的金融机构,金融领域因此而得到加强。

债券市场的形成、国债"证券化"以及经合组织国家预算中国债部分的迅速增加,标志着上述从遥远的债务国家攫取和转移财富的最重要的机制,

---

① 王子先:《论金融全球化》,经济科学出版社 2000 年版,第 27 页。

开始转变为发达国家通过直接税和间接税中转的机制。金融领域的部分增长首先归因于形成为工资和薪金的收入或农民和手工业者的收入,然后是国家通过税收渠道予以征收并以支付利息和偿还本金的名义转移到金融领域的财富流量。

世界范围内的有193个国家,使用的货币有164种。在全球范围内从事贸易和金融活动的个人、企业、政府机构必须将本国货币兑换成其他国家货币,才能在全球经济活动中获得一席之地。由此引起外汇市场蓬勃发展①。在20世纪70年代以前,外汇市场交易还是很小且缺乏专业化。在布雷顿森林体系崩溃以后,外汇交易市场发生了根本变化。1971年,美国单方面终止了美元与黄金之间的自由兑换。1973年,美国和其他国家承认并开始实施浮动汇率制度。浮动汇率制度、国际贸易发展和国际资本流动增加引起外汇市场交易迅速增长。欧元诞生减少了原有欧洲国家的外汇交易需求。1998—2001年欧洲外汇市场交易额下降了14%。世界范围内的金融机构合并也会通过减少银行间拆借需求而降低银行外汇市场交易规模。1995—2002年,参与外汇市场交易的银行数量从2 417家下降到了1 945家,少数银行在外汇市场上占有较多份额正成为一个重要趋势。

2. 国际贸易与对外直接投资的发展要求

金融国际化高潮一般出现在世界经济快速增长和国际贸易快速成长时期。金融国际化不断发展与日益扩大的经济全球化的广度和深度有关,其背后有深刻的制度原因,其中首推经济全球扩张。经济全球扩张,从供给和需求两个方面刺激了金融国际化发展。经济全球化提高了新兴市场经济国家的出口需求,出口增加改善了这些国家的信用水平,有助于建立国内外银行的长期合作关系,便利了长期资金融通。出口增加有利于这些国家国内经济扩张,促使其投资和需求增加,因而对国际范围内的资金需求显著增加。

国际商品贸易的不平衡发展产生了经常项目顺差和逆差。顺差国拥有了较多的外国货币,对外投资能力得以增强。国际借贷活动则与世界经济增长几乎是同步进行的。通过为国际贸易提供结算等各种服务,银行对国际市场的熟悉程度显著提高,进而推动了银行部门的对外借贷活动。比如,

---

① Desai, Mihir A., 2005, *International Finance: A Casebook*, John Wiley & Sons, Inc., pp. 7-8.

1924—1929年,国际贸易受到了严格限制,国际资本流动也受到了不同程度的影响;20世纪90年代,多边和区域贸易自由化安排不断深入,发展中国家单边贸易自由化和GATT乌拉圭回合谈判,以及各种自由贸易区协定等,极大地推动了国际贸易自由化进程,国际资本流动也因此出现了第四次高潮①。

随着生产力的提高,企业所面临的生产与市场的矛盾日益突出,为了获取更廉价的原料和更广阔的销售市场,发达国家企业产生了对跨国直接投资的需求。而发达工业化国家企业的要求正好也满足了经济落后国家对于"适用"技术的需要,因而跨国直接投资得到了飞速发展,进而跨国公司对于金融国际化提出了要求。第一,实力雄厚的跨国公司在资本循环周转过程中,必然存在大量的、暂时闲置的资本。由于资本追逐利润的本性,跨国公司必然不会允许大量资本闲置,而是努力寻求机会将闲置资本投入货币市场以赚取利息。因而必然要求有一个能吸收这些闲置资本的货币市场。第二,跨国公司在进行投资的过程中往往需要筹集大量的资金,因而需要一个能经常为其提供大量贷款的货币市场。第三,跨国公司进行的多为国际贸易与投资,其营业额中很大部分在国外实现,必然产生大量的外汇头寸,因而要求有一个可以存放这些外汇头寸的市场②。总之,随着对外直接投资的不断发展,跨国公司在世界经济中的作用越来越大,对金融国际化有了更高的要求,从而促进了金融国际化的发展。

3. 科学技术进步

金融国际化得到了技术进步的全力支持。国际资本流动高潮一般出现在世界范围内技术革新改善了国际交通通信手段时期,以及金融创新活动快速发展时期。

硬件技术进步降低了投资活动的跨国通信成本,有利于实现大规模数据瞬时跨国传输,缩短了信息处理时间,有利于投资者适时获取世界范围内

---

① 国际借贷活动往往由政府出面,政府在其中发挥了很大的作用。比如,英国向殖民地国家的贷款,德国、法国和美国联手干预拉美国家国际贷款偿还合同,以及20世纪80年代拉美债务危机期间,美国政府对辛迪加贷款的鼓励,都明显带有政府色彩。20世纪70年代初期,发达国家和部分发展中国家纷纷实行资本流动自由化改革。冷战结束以后,许多国家实施鼓励私人资本跨国流动的政策,进一步放松了金融市场管制,减少或取消了许多限制资本自由流动的措施。这些都有利于投资者选择最中意的国际投资方式。

② 姜波克、徐蓉:《金融全球化与风险防范》,复旦大学出版社1999年版,第57页。

的投资信息,提高投资者对投资活动的控制能力降低资本跨国流动风险,尤其是降低了投资者在新兴市场经济国家的证券投资风险。电报、电话、大西洋海底电缆加快了19世纪的国际资本流动发展进程,微处理机和光导纤维在通讯方面的运用促进了20世纪的国际资本流动发展进程。20世纪80年代到90年代的人造通信卫星、大型电子计算机、微型电脑以及网络的应用,为资金和信息的全球转移提供了便利的手段,极大地提高了全球证券市场的紧密联系程度,是这一时期国际股票投资迅速发展的重要推动力量。

金融工具日益电子化,使银行、证券公司、保险公司等金融机构和投资者在金融交易操作上十分便利。电子计算机和现代通信技术的普遍应用,不仅大大提高了经济信息的处理能力和传播速度,而且使各种信息可以迅速传递给世界各地的参与者,过去相互分割、封闭狭小的金融市场由此连成一体。电子技术的应用不仅联系了世界各金融交易市场,还使金融交易规模大为扩大,从而促进了金融全球化的发展。到20世纪80年代中期,60%的跨太平洋外汇交易、50%的跨大西洋外汇交易已是通过通信卫星完成的。

金融创新　金融创新是指金融领域内部通过各种要素的重新组合和创造性的变革所创造或引进的新事物。主要包括:国际金融市场范围的拓展和市场形态的创新;资金融通和金融中介技术的创新;金融交易工具和金融服务品种的创新①。

20世纪80年代初爆发的国际债务危机对国际资本流动证券化提出了现实要求。20世纪80年代初期发展中国家爆发的债务危机,使西方商业银行蒙受了巨大损失,并使这些银行对国际贷款持异常谨慎的态度,导致跨国银行借贷活动迅速缩减,代之以债券融资。频繁爆发的国际债务危机使国际投资者认识到,证券形式的国际投资活动,其流动性和收益率均优于国际直接投资,更优于信用贷款,为了满足投资者这一需要,国际证券市场的金融创新步伐大大加快,不断涌现出全新的金融工具。金融工具创新在降低利率、汇率和信用风险的同时,使各国金融市场之间的利率差异也趋于缩小;国际金融证券化,不仅加强了资本市场和外汇市场之间的联系(如有的债券在发行时就附有货币转换期权,到期时可转换成其他货币债券,从而将

---

① 姜波克、徐蓉:《金融全球化与风险防范》,复旦大学出版社1999年版,第84页。

资本市场和外汇期权市场联系在一起），还促进了发达国家和发展中国家之间的联系。

金融创新使金融衍生产品得以产生并获得了飞速发展。金融期货、金融期权和股指期货等金融衍生产品，在20世纪70年代产生以后，很快就被应用到全球金融市场方面，成为投资者重要的避险工具，推动了国际证券投资发展进程。在1997年，仅仅是有组织的金融市场上的金融衍生品余额就有1.5万亿美元，其交易额高达25万亿美元。金融创新的一个标志是出现了大量的专业性金融中介机构。19世纪90年代前后，出现了大量参与国际资本流动的金融中介机构。这些中介机构负责搜集投资信息，向投资者提供借款人资料，监督代理人投资执行情况，抵制资本流入国引资主体不良的投资行为。比如，商业银行在境外设立分支机构促进了国际银行贷款的发展，有关跨国投资的专业出版物和信用评级机构的出现降低了国际资本流动过程中的信息不对称程度。

第五节 金融国际化的影响

金融国际化对全球经济影响很大。金融国际化一方面优化了全球金融资源的配置，有利于全球经济的发展，另一方面也给世界经济的发展带来了很多负面影响：金融国际化风险很大，1974年至1999年，全世界共发生117次货币危机，而且后果越来越严重，影响范围越来越大。金融国际化对世界经济的影响可以从两个层面进行分析：首先从世界范围内来考察，即金融全球化对世界经济的影响，包括金融全球化的实际经济效应、金融全球化加剧了对实体经济的控制、金融危机的频繁发生；其次从国别层面来考察，包括金融国际化与国家自主权的丧失、金融国际化对发达国家的影响、金融国际化对发展中国家的影响。

> 金融国际化对世界经济的影响

1. 金融国际化的实际经济效应

金融国际化既是经济全球化的一个重要组成部分，又是经济全球化深入发展的必要条件，金融国际化与经济全球化存在着唇齿相依的密切关系。金融市场国际化促使全球经济的联系更加紧密：全球性金融中心、地区性金融中心和大批离岸金融市场构成了全球性的金融网络，使各国的经济和金融活动紧密地联系在一起。24小时不间断运行的外汇市场提供了货币交易的国际机制,而这种货币交易是跨国经济活动的重要基础。日益证券化的国际资本市场使发达国家的资本供给和发展中国家的投资机会得以连接,形成了资本有效配置的国际机制。在国际金融活动中,制度、政策和货币的障碍越来越小,有力地推动了经济全球化进程。

金融交易国际化推动经济全球化深入发展:金融交易的自由化和国际化正越来越显示出金融业在经济全球化中的枢纽作用。贸易自由化是经济全球化的先导,跨国公司的生产一体化是经济全球化的更为深刻的形式,金融国际化既是贸易自由化的结果,又是生产跨国化、一体化的基础。因此,金融国际化在经济全球化中发挥了承上启下的作用,金融交易国际化作为金融国际化的核心,推动了经济全球化的深入发展。

金融服务自由化丰富了贸易自由化的覆盖范围:全球化的世界经济由贸易自由化、生产一体化和金融国际化三方面的内容交融组合而成。代表贸易自由化的乌拉圭回合谈判不仅包含贸易自由化的内容,而且还涵盖了金融服务业自由化的内容。尤其值得注意的是,金融服务贸易总协定已经达成,建立一个消除金融服务领域国家障碍的新体制被提到议事日程。可以预见,在国际金融中建立一个类似于国际贸易的自由体系,将成为国际社会的下一个目标。

金融机构全球化支撑了生产一体化的持续发展:跨国银行和其他跨国金融机构是金融全球化的微观基础。金融机构的跨国经营不仅仍然是国际贸易持续扩张的金融基础,而且更是跨国公司全球化运行的坚强后盾。20世纪90年代以来,全球范围的大规模兼并收购与金融机构的全球化筹融资安排能力、国际范围的信用支撑能力直接相关,而这一轮以强强联手为特征的大规模跨国并购浪潮明显带有构筑一体化生产网络的动机。

金融衍生产品加大了对经济全球化的双重影响。金融衍生产品自20世纪70年代初问世以来呈现出蓬勃发展的势头,成为金融创新推动金融全球化发展的主要方式。金融衍生产品推动了国际金融市场的发展。金融衍生产品交易所提供的远期价格信息,对国际投资、生产、贸易和金融,均发挥了重要的导向作用。金融衍生产品交易也为投资者提供了避险工具,有利于稳定投资者的预期,从而有利于稳定国际金融市场。同时,作为转移风险工具的金融衍生产品也可能被用作投机工具,从而危及国际金融乃至整个世界经济的稳定。国际证券投资的大量流入会造成股票市场短期繁荣,因为财富效应,甚至会降低国内储蓄率。

2. 金融国际化加剧了金融部门对实体经济的控制

金融国际化产生了新的资本积累模式。这种积累模式完全由债务国家对金融资本的负债水平和由此而产生的永久性实际正利率以及交易大户通过金融市场对债务国家经济政策施加压力的手段支配。经合组织各国政府把国民生产总值相当可观的部分(预算开支的 20%,即国内生产总值的 3—5%)转移到持有国债的金融资本手中,从而使金融资本成为永久性实际正利率制度的受益者。正是这种状况导致经合组织国家陷于一种恶性传动机制:它们以经济均衡和紧缩名义同预算经济所作的斗争由于内部和外部的并合效应而使它们陷入衰退。美国经济和社会某些部门的繁荣,在很大程度上归因于美国金融部门所具有的实力和规模,归因于美国电信和传媒等部门的企业和社会集团从美国在世界金融占据的中心地位中得到的好处。

金融机构是向市场金融、自由化和放宽管制过渡的最大的受益者。它们是退休基金、共同基金,其资产数额远远超过了迄今为止世界金融体系中的所有其他参与者。共同基金可在基金来源国以外的国家投资和几乎不受限制,它通过在董事会确立新的原则起到改变企业内部关系的作用。债务市场的建立和放宽管制使大工业集团可以直接进入金融市场。它们在金融市场进行短期和中期证券投资而不必通过银行。由于它们同时掌握流动资本和金融交易的经验,因而成为第一流的交易人。它们利用一切可能的机会,在汇兑市场或金融衍生产品市场上攫取纯金融利润(有时也遭受重大损失)。这对大企业集团内部组织和管理以及投资取向产生了多方面影响。

金融国际化所产生的经济和社会影响远远超出了金融领域。它们涉及支配剥削劳动力的整个机制(雇佣弹性、劳动持续时间和强度)和收入的分配。主要工业和金融大国之间关系的某些改变以及技术方面(信息技术、控制技术和因特网等)的重要变化造成的特定环境引起的货币特性本身的发展,似乎危害了一切旨在促进积累所要求的最低限度的宏观经济稳定的努力。

3. 金融国际化与金融危机

金融冲击和突发事件以及真正的金融危机,都是金融自由化和全球化的产物。世界金融积累方式以及金融全球化的"不均衡"和"不完全"特点加剧了金融脆弱性和全球金融系统风险。比如,1987 年华尔街股市危机、1994—1995 年墨西哥金融危机,1997 年亚洲金融危机,2008 年美国金融危机,2010年欧洲主权债务危机,等等。与此同时,20世纪30和40年代改革建立的世界范围内的联合干预机制,在一定程度上阻止了越来越脆弱的世界金融体系爆发更多的更严重的金融危机。

金融全球化实际上使"债务经济"得到了前所未有的飞速发展,金融的放宽管制实际上使货币权利机构对债务的追踪和评价变得不可能。我们看到金融、银行和非银行机构所谓"资产负债表以外"的活动大大发展,金融衍生产品市场上的合约(这类活动使巴林银行在新加坡、中国香港和东京衍生产品的运作中走向破产)只是其中的一部分,此外还有许多风险巨大的投资没有反映在资产负债表中,但是一旦这些投资收不回来,就会增加债务负担。

金融投资者从未满足于金融自由化:在他们来到一个国家之前,他们需要效益和安全保障,这必然要求当地货币与某一主要国际货币挂钩,至少要有某种与某一主要国际货币挂钩的固定汇率。一旦美元汇率再度增值,这种挂钩自然引起资本流入国家贸易平衡恶化。巨额外资流入可以支撑高速增长,它们的撤出则会引发急剧衰退。一些国家推进了金融自由化和市场开放,却难以实施有效的监控。盯住强势货币的汇率制度与比较优势的不同步变化,造成国际收支严重不平衡。比如,受东亚金融危机冲击,许多国家的国内生产总值下降5%—10%,货币贬值30%—50%,债务增加数倍,并从货币金融危机转为社会经济危机,个别国家甚至出现政治动乱。建立对金融风险的预警和防范机制,加强国际社会之间宏观经济政策协调,特别是货币汇率机制的合作,成为应对金融全球化发展的重要课题。

金融国际化的国别影响

1. 金融国际化与国家自主权的丧失

集中在基金管理者手中的巨额资金流的多样化管理分为两个层次:一是分散投资于各个国家不同的金融市场和证券交易所,二是分散投资于各种不同类型的债券。基金管理者归根结底追求的是最好的收益。它不断地把一种货币倒换成另一种货币,把一个企业的债券倒换成另一企业的债券,把一国的国债倒换成另一国的国债;它紧跟货币市场行情,密切注视各国利率变化和交易所证券市场的价格及收益状况。

套利与投机之间没有明显的界限。在当前的国际经济中,获取他人劳动成果的部分机制建立在证券市场上,投机也就成为追逐最佳收益的不可分割的一部分了。金融自由化使各国事实上被迫服从"市场"的制约,经验还证明各国政府在工业政策方面失去了很大一部分、甚至全部自主决策权。

20世纪90年代的经验表明,最有可能受外来冲击影响的国家,是那些在外来及本国金融买办垄断的压力下,同时实行贸易与直接投资自由化和金融自由化的国家,因为这些国家最为严重地同时受到来自金融领域和实业领域双重矛盾的牵制。贸易平衡的恶化既是贸易自由化又是金融自由化的结果。20世纪90年代初,拉美国家都曾面对大量涌入的外国资本。

2. 金融全球化对发达国家的影响

从总体来说,金融全球化是有利于发达国家经济发展的[①]。发达工业化国家利用其先进的技术、丰富的资金等资源在发展中国家投资建厂,不仅获得了廉价的劳动力、原料等资源,还拥有了更为广阔的市场,为其产品在世界的垄断提供了有利机会。通过国际转移,将这些高利润转移回母国,极大的提高了本国的福利水平。此外,通过对外间接投资,分享发展中国家经济发展的红利,也提高了本国国民的福利水平。当今的金融全球化仍然是发达国家所主导的,其运行规则仍然更有利于发达国家,因而从制度上也保证了发达国家在金融全球化中获取更多利益。

同时,由于金融全球化也带来了金融危机传播途径的全球化,使得发达国家也不能置身于金融资本的冲击之外。源于美国次贷危机的金融危机席卷了全球40%的国家和地区,其中发达国家经济也受到了重创。这一事实明确说明,即使发达国家相对于发展中国家在金融全球化中受益更多,也无法在金融危机特别是源于美国这样的大国的金融危机中独善其身。此外,大量资本投资与海外市场也会造成国内产业空心化,造成国内失业率大幅上升,不利于国内社会安定。

3. 金融全球化对发展中国家的影响

金融全球化促进了发展中国家的经济发展。金融全球化使得发展中国家经济发展过程中的国内投资和对外贸易外汇缺口得以弥补,获得了充足的国际资本,从而促进经济的发展。同时伴随着国际资本流动的还有有形资本的形成、人力资源的开发、技术知识的转移、市场的开拓和对外贸易的发展,从而给发展中国家经济发展提供了巨大的推动力。此外,金融全球化使发展中国家金融机构和非金融机构参与到了全球的竞争,使得其在竞争

---

① 弗朗索瓦·沙奈:《金融全球化》,中央编译出版社2001年版,第7页。

中提升金融服务质量、进行金融创新,从而推动了发展中国家金融体制的改革和金融结构的调整,为其经济的长期发展提供了必要的保证①。

金融国际化加快了资本特别是短期资本流动速度,大规模的资本抽离会给发展中国家原本不成熟的金融市场带来很大冲击,从而影响其金融市场的健康发展,甚至是引发金融危机,不利于本国和周边国家经济的长远发展。1997年的东南亚金融危机的爆发就显示出了金融全球化对发展中国家经济发展的不利影响;2001—2002年经济危机刚结束时,阿根廷的失业率高达20%,人均收入比1998年下降了18%②。

思 考 题

1. 简述金融国际化的内容。
2. 简述金融全球化的形成原因。
3. 金融创新为什么有助于金融全球化发展?机制有哪些?
4. 金融全球化对实体经济又哪些影响?
5. 金融全球化下的金融危机有哪些新的表现形式?
6. 比较金融国际化对不同类型国家的影响差异。

本章参考文献

1. 姜波克、徐蓉:《金融全球化与风险防范》,复旦大学出版社1999年版。
2. [美]弗朗索瓦·沙奈:《金融全球化》,中央编译出版社2001年版。
3. [美]弗雷德里克·米什金:《下一轮伟大的全球化——金融体系与落后国家的发展》,中信出版社2007年版。
4. 陶君道:《国际金融中心与世界经济》,中国金融出版社2010年版。
5. 田素华:《外资银行在东道国的信贷偏好》,复旦大学出版社2010年版。

---

① 戴相龙:"关于金融全球化问题",《金融研究》1999年第1期。
② 弗雷德里克·米什金:《下一轮伟大的全球化——金融体系与落后国家的发展》,中信出版社2007年版,第7页。

6. 田素华:《国际资本流动与货币政策效应》,复旦大学出版社 2008 年版。

7. 王子先:《论金融全球化》,经济科学出版社 2000 年版。

8. 张幼文、干杏娣:《金融深化的国际进程》,上海远东出版社 1998 年版。

9. Desai, Mihir A., 2005, *International Finance: A Casebook*, John Wiley & Sons, Inc.

10. Nelson, Mark, 2001, *International Macroeconomics and Finance: Theory and Econometric Methods*, Blackwell Publishers.

第二十九章　资本主义经济危机新解

二次世界大战后,西方主要经济体广泛施行了宏观需求调节政策,各国的景气程度波动幅度有所下降。以美国为例,其间的大小十余次衰退,从波峰到波谷的 GDP 跌幅多在 3% 以内。反观 19 世纪 30 年代至 20 世纪 30 年代古典资本主义时期美国所经历的各次衰退所演变成的危机,该跌幅常接近 30%。因此,许多学者曾经认为,由于政府看得见的手的有效调控,资本主义经济危机发生的可能性已经很小。但是,2007 年底美国的次贷风波引发的一轮金融风暴,出人意料地把全球经济拖入了大萧条以来最严重的经济危机,这使人们不得不对资本主义宏观经济运行的动态特征进行重新审视。

第一节　世界经济宏观联系的新特征

战后数十年间,资本主义世界在美国带领下相对稳定地运行。由于市场机制健全,微观主体激励相容,经济效率普遍较高。而社会主义经济体的计划经济则遭遇了整体危机,并在 20 世纪 90 年代,全面退出历史舞台。自此,世界有了真正的全球市场,经济全球化在各个领域向纵深发展。世界经济也因此经历了一个快速发展的时期。

实体经济一体化　二战结束后,资本主义世界在美国的带领下,加强了国际宏观经济政策的协调,经历了一个长期稳定的发展时期。运输技术、通信技术和市场制度的完善,极大地降低了国际经济交往的交易成本,使得全球范围的生产过程一体化成为可能。上世纪 80 年代起,中国和前苏东欧等转型国家、东亚发展中经济体、拉美和非洲新兴市场经济体也在此过程中越来越多地加入到世界经济分工体系中,成为了新的增长极。国际贸易和国际直接投资的快速发展，使得发展中经济体在进入世界市场的同时获得了先进的技术，从而得到了前所未有的发展机会。在此期间，发达国家的景气程度也始终维持在一个较高水平，直接导致新兴经济体外向型部门的需求增加。而发展中国家的快速发展反过来也给发达国家的资本等要素提供了高回报机会，高端资本品和高技术产品也找到了增量市场。这种正向的互动效应在最近20年特别明显，其中以中国的对外开放过程中体现得最为明显。有些年份外需贡献了中国GDP增量的一半以上，而中国也成为外国FDI的乐土。由于全球化带来的实体经济联系益发紧密，各国经济的同步性有所增强。其中，尤以发达国家对发展中国家的传导更为明显。

> **金融资本逐利全球**
>
> 20世纪70—80年代，多数发达国家逐渐取消了资本管制措施。全球范围的私人资本流量在布雷顿森林体系解体后明显增大。伴随着全球实体经济联系的加强，各经济体间金融联系也逐渐密切，其中以发达国家向发展中国家的单向流动为显著特征。

在1980年代，拉美国家的经济前景看好，大量的美国资本流入其中，并投资于长期收益偏低的政府项目。之后经济环境恶化，拉美国家的债务变成了美国金融机构的不良资产，几年内演变为拉美债务危机。欠钱不还当然不对，拉美国家头上从此多了个紧箍咒，而且之后在国际资本市场上的融资成本大增，导致拉美国家的经济发展举步维艰。1990年代，亚洲四小龙和四小虎等新兴经济体的外向型经济快速成长，它们通过国际贸易获得比较利益，也通过开放资本市场吸引国际资本获得了未来更多的发展机会。但是，这些经济体的国内要素市场相对浅薄，在资本集中流入时，流动性泛滥导致国内要素价格上升使其本币的实际汇率快速升值，实体经济的竞争力很快就因此捉襟见肘。紧接着，经济前景由盛到衰。投资者因此普遍预期到投资回报将快速下降，资本又集中地流出。而这时，包括钉住汇率制度安排、国内金融机构资产债务的货币错配和期限错配以及央行最后贷款人能力的缺失等等新兴经济体的金融弱点都凸显在投资者面前。泰国、印尼、菲律宾和韩国等地的货币危机和其后引发的金融危机因此而不可避免。1998年的亚洲金融危机把多数东亚经济体拖入了经济衰退的深渊。而之后，以IMF为代表的国际社会对危机国家开出了以紧缩为主基调的拯救方案，亚洲许多经济体为走出危机付出了极大的代价，经历了极为痛苦的复苏过程。

全球失衡

进入新世纪,以东亚为主的新兴经济体痛定思痛,为使危机不重演,他们只有通过省吃俭用的办法快速积累属于自己的财富,但求自保。国际资本市场向来多锦上添花而少雪中送炭,东亚新兴经济体没有太多的自然资源,只能拼命储蓄创造经常项目顺差并积累大量的外汇储备以防不时之需。1990年代早期,全球贸易赤字的GDP占比不到1%,到了2006年,该占比达到了6%。以美国为首的发达国家长期经常账户赤字,而以中国为代表的东亚发展中经济体则积累了巨额的经常账户盈余。此所谓全球失衡。

从近现代史考察,许多大事,多是由先前的重大事件所引发的。"事件-应激反应-事件"因果链有时体现了一种动态效率,比如中国的开放与世界经济的联系就是如此。但近三十年国际资本市场中发达国家与发展中国家之间的金融联系主流却是受制于这种因果链的动态低效。拉美债务危机和亚洲金融危机使亚洲和其他地区的发展中经济体拼命存钱,而美国这个主要储备货币发行国就只好顺水推舟地借钱了。在2002年至2007年,发达国家的债务/收入比上升了39%至138%的历史高位[1],流动性泛滥成为一个全球普遍现象。全球资产价格虚高,市场风险急剧增大,金融系统的动态稳定性因此减弱。

新兴市场经济体通过国际贸易和国际直接投资参与了国际分工,给全球经济注入了前所未有的活力。但与此同时,在经历了债务危机和货币危机后,新兴经济体的集体应激反应使得世界范围国际收支失衡并导致流动性剧增。增加的流动性酝酿了全球范围的资产泡沫。在美国等发达国家,这些泡沫最终破裂直接引发了金融风暴。可以说,在当今的世界市场中,由于广泛的尤其是金融领域的相互联系,没有哪个经济体可以独善其身。金融领域的相互间动态联系很多时候还表现为时间顺序上的此一时彼一时,不一定完全同步。比如,拉美债务危机和亚洲金融危机的负面效应并没有太多的传递到发达国家。但是,以发达国家为源头的金融风暴则无所不至,其直接导致了一场全球危机,也深刻地改变了历史进程。在经济全球化的今天,了解各个经济主体间,从居民、企业、金融机构直到国家的金融动态关系是研究经济周期或者经济危机机制的路径。

---

[1] Economist, Sep 14th–20th, 2013, p67.

第二节 金融市场的动态不稳定性

金融资产因其流动性优势在资源配置和风险分配方面的效率较高,在现代市场环境下,其存量快速增长。但其估值依赖于与之相关的现金流的预期净现值,与一般商品的成本加成有很大区别,更多地受投资者心理预期影响,表现为变化快速。同时,资本市场相对于商品市场的一体化程度更高,牵一发而动全身。很多时候,一个金融机构出问题,就会引发整个市场的崩溃。就动态特性而言,整个金融系统有时表现得很脆弱。2008年9月15日,雷曼兄弟公司破产就是本次危机的节点事件,其所产生的多米诺骨牌效应几乎拖垮全球的金融体系。

【金融杠杆加大】 20世纪90年代初,美国民主党政府推行了一个居者有其屋的政策。具体落实在放低购房者的信用门槛,低收入者常可以零首付地拥有自己的住房。甚至当住房升值时,升值部分的市值还可以拿到银行去抵押换取现金流以满足住房所有者当期的超出收入水平的消费。当然,一旦房价下跌,银行因此将面临大面积的坏账。银行为了分散其贷款的风险暴露,它们先把几百上千个贷款合同组成资产包然后通过所谓结构化技术变成债券(CDO)①,意图通过把偶发的个别风险预提损失以减少不确定性,从而降低要求的风险溢酬并最终降低融资成本。其后,它们又去雷曼兄弟、美林和AIG等投行和保险公司购买对应的保单(CDS)②。一般情形下,CDO中的贷款坏账因个别人的违约事件发生(源自住房所有人失业或其他个别的不可抗力),最坏也不过因为个别城市的房价下跌而导致局部违约高发,而绝不会整体抱团发生。加之当时的资本市场正处于战后最平稳的阶段,资产价格波动较小,所以涉及期权的CDS的费用也不贵。雷曼兄弟等投行基于上述背景开出了大量的相对廉价的CDS空头,也挣了几亿或几十亿美金。而2000年以后的美国,宏观经济前所未有的乐观,一边经济增长较快,另一边由于新兴经济体廉价出口品的传导效应使得通胀压力很

---

① CDO 为债务担保证券(Collateralized Debt Obligation)的简称。
② CDS 为信贷违约掉期(Credit Default Swap)的简称。

轻。同时,格林斯潘为首的美联储认为信息通信技术所带来的新经济导致的实际生产力的提高不会推升商品和要素价格,因此长期维持了较低的利率水平。低利率环境则使住房在内的几乎所有资产价格大幅上升,由此导致的财富效应促进了消费,却进一步降低了储蓄。更要紧的是,这个阶段的利率不但低而且相对稳定,导致投资者愿意提高融资杠杆以获取貌似稳定的超额收益。如此循环,整个经济的负债/收入比逐步升高。然而,由于各种资产价格在同步升高,财务意义的负债率(负债/资产比)并未增长,但实质的金融杠杆在此过程中由于各种以证券化和衍生品为特征的金融创新增大到一个前所未有的水平。

金融市场中的正反馈回路

上述故事有一个隐含的逻辑,居民-银行之间构成了一个正反馈回路,在央行创造的低利率环境下,资产价格螺旋上升使得各主体拥有的金融资产不断增加。此时,另外还存在一个全球范围的宏观正反馈回路,中国、日本等东亚国家的通过贸易渠道积累的上万亿美元的外汇储备不断投入美国长期国债和两房债券进一步压低了美国的长期利率。2004—2006年间,在美国通胀抬头,格林斯潘连续提高联邦基金利率以收紧货币政策时,美国的长期利率却不升反降,形成"长期利率之谜",住房的持有成本也因此进一步降低。格林斯潘对此一筹莫展。这里又有一个比较松散的动态因果链,东亚为求自保积累储备导致全球流动性增加-长期利率下降-房价上升-(财富效应)-发达国家需求增加-东亚经常账户顺差加大-外汇储备进一步积累。类似的正反馈回路本身不具有动态稳定性,也是不可持续的。若在过程中,柔和地加入负反馈机制可使市场恢复平静;也有些时候,若放任其循环下去,加上没有最后贷款人这样的中流砥柱切断正反馈回路,金融系统会在很短的时间内崩溃。次贷引发的金融风暴是后一种情形的表现。

全球金融市场动态失稳

金融活动有时也叫作虚拟经济,表面看,其自成一体,一定程度上与实际经济活动脱钩。但虚拟经济不虚,在很多时候其通过在实际经济中提供融资和分担风险极大地促进了实体经济的发展。在前金融风暴,地产泡沫盛行时,其附带的财富效应也通过大量购买中国等发展中国家的制成品而给中国等新兴经济体的经济起飞创造了条件。

但是,也应该看到,资本市场的广泛存在的正反馈回路,给其带来了不稳定的动态特性。当2007年夏天,三家小对冲基金因赎回而抽提资金,市场突然发现流动性短缺。银根收紧导致房价开始下跌,房价下跌导致贷款违约上升,银行立即提高放款利率。融资成本的上升又使资产价格进一步下跌。之前稳定的低利率环境一夜之间变成了大幅变动的高利率环境。几乎所有按逐日盯市原则(mark-to-market)估值的债权和股权资产均发生了大幅贬值,而CDS这类期权类资产的价值则大幅上升。一圈一圈的负向动态正反馈开始了,而且表现得比之前正向上升期更为剧烈。若此时雷曼兄弟等投行的保单(CDS)有能力补偿银行的资产损失,正反馈就会终止,系统就会重新稳定。可惜,因近乎所有的贷款资产包(CDO)都出了问题,雷曼兄弟等自身当然没有能力面对几乎整个金融系统的投资损失,光AIG在伦敦的只有几十人的CDS部门就由于巨大的CDS空头亏了大几百亿美元。

而这时,美国政府和美联储做了一个存有争议的决定,任由雷曼兄弟破产。事后看,政府之后付出了比直接救助雷曼兄弟多得多的成本,对整个市场也干预得更多,才让业已崩溃的金融体系恢复稳定。因失去了最后贷款人这个系统稳定器,雷曼兄弟被迫破产本身给很多银行直接带来了巨额坏账,同时所有金融机构自己和对手都可能成为下一个雷曼兄弟,市场突然没有了信用,所有应收账款的市场估值一落千丈,许多银行处于技术破产的边缘。这时,实体经济所必需的流动性也在瞬间发生了枯竭。相对80年前的大萧条,传导机制由实体变为金融,由次贷危机引发的以雷曼兄弟破产为标志的美国金融风暴几乎没有任何时滞波及全球,欧洲的许多银行与美国同行同时(以分秒计)陷入困境。如果说,正向的正反馈机制在几年间慢慢地促成了资产价格泡沫,负向的正反馈却是在几天内就捅破了泡沫。金融系统动态失稳的破坏力在此充分显现。同时,泡沫的破灭也使世界几乎所有产业经济的资金链抽紧,经营无法维持,企业大量倒闭,工人集体回家,全球很快陷入了大萧条以来最严重的经济危机中。主要经济体的GDP多出现了负值,失业率大幅飙升。

隔了几代后,全世界又一次领教了经济危机。可以说,金融系统带有自我实现性质的动态不稳定性对当今全球经济的影响是致命的。金融市场的动态失稳是现阶段经济危机的直接原因。

第三节　资本主义经济危机的内在必然性

马克思告诉我们，经济危机是资本主义基本矛盾激化的必然结果。具体表现为个别企业的有组织性和整个社会的无政府状态的矛盾。这次危机的前世今生也证明了这一点。

> 金融市场宏观
> 管 理 缺 位

由于西方主要经济体政府的有效管理，宏观经济波动有所减缓，马克思有关资本主义基本矛盾的论断的现实性在近几十年有所淡化。2008年之后，马克思的论述又开始被引用。近年，发达国家尤其是美国的金融机构通过大规模金融创新有组织地逐利，所在国政府面对金融市场的新情况举止失措。这里，政府和其他宏观职能部门的管理缺位有些是显而易见的。由于涉及巨大的经济利益，银行等大资本又有很强的游说能力，政府常任其上下折腾兴风作浪。

早在1998年，美国衍生品主管部门（CFTC）的领导波恩（Brooksley Born）提出了加强柜台交易衍生品（OTC derivatives）管理的提议，但其他几个部门如财政部、联储和证券交易委员会的头立即想了对策，让提案悬置到波恩离职再议，最后当然没有了下文①。若当时采纳这位女性官员的意见，CDS就会接受与交易所产品类似强度的监管，就不会有之后的大折腾（金融风暴中没有一个交易所交易的衍生品合约发生违约事件）。不管出于何种目的，在有关新的技术和新的金融创新出现的时候，资本主义国家的政府通常的做法是采用市场友好的态度，让看不见的手自己摸索。从长远来看，这种政策取向鼓励了创新，可能是有利于社会进步的。但在短期的某个时点，过犹不及的结果会使市场动态失稳，这是所有自由放任所必需承担的概率后果。是否有可能在市场崩溃之前政府就及时介入，这是一个有待研究的主题。现在看来，美联储主席格林斯潘对房产等资产价格采取坚定的放任政策，始终不把资产价格作为利率调控的目标，应该是次贷危机的直接原因。抵押贷款的首付一再降低在事前就难以理解，该政策的必然结果就是一旦房价整体反转金融机构的财务状况将立即全面陷入困境。面对明显的

---

① 见 http://en.wikipedia.org/wiki/Brooksley_Born。

整体道德风险,监管缺位的逻辑令人费解。

有关危机可预防性的争论　金融风暴发生后的 2009 年,美国咸水派经济学家主将克鲁格曼(Krugman)向淡水派主将卢卡斯(Lucas)叫板,称经济学理论界应该为金融危机承担责任①。而卢卡斯的回应则相当淡定,居然说金融风暴本身就是市场的概率结果,搞经济学的甚至政府都可以对此免责。卢卡斯表达得冷酷但真实。只要有市场存在,尤其是流动性如此之强的金融市场,如果事前的监管要让其绝对稳定,那就没有了任何效率。所谓监管就是在静态效率和动态稳定之间找平衡点。若事前就过分追求稳定,那就不会有利润最大化的创新冲动,市场效率不会得到提高。倘若某些产品的动态不确定性过大,并且被大家所认知,之后在对应的点上设计狭窄但有效率的监管对策,才能在静态效率损失最小的前提下寻求动态效率的本质提高。这种逻辑应该不会因本次风暴而发生本质的改变。金融风暴之后,之前饱受争议的宏观审慎金融监管措施痛定思痛后正在被各国和国际监管部门所采纳。在可预期的将来,COD 和 CDS 应该不会再惹祸了。但只要资本主义市场存在,总会有动态失效,也就是价格上下波动找不到北的时候。从这个意义上,危机是不可避免的。倘若这时政府能够当好最后贷款人这样一个底线意义的角色,金融危机或者经济危机的负面冲击就是有限的。在这一点上,不救助雷曼兄弟是一个教训。在当今时代,危机由于资本主义基本矛盾始终存在,可能仍然是不可避免的。但政府一定可以比以往做得更多,尤其在危机已然发生之时。

经济危机的历史必然性　金融尤其是传统商业银行业务之外的直接市场在最近几十年充满了创新,是一个严格意义的新兴行业,在其发展过程存有曲折很正常。市场经济竞争的动态结果就是创造和毁灭的交替。金德尔伯格(Charles Kindleberger)通过研究金融危机史发现,金融风暴常在一个金融或技术创新出现后发生。比如南海泡沫就是在股市刚产生时出现;1929 年的金融危机则是在新的电气和运输技术被引入后发生的;2001 年网络股泡

---

① Economist, July 18th–24th, 2009.

沫破灭也是公众对新经济概念不切实际造成的。而近年的金融去规制化又是引发新一轮资产泡沫的土壤。市场在接受某种新的技术或金融工具时，常会有愿景，并进而引发非理性的外推预期。只有经历了一次毁灭后，世界才会客观地认识新事物，之后才会给出一个合理的估值，有关这种创新的市场才会健全起来。

20世纪20年代，苏联经济学家康德拉季耶夫（Kondratieff）指出，全球经济的长周期大约是50年。如果说，现代资本主义生产方式从19世纪末进入了钢铁、电力和重型工程为标志的第三康氏周期，以1930年前后的大萧条收尾。其后的以石油、汽车和大规模工业生产为标志的第四周期结束于1980年代的能源危机和滞涨时期。现如今的以信息和电子通信为代表技术的第五个长周期开始于上世纪80年代，可能已进入下行的半周期。在此所谓的长波的衰退期，实体经济的增长逐渐乏力，在新旧交替之时，金融经济的动态不稳定特别明显。熊彼特提出的创造性毁灭更直接地揭示了其中的动态逻辑。已经可以期待即将到来的第六长波期，那时的代表技术可能是纳米工程和生物科技。

除了康氏长波，更通常的经济波动来自固定资产投资周期，此所谓朱格拉周期（Juglar Cycle）；还有更高频的企业库存波动引起的基钦周期（Kitchin Cycle）。这些相对高频的周期完全可以用战后盛行的凯恩斯主义需求调节对付。几十年各国政府的看得见的手在这方面也确实得力。甚至在这次金融风暴到来时，各国政府与央行联手，通过扩大政府投资，向市场注入大量的流动性，世界经济因此没有进一步走向大萧条时万劫不覆的深渊。应该说，宏观经济管理在调节需求方面已经很称职了。但是，若是由于技术冲击造成的市场架构与之不匹配所导致的内生的系统不稳，这就是简单的需求政策不可承受之重。

> **经济危机与全球变革**

我们也应看到，财政政策和货币政策等需求管理政策在危机发生后防止实体经济崩溃的巨大力量。2008年下半年，各国政府立即启动财政扩张举措，美国的7 000亿中国的40 000亿都令人印象深刻，这些政策对于遏制危机蔓延，让全球经济恢复稳定起到了至关重要的作用。而货币政策的需求管理相对不如财政政策那么直接，但其对市场的影响可能更为深远。弗里德曼和舒瓦茨（Friedman and Schwartz）1963年对美国货币史做了深入考察后发现,危机时紧缩的货币是大萧条不断加重的根本原因。本次危机后各国央行通过大印钞票来缓和危机对实体经济的影响,美日等国的量化宽松(QE)政策在此有相当的效果。可以说,由于有了政府和央行强大的看得见的手,当今危机对全球宏观经济和整体福利的影响远远小于之前同等规模的经济危机。

美国货币政策的目标更是从通胀改向就业,这种凯恩斯转向对之后货币政策的影响将是长远的。战后货币政策的主基调是控制通货膨胀,危机激发的适度鼓励通胀的理论可能会把整个世界引向完全不同宏观环境。与此同时,金融风暴后,各国政府开始正视金融体系稳定的重要性,一些重要的发展中国家也开始参与到国际经济的全球协调工作中。G-20已经取代了G-7成为新的国际宏观经济政策机制,之前的发展中国家与发达国家相互缺少信任而造成的大规模失衡局面已经有所改观,全球动态稳定性有所提高,在可预期的未来,再次发生危机的可能性很小。

但是,只要世界经济体系的主流是市场经济,无论政府的政策如何到位,在动态意义下,市场始终稳定是不可能的。在常态,看不见的手是最有效率的;但在某些极端情形下,由于各种原因交易成本急剧升高,导致市场无法出清,危机就变得不可避免。就现代金融市场的而言,这种极端情形带有必然性。

思 考 题

1. 战后世界经济的宏观联系呈现哪些新特征?
2. 为什么金融市场有内在的动态不稳定性?
3. 为什么发达国家的政府和其他职能部门常不愿对金融市场进行严格的行政性监管?

本章参考文献

1. 米尔顿·弗里德曼、安娜·施瓦茨:《美国货币史》,北京大学出版社2009年版。
2. 查尔斯·金德尔伯格:《疯狂、惊恐和崩溃——金融危机史》,中国金融出版社2007年版。

3. 纳西姆·塔勒布:《黑天鹅——如何应对不可预知的未来》,中信出版社2011年版。

4. 王其藩:《系统动力学》,上海财经大学出版社2009年版。

第三十章 经济全球化最新发展趋势分析

全球化是当今世界经济的根本特点。这一篇的前面几章,我们阐述了市场经济全球化的概念动因、本质和基本特征,从贸易、生产、金融等方面分析了全球化的表现,评价了它正反两方面的效应。这最后一章,则要对全球化最新发展趋势做出正确分析和判断。

第一节 经济全球化的最新发展趋势

> 全球化的三大趋势

从全球化进程来看,我们总结出未来全球化具有三大趋势。一是金融全球化的发展趋势。自20世纪90年代以来,金融全球化明显加速,许多国家尤其是工业化国家的国外资产和负债都迅速地同时增加。原因在于:第一,始于20世纪70年代的金融自由化浪潮为资本自由流动提供制度便利;第二,信息技术革命降低信息处理和交易的成本,推动金融市场向一体化发展;第三,世界经济持续增长引起的金融资产尤其是流动性的增加。

二是实体经济全球化的发展趋势。实体经济全球化程度不断加深,原因在于:第一,在关贸总协定框架下,贸易自由化进程加速发展;第二,远洋运输业革命和信息技术革命大幅降低贸易的运输费用和交易费用;第三,地区性贸易协定增加,促进了贸易自由化进一步发展。实体经济全球化进程也发生了一系列结构变动:第一,产业内贸易取代了以前极为盛行的产业间贸易,并成为当今占据主导地位的贸易方式;第二,交易成本降低引起制成品生产活动分散化,跨国公司进行全球性的要素套利而形成世界性的网络化生产体系;第三,中间品贸易迅速发展,各国贸易依存度普遍提高;第四,中间品具有不可替代的性质,导致国际分工与中间品贸易的价格刚性;第五,由于贸易的交易成本降低,几乎所有国家都出现贸易品相对非贸易品比重不断上升的趋势。

三是金融全球化与实体经济全球化的不平衡发展。尽管在全球化过程中国际资本流动和国际贸易的发展都非常惊人,但是金融全球化与实体经济(即贸易)全球化在结构上却不对称。大量的资本流动发生在各个工业化国家之间,日本和德国是世界上最大的资本净流出国家,美国则是最大的净资本流入国。然而,贸易的地理格局却出现相反的变化。新兴市场经济体在世界贸易中的地位越来越重要,主要工业化国家所占的比重明显下降。国际金融与贸易的不对称趋势,导致国际收支赤字和盈余国家的分野,也出现了国际分工中专门从事实际生产与金融运作的国家的分野。这将成为世界经济发展的不稳定因素。

【全球化与世界经济的结构变动】

在全球化的背景下,IT技术革命导致信息化时代到来。全球化与信息化,极大地改变了世界经济增长的方式和格局,使得世纪之交的世界经济出现明显的结构变动。

世界经济增长主要采用两种竞争手段:一是低成本竞争;二是技术竞争。低成本竞争可以沿着两条路径展开:第一,根据本国要素禀赋,充分利用和发挥本国的比较优势;第二,积极利用信息技术革命的成功,提高劳动生产率,降低生产成本。另一方面,技术竞争的关键在于掌握的技术是否能够形成垄断。在上述竞争模式下,具有低成本优势的东亚国家和具有技术垄断优势的美国实现了高速增长;那些没有低成本优势和技术优势的国家,经济增长走向停滞,如欧洲、日本;而那些依赖出口自然资源的国家,其贸易条件不断恶化,不仅出现经济衰退,而且造成了严重的环境问题。

国际分工模式和全球资本流向发生改变。国际制造业大量向具有低成本比较优势的国家转移,例如中国;而研发以及知识性的产业活动则向美国为代表的具有技术优势的国家聚集。国际分工的变化,伴随着国际资本流向的改变。对外直接投资流向发展中国家,使其廉价劳动力的低成本优势成为现实;证券资本投资则流向发达国家,主要是美国,从而可以支持美国的技术创新活动。

【世界经济失衡】

在全球化背景下,世界经济形成新的国际分工和贸易格局,世界经济结构发生深刻变化。如果现有国际经济体系无法适应世界经济的结构调整,必将导致世界经济出现失衡。

1. 世界经济失衡的定义

我们首先对世界经济失衡的概念进行定义。首先,从短期看,经济失衡是一种由供求不平衡造成的市场无法出清的状态;其次,从长期内,经济失衡意味着动态不平衡,即在经济体系中存在一种内在的且具有持久性的阻碍经济趋于平衡的力量。那么,世界经济失衡可以表述为这样一种状态:或由世界供求关系不平衡造成的失衡状态;或由世界经济共同体内长期起作用的因素导致的世界经济的失衡状态;或兼而有之。

国家间要素流动的不对称、国家间谈判博弈中力量的不对称以及由此造成的国家间竞争力差异,使得世界经济的失衡问题日益严重。当今世界经济失衡,大致从以下五个方面考察:(1)世界经济增长的格局变化:中国与印度的崛起。中国与印度的高速经济增长必将打破世界经济的原始平衡,导致全球贸易和资金流向的巨大变化。(2)世界贸易格局的变化:中国成为世界贸易大国。(3)国际资本流动中的二元结构:国际直接投资与金融证券投资的二元分裂。当贸易和增长的天平倒向发展中国家,全球的资本流向却流向高收入国家。虽然流入发展中国家的资本有所增加,但不足以弥补发达国家与发展中国家资本存量的差距。这种新的失衡表现在,流入发达国家的金融证券资本与流入发展中国家的直接投资资本二元并存的结构性失衡,并且这种失衡在很大程度上是造成发展中国家处于低端加工制造的地位、发达国家处在资本运作和科技创新的地位之国际分工模式凝固化的主要根源。(4)全球人口流动与商品和资本流动的非对称性:劳动收入与资本收入走向背离。世界人口的流动性和流动规模远远低于贸易流量和资本流量,这种非对称性流动导致劳动收入与资本收入间的差距不断扩大。(5)将以上的世界经济活动综合来看,我们发现今天的世界经济正处于一个失衡的状态之中。

2. 世界经济失衡的原因和触发机制

关于当今世界经济失衡的原因,我们可以做出如下概括:第一,亚洲特别是中国和印度经济的高速增长打破原有世界经济的平衡,改变世界经济增长的地理版图。第二,贸易增长呈现非均衡状态。发展中国家贸易增长大都要快于发达国家,且参与国际贸易的国家日益分裂为顺差国与逆差国两大类型。第三,国际资本流动存在差异,导致世界经济日益分裂为实际的和虚拟的两大组成部分。第四,人口流动与商品和资本流动具有显著的非对称性,富国与穷国之间的差异不仅没有缩小,反而逐渐扩大。

造成世界经济失衡的短期原因,或者说触发机制,在很大程度上取决于美国与中国这两个国家。美国与中国分别是发达和发展中国家中经济总量最大、增速最快的国家,他们通过分工和贸易形成的世界分工与贸易结构几乎决定了其他国家在国际分工和贸易中的地位。美国的结构性失衡造成的世界经济失衡是长期性的,且完全取决于世界经济与货币制度的演进趋势;而由中国崛起引起的对世界经济的冲击则具有短期性与非制度性的特征。

世界经济失衡的基本原理是,世界有了一个主权货币(同时也是世界货币)几乎可以无限供给的美国和一个人口众多、从而劳动几乎可以无限供给的中国。美国利用世界货币供应者的垄断地位,不断制造贸易赤字和财政赤字,并且利用这两种赤字显著地改善本国居民的实际经济福利,增加国家研发和教育投入,吸引来自全世界的优秀人才,发动一次又一次的技术革命。在必要时候,还可以用世界各国缴纳的"铸币税"来发动局部战争,以获取外部世界的资源,并强行输出其文化和价值观。

首先,中美之间的贸易失衡,中国累积了对美国的大量顺差,而美国则相反。尽管中美两国对汇率进行调整,但仍然未见美国对中国贸易赤字的改善,这说明中美贸易失衡的背后有着严重的结构性问题正在破坏世界经济的均衡。

其次,美国经济的结构性失衡。石油危机以后,美国经常项出现大规模逆差,只能通过资本项融资平衡其国际收支,根本原因在于美元处于世界本位货币的地位。

最后,中国的结构性失衡。在经济增长过程中,中国出现的各种结构性问题不仅没有解决,并且还有固化与恶化的趋势。具体说来,包括:第一,城乡二元经济结构趋于恶化,城乡收入差距扩大。第二,在计划经济体制下形成的二元所有制结构(即国有与集体所有)在改革与开放的双重冲击下变得矛盾重重。具有较大就业创造能力的民营经济部门无法获取正规金融系统的支持,发展相对缓慢;原本资本密集度较高的国有经济部门享受到国家金融系统的各种"补贴",进一步走向资本密集型产业的发展道路。最终,导致全社会就业增长缓慢,个别地区甚至出现居民工资持续下降,使得内需不足的问题更加严重。第三,受国际贸易地理效应影响,中国区域经济发展呈现"东西部二元结构"的失衡现象。政府为此实施的开发西部战略,导致东部经济增长减速,西部由于缺乏有效的市场机制,资本最后投向效率相对较低的基础设施领域,而加重的税负又会对居民消费产生挤出效应。第四,政府推动的医疗、社保和公共教育等公共品或准公共品过度市场化,不可避免地造成社会公共品的短缺和居民储蓄倾向的上升。

3. 世界经济能实现再均衡吗?

美国经济的结构性失衡、中国经济的结构性失衡以及中美两国之间的贸易失衡是导致当今世界经济失衡的主要原因和触发机制。面对这样的局面,世界经济能够走向重新均衡吗?在短期内,我们的回答是否定的。原因在于,世界已经被美国控制。美国借助于它的货币霸权已经把世界俘获,而美国自己又是绝对不愿意对现状加以任何改变的国家,因为它拥有太多的"人质"可以继续妄为。

第二节 美、欧、日经济与中、印等新兴市场经济

美国的创新之路

美国的国际竞争力最大的源泉来自创新。 20世纪90年代以来,世界分工格局从水平向垂直化发展。从目前的国际分工格局来看,美国处于世界分工结构的最顶尖,也是处在世界经济增长的中心。以下从供给和需求两个角度,对美国的国际竞争力进行分析。

(1)供给角度。第一,美国具有全世界最好的大学教育,不断吸引全球各国最优秀的人才向美国集聚。优秀的高等教育,可以保障源源不断的知识供给,为创新活动提供技术和人力资源支持。第二,自由企业制度与产权制度。美国具有健全完备的自由企业制度,也拥有最好的产权保护制度,这会对企业家创造活动产生积极的激励作用。第三,风险资本和股权融资体系。美国以股权融资为基础的企业制度,有助于企业进行知识与技术的创新;再从构成美国经济模式之重要特征的金融体系来看,它通过为风险投资者提供完善的退出机制而促进了美国创新活动的发展。在创新活动的每个阶段,都有相应的资本投资和退出的渠道。第四,创新精神。美国是一个具有创新精神的国家,创业者受到推崇和尊重。

(2)需求角度。第一,知识产品具有收入的需求弹性递增的特征。随着世界各国的经济发展和收入提高,对美国具有比较优势的知识产品的需求就会不断上升。第二,知识创新导致产品不断升级需要持续购买。基础创新活动结束以后,增量创新将会引起产品的升级换代,这会引发新的购买需求。第三,新经济的结构调整导致美国经济的衰退。知识创新与技术进

步通常总是具有周期性的。一方面,因为本次产业革命之主导产业 IT 产业的重大发明创造基本完成,成本竞争正在取代技术创新而成为占据主导地位的因素,与之相对应的恰好则是 IT 产业垄断利润的消失,以及对 IT 产业投资热情的迅速减退。另一方面,极有可能成为下一次产业革命之主导产业的生命生物技术产业的创新还没有达到产业化与商业化的程度。于是,处于两次产业革命间歇期的美国经济只能走上增长减速直至衰退之路。

欧洲货币一体化

欧洲经济最大的特征在于货币的一体化。货币一体化对欧元区经济产生了三个方面的不利影响:第一,货币一体化产生的通货膨胀效应;第二,货币一体化造成的差别产品效应和竞争力的削弱;第三,货币一体化带来的组织呆滞效应。

1. 货币一体化的通货膨胀效应

由于欧元与欧元区各国货币的汇率采用间接标价法,导致一些相对便宜的产品和服务标价明显提高,同时在各国商品和服务存在"路径依赖"的定价机制作用下,各成员国产生了不同程度的通货膨胀。当欧洲央行选择以控制通货膨胀为目标的货币政策策略,而实际的货币供给量又大到了使得欧元区的通货膨胀率超过其预定的控制目标时,导致人们对其控制通货膨胀的能力表示怀疑,对通货膨胀形成不可逆转的预期。

2. 货币一体化的差别商品效应和竞争力效应

受文化和生活环境的影响,多数消费者大都具有本国产品的消费偏好,它具有"自然性",很难通过贸易自由化和货币一体化的制度创新加以消除。货币一体化打破了贸易的货币壁垒以后,欧元区国家的企业家们为了保持自己的市场份额,更加注重具有本国文化特征商品的生产,以便能够用新的差别商品壁垒来替代货币一体化以后不复存在的"货币壁垒"。自从货币一体化以来,各国相对独立的汇率调整权力就被集中到欧洲央行。欧元对内存在调整刚性,对外又缺乏竞争力(相对于美元而言),必将给欧元区成员国的对外贸易带来消极影响,使得欧元区国家的对外贸易陷入危机。

3. 货币一体化的组织呆滞效应

由于存在着组织不对称和指派错误这样两个问题,我们可以发现在欧元区的汇率调整框架中必定会存在许多"模糊地带"。在多个利益集团并存、一个统一的货币政策和多达十几个财政政策并存的决策框架里,要想在受到内外经济和货币冲击的情况下对多变的汇率加以适时而又灵活的调整是一件极为困难的事情。

因此,关于欧元区,我们可以得出以下结论。第一,货币一体化会产生很高的社会经济成本,比如通货膨胀成本、竞争力下降成本以及组织呆滞成本等。第二,货币一体化的收益是非常不确定的,特别是在文化差异很大的经济体之间推行货币一体化合作,可能遭遇差别产品陷阱而造成货币一体化的收益大打折扣。第三,货币一体化所带来的调整成本也是很高的,在多个利益集团并存、一个统一的货币政策和多达十几个财政政策并存的决策框架里,要想在受到内外经济和货币冲击的情况下对多变的汇率加以适时而又灵活的调整是一件极为困难的事情。第四,在存在货币霸权的世界货币体系中,即使像欧元这样一种区域性的一体化货币,也不太可能获得独立的定价权,所以试图通过区域货币一体化来提高货币的竞争力可能是徒劳的。第五,借鉴欧元的经验,东亚的货币合作不能走区域货币一体化的道路。

> **日本的长期衰落**

在 1989 年日本泡沫经济破灭,此后出现连续近三十年的经济衰退。**日本的经济衰退与其日元升值的政策选择具有重要关联。**

1. 日元升值与日本经济的长期衰退

二战结束后,日本长期推行出口导向的贸易战略,并实现经济的高速增长。日本的发展战略必然产生如下问题:大规模使用贸易补贴政策、长期贸易顺差和超额国际储备以及世界经济结构失衡。为了平衡日本和西方的贸易关系,1985 年西方四国(美国、英国、德国、法国)与日本在美国纽约的广场酒店展开了贸易谈判,要求日本做出有助于世界经济、特别是贸易恢复平衡的政策选择:一是更加彻底的贸易自由化政策;二是日元对美元与欧洲货币升值。这两种平衡方法虽然目的相同,但是调整成本与结果却是非常不同。

假如日本政府采取贸易自由化的政策,那么实施成本将由原先受到政府保护的农业、服务业和金融部门的利益相关者来承担;假如日本政府采取日元汇率升值的政策,那么由此产生的成本将由所有的出口部门来承担,进口商却可以从汇率升值政策中得到好处。

采取贸易自由化政策,虽然在短期内会给日本缺乏国际竞争力的产业部门,比如农业、服务业和金融部门带来冲击,但是随着贸易自由化政策推行而带来的国际竞争的加剧很有可能导致这些长期处在政府保护下的产业部门的竞争力得到提升。即使不能出现这样的结果,那么根据比较优势而进行专业化分工,农业、服务业和金融业中低效使用的资源可以通过重新配置而提高它们的生产率,进而导致国民福利的增加。若是选择日元升值,随着出口价格的上涨,出口部门的企业就会采取对外直接投资的应对方法来维持其国际竞争力。当本国企业对外直接投资成为一种大规模的产业向外转移的趋势时,就会给整个国民经济带来毁灭性的打击:本国需求的下降与本地市场效应的消失;本国居民税赋与政府财政赤字的增加,宏观经济更加趋于恶化;本币对国际主要货币的压力仍然会继续存在,从而迫使更多的企业选择到海外投资生产。

这些严重后果在1985年广场协议后的日本都一一变成了现实,原因在于日本政府非理性地选择了日元汇率升值的菜单,而不是贸易自由化。而且,一旦日本选择了汇率升值,由于实际经济调整的粘性,日元对世界主要货币的升值过程就只能是渐进的,市场就会形成所谓的"升值预期",在升值预期的作用下导致了日本资产价格疯狂上涨。在日元升值后的短短几年间便走上了经济泡沫化的发展道路。

2. 日本为何没有选择贸易自由化?

日本政府在与西方四国谈判时,之所以非理性地选择了日元升值的菜单,我们可以从农业、服务业与金融业对政策选择的机理加以讨论。

日本的农业不能走上贸易自由化道路,在很大程度上是由日本的选举制度决定的。在走向民主的最初时期,日本还处在二元经济结构下,农村人口的比例要比现在大得多。由于日本农业在国际社会中毫无竞争能力,必须依靠政府的保护与补贴才能得以生存,从而导致来日本的农民对于政府的政策选择具有极大的影响。

日本的服务业为何不能对外开放?以商业零售为例,日本的商业零售是一个由多层级经组织结构形成的分销体系,这种销售体系与西方国家的直销体系相比具有交易成本过高的缺陷,从而导致日本的商业系统效率相对低下,缺乏国际竞争力。

日本的金融业不能对外开放。从工业革命的历史来看,日本显然属于一个后进的追赶型国家,追赶型国家的经济增长需要政府来动员国内资源投入到工业化的用途中去,为此就需要政府来制定产业发展政策。为了能够使得政府支持的产业得以迅速发展,还需要政府为发展这些产业筹集资金并加以分配。

> 中、印等新兴市场经济

(一) 中国的经济增长

1. 改革开放推动经济增长

改革开放,使中国摆脱了自给自足的自然经济,走上了民族伟大复兴的道路。**对内改革,主要指传统经济向市场经济转型,实现生产力的解放。对外开放至少从三个方面对中国的社会变革和经济增长产生巨大的推动作用。**第一,通过对外开放,主动参与经济全球化,使中国的经济体制能够对外部世界的变化做出积极的反映。第二,通过引进外资,解决中国经济增长过程中资本严重不足的问题。第三,借助对外开放获得巨大的国际市场,从而有效地解决因内需不足而造成的生产相对过剩与就业不足的问题。通过对内改革与对外开放同时并举的体制转型,中国终于在20世纪的最后20年创造令世界震惊的经济奇迹。

2. 中国经济增长的国际效应

中国经济的高速增长,不仅改变了中国,也改变了世界。中国经济增长具有巨大的国际效应。原因在于,中国的对外开放程度非常之高,中国的经济增长对世界经济具有乘数效应。第一,中国是对外贸易依存度最高的国家,而且以加工贸易形式参与全球的国际分工。第二,中国长期来一直是吸引国际资本最多的国家之一,而且以国际直接投资居多。第三,中国也是官方对外投资最多的国家之一,这有利于帮助美国解决其所面临的贸易逆差问题,增加美元的供给。

中国经济增长的国际效应是正向的,中国的经济增长对世界而言不是威胁,而是一种福利。这种正向的福利效应通过以下方式向他国溢出。第一,中国积极参与垂直化的国际分工,让其他国家分享到中国经济增长的好处。第二,中国大规模吸引外资,让对中国直接投资的外资分享中国经济增长的好处。第三,中国通过官方投资,为世界提供资金和货币来源。具体而言,这些正向溢出通过七个渠道释放出来。(1)出口渠道。(2)进口渠道之一,原材料和能源进口。(3)进口渠道之二,中间品进口。(4)进口渠道之三,资本品进口。(5)进口渠道之四,奢侈品进口。(6)投资渠道之一,跨国公司的对华直接投资。(7)投资渠道之一,中国官方的对外投资。

综合而言,中国的经济增长不仅没有对任何国家形成威胁,反而是促进世界经济增长的一种动力源泉。那些把中国说成世界威胁的说法是绝无道理的,恰恰相反,中国的经济增长不仅为世界经济带来机会,也带来了福利。

3. 中国必须面对的挑战:产权改革如何走向深化

中国是通过产权改革走向市场化发展道路的,但这不意味着中国已经从根本上解决了产权问题。第一,从存量上讲,中国土地国家所有的制度和国有企业仍然大规模存在,并没有得到有效解决。第二,由私人部门创造和拥有的财富没有得到制度和法律的认可。

(二) 印度的经济增长

1. 印度的"改革开放"

(1) 推动市场化改革。放松政府管制,大力推进贸易自由化、经济自由化的政策。印度本身存在许多私人企业,因此只要政府放松管制、推进制度改革就会促进经济增长。

(2) 在自由化贸易中,参与全球计算机软件业外包的国际分工。原因在于,印度的精英教育体制培养了数量众多、能够从事计算机软件外包生产的熟练劳动与大批训练有素的工程师。再加上语言的优势,以及软件业无需发达的基础设施支持,所以只要印度对外开放,就很容易被世界跨国公司组合到全球计算机软件设计和生产的体系之中。

2. 印度必须面对的挑战:如何改革种姓制度

印度社会有别于其他社会的重要特征在于它的种姓制度。这种制度将人口划分为相互排斥的、具有明确界定的、并且可以继承的社会职能的不同群体。其中,所罗门是最高种姓,来源于社会最上层的祭司组成。其次是刹帝利和武士种姓。再下面是吠舍或商人种姓。处在最底层的是首陀罗或农民种姓。此外,印度还存在一大批不能进入种姓系列的阶级。他们就是从事卑贱和肮脏工作的贱民。印度的这种种姓是刚性的,不同种姓之间不可以通婚、不可一起吃饭,也不可以有任何交往。结果便是阶级或阶层划分的凝固化,以及社会地位和职业的自然继承。

这种制度至少产生两种消极影响。第一,它会削弱人们开展经济活动的动力。社会底层没有机会通过自己的努力改变自己的命运。第二,它会降低人们进行人力资本投资的动力。在此制度下,任何下层人们是没有激励进行人力资本投资,因为对他们而言,教育的回报微乎其微。

(三)龙象之争:中印经济增长的比较分析

1. 中印走向市场化的道路不同

对于中国而言,要想完成从计划经济向市场经济的转型,首要任务便是进行所有制改革。因此,从 20 世纪 80 年代开始,中国开始正式引入产权和私人企业制度。这项改革最初从农村开始,然后迅速在整个经济领域中得以推行,奠定了中国从计划经济向市场经济转型的制度基础。由于印度在改革之前,已经存在很多的私人企业。因此,印度通向市场化的道路就是放松政府管制、大力推进经济自由化与贸易自由化。尽管市场化的方式不同,中印的改革有一点却非常相似,那就是都谨慎地采取了渐进的方式。

2. 中印对外开放的模式不同

就中国而言,对外开放的主要方式是出口导向和引进外资,而印度则采用了对外投资和自由贸易的方式。原因在于,中印两国对外开放所面临的初始条件完全不同。就中国而言,中国的初始条件是,有数量庞大的过剩劳动,但没有真正意义上的企业,也就没有真正的企业家,还是典型的二元经济结构。这决定中国的改革开放具有以下特点:第一,劳动几乎无限供给。第二,内需严重不足。第三,中国城乡居民具有很高的储蓄倾向,但没有企业家将这些储蓄转化为有效的投资。因此,中国的对外开放具有出口导向和引进外资的特点。印度的初始条件是,有更好的企业制度和金融体系,但是劳动力素质不高,基础设施非常糟糕,政府效率低下。因此,印度的选择只能是对外投资和自由贸易。

3. 中印经济增长的道路不同

中印的禀赋特征非常相似,但经济增长的道路却截然不同。原因在于:第一,从投资环境看,中国有着比印度更好的基础设施,因此中国比印度更适合发展制造业。至于为何中国拥有更好的基础设施,原因在于中印两国具有完全不同的财政结构。第二,中国的商业环境要好于印度。商业环境的差异,决定了中国可以引进外资,发展规模较大的制造业,而印度只能投资于小规模的服务业。第三,从劳动力市场看,中国劳动力的素质大大优于印度,因此也决定了中国更适合发展制造业。

综上所述,中印经济增长的差异,根本不在于速度,而在于不同的发展模式。

第三节 国际货币体系的前景

> **美元金融霸权**

在二战结束以前,美元就已经成为最主要的国际货币。二战结束后,美国主导并建立了布雷顿森林体系,美元的霸主地位得到初步确立和不断加强。直到布雷顿森林体系崩溃,国际货币体系实现去黄金化,真正确立美元的霸主地位。美元超然的霸权地位必将赋予美国更为宽松的政策环境。

1. 布雷顿森林体系的建立初步确立美元的霸权地位

1945年,44个国家在美国新罕布什尔州的布雷顿森林签署了《布雷顿森林协定》,标志着布雷顿森林体系的建立。该体系以金本位为基础,以美元作为主要的国际储备货币,美元直接与黄金挂钩,并按35美元一盎司的官方价格兑换,其他国家则与美元挂钩。布雷顿森林体系的制度安排赋予了美元作为黄金等价物的地位,使得美元成为国际货币体系中的中心货币。更进一步,由于在国际贸易和国际投资中越来越频繁地采用美元结算和周转,世界各国的国际储备资产也迅速地从黄金转变为美元。因此,布雷顿森林体系的制度安排进一步加强美元的霸权地位。

2. 布雷顿森林体系解体加强了美元的霸权地位

尽管美元的霸权地位已经建立,但布雷顿森林体系仍然属于金本位制的范畴,因为美国有义务保持美元与黄金的自由可兑换,美元的发行受到美国黄金储备规模的限制。但是,这一体系具有内在缺陷,无法长期维持。原因在于:其一,战后世界经济高速增长导致货币需求的增加远远大于黄金供应量的增加,必定出现全球性通货紧缩;其二,特里芬困境。美国需要以自身的贸易逆差和黄金外流向世界提供流动性,但受黄金约束的美元供应量必定随之下降。因此,面对全球性通货紧缩,世界不得不放弃金本位制度。1973年石油危机以后,美国黄金储备一降再降,不得不放弃以黄金为本位、固定汇率为特征的布雷顿森林体系,并于1976年签署"牙买加协议",开始实行管理纸币本位加浮动汇率的新货币体系。

布雷顿森林体系的崩溃,加强了美元的霸权地位。由于美元一直是国际货币体系的中心货币,世界各国已经对美元的主要支付手段产生路径依赖,而且世界其他主要货币也缺乏挑战美元的实力,所以布雷顿森林体系解体以后,美元摆脱黄金的束缚,取代黄金成为世界本位货币。

3. 美元霸权导致美国不受约束的宽松政策

布雷顿森林体系解体以后,国际货币体系呈现不对称性的特征。美元发行不再受到黄金储备规模的约束,美国不再背负维持美元稳定、避免其他国家挤兑黄金的压力,因而可以通过较为灵活的财政、货币政策促进本国经济增长。第一,美国采用扩张的财政政策提高本国居民消费水平和本国企业竞争力,并将财政赤字货币化,让全世界人民为其买单;第二,在经济不景气时,美联储可以降低利率,实行宽松的货币政策,刺激投资和消费,而不用顾忌货币扩张对全球其他经济体的流动性冲击。总而言之,美国利用美元的世界本位货币的超然地位,可以享受扩张性政策的益处,而将其成本和风险转移至世界其他国家。

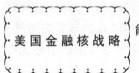
美国金融核战略

金融核战略,指美国为谋取私利会采取一切可能的措施来捍卫、维持和强化美元的霸权地位。

1. 美国金融资产的可得性和供给量

如果根据可得性和供应量两个维度,对美国向国际社会供应的金融资产进行分类,可以清晰地发现:越是可得性差的产品、从而供给量少的金融产品,越是美国核心竞争力的体现;越是可得性强、供给量大的金融产品,越是美国对外大规模倾销的金融品种。

首先,非金融类公司股票是美国金融资源中可得性和供给量最少的金融产品。因为,这是美国的核心战略资产。美国之所以强大,归根结底在于它拥有世界上最具竞争力的企业。所以,美国着力控制的金融资源只在于其实体公司的股权,而绝不会让外国人轻易获得。

仅次于股权的是美国发行的各种债券,包括公司债券和政府债券。这一类资产虽然收益率较低,但因为有美国政府的税收或企业受益作为担保,因而安全性较高,从而成为各国外汇储备资产组合中必不可少的组成部分。

再者是美国银行创造的信贷资产。美国商业银行所创造的信贷资产,其规模之大主要体现在房贷上。金融危机以前,随着房价的不断攀升,美国利用房贷创造的信用不断膨胀,并通过资产证券化而卖给了全世界。毫无疑问,这样的资产不仅风险极大,而且数量及其庞大,其可得性当然也就大大增加。

最后,金融衍生品是所有美国金融资产中数量最多,也是最容易得到的金融资产。金融衍生品是美国金融体系结构调整的产物。经过20多年的发展,美国已经成为世界上最主要的金融衍生产品供给国家,而且越来越多的衍生品是各种机构恶意倾销的毒资产。但是,这些价值无几的产品通过美国金融机构的层层包装,把投资者最需要了解的信息故意隐瞒,成了世界上大多数国家机构投资与居民理财菜单中必不可少的组成部分。从宏观上讲,美国大量生产金融衍生品,可以让美国超量发行的货币能够找到对冲与平衡的渠道;从微观上讲,美国大量生产金融衍生品可以让创造与销售这些金融衍生品的美国金融机构和市场中介获得巨大的交易收入。

2. 利用金融政策打击可能危及其霸权的挑战者

为了维护美元的霸权地位,美国频频凭借其金融核战略打击其潜在竞争对手。从20世纪80年代算起,先后对以下国家和地区实施了金融打击:

(1) 由美元升值导致拉美债务危机。从20世纪70年代末起,拉美国家为了摆脱高度依赖美国的依附性增长模式,开始实施进口替代战略。为此,拉美国家必须做出以下选择:第一,由于受到禀赋约束,进口替代产业不具有国际竞争力,私人部门不会对此进行投资,只能通过政府建立国有企业来承担,导致拉美国家经济的国有化发展;第二,需要把资源留在国内,导致出口下降,使得拉美国家的外汇收入大幅减少;第三,大量进口中间产品与资本品,由此造成的外汇需求因为出口下降而无法得到满足,不得不向美国借款;第四,进口替代产品缺乏国际竞争力,从而不能带来盈利,不仅不能达到创汇还本付息的目标,反而因为进口替代部门的严重亏损而需要进一步国际举债。当拉美国家的经济发展如此时,美国便获得了打击拉美经济的极好时机,其方法是推行强势美元的政策,让拉美国家的货币对美元持续贬值而陷入难以自拔的债务危机。结果,在美国于1979年开始执行的让美元对拉美国家货币连续升值的冲击下,拉美国家就先后爆发空前规模的债务危机。

(2) 美元贬值应对日本的挑战。日本经济在20世纪60—70年代发展迅速,势头似乎要超过美国,给美国造成威胁。美国政府在1985年采取行动,联合英法德等国,强迫日本政府签订日元升值的广场协议。结果导致日本经济的泡沫化。当泡沫破灭的危机发生后,日本政府没有足够力量阻止经济走向衰退,从而便有了日本经济长达30年的衰退和调整。

(3) 利用对冲基金攻击东南亚国家。20世纪90年代,东南亚国家开始解除资本项目管制,走上金融自由化改革的道路。但是,他们面临的实际情况却是本币缺乏竞争力支持、实体经济报酬下降、金融体系不成熟。结果,被美国的对冲基金抓住一次难得的攻击机会,并且引发大量资本疯狂外逃和进一步的货币危机。一些受1997年金融危机冲击的东南亚国家至今仍未完全地走出危机的影响。

(4) 弱势美元政策遏制来自欧洲的挑战。20世纪末,欧元货币体系逐步改革成为一个统一的货币区——欧元区。欧洲人试图通过创建欧元改变世界货币体系的基本格局,从而对美国的货币霸权形成威胁,因此美国再也无法忍受。所以,自欧元正式流通开始,美国政府便在次年将执行多年的强势美元政策变为弱势美元政策,发起对欧元的攻击。从2002年起,欧元一直处于快速而又持续的升值道路,使得欧元区实体经济的竞争力荡然无存。当2008年金融危机爆发,欧元受到致命冲击,而美元的霸权地位又得到加强。

(5) 操纵石油期货价格打击产油国经济。美国是世界上最大的石油消耗国。为了控制石油资源,甚至不惜动用武力。此外,还可以利用石油期货这样的金融武器对付不愿与其合作的产油国。美元与石油的价格大多时候呈相反运动,石油价格上涨时,美国可以利用做多获得石油收益;石油价格下降时,美国又大肆做空打击那些依赖石油出口的国家。因此,在世界石油价格变动的背后,其实是华尔街的投机炒作。

> 改革的路径

1. 以美元为本位货币的国际货币体系仍将惯性运行

充当国际本位货币的货币必须具有以下条件:**经济基本面良好、币值稳定、金融市场发达和拥有规模巨大的货币交易网络**。从现实来看,目前参与国际货币竞争的货币有:美元、欧元和日元以及正在谋求国际化的人民币。从目前状况看,美元是国际本位货币。从世界储备货币和贸易结算的比重来看,美元的比重远远超过其他主要货币。欧元和日元是国际化的货币,人民币则是正在走向国际化的货币。短期来看,没有一种货币可以取代美元。

首先,美国最具竞争力的要素是知识,欧元区最具国际竞争力的是品位,而日本依靠的是技术,中国依靠的则是廉价劳动力。由此形成的国际分工中,美国处于最高端,中国处在分工的最低端,日本则处于中间阶层。欧洲则在国际分工体系之外从事异质性高端消费品和部分制成品的生产活动。因此，唯一有机会能够与美国竞争的是，处于分工体系之外的欧洲。

但是，欧洲自身发展具有一定的问题，使得欧元在国际货币竞争中处于劣势。第一，美元具有在位优势，美国已经控制贸易和金融的制高点。第二，欧洲国家生产的产品是有闲阶级才能享用的奢侈品与部分制成品，所以流通范围并不广泛，且区内贸易所占比重很高。第三，欧元区不是统一的国家，尽管已经统一货币，但是要素流动并非毫无限制，且各国财政政策难以协调。因此，欧元区是否符合最适货币区的理论要求，一直处于争论之中。最近爆发的欧债危机即是明证。因此，欧元归根到底还只是一种区域性货币。

另外一种建议，是创建超越主权国家的超主权货币，例如 IMF 的 SDR。但是，建立超主权的国际货币，需要国家让渡部分经济主权，这在政治上难以协调。此外，SDR 只是记账单位，并非真正流通的货币。因此，这种建议实际上并不具备可行性。

当然，回归金本位更是一种不合理的选择。从历史经验看，金本位本身存在各种问题，在稳定物价和金融体系方面早就劣迹斑斑。而且，金本位本身还受到全世界黄金产量的约束。因此，国际货币体系不应该、也不可能倒退到金本位制。

因此，综上所言，从国际货币体系的历史和现实出发，美元仍将作为世界本位货币而惯性运行。

2. 通过国内立法和国际协作加强美国的货币纪律

由于以美元为基础的国际货币体系仍将惯性运行，因此我们只能在现有体系框架下进行修补。当前最为现实的方案是，通过国内立法和国际协作加强美国的货币纪律。美国应该在外汇市场上保持消极态度，奉行自由贸易，既不考虑国际收支平衡，也不考虑汇率目标。在可预见的未来，美元的世界本位货币地位不会发生改变。美国从美元霸权中获得铸币税等收益，也应该主动承担起作为世界货币发行国的公共责任，改变滥发美元以弥补国际收支逆差的做法，维护美元价值的稳定。

> **2008 年金融危机**
>
> 2007 年，由美国次贷危机引起的金融危机全面爆发，迅速演变成为波及全球的金融大海啸。至今，此次危机的负面影响仍在某些国家和地区持续。这部分从危机产生的原因、机制以及应对政策等三个

方面对此次金融危机进行分析。

(一) 金融危机产生的原因

1. 当前国际货币体系的内在缺陷

美元霸权是当前国际货币体系的根本特征。其显著缺陷在于,美元既是美国政府凭借信用发行的不可兑换成金属的货币符号,又是具有国际购买力、可代替黄金在各国流通的世界货币。美元的霸权地位,可以使美国长期实行入不敷出的财政政策,不断吸收世界各国的金融资源。

在布雷顿森林体系时代,美元发行受到美国黄金储备的限制。当美国出现贸易收支逆差时,顺差国可以要求将美元兑换成黄金,从而对美元发行产生约束。布雷顿森林体系崩溃以后,世界各国经过长期协商,于1976年签订《牙买加协议》,规定黄金非货币化,美元与黄金脱钩。这标志着以美元为基础的国际货币体系的建立。在金本位制下伴随一个国家贸易不平衡而发生的、以黄金为代表的资产转移或积累,就演化成一种以美元债务或美国国库券为代表的债券积累。在当前的美元霸权体系中,美元发行是不受约束的,完全取决于美国自身的国内需要。

2. 世界经济进入长周期的下降阶段

俄国经济学家康德拉季耶夫最早于1925年提出经济长周期的概念。熊彼特在其1939年的著作《经济周期》中,从创新的角度解释了长周期存在的理论依据。创新在时间序列上不是均匀分布的,而技术创新的浪潮与经济增长的周期性波动密切关系。因此,创新频率的高低起伏是经济长周期的内在动力。

根据长周期理论,世界经济目前正处在以信息产业为主导的长周期之中。信息产业兴起于20世纪70年代,在随后二十多年间,吸引了大量资本和人才的流入。但是,进入新世纪以后,信息产业的创新活力已经走过了它的峰值,并已经开始出现下降。创新活动可以分为基本创新、改进型创新和虚假创新。2000年纳斯达克综合指数的暴跌,标志着信息产业的主要创新类型已经从基本创新过渡到改进型创新。同时,世界经济也进入以信息产业为主导的长周期的下降阶段。

3. 美元霸权与长周期的共同作用

美国是世界信息技术革命的发源地,其经济增长对信息技术进步具有很强的依赖性。但是,在经济的长周期,信息技术的基本创新已经几乎停滞,只有一些改进型创新和增量创新。因此,美国实体经济的投资空间显著下降。

为了避免宏观经济衰退,美国政府利用美元的霸权地位,推行双赤字的经济政策。一方面,美国发行美元购买世界各国的资产和产品,使得长周期下降阶段的国内需求不降反升。另一方面,美国发行国债,吸引国际投资者的资本回流。这些回流的资本在实体经济中缺乏投资机会,只能纷纷涌入房地产等资产市场,催生出严重的资产价格泡沫。当泡沫无法持续时,金融危机便会诞生。

(二) 金融危机的触发机制

1. 世界经济失衡

第一部分已经对世界经济失衡进行介绍。此处,我们需要再次强调,引发世界经济失衡的是中美贸易失衡。中国出现对美贸易的巨大、持续顺差,而美国则相反。中美出现贸易失衡的原因,在于中美两国内部的经济失衡。

就美国而言,美国经济内部储蓄不足。同时,利用美元的霸权地位,通过贸易入超实现过多的消费需求。现有的国际货币制度,有利于美国维持一种不均衡的经济体系,并借此过度地占有全世界的资源、商品和货币财富。

另一方面,中国经济的内部失衡表现为,劳动力无限供给和产出过剩导致的内生出口。内生出口的根本原因是,国内供给过剩或者国内需求不足。中国仍然具有二元经济结构的特征,劳动力无限供给,居民收入增加的幅度有限;再加之一些错误的国内政策,最终导致国内需求严重不足。所以,在经济起飞阶段,不断释放的产能只能通过出口来消化。因此,中国的贸易顺差是结构性的。

2. 美国虚拟经济过度膨胀

从1980年代开始,美国的产业结构出现大规模调整。一般加工制造业向拉美、东亚等国家大量转移;本土则重点发展高科技产业和金融服务业。进入1990年以后,美国开始一轮由IT产业带动的新经济革命,虚拟经济开始膨胀。此外,美国股票价格的泡沫还产生财富效应,会增加居民的消费倾向。

在2000年美国新经济结束以后,大量资本从实体经济领域退出。为了给这些过剩资本寻找投资机会,华尔街开发了包括次级按揭贷款在内的诸多新型金融衍生工具。从2001年至2005年,美国房地产市场持续繁荣,刺激了次贷的迅速发展。金融衍生产品的过度膨胀,导致美国金融服务业产业占到其 GDP 的近 40%。虚拟经济的增长需要实体经济作为支撑,一旦实体经济增长出现问题,风险便会产生。

3. 美国一系列错误政策

(1) 新自由主义政策埋下祸根。从 1990 年代起,克林顿和小布什两任总统连续地推行新自由主义的经济政策,在推动经济增长的同时也埋下危机的隐患。第一,过度消费。自由主义经济理论历来重视消费对生产和经济的促进作用。在新自由主义政策的刺激下,原本就有借贷消费传统的美国消费者更加不计后果、寅吃卯粮。第二,放松管制,尤其是金融监管。自 80 年代起,美国一直制定和修改法律,放宽对金融业的限制,推进金融自由化和金融创新。

(2) 利率和汇率政策催生资产泡沫。第一,低利率政策。由于美国经济已经虚拟化,实体产业缺乏投资机会,高科技产业又处于信息技术革命的下降周期,因此美国宽松的货币政策导致大量资金流入房地产和金融部门,对资产泡沫膨胀起到推波助澜的作用。第二,汇率政策。美国继续推行不负责任的汇率政策,一方面,继续依靠发行美元弥补国际收支逆差;另一方面,以减少贸易逆差为借口,推动美元贬值。汇率政策使得美国资产价格相对便宜,促使大量投机资本流向美国。

(3) 捅破泡沫的政策诱发金融危机。以上错误政策造成资产泡沫,形成金融危机的条件。而金融危机的爆发,也是由于美国采取了错误的捅破泡沫的政策。第一,扩展的货币政策突然逆转,市场利率大幅上升,直接引发次贷市场的危机。第二,救援不当使得危机扩大。次贷危机发生以后,美国采取向银行注入流动性的方式进行救援。实际上,次贷危机本质上是债务危机,大量的家庭和企业丧失偿债的能力。美国采取的不当救援措施,没能遏制危机的发展趋势,进而酿成全球性的危机。

(三) 危机治理的政策选择——超越凯恩斯主义

此次经济危机与 1929 年经济危机具有很多相似点。因此,在危机爆发以后,受到危机冲击的国家,便达成了用凯恩斯政策拯救危机的共识。但是凯恩斯主义能够拯救世界吗?

1. 凯恩斯主义在一定程度上是有用的

企业家周期性的创新活动,能够引起经济增长的内生性波动。政府干预无法改变这种波动性,但政府采取需求管理的政策可以降低经济周期的波动性,减少危机可能带来的损失。从这个意义上说,凯恩斯主义的积极干预政策应当是有用的。问题的关键在于,凯恩斯主义的干预政策发挥作用,需要一定的作用条件。

2. 凯恩斯主义发挥作用的条件无法满足

凯恩斯主义的政策发挥作用,需要满足三个条件。第一,技术尽可能是偏向于劳动密集、至少为中性。这个条件意味着,政府旨在增加社会就业的财政政策必须投向那些能够带来就业机会的投资项目。第二,在封闭经济,不存在就业乘数的外溢。这个条件意味着,政府增加的财政支出所创造的就业机会不会转移到其他国家。第三,李嘉图等价原理成立。这说明采用凯恩斯主义政策的国家必须有人口的增加。政府在危机时通过举债增加公共支出,然后在危机以后的繁荣时期,通过增加税收来平滑危机时期的公共债务。

在 21 世纪的今天,上述的三个条件无法得到满足。第一,技术进步导致就业乘数的下降。在高科技的今天,劳动密集型的技术已经被资本或知识的技术所取代。因此,政府增加财政支出,也很难产生就业和工资的相应增加。第二,全球化带来的生产体系,导致国家干预所增加的投资和就业机会通过跨国公司的外包业务转移到其他国家。凯恩斯干预政策的就业效应向国外溢出,其政策效果进一步缩小。第三,人口老龄化。从政府税收看,歉收年之后没有丰收年,即危机时期政府通过举债增加支出,但创造就业机会的努力会因为日后纳税人口的下降而无法付诸实践。

因此,世界各国采取凯恩斯主义的政策救市,之所以成效甚微,不是因为凯恩斯主义的理论出现严重的错误,而是因为这种理论赖以发挥作用的众多条件难以满足。

3. 治理危机需要超越凯恩斯主义

从理论上讲,拯救经济危机必须超越凯恩斯主义。从拯救危机的实践来看,必须找到治理危机的新方法。

面对周期性的经济危机,超越凯恩斯主义、导入熊彼特主义或许是一种理性的选择。在救市政策方面,面对愈演愈烈的主权债务危机,凯恩斯主义的扩张性财政政策显然已经不可持续。为此,从美国到欧洲、再到日本等发达经济体,几乎无一例外地开始转向量化宽松的货币政策。在短期内,扩张的财政政策与量化宽松的货币政策都是不可或缺的选择。但是,从长期看,要想让世界经济从衰退走向繁荣,关键是要采取保护和激励企业家创新的政策,这与理论上从凯恩斯主义走向熊彼特主义是一致的。

思 考 题

1. 简述当前国际货币体系的内在缺陷。
2. 试析全球化与信息化对世纪之交世界经济结构变动造成了怎样的影响。
3. 凯恩斯主义政策发挥作用需要满足哪些基本条件,在当今世界这些条件的现实性如何?

本章参考文献

1. 安格斯·麦迪森:《世界经济千年史》,北京大学出版社2003年版。
2. 宋文兵:"中国的资本外逃研究:1987—1997",《经济研究》1999年第5期。
3. 迪特·森格哈斯:《文明内部的冲突与世界秩序》,新华出版社2004年版。
4. 理查德·邓肯:《美元危机》,东北财经大学出版社2007年版。

结束语：和平与发展是当今全球化经济时代的主题

作为本书的结尾，我们在这里要从政治经济学的角度回答：当代世界发展的潮流或大趋势是什么？在这样的潮流和趋势下，世界各国特别是中国应如何谋求自身的发展、促进全人类的进步？

运用马克思主义政治经济学的分析框架，有助于我们深刻理解和准确把握当今世界的时代潮流与趋势。简而言之，当代世界先进生产力的发展与科技的飞速进步，既大大深化了社会分工协作的程度，又大大降低了市场交易的成本，这些导致市场经济的生产关系日益超越国界而在全球范围内扩张与深度融合，这一经济全球化趋势即是经济领域内的世界发展潮流。

经济基础决定上层建筑这一原理同样也适用于国际社会，经济全球化这一趋势决定了和平与发展势必成为当今时代国际社会的主题。换言之，经济全球化趋势以及与之相适应的和平与发展潮流共同构成了当今世界的时代主流。

一、生产力的发展推动了当代的经济全球化趋势

人类社会一切发展的最终动力来自生产力的发展。当代的经济全球化趋势也要归功于当代的生产力发展与科技进步。这可从两个方面来说明。

首先，生产力发展与科技进步大大降低了经济全球化的交易成本。经济行动中交易成本的主体之一就是信息成本，而当代科技领域中的通信技术、计算机及信息技术、互联网技术的迅猛发展大大降低了经济活动中的信息成本，不仅使得市场交易突破地区局限向全球化方向发展，而且也使得跨国公司内部资源配置的范围向全球扩展。此外，交通基础设施建设的发展、交通技术的进步、物流体系的发达，也大大降低了经济全球化中的物流成本与人员流动成本。

其次，随着生产力的发展，经济活动中的市场分工越来越细化，分工的地理跨度也不断扩大，而如上所述的科技进步所导致的经济活动交易成本的降低，也使得很多地区及经济单位的潜在比较优势逐步转变为现实比较优势，这些都推动了以比较优势为基础的市场分工与交换突破国界而向全球范围发展。

总之，当代社会生产力发展与科技进步一方面由于降低了资源全球化配置的交易成本，从而为经济全球化提供了技术上的可能；另一方面当代生产力发展所伴随的市场分工体系的不断深化与拓展，又为经济全球化提供了不竭的动力。

如果从生产力决定生产关系的角度来看待上述生产力发展推动经济全球化的过程，则经济全球化的实质可理解为市场经济的生产关系在全球范围内的扩张与融合。对这一实质可从三个方面来阐释。

市场经济的生产关系（简称市场经济关系）的全球扩张是一个渐进过程。首先是商品资本的国际化，换言之，全球市场体系首先是从全球商品市场体系发育起来的；然后是从19世纪下半叶就开始的金融资本的国际化，由此逐步形成今天的全球金融市场；再后是生产资本的国际化，其标志是跨国公司的形成与运作，而跨国公司的大规模产生与发展是在二战以后才开始的。在今天，越来越多的劳动力也开始进入全球市场体系，进行跨国流动。

上述市场经济关系的全球扩张即经济全球化的渐进过程，是生产力发展推动的结果，同时反过来又服务于生产力的发展，因此本质上是一种社会历史进步趋势。

市场经济关系的全球扩张所导致的经济全球化，从各国国家层面上看就表现为各国对外经济交往的扩大与加深，这包括：各国外贸依存度的平均水平在提高，据测算，1960年的全球平均外贸依存度为25.4%，而进入新世纪以来，该数字已突破40%；各国的国际资本流动水平的长期增长，20世纪80年代全球FDI年均不到2 000亿美元，而进入新世纪以后全球FDI在很多年份已突破1万亿美元；国际间劳动力流动水平的长期上升，据国际劳工组织2004年报告数据，全球每年流动劳务在20世纪80年代初约为2 000万人，而进入新世纪以来已增长至3 000—3 500万人，增长了50%以上，另外，从国际移民数占全球人口数比例来看，1975年为2.15%，2005年则增长至2.95%，这期间国际移民绝对数增长1倍以上。

最后，市场经济关系的全球扩张还必然要求不同国家及地区的市场经济规则的协调统一。如全球性的世界贸易组织（WTO）以及各类区域性贸易协定，都是这一要求的产物。其中区域性贸易协定代表性的有欧洲联盟（EU）、北美自由贸易协定（NAFTA）、东南亚国家联盟（ASEAN）。据世贸组织的统计，截至 2013 年 7 月，全球向世贸组织通报的区域性贸易协定多达 575 个（其中生效的有 379 个），平均每个世贸组织成员还参与了另外 13 项区域性或双边优惠贸易安排。特别需要指出的是，有些区域性贸易协定的相关国家还从经济一体化走向了全面的区域一体化，如欧盟。

二、经济全球化趋势决定了和平与发展是时代主题

市场经济关系的全球扩展与融合深刻改变了全球国际关系的经济基础，从而决定了和平与发展成为当代国际关系发展的根本方向与主流趋势。

首先，市场经济关系的全球扩展使得各国经济利益相互交融，客观上要求国际关系向和平与发展的方向演进。国际间的相互依存性贸易、相互直接投资等市场经济性深度交往，使得不同制度、不同类型、不同发展阶段的国家的利益"你中有我、我中有你"地交融在一起，成为命运共同体，而世界大战的结果必然是两败俱伤。

其次，得益于经济全球化，新兴市场国家和发展中国家整体实力增强特别是中国的和平崛起，使得国际力量对比朝着有利于维护世界和平的方向发展。发展中国家由于生产力发展水平及综合实力相对落后，在处理国际关系特别是与发达国家的关系时，对和平与发展的愿望与诉求更为迫切，但在过去相当长的一段时间内，发展中国家在实现这一愿望上并不具有主动权。而今天随着发展中国家整体实力增强特别是中国的和平崛起，再加上由霸权国家刺激起来的核恐怖均衡在更多国家范围内扩展，全球局势的天平已明显向和平与发展的方向倾斜。

第三，人类社会在当今时代出现了历史上从未有过的全球性挑战，要求全人类的共同合作来应对。历史发展到今天，人类在取得重大成就的同时，也迎来了严峻的全球性挑战，这些挑战有来自自然环境和自然资源方面的，如生态环境恶化、气候变化、自然灾害以及能源资源安全与粮食安全等，有来自人类社会内部的，如全球性金融危机、公共卫生安全、恐怖主义、大规模杀伤性武器扩散等。这些挑战均直接关乎全球人类的生存与可持续发展，

并且是个别大国所不能独自解决的,这就在客观上要求国际社会坚持和平与发展的主流方向,携手来应对这些全球性挑战。

然而,我们也要看到,威胁当代世界和平与发展主流的逆流总会不断泛起。冷战虽于20世纪末结束,但世界一直并不太平,局部战争不断,自20世纪90年代以来先后爆发过海湾战争、科索沃战争、伊拉克战争、阿富汗战争,而后来开始于2010年底的"阿拉伯之春"运动还诱发了部分阿拉伯国家先后内战的连锁反应。此外,个别霸权国家并未完全放弃冷战思维,以零和博弈的心态来围堵和遏制一些坚持走独立自主发展道路的非盟友国家。

所有上述的历史逆流其背后同样也有着深刻的政治经济根源。首先,个别霸权国家的寡头垄断利益集团为了本利益集团(如军工利益集团、金融利益集团或能源利益集团等)的特殊利益,碰到合适机会时就会指使本国政府通过挑起或发动局部战争、制造地区或国际紧张关系等来损人利己,因为在这些局部的战争、冲突或紧张关系中,虽然有关国家人民饱受生命和财产损失,但上述的军工利益集团可大发战争财,能源利益集团或可进一步控制地区甚至全球的资源,而金融利益集团则可通过在这些"变化"中占有先机而投机获利。其次,个别霸权国家追求政治与军事霸权最终是为保障其经济霸权服务的,凭借经济霸权尤其是金融及货币霸权、制定游戏规则的霸权,霸权国家可以在全世界人民身上攫取丰厚的霸权"红利",为了持久享有这一不正当的垄断性利益,霸权国家就要对一切威胁其霸权地位的国际健康力量的发展设法进行打压。

不过需要指出的是,个别霸权国家的上述逆历史潮流的行径,既不符合世界人民的利益,也不符合其国内大多数人的利益,因而总是难以持久,并终将会失败,历史已经并将会继续证明这些国家终将会搬起石头砸自己的脚。因此对于这些历史逆流,既要重视并予以反击,但又不要对时代主流趋势丧失信心,以至于产生战略误判。

三、在和平与发展的时代主题背景下谋发展、促进步

综上所述,尽管存在着种种历史的逆流和支流,但经济全球化趋势及其所决定的和平与发展潮流仍然是当今时代的主流。与20世纪的一战与二战时期、战后民族解放运动时期及战后持续更长的冷战时期相比,全球所面对的时代主题显然有了根本的变化。中国人民应当与世界各国人民在新的

时代背景下,携手维护和平、谋求发展、促进全人类的进步。

中国是社会主义国家,也是最大的发展中国家,中国的发展对全世界意义重大,同时中国也对促进世界和平与发展事业负有更大责任。就目前而言,中国的首要任务是努力发展好自己的经济,为此要基于和平与发展仍是时代主题的战略判断,抓紧利用好发展的重要战略机遇期。

必须看到,今天的国际形势与改革开放初期相比有了很大的变化。正如中国共产党及中国政府所指出的,虽然从国际环境看,我国发展仍处于重要战略机遇期的基本判断没有变,但同时这一重要战略机遇期在国际环境方面的内涵和条件发生了很大变化。具体而言,我们面临的机遇,不再是简单纳入全球分工体系、扩大出口、加快投资的传统机遇,而是倒逼我们扩大内需、提高创新能力、促进经济发展方式转变的新机遇。如何正确理解并利用好这样的新机遇,是中国正在和将要面临的重大课题。

展望未来,在和平与发展成为时代主题的大背景下,作为社会主义国家,中国应坚定三个自信(理论自信、制度自信、道路自信),通过自身的大胆实践来为世界文明的进步做出新的探索,高举社会主义的旗帜,与资本主义制度在经济、政治、文化各个领域展开全方位竞争,以自身的发展成就来向世界彰显社会主义的先进性与优越性。这才是中国在当今时代背景下的世界性伟大使命!

后　语

《新编政治经济学》一书完稿了。回想起上世纪80年代初刚改革开放时，全国解放思想，纷纷编写从传统"左"的束缚中解放出来的新教材。我当时是一个从事科研不久的新人，也不揣冒昧，解放思想，和史正富、尹伯成、李慧中、罗首初等刚硕士毕业不久的青年教师一起，编写了《新编政治经济学教程》（复旦大学出版社1986年版）。这本书的体系结构和垄断资本主义部分是有新意的，出版后也受到同学和学界同仁的欢迎和肯定。80年代末，由于世界经济和我国改革开放形势的迅速发展，就准备作重大修订再版。刚好在上海市教委的课题中，有我和蒋学模教授共同承担的《高级政治经济学》一题。我们商定：他负责社会主义部分，我负责资本主义及以前部分。后来，蒋先生负责的部分完成并出版了。我负责的部分也已启动，原来的编写人员，除罗首初出国外继续参加，并增加了经济系汪立鑫教授、王小卫和周翼副教授，金融系杨长江副教授，世界经济系主任华民教授和一批中青年教授、副教授。遗憾的是，我2003年脊椎开刀，进度受到很大影响，直到2013年，在党的十八大确立习近平为总书记的党中央领导和全国思想工作会议的感召下，才继续修改工作，到今天才完成。迟了二十年，真对不起读者。

本书各章、节编写者的情况是：伍柏麟教授前言、后语、导论、第1章、第4章（修改）、第8章、第10章第1、2节、第13章第1、2节、第15章、第23章；史正富教授第2章第1、2节、第3章第1节、第9章、第12章、第13章第4节、第17章、第18章、第20章、第21章；马涛教授第11章第2、3节；尹伯成教授第14章；李慧中教授第13章第3节（修改）、第14章第3节（修改）、第16章；汪立鑫教授第4章、第5章、第6章、第7章、第11章第1节、第24章（修改）；王小卫副教授第2章第3节、第3章第2、3、4节、第10章第3节；陆寒寅副教授第19章；杨长江副教授第22章；周翼副教授第23章（修改）；

王健副教授第 24 章;陆寒寅与研究生李君玲第 25 章;程大中教授第 26 章;田素华教授与研究生王丹第 27 章、田素华与研究生季德第 28 章;郑辉副教授第 29 章;华民教授第 30 章;汪立鑫、石磊、刘军梅结束语。

下面,要衷心感谢为本书的完成和出版尽心尽力的同志和朋友们:

感谢经济学院的领导袁志刚院长和石磊书记。他们指导、鼓励和协助全书的完成和出版。

感谢参与编写和修改的团队全体老师。没有大家的辛苦劳动,以及和衷共济、遇事商量、互助协作的良好团队氛围和作风,是不可能完成编写任务的。特别要感谢三位副主编和陆寒寅副教授协助主编在编辑和组织方面所做的工作。

感谢洪远朋教授、张军教授、俞忠英教授、张晖明教授、严法善教授、周伟林主任、高帆主任在几次讨论会上所提的宝贵意见和建议,对书稿的完善起到了重要作用。

感谢同行和过去毕业的博士及朋友石士钧、孙新雷、陆铭、钱胜、高红霞、夏晓辉、施建辉、司徒大年、胡雄飞、范方志,在我们的交谈中都关心新书的写作并提出观点,提供资料。

感谢复旦大学出版社给我们出版的机会,复旦大学出版社副总编、经管分社社长徐惠平和责任编辑岑品杰不辞辛劳,紧张努力,才使书稿能如约按期出版。

最后,提前感谢广大同学、同仁及社会各界人士和读者,给我们客观的评论,所有善意包括尖锐的批评,都是我们欢迎的。

伍柏麟
2014 年 7 月于复旦大学

图书在版编目(CIP)数据

新编政治经济学/伍柏麟,史正富,华民主编.—上海:复旦大学出版社,2014.9
(复旦博学·经济学系列)
ISBN 978-7-309-10968-9

Ⅰ.新… Ⅱ.①伍…②史…③华 Ⅲ.政治经济学 Ⅳ.F0

中国版本图书馆 CIP 数据核字(2014)第 209315 号

新编政治经济学
伍柏麟 史正富 华 民 主编
责任编辑/岑品杰

复旦大学出版社有限公司出版发行
上海市国权路 579 号 邮编:200433
网址:fupnet@ fudanpress.com　http://www.fudanpress.com
门市零售:86-21-65642857　团体订购:86-21-65118853
外埠邮购:86-21-65109143
上海市崇明县裕安印刷厂

开本 787×960　1/16　印张 41.5　字数 646 千
2014 年 9 月第 1 版第 1 次印刷
印数 1—5 100

ISBN 978-7-309-10968-9/F·2080
定价:56.00 元

如有印装质量问题,请向复旦大学出版社有限公司发行部调换。
版权所有　侵权必究